Die Beziehungen der Herzöge in Preußen zu West- und Südeuropa (1525–1688)

Bearbeitet von Dieter Heckmann

VERÖFFENTLICHUNGEN
AUS DEN
ARCHIVEN PREUSSISCHER KULTURBESITZ

Herausgegeben von
Jürgen Kloosterhuis und Iselin Gundermann

Band 47

Die Beziehungen der Herzöge in Preußen zu West- und Südeuropa (1525–1688)

Regesten aus dem Herzoglichen Briefarchiv und den Ostpreußischen Folianten

Bearbeitet
von

DIETER HECKMANN

1999

BÖHLAU VERLAG KÖLN WEIMAR WIEN

Redaktion: Iselin Gundermann

Die Deutsche Bibliothek – CIP-Einheitsaufnahme

Heckmann, Dieter:
Die Beziehungen der Herzöge in Preußen zu West- und Südeuropa (1525–1688) :
Regesten aus dem Herzoglichen Briefarchiv und den
Ostpreußischen Folianten / bearb. von Dieter Heckmann. –
Köln ; Weimar ; Wien : Böhlau 1999
(Veröffentlichungen aus den Archiven Preußischer Kulturbesitz ; Bd. 47)
ISBN 3-412-10498-1

Gedruckt auf säure- und chlorfreiem Papier

Satz: Punkt für Punkt GmbH, Düsseldorf
Druck und Bindung: Druckerei Runge GmbH, Cloppenburg

Printed in Germany
ISBN 3-412-10498-1

Herrn Dr. Friedrich Benninghoven
– 1974 bis 1990 Direktor des
Geheimen Staatsarchivs Preußischer Kulturbesitz –
dem Anreger und Förderer
der Erschließung des Herzoglichen Briefarchivs
zum 75. Geburtstag gewidmet

Inhalt

Einleitung

Abgesehen von wenigen, im Abdruck wiedergegebenen Stücken, erschließt die vorliegende Veröffentlichung mittels Vollregesten die Abteilung „G (West- und Südeuropa)“ des Bestandes „Herzogliches Briefarchiv“ (HBA) des historischen Staatsarchivs Königsberg im Geheimen Staatsarchiv Preußischer Kulturbesitz. Regesten von ausgegangenen Schreiben, die nur noch in den Ostpreußischen Folianten überliefert sind, ergänzen die Bearbeitung.

Die Veröffentlichung ist Teil einer vom Geheimen Staatsarchiv in die Wege geleiteten Forschungsaufgabe und knüpft an die bereits erschienenen Regesten der Abteilungen „C. 1. (Ermland)“, „C. 2. (Bistum Kulm)“ und „D. (Kurland und Livland)“ des HBA an[1]. Die Bestandsbezeichnung verrät allerdings nicht, daß sich dahinter hauptsächlich die Beziehungen des Herzogtums Preußen zu Frankreich und England verbergen. Am dritthäufigsten sind diejenigen zu den Niederlanden vertreten, obwohl die Masse der niederländischen Betreffe in der noch unbearbeiteten Abteilung „A. 1. Kaiser, kaiserliches Haus und Deutsches Reich, Kaiserliche Erb- und Niederlande“[2] zu finden ist. Gemessen an ihrer Anzahl, folgen die Bezüge zu Spanien, Schottland und Italien. Da ein Schwerpunkt der West- und Südeuropaabteilung auf wirtschaftlichen Themen ruht, übersteigt die Bedeutung der Überlieferung den preußischen Rahmen und greift weit in den Raum der gesamten Hanse aus.

Die Regestierung als zweitintensivste Erschließungsart nach dem Vollabdruck empfahl sich einmal wegen des herausragenden Nachrichtengehaltes der Quellen für die europäische Geschichte der frühen Neuzeit und ein anderes Mal aus Gründen der Bearbeitungszeit. Obschon in der Vergangenheit Forscher wiederholt auf die europäische Bedeutung des Bestandes hingewiesen haben – in dem Zusammenhang sei

---

1 Herzog Albrecht von Preußen und das Bistum Ermland (1525–1550). Regesten aus dem Herzoglichen Briefarchiv und den Ostpreußische Folianten, bearb. von Stefan Hartmann (VeröffArch Preuß. Kulturbesitz, 31), Köln, Weimar, Wien 1991; Herzog Albrecht von Preußen und das Bistum Ermland (1550–1568). Regesten aus dem Herzoglichen Briefarchiv und den Ostpreußische Folianten, bearb. von dems. (VeröffArch Preuß. Kulturbesitz, 37), Köln, Weimar, Wien 1993; Die Herzöge Albrecht Friedrich und Georg Friedrich von Preußen und das Bistum Ermland (1568–1618). Regesten aus dem Herzoglichen Briefarchiv und den Ostpreußische Folianten, bearb. von dems. (VeröffArch Preuß. Kulturbesitz, 39), Köln, Weimar, Wien 1994; Die Herzöge in Preußen und das Bistum Kulm (1525–1691). Regesten aus dem Herzoglichen Briefarchiv und den Ostpreußische Folianten, bearb. von Ursula Benninghoven (VeröffArch Preuß. Kulturbesitz, 35), Köln, Weimar, Wien 1993; Herzog Albrecht von Preußen und Livland (1525–1534). Regesten aus dem Herzoglichen Briefarchiv und den Ostpreußische Folianten, bearb. von Ulrich Müller (VeröffArch Preuß. Kulturbesitz, 41), Köln, Weimar, Wien 1996.

2 Siehe Kurt Forstreuter: Das Preußische Staatsarchiv in Königsberg. Ein geschichtlicher Rückblick mit einer Übersicht über seine Bestände (VeröffNdsArchivv, 3), Göttingen 1955, S. 102.

an die Bemühungen von Johannes Voigt und Walther Hubatsch[3] erinnert –, bewegte sich die Benutzungshäufigkeit insbesondere der Abteilung „G“ auf sehr niedriger Stufe. Gründe hierfür lassen sich sicherlich nicht nur in der mangelnden Ordnung des Bestandes suchen. Vielmehr dürfte auch die äußere Gestalt der meisten Vorlagen, größtenteils korrigierte Konzepte und undatierte Abschriften in lateinischer Sprache, vor einer zeitaufreibenden und damit kostspieligen Benutzung abgehalten haben.

1. Beschreibung des Teilbestandes

a. äußere Beschreibung

Die gültige Einteilung des Briefarchivs geht auf Ordnungsarbeiten zurück, die der Königsberger Archivar Hermann Ehrenberg um die Wende vom 19. zum 20. Jahrhundert ausgeführt hat[4]. Ehrenberg ordnete die Abteilung „G“ in 12 Kästen (K) ein, wobei er nach Reinschriften oder Munda und nach Entwürfen oder Konzepten unterschieden hat. Die Reinschriften unter Einschluß der Abschriften legte er in zeitlicher Reihenfolge in die Kästen mit den Nummern 741 bis 749 und die Konzepte in die Kästen mit den Nummern 1261 bis 1263. Bei der Regestierung hat es sich allerdings ergeben, daß Ehrenberg dieser Ordnung weder in chronologischer Hinsicht noch in bezug auf die Entstehungsstufen der Schriftstücke oder hinsichtlich der Trennung von Briefen, Urkunden und Akten[5] streng gefolgt ist. Insofern liegen Entwürfe und Reinschriften sowie Urkunden, Briefe und Akten häufig im Gemenge. Auch ist manches Stück in einem Kasten zu finden, wo es der zeitlichen Folge nach nicht hineingehört. Dennoch hat der Bearbeiter auf eine Neuordnung der Kästen vornehmlich deswegen verzichtet, weil die Abteilung seit ihrer Einteilung durch Ehrenberg der Benutzung offensteht und entsprechend zitiert wird. Kasten 748, der mit 98 Nummern fast die doppelte Anzahl eines durchschnittlichen Behältnisses enthielt, konnte die einzelnen Vorgänge nach ihrer Einbettung in Umschläge nicht mehr fassen, so daß eine Teilung des Kastens erforderlich wurde. Die vergebenen Signaturen blieben jedoch von dieser Maßnahme unberührt. Die Vergabe der auf den Umschlägen angebrachten Signaturen geschah nach den Kästen und den darin enthaltenen Vorgängen. Innerhalb der Kästen sind die Signaturen fortlaufend. Jedem Umschlag ist ein Benutzerblatt beigefügt.

---

[3] Johannes Voigt: Herzog Albrechts von Preußen freundschaftliche Verbindung mit den Königen und Königinnen von England. In: Neue Preußische Provinzial-Blätter 7(1849), S. 1–28; Europäische Briefe im Reformationszeitalter, ausgew. und hrsg. von Walther Hubatsch, Kitzingen/M. 1949.

[4] Die Herzöge in Preußen und das Bistum Kulm, S. 1.

[5] Die Herzöge in Preußen und das Bistum Kulm, S. 1; mit „Brief“ ist im folgenden das sogenannte „Handschreiben“ gemeint, vgl. hierzu Heinrich O. Meisner: Archivalienkunde vom 16. Jahrhundert bis 1918, Leipzig 1969, S. 132 f. mit Johannes Papritz: Archivwissenschaft, Bd. 1,1, Marburg ^{2}1983, S. 172–179.

b. innere Beschreibung

Von ihren Entstehungsstufen aus betrachtet, sind rund 37 vom Hundert der Regestenvorlagen der Abteilung „G“ Entwürfe und andere Vorstufen, rund 8 vom Hundert Reinschriften, rund 34 vom Hundert Ausfertigungen und rund 21 vom Hundert Abschriften und Auszüge. Hinzu kommen noch 65 Abschriften aus der ergänzenden Amtsbuchüberlieferung der Ostpreußischen Folianten. Die lateinischen Vorlagen sind mit rund 61 vom Hundert, die deutschsprachigen mit rund 32 vom Hundert und die französischsprachigen mit etwas mehr als 6 vom Hundert vertreten. Der Rest verteilt sich auf Niederländisch und Spanisch. Von den ergänzenden 75 Amtsbuchüberlieferungen sind 72 Briefe in lateinischer und drei in deutscher Sprache geschrieben. Unter Einbeziehung der ergänzenden Vorlagen erhöht sich damit der Anteil der lateinischsprachigen Schriftstücke auf knapp 64 vom Hundert.

Eine Reihe von Vorgängen enthalten zeitgenössische Übersetzungen. Hierbei überwiegen diejenigen ins Deutsche. Sie sind unter den Regestennummern 40, 136, 174 f., 249 f., 305 f., 324 f., 330, 336, 354, 356, 365 f., 377, 393, 412, 422, 448, 462, 505 f., 538, 605, 673, 684 und 748 zu finden. Lateinische Übersetzungen von französischsprachigen Schreiben enthalten die Regestennummern 72, 92 f., 98 und 111 f. Die Übersetzungen bieten sich schon aufgrund ihrer Anzahl geradezu als Grundlage für die Erstellung von Glossaren oder für die Erarbeitung von vergleichenden philologischen Untersuchungen an, was allerdings einen Rückgriff auf die Originale erfordern wird. Daß überhaupt Übersetzungen erstellt worden sind, hängt wohl damit zusammen, daß der gerade vortragende herzogliche Rat des Lateinischen oder des Französischen nicht mächtig war. Die lateinischen Übersetzungen aus dem Französischen enden mit dem Bezugsjahr 1543. Die Kanzlei mußte sie offensichtlich nach außen, vielleicht an Kaufleute, in Auftrag gegeben haben, wenn die beiden an Seufzer erinnernden Kanzleivermerke *Franntzesisch verstehe ich nich* (Nr. 2 f.) in diese Richtung gedeutet werden dürfen[6]. Danach setzen die Übersetzungen vom Französischen ins Deutsche ein, was ursächlich mit dem Einsatz von französisch gebildetem Personal in der herzoglichen Verwaltung im Zusammenhang stand (vgl. Nr. 48). Einer der ersten Räte, die über nennenswerte französische Sprachkenntnisse verfügten, war Ahasver von Brandt. Herzog Albrecht schickte ihn im November 1539 zum Sprachstudium auf die Pariser Universität (Nrr. 64 und 72). Von dort berief ihn der Herzog spätestens im Juni des darauffolgenden Jahres zugunsten anderer Aufgaben ab, wozu auch eine Gesandtschaftsreise in die Türkei gehörte[7]. In ihrem Verlauf gerieten im übrigen der im Auftrag des Römischen Königs zum Sultan reisende Hieronymus Laski und der ihn begleitende Brandt in türkische Gefangenschaft (Nr. 89).

---

[6] Siehe auch Kurt Forstreuter: Die deutsche Sprache im auswärtigen Schriftverkehr des Ordenslandes und Herzogtum Preußen. In: ders.: Beiträge zur preußischen Geschichte (StudGesch Preussens, 7), Heidelberg 1960, S. 7–34, hier: S. 27.

[7] Dazu auch: Die Berichte und Briefe des Rats und Gesandten Herzog Albrechts von Preußen Asverus v. Brandt, hrsg. von Adalbert Bezzenberger, Bd. 1–5, Königsberg 1904–1921 (ND Hameln 1953), hier: Bd. 1, S. 18 f., Nrr. 8 und 9.

Der Einzug des Französischen in die Königsberger Kanzlei geschah in mehreren Schritten. Soweit es sich anhand der Überlieferungen der West- und Südeuropaabteilung des Briefarchivs nachvollziehen läßt, spielte der König von Frankreich hierbei die Vorreiterrolle. Das Dankschreiben Franz I. an Herzog Albrecht für eine Falkensendung vom 25. Januar 1538 (Nr. 46) eröffnet – von vier lateinischen Ausnahmen abgesehen (Nrr. 80, 82, 91 und 102) – die Reihe der volkssprachigen Ausfertigungen der französischen Könige. Der Brief erzielte in Königsberg eine derartige Wirkung, daß der Herzog sich zunächst dafür entschuldigen wollte, daß er niemanden zur Verfügung habe, um in derselben Sprache schreiben zu können. Die Entschuldigung ließ der Herzog jedoch aus der Endfassung herausnehmen, vermutlich um nicht den Eindruck allzu großer Unterwürfigkeit zu erwecken (Nr. 48). Auch in der Folgezeit blieb die Königsberger Kanzlei dabei, alle auslaufenden Schreiben an die französischen Könige und an die anderen west- und südeuropäischen Empfänger lateinisch abzufassen, es sei denn, der Adressat war des Deutschen mächtig. In diesen Fällen ließ der Herzog auf deutsch schreiben. Der Kanzlei war es sogar mitunter der Mühe wert, einen lateinisch abgefaßten Brief als Mundum zurückzubehalten und eine deutsche Fassung auszufertigen und abzusenden, wenn es sich, wie bei dem Beispiel des Kardinals und spanischen Statthalters in Portugal, Erzherzog Albrecht, herausgestellt hatte (Nr. 729), daß der Empfänger deutsch verstand.

Fast gleichzeitig mit den ersten volkssprachigen Schreiben Franz' I. gingen auch Briefe König Heinrichs II. von Navarra, der in Frankreich im Exil lebte, und anderer Würdenträger aus dem Umkreis des französischen Königs ein. Diese Schriftstücke ließen ihre Urheber jedoch zunächst noch in lateinischer Sprache abfassen. Die vier oben genannten lateinischen Ausnahmen können indes als Besonderheiten gelten, denn sie sind zwar in lateinischer Sprache abgefaßt, aber in französischer Geschäftsschrift geschrieben. Damit verletzten sie die damals herrschende Regel, wonach Sprache und Schrift zusammen gebraucht wurden, also deutsche Ausfertigungen in deutscher Schrift, lateinische in lateinischer und französische Ausfertigungen in französischer Schrift. Worauf ist nun der lateinische Sprachgebrauch in diesen königlichen Schreiben zurückzuführen? Ein Blick auf ihren Inhalt erhellt, daß es sich um Briefe im Dienste der politischen Diplomatie handelt: Franz I. warb um ein Bündnis, das gegen Kaiser Karl V. gerichtet war und hatte Erfolg damit. Herzog Albrecht nämlich sagte dem französischen Sondergesandten Georg Luck am 5. September 1541 zu (Nr. 92), das erst am 19. November zu Fontainebleau abgeschlossene Kriegsbündnis[8] seines Schwagers, Christian III. von Dänemark, mit dem König von Frankreich heimlich durch Truppen und Ausrüstung zu unterstützen[9]. Den ersten der vier lateinischen Briefe (Nr. 80) beschloß Franz I. auf französisch mit dem nur noch in einem Schreiben vom 9. Januar 1543 (Nr. 111) zu beobachtenden Gruß *V(ost)re bon cousyn*

---

[8] Karl Brandi: Kaiser Karl V. Werden und Schicksal einer Persönlichkeit und eines Weltreiches, München 1937, S. 405.

[9] Siehe dagegen Walther Hubatsch: Albrecht von Brandenburg-Ansbach. Deutschordenshochmeister und Herzog in Preußen 1490–1568 (StudGesch Preussens, 8), Heidelberg 1960, S. 260.

et alye. Die Wirkung des letzteren allerdings verpuffte wohl weitgehend, weil der Übersetzer des französischsprachigen Schreibens offensichtlich ohne großes Gespür für die Feinheiten der Diplomatie die Grußformel mit *Vester bonus et addictus cognatus* übersetzt hat.

Volkssprachige Ausfertigungen französischer Großer setzen mit einem ebenfalls vom 9. Januar 1543 datierten Schreiben Herzog Antons von Bourbon-Vendôme ein (Nr. 112). Anne de Montmorency, der Konnetabel Frankreichs, mit dem Herzog Albrecht in langjährigem Briefwechsel stand, folgte in der Hinsicht erst mit einem am 19. Dezember 1547 datierten Schreiben nach (Nr. 145). Da diese Verzögerung auf keine Überlieferungslücken zurückzuführen ist (vgl. Nr. 114 mit Nr. 139), läßt sich der Grund hierfür vielleicht im minderen Rang des Konnetabels[10] suchen, der nicht, wie etwa Anton von Bourbon, zu den Blutsverwandten des Königs zählte. In dem Zusammenhang sei noch auf Besonderheiten in bezug auf die niederländische, englische und polnische Sprache hingewiesen: Das in Niederländisch gehaltene Schreiben des Vertrauten der burgundischen Statthalterin Maria von Ungarn, Jeorijs von Berselle, hat die Königsberger Kanzlei ins Lateinische übertragen (Nr. 69), obwohl die herzogliche Kanzlei imstande war, niederländische Schriftstücke zu lesen[11], was übrigens auch die unübersetzten Vorlagen aus der West- und Südeuropaabteilung des Briefarchivs (z. B. die Nrr. 601 und 768) vermuten lassen. Der Grund für die Übersetzung des Briefes von Berselles ist demnach kaum in der mangelnden Sprachkenntnis des auftraggebenden herzoglichen Rates zu suchen. Vielmehr dürfte dem Auftraggeber der Übersetzung die französische Geschäftsschrift, in der das Schreiben abgefaßt ist, zu schaffen gemacht haben. Auch diesem Mangel konnte die herzogliche Kanzlei durch die Einstellung von Personal mit französischen Sprachkenntnissen begegnen. Sonst wäre das in lateinischer Sprache vermittels französischer Geschäftsschrift abgefaßte Schreiben des französischen Botschafters in Kopenhagen, Charles de Danzay, an Herzog Albrecht vom 5. August 1561 (Nr. 338) wohl kaum rubriziert worden, sondern es hätte eine Übersetzung erhalten.

Auch hinsichtlich des Englischen und des Polnischen scheinen die herzoglichen Kanzleichefs auf Personal mit entsprechenden Kenntnissen geachtet zu haben. Zumindest geben einige Kanzleivermerke, wie zum Beispiel *Milor[d] marges* (Nr. 163) oder *Kto czo umie pozimy sie wszedzie* (Nr. 732), Anlaß zu derartigen Vermutungen.

Die Vorlagen lassen sich sowohl inhaltlich als auch formenkundlich in mehrere Gruppen ordnen. Am häufigsten vertreten sind die sogenannten „Falkenbriefe" (Nrr. 9–14, 17–20, 22, 24–29, 32, 34 f., 37–39, 41–43, 45 f., 48–52, 56–60, 64–67, 69 f., 72 f., 75–78, 81–83, 95–98, 105–108, 110–112, 114–118, 121, 139, 143–145, 152–155, 159–163, 166, 170-172, 174-178, 182-190, 194, 197 f., 200, 209-211, 216 f., 221, 224, 228, 231, 234, 236–238, 240–242, 246–252, 260–266, 273 f., 283, 285–287, 297–300, 304–306, 320–322, 324–326, 340–344, 346, 348 f., 351 , 378, 380, 382 f., 387, 405–408, 411, 420, 427, 488, 491, 495, 498, 501, 513 f., 519-521, 529, 532 f., 545 f., 550–553, 557 f.,

[10] Jean-Pierre Babelon: Henri IV, Paris 1982, S. 198.
[11] Forstreuter, Deutsche Sprache, S. 26.

563–567, 571 f., 574, 581–583, 587 f., 591 f., 594 f., 598, 604, 606–608, 611–613, 615, 618, 621, 624, 645 f. und 666). Damit sind sowohl die Begleitschreiben zu den übersandten Beizvögeln als auch die entsprechenden Danksagungen gemeint. Es versteht sich beinahe von selbst, daß in diesen Schreiben neben dem eigentlichen Anliegen häufig auch andere Dinge zur Sprache kamen. Die Reihe der Falkenbriefe schließt mit dem Dankschreiben Heinrichs III. von Frankreich vom 30. Januar 1587 für eine Falkensendung Herzog Georg Friedrichs vom 23. Oktober 1586. Damit endet eine Tradition in der politischen Diplomatie Preußens, die der Deutsche Orden spätestens im 14. Jahrhundert eingeführt hat[12]. Die Rückkehr Herzog Georg Friedrichs in seine fränkischen Erblande gab für die Einstellung der Falkengeschenke sicherlich den äußeren Anlaß, denn von nun an leitete der Herzog die Geschicke seiner fränkischen, schlesischen und preußischen Länder zusammen von Ansbach aus.

Neben den Falkenbriefen fällt die große Anzahl der sogenannten „Fürschreiben“, auch Empfehlungs- oder Promotorialschreiben genannt, auf (Nrr. 15, 30 f., 47, 54, 61, 63, 89, 103 f., 125–130, 134 f., 140, 142, 148 f., 168 f., 173, 191, 196, 199, 201–203, 222 f., 229 f., 230, 244, 254, 256–259, 267, 269–272, 275–277, 280 f., 290 f., 308–310, 328, 333, 347, 492–494, 502 f., 508, 515, 517 f., 523, 527 f., 534 f., 537, 540, 542–544, 548, 554, 562, 577–580, 584–587, 593, 600, 602, 605, 610, 617, 662, 665, 670, 679, 684 f., 718, 729, 735–738, 741, 752, 754, 756–758, 761 f., 771–773, 776, 778, 794 und 796). Sie ergingen zumeist auf Bitten von Einzelpersonen – auch von Untertanen anderer Landesherren – an einen fremden Herrscher, damit dieser sich für die Wiedergutmachung des dem Bittsteller zugefügten Unrechts einsetzt. Innerhalb dieser Gruppe sind die Fürschreiben in Angelegenheit der Schiffskaperei besonders zahlreich (Nrr. 104, 125–130, 169, 244, 254, 256, 269 f., 277, 309 f., 333, 347, 527, 535, 537, 548, 554, 579, 586 f., 600, 679, 684 f., 735, 738, 741 und 757). Unter anderem scheint beachtenswert, daß die Klagen gegen englische Kaperschiffer mit dem Bezugsjahr 1560 (Nr. 309) überhaupt erst beginnen und für die Dauer der Regierungszeit Königin Elisabeths nicht mehr verstummen. Die Auswirkungen der Niederlage der großen spanischen Armada vom Jahre 1588 macht sich vor allem in der Schwere der erlittenen Schäden bemerkbar. So ließen Francis Drake und John Norrey, die Befehlshaber der im Jahre 1589 an die iberische Küste entsandten englischen Kriegsflotte, rund 60 Hanseschiffe aufbringen, unter denen sich drei aus der Altstadt Königsberg befanden. Die preußischen Schiffe hatten sich im Sund mit anderen Handelsschiffen zu einer Flotte vereinigt, um portugiesische und spanische Häfen anzulaufen. Auf ihrer Fahrt stießen sie auf die schon wochenlang vor der Tajomündung kreuzende englische Kriegsflotte[13]. Die gekaperten Hanseschiffe, unter ihnen die Königsberger Schiffe „Fortuna“, „Reinhold“ und „David“, erhielten halbverhungerte Prisenbesatzungen, die nicht nur den Proviant aufzehrten, sondern auch noch eine todbringende Seuche einschleppten. Außerdem mußten sich die aufgebrachten Fahrzeuge am Kampf gegen spanische Kriegsschiffe

---

[12] Gustavgeorg Knabe: Preußische Falken im Dienste des Deutschen Ordens. In: Preußenland 7 (1969), S. 17–21.

[13] John K. Laughton, in: The dictionary of national biography, vol. 1–21, ed. Leslie Stephan and Sidney Lee, Oxford 1921–1922, Sp. 1331–1347, hier: vol. 5, Sp. 1344, s.n. Drake.

beteiligen. Im Verlauf des Gefechts mit einer spanischen Galeere zeichnete sich die Besatzung der „Fortuna“ derart aus, daß die Mannschaft später sogar eine Belohnung von 90 Pfund erhielt (Nrr. 700–703 und 722).

Fürschreiben enthüllen mitunter erschütternde Einzelschicksale, wie zum Beispiel das des Mauricius Lardenen, der in Spanien zu den Galeeren verurteilt wurde, nachdem Spanier sein Handelsschiff im Jahre 1587 unweit der englischen Küste aufgebracht hatten (Nr. 729). Der Kanzleivermerk *Hinc desumpto medio fiant litterae passuum* auf einem Briefkonzept vom 29. Oktober 1569 (Nr. 540) deutet an, daß Fürschreiben schließlich auch gattungsgeschichtlich von Bedeutung sein können. Dank dieses Belegs lassen sich die formengeschichtlichen Ursprünge des Passes möglicherweise nicht nur in den offenen Schreiben, wie zum Beispiel in Urkunden, sondern auch in den Fürschreiben oder in anderen geschlossenen Schreiben finden.

Unter den geschlossenen Schreiben der West- und Südeuropaabteilung, also unter den eigentlichen Briefen, sind Kreditive oder „Glaubsbriefe“[14], ebenfalls zahlreich vertreten (Nrr. 80, 102, 135, 146 f., 149–151, 156–158, 164 f., 179–181, 192, 372, 374, 603, 690 und 791). Wesentliches Merkmal dieser Art von Schriftstücken ist die Bitte, den Worten des Überbringers Glauben zu schenken. Den damaligen Gepflogenheiten der Diplomatie entsprechend sind die Kreditive ausnahmslos in lateinischer Sprache abgefaßt.

Außerdem befinden sich unter den Vorlagen zahlreiche offene Schreiben wie Bekanntmachungen, Bestallungen und Quittungen (Nrr. 2 f., 311, 336, 361, 367 f., 390, 392, 422, 424, 446, 448, 472, 480–484, 487, 500, 609 und 622). In dem Zusammenhang sei zuletzt noch auf die Gruppe der sogenannten „Zeitungen“ hingewiesen (119 f., 122–124, 131 f., 233, 245, 294, 597, 732, 767, 777 und 779). Darunter sind hauptsächlich die im 15. Jahrhundert aufgekommenen „Briefzeitungen“ zu verstehen, die aus dem gestiegenen Nachrichtenbedarf entstanden sind. Träger dieser Art von Zeitung waren häufig die Briefbeilagen[15]. Viele der undatierten Abschriften in der West- und Südeuropaabteilung, die von Kriegsrüstungen und -ereignissen (z. B. Nrr. 119 f., 122 und 123) oder auch von Weissagungen (Nr. 560 und 765) und dergleichen künden, mögen hierin ihren Ursprung haben. Im Bestand lassen sich aber auch Zeitungen in Briefgestalt nachweisen. So verpflichtete beispielsweise Herzog Albrecht am 11. Juni 1562 seinen für den Frankreichhandel eingesetzten Faktor Antoine Maillet eigens, im Verlauf von Handelsreisen fortwährend Bericht zu erstatten (Nr. 367). Die Berichte beschränkten sich nicht nur auf Mitteilungen von Preisentwicklungen und Warenangebote, wie die Bestallungsurkunde vorgibt. Vielmehr benachrichtigte Maillet den Herzog auch über die neuesten politischen Entwicklungen im Gastland (z. B. Nrr. 379 und 391), ohne dabei eigene Einschätzungen zu unterdrücken. Die Berichte sind Teil der Mailletschen Händel, die immerhin fast ein Zehntel des Umfanges der Überlieferung der West- und Südeuropaabteilung ausmachen[16]. Hinzu kommen noch Er-

---

[14] Meisner, S. 133 und S. 136 Anm. 21.

[15] Meisner, S. 328.

[16] Von Königsberg an die Loire. Quellen zur Handelsreisen des herzoglich-preußischen Faktors Antoine Maillet nach Frankreich in den Jahren 1562 bis 1564, ausgew. und bearb. von Dieter Heckmann (VeröffArch Preuß. Kulturbesitz, 33), Köln, Weimar, Wien 1993, S. 1.

gänzungen im Bestand „Etatsministerium“[17]. Neben den Berichten sind häufig auch die Schreiben der herzoglichen Agenten, wie zum Beispiel Briefe des Caspar Hoffman aus den Niederlanden (Nrr. 767, 777 und 779), inhaltlich den Zeitungen zuzurechnen.

Die Vorstellung der Schriftstückgattungen der Abteilung West- und Südeuropa des Herzoglichen Briefarchivs bliebe unvollständig, wenn nicht auch noch dasjenige Erwähnung fände, was sich nicht mehr als „Briefe“ im weitesten Sinne bezeichnen läßt: das in ebenfalls beachtlicher Zahl vorliegende Aktenschriftgut. Die ältere Auffassung[18] versteht darunter beispielsweise Registerauszüge (z. B. Nr. 430), Protokolle (z. B. Nr. 489), Gutachten (z. B. Nr. 353) und andere Stellungnahmen (z. B. Nr. 435) sowie Rechnungen (z. B. Nr. 425).

2. Die Regesten

Das Druckbild der Regesten fügt sich weitgehend in den Rahmen des vorgegebenen Schemas ein und knüpft damit an die bereits veröffentlichten Regestenwerke aus dem Herzoglichen Briefarchiv an. Wesentliche Zusätze wurden bei der Vorlagenbeschreibung im Zusammenhang mit den überlieferten Vermerken, Betreffen und kurzen Inhaltsangaben oder Rubra in der Weise gemacht, daß diese späteren Zusätze im Vollabdruck erscheinen. Der Bearbeiter hat sich zu diesen zeitaufreibenden Ergänzungen hauptsächlich wegen der zu erwartenden Vorteile entschlossen. Unter ihnen dürften vor allem folgende von Gewicht sein: Erstens soll durch den Abdruck der nicht immer leicht lesbaren jüngeren Ergänzungen ein weiterer Grund für die Aushebung der Originale entfallen. Durch die Wiedergabe insbesondere der Rubra gewinnt der Leser zweitens eine Überprüfungsmöglichkeit des sowohl vom Bearbeiter als auch des von der herzoglichen Kanzlei zusammengefaßten Inhalts. Und drittens erhält der Benutzer ein leicht zugängliches Quellenwerk für Untersuchungen kanzleigeschichtlicher oder ähnlicher Art.

Der Bearbeiter hat in der Regel die überlieferten Entstehungsstufen eines Schriftstücks unter einer Nummer zusammengefaßt, wie beispielsweise Entwurf, korrigierter Entwurf, Reinschrift und Abschrift im Amtsbuch. Schwierigkeiten bereiteten die häufig undatierten „Briefzeitungen“ und das ebenfalls nur selten datierte „Aktenschriftgut“. Bei dieser Art von Überlieferung lagen die Stücke entweder zusammenhanglos in den Kästen oder ihr Zusammenhang mit anderen Vorgängen ließ sich höchstens mittelbar erkennen. In diesen Fällen erhielten die Regesten der entsprechenden Schriftstücke jeweils eigene Nummern.

Die Einordnung der undatierten Stücke kostete ebenfalls viel Bearbeitungszeit. Die meisten Regesten dieser Art ließen sich dank inhaltlicher Gesichtspunkte zumindest einem bestimmten Jahr zuweisen, was aber nicht immer zweifelsfrei zu bewerkstelligen war. In der Reihenfolge der Regesten erscheinen die so datierten am Ende

---

[17] z. B.: GStAPK, XX. HA Hist. StA Königsberg, EM 36 d (Frankreich), Nr. 1: Vollmacht für Lukas Bandrit in einem Wachsgeschäft mit François de Valre (1558).

[18] Papritz, S. 268; vgl. dazu die modernen Definitionen auf S. 276 und bei Eckhart G. Franz: Einführung in die Archivkunde, Darmstadt [4]1993, S. 52.

des entsprechenden Jahres im Anschluß an die nach Monat und Tag geordneten Inhaltsangaben. Überdies war Vorsicht bei den ersten datierten Schreiben eines Jahres infolge der unterschiedlichen Jahresanfänge geboten. Bei Nr. 46 etwa wirkte sich der Jahresanfang an Ostern auf die Datierung in der Weise aus, daß im Regest nicht das Datum der Vorlage, nämlich der 25. Januar 1537, sondern der 25. Januar 1538 angegeben ist. In ähnlicher Weise fand auch der *mos Anglicanus*, bei dem im Vergleich zum Osterstil der Jahresanfang zum 25. März fest stand, Berücksichtigung. Ausnahmen bildeten offenbar das letzte Jahr Eduards VI. und die ersten Regierungsjahre Marias der Katholischen (1553–1558), als der Annunziationsstil zugunsten des Jahresanfangs zu Weihnachten oder zum 1. Januar (vgl. die Nrr. 217 und 224 mit Nr. 274) aufgegeben wurde. Die Auswirkungen der zum 15. Oktober 1582 von Papst Gregor XIII. verkündeten Kalenderreform macht sich nur bei wenigen Vorlagen unmittelbar durch die Angabe des verwendeten Datierungsstils bemerkbar (Nrr. 628 f., 638 f., 646, 712, 769, 779 und 788). Dabei handelt es sich um Briefe von Auswärtigen oder an dieselben. Sogar die kurfürstliche Kanzlei Friedrich Wilhelms machte in Reskripten an die Königsberger Oberräte mitunter Angaben über den verwendeten Datierungsstil (z. B. Nr. 788), was sich unter anderem als Maßstab für die Einschätzung des damaligen Entwicklungsstandes Brandenburgs und Preußens auf dem Weg zum Einheitsstaat heranziehen läßt.

Absender- und Empfängernamen wurden oft dann ergänzt, wenn es, wie etwa bei verhältnismäßig unbekannten Personen, dem besseren Verständnis dienlich erschien. Auch Änderungen in der Selbstbezeichnung oder Anrede fanden Berücksichtigung. Besonders deutlich sind solche Wechsel in der Titulatur Philipps II. von Spanien zu erkennen, die sich von „Prinz von Spanien" über „König Philipp von England" zu „König Philipp II. von Spanien" gewandelt hat. Diese Ergänzungen wurden übrigens mittels eckiger Klammern eingefügt, um sie als Bearbeiterzusätze auszuweisen.

Der Umstand, daß der Geschäftsinhalt der Vorlagen im Nominal- oder im nominalisierenden Stil wiederzugeben war, hat sich sehr günstig in der Kürze der Regesten niedergeschlagen. Besonders auffällig wird dies bei den „Zeitungen" oder beim „Aktenschriftgut". Die 84 Seiten des Gutachtens zum Straßburger Bistumsstreit (Nr. 740) etwa ließen sich unter Beibehaltung aller vorkommenden Orts- und Personennamen und unter Weglassung der Wiederholungen so auf weniger als 10 vom Hundert verringern. Nicht alle Textsorten freilich eigneten sich für Regesten. Zum Beispiel verhilft die Regestierung von Kostenanschlägen und ähnlichen Rechnungen lediglich zu wenig Platz- und Lesezeiteinsparung. Von daher gesehen verbleibt neben dem konservatorischen Gewinn im wesentlichen nur die Übertragung des Vorlageninhalts in die moderne Sprache und Schrift als Vorteil. Auch aus diesem Grund hat sich der Bearbeiter entschlossen, vorab umfangreiche Rechnungen von überragendem Aussagegehalt im Vollabdruck zu veröffentlichen[19]. Verweise stellen ebenso die Verklammerung mit den Regesten wie mit den Schriftstücken sicher, die andernorts ediert sind. Noch ungeeigneter als Rechnungen haben sich für die Regestierung Vorlagen in Versform erwiesen, wie beispielsweise das französischsprachige Schreiben Maillets an

[19] Gedruckt in: Von Königsberg an die Loire.

den herzoglichen Hofgerichtsassessor Ambrosius Lobwasser vom 4. bis 9. Januar 1565 (Nr. 462). Bei einer Regestierung hätte der Benutzer nämlich auf viele Eigentümlichkeiten des Textes verzichten müssen, so daß ungeachtet der beiliegenden Kanzleiübersetzung auf die Inhaltsangabe zugunsten der buchstabengetreuen Abschrift verzichtet wurde. Die Wiedergabe der abgeschriebenen Texte lehnt sich im übrigen an die Empfehlungen zur Edition frühneuzeitlicher Texte der Arbeitgemeinschaft außeruniversitärer historischer Forschungseinrichtungen an[20].

Bei der Festlegung auf Entstehungsstufen im Rahmen der Vorlagenbeschreibung eröffneten sich manchmal Entscheidungsspielräume. Dies war insbesondere bei den Briefen der Fall, die von derselben Hand abgefaßt und unterfertigt wurden und außer der Unterschrift kein zusätzliches Beglaubigungsmerkmal tragen. Die Frage, ob das entsprechende Schriftstück als Ausfertigung oder als Abschrift gelten kann, hat der Bearbeiter schließlich anhand des Eingangsvermerks entschieden. War ein Praesentatum vorhanden, wurde die Reinschrift als Ausfertigung eingestuft, selbst wenn der Verdacht wie bei den Bittschriften eines englischen Schiffers (Nr. 641 f.) nahelag, daß der Auftraggeber sich der Dienste eines gewerblichen Schreibers versichert hatte. Entsprechend erhielten die mit Eingangsvermerken versehenen unbeglaubigten Eingaben wie die der Altstadt oder aller drei Städte Königsberg (Nrr. 664, 667, 681 und 705) die Bezeichnung „Behändigte Abschrift". Diese Art von Abschriften ist sicherlich darauf zurückzuführen, daß die Königsberger Kanzlei vor der Weiterleitung der Ausfertigungen nach Ansbach Kopien für den eigenen Bedarf anfertigte.

Zuletzt sei noch darauf aufmerksam gemacht, daß der Bearbeiter bestrebt war, zwischen „Betreff" im Sinne des von Brandtschen Sachstichwortes[21] und der kurzen Inhaltsangabe, dem Rubrum[22], zu unterscheiden. Mit Betreffen sind in der Regel diejenigen jüngeren Zusätze gemeint, die lediglich das betreffende Stichwort angeben, wie zum Beispiel *Regi Francię* (Nr. 48) und *Falckencopejenn* (Nr. 49), oder die Pertinenz mit „wegen", „halben" oder ähnlichem anzeigen wie *Montmorantii schreiib(en) der falck(en) halb(en)* (Nr. 175) und *In causa Martini ab Hoeuen* (Nr. 309). Als Rubra sollen dagegen solche Angaben gelten, die inhaltlich über das Stichwort hinausgreifen, wie beispielsweise *Der konigin inn Engellandt [Elisabeth] stallmeister, milor[d] Robert, bedankt sich der uberschickt(en) dreij falcken* (Nr. 615). Mischformen treten häufig bei den Vorlagen mit geringem Geschäftsinhalt auf wie bei der Regestennummer 653. Bei diesem Beispiel wurde nur deshalb der Betreffbegriff bevorzugt, weil die Pertinenz mit „wegen" gekennzeichnet ist.

---

[20] Jahrbuch der historischen Forschung 1980 (1981), S. 85–96, oder: Archiv für Reformationsgeschichte 72 (1981), S. 299–315.

[21] Ahasver von Brandt: Werkzeug des Historikers. Eine Einführung in die Historischen Hilfswissenschaften, Berlin, Köln, Mainz [9]1980, S. 112 und S. 118, wobei im Betreffbegriff sowohl die Sach- als auch die geographische und personelle Pertinenz einbezogen sind.

[22] Dagegen sind z. B. für Adolf Brenneke: Archivkunde. Ein Beitrag zur Theorie und Geschichte des europäischen Archivwesens, bearb. von Wolfgang Leesch, Leipzig 1953, S. 18, und Meisner, S. 322, Betreff und Rubrum gleich.

3. Zur geschichtlichen Bedeutung der West- und Südeuropa-Abteilung

Bei dem Versuch, der geschichtlichen Bedeutung des Bestandes in aller gebotenen Kürze gerecht zu werden, mögen sich zunächst die Fragen nach den Kontinuitäten, den Brüchen und den geschichtsträchtigen Neuerungen in den Vordergrund schieben. Wie bereits oben erwähnt, gehört die Verschickung von Jagdfalken an fremde Herrscher zu den Werkzeugen der Diplomatie, die den preußischen Herzögen aus dem Erbe des Deutschen Ordens zugefallen waren. Der Versand von Falken eignete sich besonders, bestehende Verbindungen zu pflegen und neue anzuknüpfen.

Seit der Ordenszeit liegen gesicherte Erkenntnisse über enge und dauerhafte politische und wirtschaftliche Verbindungen zwischen Preußen und England vor. Hier sei nur an die Preußenreisen zahlreicher Engländer sowie an die Beteiligung der großen preußischen Städte, ja sogar der Hochmeister am hansischen Handel mit England erinnert[23]. Die freundschaftlichen Beziehungen des letzten Hochmeisters Albrecht von Brandenburg-Ansbach zu den englischen Herrschern blieben bestehen, selbst wenn nach der Umwandlung des Ordensstaates in ein weltliches Herzogtum durch Albrecht im Jahre 1525 eine mehrjährige Pause eingetreten sein dürfte[24]. Wohl angesichts der im Jahre 1534 vollzogenen Hinwendung König Heinrichs VIII. zum Protestantismus – die, wie die diesbezüglichen Zeitungen (Nr. 5 f.) nahelegen, Albrecht genau verfolgt hatte – lebte die Verbindung wieder auf. Die Wiederaufnahme der Beziehungen scheint vom König und nicht vom Herzog ausgegangen zu sein[25]. Bevor nämlich Albrecht den Monarchen mit dem Falkengeschenk vom 20. Oktober 1534 (Nr. 9) ehren ließ, hatte Heinrich VIII. William Paget nach Königsberg entsandt. Der Herzog nutzte die Gelegenheit, um den englischen König nicht nur um Hilfe für seinen bedrängten Bruder Wilhelm, den Koadjutor der Kirche von Riga, sondern auch für sich selbst anzugehen (Nr. 7). Albrecht wünschte sich eine englische Unterstützung Wilhelms gegen die den Koadjutor ablehnenden livländischen Stände[26] und hoffte für sich selbst, beim englischen Herrscher einen Kredit für Rüstungen gegen die Exekutoren der Acht aufnehmen zu können (Nr. 10), die das Reichskammergericht gegen ihn am 27. August 1533 veröffentlicht hatte[27]. Aus Furcht vor der Reichsacht suchte Albrecht wohl auch die Verbindung zu Franz I. von Frankreich, die der englische König vermitteln sollte (Nr. 8).

Die im Jahre 1534 wiederaufgenommenen politischen Beziehungen zwischen England und dem Herzogtum Preußen sollten sich in der Folgezeit als sehr dauerhaft

[23] Werner Paravicini: Die Preussenreisen des europäischen Adels, Bd.1 (Beihefte der Francia, 17/1), Sigmaringen 1989, S. 115–135; Stuart Jenks: England, die Hanse und Preußen: Handel und Diplomatie 1377–1474, Bd. 1–3 (Quellen und Darstellungen zur Hansischen Geschichte N. F., Bd. 38/1–3), Köln, Wien 1992; Jürgen Sarnowsky: Die Wirtschaftsführung des Deutschen Ordens in Preußen (1382–1454) (VeröffArch Preuß. Kulturbesitz, 34), Köln, Weimar, Wien 1993, S. 285–308.

[24] Voigt, S. 5.

[25] Siehe dagegen Voigt, S. 5.

[26] Herzog Albrecht und Livland, S. 2.

[27] Hubatsch, Albrecht, S. 221.

erweisen. Das Bemühen Herzog Albrechts, den Protestantismus in England zu festigen, trug sicherlich das Seine dazu bei. So unterstützte der Herzog die seelsorgerischen Tätigkeiten des Reformators Johannes Laski in England (Nr. 167), gewährte dem unter Maria der Katholischen vertriebenen Bischof von Bath und Wells, William Barlow, Exil und setzte sich bei Königin Elisabeth für dessen Rückkehr nach England ein (Nr. 289). Sogar Königin Elisabeth selbst versuchte der Herzog zu überzeugen, die Lehren der Augsburger Konfession anzunehmen (Nr. 293). Sowohl die Gewährung von Exil für verfolgte englische Protestanten als auch die Ausdehnung der Falkensendungen auf einflußreiche Mitglieder der englischen Hofgesellschaft, wie beispielsweise Paget (Nr. 42) und Charles Brandon (Nr. 67), trugen in erheblichem Maße zur Festigung der Verbindung zwischen den Höfen bei. Dies zeigte sich nicht nur in der zunehmenden Bereitschaft der englischen Herrscher, den Herzog mit Gegengeschenken wie einer Kriegsmaschine (Nr. 70) zu erfreuen. Auch der Handel, zumal der Eigenhandel, zog daraus Nutzen. Beispielsweise ließ Herzog Albrecht mit königlicher Unterstützung ein Schiff mitsamt Fracht in England zum Verkauf anbieten (Nr. 109). Und als William Paget sich am 6. April 1555 an den Herzog mit der Bitte um Genehmigung zum Bau von vier Schiffen in Königsberg wandte, entsprach der Herzog der Bitte, nicht ohne dabei den größtmöglichen Nutzen für seine Untertanen herausgeschlagen zu haben. So mußte sich Paget verpflichten, erstens selbst für erfahrene englische Schiffbauer zu sorgen, zweitens Schmiede und andere einheimische Handwerker zu beschäftigen, drittens Werkzeuge, Segel, Holz und andere Baustoffe über die Königsberger zu beziehen und viertens auf Holz aus den stadtnahen Wäldern zu verzichten (Nr. 235).

Mit Richard Bertie und seiner Gemahlin, der Herzogin Katharina Suffolk, pflegten Herzog Albrecht und Herzogin Anna Marie sogar freundschaftliche Beziehungen (Nr. 296), die kaum anders als aus gemeinsamen Interessen erwachsen sein konnten. Auch Bertie und seine Gemahlin mußten während der Regierungszeit Marias der Katholischen aus Glaubensgründen England verlassen. Auf die Fürsprache von Johannes Laski hin fanden die Flüchtlinge bei König Sigismund August von Polen Aufnahme, der ihnen wohl im Jahre 1557 die Grafschaft Kroze in Samaiten zuwies. Bald nach dem Tod Königin Marias kehrte das englische Herzogspaar in sein Heimatland zurück[28]. Berties Aufenthalt in Samaiten ließ mit Sicherheit die Gelegenheit entstehen, die persönliche Bekanntschaft mit dem preußischen Herzog einzugehen. Die Verbindung zu Herzog Albrecht begann spätestens nach der Rückkehr des Engländers auch das Geschäftliche einzubeziehen. Beispielsweise erhielt Berties Faktor, der Danziger Johann Swinefeth, die Erlaubnis, Handelsgut aus Samaiten über Königsberg auszuführen. Allerdings mußte sich der Faktor damit einverstanden erklären, die angelieferten Waren zunächst dem Herzog und seinen Untertanen zum Kauf anzubieten und bei Warenwünschen aus dem Herzogtum dieselben zuerst beim Herzog und dann bei den herzoglichen Untertanen anzumelden (Nr. 301). Wie kaum anders zu erwarten, versorgten sich Albrecht und Bertie auch gegenseitig mit Zeitung. So be-

---

[28] Thomas F. Henderson, in: The dictionary of national biographie, vol. 2, S. 407 f. s. n. Bertie, Richard.

nachrichtigte der Herzog am 13. September 1560 Bertie vom verheerenden Einfall der Moskowiter in Livland und schilderte in bewegenden Worten, wie das Land heimgesucht wurde und durch die Verschleppung eines großen Teils der Bevölkerung beinahe menschenleer geworden war (Nr. 319).

Die zur Zeit Herzog Albrechts gleichsam durch mehrere Taue gesicherte Verbindung zu England konnte damals und in der Zeit der unmittelbaren Nachfolger Albrechts durchaus Belastungen aushalten. Dieses mögen zwei Beispiele veranschaulichen: die Angelegenheit des Thomas Martin und die Beschlagnahme der „Salamon". Aufgrund der Fürsprache Richard Berties vom 28. Juni 1562 (Nr. 370) begann sich Herzog Albrecht erneut mit der Angelegenheit des Londoner Gewandschneiders und Kaufmanns Thomas Martin zu befassen, die er trotz Einschreitens Heinrichs VIII. (Nr. 15) niedergelegt hatte. Einem Schreiben von Hans Martin, einem Sohn von Thomas, von um 1562/63 zufolge (Nr. 384) ließ nämlich sein Vater um das Jahr 1516 durch Matz Preusse Holz einkaufen, das der hochmeisterliche Beauftragte Talheimer auf der kneiphöfischen Klapperwiese beschlagnahmt hatte. Nach einem Magdeburger Rechtsspruch zugunsten Martins fand der aus Livland kommende Thomas Martin sich in Königsberg ein und erwirkte dort unter anderem für sich einen hochmeisterlichen Geleitbrief auf Leib und Gut. Nach seiner Abreise aus Königsberg wurden am 28. Oktober 1519 Martin und der ihn begleitende königliche Faktor Jaen Johansszoen[29] zwischen den ermländischen Orten Braunsberg und Frauenburg Opfer eines Raubüberfalls. Der allein Martin entstandene Schaden an entwendeten Zobelfellen, Kleinodien, Geld und Kleidern belief sich auf rund 8845 Mark Rigaer Währung. Der Überfall galt, so das Schreiben von 1562/63, den beiden Engländern, denn die sie begleitenden Danziger Kaufleute und der Sekretär des Dorpater Bischofs blieben dabei unbehelligt. Nach einem im Jahre 1531 stattgefundenen Vergleich wegen des beschlagnahmten Holzes, habe sich der nunmehrige Herzog Albrecht geweigert, den Kaufmann für den Schaden des Raubüberfalls zu entschädigen, da der Überfall auf dem Gebiet des Bischof vom Ermland erfolgt sei.

Bereits in einem Brief vom 3. November 1519 begründete Martin seinen Anspruch auf Entschädigung mit dem gegebenen Geleitversprechen des Hochmeisters[30]. Unterstützung fand der Geschädigte dabei beim Danziger Rat, der den ermländischen Bischof in einem Schreiben vom 2. November 1519 ersuchte, sich bei Hochmeister Albrecht für die Belange der beiden ausgeraubten Engländer einzusetzen[31]. Den jahrzehntelangen Rechtsstreit beendete schließlich Hans Martin, indem er sich am 27. Januar 1563 (Nr. 386) urkundlich verpflichtete, nach Empfang der vom Herzog angebotenen 17 Hundert Wagenschoß (rund 50000 Stück) Entschädigung keine weiteren Ansprüche zu erheben. Die beiden weißen Zelter, die Bertie dem Herzog als Geschenk übermitteln ließ (Nr. 370), mögen das Einlenken des Herzogs in der Sache erleichtert haben. Für Herzog Albrecht war es jedoch sicherlich wichtig, daß er noch im betagten Alter seinen Anspruch auf das Geleitrecht für ganz Preußen in Erinne-

[29] GStAPK, XX. HA Hist. StA Königsberg, OBA, Nr. 22765.
[30] OBA, Nr. 22765.
[31] OBA, Nr. 22764.

rung rufen wollte[32]. Diesen Anspruch scheinen die Danziger jedenfalls am Vorabend des Reiterkrieges anerkannt zu haben, sonst hätten sie sich nicht in der geschehenen Weise für die Sache der ausgeraubten Engländer eingesetzt.

Die Beschlagnahme der „Salamon" durch Herzog Georg Friedrich im Jahre 1585 ist im Zusammenhang mit der Ansiedlung englischer Kaufleute in Elbing Ende des Jahres 1579 zu verstehen[33]. Die Tätigkeit der sich zur Handelsgesellschaft in der Ostsee zusammengeschlossenen Engländer wirkte sich in hohem Maße belebend auf den Schiffsverkehr[34] von und nach Elbing aus. Hieraus zog der Herzog durch Zolleinnahmen Nutzen, da er bei Pillau über die einzige Verbindung zwischen Ostsee und Frischem Haff verfügte[35]. Um Einbußen durch Zollbetrug zu vermeiden, ließ er bereits am 17. April 1581 eine Bekanntmachung veröffentlichen, die im Falle unangemeldeter Waren den Einzug von Schiff und Fracht androhte (Nr. 609). Trotz Einschärfung und Ergänzung des herzoglichen Gebotes vom 8. Mai 1584 (Nr. 622) und Ermahnungen an die englische Niederlassung in Elbing vermittels des dortigen Rates (Nr. 627) scheint der Unterschleif kaum nachgelassen zu haben. Hierauf entschloß sich die herzogliche Verwaltung, ein Exempel zu statuieren. Gelegenheit dazu bot das am 1. August 1585 in das Pillauer Tief eingelaufene Schiff „Salamon" aus Hull (z. B. Nrr. 628 und 630) wegen der sich gleichsam vor den Augen der Zöllner abspielenden Leichterung unangemeldeter Handelswaren. Die Beschlagnahme von Schiff und Fracht zog einen jahrelangen Streit nach sich, bei dem Königin Elisabeth sich weder scheute, die herzogliche Rechtsgrundlage für die Maßnahme anzuzweifeln (z. B. Nr. 671), noch vor Drohungen den drei Städten Königsberg gegenüber (z. B. Nr. 659) zurückschreckte, um diese zu veranlassen, auf den Herzog Einfluß zu nehmen. Nachdem die Königin im Mai 1595 Repressalien gegen ein in Hull eingelaufenes Königsberger Schiff (Nrr. 743 und 747) erlaubt und in ihrem Schreiben vom 8. April 1597 (Nr. 753) zugesichert hatte, die vielfachen Klagen der durch Kaperei geschädigten herzoglichen Untertanen[36] zuzulassen, scheint Georg Friedrich durch Bereitstellung einer Entschädigungssumme endlich nachgegeben zu haben (Nr. 748 und 755).

Im Vergleich zu England konnten die preußischen Herzöge in bezug auf Frankreich nicht auf mehr oder weniger ununterbrochene Beziehungen zurückschauen. Obschon zahlreiche französische Herren – von denen allerdings diejenigen aus dem

---

[32] Ulrich Müller: Das Geleit im Preußenland (Veröff. Arch. Preuß. Kulturbesitz, Beiheft 1), Köln, Weimar, Wien 1991, S. 21, sieht dagegen den Herzog in einer Abwehrstellung hinsichtlich der Forderung des polnischen Königs auf das Geleitrecht in Preußen.

[33] Paul Simson: Die Handelsniederlassung der englischen Kaufleute in Elbing. In: Hansische Geschichtsblätter, Heft 2 (1916), S. 87–3, hier: S. 90 f.

[34] Zum Aufkommen des englischen und schottischen Schiffsverkehrs s. Andrzej Groth: Kupcy angielscy w Elblągu w latach 1583–1628 (Biblioteczka Elbląska Nr 3), Gdańsk 1986, S. 23; zum holländischen Schiffsverkehr, s. J. Th. Lindblad with the assistance of F. C. Dufour-Briët: Dutch entries in the pound-toll registers of Elbing 1585–1700 (Rijks Geschiedkundige Publicatiën. Grote Serie, 225), Den Haag 2. Aufl. 1995.

[35] Horst Kempas: Seeverkehr und Pfundzoll im Herzogtum Preussen. Ein Beitrag zur Geschichte des Seehandels im 16. und 17. Jahrhundert, Diss. phil. Bonn 1964, S. 20–22.

[36] Siehe auch Kempas, S. 198 f.

burgundischen Machtbereich weitaus überwiegen – an den Preußenreisen des Deutschen Ordens teilgenommen hatten[37], dürften die das 15. Jahrhundert bestimmenden französich-burgundischen Auseinandersetzungen und die Auswirkungen des Dreizehnjährigen Krieges (1454–1466) in Preußen die bestehenden Verbindungen gekappt haben[38]. Da im 15. Jahrhundert kaum mehr als hundert hansische Handelsschiffe im Jahr die französischen Häfen an der Baje von Bourgneuf aufsuchten[39] und der Orden nach 1466 von den großen preußischen Häfen nur noch über den Königsberger verfügte, konnten sich überdies auf wirtschaftlichem Gebiete kaum Beziehungen aufbauen oder festigen. Vor diesem Hintergrund verwundert es auch nicht, daß Herzog Albrecht Heinrich VIII. von England bat, die Verbindung zum französischen Hof zu vermitteln (Nr. 8). In seinem Begleitschreiben zur Falkensendung vom 20. Oktober 1534 an Franz I. von Frankreich begründete der Herzog die Aufnahme der Beziehungen damit, daß er in den zurückliegenden Jahren keinen Anlaß zum Schreiben gefunden habe (Nr. 12). Die Aufnahme der diplomatischen Beziehungen zwischen dem Herzogtum und dem französischen Königreich war dann jedoch der Auftakt freundschaftlichen Umgangs zwischen den Höfen, der, wie bereits oben erwähnt, seinen Höhepunkt im Jahre 1541 durch den heimlichen Beitritt des Herzogs zum dänisch-französischen Kriegsbündnis gegen den Kaiser erreichte. Auch danach, und dies gilt zumindest für den vorgestellten Beobachtungzeitraum, kühlten die Beziehungen zueinander kaum ab. Das große Interesse Herzog Albrechts an einem, an ein modernes Drehbuch erinnernden Augenzeugenbericht vom Ableben Heinrich II. und den Feierlichkeiten anläßlich der Krönung Franz' II. (Nr. 294) mag dies beispielhaft veranschaulichen. Die Fortdauer der guten Beziehungen spielte sicherlich eine Rolle beim Entschluß des Herzogs, dem Drängen des ehemaligen Sekretärs des französischen Botschafters in Dänemark[40], des Kaufmanns Antoine Maillet, nachzugeben und den herzoglichen Eigenhandel auch auf Frankreich auszudehnen. Der Eintritt Maillets als Generalfaktor in die Dienste des Herzogs im Jahre 1562 war an die Bedingungen geknüpft, daß Maillet in den herzoglichen Wäldern Pottasche herstellen, sie zusammen mit anderen Waren aus dem Land nach Frankreich verfrachten und dort unter Ausnutzung der zuvor beim französischen König erwirkten Vergünstigungen vermarkten sollte. Der Herzog hatte für die materiellen Voraussetzungen zu sorgen. Dafür stand ihm ein Gewinnanteil von 80 vom Hundert zu (Nrr. 361 und 367).

Das Unternehmen stand freilich von Anfang an unter keinem guten Stern. Die Schwierigkeiten begannen bereits bei der Ascheherstellung in Preußen. Der für den herzoglichen Handel zuständige Oberste Burggraf Christoph von Kreytzen zog bald

---

[37] Paravicini, S. 94–101 (Tabelle 7) und S. 103 (Tabelle 8).

[38] Dazu allgemein Willem P. Blockmans, in: Lexikon des Mittelalters, Bd. 2, hrsg. von Robert-Henri Bautier u.a., München, Zürich 1983, S. 1066–1084 s.n. Burgund, Herzogtum, und Bernhart Jähnig: Ausgangslage: Gemeinsamkeiten von „Restordensstaat", Königlichem Preußen und Ermland, in: HbGesch Ost- und Westpreußens, Teil 2/1, S. 7–12, sowie Ernst Opgenoorth: Die Lande Preußen in ihren Beziehungen untereinander und mit anderen Mächten, in: ebd., S. 13–22.

[39] Philippe Dollinger: Die Hanse, Stuttgart ^{4}1989, S. 331.

[40] Von Königsberg an die Loire, S. 3 f.

nach Maillets Aufbruch nach Frankreich den Böttcher Paul Bruggemann ab, der unter anderem für die Überwachung der angeworbenen Aschebrenner und die Herstellung der Aschefässer eingestellt worden war. Kreytzen schickte ihn nach Angerburg, um dort Faßdauben für Weinfässer herzustellen (Nr. 457). Nach Kräften behinderten auch Amtshauptleute, wie beispielsweise der Hauptmann von Angerburg, die Aschegewinnung vor Ort (Nr. 457). Der Grund dafür liegt auf der Hand, denn die Hauptleute mußten infolge des aufblühenden herzoglichen Eigenhandels Einbußen für ihre Amtswirtschaften befürchten[41]. Mangelnde Aufsicht führte nicht nur dazu, daß zuviel Kiefernholz, das die Güte der Asche beeinträchtigt, verbrannt wurde (Nr. 412). Eine Vielzahl von Fässern wurde überdies dem Regen ausgesetzt, so daß die darin eingefüllte Asche verdarb[42]. Zudem lähmten Kriegereignisse, wie zum Beispiel die englische Besetzung von Le Havre im Jahre 1562 (Nr. 379), den Transport der Handelswaren und verteuerten sie dadurch. Der damals wieder aufgeflammte Glaubenskrieg zwischen Hugenotten und Papisten in Frankreich dehnte die zum Erwerb zusätzlicher Handelsprivilegien unternommene Reise Maillets zum französischen König immer weiter aus, was die dem Herzog vorgelegten Reisekosten in die Höhe trieb[43]. Unter diesen Umständen stellte der Herzog den Eigenhandel mit Frankreich ein (Nrr. 496 und 504). Dagegen nutzten auch die aufdringlichen Versuche Maillets (z. B. Nrr. 449, 461, 468 und 473) nichts, den Herzog von den längerfristigen hohen Gewinnaussichten zu überzeugen. Maillet kehrte im Laufe des Jahres 1565 nach Frankreich zurück, um die dort zurückgelassene Restware zu verkaufen (Nr. 500). Sein letztes Lebenszeichen in der Überlieferung der West- und Südeuropaabteilung ist in Gestalt eines in Paris datierten Briefes vom 23. März 1566 erhalten geblieben (Nr. 507). Darin kündigt er ein Privileg Karl IX. von Frankreich an, das dessen Untertanen das Aschebrennen zugunsten der herzoglichen Unternehmung untersagt. Solange keine weiterführenden Quellen aufgefunden werden, mag dieses Schreiben als letzter Versuch Maillets gelten, den herzoglichen Eigenhandel mit Frankreich doch noch zu retten. Ungeachtet der widrigen äußeren Umstände kann das Scheitern des Mailletschen Unternehmens geradezu als Musterbeispiel für die Verhinderung der wirtschaftlichen Entwicklung eines Landes durch die zuständige Verwaltung gelten. Daß Maillet Opfer der zwischen dem Herzog und den Ständen geführten Auseinandersetzung[44] wurde, läßt sich anhand der bearbeiteten Quellen nur erahnen[45].

Auch bei der Beurteilung der Frage, ob oder inwieweit die preußischen Herzöge Eigenhandel mit italienischen Partnern getrieben haben, ist die Forschung auf die Erschließung weiterer Quellen aus dem Briefarchiv angewiesen. Hier könnte die Auswertung des Briefwechsels mit dem herzoglichen Agenten Georg Schultheiß in

[41] Zu den Amtswirtschaften s. Michael North: Landesherrliche Finanz-, Wirtschafts- und Verwaltungsorganisation: In: HbGesch Ost- und Westpreußens, Teil 2/1, S. 97–102.

[42] Von Königsberg an die Loire, S. 136.

[43] Von Königsberg an die Loire, Nr. 1, S. 14–105.

[44] Hubatsch, Albrecht, S. 210–215.

[45] Vgl. dazu die Bewertung des Mailletschen Unternehmens durch den aus patriotischer Sicht schreibenden Karl Faber: Handels-Verbindungen zwischen Preußen und Frankreich in den Jahren 1561 bis 1565, Beiträge zur Kunde Preußens 2 (1819), S. 62–67.

Nürnberg (HBA A. 4a.) noch für manche Überraschung sorgen. Aus der schmalen Überlieferung in der West- und Südeuropaabteilung läßt sich immerhin der Eindruck gewinnen, daß der Warenaustausch mit Venedig, besonders was die Lieferung von Schiffen (Nrr. 335, 414 und 510) und von Getreide (Nrr. 688, 709 und 733) angeht, nicht durch Einmaligkeit geprägt war. Wenn auch die zahlreichen Falkenbriefe an Philipp II. von Spanien und an viele Mitglieder der burgundischen Hofgesellschaft in den Niederlanden über Jahre hinweg freundliche Verbindungen zu dem habsburgischen Machtbereich vermuten lassen, so ist auch hier eine abschließende Bewertung erst nach Veröffentlichung der Regesten zum eingangs erwähnten Bestand „A. 1. Kaiser, kaiserliches Haus und Deutsches Reich, Kaiserliche Erb- und Niederlande" möglich. Dennoch sei in dem Zusammenhang auf ein bemerkenswertes Stück aufmerksam gemacht, das ein Licht auf die verfassungsrechtliche Stellung Königsbergs und mittelbar Preußens zur Zeit des Dreißigjährigen Krieges werfen dürfte, falls kein Schreiberirrtum vorliegt: Am 28. August 1626 ließ die Statthalterin der spanischen Niederlande, Isabella Clara Eugenia von Spanien, einen Brief abfassen (Nr. 782), der an Bürgermeister und Räte des Heiligen Reiches Stadt Königsberg gerichtet war, obwohl Königsberg zum polnischen Lehensfürstentum Preußen gehörte. Diese Anrede war sicherlich derart ungewöhnlich, daß die Königsberger der landesherrlichen Verwaltung umgehend eine Abschrift des Briefes zukommen ließen. Angesichts der militärischen Erfolge Wallensteins scheint damals an den habsburgischen Höfen die Möglichkeit einer Eroberung des Herzogtums Preußen und seiner Rückübertragung an den Deutschen Orden vorstellbar geworden zu sein. Dabei war es offensichtlich ein Ziel der habsburgischen Politik, die Unterstützung der drei Städte Königsberg mit der Inaussichtstellung des rechtlichen Status einer Reichsstadt zu ködern.

Die Beziehungen der Herzöge in Preußen zu Schottland scheinen hingegen nicht besonders eng gewesen zu sein. Dies ist schon allein daran zu erkennen, daß unter den bearbeiteten Quellen kein einziger Falkenbrief an die dortigen Könige zu finden ist. Die Schreiben an die schottischen Herrscher beschränken sich im wesentlichen auf Fürschriften in Kapersachen (z. B. Nrr. 121 und 256). Die Frage, ob Schottland eine gewisse Anziehung auf Bewohner der kleinen preußischen Städte ausgeübt hat, wie der Fall der nach Edinburgh ausgewanderten Verwandten des Bartensteiner Bürgers Bartholomeus Cranz nahelegt (Nr. 390), läßt sich anhand eines einzigen Beispiels nicht beantworten. Hier könnte erst die Auswertung des Bestandes „Etatsministerium" sowie die Erschließung von Quellen aus den anderen preußischen Landesteilen und der schottischen Gegenüberlieferung Aufschlüsse bringen.

Hinsichtlich des Königsberger Handels mag zum Abschluß noch auf eine Besonderheit hingewiesen sein: Unter der Voraussetzung, daß bei den nur als „Königsberger" Bürgern genannten Kaufleuten, Reedern und Schiffern Altstädter[46] gemeint sind, fehlt bei dem verhältnismäßig regen Handelsverkehr zwischen Königsberg und den west- und südeuropäischen Häfen eine Beteiligung von Bürgern aus der Stadt Königsberg-Kneiphof so gut wie ganz. Da bei dem Aufschwung des gesamten Königs-

---

[46] In den Quellen ist in den meisten Fällen die Altstadt gemeint, wenn lediglich von „Königsberg" die Rede ist.

berger Schiffsverkehrs im 16. Jahrhundert ein Niedergang des Kneiphöfer Handels nicht zu vermuten ist[47], sind Erklärungen hierfür anderswo zu suchen. In Anbetracht der seit dem Spätmittelalter immer größer werdenden Beteiligung der Kaufleute aus dem Kneiphof am litauischen Waldwarenhandel[48] ließe sich zunächst an eine Art von Arbeitsteilung zwischen den in nennenwertem Umfange am Außenhandel beteiligten Königsberger Städten Kneiphof und Altstadt denken. Während die Altstädter vornehmlich für die Ausfuhr von Getreide und die Einfuhr von Salz, Tuchen, Wein und anderen Waren aus West- und Südeuropa zuständig gewesen sein dürften, werden die Kneiphöfer in zunehmendem Maße fremde Schiffe[49] mit Holz, Asche und anderen Waldwaren befrachtet haben. Anlaß zu dieser Vermutung gibt der Umstand, daß unter den fremden Schiffern der Anteil der Holländer stark anstieg. Diese sorgten jedenfalls dafür, daß Amsterdam im 17. Jahrhundert zu einem bedeutenden Umschlagplatz für Waldwaren aus den Ostseeländern werden konnte[50]. Die Frage nach der Arbeitsteilung im Zusammenhang des Königsberger Seehandels läßt sich freilich erst nach der Regestierung der Abteilung „I. 3. Sonstiges. Hansesachen Königsbergs u. a." des Herzoglichen Briefarchivs zufriedenstellend beantworten.

Dieter Heckmann

[47] Siehe dazu North, Städte, in: HbGesch Ost-und Westpreußens, Teil 2/1, S. 126–130, hier: S. 127–129.

[48] Theodor Hirsch: Handels- und Gewerbegeschichte Danzigs unter der Herrschaft des Deutschen Ordens, Leipzig 1858, S. 285.

[49] Kempas, S. 167 f., hat ausgerechnet, daß die Städte Königsberg um die Mitte des 16. Jahrhunderts über 18,5 vom Hundert des ausgehenden Schiffsraums und in den dreißiger Jahren des folgenden Jahrhunderts nur noch über rund $^1/_2$ vom Hundert verfügten.

[50] Michael North: Waldwarenhandel und -produktion. Ein Beispiel für die Beziehungen Königsberg-Amsterdam im 17. Jahrhundert, in: The interactions of Amsterdam and Antwerp with the Baltic region, 1400–1800. De Nederlanden en het Oostzeegebied, 1400–1800, Leiden 1983, S. 73–83, hier: S. 73–76.

Regesten
(1525–1688)

Nr. 1

1525 Dezember 1, Toledo

[Georg von Klingenbeck] an [Herzog Albrecht]:

Unverrichteter Dinge Abreise von Franzosen, eilige Reise der Boten der Königin nach Frankreich zu einer Zeit, wo der französische König [Franz I.] bald wiederum Botschaft zum Kaiser [Karl V.] sendet; Drängen der Boten auf Empfang der Beauftragten [des Kaisers] durch den König, um mit ihnen alles besprechen und abschätzen zu können, wie er den Kaiser zufriedenstellen kann; nach Ausstellung dieses Schreibens Abgang einer Gesandtschaft zum Kaiser; Hoffnung des Kaisers auf Fortschritte trotz größter Schwierigkeiten und Wunsch desselben nach Bewegung zumindest in den von ihm angezeigten Sachen; voraussichtliche Abreise des Kaisers am zweiten Weihnachtstag, um zu Sevilla seine Braut [Isabella von Portugal] in Empfang zu nehmen und Hochzeit zu feiern.

Abschrift
Lateinisch
1 Blatt (25 cm x 17 cm), S. 1 beschrieben, S. 1 Kanzleivermerk *Ex Hispania cuius data Toleti prima decembris anno domini 1525 inter alia ad eum, qui sequitur modum.*

Beilage

Photokopie.
HBA G 741, Nr. 1. – Altsignatur: 2/7/83.

Nr. 2

1526 Januar 31, o. O.

François de Dinteville, Kaplan von Madame [Luise von Savoyen] an jedermann: Quittung für den deutschen Kaufmann und Einwohner zu Lyon, Daniel Gundelfinger (*Daniel Gondelphingel*), wegen der Lieferung eines Kinderharnisches, eines Madonnenbildes und eines Gemäldes mit der Darstellung einer Lautenspielerin an Madame; Übergabe des Harnisches und des Bildes an Gundelfinger durch den bei Pavia gefallenen Dietrich von Schonberg (*Thierry de Schembergk*) in der Absicht, die Gegenstände dem Thronfolger [Franz] und Madame zukommen zu lassen; dem Willen von Madame zufolge Entlastung des Kaufmannes von den Gegenständen.
Le dernier jour de janvier lan mil cinq cens vingt et cinq.

Ausfertigung
Französisch
1/2 Bogen Folio, S. 1 beschrieben, S. 2 Kanzleivermerk *Franntzesisch verstehe ich nich.*
Eigenhändige Unterschrift

Beilage

Abschrift
Französisch
1/2 Bogen Folio, S. 1 beschrieben, S. 1 zeitgenöss. Rubrum *Dise quitantz von dem harnisch ader kureßs und lauther veheden taffeln von der madame dem Gundelfinger gegeben. Zaig(en) die formunder an, daz Gundelfinger darumb gethan, damit daz ander gerethlich durch den konig [Franz I.], dieweyl d[er] S[chonberg] selig im lande fremde und mit tode abgegang(en), wie dan der gebrauch andern lut(en) aus gnaden nicht gegeben mit solch(en) habs Daniel verkemen*, S. 2 zeitgenöss. Betreff *Zwu quitantz(en) uf frantzosisch, so Daniel Gundelfinger selig(en) gegeben, daz er der madamma den Schottisch(en) kureßs und 2 gemalte taffeln geschanckt* und Registraturvermerk *8*.
HBA G 741, Nr. 2.

Nr. 3

1526 Januar 31, o. O.

Babonz an jedermann:
[Wie Nr. 2]
Le dernier jour de janvier mil cinq cens vingt et cinq.

Ausfertigung
Französisch
1/2 Bogen Folio, S. 1 beschrieben, S. 2 Ausstellerbetreff *Descharge du harnoys et des ymages pour Danyel* und Bearbeitungsvermerk *Franntzesisch verstehe ich nich.*
Eigenhändige Ausstellerunterschrift

Beilagen
I. Konzept

Französisch
1/2 Bogen Folio, S. 1 beschrieben.
Siegelspuren am oberen Blattrand

II. Kurzregest von Hand des 19. Jahrhunderts

1 Blatt (35,5 cm x 20,5 cm), S. 1 beschrieben.
HBA G 741, Nr. 3. – Altsignatur: D Nr. 81.

Nr. 4

a) Aufforderung des Kaisers [Karl V.] durch den französischen König [Franz I.] zum Duell sowie Schreiben des die Angelegenheit voraussehenden Kaisers vom [15]28 März 18, Madrid, an den königlichen Botschafter *de Boudralis*:

Ehrlose Handlungsweise des französischen Königs, sein Wort nach dem Widerruf des zwischen beiden zu Madrid geschlossenen Vertrages zu brechen; bei Einwänden des Königs Absicht des Kaisers, dagegen in eigener Person Widerstand zu leisten; nach Vertragsabschluß sinngemäßer Ausspruch dieser Worte durch den Kaiser im Jahre [15]25 in Anwesenheit des Königs in Madrid; Wiederholung der Worte durch den Kaiser in Gegenwart de Boudralis' und des Boten einer Kriegserklärung während des kaiserlichen Aufenthaltes zu Burgos; aufgrund des Ausbleibens einer Antwort Überzeugung des Kaisers vom Verschweigen einer dem König zu überbringenden Nachricht durch de Boudralis; einseitige Einhaltung der gegebenen Versprechen durch den Kaiser.

b) Abschrift eines dem Kaiser zu Masena in Aragon am 8. Juni [15]28 durch einen Herold zur Kenntnis gegebenen Schreibens des französischen Königs in der Duellsache und Übersetzung des Briefs vom Französischen ins Deutsche und vom Deutschen ins Lateinische:

[15]28 März 28, Paris

Franz [I.] an Kaiser [Karl V.]:

Nach der Entsendung von Botschafter und Herold des allgemeinen Wohls und des Friedens halber genaue Kenntnis des Königs von den Vorwürfen des Kaisers und von dessen unbilliger Forderung nach Entschuldigung; kaiserlicher Vorwurf der Wortbrüchigkeit; zur Verteidung der Ehre des Königs Übermittlung dieser Aufforderung zum Duell; trotz der nicht bestehenden Verpflichtung für einen Gefangenen, Versprechen einzuhalten, Absicht des Königs, seine Ehre zu verteidigen; königliche Ehrkränkung sowohl im Hinblick des gegebenen Versprechens als auch im Zusammenhang mit seiner Freilassung aus Spanien; Aufforderung an den Kaiser, von ehrverletzenden Schreiben abzustehen und ihn wegen des Duells zu benachrichtigen; danach Ansagung der Waffen durch den König; Anlastung möglicher Duellverzögerungen an den Kaiser durch den König.

c) Antwort des Kaisers auf die Aufforderung zum Duell durch den König von Frankreich:

Wunsch, vor Gott und aller Welt sein Recht und die Unbilligkeit des Königs offenzulegen; ungerechte, gegen den Kaiser vorgebrachte Vorwände des Königs und Schuldzuweisung an Franz I.; Überzeugung, den Sieg davonzutragen, und Hoffnung auf einen gerechten Ausgang; Überlegung des Kaisers, großes Blutvergießen und das

Unheil vieler Menschen zu vermeiden; deswegen Annahme des Duells; Forderung nach Überprüfung der vom König ausgesuchten Waffen durch den kaiserlichen Hofmeister; im Falle der Ablehnung eines Aufschubs sowie der Begutachtung Verdeutlichung des königlichen Bemühens um eine List; nach Überprüfung der Waffen unverzügliche Angabe dreier Austragungsorte durch den Kaiser, um den König einen davon auswählen zu lassen.

Abschrift
Lateinisch
1 Bogen Folio, S. 1–3 beschrieben.
HBA G 749, Nr. 1. – Altsignaturen: 4/21 und 2/10/66

Nr. 5

a) 1530 Dezember 2, bei *Nampliconet*

König Heinrich [VIII.] von England an Papst [Clemens VII.]:

Dem Vernehmen seines Botschafters sowie der päpstlichen Gesandten nach keine Erhörung der königlichen Forderungen sowie der zu seinen Gunsten erhobenen Einsprüche der befreundeten christlichen Könige; starre Haltung des Papstes in den Angelegenheiten trotz der wiederholt erläuterten Umstände; Verwahrung gegen den päpstlichen Vorwurf, in England Richter einzusetzen; Enttäuschung beim König, bei dem ihn unterstützenden französischen König [Fanz I.], bei dessen Ratgebern und bei allen Adligen, die ihre Schreiben dem königlichen beigefügt haben; Vorwurf an den Papst, den Konzilien das Recht abzusprechen, Streitigkeiten an ihren Ursprungsorten entscheiden zu lassen; richterliche Entscheidungen vor Ort stehen im Einklang mit den Vorstellungen des Märtyrers Cyprian und denen, die der heilige Bernhard in einem Schreiben an Eugen [III.] geäußert hat; Vorwurf an den Papst, mangelnden Willen zu zeigen, sich dem Willen Kaiser [Karls V.] unterzuordnen, rasch dem gegnerischen Wort Gehör zu schenken und die königlichen Verlautbarungen anzuzweifeln; Vorwurf an den Papst, die Klage der Königin von England [Katharina von Aragon] über einen für die Rechtsprechung unsicheren Ort ohne Möglichkeit der Rechtfertigung und des Zeugenverhörs ernst zu nehmen, und Versicherung, eindeutige Gegenbeweise zu besitzen; Vorwurf an den Papst, das Gegenteil des Bewiesenen zu glauben, und Betonung, den Beweis für die Sicherheit des Königreichs für die gerichtliche Verhandlung der königlichen Angelegenheiten erbracht zu haben; aufgrund der Unterordnung des Papstes unter den kaiserlichen Willen Ablehnung der jüngsten Wünsche des Königs; erneute Bitte an den Papst um Zustimmung zur Entscheidung der königlichen Angelegenheiten in England durch vom König bestellte Richter; Vorwurf an den Papst, durch der Öffentlichkeit zugänglich gemachte Schreiben allen die Möglichkeit eröffnet zu haben, sich in der Angelegenheit des Königs schriftlich zu äußern; in Bologna und anderswo Drohungen päpstlicher Stadträte gegen diejenigen, die gegen die päpstliche Gewalt schreiben; Beschuldigung der kaiserlichen Gesandten, in Italien und besonders in den päpstlichen Gebieten unaufhörlichen Schrecken zu verbreiten, Drohungen auszustoßen und mit päpstlichem Einvernehmen die im königlichen Auftrag handelnden Schreiber einzuschränken; Unkenntnis des Königs vom uneingeschränkten Briefverkehr; dem Vernehmen des französischen Königs nach Stellungnahme des bei ihm befindlichen Nuntius zur Angelegenheit des englischen Königs; Verwahrung des Absenders gegen die tollkühne Behauptung des Nuntius, mit seiner Angelegenheit gegen göttliches und menschliches Recht zu verstoßen; Wunsch des Königs nach Abberufung des Nuntius; Bitte um das, was im Einklang mit dem natürlichen Recht steht; Bitte um das, was des Königs ist; Bitte um Einverständnis, Angelegenheiten in ihren Ursprungsländern zu entscheiden, und Bitte, die königlichen Gesetze nicht ins Gegenteil zu kehren.

b) 1531 Januar 10, Rom

Papst [Clemens VII.] an König [Heinrich VIII.] von England:

Empfang eines Schreibens des Königs vom 6. [!] Dezember mit dem unvergleichlichen Vorwurf des Königs, vergessen worden zu sein; Erinnerung an das Zusammenwirken zwischen Papst und Gott bei der Schenkung des königlichen Amtes; Klage des Königs über ungerechte Behandlung durch den Papst, über die Begünstigung der Königin durch den Kaiser und über die Absicht des Papstes, die Eheangelegenheit nicht in [England], sondern in Rom entscheiden zu lassen; im Falle der Äußerung im Affekt oder bei eingestreuter Verwirrung Einladung, die Angelegenheit genau abzuwägen; Beteuerung, unter Beachtung von Würde und Gerechtigkeit gehandelt zu haben; Erinnerung, mit der Entsendung eines Kardinallegaten den Wünschen des Königs entgegengekommen zu sein in der Hoffnung, die Eintracht zwischen beiden wiederherzustellen; Änderung der päpstlichen Haltung nach Beseitigung der Klageursache der Königin, vor ein parteiisches und fremdes Gericht gezogen worden zu sein; Appellation der Königin an den apostolischen Stuhl und Eidesleistung derselben vermittels ihres Beauftragten als Sachwalter der Gerechtigkeit (*iusticie debitores omnibus sumus*) und als Lehrer des gemeinen Rechts; Feststellung großer Erregung bei den Königen wegen der das geistliche Sakrament und die Gefahr eines großen Skandals belangenden Angelegenheit; deswegen Unterrichtung derselben von der Sache durch ihn, um nicht das päpstliche Amt und die Gewohnheiten seiner Vorgänger aufzugeben; Zulassung der Appellationssache bei der Rota nach einstimmiger Billigung durch die Kardinäle; Abwägung der unterschiedlichen Rechtsauffasssungen, um die dem apostolischen Stuhl vorbehaltenen Entscheidungen in könglichen Angelegenheiten treffen zu können; widerspruchslose Hinnahme der Bestallung von päpstlichen Richtern im Königreich durch eine Streitpartei; trotz eidlich bekräftigtem Mißtrauen dieser Partei gegen Gerichtsort und Richter Bestreitung der Befangenheitsgründe durch den König; Gültigkeit des Grundsatzes, Streitsachen bei ihren Entstehungsorten zu verhandeln, alleine im Falle der Unbefangenheit; Zurückweisung des Vorwurfs des Königs, ihn gegenüber den anderen Königen zu benachteiligen; päpstliches Stillschweigen über den Versuch des Königs, den Erzbischof von Canterbury [Thomas Wolsey] zum Schaden der Königin an den Papst schreiben und mit den übrigen eifrig bitten zu lassen, sowie über den sonderbaren Gerechtigkeitssinn und die merkwürdige Redlichkeit des Königs; tiefes Mißtrauen bei allen gegenüber dem König nach der Beargwöhnung des Königs als obersten (Gerichts-)Herrn durch die Königin; fehlende sachliche Grundlage, bei der Königin den Ausgang für den Argwohn zu suchen; die Verdächtigungen des Papstes durch den König beruhen auf falschen Vorstellungen; Wunsch des Papstes, die althergebrachte gegenseitige Liebe aufrechtzuerhalten; deswegen Verzicht, auf das bittere Schreiben des Königs in gleicher Schärfe zu antworten; Mangel an Bescheidenheit im königlichen Brief; Zurückweisung des Vorwurfs der unbedingten Ergebenheit dem Kaiser gegenüber; zum Wohle des allgemeinen Friedens und des päpstlichen Amtes jedoch Verpflichtung zum freundschaftlichen Umgang mit demselben; Beschränkung der Forderungen des Kaisers zum Schutze seiner Tante im Rahmen des unverfälschten Rechts; Schuldlosigkeit des Kaisers in der Angelegenheit und Schuldzuweisung auf die Urheber der abgelehnten Ehe; Zusicherung unterschiedsloser Zuneigung; unwahre Berichte über Behinderungen königlicher Rechtsgelehrter in Bologna; ausdrückliche Erlaubnis, dort Nachforschungen zu betreiben, und Angebot, dem König zu dem Zweck auch päpstliches Schriftgut zur Verfügung zu stellen; Mißbilligung einer möglichen Umdeutung des päpstlichen Willens durch den Nuntius beim französischen König; Entsendung des Herrn *Burgii* als Nuntius mit der Vollmacht, dem König Näheres auszuführen.

Abschrift
Lateinisch
3 Bogen Folio, S. 1–11 beschrieben, S. 12 zeitgenöss. Betreff *Copia literarum serenissimi regis Angliae ad summum pontificem, responsum summi pont[fici]* und Vermerk *[.]ili.*

Beilage

Kurzregest von Hand des 19. Jahrhunderts

1 Blatt (35,9 cm x 20,4 cm), S. 1 beschrieben.
HBA G 741, Nr. 5.

Nr. 6

a) 1531 April 16, Paris

König Franz [I.] von Frankreich an Kurfürst Johann [den Beständigen] von Sachsen, Markgraf Georg von Brandenburg, Herzog Ernst von Braunschweig und Lüneburg, Landgraf Philipp von Hessen und an den Rat von Straßburg, Nürnberg, Ulm und Magdeburg:

[Teildruck: Vitus Ludovicus a Seckendorf: Commentarius de Lutheranismo, Leipzig [2]1694, III, sect. 3, § 5, S. 14]

Abschrift
Lateinisch
1 Bogen Folio, S. 1–4 beschrieben.

b) 1531 Mai 3, Greenwich

König Heinrich VIII. von England an dieselben:

[Druck: Seckendorf, ebd. S. 13 f.; Ioannis Sleidani de statu religionis et reipublicae Carolo Quinto commentarii, I, Frankfurt/M. ²1785, S. 460–462.]

Abschrift
Lateinisch
1 Bogen Folio, S. 1–3 beschrieben.

Beilagen
I. Umschlag

1 Bogen Folio, S. 4 zeitgenöss. Betreffe *Konigs zu Franckreich antwort uff der evangelischen stende schreiben an ine konig gethan* und von späterer Hand *Desglichen des künigs von Engelandt* sowie Registraturvermerke *I* und *Franckreich*.

II. Kurzregesten von Hand des 19. Jahrhunderts

1 Blatt (36,5 cm x 21 cm).
HBA G 741, Nr. 4. – Altsignatur: 4/21/37.

Nr. 7

1534 Juni 15, Königsberg

Herzog Albrecht an König [Heinrich VIII.] von England:

Empfang eines Schreibens des herzoglichen Bruders und Koadjutors der Rigischen Kirche, Markgraf Wilhelm, zur Weiderbeförderung an den König; Bitte des Herzogs um Hilfe für Wilhelm; ausführliche Erwähnung des Einfalls von Herzog [Christian] von Holstein in Jütland in einem herzoglichen Brief an den unlängst zu ihm gesandten königlichen Rat William Paget (*Gulielmo Pageto*); Bitte, die von Paget vorzutragenden Anliegen des Herzogs zu unterstützen.

Abschrift
Lateinisch
Ostpr. Fol. 49, S. 481 f.

Nr. 8

[15]34 [Juni 15, Königsberg]

Herzog Albrecht an William Paget:

Bitte, dem König [Heinrich VIII.] die herzogliche Diensterbietung zu versichern; einem Schreiben des herzoglichen Bruders, des Markgrafen Wilhelm, an den Herzog zufolge unlängst Entsendung von Boten nach Lübeck durch den Markgrafen mit dem Ersuchen, Werbungen des Deutschen Ordens und der übrigen livländischen Stände zu verbieten; Ausbleiben einer Antwort, die über das bereits öffentlich bekannt Gemachte hinausgeht; aus langjähriger Freundschaft der Lübecker mit dem Ordensmeister (*supremo magistro*) [Wolter von Plettenberg] und den Seinen zur Aufrechterhaltung des Handels mit den Bürgern Entstehung von Bündnissen zwischen Lübeck und den livländischen Ständen; Gerüchte über Subsidien an den [englischen] König durch die Lübecker und über ihre Feindschaft zu Herzog [Christian] von Holstein; Versicherung, den durch Lügen aufgebauschten Gerüchten keinen Glauben zu schenken; Hoffnung des Herzogs auf Unterstützung durch den französichen König [Franz I.] und Bitte um Empfehlung an den [englischen] König.

Abschrift
Lateinisch
Ostpr. Fol. 49, S. 483 f.

Nr. 9

[15]34 Oktober 20, Königsberg

Herzog Albrecht an König [Heinrich VIII.] von England:

Erinnerung an das im Jahr zuvor vom königlichen Gesandten [William Paget] versicherte Wohlwollen des Königs; Hoffnung des Herzogs, seine dem König entgegengebrachte Zuneigung mittels eines kleinen Geschenks unter Beweis zu stellen; Übersendung von 12 im laufenden Jahr im Herzogtum gefangen genommen Falken mit der Absicht, damit den König nach seinen vielen Geschäften zu erfreuen; Bitte um wohlwollende Annahme des Geschenks.

Abschrift
Lateinisch
Ostpr. Fol. 49, S. 534 f.

Nr. 10

[15]34 Oktober 20, Königsberg

[Herzog Albrecht] an den Gesandten des englischen Königs William Paget:

Ausbleiben einer Entgegnung auf ein einige Tage zuvor dem Empfänger zugestelltes herzogliches Schreiben; Bitte um Antwort trotz anstehender Geschäfte; Erhalt eines vom kaiserlichen Kammergericht veröffentlichten und gegen den Herzog und seine Untertanen gerichteten Vollstreckungsbefehls; deswegen Furcht des Absenders vor einem ins Herzogtum Preußen getragenen Krieg; Hoffnung auf Unterstützung durch Paget und Bitte an denselben, sich beim englischen König [Heinrich VIII.] für einen Kredit zur Kriegsführung zu verwenden; Übermittlung einiger Falken und eines Schreibens an die Schwester des Königs [Margarete] durch den Briefzeiger; wegen Unkenntnis ihres Namens Bitte um Ergänzung ihrer Anrede.

Abschrift
Lateinisch
Ostpr. Fol. 49, S. 535–537.

Nr. 11

[15]34 Oktober 20, Königsberg

[Herzog Albrecht] an den Herzog von Angus [Archibald Douglas]:

Ungeachtet des bislang nicht gepflegten Umgangs miteinander Ergreifung der Gelegenheit, um dem Empfänger zu schreiben und ihm mittels eines kleinen Geschenks Zuneigung zu bezeugen; Übermittlung von zehn im Herzogtum gefangen genommenen Falken mit der Bitte, die Vögel wohlwollend anzunehmen.

Abschrift
Lateinisch
Ostpr. Fol. 49, S. 537 f.

Journalvermerk *Duci Anglię etc.*

Nr. 12

[15]34 Oktober 20, Königsberg

[Herzog Albrecht] an König [Franz I.] von Frankreich:

Trotz mangelnder Schreibanlässe in den zurückliegenden Jahren Wunsch, dem König sein Wohlwollen schriftlich zu bekunden; wegen der Freude des Empfängers an der

Beizjagd Übersendung von 12 im Herzogtum gefangen genommenen Falken durch den herzoglichen Diener Peter Dankwart (*Petro Danckart*); Bitte des Herzogs, die Gabe als Geschenk von Herzen anzunehmen und ihn empfohlen zu halten.

Abschrift
Lateinisch
Ostpr. Fol. 49, S. 538–540.

Journalvermerk *Regi Gallorum et regi Arragonie mutatis mutandis 20 octobris.*

Nr. 13

1535 Januar 11[1], Mâcon

König Heinrich von Navarra [Heinrich II. von Albret] an Herzog Albrecht:

Empfang eines Geschenkes in Gestalt von 15 Falken durch einen herzoglichen Beauftragten; Dankesbekundung; Mangel an edlen Pferden und Jagdhunden in seinem Land, aber Überfluß davon im Herzogtum; Bedauern über sein Unvermögen, den Herzog mit einer geeigneten Gegengabe zu ehren, und Freundschaftsversprechen. *Tercio idus ianuarii anno salutis quingentesimo supra millesimum.*

Ausfertigung
Lateinisch
1 Bogen Folio, S. 1 beschrieben, S. 2 Außenadresse und zeitgenöss. Rubrum *Rex Nauarre agit gratias pro quindecim falconibus sibi missis cum exhibitore etc.*
Siegelspuren

Beilagen

I. Abschrift

Lateinisch
1/2 Bogen Folio, S. 1 beschrieben, S. 2 Außenadresse *Rex Nauarrie et Aragonie, 1535.*

II. Kurzregesten von Hand des 19. Jahrhunderts

1 Bogen Folio, S. 1 beschrieben.
HBA G 741, Nr. 6. – Altsignatur: 4/31/63 (I).

---

1 Vgl. dazu die Nrr. 12 und 17.

Nr. 14

1535 Januar 16[1], Lyon

König Franz [I.] von Frankreich an Herzog Albrecht:

Empfang eines Geschenkes in Gestalt von 12 Falken und eines Schreibens durch einen herzoglichen Boten; Dank, Wohlwollensversprechen und Angebot einer Gegengabe.
Die XVI[to] *mensis ianuarii quingentesimo trecesimo quinto.*

Abschrift
Lateinisch
1 Bogen Folio, S. 1 beschrieben, S. 2 Außenadresse, S. 4 zeitgenöss. Betreff. *Litteris regis Françię.*
HBA G 741, Nr. 7. – Altsignatur: 4/31/96 (I).

Nr. 15

[15]35 Juli 29, Königsberg

[Herzog Albrecht] an König [Heinrich VIII.] von England:

Unlängst Empfang eines Schreibens des Königs von 1534 Februar 3; wiederholte Empfehlung des königlichen Untertans Thomas Martin (*Thoma Marteyn*) mit der Bitte, demselben sein Recht folgen zu lassen; häufige Richtersprüche der herzoglichen Räte in Martins Angelegenheit; wegen der Unzufriedenheit Martins mit dem zuletzt ergangenen Spruch und seines Drängens nach Vorteilhafterem Übermittlung des Urteils in seinem Wortlaut an den König zusammen mit diesem Schreiben; Einladung an den König, daraus die Mühewaltung in der Sache zu entnehmen; Bitte, Martin vor weiterführenden Schritten abzuhalten.

Abschrift
Lateinisch
Ostpr. Fol. 49, S. 683 f.

---

[1] Vgl. dazu die Nrr. 12 und 18.

Nr. 16

[15]35 Juli 29, Königsberg

[Herzog Albrecht] an [Philipp II. von Croy] Herzog von Aarschot:

Im Vorjahr Verhandlungen Croys und des herzoglichen Kammerherrns Christoph von Kreytzen (*Christophorus Kreijtzenn*) in Angelegenheiten des Herzogs bei Königin Maria [von Ungarn]; Dank für die wohlwollende Unterstützung des Kammerherrn; Hoffnung auf eine Antwort Königin Marias und Bitte an Croy, die Königin an die Angelegenheit des Herzogs zu erinnern; Einladung an Croy, ein Schreiben des Herzogs an die Königin einzusehen; Diensterbietung des Herzogs an den Kaiser [Karl V.] insbesondere hinsichtlich des Streites zwischen den holländischen Untertanen des Kaisers und den Lübeckern.

Abschrift
Lateinisch
Ostpr. Fol. 49, S. 684 f.

Nr. 17

[15]35 Oktober 20, Königsberg

[Herzog Albrecht] an König Heinrich [II.] von Navarra [und Aragon]:

Empfang einer Nachricht des Königs mit der Eingangsbestätigung eines herzoglichen Schreibens und dem Dank für das mitgesandte Falkengeschenk; Freude des Herzogs über die Anrede mit Bruder; zur Bekräftigung seiner Zuneigung zum König Übersendung von 10 Falken; Entschuldigung der geringen Anzahl der Vögel mit dem Wunsch, auch andere Herren und Freunde mit Falken zu beehren; Bitte um Gutheißung der Gabe; Beteuerung, das Geschenk nicht in der Hoffnung auf eine Gegengabe gemacht zu haben.

Abschrift
Lateinisch
Ostpr. Fol. 49, S. 701–703.

Nr. 18

[15]35 Oktober 21, Königsberg

[Herzog Albrecht] an König [Franz I.] von Frankreich:

Einem Schreiben des Königs an den Herzog zufolge dankbare Entgegennahme des übermittelten Geschenks mit der Bitte um weitere Zusendung von Falken; Dank für das geäußerte königliche Wohlwollen; zum Beweis der herzoglichen Zuneigung

Übermittlung von 12 im laufenden Jahr im Herzogtum gefangenen Falken; durch sie hofft der Herzog auf Ablenkung des Königs von seinen zahlreichen Geschäften; Bitte um Annahme der von Herzen kommenden Gabe sowie um Rat und Tat in dieser schweren Zeit; Anheimstellung einer Gegengabe.

Abschrift
Lateinisch
Ostpr. Fol. 49, S. 698 f.

Nr. 19

[15]35 Oktober 21, Königsberg

Herzog Albrecht an [Charles Brandon] Herzog von Suffolk:

Erhalt einer Nachricht Brandons mit dem Dank für die Übersendung eines Schreibens nebst Falken; in der Absicht, die herzogliche Zuneigung dem Empfänger gegenüber unter Beweis zu stellen, Übermittlung eines Geschenks in Gestalt von acht Falken durch den briefzeigenden herzoglichen Diener; Bitte um wohlwollende Annahme der Gabe; bezüglich des im Empfängerschreiben erbetenen Aufschubs für ein Gegengeschenk Beteuerung des Herzogs, das Geschenk nicht um einer Gegengabe willen gemacht zu haben; dennoch stellt er es Brandon anheim, ihn mit einer Gabe zu ehren.

Abschrift
Lateinisch
Ostpr. Fol. 49, S. 703 f.

Nr. 20

[15]35 Oktober 22, Königsberg

[Herzog Albrecht] an König [Heinrich VIII.] von England:

Einer Nachricht des Königs an den Herzog zufolge dankbare Entgegennahme eines Schreibens nebst einem Geschenk in Gestalt von Falken; Wunsch des Herzogs, dem König allezeit diensterbietig zu sein; deswegen Übersendung von wiederum 10 im laufenden Jahr im Herzogtum gefangenen Falken; Bitte um Annahme dieser von Herzen kommenden Gabe; Entschuldigung der geringen Anzahl der Vögel mit den dem Vogelfang entgegenstehenden Unbilden der Witterung; Sorge des Königs um den zwischen dem dänischen König [Christian III.] und den Lübeckern ausgebrochenen Zwist und Wunsch, den Streit zusammen mit dem Herzog zu schlichten; Scheitern eines vorangegangenen Vermittlungsversuchs des Herzogs entweder aufgrund des geringen herzoglichen Ansehens bei den Lübeckern oder wegen mangelnden Vertrauens ihm gegenüber nach einer Hilfeleistung für den dänischen König; Vorwurf des Herzogs an die Lübecker, Könige ein- und absetzen und gegen den von allen Ständen des [dänischen] Reichs gewählten König Krieg führen zu wollen; der Herzogs will die in ihn gesetzten königlichen Erwartungen bezüglich der Beilegung des Streites nicht enttäuschen und versichert seine und des Königs von Dänemark Diensterbietung.

Abschrift
Lateinisch
Ostpr. Fol. 49, S. 699–701.

Nr. 21

[15]35 Oktober 28, Königsberg

[Herzog Albrecht] an den Gesandten des englischen Königs William Paget:

Erhalt eines Schreibens des Empfängers mit der Bestätigung des Empfangs zweier herzoglicher Briefe; Mißfallen des Herzogs über die Vernachlässigung seiner Geschäfte durch den Überbringer der früheren Schreiben; Verursachung hoher Kosten durch diesen Taugenichts; Ausbleiben einer Antwort auf ein Schreiben Pagets wegen fehlender Gelegenheit; Unzuverlässigkeit der Boten, Ausbleiben von nach [England] segelnden Schiffen und Mangel an geeigneten Boten für die gerade in diesen Kriegszeiten schwierige sichere Übermittlung von Briefen; Bitte um Entschuldigung für das lange Schweigen; dem Schreiben Pagets nach Freude des englischen Königs [Heinrich VIII.] über die Nachricht vom ehrenhaften Frieden zwischen dem Koadjutor Wilhelm, dem Bruder des Herzogs, und dessen Gegnern; der Herzog bestätigt lediglich einen von den Gegnern nicht ausgenutzten Waffenstillstand; Hoffnung des Herzogs, beim König für sich und seinen Bruder Wilhelm Rat und Tat zu finden; dem Vernehmen des Empfängerschreibens zufolge Klage des Königs über die blutigen Kriege zwischen denjenigen, die ihm freundschaftlich verbunden sind, und Bedauern über die Kriegstreibereien des mit ihm verbundenen Herzogs, weswegen Paget denselben nicht zu empfehlen gewagt hat; Furcht Pagets vor dem Verdacht, den vom Herzog erbetenen Kredit ohne Wissen des Königs und gegen dessen Freunde aufzunehmen und den königlichen Schutz ins Gegenteil zu kehren; der Herzog begrüßt die königliche Besorgnis wegen den unter den Verwandten und Freunden des Königs herrschenden Streitigkeiten, woraus er ein ihm vom König entgegengebrachtes Wohlwollen ableitet; Vorwurf an Paget, die Geschäfte des Herzogs beim König nicht befördern zu wollen; gegen die Verdächtigung durch Paget, das Geld wider den Willen des Königs und seiner Freunde aufzunehmen und damit gleichsam Übles gegen den König im Schilde zu führen, verwahrt sich der Herzog; im Empfängerschreiben Erwähnung von irgendwelchen, als Freunde des Königs genannten Leuten; die Einbeziehung der Lübecker in diese Bezeichnung entzieht sich der Kenntnis des Herzogs; Beweis von heimlichen Subsidienzahlungen der Lübecker an den König durch Schriftstücke im herzoglichen Besitz; trotz der zum Nachteil des dänischen Königs [Christian III.] gezahlten Subsidien glaubt der Herzog nicht an eine Hilfe des englischen Königs für jene Aufständischen, die keinen gerechten Grund zum Krieg haben; Vorwurf an die Lübecker, Könige ein- und absetzen zu wollen und Krieg gegen einen von allen Ständen des [dänischen] Reichs gewählten König zu führen; Hoffnung des Herzogs auf Unterstützung des dänischen Königs durch den englischen und Bitte an Paget, ihn dem König zu empfehlen.

Abschrift
Lateinisch
Ostpr. Fol. 49, S. 705–709.

Nr. 22

[15]35 November 29, Arnheim

Herzog Karl von Geldern an Herzog Albrecht:

Empfang eines Schreibens nebst einem Geschenk in Gestalt von sechs Falken; Dank und Angebot einer Gegengabe.

Ausfertigung
1/2 Bogen Folio, S. 1 beschrieben, S. 2 Außenadresse und zeitgenöss. *Herztog von Gellern danckt m[einem] g(nedig)sten hern vor 6 falcken mit erbietung.*
Eigenhändige Ausstellerunterschrift und -siegel

Beilagen

I. Abschrift

1/2 Bogen Folio, S. 1 beschrieben, S. 2 zeitgenöss. Betreff *Des hertzogen von Geldern schreyben.*

II. Kurzregest von Hand des 19. Jahrhunderts

1 Blatt (35,5 cm x 20,5 cm), S. 1 beschrieben.
HBA G 741, Nr. 8. – Altsignatur: 4/31/36

Nr. 23

[15]35 Dezember 3, Königsberg

[Herzog Albrecht] an [Philipp von Croy] Herzog von Aarschot:

Im Schreiben an Croy von [1535] Juli 29 Aufgabenübertragung, gewisse schwierige Verhandlungen bei der kaiserlichen Statthalterin in Niederdeutschland (*Germania inferior*), der Königin Maria von Ungarn, zu befördern; Benachrichtigung vom Abfangen jenes und anderer, einem Kaufgesellen mitgegebener Schreiben durch Lübecker, die dem Gesellen Schiff, Güter und Handelswaren abgenommen haben; trotz der unlängst mitgeteilten Hoffnung des Gesellen auf Rückgabe und auf Weiterbeförderung der Schreiben Unkenntnis des Herzogs von der Ankunft seines Briefes beim Empfänger; deswegen Wiederholung des Inhalts [von Nr. 16]; genaue Kenntnis des Doktors *Ioannes Tucher* von der Angelegenheit des Herzogs.

Abschrift
Lateinisch
Ostpr. Fol. 49, S. 720–722.

Nr. 24

1535 Dezember 24, London

Charles [Brandon], Herzog von Suffolk, an Herzog Albrecht:

Freude über ein herzogliches Geschenk in Gestalt von acht Falken; Verzögerung des gebührenden Dankes aufgrund von die Einreise stark einschränkenden Kriegsereignissen und Unruhen; Ankündigung eines Freundschaftsbeweises für das darauffolgende Jahr.

Ausfertigung
Lateinisch
1 Bogen Folio, S. 1 beschrieben, S. 4 Außenadresse und zeitgenöss. Rubrum *Dux Suffolchie agit gratias pro octo falconibus.*
Eigenhändige Ausstellerunterschrift und -siegel

Beilage

Abschrift
Lateinisch
1/2 Bogen Folio, S. 1 beschrieben, S. 2 zeitgenöss. Betreff *Dux Suffolchie.*
HBA G 741, Nr. 9. – Altsignatur: 4/31/73 (I)

Nr. 25

1535 Dezember 24, Eltham

König Heinrich VIII. von England an Herzog Albrecht:

Freude über das empfangene Geschenk in Gestalt von 10 Falken sowie über ein herzogliches Begleitschreiben; Dank und Angebot einer Gegengabe; wegen unzureichender Kenntnis der Sachlage Unvermögen des Königs, im Streit zwischen Herzog [Christian] von Holstein und den Lübeckern Stellung zu beziehen; *Petrus Vannes.*

Ausfertigung
Lateinisch
1 Bogen Folio, S. 1 beschrieben, S. 2 Außenadresse und zeitgenöss. Rubrum *Henricus rex Anglie accepit singulari quodam desiderio, que dux Borussia se ita crebro in scribendo exhibet. Agitque gratias de falconibus nuper sibi dono missis. Promittit sibi vicissim gratificari et in ipso parem experiri voluptatem.*
Eigenhändige Ausstellerunterschrift und -siegel

Beilagen

I. Abschrift

Lateinisch
1 Bogen Folio, S. 1–3 beschrieben, S. 4 zeitgenöss. Betreff und Bearbeitungsvermerk von Hand des 19. Jahrhunderts *Abschrift des Originals v[om] 24. Dec[ember] 1535. Wird nicht copirt.*

II. o. D., London

N. N. an N. N.:

Entsendung eines Gehilfen (*jungenn*) mit der Bitte an den Empfänger, zusammen mit dem Gehilfen zum Absender zu reiten; Unterlassung von Schreiben an den Kardinal und an Meister *Franciscus* aufgrund einer durch eine Vielzahl guter Gesellen verursachten Verzögerung; Erwartung des Empfängers zum Frühstück am Sonnabend; Übersendung von drei Nobeln und von zehn *stossen.*

Ausfertigung
1 Blatt (26,1 cm x 21,4 cm), S. 1 beschrieben, S. 2 gestr. zeitgenöss. Vermerk *Freytag: 3 nobel, 10 stotes zerung zu K(oni)gsstein; 2 d licht, 1 d brot, (6) d verzert; 1 stotes bar(u)ier* und Bearbeitungsvermerke von Hand des 19. Jahrhunderts *War befindlich ad 4/31/99 (I)* und *21/10/[18]78.*
HBA G 741, Nr. 10. – Altsignatur: 4/31/99 (I)

Nr. 26

1536 März 16, Breda

Graf Heinrich [III.] von Nassau [-Dillenburg] an Herzog Albrecht:

Entschuldigung der langsamen Übermittlung eines seiner Schreiben durch den Falkner von Turnout mit dem Fehlen einer Botschaft, Kenntnisnahme von dessen Eintritt in den Dienst des Herzogs und Dank; Einverständnis des Grafen, im Falle seiner Abwesenheit die ihm zu überbringenden Falken dem Gutdünken des Falkners zu überlassen; Versprechen, sich bei Kaiser [Karl V.] für den Herzog einzusetzen.

Ausfertigung
1/2 Bogen Folio, S. 1 beschrieben, S. 2 Außenadresse und zeitgenöss. Rubrum *Graff von Nassau thut danck m[einem] g(nedig)sten hern gros(en) erbietens.*
Eigenhändige Ausstellerunterschrift und -siegel.

Beilage

Abschrift
1/2 Bogen Folio, S. 1 beschrieben, S. 2 zeitgenöss. Betreff *Des grafen von Nassaw schreyben.*
HBA G 741, Nr. 11. –Altsignatur: 4/31/35 (I).

Nr. 27

1536 November 4, Riesenburg

Herzog Albrecht an Graf Heinrich [III.] von Nassau [-Dillenburg]:

Verehrung von fünf Falken durch den herzoglichen Falkner Peter Dankwart (*Peter Tůnckert*) mit dem Wunsch, des Herzogs zu gedenken und das Geschenk als Gabe von Herzen zu betrachten; Bitte, die herzoglichen Angelegenheiten bei Kaiser [Karl V.] und bei Königin Maria [von Ungarn] zu befördern; Hoffnung für den Empfänger, bei den Falken Kurzweil zu finden; *mutatis mutandis ist dem hertzogen von Narßgoth [Philipp von Croy] lateynisch geschriben worden eodem die.*

Konzept
1 Bogen Folio, S. 1 f. beschrieben, S. 4 Außenadresse und zeitgenöss. Betreff *Falcken belangende.*
HBA G 741, Nr. 12. – Altsignatur: 4/31/35 (IV).

Nr. 28

1536 Dezember 13, Brüssel

Philipp [von Croy], Herzog von Aarschot, an Herzog Albrecht:

Empfang eines herzoglichen Schreibens von [1536] November 9 und Dank für das königliche Geschenk in Gestalt von fünf Falken; Wunsch nach Gelegenheit für eine Gegengabe; Freude der Königin und Statthalterin [Maria von Ungarn] über die ihr verehrten Falken; Versprechen, die Sache des Herzogs bei Kaiser [Karl V.] und beim Römischen König [Ferdinand I.] eifrig zu befördern.

Ausfertigung
Lateinisch
1 Bogen Folio, S. 1 beschrieben, S. 4 Außenadresse und zeitgenöss. Rubrum *Philippus dux Archotensis etc. agit gratias pro quinque falconibus sibi dono missis. Scribitque se vidisse falcones regine Mariae gubernatrici ablates, quod maiestati sue mirum in modum placuerunt. Denum commendat se duci Borussie daturumque operamque, ut apud Ces[arearum] ac regium Rom[anorum] maiestates sedulo promoveat etc.*
Eigenhändige Ausstellerunterschrift und Siegelspuren.
HBA G 741, Nr. 13. – Altsignatur: 4/31/31 (I).

Nr. 29

[15]36 Dezember 18, Breda

Graf Heinrich [III.] von Nassau [-Dillenburg] an Herzog Albrecht:

Am 18. Dezember [1536] Empfang von fünf Falken durch den herzoglichen Diener Peter Dankwart (*Peter Tunkartenn*), Dank und Diensterbietung; Versprechen, sich nach Kräften für die Geschäfte des Herzogs bei Kaiser [Karl V.] einzusetzen.

Ausfertigung
1/2 Bogen Folio, S. 1 beschrieben, S. 2 Außenadresse und zeitgenöss. Rubrum *Henrich, graf zu Nassau, thut dancksagung ummb funff falcken, so er en(...) erbeut, sich in g[nedigsten] h[errn] bey key[serlicher] ma[iestä]t zu dinen.*
Eigenhändige Ausstellerunterschrift und -siegel.
HBA G 741, Nr. 14. – Altsignatur: 4/31/35 (II).

Nr. 30

[15]37 August 22, Kopenhagen

[Herzog Albrecht] an König [Heinrich VIII.] von England:

Nach ehrenvollen Diensten bei bedeutenden Fürsten Wunsch des briefzeigenden Adligen Wolf Nothaft (*Wolfgangnus à Nothafft*), in den Dienst des Königs zu treten; Ersuchen Nothafts an den König Christian [III.] von Dänemark und an den Herzog, ihn beim Empfänger zu empfehlen; Bitte des Herzogs an den König, den Briefzeiger in seine Dienste zu nehmen und ihn empfohlen zu halten.

Abschrift
Lateinisch
Ostpr. Fol. 50, S. 318 f.

Nr. 31

[15]37 August 26, Kopenhagen

[Herzog Albrecht] an den Sekretär des englischen Königs, Petrus Vergerius:

Versicherung der alten Freundschaft und Bitte um künftige Schreiben; Empfehlung des briefzeigenden Adligen Wolf Nothaft (*Wolfgangnus à Nothafft*) hinsichtlich der Unterbreitung einiger herzoglicher Vorschläge; Bitte, demselben Glauben zu schenken, ihn empfohlen zu halten und sich für ihn bei König [Heinrich VIII.] einzusetzen.

Abschrift
Lateinisch
Ostpr. Fol. 50, S. 319 f.

Nr. 32

[15]37 Oktober 21, Neidenburg

Herzog Albrecht an Prinz [Renatus] von Nassau-Oranien:

Verehrung von fünf Falken durch den herzoglichen Falkner Peter Dankwart (*Peter Dunckerten*) mit der Bitte, seiner zu gedenken und das Geschenk als Gabe von Herzen anzusehen; Der Herzog wünscht dem Prinzen, bei den Vögeln Kurzweil zu finden.

Konzept und Mundum
1 Bogen Folio, S. 1 beschrieben, S. 2 Außenadresse.
HBA G 741, Nr. 15. – Altsignatur: 4/31/36 (VI).

Nr. 33

[15]37 Oktober 21, Neidenburg

Herzog Albrecht an Graf [Heinrich III.] von Nassau [-Dillenburg]:

Wunschgemäße Unterlassung eines Falkengeschenkes wegen des hohen Alters und der Schwäche des Grafen, aber Übersendung von Beizvögeln an den Sohn und Fürsten [Renatus] von Nassau-Oranien; Bitte, die Sache des Herzogs bei Kaiser [Karl V.] und der Königin Maria [von Ungarn] zu befördern.

Konzept
1 Bogen Folio, S. 1 beschrieben, S. 2 Außenadresse.

Beilage

Zweites Konzept
1/2 Bogen Folio, S. 1 beschrieben, S. 2 Außenadresse *An graff Heinrichen von Nassaw, den 22 octobris* und Registraturvermerk *31*.
HBA G 741, Nr. 16. – Altsignatur: Zu 4/31/36 (VI).
Altsignatur: 4/31/53 (V).

Nr. 34

1537 Oktober 21, Neidenburg

Herzog Albrecht an den Hofdiener des französischen Königs, *Georg Luck*:

In Erinnerung an die in Kopenhagen gemachte Bekanntschaft Lucks und aus Zuneigung eigenhändige Abfassung dieses Schreibens; wegen der dem französischen König [Franz I.] zu übersendenden Falken Bestätigung der herzoglichen Zusage und Wiederholung vor dem anwesenden Briefzeiger; Bitte an den König, diese kleine Gabe eines geringeren Standes anzunehmen; Abfertigung eines herzoglichen Schreibens an den Herrn *von Pesen*, aber Ausbleiben einer Antwort; Versprechen, nach Eingang eines Schreibens des von Pesen, dasselbe unverzüglich an Luck weiterzuleiten; Bitte, den Herzog beim König in Erinnerung zu rufen, den Luck überlassenen jungen Gesellen in Gunst zu halten und zum Erhalt der Bekanntschaft gelegentlich zu schreiben.

Unbehändigte Ausfertigung.
1 Bogen Folio, S. 1 beschrieben, S. 4 Außenadresse, zweite Außenadresse auf Umschlag.
Eigenhändigkeit und Kleines Ausstellersiegel

Beilagen

I. Umschlag

Blatt (20,5 cm x 29 cm), S. 1 Außenadresse und Registraturvermerk *V*.
Großes Ausstellersiegel

II. Kurzregest von Hand des 19. Jahrhunderts mit Verweis auf ein zweites eigenhändiges Schreiben an den Empfänger von 1538 November 12, Neuhausen.

1 Blatt (36,6 cm x 21,2 cm), S. 1 beschrieben.
HBA G 1261, Nr. 1. – Altsignatur: 4/31/57 (I).

Nr. 35

[15]37 Oktober 22, Neidenburg

[Herzog Albrecht] an König [Heinrich VIII.] von England:

Zur Festigung der Freundschaftsbande Übermittlung von 12 Falken in der Hoffnung, dem König dadurch Ablenkung von seinen unzähligen Geschäften zu verschaffen.

Abschrift
Lateinisch
Mutatis mutandis scriptum est regi Francie, regi Arrogonie, duci Suffolchie, duci de Narssgot.
Ostpr. Fol. 50, S. 329 f.

Journalvermerk

Nr. 36

[15]37 Oktober 22, Neidenburg

[Herzog Albrecht] an den Rat des englischen Königs William Paget:

Gelegentlich eines Schreibens an König [Heinrich VIII.] Fertigung dieses Briefes zwecks Erneuerung der alten Freundschaft zwischen beiden; Erstaunen des Herzogs über die Seltenheit von Schreiben Pagets nach dessen Zeit als Gesandter beim ihm und Zurückführung der Ursache auf die schwierigen Geschäfte Pagets; Berichten zufolge hohes Ansehen Pagets beim König, wozu der Herzog beglückwünscht; Bitte um Empfehlung beim König und um Übersendung eines Paares englischer Hunde; Versprechen des Herzogs, sich gebührend erkenntlich zu zeigen.

Abschrift
Lateinisch
Ostpr. Fol. 50, S. 331 f.

Nr. 37

[15]37 Dezember 5, Breda

Graf [Heinrich III.] von Nassau [-Dillenburg] an Herzog Albrecht:

In einem Schreiben des Herzogs Erinnerung an die vom Grafen geäußerte Unlust am Waidwerk; Dank für die an seiner Stelle seinem Sohn [Renatus] überbrachten Falken.

Behändigte Ausfertigung
1 Blatt (21 cm x 22 cm), S. 1 beschrieben, S. 2 Außenadresse, Eingangsvermerk *Ankommen zu Konigßpergk, den 3 augusti anno 1538* und zeitgenöss. Rubrum *Graff Heynrich von Nassaw danckt meynem g[nedigsten] h[ern], das seyn f[urstliche] g[naden] seynem sohn an seyn stat etliche falcken zugeschickt. Erbeut sichs mit seynem sohn williglich zu vordienen.*
Eigenhändige Ausstellerunterschrift und Siegelspuren.
HBA G 741, Nr. 17. – Altsignatur: 4/31/35 (III).

Nr. 38

[15]37 Dezember 6, Breda

Prinz Renatus von Nassau-Oranien an Herzog Albrecht:

Empfang von fünf Falken durch den herzoglichen Falkner Peter Dankwart (*Peter Dunckerten*); Dank und Angebot einer Gegengabe.

Behändigte Ausfertigung
1/2 Bogen Folio, S. 1 beschrieben, S. 2 Außenadresse, Eingangsvermerk *Ankommen zu Konigßpergk, den 3 augusti anno 1538* und zeitgenöss. Rubrum *Renatus, printz zu Vranien geborn von Nassaw etc., thut dancksagung vor die zugeschickten falcken. Erbeut sich, wo meyn g[nedig]s[ter] h[er] in seyner landt art etwas weyß, damit sich s[eyne] f[urstliche] g[naden] erlustigen moge, dasselb gern und willig zuschickenn.*
Eigenhändige Ausstellerunterschrift und Siegelspuren.
HBA G 741, Nr. 18. – Altsignatur: 4/31/33.

Nr. 39

1537 Dezember 11, Brüssel

Philipp [von Croy], Herzog von Aarschot, an Herzog Albrecht:

Empfang eines herzoglichen Schreibens nebst fünf Falken; Dank für den Freundschaftsbeweis und Angebot einer Gegenleistung.

Behändigte Ausfertigung
Lateinisch
1/2 Bogen Folio, S. 1 beschrieben, S. 2 Außenadresse, Eingangsvermerk *Ankommen zu Konigßpergk, den 3 augusti anno etc. im 38ten*, zeitgenöss. Rubrum *Hertzog Philip von Arschot thut dancksagung fur die zugeschickten falckenn* und Bearbeitungsvermerk *Ist beantwort den 18 octobris.*
Ausstellersiegel und *manu propria (scriptum).*
HBA G 741, Nr. 19. – Altsignatur: 4/31/31 (II).

Nr. 40

1537 Dezember 21, Brüssel

[Der kaiserliche Rat Cornelius von Schepper an Bischof Johannes Dantiscus von Kulm]:

Große beiderseitige Schäden durch den im Herbst beendeten Krieg mit den Franzosen; Beauftragung Scheppers durch die Statthalterin, Königin Maria [von Ungarn], Kaiser [Karl V.] zum Frieden zu bewegen; Friedensbereitschaft beim französischen Königspaar [Franz I. und Eleonore von Österreich] und bei den Vornehmen des Landes; Ankunft des Kaisers im spanischen Monzon und Berichterstattung Scheppers über die Lage in Belgien und über Annahme des Waffenstillstandes; Entsendung Scheppers zum französischen König zwecks Erkundung des Friedenswillens; Benachrichtigung des Kaisers durch Schepper von seinem gewonnenen Eindruck; Rückkehr Scheppers nach Brüssel und Aufnahme von Verhandlungen mit dem Erzbischof [Johann III.] von Trier; auf seinem Weg durch Frankreich Übergabe eines neuen Schreibens der Königin [Maria] an Claude Dodieu (*Claudius Dodeus*), den früheren französischen Botschafter beim Kaiser; Zusammenziehung einer Flotte durch den Kaiser, um im darauffolgenden Sommer gegen die Türken Krieg zu führen; nach einem Friedensschluß mit den Franzosen hält der Absender den Kaiser für imstande, persönlich in den Türkenkrieg zu ziehen; Rückzug des gichtkranken Grafen [Heinrichs III.] von Nassau [-Dillenburg] vom Hofleben auf sein Schloß Breda und Unterweisung der Markgräfin [Mencia de Mendoza] in lateinischer Rhetorik durch *Ludovicus Viuus Valentinus*; geringer Eifer Scheppers bei der Verfolgung der dänischen Angelegenheiten; Versicherung, eidlich an den Kaiser und nicht an den Pfalzgrafen Friedrich [II.] gebunden zu sein; Ankündigung einer erneuten Reise zum Kaiser; Festsetzung von Perpignan und Narbonne als Orte für Friedensverhandlungen, deren Beginn für den 17. Dezember vorgesehen worden ist; auf Wunsch des Kaisers Teilnahme Scheppers und des Herzogs von Aarschot [Philipp von Croy] bei den Verhandlungen; Aufstand der geldrischen Städte gegen ihren Herzog [Karl von Egmont] und Zerstörung von vielen herzoglichen Burgen; Zusammenhang zwischen dem Aufstand und der luthrerischen Lehre und Gefahr einer Volksherrschaft (*dimocratia*); Anzeichen für das Eingehen einer vierten Ehe durch König [Heinrich VIII.] von England; geringe Bereitschaft des französischen Königs zu einem allgemeinen Konzil.

Ausfertigung
Lateinisch
1/2 Bogen Folio, S. 1–2 beschrieben.

Beilage

Teilübersetzung ins Deutsche
2 x 1/2 Bogen Folio, beidseitig beschrieben.
HBA G 741, Nr. 20. – Altsignatur: 4/21/51.

Nr. 41

1537 Dezember 26, [königlicher] Hof

Charles [Brandon], Herzog von Suffolk, an Herzog Albrecht:

Vor wenigen Tagen Empfang eines erneuten Zuneigungsbeweises des Herzogs in Gestalt von sechs Falken; Dank und Bedauern, bislang keine Gelegenheit zu einer Gegengabe gehabt zu haben; Versprechen eines Gegengeschenks zur Festigung der beiderseitigen Freundschaft.

Behändigte Ausfertigung
Lateinisch
1 Bogen Folio, S. 1 beschrieben, S. 2 Außenadresse, Eingangsvermerk *Ankommen zu Konigßpergk, den 3 augusti anno 1538*, zeitgenöss. Rubrum *Hertzog Carl von Suffolch thut dancksagung vor die zugeschickten falckenn* und Bearbeitungsvermerk *Ist den 18 octobris beantwort.*
Eigenhändige Ausstellerunterschrift und Siegelspuren.
HBA G 741, Nr. 21. – Altsignatur: 4/31/73 (II).

Nr. 42

1537 Dezember 29, königlicher Hof

William Paget [Rat des englischen Königs] an Herzog Albrecht:

Vermittels eines herzoglichen Falkners Empfang eines Schreibens, worin der Herzog ihn als Freund bezeichnet und ihn zum Schreiben anregt; Entschuldigung des Ausbleibens von Schreiben mit seiner ungeschickten Art, Briefe abzufassen, und mit seiner Teilhabe am Prozeß des Königs [Heinrich VIII.]; Freude des Königs über die zugesandten Falken; Verzögerung einer Gegengabe des Königs, da die Kaufleute wegen widriger Winde erst im Sommer in Richtung Danzig in See stechen können.

Behändigte Ausfertigung
Lateinisch
1 Bogen Folio, S. 1 beschrieben, S. 2 Außenadresse, Eingangsvermerk *Ankommen zw Konigßpergk, den 3 augusti anno 1538*, zeitgenöss. Rubrum *Wilhelmus Pagetus schreybt eytel muster wort mit erbietung seyner willigen dinst und anzeygung, das k[onigliche] ma[iestet] zu*

Engellandt gen s[eine] f[urstliche] g[naden] dyß vergangen iar etwas zu eyner verehrung geschickt, wan die schiff weren verhanden gewesen. S[eine] k[onigliche] m[aiestet] wils aber auffs zukommene iar thun und Bearbeitungsvermerk *Beantwort den 18 octobris.*
Eigenhändige Ausstellerunterschrift und -siegel.
HBA G 741, Nr. 22. – Altsignatur: 4/31/79a; VI Fch. II.

Nr. 43

1537 Dezember 30, Greenwich

König Heinrich VIII. von England an Herzog Albrecht:

[Druck der deutschen Übersetzung: Europäische Briefe, S. 32 f.]

Behändigte Ausfertigung
Lateinisch
1 Bogen Folio, S. 1 beschrieben, S. 2 Außenadresse, Eingangsvermerk *Ankommen zw Konigßpergk, den 3 augusti anno etc. im 38*[t(en)] , zeitgenöss. Rubrum *Der konig von Engelandt danckt meynem g[nedig]st(en) h(ern) vor die zugeschickten falcken etc.* und Bearbeitungsvermerk Ist den 18 octobris beantwort.
Eigenhändige Ausstellerunterschrift und -siegel.
HBA G 741, Nr. 23. – Altsignatur: 4/31/99 (II).

Nr. 44

1537 Dezember 30, London

[Der Hofdiener des englischen Königs] *Christoff Mont* an Herzog Albrecht:

Hilfe für den Abschied des Überbringers des dem König [Heinrich VIII.] verehrten Falkengeschenkes; bei der Gelegenheit Mitgabe eines kleinen Buches, das der König im Hinblick auf das allgemeine Konzil zu Mantua hat verbreiten lassen; wegen des Konzils Aufenthalt von Gesandten des Landgrafen [Philipp] von Hessen und des Kurfürsten [Johann Friedrich] von Sachsen beim König; den Gesandten zufolge Kriegsmüdigkeit Kaiser [Karls V.] und des französischen Königs [Franz I.], Aussicht auf Frieden zwischen den beiden und Entsendung einer flandrischen Gesandtschaft nach Frankreich; Möglichkeit der Einberufung eines Konzils durch Papst [Paul III.]; der [englische] König ist dem Wort Gottes zugetan und fördert dessen Verbreitung; bei der Geburt des Prinzen [Eduard VI.] Tod der Königin [Johanna Seymour]; Wunsch des Ritters Wolf Nothaft (*Wolff von Noothoff*), in den königlichen Dienst zu treten, Übermittlung einer mündlichen Botschaft des Herzogs an den [englischen] König durch den Ritter und Abreise Nothafts wegen der Einstellung des Landes zum Rittertum (*reüttery*).

Behändigte Ausfertigung
1 Bogen Folio, S. 1–2 beschrieben, S. 4 Außenadresse, Eingangsvermerk *Ankommen zu Konigspergß, den 3 augusti anno 1538*, zeitgenöss. Rubrum *Eyn edelman aus konigs hoff zu Engelandt, Christoff Mont, schickt meynem g[nedig]sten h(ern) eynen truck, den der konig von Engellandt von dem concilio hat außgehen lassen, und erbeut sich meynem g[nedig]sten h(ern) als eyn unbekanter williglich zu dienen. Item von Wolff Nothafft etc.* und Bearbeitungsvermerk *Ist den 18 octobris beantwort.*
Eigenhändigkeit und Ausstellersiegel.
HBA G 741, Nr. 24. – Altsignatur: 4/31/75a; VI Fch. II.

Nr. 45

1537 Dezember 30, Lyon

König Heinrich [II.] von Navarra an Herzog Albrecht:

Empfang eines Schreibens nebst einem Geschenk in Gestalt von Habichten; Versicherung, bei den Vögel Ablenkung von seinen schwierigen Geschäften zu finden; Dank für diesen Beweis zur Festigung der Freundschaft.

Behändigte Ausfertigung
Lateinisch
1 Bogen Folio, S. 1 beschrieben, S. 2 Außenadresse, Eingangsvermerk *Ankommen zu Konigßpergk, den 3 augusti anno 1538*, zeitgenöss. Rubrum *Der konig von Nauarren thut dancksagung vor die zugeschickten falckenn* und Bearbeitungsvermerk Ist den 18 octobris beantwort.
Ausstellersiegel und *manu propria scriptum*.
HBA G 741, Nr. 25. – Altsignatur: 4/31/63 (II).

Nr. 46

1538 Januar 25, Saint-Vallier

König Franz [I.] von Frankreich an Herzog Albrecht:

Empfang eines Schreibens nebst einem Geschenk in Gestalt von Falken; Dank und Angebot einer Gegengabe; *Le Breton (scripsit).*
Le XXVme jour de janvier mil cinq cent trente sept.

Ausfertigung
Französisch
1 Bogen Folio, S. 1 beschrieben, S. 2 Außenadresse und Registraturvermerk *Franckreich, 1537.*
Eigenhändige Ausstellerunterschrift und -siegel.
HBA G 741, Nr. 26. – Altsignatur: 4/31/96 (II).

Nr. 47

[1538] September 3, Königsberg

[Herzog Albrecht] an König [Heinrich VIII.] von England:

Ehrenhafter Dienst des briefzeigenden *Tilemannus Clemester* als Arzt am Herzogshof; aus gesundheitlichen Gründen Wunsch des von Gelehrten Niederdeutschlands, Italiens, Frankreichs und Hollands unterwiesenen Arztes, dem König als Physicus, Arzt oder als Vorleser an der Universität zu dienen, deswegen Ersuchen einer herzoglichen Empfehlung; Bitte des Herzogs an den König, diesen der griechischen und hebräischen Sprache mächtigen Mann empfohlen zu halten.

Abschrift
Lateinisch
Ostpr. Fol. 50, S. 473 f.

Nr. 48

1538 Oktober 18, Königsberg

Herzog Albrecht an König Franz [I.] von Frankreich:

Empfang eines zu Châtillon-sur-Seine (*Castris suis*) datierten Briefes in französischer Sprache mit dem Dank für ein Schreiben sowie für das übermittelte Falkengeschenk; [anstelle einer gestrichenen Entschuldigung, mangels einer des Französischen mächtigen Person nicht in dieser Sprache antworten zu können] Freude über die ihm gegenüber im Schreiben ausgedrückten Wohlwollensbezeugungen und Dank für die dem Herzog erwiesene Aufmerksamkeit; Förderung der Freundschaft durch Falkengeschenke, deshalb Übersendung von 12 Falken; Bitte um wohlwollende Annahme des Geschenkes, um Schutz und um Aufnahme in die Zahl der königlichen Diener (*in numerum servitorem suorum*).

Mundum
Lateinisch
1 Bogen Folio, S. 1 beschrieben, S. 2 Außenadresse, zeitgenöss. Betreff *Regi Francię*, Bearbeitungsvermerk *Collacionirt* und Registraturvermerk *Registrirt.*
Bucheintrag im Volltext: Ostpr. Fol. 50, S. 481 f.

Beilage

Kurzregest von Hand des 19. Jahrhunderts mit Verweis auf ein herzogliches Schreiben an den französischen König von 1539 November 1.

1 Blatt (35,6 cm x 21,5 cm), S. 1 beschrieben.
HBA G 1261, Nr. 2. – Altsignatur: 4/31/56 (I).

Nr. 49

1538 Oktober 18, Königsberg

Herzog Albrecht an König [Heinrich VIII.] von England:

Empfang eines zu Greenwich am 30. Dezember 1537 datierten Briefes und Freude über die darin zum Ausdruck gebrachte dankbare Annahme des Schreibens und des mitgesandten Falkengeschenkes; Dank für die geäußerte Freundschaft und Erwiderung der Freundschaftsbekundung; Ankündigung, zur Bestärkung der Freundschaft dem herzoglichen Diener Peter Dankwart (*Petrus Dunckart*) mit 10 Falken zu entsenden, und Bitte um günstige Aufnahme des Geschenkes; Entschuldigung der geringen Anzahl der übersandten Beizvögel mit den den Vogelfang beeinträchtigenden Unbilden der Witterung; der Hoffnung des Königs auf baldige Gelegenheit zu einem Freundschaftsbeweis hält der Herzog seinen Wunsch nach Aufnahme in die Gnade und in den Schutz des Empfängers entgegen.

Konzept
Lateinisch
1 Bogen Folio, S. 1–3 beschrieben, S. 4 Außenadresse, zeitgenöss. Betreff *Falckencopejenn*, Bearbeitungsvermerk *Collacionirt* und Registraturvermerk *Registrirt.*
Bucheintrag im Volltext: Ostpr. Fol. 50, S. 483 f.

Beilage

Kurzregest von Hand des 19. Jahrhunderts.

1 Blatt (35,7 cm x 21,5 cm), S. 1 beschrieben.
HBA G 1261, Nr. 3. – Altsignatur: 4/31/67.

Nr. 50

1538 Oktober 18, Königsberg

Herzog Albrecht an König [Heinrich II.] von Navarra:

Empfang eines Schreibens des Königs mit Bestätigung des Eingangs eines Briefes und eines Falkengeschenkes; Übersendung von sechs Beizvögeln und Bitte um wohlwollende Annahme; Entschuldigung der geringen Anzahl der übermittelten Tiere mit den den Vogelfang beeinträchtigenden Unbilden der Witterung; Versprechen, künftig mehr Falken zu senden; Dank des Herzogs für das entgegengebrachte Wohlwollen und Versprechen, sich jederzeit für die Vermehrung der königlichen Würde einzusetzen; für den Fall des Besuchs des Königs oder eines der Seinen beim Herzog Bitte um Angabe eines zum Geschenk geeigneten Gegenstandes.

Konzept
Lateinisch
1 Bogen Folio, S. 1–3 beschrieben, S. 4 Außenadresse, Bearbeitungsvermerk *Collacionirt* und Registraturvermerk *Registrirt.*
HBA G 1261, Nr. 4. – Altsignatur: 4/31/63 (V).
Bucheintrag im Volltext: Ostpr. Fol. 50, S. 485 f.

Nr. 51

1538 Oktober 18, Königsberg

Herzog Albrecht an [Philipp von Croy] Herzog von Aarschot:

Erhalt eines zu Brüssel datierten Schreibens von [1537] Dezember 11 mit der Empfangsbestätigung für einen Brief und für Falken; Freude des Herzogs über die Verbindung mit Aarschot; Dank für die angebotene Gegengabe; Entschuldigung für das Ausbleiben eines Falkengeschenkes mit den Unbilden der Witterung und Vertröstung auf künftige Zusendungen; *commissio principis propria.*

Konzept
Lateinisch
1 Bogen Folio, S. 1–3 beschrieben, S. 4 Außenadresse, Bearbeitungsvermerk *Collacionirt* und Registraturvermerk *Registrirt.*
HBA G 741, Nr. 27. – Altsignatur: 4/31/31 (III).
Bucheintrag im Volltext: Ostpr. Fol. 50, S. 486 f.

Nr. 52

1538 Oktober 18, Königsberg

[Herzog Albrecht] an Charles [Brandon], Herzog von Suffolk:

Empfang eines am [königlichen] Hof datierten Briefes Suffolks vom 26. Dezember 1537 mit dem Dank für ein herzogliches Schreiben und für die übersandten Falken; Genugtuung über die Freude des Empfängers an den Vögeln; zum Zeichen der Freundschaft Übermittlung eines Schreibens nebst fünf Falken durch den briefzeigenden Diener; Bitte, das Geschenk wohlwollend aufzunehmen; Entschuldigung der geringen Anzahl der übersandten Beizvögel mit den Unbilden der Witterung und Versprechen, dem Empfänger künftig mehr Falken zu senden; Dank für das im letzten Schreiben unterbreitete Angebot, sich für den Herzog zu verwenden; Bitte des Herzogs, ihn bei König [Heinrich VIII.] zu empfehlen; *commissio principis propria (etc.).*

Konzept
Lateinisch
1 Bogen Folio, S. 1–3 beschrieben, S. 4 Außenadresse, Bearbeitungsvermerk *Collacionirt* und Registraturvermerk *Registrirt.*
HBA G 1261, Nr. 5. – Altsignatur: 4/31/73 (III).
Bucheintrag im Volltext: Ostpr. Fol. 50, S. 488 f.

Nr. 53

1538 Oktober 18, Königsberg

Herzog Albrecht an [den Rat des englischen Königs] William Paget:

Empfang eines am königlichen Hof datierten Schreibens Pagets vom 29. Dezember 1537; Dank für die darin ihm gegenüber geäußerte Zuneigung; Beunruhigung des Herzogs über die Seltenheit von Schreiben des Empfängers und über die dafür verantwortlichen Gründe, zumal Paget um den guten Willen des Herzogs ihm und dem König [Heinrich VIII.] gegenüber weiß; Bitte an Paget, ihn mit Schreiben zu beehren; Entschuldigung für das Ausbleiben mehrer eigener Briefe mit einer im Herzogtum um sich greifenden Seuche; deswegen Zwang zur Verlegung des herzoglichen Hofes; Hoffnung des Herzogs, einen Boten für den Empfänger auffinden zu können; Dank für die Bereitschaft Pagets, sich der Sache mit den Hunden anzunehmen und Versprechen einer Gegenleistung; *commissio principis propria.*

Konzept
Lateinisch
1 Bogen Folio, S. 1–3 beschrieben, S. 4 Außenadresse, Bearbeitungsvermerk *Collacionirt* und Registraturvermerk *Registrirt.*
HBA G 1261, Nr. 6. – Altsignatur: 4/31/79 (I).
Bucheintrag im Volltext: Ostpr. Fol. 50, S. 490 f.

Nr. 54

[1538] November 16, Königsberg

[Herzog Albrecht] an [den Hofdiener des französischen Königs, Georg] Luck:

Fertigung dieses Schreibens aus Anlaß der Entsendung Ahasvers von Brandt (*Aßuerus Brandt*) zu König [Franz I.] von Frankreich; Bitte, Brandt dem König und den Großen zu empfehlen, denselben zu unterstützen und dem Herzog zu schreiben; *co(mmissio) prin(cipis).*

Abschrift
Ostpr. Fol. 28, S. 298 f.

Nr. 55

1538 November 17, Neuhausen

Herzog Albrecht an den Hofdiener des französichen Königs, Georg Luck:

Seit seiner Rückkehr aus Kopenhagen Abfassung zweier Schreiben an den Empfänger; kürzliche Wiederkehr des ersten seinem Falkner mitgegebenen Schreibens wegen der Abwesenheit Lucks; deswegen Ausbleiben einer Nachricht über die Aufnahme des Ansinnens des dänischen Königs [Christian III.] durch König [Franz I.] von Frankreich; Bitte um Benachrichtigung in der Angelegenheit; Zusendung eines zweiten eigenhändig abgefaßten und für Luck bestimmten Schreibens an den dänischen König, den der Herzog von Lucks Mitwisserschaft vom Briefinhalt benachrichtigt hat; Unkenntnis über das Schicksal des Luck übersandten Schreibens des jungen Herrn von Pesen; zwischenzeitliche Rückkehr eines Dieners des dänischen Königs aus Frankreich ohne ein Schreiben von Luck; aus Sorge um Lucks Person Verzicht, mehr zu schreiben; auf Lucks Rat hin Entsendung des herzoglichen Dieners und Briefzeigers [Ahasver von] Brandt zum französischen König; Bitte, sich für Brandts Indienstnahme beim König zu verwenden, den Herzog bei demselben zu empfehlen und Nachrichten über sich selbst zu senden.

Unbehändigte Ausfertigung
1 Bogen Folio, S. 1 beschrieben, S. 4 Außenadresse.
Eigenhändigkeit und Kleines Ausstellersiegel (beiliegend).

Beilage

Trotz Rückkehr des ersten Schreibens nach Königsberg erneute Versendung wegen der gleichgebliebenen Ursachen.

1 Blatt (23 cm x 8,5 cm), S. 1 beschrieben.
HBA G 1261, Nr. 7. – Altsignatur: 4/21/57 (II).

Nr. 56

1538 November 18, Königsberg

[Herzog Albrecht] an König [Franz I.] von Frankreich:

Empfang eines zu Saint-Vallier datierten Schreibens des Königs von [1538] Januar 27 mit dem Dank für die vermittels des herzoglichen Falkners Peter Dankwart (*Petrus Dunckart*) übersandten Beizvögel; Entsendung des Untertans und Höflings Ahasver von Brandt (*Assuerus Brandth*) zu dem Zweck, jemanden für anfallende Angelegenheiten am Königshofe und später für die Übersetzung französischsprachiger Schreiben zur Verfügung zu haben; Empfehlung Brandts und Bitte, denselben in die Zahl der königlichen Schutzbefohlenen aufzunehmen; *commissio principis propria.*

Abschrift
Lateinisch
Ostpr. Fol. 50, S. 497–499.

Nr. 57

1538 Dezember 22, [königlicher] Hof

Charles [Brandon], Herzog von Suffolk, an Herzog Albrecht:

Empfang eines Schreibens nebst einem Geschenk in Gestalt von fünf Falken; Übersendung von Falken oder Widdern (*arietes bellici*) – zwei von König [Heinrich VIII.] und einen von ihm selbst - im folgenden Sommer als Gegengabe; vorläufige Danksagung.

Ausfertigung
Lateinisch
1 Bogen Folio, S. 1 beschrieben, S. 2 Außenadresse.
Eigenhändige Ausstellerunterschrift und Siegelreste (beiliegend).
HBA G 741, Nr. 28. – Altsignatur: 4/31/73 (IV).

Nr. 58

1538 Dezember 23, Paris

König Heinrich [II.] von Navarra und Aragon an Herzog Albrecht:

Empfang eines Schreibens und eines Geschenks in Gestalt von Falken; die Entschuldigung des Herzogs, wegen schlechter Wetterverhältnisse wenig Beizvögel gefangen und deshalb nur sechs Falken gesandt zu haben, hält der König für unnötig, da er weniger die Sache als den guten Willen dahinter sieht; Dank für das Angebot des Herzogs, ihn oder einen der Seinen im Falle eines Besuches zu beschenken.

Ausfertigung
Lateinisch
1 Bogen Folio, S. 1 beschrieben, S. 2 Außenadresse.
Eigenhändige Ausstellerunterschrift und -siegel.
HBA G 741, Nr. 29. – Altsignatur: 4/31/63 (III).

Nr. 59

1538 Dezember 28, Saint-Germain-en-Laye

König Franz [I.] von Frankreich an Herzog Albrecht:

Empfang eines Schreibens nebst einem Geschenk in Gestalt von Falken vermittels des Briefzeigers; Dank und Angebot einer Gegengabe; *Bayard* (*scripsit*).

Ausfertigung
Französisch
1 Blatt (19,8 cm x 27,6 cm), S. 1 beschrieben, S. 2 Außenadresse und zeitgenöss. Rubrum *K[önigliche] w[irden] zu Franckreich etc. thut dancksagung f[urstlicher] d[urchlauch]t zu Preussen etc. von wegen den uberschickt(en) falckenn mit widererpietung*.
Eigenhändige Ausstellerunterschrift und Siegelspuren.
HBA G 741, Nr. 30. – Altsignatur: 4/31/96 (III).

Nr. 60

1538 Dezember 30, Greenwich

König Heinrich VIII. von England an Herzog Albrecht:

Freude über einen neuerlichen Zuneigungsbeweis des Herzogs; Dank für das durch den herzoglichen Diener Peter Dankwart (*Petrus Dunkart*) übermittelte Falkengeschenk und Freundschaftsversprechen; *Petrus Vannes*.

Ausfertigung
Lateinisch
1 Bogen Folio, S. 1 beschrieben, S. 2 Außenadresse.
Eigenhändige Ausstellerunterschrift und -siegel.
HBA G 741, Nr. 31. – Altsignatur: 4/31/99 (III).

Nr. 61

[1539] April 14, Königsberg

[Herzog Albrecht] an König [Johann III.] von Portugal:

Dem Vernehmen des Königsberger Bürgers *Matheus à Demen* zufolge Tod des bei der königlichen Flotte dienenden Geschützmeisters und Bruders seiner Frau *Barbara*, *Ioannes Thomassen*, auf den Kanaren (*in Canardia*); der Verstorbene hat zu Lissabon bei *Iacobus Organista* in der Straße, in der der edle Herr *Tilemannus* wohnt, eine Unterkunft gehabt; Verbleib der Hinterlassenschaft zu Lissabon in Gewahrsam; Ersuchen des Königsbergers an den Herzog, wegen des an seine Frau gefallenen Erbes beim König schriftlich vorstellig zu werden, damit das Erbe dem bevollmächtigten Briefzeiger *Michaelis Rossen* ungehindert folgen kann; Bitte Demens um Ausstellung eines mit dem königlichen Siegel beglaubigten Nachweises, um auch den in Holland verbliebenen Teil des Erbes des Verstorbenen rasch an sich ziehen zu können; Bitte des Herzogs an den König, dem Gesuch des Bittstellers zu entsprechen, und Gegenseitigkeitsversprechen; *comis(sio) prin(cipis) ex relatione Caspar Platners.*

Abschrift
Lateinisch
Ostpr. Fol. 51, S. 44 f.

Nr. 62

[15]39 Mai 18, Königsberg

[Herzog Albrecht] an den Gesandten des englischen Königs, William Paget:

Verwunderung des Herzogs, trotz vieler eigener Schreiben an Paget selten Antwortbriefe erhalten zu haben; Bitte um Schreiben und Erinnerung an seinen Wunsch nach einem Paar englischer Hunde in der Hoffnung, sie durch den Briefzeiger übermittelt zu bekommen; Versicherung der König Heinrich [VIII.] entgegengebrachten Zuneigung und Vorschlag, den durch den Tod der Gemahlin [Johanna Seymour] verwitweten König entweder mit [Elisabeth,] der Schwester des dänischen Königs [Christian III.,] oder mit einer Tochter König [Sigismunds I.] von Polen zu vermählen; bei Eingehen auf einen seiner Vorschläge Bitte des Herzogs, entsprechende Nachricht dem Briefzeiger mitzugeben; dem Vernehmen der Witwe des herzoglichen Trompeters *Henricus Kolbe* nach Verpfändung einer vergoldeten Kette für acht ungarische Goldstücke (*pro octo aureis Vngaricalibus*) an den im Stalhof (*Stalhoff*) wohnenden *Heinus Rosse* durch den sich in England aufgehaltenen Kolbe; wegen des Todes von Kolbe Bevollmächtigung des Königsberger Bürgers *Ioannes Lobe* durch die Witwe mit der Auslösung des Pfandes; Gesuch der Witwe an den Herzog, ihr mit einem Vermittlungsschreiben an den Empfänger zu helfen; Bitte des Herzogs an Paget, dem Bevollmächtigten mit Rat und Tat bei der zu einem gerechten Preis zu erfolgenden Auslösung zur Seite zu stehen; *comissio principis propria.*

Abschrift
Lateinisch
Ostpr. Fol. 51, S. 76–78.

Nr. 63

[1539] Mai 18, Königsberg

Herzog Albrecht an jedermann:

Dem Vernehmen der vorstellig gewordenen Witwe des herzoglichen Trompeters *Henricus Kolbe* nach Verpfändung einer vergoldeten Silberkette an den im Stalhof wohnenden Hamburger *Heiinus Rosse* durch ihren Mann während eines Aufenthaltes in England; Bestellung des Briefzeigers und herzoglichen Untertans *Ioannes Lobe* zu ihrem Bevollmächtigten zur Auslösung des Pfandes; *commissio principis propria.*

Abschrift
Lateinisch
Ostpr. Fol. 51, S. 78 f.

Nr. 64

1539 November 1 [Königsberg]

[Herzog Albrecht] an König [Franz I.] von Frankreich:

Freude über das im Schreiben des Königs geäußerte Wohlgefallen an den diesem im Jahr zuvor als Geschenk übersandten Falken; Ankündigung, ihm durch den Falkner des Herzogtums 12 Beizvögel zu übersenden; bezüglich des wiederholten Angebotes einer Gegengabe Bekundung, nichts außer der Festigung von Gunst und Freundschaft zu begehren.

Konzept
Lateinisch
1/2 Bogen Folio, S. 1 beschrieben, S. 2 Außenadresse, Bearbeitungsvermerk *Collocianyrt* und Registraturvermerk *Registrirt.*

Beilage

Entsendung des edlen Ahasver von Brandt (*Asuerus Brand*) an die Pariser Universität zum Studium der Wissenschaften und im besonderen der französischen Sprache, um jemanden für die dringenden Geschäfte mit dem König zur Verfügung zu haben; Bitte, Brandt in die königliche Obhut zu nehmen, und Zusicherung der Gegenseitigkeit.

Konzept
Lateinisch
1 Blatt (18 cm x 21 cm), S. 1 beschrieben, S. 2 Bearbeitungsvermerk *Cedula in das konigß von Franckreich brieff.*
HBA G 1261, Nr. 8. – Altsignatur: 4/31/56 (II).
Bucheintrag im Volltext: Ostpr. Fol. 51, S. 141 f.

Nr. 65

[1539] November 1 [Königsberg]

[Herzog Albrecht] an König [Heinrich VIII.] von England:

Genugtuung des Herzogs über die freudige Annahme eines Falkengeschenkes vom Jahr zuvor; deswegen Übersendung von wiederum 10 Falken und Bitte, das Geschenk nicht als Aufforderung zu einer erneuten Gegengabe zu betrachten und es wohlwollend anzunehmen.

Konzept
Lateinisch
1/2 Bogen Folio, S. 1 beschrieben, S. 2 Außenadresse, Bearbeitungsvermerk *Collacionijrt* und Registraturvermerk *Registrirt.*
HBA G 1261, Nr. 9. – Altsignatur: 4/31/68 (I).
Bucheintrag im Volltext: Ostpr. Fol. 51, S. 142 f.

Nr. 66

[1539] November 1 [Königsberg]

[Herzog Albrecht] an König [Heinrich II.] von Navarra und Aragon:

Freude über die gefällige Annahme der im Jahr zuvor dem König zugesandten Falken und über die Anerkennung des Geschenks als Gabe von Herzen; deswegen Übermittlung von wiederum sechs Falken durch den alten herzoglichen Diener.

Konzept
Lateinisch
1 Blatt (21 cm x 26,7 cm), S. 1 beschrieben, S. 2 Außenadresse, Bearbeitungsvermerk *Collacionirt* und Registraturvermerk *Registrirt.*
HBA G 1261, Nr. 10. – Altsignatur: 4/31/63 (VI).
Bucheintrag im Volltext: Ostpr. Fol. 51, S. 144.

Nr. 67

[1539] November 1 [Königsberg]

[Herzog Albrecht] an Charles [Brandon], Herzog von Suffolk:

Freude über das im Schreiben Brandons ausgedrückte Wohlgefallen an dem im Jahr zuvor übersandten Falkengeschenk; Dank des Herzogs für das Versprechen, ihn mit Falken und Widder zu beschenken; Übersendung von sechs Falken zur Erneuerung ihrer vor Jahren geschlossenen Freundschaft und Bitte, das Geschenk freudig anzunehmen.

Konzept
Lateinisch
1 Blatt (21,5 cm x 21,5 cm), S. 1 beschrieben, S. 2 Außenadresse, Bearbeitungsvermerk *Collacioniirt* und Registraturvermerk *Registrirt* .
HBA G 1261, Nr. 11. – Altsignatur: 4/31/73 (VI).
Bucheintrag im Volltext: Ostpr. Fol. 51, S. 145.

Nr. 68

[1539] November 1 [Königsberg]

[Herzog Albrecht] an den Kanzler des englischen Königs [Thomas Cromwell]:

Aufgrund der besonderen, in den vergangenen Jahren bekannt gewordenen Vorzüge des Empfängers Verbreitung des reinen Evangeliums im gesamten Königreich England; Beglückwünschung all derer, die das geschwächte und von menschlichen Larven (*à larvis humanis*) beanspruchte Wort Gottes gereinigt haben; Dank an den unermütlichen Lenker und Bitte, dieses zum eigenen Ruhm und zum Heil der Untertanen des Königreiches bewahren und angrenzende Provinzen und Königreiche zur Nacheiferung aufzufordern; Überzeugung von der Fortsetzung der Bemühungen des Kanzlers, das Evangelium als einzige Heilslehre sowohl zu bekennen als ihm auch durch den eigenen Lebenswandel nachzuahmen; Hoffnung, die von ihm im Acker des Herrn gefundene kostbare Perle zu behüten und den äußeren und inneren Frieden sowie die christliche Nächstenliebe zu befördern; durch Gebete Begleitung der Ausübung der dem Kanzler nachgesagten Gaben an wahrer Frömmigkeit zum Ruhm des göttlichen Namens und zum Nutzen Künftiger und des ganzen Königreiches; Ermutigung durch Empfehlungen und Lobpreisungen; Absicht, die bestehende Verbindung zu vertiefen sowie des Kanzlers besondere Gunst zu erwerben; Beifügung von vier Falken zum Zweck einer günstigen Verbindung in Zukunft und Empfehlung des Glücks durch die Religion und durch das durch Christus vorgegebene Beispiel; die angestrebte beiderseitige Freundschaft wird der Geist sein, zu dessen Erinnerung die Falken bis zu einer günstigeren Gelegenheit dienen sollen; Bitte des Herzogs um steten rechten Rat und um Fürsprache bei König [Heinrich VIII.], um nicht bei Unheil auf den tatkräftigen Beistand des Königs verzichten zu müssen, sondern die Schirm wie die des Herrn (*patronus*) für seinen Schutzbefohlenen (*cliens*) zu genießen; Versprechen, sich für eine Zügelung zu bemühen, damit der rechtschaffende König nicht dem Felsen des Rechts verfallen, sondern Billigkeit anwenden mag; aufgrund der einem Kaisertum (*imperium*) würdigen Gabe des Königs Angebot des Herzogs, jenem nach Möglichkeit Beistand zu leisten; wegen der Zweifelhaftigkeit von Gerüchten Bitte an den Empfänger, über Erfolge und Mißerfolge Nachricht zu geben; Anregung, die in England landenden herzoglichen Kaufleute als auch umgekehrt die im Herzogtum an Land gehenden englischen Kaufleute die beiderseitige Freundschaft verspüren zu lassen; *commis(sio) princi(pis) propria.*

Konzept
Lateinisch
1/2 Bogen Folio, S. 1–2 beschrieben, S. 1 Adresse, S. 2 Bearbeitungsvermerk *Collacioniirt* und Registraturvermerk *Registrirt.*
HBA G 1261, Nr. 12. – Altsignatur: 4/31/74 (I).
Bucheintrag im Volltext: Ostpr. Fol. 51, S. 145–148.

Nr. 69

[1539] o. O.

Jeorijs von Berselle, Herr von Ijsschaff, an Herzog [Albrecht]:

Empfang der der Statthalterin und Königin [Maria von Ungarn] zugesandten Falken; bevorstehende Ankunft Kaiser [Karls V.]; Dank der Königin und Wiederholung ihres Dankes in einem Schreiben zur Entlastung des dem Herzog dienenden Überbringers der Beizvögel; Berselle hofft, daß der Kaiser an den Vögeln Freude findet und der Herzog dadurch in der kaiserlichen Gunst steigt; Angebot einer Gegengabe; Bitte des Empfängers um Zusendung von zwei für sich selber bestimmte Falken.

Ausfertigung
Niederländisch
1/2 Bogen Folio, S. 1 beschrieben, S. 2 Außenadresse.
Eigenhändige Ausstellerunterschrift und Siegelspuren
HBA G 749, Nr. 2. – Altsignatur: 4/31/32 (VI).

Beilage

Lateinische Übersetzung

1/2 Bogen Folio, S. 1 beschrieben, S. 2 zeitgenöss. Rubrum *Woll meins herren bestes wiss(en) bey Ro[mischer] kay[serlicher] ma[ieste]t und der k(oni)g(in) Maria. Item woll dem falckner behilfl(ich) erscheyn(en), damit er durch seine fu(r)de(rung) dem keyser und der k(oni)g(in) die falck(en) uberantworten muge, damit sie nit verwelelt(en).*
Altsignatur: 4/31/32 (VII)

Nr. 70

1540 Januar 10, London

Charles [Brandon], Herzog von Suffolk, an Herzog Albrecht:

Freunde über die Pflege der beiderseitigen Freundschaft durch Geschenke und Dank für die im Jahr zuvor übersandten sechs Falken; wegen des Mangels an Schiffen aus dem Herzogtum im Jahr zuvor ist es Brandon mißlungen, sein Versprechen einzulö-

sen und dem Herzog einen Falken und eine Kriegsmaschine zuzusenden; zur Vermeidung des Wiederholungsfalles Verhandlungen mit der Gesellschaft der Deutschen Hanse (*Hanse Teutonice*) zu London, um mit dem frühesten Schiff Falke und Kriegsgerät zu verfrachten.
Decimo ianuarii anno a Christo nato MDXXXIX°.

Ausfertigung
Lateinisch
1 Bogen Folio, S. 1 beschrieben, S. 2 Außenadresse.
Eigenhändige Ausstellerunterschrift und Siegelspuren
HBA G 741, Nr. 32. – Altsignatur: 4/31/73 (V).

Nr. 71

1540 Januar 16, London

[Der Hofdiener des englischen Königs] *Christoff Mont* an Herzog Albrecht:

Empfang von Schreiben an sich selbst, den englischen König [Heinrich VIII.] und an Thomas Cromwell (*Thoma Crumuellus*) durch einen herzoglichen Falkner; Vermählung des Königs mit Herzogin [Anna] von Kleve am Dreikönigstag [1540 Januar 6] in Anwesenheit englischer, klevischer und sächsischer Herren; Hoffnung auf baldige Verschiffung der für den Herzog bestimmten Büchsen in Richtung Danzig; Fortschritte in Religionsangelegenheiten und Verständigung zwischen König und Parlament über die Priesterehe, das Sakrament in beiderlei Gestalt und über den Privatgottesdienst; unter Strafandrohung Befehl des Königs an Bischöfe und Priester, das Wort Gottes rein zu verkündigen; wegen des Wunsches des Herzogs und Cromwells nach Aufnahme von Bekanntschaft und Freundschaft miteinander überflüssige Vermittlung durch Mont; Gefallen des Königs an den empfangenen Falken; aus Freude an den ihm übergebenen Falken und an dem weißen Bernstein hat sich Cromwell auch die vom Herzog für Mont bestimmte Uhr aushändigen lassen; Absicht Monts, aus Dankbarkeit die sich in England aufhaltenden herzoglichen Untertanen zuvorkommend zu behandeln; Erfüllung des herzoglichen Wunsches nach Zeitung und nach Zusendung einer englischen Hündin; Ankunft des Pfalzgrafen Philipp und des pfälzischen (*des hertzogen*) Hofmeisters Georg von Heideck (*Georg von Heydeck*) zu Verhandlungen mit dem englischen König; Übergabe eines für den Herzog bestimmten Briefes Heidecks und anderer Schreiben an den Falkner durch Mont; Empfang Kaiser [Karls V.] durch den französischen König [Franz I.] zu Paris, wo Gesandtschaften König [Jakobs V.] von Schottland und des römischen Bischofs [Paul III.] eingetroffen sind; Gerüchten zufolge abwartende Haltung des Kaisers in bezug auf Mailand, aber Angebot, hierauf aus Brüssel zu antworten; Zug von 4000 Spaniern und 4000 Italienern durch Savoyen und Lothringen zur Ergänzung von 8000 deutschen Kriegsknechten; Erwartung von Neuigkeiten aus Geldern; künftige Vermittlungen durch den englischen König und den Kurfürsten [Johann Friedrich] von Sach-

sen; Übermittlung eines Schreibens des Herzogs an Cromwell durch Mont und Niederschrift der lateinischen Anrede Cromwells.
16 ianuarii anno 1540.

Behändigte Ausfertigung
2 Bogen Folio, S. 1–6 beschrieben, S. 8 Außenadresse und Eingangsvermerk *Ankhamen denn 11 iulii anno 1540.*
Eigenhändige Ausstellerunterschrift und -siegel
HBA G 741, Nr. 33. – Altsignatur: IV/19.

Nr. 72

1540 Januar 18, La Fère

König Franz [I.] von Frankreich an Herzog Albrecht:

Empfang eines Schreibens nebst Falken; Dank, Angebot einer Gegengabe und Versicherung der Freundschaft; Zusicherung der zuvorkommenden Behandlung des zum Studium nach Paris entsandten Ahasver von Brandt (*Assuerebrand*); *Bayard* (*scripsit*).
Decima octava die ianuarii anno 1539.

Ausfertigung
Französisch
1 Bogen Folio, S. 1 beschrieben, S. 2 Außenadresse.
Eigenhändige Ausstellerunterschrift und -siegel.
HBA G 741, Nr. 34. – Altsignatur: 4/31/96 (IV).

Beilage

Lateinische Übersetzung

1/2 Bogen Folio, S. 1 beschrieben.
Altsignatur: 4/31/57.

Nr. 73

1540 Januar 18, Greenwich

König Heinrich VIII. von England an Herzog Albrecht:

Beteuerung der Freundschaft und Dank für die ihm übersandten Falken; Angebot einer Gegengabe und Dank für die Unterstützung des Herzogs in der Sache des Evangeliums; *Petrus Vannes.*
Die XVIII ianuarii MDXXXIX.

Ausfertigung
Lateinisch
1 Bogen Folio, S. 1 beschrieben, S. 2 Außenadresse.
Eigenhändige Ausstellerunterschrift und -siegel.
HBA G 741, Nr. 35. –Altsignatur: 4/31/99 (IV).

Nr. 74

1540 Januar 20, London

Thomas Cromwell, Kanzler des englischen Königs, an Herzog Albrecht:

Dank für das in einem Schreiben des Herzogs vom 1. November [1539] ihm gegenüber bekundete Wohlwollen; die vom Herzog begrüßte Wiederherstellung der wahren evangelischen Lehre im Königreich [England] hält der Absender für gesichert; besonderer Eifer des Königs [Heinrich VIII.] bei der Säuberung des Weinbergs des Herrn von Unkraut; Dank für die Cromwell übermittelten Geschenke in Gestalt von Falken und eines Gürtels; Zusendung eines Türkisringes und Bitte, das Geschenk als Zeichen der Zuneigung anzunehmen; auf Betreiben Cromwells Erlaubnis des Königs zur Herstellung von Bombarden; Versprechen, die Geschütze nach ihrer Fertigstellung unverzüglich dem Herzog zu schicken, und die anlandenden herzoglichen Untertanen in ihren Angelegenheiten zu unterstützen.
Die XX ianuarii MDXXXIX.

Ausfertigung
Lateinisch
1 Bogen Folio, S. 1–2 beschrieben, S. 4 Außenadresse.
Eigenhändige Ausstellerunterschrift, Siegel ab
HBA G 741, Nr. 36. – Altsignatur: 4/31/74 (II).

Nr. 75

[1540] Januar 27, La Fère (*in oppido Ferco*)

König Heinrich [II.] von Navarra an Herzog Albrecht:

Empfang eines Falkengeschenkes und eines Schreibens; Dank für den Freundschaftsbeweis, Gefälligkeitsversprechen und Angebot einer Gegengabe.

Ausfertigung
Lateinisch
1 Bogen Folio, S. 1 beschrieben, S. 4 Außenadresse.
Eigenhändige Ausstellerunterschrift und -siegel.
HBA G 749, Nr. 3. – Altsignatur: 4/31/63 (IV).

Nr. 76

[1540] Oktober 26, Königsberg

[Herzog Albrecht] an König [Franz I.] von Frankreich:

Empfang eines Dankschreibens für die zugesandten Falken; wegen der Freude des Königs an diesem Geschenk Übermittlung von zehn Beizvögeln durch einen herzoglichen Falkner und Bitte, sie freudig anzunehmen; Einladung an den König, nicht nach einer Gegengabe für dieses geringe Geschenk zu suchen, und Hoffnung auf Wahrung der miteinander eingegangenen Freundschaft; Bitte um Beistand mit Rat und Tat; *commis(sio) principis prop(ria).*

Abschrift
Lateinisch
Ostpr. Fol. 51, S. 358–360.

Nr. 77

[1540] Oktober 26, Königsberg

[Herzog Albrecht] an Jeorijs von Berselle, Herr von Ijsschaff:

Dem Vernehmen eines Schreibens Bersells vom Vorjahr zufolge Freude der Königin [Maria von Ungarn] an dem übersandten Falkengeschenk; Dank für die Übermittlung der Botschaft; aus besonderer Dankbarkeit Berselles gegenüber Erfüllung seines Wunsches nach Falken, Übermittlung von vier Beizvögeln durch den briefzeigenden herzoglichen Falkner und Bitte, das Geschenk freudig anzunehmen; Entschuldigung der geringen Anzahl mit dem Mangel an solchen Vögeln und mit der Gewohnheit, auch andere Herrschaften und Freunde in der Weise zu bedenken; Bitte, den Herzog und die Seinen bei Kaiser [Karl V.] und bei der Königin in guter Erinnerung zu halten und dem Falkner behilflich zu sein, damit dieser die für den Kaiser und die Königin bestimmten Beizvögeln unbeschadet übergeben kann; *commis(sio) prin(cipis) propp(ria).*

Abschrift
Lateinisch
Ostpr. Fol. 51, S. 360–362.

Nr. 78

[1540] Oktober 26, Königsberg

[Herzog Albrecht] an den Konnetabel Frankreichs, Anne de Montmorency:

Wegen der Höherschätzung der Freundschaft als Gold und Purpur Wunsch, den Empfänger zum Freund zu haben; zum Zeichen des herzoglichen Wohlwollens Übersendung von fünf Beizvögeln mittels des briefzeigenden Falkners und Hoffnung, dadurch dem Empfänger zu einer Abwechslung bei dessen schwierigen Geschäften zu verhelfen; Bitte, das Geschenk freudig entgegenzunehmen und darin eine Gabe von Herzen zu sehen; aufgrund des Einflusses des Konnetabels beim französischen König [Franz I.] Bitte, jenen zu grüßen und bei demselben den Herzog in guter Erinnerung zu halten; *commiss(io) prin(cipis) prop(ria).*

Abschrift
Lateinisch
Ostpr. Fol. 51, S. 362–364.

Nr. 79

1540 Dezember 5, Fontainebleau

[*Hans Jacob*] *Welsinger*, Sekretär des französischen Königs, an Herzog Albrecht:

Ankunft des Briefzeigers Georg Luck (*Jorg von Luck*) beim französischen König [Franz I.]; Bericht Lucks über den beim Herzog vorgefundenen guten Willen, worauf der König Luck mit Kredenz und Instruktionen für eine neuerliche Gesandtschaft ausgestattet hat; Angebot Welsingers, dem Herzog gefällig zu sein.

Behändigte Ausfertigung
1/2 Bogen Folio, S. 1 beschrieben, S. 2 Außenadresse, Eingangsvermerk *Ankommenn den 6 aprilis 1541*, Sichtvermerk *V(idi)* und Bearbeitungsvermerk *Beantwortt den 8 desselb(en) monats.*
Eigenhändige Ausstellerunterschrift und -siegel.
HBA G 741, Nr. 37. – Altsignatur: IV/48/1c.

Nr. 80

1540 Dezember 9, Fontainebleau

König Franz [I.] von Frankreich an Herzog Albrecht:

Entsendung Georg Lukes (*Georgius Luke*) und Bitte, dessen Worten Glauben zu schenken; *Bayard* (*scripsit*).

Ausfertigung
Lateinisch
1 Bogen Folio, S. 1 beschrieben, S. 2 Außenadresse.
Eigenhändige Ausstellerunterschrift, -gruß *V(ost)re bon cousyn et alye* und -siegel.
HBA G 741, Nr. 38. – Altsignatur: IV/48/1[c].

Nr. 81

1540 Dezember 24, Brüssel

Jeorijs von Berselle [Herr von Ijsschaff] an Herzog Albrecht:

Unlängst Empfang eines Schreibens und eines Geschenkes in Gestalt von vier Falken; Dank und Bedauern über den Verlust eines auf dem Weg zu ihm umgekommenen Vogels; Bekundung der Freude des Kaisers [Karl V.] und der Königin [Maria von Ungarn] über die ihnen übersandten Beizvögeln in deren Dankschreiben; Zusicherung beizutragen, den Herzog bei denselben stets in guter Erinnerung zu halten; Bitte des Absenders um Gelegenheit, seine Zuneigung dem Herzog gegenüber unter Beweis stellen zu können.

Ausfertigung
Lateinisch
1/2 Bogen Folio, S. 1 beschrieben, S. 2 Außenadresse.
Ausstellersiegel und eigenhändige Unterschrift
HBA G 741, Nr. 39. – Altsignatur: 4/31/32 (III).

Nr. 82

1540 Dezember 26, Fontainebleau

König Franz [I.] von Frankreich an Herzog Albrecht:

Empfang eines Schreibens nebst neun jungen und einem großen, besonders ausgesuchten Falken; Dank für das Geschenk und Angebot einer Gegengabe; *Bayard (scripsit).*

Ausfertigung
Lateinisch
1 Bogen Folio, S. 1 beschrieben, S. 2 Außenadresse und Registraturvermerk *40.*
Eigenhändige Ausstellerunterschrift und Siegelspuren.
HBA G 741, Nr. 40. – Altsignatur: 4/31/96 (V).

Nr. 83

1540 Dezember 27, Chantilly

[Der Konnetabel Frankreichs, Anne de] Montmorency an Herzog Albrecht:

Empfang eines Schreibens mittels des briefzeigenden Falkners; Dank für den Brief und für die fünf mitgesandten Falken; Versprechen, dem Herzog nützlich zu sein; Versicherung, König [Franz I.] Grüße bestellt und vom König den Auftrag erhalten zu haben, dem Herzog eine Gegengabe anzubieten.

Ausfertigung
Lateinisch
1 Bogen Folio, S. 1 beschrieben, S. 2 Außenadresse.
Eigenhändige Ausstellerunterschrift und -siegel.
HBA G 741, Nr. 41. – Altsignatur: 4/31/97 (II).

Nr. 84

[1541 April 6 – Juni 15] o. O.

Gutachten [des Sekretärs des französischen Königs] Hans Jacob Welsinger:

Auftrag des Konnetabels [Anne de Montmorency] an Georg Luck (*Jörg van Luck*) seine *werbung* des Herzogs für König [Franz I. von Frankreich] Welsinger anzuzeigen, worauf dieser wie folgt gutachtet: der Herr *von Preussen* aus dem Geschlecht von Brandenburg ist Bruder des Markgrafen Georg und Vetter des Mainzer Kurfürsten [Albrecht] und zählt ungefähr 48 Jahre; Behauptung des Herzogs in Kriegen gegen den *hertzogen von Poln* [Sigismund I.]; Friedensschluß auf Vermittlung des Königs von Dänemark [Christian III.], dessen Schwester [Dorothea] der Herzog geheiratet hat; zur Friedenssicherung Berufung des Herzogs zum Statthalter (*gouvernator*) des Königreichs Polen in Anbetracht der Vermählung der Königstochter [Isabella] mit König [Johann I. Zápolyta] von Ungarn und des Königssohnes [Sigismund II. August] mit [Elisabeth], der Tochter des Römischen Königs [Ferdinand]; *hertzog zu Preussen* ist künftiger Herrschertitel; Entzug der kaiserlichen Gnade und aller Lehen auf dem Augsburger Reichstag von [15]30 wegen der dänischen Heirat des Herzogs und wegen dessen Verhaltens seinem [Deutschen] Orden gegenüber; trotz Übertragung der Lehen an [Walter] von Cronberg (*Cromberg*) fand keine Besitzübertragung durch Kaiser [Karl V.] statt, womit der Herzog sich abfinden kann; dem Bericht Lucks an König [Franz I.] nach Wunsch des Herzogs nach guten Beziehungen zur französischen Krone, die nach Ansicht Welsingers durch den König zu erwidern gilt; Welsinger zufolge wünscht der Herzog vom französischen König kein Geld, sondern möchte ihm zum Schaden des Kaisers dienstbar sein (*den kaiser damit zu belaidigen*) wegen der zwischen dem König und dem Kaiser geschlossenen Vereinbarung über den Verzicht auf gegenseitige Abwerbung der Diener.

Ausfertigung
1 Bogen Folio, S. 1–3 beschrieben, S. 4 zeitgenöss. Betreff *Den hertzog von Preussen belangen.*
Eigenhändigkeit
HBA G 741, Nr. 42. – Altsignatur: 4/48/1[c].
Bucheintrag im Volltext: Ostpr. Fol. 79, S. 771–774.

Nr. 85

1541 April 8, Königsberg

Herzog Albrecht an den Sekretär des französischen Königs, Hans Jacob Welsinger (*Iacobus Welsinger*):

Vermittels Georg Luck (*Georg Luk*) Empfang eines vom 5. Dezember 1540 datierten Schreibens, worin Welsinger seine Gewogenheit dem Herzog gegenüber ausdrückt; Entschuldigung für das Ausbleiben von Schreiben an Welsinger mit dem Fehlen von Nachrichten; Ablehnung der Werbung Lucks aus den demselben gegenüber geäußerten Gründen; Bitte des Herzogs um Empfehlung bei König [Franz I.] und Dankversprechen für den gegebenen Fall; *commissio principis propria presente burggraffio.*

Konzept
1/2 Bogen Folio, S. 1 beschrieben, S. 2 Außenadresse und Registraturvermerke *15* und *Registrirt(h).*
HBA G 1261, Nr. 13.
Bucheintrag im Volltext: Ostpr. Fol. 79, S. 765 f.

Nr. 86

1541 April 10, Königsberg

Antwort Herzog Albrechts auf ein Bündnisangebot König Franz [I.] von Frankreich:

Freudige Anhörung der vom Gesandten des Königs, Georg Luck (*Georg Lucke*), übermittelten Werbung und Dank dafür; Einladung des Königs, mit ihm persönlich oder mittels eines Gesandten über ein Bündnis (*einer frundlichen verwandnus*) zu verhandeln, und Dank für das Angebot; Ausschlagung der Einladung durch den Herzog wegen Verpflichtungen dem Lehnsherrn gegenüber und aus Altersgründen; vorbehaltlich seiner Lehensverpflichtungen Angebot des Herzogs, dem König zu dienen, und Bitte, von seinem Angebot Gebrauch zu machen.

Konzept
1 Bogen Folio, S. 1–3 beschrieben, S. 4 zeitgenöss. Betreff *Antwortt uff h(errn) Georg(en) Lugken antrog(en) von wegen ko[niglicher] ma[ieste]t zw Franckreich etc.* und Registraturvermerke *16* und *Registrirt.*

Beilage

Konzept
Lateinisch
1 Bogen Folio, S. 1–4 beschrieben.
HBA G 1261, Nr. 14. – Altsignatur: 4/48/1[c].
Bucheintrag im Volltext: Ostpr. Fol. 79, S. 768–771.

Nr. 87

[1541] April 11, Königsberg

[Herzog Albrecht] an König [Franz I.] von Frankreich:

Sorgfältige Ausführung der dem königlichen Hofdieners Georg Luck (*Georgius Luck*) aufgetragenen Verhandlungen durch denselben; Anhörung Lucks durch den Herzog und Erteilung einer derzeit von unausweichlicher Notwendigkeit aufgezwungenen Erwiderung; Einladung an den König, die in anderer Weise niedergeschriebene Antwort von Luck zu erfahren; Bitte an den König, die Erwiderung gutzuheißen und an dem dem Herzog entgegengebrachten Wohlwollen festzuhalten; *commiss(io) prin(cipis) prop(ria)*.

Abschrift
Lateinisch
Ostpr. Fol. 51, S. 550 f.

Nr. 88

[1541 Mai 25] o. O.

Instruktion [des Hofdieners des französischen Königs] Georg Luck für seine im Auftrag König [Franz' I.] dem dänischen König [Christian III.] und Herzog [Albrecht] *von Prusszen* zu überbringende Botschaft:

Dank für die in einem Schreiben geäußerte Diensterbietung des dänischen Königs und Annahme der vom französischen König angebotenen Botschaft und Freundschaft; Versprechen des französischen Königs, Botschaften des dänischen Königs wohlwollend anzuhören; Angebot eines Bündnisses gegen jedermann mit Ausnahme des Heiligen Römischen Reiches und seiner Stände unter Einbeziehung der beiderseitigen Verbündeten; dem Herzog sichert der französische König fortdauernde Freundschaft zu und bietet ihm ein gleichartiges Bündnis an unter Berücksichtigung der herzoglichen Lehnsvorbehalte dem polnischen König [Sigismund I.] gegenüber; zur Entkräftung der herzoglichen Lehnsvorbehalte Ausdehnung des Bündnisangebotes auf den polnischen König und Beauftragung Lucks, hierfür Wege und Mittel zu finden; Übermittlung eines Ordens an den dänischen König durch Luck mit der Bitte um Annahme desselben und um Entsendung von Räten zur Aushandlung des miteinander einzugehenden Bündnisses; Überantwortung einer Kredenz an den preußischen Herzog durch Luck und Einladung des Herzogs zu einem persönlichen Besuch beim französischen König oder zur Entsendung von Räten zwecks Aushandlung des Bündnisses; nach Empfang des Ordens durch den dänischen König Erläuterung des von den Rittern des Ordens zu schwörenden Eides durch Luck; hiernach Verpflichtung des Königs zur Verteidigung der Krone und des Königs [von Frankreich] und des Ordensoberen, zur Förderung des Ansehens des Ordens, zur Rückgabe des Ordens oder zur Unterwerfung unter die vorgesehenen Strafen bei selbstverschuldeten Verstößen wider die Satzung und zur Anwesenheit bei Kapitelversammlungen; Auftrag an Luck, den zu schwörenden Eid von einem Notar beglaubigen zu lassen.

Abschrift
3 Bogen Folio, S. 1–11 beschrieben, S. 12 Registraturvermerk *Registrirt* und Ausgangsvermerk *Dij credentz ist her Hanßen von Werd(en) zugeschikt, 25 may 1541.*
HBA G 741, Nr. 43 – Altsignatur: 4/48/1[c].
Bucheintrag im Volltext: Ostpr. Fol. 80, S. 7–10.

Journalvermerk *Georgen Lucken werbung aus Francknreich, den 5 septembris ubergeben, 1541.*

Nr. 89

[1541] Juni 18, Königsberg

[Herzog Albrecht] an König [Franz I.] von Frankreich:

Von Ungarn aus Entsendung des Hieronymus Laski (*Hieroniimus Laski*) durch den Römischen König [Ferdinand I.] zum Türken [Suleiman II.]; Gefangennahme Laskis und des ihn begleitenden herzoglichen Dieners Ahasver von Brandt (*Auerus Branth*), welcher sich einst am königlichen Hof aufgehalten hat, wider Recht und Gesandtengewohnheit durch den Türken; Bitte an den König, auf die Freilassung der Gefangenen hinzuwirken.

Beilage

Trotz Abwesenheit eines gewissen Boten Abfassung dieses Schreibens wegen der durch die Gefangennahme der beiden entstandenen Dringlichkeit; Fertigung zweier gleichlautender Schreiben aus Sicherheitsgründen; *commis(sio) prin(cipis) ex relatio(ne) cancel(larii).*

Abschrift
Lateinisch
Ostpr. Fol. 51, S. 596–598.

Nr. 90

1541 Juli 9, Le Blanc (*Blanc en Berry*)

Instruktion König Franz' [I.] von Frankreich an Georg Luck (*Georges Luke*) für seine Botschaft an König [Christian III.] von Dänemark und an den *duc de Prusse* [Albrecht]:

Dank für eine von Luck übermittelte schriftliche und mündliche Botschaft des dänischen Königs sowie für die Annahme der Freundschaft und des Ordens des französischen Königs; Absicht, mit den Vertretern des dänischen Königs ein Verteidigungsbündnis gegen jedermann mit Ausschluß des Heiligen Römischen Reiches und seiner Stände unter Einschluß der beiderseitgen Freunde auszuhandeln; Einladung an den preußischen Herzog zum Beitritt in das Verteidigungsbündnis unter Einbeziehung des polnischen Königs [Sigismund I.], als dessen Vasall sich der Herzog bezeichnet; Einladung an den polnischen König, dem Bündnis beizutreten; *Bayard* (*scripsit*).

Ausfertigung
Französisch
1/2 Bogen Folio, S. 1–2 beschrieben.
Eigenhändige Ausstellerunterschrift und -siegel.
HBA G 741, Nr. 44. – Altsignatur: 4/48/1[c].

Nr. 91

1541 Juli 9, Bourges

König Franz [I.] von Frankreich an Herzog Albrecht:

Dank für das seinem Höfling Georg Luck (*Georgius Luke*) mitgegebene und zu Königsberg ausgestellte Schreiben von [1541] April 10 und Freundschaftsbekundung; Bitte an den Herzog, den Worten des in königlichem Auftrag entsandten Georg [Luck] denselben Glauben zu schenken wie den eigenen; *Bayard* (*scripsit*).

Ausfertigung
Lateinisch
1/2 Bogen Folio, S. 1 beschrieben, S. 2 Außenadresse.
Eigenhändige Ausstellerunterschrift und -siegel.
HBA G 741, Nr. 45. – Altsignatur: 4/48/1[c].

Nr. 92

1541 September 5, Domnau

Instruktion Herzog Albrechts an [den Hofdiener des französischen Königs] Georg Luck (*Georg Luck*) für eine Antwort an König Franz [I.] von Frankreich:

Anhörung des durch Georg Luck übermittelten Angebotes und Dank dafür; zeitweilige Gefährdung und Benachteiligung des Herzogs und seiner Untertanen durch das Heilige Römische Reich; Einsatz von lehens- und blutsverwandten Freunden während des vergangenen Reichstages bei Kaiser [Karl V.] und allen Reichsständen für den Herzog und Hoffnung desselben auf ein gutes und friedliches Ende der Angelegenheit mit der Aussicht auf eine kaiserliche Ratifikation, deshalb Ablehnung des Angebotes; zum Beweis des dem König entgegengebrachten dienstbaren Willens Unterstüzung des sich mit [Franz I.] unlängst verbündeten Königs [Christian III.] von Dänemark durch Hauptleute, Knechte, Schiffe und andere kriegsnotwendige Dinge; Bitte, künftige Nachrichten an den Herzog über den dänischen König zu senden.

Konzept
1/2 Bogen Folio, S. 1–2 beschrieben.

Beilagen

I. Mundum

1 Bogen Folio, S. 1–3 beschrieben.

II. Lateinische Übersetzung

2 Bogen Folio, S. 1–5 beschrieben, S. 8 zeitgenöss. Betreff *Antwortt f[urstlicher] d[urchlauch]t zw Preussen etc. auff ko[niglicher] ma[ieste]t zw Franckreich werbung* und Registraturvermerk *25*.
HBA G 1261, Nr. 15. – Altsignatur: 4/48/1[c].
Bucheintrag im Volltext: Ostpr. Fol. 80, S. 11 f.

Nr. 93

1541 September 5, Domnau

Werbung [des Hofdieners des französischen Königs] Georg Luck (*Georg Lucke*) für [Herzog Albrecht] bei König [Franz I.] von Frankreich:

Derzeitiges Abraten der Anregung des französischen Königs, den polnischen König [Sigismund I.] zu einem ähnlichen Bündnis wie mit König [Christian III.] von Dänemark einzuladen; zur Beförderung einer solchen Angelegenheit schlägt der Herzog eine Eheverbindung zwischen einer der drei Töchter des polnischen Königs mit einem der nahen Verwandten des französischen Königs vor und legt es in das Ermessen des Königs, den Vorschlag aufzugreifen.

Konzept
1/2 Bogen Folio, S. 1–2 beschrieben, S. 2 zeitgenöss. Betreff *Antwortt f[urstlicher] d[urchlauch]t zw Preussen auff Georgen Lucken antrag(en) von wegen ko[niglicher] ma[iestet] zu Franckreich* und Registraturvermerke *26* und *Registrirt.*

Beilage

Lateinische Übersetzung

1 Bogen Folio, S. 1–2 beschrieben.
HBA G 1261, Nr. 16.
Bucheintrag im Volltext: Ostpr. Fol. 80, S. 12 f.

Nr. 94

1541 September 5, Domnau

Herzog Albrecht an Franz [I.] von Frankreich:

Getreuliche Übermittlung seines Auftrages durch den edlen Georg Luck (*Georgius Lucke*) und geneigte Anhörung Lucks durch den Herzog; Beauftragung Lucks, stellvertretend für den Herzog zu antworten mit der Bitte an den König, Lucks Worten Glauben zu schenken.

Mundum
Lateinisch
1 Bogen Folio, S. 1 beschrieben, S. 2 Außenadresse.

Beilage

Zeitgenöss. Betreff *Georg Lucken werbung aus Franckreich anno 1541 5 septemb(ris) ubergebenn.*

1 Blatt (33 cm x 21,5 cm), S. 1 beschrieben und Registraturvermerke *28* für gestr. *25* und *Registrirt(h).*
HBA G 1261, Nr. 17.

Nr. 95

[1541] Oktober 20, Königsberg

[Herzog Albrecht] an König [Franz I.] von Frankreich:

In der jährlichen Ausübung einer alten Gewohnheit und aus königlicher Zuneigung ihm gegenüber Übermittlung von 12 im laufenden Jahr gefangener Falken durch den briefzeigenden Falkner; Bitte an den König, das Geschenk wohlwollend anzunehmen in der Hoffnung, demselben damit Ablenkung von seinen zahlreichen Geschäften zu verschaffen; trotz Bereitschaft des Herzogs, ein beliebiges Gegengeschenk freudig anzunehmen, Wunsch nach Mehrung der beiderseitigen Freundschaft; Bitte um Beistand mit Rat und Tat im erforderlichen Falle; *commis(sio) prin(cipis) propria.*

Abschrift
Lateinisch
Ostpr. Fol. 51, S. 662–664.

Nr. 96

[1541] Oktober 20, Königsberg

[Herzog Albrecht] an den Konnetabel Frankreichs, Anne de Montmorency:

Vermittels des zurückgekehrten herzoglichen Falkners Empfang eines wohlgestalteten Schreibens Montmorencys mit dem Ausdruck der Freude über die demselben zugesandten Beizvögel; deswegen Übersendung von acht Falken durch einen herzoglichen Falkner; Bitte, das Geschenk wohlwollend anzunehmen, und Hoffnung, dem Empfänger damit Ablenkung von seinen vielen schweren Geschäften zu verschaffen; Wunsch des Herzogs nach Empfehlung bei König [Franz I.] zwecks Mehrung der beiderseitigen Freundschaft; *commis(sio) prin(cipis) propria.*

Abschrift
Lateinisch
Ostpr. Fol. 51, S. 664–666.

Nr. 97

1541 Dezember 18, l'Isle-Adam

Anne de Montmorency, Konnetabel Frankreichs, an Herzog Albrecht:

Unlängst Empfang eines Schreibens nebst acht Falken durch einen herzoglichen Falkner; Freude über das die Erinnerung an den Herzog wachhaltene Geschenk und Dank dafür; Hoffnung Montmorencys auf Gelegenheit einer Diensterbietung und Versprechen, den Herzog nach Rückkehr an den Hof König [Franz I.] zur Mehrung der beiderseitigen Freundschaft zu empfehlen; unverzügliche Übermittlung der für den König bestimmten Falken; Wohlergehen des Königs und seiner Söhne [Heinrich und Karl].

Ausfertigung
Lateinisch
1/2 Bogen Folio, S. 1 beschrieben, S. 2 Außenadresse, zeitgenöss. Rubrum *Montmoroncius bedanckt sich hochlich der acht zwgeschickten falck(en), wil mein(en) g[nedigen] h[errn] pey ko[niglicher] m[aieste]t inn besten gedenck(en)* und Bearbeitungsvermerk *Will 8 falck(en) schick(en).*
Eigenhändige Ausstellerunterschrift und Siegelspuren.
Altsignatur: 4/31/97 (III).

Beilagen

I. Abschrift

Lateinisch
1/2 Bogen Folio, S. 1 beschrieben, S. 2 zeitgenöss. Kanzleivermerk *Donath Schubrit.*
Altsignatur: 4/31/65 (I).

II. Zwei Kurzregeste von Hand des 19. Jahrhunderts

1 Blatt (35, 6 cm x 21, 5 cm), S. 1 beschrieben.
HBA G 741, Nr. 46.

Nr. 98

1541 Dezember 28, Fontainebleau

König Franz [I.] von Frankreich an Herzog Albrecht:

Empfang von 12 Falken und Dank dafür; Bekräftigung der beiderseitigen Freundschaft und Angebot einer Gegengabe; *Bayard* (*scripsit*).

Ausfertigung
Französisch
1/2 Bogen Folio, S. 1 beschrieben, S. 2 Außenadresse, zeitgenöss. Rubrum *Konig von Franckreich bedanckt sich hochlicht der zwgeschickten 12 falcken, die er zwm zeichen der freundtschafft dester lieber angenommen haben wil, so auch etwas ist inn seinem reich, das m[ein] g[nediger] h[err] gefellig, wil es f[urtstlicher] g[nade] widerumb gern schickenn* und Bearbeitungsvermerk *Wil 12 folcke(en) schick(en); dem königk von Engellant(h) [Heinrich VIII.] 12 falck(en).*
Eigenhändige Ausstellerunterschrift und Siegelspuren.

Beilage

Lateinische Übersetzung

1/2 Bogen Folio, S. 1 beschrieben.
HBA G 741, Nr. 47. – Altsignatur: 4/31/96 (VI).

Nr. 99

[vor 1542 März 2] o. O.

Der Engländer *Matz Preusse* an [Herzog Albrecht]:

Ankauf von zwei Sechzig Boden, einigen Hundert Klappholz und fünf Schock Einholz für 1200 Mark bei dem Edelmann und herzoglichen Untertan *Pawel Czannderlawcke*, aber aus Gründen der Eigennutzung herzogliches Warenausfuhrverbot; nach Fürsprache von Freunden Angebot des Herzogs, den Absender mit einem Sechzig Wagenschoß und zwei Tonnen Honig zu entschädigen mit der Auflage, vom englischen König [Heinrich VIII.] zugunsten der herzoglichen Untertanen das Recht des ungehinderten Siegelgebrauchs in England zu erwirken; Zusage des Herzogs, für diesen Fall Preusse zusätzlich 3000 [Wagenschoß] und zwei Tonnen Honig zu geben; nach Befrachtung und Verzollung der 3000 Wagenschoß und der zwei Tonnen Honig, Kaperung des Schiffes durch Schweden und gänzlicher Verlust der Waren; zeitweilige Gefangensetzung Preusses durch seine Gläubiger in England und längere Abwesenheit des Königs aus London, was Preusse an der Beschaffung des königlichen Privilegs gehindet hat; allerdings Erhalt einer mündlichen Zusage des Königs über den Londoner Kaufmann William Watson (*Wellm Watzenn*), die den herzoglichen Untertanen freien Zugang zu den königlichen Städten zusichert; Beauftragung des Danziger Bürgers und Bruders von William Watson, *Růtger*, durch William, dem Herzog zu Königsberg persönlich die Erklärung des englischen Königs mitzuteilen; aufgrund der Abwesenheit des Herzogs aus Königsberg Übermittlung seines Auftrages durch Rutger an die herzoglichen Untertanen *Berendt Böttener* und Hans Ungermann (*Hanns Unngermmahn*) und Verpfändung seiner Worte mittels Hinterlegung seiner fahrenden Habe durch Rutger; nach Zahlung von 30 Pfund oder umgerechnet 300 Mark Ausbürgung durch William Watson Freilassung Preusses aus dem Gefängnis; Versprechen Preusses, dafür Watson und seinem Bruder die rückständigen 3000 Wagenschoß zu überlassen; Bitte an den Herzog um Wiedergutmachung des durch die Schweden erlittenen Schadens.

Behändigte Ausfertigung
2 Bogen Folio, S. 3–7 beschrieben, S. 8 Eingangsvermerk *2 martii anno 1542 pres(entatum)*, zeitgenöss. Betreff *Englischman*, zeitgenöss. Rubrum *Matz Preuß suplicirt unnd zeigt ahnn, das ime f[urstliche] d[urchlauch]t lauts eins vertrags 3000 wagenschos und 2 th(o)nn honnigs gegeben, welche ime von den Schweden genommen worden, unnd das ime s[eine] f[urstliche] g[naden] lauts desselben vortrags noch 3000 wagenschus schuldigk; bith, ime dasselb neben erstattung des schadens, wes ehr von Schweden erliden, gnediglich(en) gebenn zu lassen*, und Registraturvermerk *3*.
Eigenhändigkeit
HBA G 741, Nr. 48. – Altsignatur: 30^{c}; W 24.

Nr. 100

[1542] März 28, Königsberg

Herzog Albrecht an [den Hofdiener des französischen Königs] Georg Luck:

Erhalt eines zu Seeberg (*Sebergk*) datierten Schreibens Lucks von [1542] Februar 2 mittels eines Boten König [Christans III.] von Dänemark; Dank für die durch Luck übermittelte Werbung bei König [Franz I.] von Frankreich, die dieser dem Vernehmen nach wohlgefällig aufgenommen hat; Übermittlung der Antwort des Königs von Frankreich durch Räte des dänischen Königs; danach Verständnis des französischen Königs für die Ablehnung des Herzogs, für sich selbst und im eigenen Namen zu dienen, aber Genugtuung über die herzogliche Bereitschaft, ihn im Namen des Königs von Dänemark zu unterstützen; aufgrund der noch auszuhandelnden Einzelheiten der herzoglichen Hilfe Bitte des französischen Königs um Entsendung eines Bevollmächtigten und Angebot, eine geheime Niederschrift der Verhandlungsergebnisse bei sich aufzubewahren; Erinnerung an das Luck überreichte herzogliche Angebot, das zwischen den beiden Königen geschlossene Kriegbündnis mit der Bestallung von Hauptleuten, Knechten, Schiffen und anderen notwendigen Dingen zu befördern, und an die Bitte, dem König von Dänemark die gewünschten Zahlen- und Mengenangaben zu übermitteln; Versprechen des französischen Königs, dem Herzog im Verteidigungsfall mit Rat und Tat zur Seite zu stehen; Bevollmächtigung Lucks mit der Aushandlung von Einzelheiten; *princeps et burggravius audiverunt legere.*

Abschrift
Ostpr. Fol. 80, S. 76–79.

Nr. 101

1542 April 12, Brinon-sur-Sauldre

König Franz [I.] von Frankreich an Herzog Albrecht:

Schreiben des Königs an die Kurfürsten, Fürsten und Stände des Heiligen [Römischen] Reiches als Antwort auf die gegen ihn auf dem Reichstag zu Speyer vorgebrachten Verleumdungen; Übersendung einer Abschrift zur Kenntnisnahme der Wahrheit und seines guten Willens den Fürsten und Ständen Deutschlands (*Germanie*) gegenüber; *Bayard* (*scripsit*).

Behändigte Ausfertigung
Französisch
1/2 Bogen Folio, S. 1 beschrieben, S. 2 Außenadresse.
Eigenhändige Ausstellerunterschrift und -siegel.

Beilagen

I. Umschlag

1/2 Bogen Folio, S. 2 Außenadresse, Empfangsvermerk *Ankommen zu Konigsperg, den 24 maii 1542 bey des churf(ursten) zu Sachßen [Johann Friedrich] reijtenden botten* etc. und Registraturvermerke *1* und *1542*.
Ausstellersiegel.

II. [1542 Februar 19 – April 11] o. O.

[König Franz I. von Frankreich an die Kurfürsten, Fürsten und Stände des Heiligen Römischen Reiches]:

Benachrichtigung des Königs von dem unlängst stattgefundenen Reichstag zu Speyer und den dort mittels eines Schreibens des Marquese del Vasto [Alonso des Avalon] verbreiteten Lügen; hiernach Brief des Königs an Papst [Paul III.] betreffend einen mit Unterstützung des befreundeten Türken [Suleiman II.] vorbereiteten Rachefeldzug gegen Kaiser [Karl V.] infolge der im kaiserlichen Auftrag erfolgten Ermordung von königlichen Gesandten in der Nähe des Flusses Po; Abstreiten eines derartigen Briefes an den Papst durch den König; unbeschadet der königlichen Alleinverantwortung vor Gott Fertigung dieses Schreibens aus Liebe zu Deutschland (*Germanie*) und in der Absicht, den guten Ruf zu wahren; häufige Briefe des Königs an Papst und Kaiser wegen der dem König zugefügten, gegen Menschenrecht (*droict des gens*), Glauben und Friedensschwüre verstoßenden Beleidigungen; vergebliche Hoffnung, beim Kaiser Gehör zu finden; Aufnahme von Beziehungen zum Türken durch den König, nicht um Tributzahler oder Sklave zu werden, sondern zum Wohle der Christenheit; Vereitelung der guten Absicht durch die Gefangensetzung von königlichen Gesandten; Vertrauen auf die Venezianer und Verzicht, ihnen bei der Ausrüstung von *Lerreuo* zu helfen; aufgrund des fehlenden Waffenstillstandes Versetzung der Stadt in den Kriegszustand durch die auf sich alleine gestellten Venezianer; trotz gegenteiliger Bestrebungen Fortdauer der Freundschaft zwischen Deutschland und dem französischen Königshaus.

Abschrift
Französisch
1 Bogen Folio, S. 1–3 beschrieben.
HBA G 741, Nr. 49. – Altsignatur: 4/21/58.

Nr. 102

1542 September 10, *ex oppido nostro Sallelsis*

König Franz [I.] von Frankreich an Herzog Albrecht wegen einer Kredenz für Jean [des Monstiers Seigneur du] Fresse:

[Druck der deutschen Übersetzung: Hubatsch: Europäische Briefe, S. 37.]
Ausfertigung

Lateinisch
1 Bogen Folio, S. 1 beschrieben, S. 2 Außenadresse.
Eigenhändige Ausstellerunterschrift und -siegel.
HBA G 741, Nr. 50. – Altsignatur: 4/21/9.

Nr. 103

[1542 Oktober 18, Königsberg]

[Herzog Albrecht] an König [Franz I.] von Frankreich:

Klage der Bürger und herzoglichen Untertanen *Bernhardus Buthner*, *Casparus Poel*, Lukas Stolzenberg (*Luca Stolzenberk*) und *Iohannes a Poelken* über die ohne Rechtsgrund und ohne Vorwarnung erfolgte Aufbringung ihres Schiffes sowie über die Ausraubung, Verwundung, Tötung und Gefangennahme von Besatzungsmitgliedern durch königliche Kriegsleute; unter Berücksichtigung der beigeschlossenen Bittschrift Bitte um Rückgabe des Schiffes; Verpflichtung des Herzogs, das gerechte Anliegen seiner Untertanen zu unterstützen, und Überzeugung von einer ohne Wissen und Befehl des Königs erfolgten Gewaltanwendung; Bitte um gerechten Ausgleich für den seinen Untertanen zugefügten Schaden, um Rückgabe des Schiffes sowie um Wiedergutmachung und Freilassung der Gefangenen, und zwar in der umgekehrt gewünschten Weise.

Konzept
Lateinisch
1 Bogen Folio, S. 1–2 beschrieben, S. 4 Außenadresse, zeitgenöss. Betreff *Ad regem Francię Bernhardo Buthner, Casparo Poel, Luca Stoltzenberck, Iohanne a Polken*, Bearbeitungsvermerk *Collacionirt* und Registraturvermerke *XVIIII* und *Registrirt.*
HBA G 1261, Nr. 18. – Altsignatur: KW 1/ 1261.
Bucheintrag im Volltext: Ostpr. Fol. 52, S. 218–220.

Journaleintrag
o. D., o. O.

Bernhardus Buthner, *Caspar Poel*, Lukas Stolzenberg (*Lucas Stoltzenbeck*) und *Ioannes à Pëlcken* an [Herzog Albrecht]:

In der Hoffnung auf Frieden in Frankreich Entsendung eines mit Waren befrachteten Schiffes nach Lissabon im Sommer [15]42; Kaperung des Fahrzeugs in Höhe der Bretagne durch französische Kriegsleute, Verwundung und Tötung der Besatzung, Entführung von Schiff und Waren nach Roskoff (*Raskaw*) und Gefangensetzung des Schiffers *Ieronimus Hildebrandt*, seines Mitgesellschafters sowie des Kaufmannes *Albinus;* heftige Beteuerung der Besatzung vor dem Roskoffer Rat, keinen triftigen Grund für die Gewaltanwendung zu kennen; Anrufung des Pariser Parlamentes durch die Besatzung mit der Versicherung, keine Gewaltanwendung hervorgerufen zu haben; Schätzung des Schiffverlustes auf 3000 Goldstücke und der Einbuße an Salz und anderen Waren auf nochmals dieselbe Summe; Raub von 1200 dem Schiffer gehörenden Goldstücken und von Geld und Kleidung der Besatzung im Wert von 900 Goldstücken; Verlust von 32 Faß Zucker an den Hauptmann in Roskoff und an seine Leute; Bitte der Geschädigten an den Herzog um ein fürsprechendes Schreiben an König [Franz I.] von Frankreich zur Wiedergutmachung des erlittenen Schadens.

Abschrift
Lateinisch
Ostpr. Fol. 52, S. 220–223.

Nr. 104

1542 Oktober 20, Königsberg

[Herzog Albrecht] an König [Franz I.] von Frankreich:

Klage der in beiliegender Bittschrift genannten herzoglichen Untertanen wegen Aufbringung ihres Schiffes durch ein königliches Kriegsschiff; Plünderung der Ladung, Erschießung und Gefangensetzung von Besatzungsmitgliedern; Überzeugung von der Unkenntnis des Königs über den Vorfall; unter Aufgreifung des königlichen Angebotes, dem Herzog eine Gefälligkeit zu erweisen, Bitte um Rückerstattung von Schiff und Waren, um Freilassung der Gefangenen und um Wiedergutmachung der Schäden; Gegenseitigkeitsversprechen; *commissio principis ex rela(tione) burg(gravii).*

Konzept
1 Bogen Folio, S. 1–4 beschrieben.

Beilage

[1542] Oktober 22, o. O.

Bestürzung über die zwischen den größten Häuptern der Christenheit herrschende Zwietracht und Sorge über den daraus für die gesamte Christenheit erwachsenen

Schaden; dagegen erachtet es der Herzog für nützlicher, die Kräfte gegen die Türken zu bündeln; in dieser von Uneinigkeit geprägten Zeit Aufbringung eines Königsberger Bürgern gehörenden Schiffes durch königliche Kriegsleute; im Rückgriff auf die Ermunterung des Königs, einen Wunsch zu äußern, Bitte um Rückgabe von Schiff und Waren.

Konzept
1/2 Bogen Folio, S. 1 beschrieben, S. 2 Bearbeitungsvermerk *Regis Francie, Teutzsch, 22 octob[ris].*
HBA G 1261, Nr. 19.

Nr. 105

[1542] Oktober 22, Königsberg

[Herzog Albrecht] an König [Franz I.] von Frankreich:

Einem Schreiben des Königs zufolge Freude über die ihm im Jahre [15]41 zugesandten 12 Falken; in Ausübung einer alten Gewohnheit Übermittlung von wiederum 12 Falken durch den Herzog; Bitte, das geringfügige, aber von Herzen kommende Geschenk wohlwollend anzunehmen in der Hoffnung, damit dem König Erholung zu verschaffen; [es folgt der Beilagentext von Nr. 104]; *commissio principis ex relacione cancellarii.*

Abschrift
Lateinisch
Ostpr. Fol. 52, S. 223–225.

Nr. 106

[1542] Oktober 22, Königsberg

[Herzog Albrecht] an König [Heinrich VIII.] von England:

In der jährlichen Ausübung der Gewohnheit, Falken an besonders im Gedächtnis verhaftete Freunde und Herren zu schicken, Übermittlung von 12 Falken durch den briefzeigenden Falkner; Zusendung der Beizvögel in der Verlegenheit, von keinem geeigneteren Geschenk Kenntnis erhalten zu haben; Bitte des Herzog um Beistand mit Rat und Tat all seinen Feinden gegenüber; *commissio principis propria.*

Abschrift
Lateinisch
Ostpr. Fol. 52, S. 225–227.

Nr. 107

[1542] Oktober 22, Königsberg

[Herzog Albrecht] an den Konnetabel Frankreichs, Anne [de Montmorency]:

In der jährlichen Ausübung der Gewohnheit, Falken an mehrere Herren und Freunde zu schicken, Übermittlung von wiederum acht Beizvögeln durch den Herzog; Bitte um wohlwollende Aufnahme des Geschenks in der Hoffnung, damit dem Konnetabel viel Vergnügen zu bereiten; Freude über die Nachricht vom Wohlergehen des Königs [Franz I.] und dessen Söhnen [Heinrich und Karl]; *commis(sio) princ(ipis) propria.*

Abschrift
Lateinisch
Ostpr. Fol. 52, S. 227 f.

Nr. 108

1542 Oktober 22, Königsberg

Herzog Albrecht an [den Hofdiener des englischen Königs] *Christoff Mont*:

Dank für die dem Herzog wirklich erwiesenen Dienste; Zusendung von Falken an den König [Heinrich VIII.] von England; aufgrund der Wertschätzung Monts Abfassung eines Schreibens an ihn mit der Bitte um Nachricht von der Königin [Catherine Howard] und vom königlichen Hause; Wunsch des Herzogs nach Empfehlung beim König und Versprechen, sich dem Empfänger erkenntlich zu zeigen.

Abschrift
1 Bogen Folio, S. 1–2 beschrieben, S. 4 Ausgangsvermerk *Copei an Cristofferum Month, ausgangenn den 22(ten) octobris anno etc. im 42(ten).*
HBA G 1261, Nr. 20. – Altsignatur: Beil[age] ad 4/31/75.

Nr. 109

[15]42 November 26, [Königsberg]

[Herzog Albrecht] an König [Heinrich VIII.] von England:

Kenntnisnahme von der sicheren Ankunft eines herzoglichen Schiffes im Königreich und Dank für den zu dem Zweck ausgestellten Geleitbrief; Gegenseitigkeitsversprechen; Absicht, das Fahrzeug mit den eingeladenen Waren zu verkaufen; Auftrag an die herzoglichen Schiffer und Leute, das Schiff und die Fracht zuerst dem König zum

Kauf anzubieten; bei mangelndem Kaufwunsch Bitte an den König, den Verkauf an Dritte wohlwollend zu unterstützen und einen Geleitbrief im Falle des Nichtverkaufs auszustellen.

Konzept
Lateinisch
1 Bogen Folio, S. 1–2 beschrieben, S. 4 zeitgenöss. Betreff *Ad regem Angliae propter navem, quae iam in Anglia est* und Bearbeitungsvermerke *Registrirt* und *registrirt.*
HBA G 1261, Nr. 21. – Altsignatur: KW 9.
Bucheintrag im Volltext: Ostpr. Fol. 52, S. 285 f.

Nr. 110

1543 Januar 8, Hampton Court

König Heinrich [VIII.] von England an Herzog Albrecht:

Dank für ein Schreiben und für die übersandten Falken, die ihm bei der Beizjagd viel Freude und Ablenkung von seinen ermüdenden Geschäften verschaffen; Versprechen, den Herzog und die Seinen stets zu beschirmen; *Petrus Vannes.*
Die octavo ianuarii anno domini MDXLII.

Ausfertigung
Lateinisch
1 Bogen Folio, S. 1 beschrieben, S. 2 Außenadresse, zeitgenöss. Rubrum *Konig(lich)e ma(ieste)t von England bedanckt sich kegen f[urstliche] d[urchlauch]t der zugeschickten falkenn, erbeuth sich widerumb in allen zimblichen f[urstlicher] d[urchlauch]t zu dinenn* und Bearbeitungsvermerk *Beantwortt den 15 octobris 1543.*
Eigenhändige Ausstellerunterschrift und -siegel.
HBA G 741, Nr. 51. – Altsignatur: 4/31/99 (V).

Nr. 111

1543 Januar 9, *Meuigouste*

König Franz [I.] von Frankreich an Herzog Albrecht:

Empfang eines Schreibens nebst 12 Falken vermittels des herzoglichen Dieners Peter Dankwart *(Pieter Danquat)*; Dank und Angebot einer Gegengabe; *Bayard* (*scripsit*).
Le IXe *jour de janvier mil V*^{c} *XLII.*

Ausfertigung
Französisch
1 Blatt (29,1 cm x 20,2 cm), S. 1 beschrieben, S. 2 Außenadresse und zeitgenöss. Rubrum *Konig[lich]e ma(ieste) zu Franckreich zeigt an, das sie die falcken entpfangen habe, bedanckt sich kein f[urstliche] d[urchlauch]t.*
Eigenhändige Ausstellunterschrift, -gruß *V(ost)re bon cousyn et alye* und -siegel

Beilage

Lateinische Übersetzung

1 Blatt (19,6 cm x 14 cm), S. 1 beschrieben und Grußformel *Vester bonus et addictus cognatus*, S. 2 Bearbeitungsvermerk von Hand des 19. Jahrhunderts *1542*.
HBA G 741, Nr. 52. – Altsignatur: 4/31/96 (VII).

Nr. 112

1543 Januar 9, Ferrières

Anton [von Bourbon], Herzog von Vendôme, an Herzog Albrecht:

Dem Schreiben an ihn zufolge Übergabe der mittels des Briefzeigers an den König [Franz I.] übersandten Vögel; freudige Annahme der Gabe durch den König; Dank für die Vendôme übersandten sechs Falken und Angebot einer Gegenleistung.
Le IXme jour de janvier MV^c^ XLII.

Ausfertigung
Französisch
1 Blatt (20,3 cm x 24,5 cm), S. 1 beschrieben, S. 2 Außenadresse, zeitgenöss. Rubrum *Antonius, furst zů Vendon in Franckreich, schreibt, das er die falcken, ßo im f[urstliche] d[urchlauch]t zugeschickt, bedanckt sich hoch etc.* und Registraturvermerk von Hand des 19. Jahrhunderts *1542*.
Eigenhändige Ausstellerunterschrift und Siegelreste.
Altsignatur: 4/31/97 (I).

Beilage

Lateinische Übersetzung

1 Blatt (19,3 cm x 15,1 cm), S. 1 beschrieben, S. 2 Registraturvermerk von Hand des 19. Jahrhunderts 1542.
Altsignatur: ad 4/31/97 (I).
HBA G 741, Nr. 53.

Nr. 113

1543 Januar 14, Schleswig

Der Gesandte des französischen Königs, Jean [des Monstiers, Seigneur du] Fresse, an Herzog Albrecht:

Auftrag des französischen Königs [Franz I.] an Fresse, dem Herzog ein Schreiben zu überbringen, aber Vereitelung der Auftragsausführung durch zeitraubende Verhandlungen, die eine Rückkehr zum König notwendig machen; Bedauern, dem Herzog deswegen nicht die besondere Wertschätzung, die derselbe beim König genießt, darzulegen, und Bitte um Entschuldigung; Kenntnisnahme des herzoglichen Willens über den dänischen König [Christian III.] und Zusicherung der Erfüllung der durch den französischen König eingegangenen Verpflichtungen; Angebot des Absenders, im Falle eines Wunsches nach Aufschlüsselung der beiderseitigen Erwartungen, dem Herzog nach seiner baldigen Rückkehr den Willen des Königs mitzuteilen; Bereitschaft, nach einer entsprechenden Aufforderung des Herzogs oder des dänischen Königs zu jenem zu reisen.

Beilage

o. D., o. O.

Derselbe an die [Ständevertreter des Herzogtums Preußen]:
Trotz des Vertrauens des Königs in befreundete Fürsten auf Förderung von Frieden, Ausgewogenheit, von Kraft und Schutz vor Feinden Bestreben nach Aufrichtung von Bündnissen und Freundschaften; durch das Mittel der Freundschaft versöhnt der König die unterschiedlichsten Leute und bekräftigt durch Treue und Pflichterfüllung die Gesetze des gegenseitigen Wohlwollens; bei Geringschätzung von Bündnissen und mangelnder Aufrichtigkeit Auseinanderbrechen der Bündnisse bei der erstbesten Gelegenheit; Haltbarkeit von mit Aufrichtigkeit geschlossenen Bündnissen über Mißgeschicke und Zeitläufe hinweg bis zu den Nachkommen; aus diesem Geist heraus Zustandekommen eines vor wenigen Monaten abgeschlossenen Bündnisses mit dem dänischen König unter Einschluß der beiderseitigen Freunde; trotz Einbeziehung des preußischen Herzogs durch den König von Dänemark Wunsch des französischen Königs, den Herzog in die gleiche Freundschaft einzubeziehen, die zwischen den beiden Königen herrscht; Auftrag Fresses, im Einvernehmen mit dem dänischen König dem Herzog in der Art eines altgriechischen Vermittlers die Vorschläge des französischen Königs zu erläutern; Wunsch desselben, mit dem Herzog ein Bündnis zu den gleichen Bedingungen abzuschließen wie mit dem dänischen König; Hoffnung des Absenders auf Benachrichtigung des Herzogs durch die Empfänger in der Erwartung, durch sie keine Hindernisse zu erfahren.

Ausfertigung
Lateinisch
2 Bogen Folio, S. 1 und S. 3–4 beschrieben, S. 8 Außenadresse, zeitgenöss. Rubrum *Ioannes Fraxineus ko(niglich)e w(irde) zw Franckreich gesandter zaigt an, wiewol er von seinem herrenn die werbung an f(urstliche) d(urchlauch)t persönlichenn zu tragen bevelich, dasselbige auch von hertzenn gernn gethann, so hat er doch von D(e)nmark(enn) etc. also viel vermerckt, das sich ko[nigliche] w[irde] zw Franckreich in dem und anderem geg(enn) f(urstliche) d(urchlauch)t aller koniglichen gepur finden wi(r)dt lassen. Wan es aber k[oniglicher] w[irde] zw Denmarck(enn) etc. ader seiner f(urstlichen) d(urchlauch)t fur gerathenn ansehenn, wölt er sich zw derselb(enn) begebenn. Uberschickt gleichwol ein credentz und seine werbung an f(urstliche) d(urchlauch)t zw Preussen etc.* und Registraturvermerke *1* und *1543*.
Eigenhändige Ausstellerunterschrift und Siegelspuren.
HBA G 741, Nr. 54. – Altsignatur: 4/21/3.

Nr. 114

[1543] Februar 13, Fère-en-Tardenois

Anne de Montmorency, Konnetabel Frankreichs, an Herzog Albrecht:

Empfang eines Schreibens nebst acht Falken vermittels des Briefzeigers und Dank; Wohlbefinden des Königs [Franz I.] und seiner Söhne [Heinrich und Karl]; Angebot, dem Herzog bei seinen Verhandlungen behilflich zu sein.

Ausfertigung
Lateinisch
1/2 Bogen Folio, S. 1 beschrieben, S. 2 Außenadresse, zeitgenöss. Rubrum *Montmorentius bedanckt sich gegen f[urstliche] d[urchlauch]t der acht uberschickten falcken, zeigt an, das ko(niglich) m(aieste)t sampt irem sone gesunth, die er von f[urstlicher] d[urchlauch]t dienstlich grüssen wil* und Bearbeitungsvermerke *Darauff hat f[urstliche] d[urchlauch]t nicht geanwortt* und *o[hne] J[ahr].*
Eigenhändige Ausstellerunterschrift und Siegelspuren.
HBA G 749, Nr. 4. – Altsignatur: 4/31/97 (VIII).

Nr. 115

[1543] Oktober 16 [Königsberg]

Herzog Albrecht an König [Heinrich VIII.] von England:

Empfang eines Schreibens des Königs und Genugtuung über die darin enthaltene Nachricht von der Unversehrheit der ihm zugesandten Falken; Freude, damit dem König etwas Ablenkung von seinen schwierigen Geschäften verschafft zu haben; wegen der beschränkten Anzahl von Beizvögeln im Herzogtum Übermittlung von 12 ausgesuchten Falken; Bitte, sie als Gabe von Herzen und als Zeichen der Wertschätzung anzunehmen; Hoffnung, dem König mit den Vögeln Kurzweil zu verschaffen; Bitte, die um des Handels willen im Königreich landenden Untertanen empfohlen zu halten; *pro iure cognationis* mit dem jülischen Herzogshaus Übersendung eines weißen Sperbers nebst einem Schreiben an die königliche Gemahlin [Anna von Kleve] im Vorjahr; da weder der herzogliche Falkner noch das Schreiben des Königs davon künden, Bitte um entsprechende Nachricht; vor einigen Jahrhunderten Erbauung eines den Namen Brandenburg tragenden Schlosses im Herzogtum Preußen durch markgräflich-brandenburgische Vorfahren; im Verlauf der vergangenen Kriege Verwüstung und Zerstörung des Schlosses bis beinahe auf Erdbodenhöhe; vielerlei Ermunterung zur Wiederherstellung des Schlosses, unter anderem weil Ahnen des Herzogs Gründer und Erbauer waren, weil das Schloß den Namen der herzoglichen Familie und Sippe trägt und weil es günstig gelegen ist; aufgrund der mehrmals bekundeten Freigebigkeit des Königs Bitte, um Unterstützung des Vorhabens; Versprechen, gegebenenfalls für das Gedenken an die königliche Freigebigkeit zu sorgen.

Konzept
Lateinisch
1 Bogen Folio, S. 1–3 beschrieben, S. 4 Außenadresse, Bearbeitungsvermerk *Collacio[nirt]* und Registraturvermerk *Registrirt.*
HBA G 1261, Nr. 22.
Bucheintrag im Volltext: Ostpr. Fol. 52, S. 502–505.
Teildruck: Voigt, S. 14.

Nr. 116

1543 Oktober 16, Königsberg

Herzog Albrecht an König Franz [I.] von Frankreich:

Erhalt eines wohlwollenden Schreibens des Königs aus der Hand des herzoglichen Falkners und Dankesbekundung dafür; trotz des geringen Geschenkes Dankbarkeit des Königs; deswegen Übermittlung von wiederum 12 Falken; Bitte, um wohlwollende Annahme dieses Zeichens des guten Willens mit dem Wunsch, dem König damit Sorgen und Beschwerden vertreiben zu helfen; vor einigen Jahrhunderten Erbauung eines den Namen Brandenburg tragenden Schlosses im Herzogtum Preußen durch markgräflich-brandenburgische Vorfahren des Herzogs; im Verlauf der vergangenen Kriege Verwüstung und Zerstörung des Schlosses bis beinahe auf Erdbodenhöhe; vielerlei Ermunterung zur Wiederherstellung des Schlosses, unter anderem weil Ahnen des Herzogs Gründer und Erbauer waren, weil das Schloß den Namen der herzoglichen Familie und Sippe trägt und weil es günstig gelegen ist; aufgrund der mehrmals bekundeten Freigebigkeit des Königs Bitte, um Unterstützung des Vorhabens; Versprechen, gegebenenfalls für das Gedenken an die königliche Freigebigkeit zu sorgen; *manu propria scrip(tum).*

Unbehändigte Ausfertigung
Lateinisch
1 Bogen Folio, S. 1 beschrieben, S. 2 Außenadresse.
Ausstellersiegel

Beilage

Konzept
Lateinisch
1/2 Bogen Folio, S. 1 beschrieben, S. 2 Außenadresse, Bearbeitungsvermerk *Collac(ionirt)* und Registraturvermerk *Registrirt.*
HBA G 1261, Nr. 23. – Altsignatur: 4/31/58.
Bucheintrag: Ostpr. Fol. 52, S. 505 f.

Nr. 117

1543 Oktober 16, Königsberg

Herzog Albrecht an Anton [von Bourbon], Herzog von Vendôme:

Erhalt eines das Wohlwollen des Empfängers vermittelnden Schreibens aus der Hand eines herzoglich-preußischen Falkners und Dank dafür; deswegen Übermittlung von sechs Falken mit der Bitte, sie entgegenzunehmen und sich an ihnen zu erfreuen; vor einigen Jahrhunderten Errichtung einer weitläufigen, nach ihren Erbauern benannten Schloßanlage [Brandenburg] im Herzogtum Preußen durch markgräflich-brandenburgische Vorfahren des Herzogs; im Verlauf der in den vergangenen Jahrhunderten geführten Kriege Verwüstung und Zerstörung des Schlosses bis beinahe auf Erdbodenhöhe; Absicht des Herzogs, zum Gedenken an seine Familie und wegen der günstigen Lage die Anlage wieder aufzubauen; Schreiben des Herzogs in dieser Angelegenheit an den französischen König [Franz I.] mit der Bitte um Unterstützung bei dem Vorhaben; wegen des Einflusses des Empfängers beim König und aufgrund seines Wohwollens dem Herzog gegenüber Bitte, die Sache beim König zu befördern; Versicherung des Herzogs, das Vorhaben nicht zum eigenen Nutzen, sondern zum Gedenken an die Vorfahren in Angriff genommen zu haben; im Falle einer Unterstützung durch den König Versprechen, für das Gedenken an dessen Freigebigkeit sorgen zu wollen; Dank für den erwarteten Einsatz des Empfängers; *manu propria scrip(tum).*

Unbehändigte Ausfertigung
Lateinisch
1 Bogen Folio, S. 1 beschrieben, S. 2 Außenadresse.
Ausstellersiegel

Beilagen
I. Konzept

Lateinisch
1/2 Bogen Folio, S. 1–2 beschrieben, S. 2 Außenadresse, Bearbeitungsvermerk *Colla[cionirt]* und Registraturvermerk *Registrirt.*

II. Kurzregest von Hand des 19. Jahrhunderts.

1 Blatt (35,5 cm x 21,2 cm), S. 1 beschrieben.
HBA G 1261, Nr. 24. – Altsignatur: 4/31/64.
Bucheintrag im Volltext: Ostpr. Fol. 52, S. 506–508.

Nr. 118

1543 Oktober 16, Königsberg

Herzog Albrecht an den Hofdiener des englischen Königs, *Christoff Mont*:

Rückgabe des einem Falkner des Herzogs im Vorjahr für den Empfänger mitgegebenen Schreibens durch den Falkner; Abwesenheit Monts aus England, um im Auftrag des Königs [Heinrich VIII.] Geschäfte zu erledigen; Übermittlung des früheren Schreibens in Abschrift mit der Bitte um Antwort und Dank; *manu propria scri(ptum)*.

Unbehändigte Ausfertigung.
1 Bogen Folio, S. 1 beschrieben, S. 4 Außenadresse.
Ausstellersiegel.
Altsignatur: 4/31/75.

Postskript
Bitte um Übersendung einer englischen Hündin (*zucke*).

1 Blatt (10 cm x 21 cm), S. 1 beschrieben.
HBA G 1261, Nr. 25. – Altsignatur: ad 4/31/75.

Nr. 119

1543, o. O.

[Aufstellung zweier Regimenter im Auftrag des französischen Königs]:

Im Auftrag König [Franz' I.] von Frankreich Aufstellung zweier Regimenter im Jahre 1543 durch [Johann] von Heideck und [Georg] von Reckerodt zu 28 fliegenden Fähnlein und sechs Hauptleuten unter dem Obristen Reckerodt; Schwur, dem französischen König wider jedermann mit Ausnahme des Heiligen Römischen Reiches und des Herzogs [Wilhelm VII.] von Kleve überall zu dienen; acht [!] Hauptleute im Regiment und Berechtigung des Befehlshabers, denselben einen Leutnant *(leuthen ampt)* zu unterstellen; Verpflichtung eines jeden Hauptmanns, 500 Mann zum Musterungsplatz zu führen; Verpflichtung der Hauptleute und des ganzen Haufens zum Schwur nach Kriegsbrauch; Gehorsam gegenüber den königlichen Leutnants; nach Befehl des Königs oder seiner Oberen Bestrafung [der Hauptleute] bei Verstößen gegen die Verpflichtung, Fähnlein zu schicken; Verpflichtung des Obristen, sich nach Gebühr zu verhalten; Bereitstellung von 500 Kronen für Hauptmann und Fähnlein zwecks Werbung und Rechenschaftslegung der Hauptleute auf dem Musterungsplatz; Bestallung von Hauptleuten, Leutnants *(leuthener)*, Fähnrichen, Feldwebeln, *darhstblat* und fünfzig Hakenschützen auf das Fähnlein zu 500 [Mann] Sollstärke; Abzug von 10 Solden bei Fähnlein unter der Sollstärke; Bereitstellung von sechzig Solden für Nebensöldner, aber Abzug von 10 v. H. bei fehlender Sollstärke; bei Anwerbung von mehr als 500 Knechten je Fähnlein Verpflichtung der abgelehnten Knechte, dennoch nicht dem französischen König zu schaden; Einschwörung der Buben auf Reckerodt und den König von Frankreich; Verpflichtung der Angeworbenen, den Dienst erst sechs Monate nach Ankündigung zu quittieren und etwaige Abmahnungen ihrer Landesfürsten zu mißachten; Schwur der Angeworbenen, sich als 500 Mann starkes Fähnlein deutscher Nation *(deutzscher nation)* unter der Führung von Hauptleuten am Musterungsplatz an der Grenze zu Frankreich einzufinden, sich dem Befehl Reckerodts zu unterstellen und sich über entgegenstehende kaiserliche Verbote hinwegzusetzen; die Hauptleute beeiden, das zur Werbung nötige Geld empfangen zu haben und den gleichen Schwur zu leisten wie ihre Vorgesetzten *(obersten)*; Schwur der Fähnlein sowie ihrer Glieder, die Musterherren und *comerollen* des französischen Königs friedlich zu behandeln, Betrügereien beim Mustern zu unterlassen und Zählungen sowie das Registrieren der Hakenschützen zum Zwecke der Besoldung zu gestatten.

Abschrift
1 Bogen Folio, S. 1–3 beschrieben, S. 4 zeitgenöss. Betreff *Die neue bestellung, so konig[lich]e m[aieste]t in Franckreich im [15]45(ten) und im [15]48(ten) jare dem von Heideck und Reckert zugemuttet hatt* und Registraturvermerk *D*.
HBA G 741, Nr. 55. – Altsignatur: 4/21/2.

Nr. 120

[um 1543] kaiserliches Feldlager (*ex castris Cesaris*)

[Auszug] aus einem Schreiben Herzog Albrechts von [Braunschweig-] Grubenhagen an den Hauptmann in Osterode, *Iodocus de Gladebeke*:

Zeitung über einen Sieg des Kaisers [Karl V.] über den französischen König [Franz I.]:
1. 80 000 Mann im Lager des Pflegers von Portugal (*Portugalie*);
2. 100 000 Mann im Lager des jungen Königs Philipp [II.] von Spanien;
3. 150 000 Mann in den Lagern des Fürsten von Burgund [Maximilian von Burgund zu Beveren ?] und des Königs [Heinrich VIII.] von England;
4. 34 000 Tote in der Seeschlacht bei dem *Roden Mere, Gallicia genanth*, darunter 24 000 Franzosen und Türken und 10 000 Kaiserliche.

Auszug
1 Blatt (21,5 cm x 15,5 cm), S. 1 beschrieben, S. 2 Registraturvermerke *4* und *8* und Federproben.

Beilage

Kurzregest von Hand des 19. Jahrhunderts.

1 Blatt (35,5 cm x 21,6 cm), S. 1 beschrieben.
HBA G 749, Nr. 5. – Altsignatur: 4/21/65.

Nr. 121

1544 Januar 8, Hampton Court

König Heinrich VIII. von England an Herzog Albrecht:

Empfang von Falken zusammmen mit einem Schreiben; Freude des Königs an den Vögeln, bei denen er Erholung von seinen Geschäften zu finden pflegt, und Dank; Zusage, der Bitte des Herzogs um wohlwollende Behandlung der im Königreich an Land gehenden herzoglichen Untertanen zu entsprechen; wegen des Krieges mit dem Franzosen [Franz I.], dem Schotten [Jakob Hamilton] und dem Türken [Suleiman II.] Ablehnung, etwas zum Wiederaufbau des Schlosses zu Brandenburg beizusteuern; Übereinkunft mit Kaiser [Karl V.], zu Beginn des kommenden Sommers mit je einem Heer in Frankreich einzufallen, und Absicht, die eigenen Streitkräfte persönlich anzuführen; die Einschätzung der für die Kriegführung nötigen Kosten überläßt der König dem Herzog; Bestätigung des Empfangs eines für die Herzogin Anna von Kleve bestimmten weißen Sperbers und Verwunderung, dem Herzog davon nichts geschrieben zu haben.
Octavo ianuarii (etc.) 1543.

Behändigte Ausfertigung
Lateinisch
1 Bogen Folio, S. 1 beschrieben, S. 2 Außenadresse und Eingangsvermerk *P(rese)nt(atum), den 5 augusti 1544.*
Eigenhändige Ausstellerunterschrift und -siegel.
HBA G 741, Nr. 56. – Altsignatur: 4/31/99 (VI).

Nr. 122

[vor 1544 Mai 1]

Bestallung von gemusterten reisigen Pferden und Reitern durch Hans von Sickingen (*Hanns von Sickingen*) im Auftrag König [Heinrichs VIII.] von England:

1. Zuführung von 1000 gerüsteten reisigen oberländischen Pferden aus 700 Spießern und 300 Schützen durch Sickingen, worunter mindestens 200 vollständig gepanzerte und ausgerüstete Kürassiere sich zu befinden haben;
2. Anforderungen an die Ausrüstung der Spießer: gute Helmlinnen, Haupttharnisch mit wohlverschlossenem Visier, stählerne Kragen, Armzeug, Rücken und Krebs, Schurz, Kniekopf oder *diellingen*, Panzerärmel oder Armzeug mit stählernen Bügeln und langen Handschuhen sowie stählerne Kragen mit langen Achseln;
Anforderung an die Ausrüstung der Schützen: Saufeder, Vierfeuerbüchse mit allem Zubehör, Schurz, Ärmel, Handschuhe, Rücken, Krebs und stählerne Haube;
3. Bildung zweier Fahnen aus 1000 Pferden und eines Fähnleins aus 300 Schützen;
4. 24 Gulden Monatssold für einen Fähnrich zu dem bei der Musterung erhaltenen Geld;

5. einen Hufschmied auf 100 gemusterte Pferde mit einem monatlichen Übersold zu dem bei der Musterung erhaltenen Geld;
6. 24 Gulden Monatssold für einen gemusterten Kürassier;
7. 12 Gulden monatlich für einen berittenen Spießer oder Schützen;
8. sechs Gulden monatlich für ein Troß- oder Botenpferd auf 12 gemusterte Pferde;
9. 24 Gulden monatlich für einen Wagen mit vier Pferden auf 12 gemusterte reisige Pferde;
10. Anspannungsverbot für reisige Pferde unter Androhung des Verlustes der gesamten Besoldung;
11. Musterung eines Bubens auf fünf Pferde;
12. Besoldung der nach der Musterung krank gewordenen Reisigen wie Gesunde und Fortdauer der Besoldung der im Dienst des Königs gefangengenommenen Reisigen; Durchmusterung der überzähligen Pferde und Harnische der Kranken und Verbot von Betrügereien; von der Wohnung bis zum Musterungsplatz Zahlung von 24 Kreuzern auf Tag und Pferd für einen Reisigen und Zahlung von 48 Kreuzern für einen mitgebrachten und gemusterten Wagen; Verpflichtung, nach Bedarf mit einem Wagen vier Meilen am Tag zurückzulegen und jeden fünften Tag einen Ruhetag einzulegen;
13. Beginn der Besoldung auf dem Musterungsplatz mit einem ganzen Monatssold, einmalige Auszahlung des Soldes im Monat und 15 Tage Zumutbarkeitsdauer für den säumigen Sold;
14. 30 Tage Dienstpflicht im Monat;
15. Dienstpflicht für den König von England gegen jedermann mit Ausnahme des Kaisers [Karl V.] und des Heiligen Römischen Reiches;
16. eidliche Verpflichtung, dem König nach Bedarf, aber mindestens drei Monate lang zu dienen, und Aushandlung neuer Verträge nach Ablauf des dritten Monats;
17. Anspruch der Reisigen auf dreimonatige Besoldungsdauer ungeachtet vorzeitiger Beurlaubung;
18. bei kaiserlichem Bedarfswegfall einmonatige Verfügungsberechtigung des englischen Königs über die Reisigen unter Zahlung eines Monatssoldes oder des Anrittgeldes; Verpflichtung der Reiter, Obristen, Hauptleute und Rottmeister zur Auszahlung des übergebenen Anrittgeldes;
19. Verbot, königliche Untertanen und ihre Verwandten in irgendeiner Form zu schädigen; Verpflichtung zur Bezahlung von Käufen während des Anrittes und Berechtigung zur Furagierung während des Feldlagers; Verbot der Beschwerung durch Wirte;
20. Überantwortung gefangener Obristen und Feldhauptleute in die Obhut des Königs oder seiner Obristen zu Austauschzwecken, aber Berechtigung zur Schatzung anderer Gefangener; Verbot der Gefangenenentlassung ohne Erlaubnis des obersten Feldhauptmannes;
21. Anspruch des Königs auf eroberte Städte, Schlösser, Flecken, Dörfer und Leute, sowie auf eroberte Geschütze und Munition; Verbot der Beschädigung und Brandschatzung bereits eroberter Ortschaften, aber Beanspruchung der gewonnenen Habe;
22. Verpflichtung der Rottmeister zum Gehorsam ihren Obristen oder deren Befehlshabern gegenüber sowie zur Einhaltung der auferlegten Ordnung;
23. Verbot, andere Nationen (*nationen*) mit Worten und Gebärden herauszufordern oder sich mit ihnen über Glaubensfragen zu streiten; Verpflichtung, Beschwerden

über andere Nationen vor die Obrigkeit zu bringen und nach Kriegsrecht erörtern zu lassen; Verbot, sich gegenseitig mit Gewalt der Gefangenen zu bemächtigen, und Gebot, Zwietracht durch den obersten Feldhauptmann, seine Obristen oder Rottmeister schlichten zu lassen;
24. zur Vermeidung von Währungsstreitigkeiten bei der Besoldung des Kriegsvolkes Ankündigung des Königs, für einen Gulden rheinischer Währung 15 Batzen oder 25 Stüber in ortsüblicher Münze auszahlen zu lassen;
25. Einhaltung von Zusatzvereinbarungen bei Angehörigen der oberländischen deutschen Nation;
26. Anberaumung des Musterungsplatzes zu Münstermaifeld (*Munstermeinfeld*) oder fünf oder sechs Meilen unterhalb von Koblenz (*Coblenz*) auf den 1. Mai [1544];
27. Berechtigung der über 100 Pferden befehlenden Rottmeister, einen mit acht Gulden monatlich zu entlohnenden Trabanten in Dienst zu nehmen;
Versprechen des Gesandten des englischen Königs beim Kaiser, Nicholas Wotton (*Niclaus Weten*), Dekan von Canterbury (*Canltenberg*), die Zusagen einzuhalten; Ankündigung der Beglaubigungsmittel; Bitte Sickingens an die Geworbenen, sich um vollständige Rüstung und um bedeckte Hengste zu bemühen.

Abschrift
3 Bogen Folio, S. 1–11 beschrieben, S. 12 zeitgenöss. Betreff *Des von Engelandts bestallung.*
HBA G 749, Nr. 6.

Nr. 123

[1544] Mai 15, Mailand

[Zeitung über den Einfall der Franzosen in Oberitalien]:

Aufmarsch eines rund 22 000 Mann starken französischen Heeres und bevorstehende Vereinigung mit den 10 000 Mann, die Graf [Galeotto II.] von Mirandola und Piero Strozzi (*Petrus Strotius*) in der Lombardei (*Lumbardia*) um Mirandola (*Mirandulam*) versammelt haben; Versuch [Alonsos des Avalon,] Marchese del Vasto (*Marchio dell Guasto*), die drohende Vereinigung zu verhindern durch die Zusammenziehung der auf alle Orte im Herzogtum Mailand verteilten Schutztruppen unter Zurücklassung weniger; bei Verzicht auf Belagerungen Aufbietung von 33 000 Franzosen und von 45 000 Kaiserlichen; Anzeichen für eine erneute Auseinandersetzung; bei einem weiteren Ausfall der Belagerten von Carignano (*Carignano*) Flucht von rund 3000 Franzosen, die beinahe 12 Meilen lang bis an die Grenzen der Grafschaft verfolgt worden sind; Auflösung der unlängst bei Mirandola versammelten Streitkräfte, teils aufgrund der Niederlage der 3000 und der dadurch verwirkten Besoldung, teils wegen der von del Vasto drohenden Gefahr; Begünstigung der Auflösung durch Streitereien zwischen Schweizern und Franzosen; Auslaufen der Flotte [Chaireddin] Barbarossas (*Barbarussis*) aus den französischen Küstenhäfen; der Einschätzung einiger zufolge Rückzug Barbarossas nach dem Orient; Mitnahme von sechs Triremen und von zwei Segelschiffen durch Barbarossa laut der Aussage gefangener französischer Hauptleute; Furcht anderer vor einer List Barbarossas, um umso leichter einen Hafen oder Ort in Italien überraschend besetzen zu können; keine Beunruhigung in Rom und in anderen Orten Italiens; künftige Unterstützung Venedigs durch Kaiser [Karl V.].

Auszug
Lateinisch
1/2 Bogen Folio S. 1 beschrieben.

Beilage

Betreff von Hand des 19. Jahrhunderts.

1 Blatt (37 cm x 21,2 cm), S. 1 beschrieben.
HBA G 749, Nr. 7. – Altsignatur: 4/21/13.

Nr. 124

[1544]

Bestallungen des Kaisers [Karl V.] an deutschen Reitern und deutschem Fußvolk für seinen Krieg gegen die Krone Frankreichs:

1. 1000 Pferde unter Herzog Moritz von Sachsen;
2. 1000 Pferde unter Markgraf [Albrecht Alcibiades] von Brandenburg;
3. 400 Pferde unter Graf Franz von Manderscheid (*Frantz von Manderschett*);
4. 200 Pferde unter Wirich von Kriechingen (*Weyrich herr zu Griechingen*);
5. 200 Pferde unter dem Feldmarschall Johann [von] Hilchen (*Johann Hilchen*);
6. 200 Pferde unter *Conratt von Hadstain*;
7. 200 Pferde unter Graf Ulrich von Mansfeld;
8. 100 Pferde unter Graf Johann von Nassau-Saarbrücken;

zusätzliche Bestallung von 2000 Pferden für König [Heinrich VIII.] von England:
1000 Pferde unter dem Herrn Schotte de Beuer (*her von Beugrn*);
1000 Pferde unter Christof von Ladenberg (*Christoff von Landenberg*);
Obristen und Hauptleute der Fußknechte:
20 Fähnlein unter dem Obristen Graf Wilhelm von Fürstenberg mit folgenden Hauptleuten:
der Herr von *Köndseckh* mit acht Fähnlein;
Bernhart von Dalla (Dahlheim ?) mit sieben Fähnlein;
Georg Zorn von Bulach (*Jörg von Bullach*) mit fünf Fähnlein;
20 Fähnlein unter dem Obristen Konrad von Boineburg (*Conratt von Bemelberg*) mit folgenden Hauptleuten:
Konrad von Hanstein (*Conratt von Handstain*) mit fünf Fähnlein;
[Hildebrand] von Madrutz (*Madrutz*) mit fünf Fähnlein;

Bernhart von Schönberg (*Bernhart von Schomberg*) mit fünf Fähnlein;
Asmus von der Haube (*Asmus von der Hauben*) mit fünf Fähnlein;
sieben Fähnlein unter dem Befehl Georgs von Regensburg (*Görg von Regenspurg*).

Auszug
1/2 Bogen Folio, S. 1–2 beschrieben.
HBA G 749, Nr. 8.

Nr. 125

[15]45 März 2 [Königsberg]

Herzog Albrecht an die Königin [Maria] und an die Regenten von Schottland [Jakob Hamilton, Kardinal David Beaton]:

Klage der Königsberger Untertanen Hans Ungermann (*Ioannes Vngerman*), *Martinus Wintmoller*, *Gregorius Persch* und anderer über die im Sommer zuvor auf Anweisung des Flottenbefehlshabers und Grafen von *Odwiell, Petrus Habrum*, erfolgte Wegnahme eines mit Waren beladenen Schiffes; Betonung des Herzogs, mit der Königin bisher friedliche Beziehungen gepflegt und einen störungsfreien Handel der königlichen Untertanen geduldet zu haben; keine Rückgabe von Schiff und Waren an die Geschädigten trotz ihrer Ausweisung mittels eines offenen Schreibens (*patentes literae*) des Herzogs; Gewährung des Ersuchens der Klagführenden um ein fürsprechendes Schreiben in ihrer Angelegenheit; Bitte des Herzogs, den Geschädigten bei der Wiedererlangung ihres Besitzes behilflich zu sein; anderfalls Einladung des Herzog an die Königin, geeignete Wege und Mittel für eine Entschädigung der herzoglichen Untertanen zu überlegen; Bitte um Antwort in der Sache.

Konzept
Lateinisch
1 Bogen Folio, S. 1–3 beschrieben, S. 4 Außenadresse, Bearbeitungsvermerk *Collacio[nirt]* und Registraturvermerk *Registrirt.*
HBA G 1261, Nr. 26. – Altsignatur: KW 10.
Bucheintrag im Volltext: Ostpr. Fol. 52, S. 807–809.

Nr. 126

[1545] März 6, o. O.

Herzog Albrecht an einen [der schottischen Regenten]:

Klage der Königsberger Untertanen Hans Ungermann (*Ioannes Vngerman*), *Martinus Wintmoller* und *Greger Persch* über die Unmöglichkeit, das ihnen im Jahr zuvor durch den Flottenbefehlshaber und Grafen von *Oodwell*, *Petrus Habrum*, weggenommene Schiff nebst Handelswaren trotz eines ihre Personen ausweisenden Schreibens des Herzogs zurückzuerhalten; Wunsch des Herzogs, den Seinen Recht widerfahren zu lassen; deshalb Bitte an Freunde um Beistand; zur Vermeidung von Gegenmaßnahmen im Falle der Herausgabeverweigerung Bitte um Hilfe in dieser Sache.

Konzept
Lateinisch
1/2 Bogen Folio, S. 1–2 beschrieben.
HBA G 1261, Nr. 27.

Nr. 127

[1545] März 10, o. O.

Herzog Albrecht an [Königin Maria von Schottland, an Jakob Hamilton und an Kardinal David Beaton]:

Im Sommer zuvor Wegnahme eines den Königsberger Bürgern Hans Ungermann (*Iohannes Vngerman*), *Martinus Wintmoller*, *Gregorius Persch* und anderen gehörenden Schiffes nebst Handelswaren durch den Befehlshaber der schottischen Flotte; bisher vergebliche Versuche um Freigabe; Entsendung des Gregor Persch nach Schottland durch die Geschädigten; Bitte des Herzogs, aus Billigkeit und seinetwegen Persch bei dessen Bemühungen um Wiedererlangung des weggenommenen Besitzes zu helfen.

Konzept
Lateinisch
1/2 Bogen Folio, S. 1 beschrieben, S. 2 zeitgenöss. Betreff *(Me)dium in das Greger Persch (.....) in Schottland.*
HBA G 1261, Nr. 28.

Nr. 128

[15]45 April 7, Königsberg

Herzog Albrecht an König [Franz I.] von Frankreich:

Einladung an den König, aus beiliegender Abschrift das Anliegen von Bürgermeister und Ratmannen zu Königsberg-Altstadt in Sachen eines von königlichen Kriegsleuten im Jahr zuvor aufgebrachten Schiffes zu entnehmen; Empfehlung des Herzogs an die geschädigten Untertanen, sich zwecks Rückgabe an den König zu wenden; Dank des Herzogs für die seinen Untertanen gemachten Hoffnungen auf Rückgabe; im Schreiben der Königsberger an den Herzog Hervorhebung ausstehender Sicherheitsleistungen, die bei den königlichen Untertanen mögliche Befürchtungen wach werden lassen, wegen des Schiffes Nachforderungen ausgesetzt zu werden; zur Vermeidung weiterer Forderungen gegenüber den durch königlichen Beschluß zur Wiedergutmachung verpflichteten Untertanen Entsendung eines Bevollmächtigten durch die Geschädigten; Bitte an den König, den Bevollmächtigten empfohlen zu halten und ihm das aufgebrachte Schiff mit Waren und Zubehör unverzüglich überantworten zu lassen; Gegenseitigkeitversprechen.

Konzept
Lateinisch
1 Bogen Folio, S. 1–2 beschrieben, S. 4 Außenadresse, Bearbeitungsvermerk *Colla[cionirt]* und Registraturvermerk *Registrirt.*
HBA G 1261, Nr. 29.
Bucheintrag im Volltext: Ostpr. Fol. 52, S. 839–841.

Nr. 129

1545 April 7, Königsberg

Herzog Albrecht an die obersten Richter Frankreichs:

Im zurückliegenden Jahr Wegnahme eines mit Waren beladenen, Bürgern der Altstadt Königsberg gehörenden Schiffes durch Soldaten König Franz [I.] unter dem Vorwand, feindlich zu sein; nach einer herzoglichen Fürsprache beim König Erhalt eines im Namen des Königs ergangenen Entscheids der Empfänger auf Rückgabe oder Entschädigung von Schiff und Ladung; Entsendung eines Bevollmächtigten durch die Geschädigten; Bitte der Geschädigten an den Herzog, ihren Bevollmächtigten dem König und den obersten Richtern zu empfehlen; Gewährung der Bitte wegen der Unbescholtenheit der Geschädigten, die kein Piratengut beförderten, sondern mit Handelswaren nach Lissabon und anderswohin unterwegs waren; Bitte, die Geschädigten nicht als Piraten, sondern als unbescholtene Leute zu betrachten und deren Angelegenheit so zu betreiben, daß sie Schiff und Waren wiedererlangen oder eine angemessene Entschädigung erhalten; Gegenseitigkeitsversprechen; *commissio prin(cipis) ex rel(atione) secre(tarii).*

Konzept
Lateinisch
1 Bogen Folio, S. 1–3 beschrieben, S. 4 Außenadresse, Bearbeitungsvermerk *Colla[cionirt]* und Registraturvermerk *Registrirt.*
HBA G 1261, Nr. 30.
Bucheintrag im Volltext: Ostpr. Fol. 52, S. 841–843.

Nr. 130

[1545] September 20 [Königsberg]

Herzog Albrecht an König [Franz I.] von Frankreich:

Absicht des briefzeigenden Magisters *Wolfgangus Grefenthal*, fremde Länder und insbesondere den berühmten Hof des Empfängers zu besuchen; Ersuchen Grefenthals an den Herzog, ihn dem König zu empfehlen; Bitte des Herzogs an den König, den Magister empfohlen zu halten und denselben unter seine Dienerschar aufzunehmen; Dank und Gefälligkeitangebot.

Konzept
Lateinisch
1/2 Bogen Folio, S. 1 beschrieben, S. 2 zeitgenöss. Betreff *Regi Francie pro m[agistro] Wolfgango*, Bearbeitungsvermerk *Colla[cionirt]* und Registraturvermerk *Registrirt.*
HBA G 1261, Nr. 31.
Bucheintrag im Volltext: Ostpr. Fol. 52, S. 988 f.

Nr. 131

[1545] September 27, Mecheln

N. N. an Herzog Albrecht:

Keine weiteren Ergänzungen zu der vor vier Wochen übersandten Zeitung; Kaperung von 40 französischen Versorgungsschiffen durch die Engländer; vor 10 Tagen [September 17] großes Landgefecht bei Boulogne (*Bolonia*) zwischen Franzosen und Engländern mit den größeren Verlusten auf englischer Seite, jedoch Tod vieler guter Leute auf seiten der Franzosen; Abzug der Franzosen vor Boulogne, das im Besitz des englischen Königs [Heinrich VIII.] bleibt, in Richtung Mézières (*Masiers*), um den Landgrafen [Philipp von Hessen] daran zu hindern, seine Truppen mit denen des englischen Königs zu vereinigen; Namen der bei Boulogne gefallenen Franzosen:
1. der Herr von Dampierre und Hauptmann von Ardres (*Ardres*);
2. der Herr von Canaples (*Canoples*);
3. der Herr von *Fiertri*;
4. der Herr von *Mineuille*;
5. [François] d'Aumale, Sohn Herzogs [Claude] de Guise;
6. der Bruder des Prévôts (*provos*) von Paris;

Verwundete oder Gefallene vom Adel:
Tod des Herzogs [Karl] von Orléans und Erkrankung des Admirals [Claude d'Annebaut] und des Herzogs [Anton] von Vendôme an einer Seuche (*pestilentz*); Tod von zwei auf acht Erkrankten;

Übersendung solcher Zeitung an den Bruder des Empfängers und Bitte, sie auch an den Herrn von *Lunden*, den Markgrafen Albrecht [Alcibiades] und an [Christoph von] Carlowitz zu schicken.

Abschrift
1/2 Bogen, S. 1 beschrieben, S. 2 Außenadresse.

Beilagen

I. Abschrift

1 Bogen Folio, S. 1–2 beschrieben.

II. Kurzregest von Hand des 19. Jahrhunderts.

1 Blatt (35,1 cm x 20,2 cm), S. 1 beschrieben.
HBA G 749, Nr. 10. – Altsignatur: 4/19/22.

Nr. 132

[1546–1547 Januar 28]

Verzeichnis des Kriegsvolkes und der Munition für den geplanten Einfall König [Heinrichs VIII.] von England in Frankreich:

Schwarzreiter:
1. 1000 unter Herzog Ernst von Braunschweig [-Grubenhagen];
2. 1000 unter Herzog Erich [II.] von Braunschweig [-Kalenberg];
3. 1000 unter dem Grafen von *Schwartzenbergk* [Günther XL. von Schwarzburg-Blankenburg];
4. 600 unter Graf [Johann] von Arenberg;

deutsche Spießer:
1. 400 unter [Graf Johann] von Arenberg;
2. 600 unter des Kurfürsten [Adolf III. von Holstein-Schaumburg] von Köln Bruder;
3. 800 unter dem Grafen [Ulrich ?] von Mansfeld;
4. 300 unter Graf Wilhelm von Wittgenstein;
5. 400 unter dem Deutschordensmarschall (*Deudschmarschalch*), dem Grafen von Solms;
6. 1000 unter dem Grafen von Horn;
7. 400 unter dem Herrn [Friedrich] von Schwarzenberg;

niederländische Spießer:
1. 3000 stehende (*die so alweg gehalten werden*);
2. 500 unter dem Herzog von Aarschot [Philipp von Croy];

3. 500 unter [Jean V. de] Boussu;
Geschütze:
1. 40 Doppelkartaunen;
2. 20 einfache Kartaunen;
3. 6 *nortschlangen*;
4. 4 Halbschlangen;
5. 4 Falkonen;
6. 6 Falkonets;
Munition:
20 000 Kugeln für das große und 10 000 Kugeln für das kleine Geschütz;
400 Zentner Pulver;
60 Schiffsbrücken;
6000 Artilleriepferde;
6000 Schanzknechte;
eine Vielzahl von Schaufeln, Krampen, Leitern und Feuerwerk sowie unlängst für die Wagen erfundene Mühlen mit einer auf die Sättigung von 25 Personen ausgerichteten Tagesleistung;
Reiterei:
1. 1000 Niederländer unter dem Grafen [Maximilian von Büren-] Egmont;
2. 300 Spanier;
3. 200 spanische Schützen;
4. 100 niederländische Schützen;
259 706 Gulden monatliche Ausgaben für die insgesamt 13 100 Pferde;
Fußvolk:
deutsche Knechte:
1. 10 Fähnlein unter dem Obristen Lazarus von Schwendi;
2. 10 Fähnlein unter dem Obristen Graf von *(F)arstein*;
3. 10 Fähnlein unter dem Obristen Konrad von Boineburg (*Bemelburg*);
Friesen und Sachsen:
1. 10 Fähnlein unter dem Obristen von *B(ini)currt*;
2. 10 Fähnlein unter dem Obristen Georg von Holle (*Jorg vonn Holl*);
3. 10 Fähnlein unter dem Obristen *Claus von Destad*;
Niederländer:
15 Fähnlein unter dem Grafen von *Mega*;
spanisches Fußvolk:
1. 4000 alte Kriegsleute;
2. 4000 neue Kriegsleute;
insgesamt etwa 101 Fähnlein mit einem Kostenaufwand von 202 000 Gulden ohne Hinzurechnung der hohen Ämter, der Schultheißen, Profoßen sowie der Wach- und Quartiermeister; 231 500 [Gulden] Kosten für die Artillerie; 698 106 [Gulden] Gesamtkosten;

Auszug
1/2 Bogen Folio, S. 1–2 beschrieben.

Beilage

Kurzregest von Hand des 19. Jahrhunderts.

1 Blatt (35 cm x 25 cm), S. 1 beschrieben.
HBA G 749, Nr. 9. – Altsignatur: 4/19/18.

Nr. 133

[1547] April 6, Königsberg

[Herzog Albrecht] an den [englischen Staatssekretär] William Paget:

Schmerz über die Nachricht vom Ableben König [Heinrichs VIII.] von England und Freude über das Vorhandenseins eines Erbes und Nachfolgers [Eduard VI.]; Hoffnung auf eine zur Ehre Gottes und zur Ausbreitung der wahren Religion und des Friedens gereichende Herrschaft des Nachfolgers und dessen Ratgebern; Ersuchen des *Thoma Langhafter* an den Herzog, ihn dem Empfänger zu empfehlen; Bitte des Herzogs an Paget, Langhafter in seine Gunst aufzunehmen und ihm einen Paß ausstellen zu lassen, damit der Bittsteller zwecks Erledigung seiner Geschäfte sicher durch England reisen kann; Bitte um Entschuldigung für seine häufigen Schreiben an den Empfänger und für seine Erkundigung nach dem Wohlergehen der ehemaligen Gattin König [Heinrichs VIII.], Anna aus dem Stamm der Herzöge von Jülich; Gegenseitigkeitsversprechen; *commissio prin(cipis) ex rela(tione) secre(tarii).*

Abschrift
Lateinisch
Ostpr. Fol. 53, S. 355–357.

Nr. 134

[1547] Mai 23, o. O.

[Herzog Albrecht] an den Konnetabel Frankreichs, Anne de Montmorency:

Reise des herzoglichen Höflings Christoff Albrecht von Kunheim zum französischen König [Heinrich II.], um fremde Länder und Sitten kennenzulernen, deswegen Abfassung dieses Schreibens; Schmerz über die Nachricht vom Ableben des alten Königs [Franz I.] und Freude über das Vorhandenseins eines Erbens, dem der Herzog eine wohltätige und friedvolle Herrschaft wünscht; Bitte des Herzogs um Beförderung beim jungen König; Angebot an den König, denselben mit einem Geschenk aus dem Herzogtum zu begaben; Bitte an Montmorency um häufige Schreiben und Gegenseitigkeitsversprechen; Beilage: Einladung, eine schlimme und schmerzliche

Angelegenheit durch den dem König als treuen Diener bekannten Georg von Reckerodt in Erfahrung zu bringen; Bitte, diese Angelegenheit dem König mitzuteilen.

Abschrift
Lateinisch
Ostpr. Fol. 53, S. 408–410.

Nr. 135

[15]47 Mai 23, Königsberg

[Herzog Albrecht] an König [Heinrich II.] von Frankreich:

Ankunft des als treuer Diener des Königs bekannten Georg von Reckerodt im Herzogtum mit der Nachricht über das Ableben des königlichen Vaters und Vorgängers [Franz I.]; Wunsch des herzoglichen Kämmerers Christoff Albrecht von Kunheim, fremde Länder insbesondere Frankreich zu besuchen; Auftrag an Kunheim, im herzoglichen Namen Bericht zu erstatten; deswegen Bitte, Kunheim gnädig anzuhören sowie dessen Worten Glauben zu schenken; Gegenseitigkeitversprechen; *relatio secretarii.*

Konzept
Lateinisch
1 Bogen Folio, S. 1–2 beschrieben, S. 4 Außenadresse, zeitgenöss. Betreff *Litterae creditivae*, Bearbeitungsvermerk *Coll(acionirt)* und Registraturvermerk *Registrirt.*
HBA G 1261, Nr. 32.
Bucheintrag im Volltext: Ostpr. Fol. 53, S. 410 f.

Nr. 136

1547 August 17, Compiègne

König Heinrich [II.] von Frankreich an Herzog [Albrecht]:

Dem Vernehmen [Georgs] von Reckerodt nach ehrenvoller Empfang desselben durch den Herzog; Erhalt guter Nachrichten vom Herzog und Empfang eines herzoglichen Schreibens vermittels des briefzeigenden Edelmannes; Genugtuung des Königs über die zu seinen Gunsten dem Herrn von Reckerodt erwiesene Behandlung, Gegenseitigkeitsversprechen und Wunsch, den Herzog zu beschenken; wegen der Beauftragung des Briefzeigers mit der Übermittlung von Neuigkeiten Beschränkung der Länge dieses Briefes; *de Laubespine* (*scripsit*).

Ausfertigung
Französisch
1 Blatt (27,1 cm x 18,7 cm), S. 1 beschrieben, S. 2 Außenadresse.
Eigenhändige Ausstellerunterschrift und Siegelreste

Beilagen

I. Umschlag

1 Blatt (27,3 cm x 18,4 cm), S. 1 Absender, Außenadresse, Beförderungsvermerke *En Allemaigne; en Allemaigne*, zeitgenöss. Rubrum *Konig zu Franckreich danckt f[urs]t[licher] d[urchlauch]t für die gutthat und forderung, dem Reckroth bewisen. Item daß ehr die so mit ime gekomen in gnedig(em) befehl hab(en) will* und Registraturvermerk *2*.
Altsignatur: ad 4/21/7.

II. Deutsche Übersetzung

1/2 Bogen Folio, S. 1 beschrieben.
Altsignatur: ad 4/21/7
HBA G 741, Nr. 55. – Altsignatur: 4/21/7.

Nr. 137

[15]47 September 8, *Tramleuij*[1]

[Georg] von Reckerodt an Herzog Albrecht:

Widerwilliger Bruch der zuletzt schriftlich bestätigten Absprache mit dem Herzog und Einladung an den Herzog, die dafür maßgeblichen Gründe vermittels eines Dieners mündlich zu erfahren; Verhinderung, den herzoglichen Diener [Christoff Albrecht] von Kunheim persönlich dem französischen König [Heinrich II.] vorzustellen wegen einer kurz nach seiner Ankunft in Frankreich ausgebrochenen fiebrigen Erkrankung; nach Vermittlung von Freunden kam es dennoch zu einer Vorstellung Kunheims beim König; wohlwollende Annahme des durch Kunheim übergebenen herzoglichen Schreibens durch den König, der dem Überbringer bald darauf ein nach Einschätzung Reckerodts angenehmes Antwortschreiben übermitteln ließ; aus angedeuteten Gründen Bitte um Entschuldigung für seine Zurückhaltung beim Schreiben; Dank Reckerodts für die ihm vom Herzog erwiesene Behandlung und Bitte, seinem Diener Glauben zu schenken.

Ausfertigung
1 Bogen Folio, S. 1–4 beschrieben, 1 Bogen Umschlag mit Außenadresse, Absendervermerk *Zu s[einer] f[urstlichen] g[naden] eig(en) hand(en)*, zeitgenöss. Rubrum *Reckerod zeigt an, das er f[urstliche] d[urchlauch]t nach seinem willenn nicht schreibenn oder schickenn konnenn. Item das ehr wegenn eines febers, so in angestossenn, den von Kunheim nicht presentiren konnenn, doch durch andere solchs bestelt. Item erpeut sich mit seinen diensten. Item bit, f[urstliche] d[urchlauch]t wolle seinem diener glaub(en)* und Registraturvermerk *3*.
Eigenhändigkeit und Austellersiegel.
HBA G 741, Nr. 58. – Altsignatur: 4/21/1

---

[1] Tramleuit, Deckname Reckerodts.

Nr. 138

[1547] Oktober 18, Königsberg

[Herzog Albrecht] an König [Eduard VI.] von England:

Schmerz über die Nachricht vom Ableben König [Heinrichs VIII.] und Betonung der vom Verstorbenen empfangenen Zuneigung und Gnade; zum Troste Übermittlung eines kleinen, dem toten König vielleicht angenehmes Geschenk in Gestalt von acht Falken, die der Herzog für genügend abgerichtet hält, um den Empfänger zu erfreuen; Glückwünsche zum Herrschaftsantritt, zu einer festen und langandauernden Regierung sowie beste Wünsche für die Gesundheit; bei Vergnügen des Königs mit den Falken Bitte des Herzogs, seiner zu gedenken; *princeps et cancellarius audiverunt.*

Abschrift
Lateinisch
Ostpr. Fol. 53, S. 518–520.

Journalvermerk *Regi Anglię et Francię [Heinrich II.] mutatis mutandis.*

Nr. 139

[1547] Oktober 18, Königsberg

[Herzog Albrecht] an den Konnetabel [Frankreichs], Anne de Montmorency:

Rückführung des Ausbleibens von Falkensendungen nicht auf die in Vergessenheit geratene Freundschaft, sondern auf eine Vielzahl von traurigen, teils öffentlichen, teils privaten Anlässen und Bitte um Entschuldigung; um mögliche Zweifel auszuräumen, Übermittlung von acht zur Beiz abgerichteten Falken in der Hoffnung, damit dem Empfänger viel Vergnügen zu bereiten; bei Gebrauch der Vögel Bitte des Herzogs, seiner zu gedenken; Bitte um Empfehlung bei König [Heinrich II.] und Wunsch, mit dem König und den lobenswertesten Leuten herzlich verbunden zu sein.

Abschrift
Lateinisch
Ostpr. Fol. 53, S. 520 f.

Nr. 140

[1547] November 16 [Königsberg]

[Herzog Albrecht] an König [Heinrich II.] von Frankreich:

Bekundung der Königsberger Bürger *Bernhardus Buthner*, *Casparus Poel*, Lukas Stolzenberg (*Luka Stolzenberg*) und *Ioannes à Pölken*, oft beim verstorbenen König [Franz I.] wegen ihres von französischen Kriegsleuten vor der Bretagne aufgebrachten und nach Roskoff (*Raskau*) geführten Schiffes vorstellig geworden zu sein; trotz hoher aufgelaufener Kosten weder Rückgabe von Schiff und Waren noch Entschädigung; deswegen Wiederholung der Bitte, den Geschädigten zu ihrem Recht zu verhelfen, und Ankündigung, sich gegebenenfalls erkenntlich zu zeigen; *cancell(arius) retulit.*

Konzept
Lateinisch
1 Bogen Folio, S. 1–2 beschrieben, S. 4 Außenadresse, zeitgenöss. Betreff *Pro civibus aliquot Regiomontanis ratione raptae navis*, Bearbeitungsvermerk *Coll[acionirt]* und Registraturvermerk *Registrirt.*
HBA G 1261, Nr. 33.
Bucheintrag im Volltext: Ostpr. Fol. 53, S. 537 f.

Nr. 141

[1547] November 16, Königsberg

[Herzog Albrecht] an König [Heinrich II.] von Frankreich:

Unnötige Dankabstattung für den zuvorkommenden Empfang, den der Herzog dem edlen Georg von Reckerodt erwiesen hat; Bitte an den König, die herzoglichen Untertanen empfohlen zu halten; *commissio cancellarii.*

Konzept
Lateinisch
1/2 Bogen Folio, S. 1 beschrieben, S. 2 Außenadresse, Bearbeitungsvermerk *Coll[acionirt]* und Registraturvermerk *Registrirt.*
HBA G 1261, Nr. 34.
Bucheintrag im Volltext: Ostpr. Fol. 53, S. 538 f.

Nr. 142

[15]47 November 16, Königsberg

[Herzog Albrecht] an König [Heinrich II.] von Frankreich:

Reise des adligen Briefzeigers, *Ioannes Heinricus à Brandenstein*, zu dem Zweck, ehrenwerte und nützliche Dinge kennenzulernen; wegen der Zuneigung und des Wohlwollens des König und seines königlichen Vaters [Franz I.] dem Herzog gegenüber Ersuchen Brandensteins an den Herzog, ihn dem König zu empfehlen; Bitte des Herzogs, Brandenstein empfohlen zu halten, und Gefälligkeitsangebot; *relatio secretarii.*

Konzept
Lateinisch
1 Bogen Folio, S. 1–2 beschrieben, S. 4 Außenadresse, Bearbeitungsvermerk *In eandem formam Ernesto à Weier tantum mutato nomine* und Ausgangsvermerk *Ist nicht ausgang(en).*
HBA G 1261, Nr. 35.

Nr. 143

1547 Dezember 14, Westminster

König Eduard VI. von England an Herzog Albrecht:

Empfang eines herzoglichen Schreibens von [1547] Oktober 20; Freude über die darin geäußerte Zuneigung ihm gegenüber und über das den Tod seines Vaters [Heinrich VIII.] überdauernde herzogliche Wohlwollen; Absicht, auf den Spuren des Verstorbenen die Zuneigung zum Herzog auch seinerseits zu bewahren; Entgegennahme der durch einen herzoglichen Diener übermittelten und unversehrt gebliebenen acht Falken; Dank für das hochgeschätzte Geschenk und Versicherung, anläßlich der Beizjagd mit den Vögeln des Herzogs zu gedenken; Angebot einer Gegengabe; *E[dward] Somerset; Petrus Vannes.*

Ausfertigung
Lateinisch
1 Bogen Folio, S. 1 beschrieben, S. 2 Außenadresse.
Eigenhändige Ausstellerunterschrift und Siegelspuren.
HBA G 741, Nr. 59. – Altsignatur: 4/31/69 (I).

Nr. 144

1547 Dezember 19, Fontainebleau

König Heinrich [II.] von Frankreich an Herzog [Albrecht]:

Kenntnisnahme von der Zuneigung des Herzogs zu seinem Vater, dem verstorbenen König [Franz I.], und zur Krone, deswegen Erwiderung dieses Gefühls; Dank für ein durch den Briefzeiger übermitteltes Schreiben nebst einem Geschenk in Gestalt von 10 Falken und Angebot einer Gegengabe; *de Laubespine* (*scripsit*).

Ausfertigung
Französisch
1/2 Bogen Folio, S. 1 beschrieben, S. 2 Außenadresse.
Eigenhändige Ausstellerunterschrift und -siegel.
HBA G 741, Nr. 60. – Altsignatur: 4/31/96 (VIII).

Nr. 145

1547 Dezember 19, Fontainebleau

[Anne de] Montmorency [Konnetabel Frankreichs] an Herzog [Albrecht]:

Keine Veranlassung aufgrund der festgefügten beiderseitigen Freundschaft, jemals dieselbe in Vergessenheit geraten zu lassen; bei längerem Ausbleiben von Briefen gebührt es ihm selber an erster Stelle, um Entschuldigung zu bitten; Versicherung seiner Zuneigung und Dank Montmorencys für das wohlwollende Schreiben und für das ihm übermittelte Geschenk in Gestalt von acht Falken; Angebot einer Gegengabe; nach Einschätzung des Absenders bedarf es keiner großen Empfehlung des bei König [Heinrich II.] als guter und zuverlässiger Freund bekannten Herzogs.

Ausfertigung
Französisch
1/2 Bogen Folio, S. 1 beschrieben, S. 2 Außenadresse.
Eigenhändige Ausstellerunterschrift und -siegel.
HBA G 741, Nr. 61. – Altsignatur: 4/31/97 (IV).

Nr. 146

[1548] Mai 15 [Königsberg]

[Herzog Albrecht] an [Antoine Perrenot de] Granvelle:

Erinnerung an ein Angebot Granvelles, ihm einen Gefallen zu erweisen; Dank dafür und Wunsch, dem Empfänger seinerseits gefällig zu werden; Absicht des edlen *Iacobus Zenzinowski*, eines Dieners des Herzogs von Alba [Fernando Alvarez de Toledo], zu seinem Herrn zurückzukehren; um dem Kaiser [Karl V.] genaue Mitteilung zu machen, Beauftragung Zenzinowskis, im Namen des Herzogs zu sprechen; Bitte, den Worten Zenzinowskis Glauben zu schenken; *Commissio principis, relat[io] cancell(arii).*

Konzept
Lateinisch
1 Bogen Folio, S. 1–2 beschrieben, S. 4 Außenadresse, Bearbeitungsvermerk *Colla(cionirt)* und Registraturvermerk *Registrirt.*
HBA G 1261, Nr. 36.
Bucheintrag im Volltext: Ostpr. Fol. 53, S. 641 f.

Nr. 147

[1548] Mai 15 [Königsberg]

[Herzog Albrecht] an [Fernando Alvarez de Toledo] Herzog von Alba:

Kenntnisnahme von der Zuneigung Albas zur brandenburgischen Familie vermittels des edlen *Iacobus Zenzinowski*; deswegen Wunsch, den Empfänger mit einem Schreiben zu besuchen, und ihm einen Gefälligkeitsdienst anzubieten; Versprechen des Herzogs, sich auf das höchste zu bemühen, keine Zweifel am Wohlwollen eines befreundeten Fürsten zurückzulassen; Hoffnung auf die Bereitschaft Albas, gelegentlich Kaiser [Karl V.] das freundschaftliche Wohlwollen des Herzogs zu versichern; Auftrag des Herzogs an Albas Diener Zenzinowski, im herzoglichen Namen zu sprechen, und Bitte, dem Beauftragten Glauben zu schenken; *commissio principis, relat[io] cancell(arii).*

Konzept
Lateinisch
1 Bogen Folio, S. 1–3 beschrieben, S. 4 Außenadresse, Bearbeitungsvermerk *Colla(cionirt)* und Registraturvermerk *Registrirt.*
HBA G 1261, Nr. 37.
Bucheintrag im Volltext: Ostpr. Fol. 53, S. 642 f.

Nr. 148

[15]48 September 12, Königsberg

[Herzog Albrecht] an König [Eduard VI.] von England:

Wunsch des Grafen Volrad von Mansfeld (*Volhardus comes et dominus à Mansfelt*), zum König zu reisen, um ihm zu dienen; aufgrund der vom Überbringer der herzoglichen Falken unlängst übermittelten Zeichen des königlichen Wohlwollens Ermutigung des Herzogs, den Grafen, der im Heiligen Römischen Reich kein geringeres Ansehen als einst sein Vater [Albrecht] genießt, auf das wärmste zu empfehlen; Hoffnung auf gnädige Aufnahme des sowohl in Friedens- als auch in Kriegszeiten sehr nützlichen Grafen am Hofe; Bitte des Herzogs, den Grafen aufzunehmen und ihn empfohlen zu halten, und Dankversprechen für den gegebenen Fall.

Konzept
Lateinisch
1 Bogen Folio, S. 1–3 beschrieben, S. 4 Außenadresse, Bearbeitungsvermerk *Coll(acionirt)* und Registraturvermerk *Registrirt.*
HBA G 1261, Nr. 38.
Bucheintrag im Volltext: Ostpr. Fol. 53, S. 688 f.

Nr. 149

1548 September 12, Königsberg

Herzog Albrecht an den Konnetabel Frankreichs, Anne de Montmorency:

Entsendung des edlen Georg von Reckerodt gewisser Geschäfte wegen zum französischen König [Heinrich II.] und Hoffnung auf Unterstützung des Gesandten durch den Empfänger unter Bezugnahme auf die wiederholt in Schreiben gemachten Gefälligkeitsangebote; Bitte an Montmorency, zur Beförderung der herzoglichen Geschäfte beim König Reckerodt Glauben zu schenken; bei Abwesenheit Reckerodts vom Hofe Wunsch, den Worten des Briefzeigers Glauben zu schenken; Dankesversprechen und Versicherung der Freundschaft.

Mundum
Lateinisch
1 Bogen Folio, S. 1 beschrieben, S. 2 Außenadresse, Bearbeitungsvermerk *Coll(acionirt)* und Registraturvermerk *Registrirt.*
HBA G 1261, Nr. 39.
Bucheintrag im Volltext: Ostpr. Fol. 53, S. 691.

Nr. 150

[15]48 September 13 [Königsberg]

[Herzog Albrecht] an den Lord Protector, William Paget:

Beauftragung des briefzeigenden Grafen Volrad von Mansfeld mit der Darlegung gewisser Angelegenheiten sowie mit der Übermittlung eines Briefes zur Vermeidung von Zweifeln an der Echtheit des Schreibens; Bitte, die herzoglichen Geschäfte empfohlen zu halten, den Grafen wohlwollend anzuhören und dessen Worten Glauben zu schenken; Dankversprechen für den gegebenen Fall; *relatio B[altasari] Gans, princeps audivit.*

Konzept
Lateinisch
1/2 Bogen Folio, S. 1–2 beschrieben, S. 2 Außenadresse, Bearbeitungsvermerke *Coll(acionirt)* und *Ad Wilhelmum Bogetum milor[d] protector, rhete zu Engelant mutatis mutandis, ertzbischoff [Thomas Cranmer] zu Canterbergk.*
HBA G 1261, Nr. 40.
Bucheintrag im Volltext: Ostpr. Fol. 53, S. 689 f.

Nr. 151

[15]48 September 13 [Königsberg]

[Herzog Albrecht] an Herzog [Claude] de Guise (*Iussa*):

Trotz bislang fehlender Beziehungen Bitte um Entgegennahme des Schreibens und Dankversprechen; Beauftragung des edlen Georg von Reckerodt, im herzoglichen Namen Verhandlungen zu führen; Bitte des Herzogs, den in seinem Namen gemachten Äußerungen Glauben zu schenken und die Angelegenheit wohlwollend zu begleiten; im Falle der Verhinderung Reckerodts Auftrag an denselben, das für den Empfänger bestimmte Geschenk zu übermitteln, und Bitte, dem briefzeigenden herzoglichen Diener denselben Glauben zu schenken wie Reckerodt; Angebot, den Empfänger mit einer Gabe aus dem Herzogtum zu erfreuen.

Konzept
Lateinisch
1 Bogen Folio, S. 1–2 beschrieben, S. 2 Bearbeitungsvermerk *Mutatis mutandis duci de Iussa, cardinali Lotringensi [Johann von Guise], dominę madamola Garamschimsall [!], [gestr.:] mons(sier) [François] de Andelott, Basfundena [Sébastien de Laubespine]*, S. 4 Außenadresse, Bearbeitungsvermerk *Coll(acionirt)* und Registraturvermerk *Registrirt.*
HBA G 1261, Nr. 41 .
Bucheintrag im Volltext: Ostpr. Fol. 53, S. 692 f.

Nr. 152

[15]48 Oktober 18 [Königsberg]

[Herzog Albrecht] an König [Eduard VI.] von England:

Empfang eines Schreibens des Königs von [1547] Dezember 18; doppelte Freunde des Herzogs wegen des darin geäußerten Willens, die unter dem Vater des Königs [Heinrich VIII.] bestandene Freundschaft fortzuführen, und wegen der Annahme des für einen König gering zu erachtenden Geschenkes; Dank und Versprechen, den König auch weiterhin zu bedenken; zum Zeichen der Freundschaft Übermittlung von wiederum acht Falken; Bitte des Herzogs, das Geschenk wohlwollend anzunehmen und gelegentlich der hoffentlich häufigen Vergnügungen bei den Vögeln seiner freundschaftlich zu gedenken.

Konzept
Lateinisch
1/2 Bogen Folio, S. 1–2 beschrieben, S. 2 Außenadresse, Bearbeitungsvermerk *Coll(acionirt)* und Registraturvermerke *Registrirt* und *(1)*.
HBA G 1261, Nr. 42.
Bucheintrag im Volltext: Ostpr. Fol. 53, S. 706 f.

Nr. 153

[15]48 Oktober 18, [Königsberg]

[Herzog Albrecht] an den Lord Protector Edward [Seymour, Herzog von Somerset]:

Gelegentlich einer Falkensendung an den englischen König [Eduard VI.] Wunsch, dem Empfänger mittels eines Geschenkes von drei Falken ein Zeichen des Wohlwollens zu geben; ausgehend von der willkommenen Annahme der kleinen Gabe wünscht der Herzog dem Empfänger, bei den Vögeln Ablenkung von Sorgen und Beschwerungen zu finden; Hoffnung auf Fürsprache beim König und den Großen Englands und Bitte um Aufnahme unter die Freunde Seymours.

Konzept
Lateinisch
1/2 Bogen Folio, S. 1 beschrieben, S. 2 Außenadresse *A [!] Eduardum milor[d] protector et Wilhelmum milor[d] margus [William Parr, Markgraf von Northampton] fratres*, Bearbeitungsvermerk *Coll(acionirt)* und Registraturvermerke *Registrirt* und *4*.
HBA G 1261, Nr. 43.
Bucheintrag im Volltext: Ostpr. Fol. 53, S. 710 f.

Nr. 154

[15]48 Oktober 18 [Königsberg]

[Herzog Albrecht] an den Konnetabel [Frankreichs], Anne de Montmorency: Unnötige Abstattung eines derartigen Dankes wegen der Bereitschaft des Herzogs, dem Konnetabel nicht nur durch die Übersendung von Falken, sondern auch in größeren Dingen zu willfahren; Hochschätzung der Aufrichtigkeit der beiderseitigen Freundschaft; Bitte, sowohl die früher als auch die nunmehr aus Freundschaft übermittelten drei Falken gutzuheißen und ihre geringe Anzahl mit den Unbilden der Witterung zu entschuldigen; Dank des Herzogs für die Nachricht, bei König [Heinrich II.] empfohlen zu sein, und für das Versprechen Montmorencys, das dem Herzog entgegengebrachte königliche Wohlwollen zu befördern; Bitte, auch die ihm nachträglich bekannt gewordenen Geschäfte des Herzogs einem Freund geziemend zu unterstützen, und Gegenseitigkeitsversprechen.

Konzept
Lateinisch
1 Bogen Folio, S. 1–2 beschrieben, S. 4 Außenadresse, Bearbeitungsvermerk *Coll(acionirt)* und Registraturvermerke *Registrirt* und *2*.
HBA G 1261, Nr. 44.
Bucheintrag im Volltext: Ostpr. Fol. 53, S. 709 f.

Nr. 155

[15]48 Oktober 19 [Königsberg]

[Herzog Albrecht] an König [Heinrich II.] von Frankreich:

Genugtuung über die willkommene Annahme der übersandten Falken und Willfährigkeitsbeteuerung; Erinnerung an eine frühere, bedeutendere Angelegenheiten berührende Gefälligkeitserklärung, die der Herzog bislang weder dem verstorbenen Vater des Königs [Franz I.] noch diesem selbst unter Beweis stellen konnte; deswegen Bitte, nicht so sehr die Tat, sondern den guten Willen zu beachten, und nochmals acht Falken wohlwollend entgegenzunehmen; der Herzog wünscht dem König, sich bei den Vögeln zu erfreuen, und hofft, ebensolches Wohlwollen zu finden wie beim verstorbenen König; Dank und Gefälligkeitsangebot.

Konzept
Lateinisch
1/2 Bogen Folio, S. 1–2 beschrieben, S. 2 Außenadresse, Bearbeitungsvermerk *Coll(acionirt)* und Registraturvermerke *Registrirt* und *3*.
HBA G 1261, Nr. 45.
Bucheintrag im Volltext: Ostpr. Fol. 53, S. 707 f.

Nr. 156

1548 Oktober 23, Königsberg

Herzog Albrecht an den Lord Protector Edward [Seymour, Herzog von Somerset]:

Hoffnung auf Entgegenkommen bei der Empfehlung des herzoglichen Höflings und Briefzeigers, des edlen Melchior Kannacher (*Melchiorus Cannacher*); zur Vermeidung jeglichen Verdachtes auf Unechtheit in diesen gefährlichen Zeiten Betrauung Kannachers mit der Übermittlung dieses Schreibens; Bitte des Herzogs, seine Geschäfte empfohlen zu halten, den Höfling wohlwollend anzuhören und demselben Glauben zu schenken; Gegenseitigkeitsversprechen für den gegebenen Fall; *manu propria (scriptum).*

Mundum
Lateinisch
1 Bogen Folio, S. 1 beschrieben, S. 2 Außenadresse, Bearbeitungsvermerk *Coll(acionirt)* und Registraturvermerk *Registrirt.*
Siegelspuren
HBA G 1261, Nr. 46.
Bucheintrag im Volltext: Ostpr. Fol. 53, S. 712 f.

Nr. 157

1548 Oktober 23, Königsberg

Herzog Albrecht an Erzbischof [Thomas Cranmer] von Canterbury:

[Wie Nr. 156]; *manu propria (scriptum).*

Mundum
Lateinisch
1 Bogen Folio, S. 1 beschrieben, S. 2 Außenadresse und Bearbeitungsvermerk *Registrirt.*
Siegelspuren
HBA G 1261, Nr. 47.
Bucheintrag im Volltext: Ostpr. Fol. 53, S. 713 f.

Nr. 158

1548 Oktober 23, Königsberg

Herzog Albrecht an den Obersten Sekretär des englischen Königs, William Paget:

[Wie Nr. 156]; *manu propria (scriptum).*

Mundum
Lateinisch
1 Bogen Folio, S. 1 beschrieben, S. 2 Außenadresse und Registraturvermerk *Registrirt.*
Siegelspuren
HBA G 1261, Nr. 48.

Nr. 159

1548 Dezember 15, Westminster

König Eduard VI. von England an Herzog Albrecht:

Freude über die Zuneigung des Herzogs, die der König erwidert; Dank für ein Schreiben und für ein Geschenk in Gestalt von acht Falken; *E[dward] Somerset; Petrus Vannes.*

Ausfertigung
Lateinisch
1 Bogen Folio, S. 1 beschrieben, S. 2 Außenadresse.
Eigenhändige Ausstellerunterschrift und -siegel
HBA G 741, Nr. 62. – Altsignatur: 4/31/69 (II).

Nr. 160

1548 Dezember 15, Westminster

Der Lord Protector Edward [Seymour, Herzog von] Somerset an Herzog Albrecht:

Freude des Königs [Eduard VI.] über die ihm entgegengebrachte Freundschaftsbezeugung; Dank Seymours für den in einem Schreiben an ihn gerichteten Gruß und für ein Geschenk in Gestalt von drei Falken; Versicherung, das dem Herzog entgegengebrachte Wohlwollen des Königs bei jeder Gelegenheit zu befördern.

Ausfertigung
Lateinisch
1 Bogen Folio, S. 1 beschrieben, S. 4 Außenadresse, zeitgenöss. Betreff *Milor[d] protector* und Registraturvermerk von Hand des 19. Jahrhunderts *1548.*
Eigenhändige Ausstellerunterschrift und -siegel

Beilage

Kurzregest von Hand des 19. Jahrhunderts.

1 Blatt (35,5 cm x 27,8 cm), S. 1 beschrieben.
HBA G 741, Nr. 63. – Altsignatur: 4/31/76 (I).

Nr. 161

1548 Dezember 17, Saint-Germain-en-Laye

König Heinrich [II.] von Frankreich an Herzog [Albrecht]:

Empfang eines Schreibens nebst acht Falken mittels des Briefzeigers und Dank; Dank für die Freundschaftsbekundung und Angebot einer Gegengabe; *de Laubespine* (*scripsit*).

Ausfertigung
Französisch
1/2 Bogen Folio, S. 1 beschrieben, S. 2 Außenadresse.
Eigenhändige Ausstellerunterschrift und -siegel
HBA G 741, Nr. 64. – Altsignatur: 4/31/96 (IX).

Nr. 162

[1548] Dezember 17, Saint-Germain-en-Laye

[Anne de] Montmorency [Konnetabel Frankreichs] an Herzog [Albrecht]:

Dank für die übermittelten drei Falken und für die Freundschaftsbezeugung; Angebot, dem Herzog gelegentlich gefällig zu sein.

Ausfertigung
Französisch
1 Blatt (20,5 x 21,2 cm), S. 1 beschrieben, S. 2 Außenadresse und zeitgenöss. Betreff *Commestabilis danckt fur 3 hubsche falcken.*
Eigenhändige Ausstellerunterschrift und Siegelspuren
HBA G 749, Nr. 11. – Altsignatur: 4/31/97 (IX).

Nr. 163

1548 Dezember 20, königlicher Hof

William [Parr], Markgraf von Northampton, an Herzog Albrecht:

Empfang eines wohlwollenden Schreibens nebst einem Geschenk in Gestalt dreier Falken; Dank und Ankündigung, des Herzogs bei der Beizjagd zu gedenken; Angebot einer Gegengabe und Versprechen, bei König [Eduard VI.] auf die Wahrung der ererbten Freundschaft mit dem Herzog hinzuwirken.

Ausfertigung
Lateinisch
1 Bogen Folio, S. 1 beschrieben, S. 2 Außenadresse und zeitgenöss. Betreff *Milor[d] marges.*
Eigenhändige Ausstellerunterschrift und -siegel
HBA G 741, Nr. 65. – Altsignatur: 4/31/77 (I).

Nr. 164

[1549] März 20, Königsberg

[Herzog Albrecht] an König [Heinrich II.] von Frankreich:

Benachrichtigung durch den briefzeigenden herzoglichen Diener von der dem Herzog erwiesenen Gefälligkeit und Übertragung eines erneuten Auftrages an den Diener; Bitte, den Worten desselben Glauben zu schenken.

Abschrift
Lateinisch
Ostpr. Fol. 53, S. 771 f.

Nr. 165

[1549] März 20, Königsberg

[Herzog Albrecht] an den Konnetabel [Frankreichs, Anne de Montmorency]:

Mittels eines Empfängerschreibens Benachrichtigung von der dem briefzeigenden herzoglichen Diener im Namen des Herzogs erwiesenen Gefälligkeit; Dank und Ankündigung, den Diener mit einem erneuten Auftrag zu entsenden; Bitte, den Worten desselben Glauben zu schenken.

Abschrift
Lateinisch
Ostpr. Fol. 53, S. 772 f.

Nr. 166

1549 Mai 25, Brüssel

Jeorijs von Berselle [Herr von Ijsschaff] an Herzog Albrecht:

Den Überbringern der für Königin [Maria] bestimmten Falken mangelt es an in seiner Gegend üblichen Vermittlern zur Beförderung der herzoglichen Geschäfte bei der Königin; Erbietung seiner Dienste und Bitte um schriftliche Benachrichtigung bei Annahme seines Angebotes; Wunsch Berselles nach Berücksichtigung bei Falkensendungen in seine Gegend und Bitte um Übermittlung von wenigstens zwei Beizvögeln, unter denen sich ein *hargart* befinden sollte.

Ausfertigung
Lateinisch

1 Bogen Folio, S. 1 beschrieben, S. 2 Außenadresse und zeitgenöss. Betreff *Der her von Bersell zu Brussel an der konigin hoff.*
Eigenhändige Ausstellerunterschrift und -siegel
HBA G 742, Nr. 1. – Altsignatur: 4/31/32 (I).

Nr. 167

[1549] Juli 27, Tilsit

[Herzog Albrecht] an den [englischen Staatssekretär] William Paget:

Übermittlung von Botschaft und Grüßen Pagets durch den hochwürdigen Johannes Laski und Dank; durch Laski Unterrichtung von der Einführung der wahren evangelischen Lehre [in England]; Begrüßung dieser Maßnahme durch den Herzog und Absicht, nach Maßgabe seiner Möglichkeiten die Sache zu unterstützen; Anerkennung für die Hilfe Pagets bei den Verhandlungen mit König [Eduard VI.] über eine Geldanleihe und Bitte, die durch Laski zu übermittelnden Grüße anzunehmen und dessen Worten Glauben zu schenken; Empfehlung Laskis und Wunsch nach häufigen Schreiben des Empfängers; *cancell(arius) retulit.*

Konzept
Lateinisch
1/2 Bogen Folio, S. 1 beschrieben, S. 2 Außenadresse, Bearbeitungsvermerk *Coll(acionirt)* und Registraturvermerk *Registrirt.*
HBA G 1261, Nr. 49.
Bucheintrag im Volltext: Ostpr. Fol. 53, S. 826 f.

Nr. 168

1549 September 11, Lötzen

Herzog Albrecht an *Madonna de Valentz*:

Infolge ihrer, ihm bekannt gewordenen Tugenden Wunsch des Herzogs, mit der Empfängerin Bekanntschaft zu schließen; deswegen Beauftragung des Briefzeigers, die Empfängerin mit einem Schreiben zu besuchen; Bitte des Herzogs um Aufnahme in ihre Bekanntschaft und Angebot, ihr nach Wunsch eine Gabe aus seinem Land zukommen zu lassen; Bitte um Unterstützung der herzoglichen Geschäfte beim König und Empfehlung des jungen adligen Briefzeigers; *manu propria* (*scriptum*).

Mundum
Lateinisch
1 Bogen Folio, S. 1 beschrieben, S. 2 Außenadresse, Bearbeitungsvermerk *Coll(acionirt)* und Registraturvermerk *Registrirt.*

Siegelspuren.
HBA G 1261, Nr. 50.
Bucheintrag im Volltext: Ostpr. Fol. 53, S. 862 f.

Nr. 169

[1549] September 24, Puppen

[Herzog Albrecht] an König [Heinrich II.] von Frankreich:

Aufbringung eines dem Danziger Bürger *Ioannes à Pelken* gehörenden, mit Handelswaren beladenen Schiffes unter der englischen Küste durch den Spanier *Lance de Honoro*, Überführung des Schiffes nach Le Havre und Verteilung der Waren; Ersuchen des sich keiner Feindschaft bewußten Danzigers an den Herzog um Fürsprache beim französischen König zwecks Rückgabe von Schiff und Waren; Bitte des Herzogs an den Empfänger, sein königliches Ansehen einzusetzen, damit dem Geschädigten Recht und Billigkeit widerfährt und dieser sein geraubtes Gut zurückerhält; Gegenseitigkeitsversprechen für den gegebenen Fall; *commissio principis propria.*

Konzept
Lateinisch
1/2 Bogen Folio, S. 1–2 beschrieben, S. 2 Außenadresse, Bearbeitungsvermerk *Coll(acionirt)* und Registraturvermerk *Registrirt.*
HBA G 1261, Nr. 51.
Bucheintrag im Volltext: Ostpr. Fol. 53, S. 874.

Nr. 170

[15]49 Oktober 8, Puppen

Herzog Albrecht an den Lord Protector und Regenten Englands, Edward [Seymour, Herzog] von Somerset:

Genugtuung des Herzogs über die in einem Empfängerschreiben geäußerte freudige Annahme der drei übersandten Falken, aber nicht erforderliche Dankesbekundung; zur Pflege der Freundschaft nochmalige Übermittlung eines Geschenkes in Gestalt dreier Falken; Seltenheit von Falken aufgrund von Witterungsumständen; Hoffnung des Herzogs auf willkommene Entgegennahme der Vögel und Wunsch, durch die Kurzweil mit den Tieren an seine Freundschaft erinnert zu werden; Bitte um Empfehlung bei König [Eduard VI.] und Hoffnung, beim König auf ein ähnliches Wohlwollen zu stoßen wie bei dessen Vater [Heinrich VIII.]; Angebot, Somerset mit einer Gabe aus dem Herzogtum zu bedenken; *manu propria (scriptum).*

Unbehändigte Ausfertigung
Lateinisch
1 Bogen Folio, S. 1 beschrieben, S. 2 Außenadresse.
Ausstellersiegel
HBA G 1261, Nr. 52. – Altsignatur: 4/31/76 (II).

Beilage

Konzept
Lateinisch
1/2 Bogen Folio, S. 1–2 beschrieben, S. 2 Außenadresse, Bearbeitungsvermerke *Mutatis mutandis milor[d] marges [William Parr, Markgraf von Northampton]* und *Coll(acionirt)* sowie Registraturvermerk *Registrirt.*
Bucheintrag im Volltext: Ostpr. Fol. 53, S. 884–886.

Nr. 171

[1549 Oktober 10, Puppen]

[Herzog Albrecht] an König [Heinrich II.] von Frankreich:

Empfang eines mit einem Geschenkangebot und einer königlichen Wohlwollensäußerung verbundenen Dankesschreibens für die im zurückliegenden Jahr übersandten Falken; Freude über den trotz des geringfügigen Geschenkes erfolgten Dank; zur Pflege der Zuneigung Sendung von wiederum acht Falken vermittels des Briefzeigers; wegen Unbilden der Witterung Schwierigkeiten beim Einfangen einer größeren Anzahl von Falken; Wunsch, dem König mit den Vögeln Vergnügen bei der Beiz zu verschaffen; Bitte des Herzogs, das Geschenk als Gabe von Herzen zu betrachten und seiner wohlwollend zu gedenken; Versicherung, sich weiterhin um den König zu bemühen, und Angebot, denselben mit einer Gabe aus dem Herzogtum zu erfreuen.

Konzept
Lateinisch
1/2 Bogen Folio, S. 1 beschrieben, S. 2 Außenadresse, Bearbeitungsvermerke *Mutatis mutandis regi Anglie [Eduard VI.]* und *Coll(acionirt)* sowie Registraturvermerk *Registrirt.*
HBA G 1261, Nr. 53.
Bucheintrag im Volltext: Ostpr. Fol. 53, S. 883 f.

Nr. 172

[1549 Oktober, Puppen]

[Herzog Albrecht] an Jeorijs von Berselle, Herr von Ijsschaff:

Empfang eines Schreibens Berselles mit dem Ausdruck des Bemühens um den Herzog; Anerkennung der Unterstützung durch Berselle, herzogliche Angelegenheiten bei Königin [Maria] von Ungarn zu befördern; Dank und Absicht, das dem Empfänger entgegengebrachte Wohlwollen durch die Tat unter Beweis zu stellen; deshalb Übersendung zweier Falken, worunter sich ein *hargart* befindet; der Herzog wünscht eine wohlwollende Entgegennahme der Vögel und viel Vergnügen bei der Beiz; Bitte, der Königin sich und seine Anliegen in Erinnerung zu rufen, und Gefälligkeitsversprechen.

Konzept
Lateinisch
1/2 Bogen Folio, S. 1 beschrieben, S. 2 Außenadresse, Bearbeitungsvermerk *Coll(acionirt)* und Registraturvermerk *Registrirt.*
HBA G 1261, Nr. 54.
Bucheintrag im Volltext: Ostpr. Fol. 53, S. 886 f.

Nr. 173

1549 Dezember 10, -s' Gravenhage

Der kaiserliche Statthalter in Holland, Seeland und Friesland, [Maximilian von Burgund zu] Beveren, an Bürgermeister und Ratmannen zu Königsberg:

Trotz Vertrauen in die Rechtschaffenheit der Empfänger Empfehlung der Angelegenheit des Amsterdamer Bürgers Wilhelm Bohmgart (*Guilelmus Boegaert*) wegen der großen räumlichen Entfernung; dem Vernehmen Bohmgarts nach Übersiedlung der *Machtelda* oder *Magdalena*, einer Tochter des Frans Lamprecht (*Franciscus Lambertus*) aus Delft, nach Königsberg; Ableben derselben und Fehlen rechtmäßiger Nachkommen; Beanspruchung der Hinterlassenschaft durch *Agatha*, der Ehefrau Bohmgarts und Tochter des verstorbenen *Nicolaus Franciscus*, eines Bruders von Magdalena; Übertragung ihres Erbanspruches durch Magdalena auf ihren Oheim *Iacobus Riick*; Bitte des Statthalters an die Empfänger um Unterstützung bei der Abwicklung der Erbangelegenheit; *ex mandato, Iurtiick* (*scripsit*).

Ausfertigung
Lateinisch
1 Bogen Folio, S. 1 beschrieben, S. 2 Außenadresse.
Ausstellersiegel

Beilagen

I. 1549 November 30 [Amsterdam]

Schulze, Schöffen und Bürgermeister zu Amsterdam an jedermann:
Vor den Ausstellern Bevollmächtigung des Amsterdamer Bürgers und Briefzeigers, *Johann Altenwasser*, durch Wilhelm Bohmgart, den Ehemann Agates und Tochter von Claus, die Hinterlassenschaft ihrer zu Königsberg verstorbenen Tante Magdalena, der Tochter von Franz, einzufordern und abzuwickeln.

Abschrift
1 Bogen Folio, S. 1–2 beschrieben.

II. 1549 Dezember 5 [Delft]

Schulze, Schöffen und Bürgermeister zu Delft an jedermann:

Vor den Ausstellern Bezeugung des Priesters *Cornelius Ditrichs in fide sacerdotii* und Beeidung der Ratmannen *Jan Didtrichs* und *Michel Jansen* sowie der *Anneke*, Witwe des *Jacob Classen*, den Delfter Bürger Frans Lamprecht und seine Ehefrau *Achte*, Tochter von *Claus Colinc* gekannt zu haben; den Zeugen sind bekannt: die Söhne des Ehepaares, der Gesandte *vonn hoffe von Hollandt Claus Colinc* und *Jacob Ryck*, sowie die Tochter Machtelt, ferner *Cornelia*, die Tochter des *Rolle* und Ehefrau von Colinc, und deren gemeinsame Tochter Agathe, die Ehefrau des zu Amsterdam wohnenden Wilhelm Bohmgart; dem Vernehmen der Zeugen nach Übersiedlung von Machelt, auch Magdalene genannt, vor geraumer Zeit nach Königsberg.

Abschrift
1 Bogen Folio, S. 1–2 beschrieben.
HBA G 742, Nr. 2. – Altsignatur: IV/28; W 35.

Nr. 174

1549 Dezember 19, Fontainebleau

König Heinrich [II.] von Frankreich an Herzog [Albrecht]:

Empfang eines Schreibens nebst einem Geschenk in Gestalt von acht Falken vermittels des Briefzeigers; Dank und Angebot einer Gegengabe; *Bourdin* (*scripsit*).

Ausfertigung
Französisch
1/2 Bogen Folio, S. 1 beschrieben, S. 2 Außenadresse und Registraturvermerk von Hand des 19. Jahrhunderts *40*.
Eigenhändige Ausstellerunterschrift und -siegel.

Beilage

Deutsche Übersetzung

1/2 Bogen Folio, S. 1 beschrieben, S. 2 zeitgenöss. Betreff *Konig auß Franckreich*.
HBA G 742, Nr. 3. – Altsignatur: 4/31/96 (X).

Nr. 175

1549 Dezember 19, Fontainebleau

[Anne de] Montmorency [Konnetabel Frankreichs] an Herzog [Albrecht]:

Empfang dreier Falken, die mit der Falkensendung an König [Heinrich II.] eingetroffen sind; Dank und Gefälligkeitsversprechen.

Ausfertigung
Französisch
1 Blatt (19,8 cm x 24,3 cm), S. 1 beschrieben, S. 2 Außenadresse.
Eigenhändige Ausstellerunterschrift und -siegel.
Altsignatur: 4/31/97 (V).

Beilage

Deutsche Übersetzung

1/2 Bogen Folio, S. 1 beschrieben, S. 2 zeitgenöss. Betreff *Montmorantii schreiib(en) der falck(en) halb(en).*
Altsignatur: ad 4/31/97 (V).
HBA G 742, Nr. 4.

Nr. 176

1549[1] [!] Dezember 31, Hampton Court

König Heinrich VIII. von England an Herzog Albrecht:

Freude über die in einem Schreiben des Herzogs bekundete Freundschaft und Wunsch nach Fortdauer derselben; Dank für die mittels eines Falkners übersandten Beizvögel und Hoffnung, mit ihnen bei der Beiz viel Kurzweil zu finden; Angebot einer Gegengabe; *Petrus Vannes.*
Die ultimo decembris MDIL[ta].

Ausfertigung
Lateinisch
1 Bogen Folio, S. 1 beschrieben, S. 2 Außenadresse.
Eigenhändige Ausstellerunterschrift und -siegel.

---

1) Hier ist mit ziemlicher Sicherheit das Jahr 1539 gemeint, zumal ein Antwortschreiben des Königs auf die Falkensendung vom selben Jahr nicht überliefert ist.

Beilage

Kurzregest von Hand des 19. Jahrhunderts.

1 Blatt (35,6 cm x 21 cm), S. 1 beschrieben.
HBA G 741, Nr. 66. – Altsignatur: 4/31/68 (II).

Nr. 177

1550 Januar 2, Westminster

König Eduard VI. von England an Herzog Albrecht:

Unlängst Empfang eines Schreibens nebst einem Geschenk in Gestalt von acht Falken; Freude des Königs über den Beweis einer von seinem Vater [Heinrich VIII.] ererbten Freundschaft; Dank und Hoffnung, mit den Falken viel Vergnügen bei der Beiz zu finden; Angebot einer Gegengabe; *Petrus Vannes no(tavit).*
Die II° ianuarii anno domini MDXLIX regno vero nostri tertio.

Ausfertigung
Lateinisch
1 Bogen Folio, S. 1 beschrieben, S. 2 Außenadresse.
Eigenhändige Ausstellerunterschrift und -siegel.
HBA G 742, Nr. 5. – Altsignatur: 4/31/69 (III).

Nr. 178

1550 Januar 9, königlicher Hof bei Westminster

William [Parr, Markgraf von] Northampton an Herzog Albrecht:

Freude über einen neuerlichen Freundschaftsbeweis des Herzogs in Gestalt eines Schreibens und dreier Falken; Dank für das Geschenk und Angebot einer Gegengabe.
Die VIII[a] ianuarii anno domini MDXLIX.

Ausfertigung
Lateinisch
1 Bogen Folio, S. 1 beschrieben, S. 2 Außenadresse und Registraturvermerk von Hand des 19. Jahrhunderts *1549.*
Eigenhändige Ausstellerunterschrift und -siegel.
HBA G 742, Nr. 6. – Altsignatur: 4/31/77 (II).

Nr. 179

[1550] Juni 3 [Königsberg]

[Herzog Albrecht] an König [Eduard VI.] von England:

Beauftragung des hochwürdigen Johannes Laski (*Ioannes de Lasco*) mit der Vertretung herzoglicher Angelegenheiten; Abfassung dieses Schreibens zur Vermeidung jeglichen Fälschungsverdachts; Bitte, den im herzoglichen Namen vorgetragenen Äußerungen Glauben zu schenken und den Beauftragten wohlwollend anzuhören; Versicherung des Herzogs, sich weiterhin um den König zu bemühen.

Konzept
Lateinisch
1/2 Bogen Folio, S. 1–2 beschrieben, S. 2 Außenadresse, Bearbeitungsvermerk *Coll(acionirt)* und Registraturvermerk *Registrirt.*
HBA G 1261, Nr. 55.
Bucheintrag im Volltext: Ostpr. Fol. 54, S. 55 f.

Nr. 180

[1550] Juni 3 [Königsberg]

[Herzog Albrecht] an Erzbischof [Thomas Cranmer] von Canterbury:

Entsendung des im herzoglichen Namen sprechenden hochwürdigen Johannes Laski (*Ioannes a Lasco*); zur Vermeidung jeglichen Fälschungsverdachts Abfassung dieses Schreibens; Bitte des Herzogs, den Worten Laskis Glauben zu schenken, die herzoglichen Geschäfte zu unterstützen und den Gesandten empfohlen zu halten; Dankversprechen für den gegebenen Fall.

Konzept
Lateinisch
1/2 Bogen Folio, S. 1–2 beschrieben, S. 2 Außenadresse, Bearbeitungsvermerke *Coll(acionirt)* und *Mutatis mutandis milor[d] protectori [Edward Seymour]* sowie Registraturvermerk *Registrirt.*
HBA G 1261, Nr. 56.
Bucheintrag im Volltext: Ostpr. Fol. 54, S. 57.

Journalvermerk *Mutatis mutandis milor[d] protectori et Gulielmo Pageto.*

Nr. 181

[1550] Juni 3 [Königsberg]

[Herzog Albrecht] an [den englischen Staatssekretär] William Paget:

[Wie Nr. 180]

Konzept
Lateinisch
1/2 Bogen Folio, S. 1–2 beschrieben, S. 2 Außenadresse, Bearbeitungsvermerk *Coll(acionirt)* und Registraturvermerk *Registrirt.*
HBA G 1261, Nr. 57.

Nr. 182

[15]50 Juni 12, Turnhout in der Kampen

Jeorijs von Berselle [Herr von Ijsschaff] an Herzog Albrecht:

Freudiger Empfang eines Schreibens nebst einem Geschenk in Gestalt von Blaufüßen; Dank, Gefälligkeitsangebot und Anzeige, bislang noch von keinem herzoglichen Diener mit einer Forderung besucht worden zu sein.

Ausfertigung
1 Bogen Folio, S. 1–2 beschrieben, S. Außenadresse.
Eigenhändige Ausstellerunterschrift und Siegelspuren.
HBA G 742, Nr. 7. – Altsignatur: 4/31/32 (IV).

Nr. 183

[1550] Oktober 18 [Königsberg]

[Herzog Albrecht] an König [Eduard VI.] von England:

Einem Schreiben des Königs zufolge willkommene Entgegennahme des demselben im Vorjahr übersandten Falkengeschenkes; aus alter Freundschaft und aus dem Bemühen, den König zu beschenken, Übermittlung von zehn Falken als Gabe von Herzen; Wunsch des Herzogs, dem König durch die Vögel Vergnügen bei der Beiz zu verschaffen und somit in angenehmer Erinnerung zu bleiben; Hoffnung für sich und die Seinen wie bisher empfohlen zu sein und Versicherung, sich weiterhin um die königliche Freundschaft zu bemühen.

Konzept
Lateinisch

1/2 Bogen Folio, S. 1–2 beschrieben, S. 2 Außenadresse, Bearbeitungsvermerke *Coll(acionirt)* und *Mutatis mutandis regi Franciae [Heinrich II.]* sowie Registraturvermerk *Registrirt.*
HBA G 1261, Nr. 58.
Bucheintrag im Volltext: Ostpr. Fol. 54, S. 94 f.

Nr. 184

[1550] Oktober 18 [Königsberg]

Herzog Albrecht an den Lord Protector [Edward Seymour, Herzog von Somerset]:

Sendung von Falken an König [Eduard VI.] und Wunsch, bei der Gelegenheit auch den Empfänger zu bedenken; deshalb Übermittlung von vier Beizvögeln; trotz des vielleicht am Ansehen und an der Stellung des Empfängers gemessenen untergebührlich erscheinenden Geschenkes Bitte, es dennoch als Zeichen der Zuneigung anzunehmen; im Falle vergnüglicher Beizjagd mit den Vögeln Bitte des Herzogs, ihn dem König und den Großen Englands in Erinnerung zu rufen; Dankversprechen für den gegebenen Fall.

Konzept
Lateinisch
1/2 Bogen 1/2 Bogen Folio, S. 1–2 beschrieben, S. 2 Außenadresse, Bearbeitungsvermerk *Coll(acionirt)* und Registraturvermerk *Registrirt.*
HBA G 1261, Nr. 59.
Bucheintrag im Volltext: Ostpr. Fol. 54, S. 95 f.

Nr. 185

[1550] Oktober 18 [Königsberg]

[Herzog Albrecht] an [William Parr] Markgraf [von Northampton]:

Unnötige Dankesbekundung für die übersandten Falken wegen der Geringfügigkeit der Gabe; Schenkung aus Zuneigung zum Empfänger; Dank des Herzogs für das Angebot, ihn zu bedenken; deswegen Übermittlung von fünf Falken mit der Bitte, sie mehr als Gabe aus Zuneigung denn als Geschenk zu betrachten; der Herzog wünscht vergnügliche Beizjagd und hofft mit den Seinen empfohlen zu sein; Gegenseitigkeitsversprechen.

Konzept
Lateinisch
1/2 Bogen 1/2 Bogen Folio, S. 1–2 beschrieben, S. 2 Außenadresse, Bearbeitungsvermerk *Coll(acionirt)* und Registraturvermerk *Registrirt.*
HBA G 1261, Nr. 60
Bucheintrag im Volltext: Ostpr. Fol. 54, S. 96 f.

Nr. 186

[1550] Oktober 18 [Königsberg]
[Herzog Albrecht] an den Konnetabel [Frankreichs,] Anne de Montmorency:
Unnötige Dankesbekundung für die im Vorjahr übersandten drei Falken; wegen des übergebührlichen Bemühens um den Herzog Übermittlung von fünf Falken; der Herzog wünscht wollwollende Annahme des Geschenkes und viel Freude damit und hofft auf gelegentliche Unterstützung des Empfängers.

Konzept
Lateinisch
1/2 Bogen 1/2 Bogen Folio, S. 1–2 beschrieben, S. 2 Außenadresse, Bearbeitungsvermerk *Coll(acionirt)* und Registraturvermerk *Registrirt.*
HBA G 1261, Nr. 61.
Bucheintrag im Volltext: Ostpr. Fol. 54, S. 97 f.

Nr. 187

1550 Dezember 21, Blois

König Heinrich [II.] von Frankreich an Herzog [Albrecht]:

Empfang eines Schreibens zusammen mit zehn Falken; Dank und Bedauern, keinen Wunsch nach einer Gegengabe zu kennen; *de Laubespine* (*scripsit*).

Ausfertigung
Französisch
1/2 Bogen Folio, S. 1 beschrieben, S. 2 Außenadresse.
Eigenhändige Ausstellerunterschrift und Siegelreste.
HBA G 742, Nr. 8. – Altsignatur: 4/31/96 (XI).

Nr. 188

1550 Dezember 21, Blois

[Anne de] Montmorency an Herzog [Albrecht]:

Dank für ein durch den Briefzeiger überbrachtes Geschenk in Gestalt von fünf Falken und Gefälligkeitsangebot.

Ausfertigung
Französisch
1/2 Bogen Folio, S. 1 beschrieben, S. 2 Außenadresse und gestrichener Registraturvermerk von Hand des 19. Jahrhunderts *1550.*
Eigenhändige Ausstellerunterschrift und Siegelrest.
HBA G 742, Nr. 9. – Altsignatur: 4/31/97 (VI).

Nr. 189

1550 Dezember 27, Westminster

William Parr, Markgraf von Northampton, an Herzog Albrecht:

Gelegentlich der Übermittlung von 10 Falken an König [Eduard VI.] Empfang von fünf für ihn bestimmte Beizvögel; Dank und Hoffnung, Gelegenheit für eine Gegegabe zu erhalten; *manu propria* (*scriptum*).

Ausfertigung
Lateinisch
1 Bogen Folio, S. 1 beschrieben, S. 2 Außenadresse, zeitgenöss. Rubrum *Marchio Norhamtonię danckt fur die funf uberschickte falck(en)* und Registraturvermerk von Hand des 19. Jahrhunderts *1550*.
Siegelreste
HBA G 742, Nr. 10. – Altsignatur: 4/31/78.

Nr. 190

1550 Dezember 28, Westminster

König Eduard VI. von England an Herzog Albrecht:

Unlängst Empfang eines Geschenkes in Gestalt von 10 Falken; Freude, Dank und Versprechen, sich gelegentlich erkenntlich zu zeigen; *Tho[ma] Chalonerus*.

Ausfertigung
Lateinisch
1 Bogen Folio, S. 1 beschrieben, S. 2 Außenadresse und zeitgenöss. Rubrum *Konig zu Engllant(h) danckt fur die 10 uberschickte falcken*.
Eigenhändige Ausstellerunterschrift und -siegel.
HBA G 742, Nr. 11. – Altsignatur: 4/31/69 (IV).

Nr. 191

[1551] April 10, Königsberg

[Herzog Albrecht] an den Konnetabel Frankreichs [Anne de Montmorency]:

Dem Vernehmen des Danziger Ratmannes und herzoglichen Hauptmanns von Preußisch Mark und Neuenburg, Hans von Werden, nach Entsendung seines Sohnes Johann nach Frankreich, um Volk und Sitten kennenzulernen; Ersuchen des Bürgermeisters an den Herzog, seinen Sohn und Briefzeiger dem Empfänger zu empfehlen; Erhörung der Bitte zugunsten des sich untadelig am Herzogshof geführten jungen

Werden; Bitte des Herzogs an Montmorency, den Briefzeiger empfohlen zu halten und ihm behilflich zu sein, unter die königlichen Diener aufgenommen und König [Heinrich II.] empfohlen zu werden.

Abschrift
Lateinisch
Ostpr. Fol. 54, S. 168 f.

Nr. 192

1551 Juli 26, Blois
König Heinrich [II.] von Frankreich an Herzog Albrecht wegen einer Kredenz für den Bischof von Bayonne, Jean des Monstiers, Seigneur du Fresse [Deutsche Übersetzung mit falsch aufgelösten Datum und Aktum in: Europäische Briefe, S. 38]. *Blesis 7° calendas augusti 1551.*

Behändigte Ausfertigung
Lateinisch
1 Bogen Folio, S. 1 beschrieben, S. 2 Außenadresse.
Eigenhändige Ausstellerunterschrift und -siegel
Altsignatur: 4/21/5.

Beilage

Zeitgenöss. Rubrum *Des kunigs zu Frangreichs [!] und seins oratoris credentz und schreib(enn) betreffend dij bundshandlung mit denn Deutschenn.*

1/2 Folio, S. 1 beschrieben, S. 2 Eingangsvermerk *Ankomen im novembris a[nn]o 1551* und Registraturvermerk *1*.
Altsignatur: ad 4/21/5.
HBA G 742, Nr. 12.

Nr. 193

1551 Oktober 5, Leipzig

Der Bischof von Bayonne, Jean [des Monstiers, seigneur du] Fresse, an Herzog Albrecht:

Möglichkeit, aus einem Schreiben des französischen Königs [Heinrich II.] dessen Herz für das deutsche Volk zu erkennen; Darlegung dieser Sachlage durch den Absender entweder im Falle des erhofften und oft zugesagten Verhaltens des Markgrafen Johann von Brandenburg [-Küstrin] oder im Falle einer gefahrlosen Reise des Absenders zum Herzog; Bitte, die Zuneigung des Königs vermittels Herzog Johann Albrechts von Mecklenburg in Erfahrung zu bringen; angesichts der beinahe ausgelöschten Freiheit Deutschlands (*Germanie libertas*) verspricht der Absender die Hilfe des französischen Königs bei deren Wiederherstellung.

Ausfertigung
Lateinisch
1 Bogen Folio, S. 1 beschrieben, S. 4 Außenadresse.
Eigenhändige Ausstellerunterschrift und -siegel.
HBA G 742, Nr. 13. – Altsignatur: 4/21/4.
Bucheintrag im Volltext: Ostpr. Fol. 82, S. 741 f.

Journalvermerk *Volgende copey ist in marggraf Johansen schreiben ziefferirt eingeschlossen.*

Nr. 194

1551 Oktober 30, Königsberg

Herzog Albrecht an den [Lord] Protector und Regenten Englands, Edward [Seymour, Herzog von] Somerset:

Sendung von Falken an den englischen König [Eduard VI.] und Wunsch, auch auf den Empfänger einen Beweis des herzoglichen Wohlwollens zu erstrecken mittels eines Geschenkes in Gestalt von vier Falken; trotz der vielleicht am Ansehen und an der Stellung Somersets gemessenen untergebührlich erscheinenden Gabe Bitte, sie als Zeichen der Zuneigung anzunehmen; Bitte des Herzogs, anläßlich des Beizvergnügens mit den Vögeln ihn dem König und den Großen Englands in Erinnerung zu rufen.

Unbehändigte Ausfertigung
Lateinisch
1 Bogen Folio, S. 1 beschrieben, S. 2 Außenadresse.
Ausstellersiegel.
HBA G 1261, Nr. 62. – Altsignatur: 4/31/76 (III).

Nr. 195

[15]51 November 23, Schloß Ragnit

[Herzog Albrecht] an den Bischof von Bayonne, Jean [des Monstiers, seigneur du] Fresse:

Kenntnisnahme von der dem deutschen Ständewesen (*Germaniae rempublicam*) und ihm selber entgegengebrachten Gesinnung sowie der angeschlossenen Bitte aus den Schreiben des Bischofs; Dank für das Deutschland (*Germania*) entgegengebrachte Wohlwollen und Überzeugung, daß Fresse für seine erfolgversprechenden Bemühungen entschädigt werden wird; Mißfallen gewisser entgegenstehender Sachen und Unterstützung der auf Abhilfe wirkenden Kräfte; Bitte des Herzogs, ihn bei jeder sich bietenden Gelegenheit dem Herrn des Empfängers [König Heinrich II. von Frankreich] zu empfehlen, und Versprechen, sich den Bemühungen seiner Freunde würdig zu erweisen.

Konzept
Lateinisch
1 Bogen Folio, S. 1–2 beschrieben, S. 4 Außenadresse und Bearbeitungsvermerke *Reg(istrirt)* und *reg(istrirt)*.
HBA G 1261, Nr. 87. – Altsignatur: KW 13.
Bucheintrag im Volltext: Ostpr. Fol. 82, S. 747–749.

Nr. 196

[1551] Dezember 4, Ragnit

[Herzog Albrecht] an König [Eduard VI.] von England:

Dem Vernehmen des Hauptmannes von Preußisch Mark und Neuenburg und Danziger Ratmannes, Hans von Werden, nach Beschuldigung des *Adrianus* und des *Michaelis Köseler* wegen des angeblichen Verstoßes ihres verstorbenen Londoner Faktors gegen Recht und Gewohnheit der Seestädte durch den Handel mit fremden Waren; dadurch Vergehen gegen den königlichen Zoll; Ahndung des Vergehens durch örtliche königliche Amtsträger mit der Beschlagnahme von Waren beider Köseler; Ersuchen der beiden sich keiner Schuld bewußten Danziger Bürger an den Herzog, sich für sie beim König mit einem fürsprechenden Schreiben zu verwenden; insbesondere angesichts der Verdienste Hans von Werdens Gewährung der Bitte; Bitte des Herzogs an den König, den beschuldigten Danzigern einen Geleitbrief auszustellen und ihnen Gelegenheit zur Anhörung zu gewähren; im Falle eines unbewußten Verstoßes gegen königliche Vorschriften durch die Beschuldigten Bitte um Nachsicht für sie; Einschaltung des französischen Königs [Heinrich II.] für die Belange der beiden Danziger.

Abschrift
Lateinisch
Ostpr. Fol. 54, S. 281–283.

Nr. 197

[15]51 Dezember 7, Brüssel in Brabant

Jeorijs von Berselle [Herr von Ijsschaff] an Herzog Albrecht:

Empfang eines zu Königsberg datierten Schreibens von [1551] Oktober 31 zusammen mit drei Falken; Dank und Angebot einer Gegenleistung.

Ausfertigung
1 Bogen Folio, S. 1 beschrieben, S. 4 Außenadresse.
Ausstellerunterschrift und -siegel.
HBA G 742, Nr. 14. – Altsignatur: 4/31/32 (II).

Nr. 198

1552 Januar 26, Westminster

William [Parr, Markgraf von] Northampton an Herzog Albrecht:

Freude über ein von voller Freigebigkeit kündendes Schreiben des Herzogs von [1551] Oktober 30 und Scham über die bislang fehlende Gelegenheit, sich dem Herzog gegenüber erkenntlich zu erweisen; dankbare Entgegennahme der Parr mit dem Schreiben übersandten vier Falken und Bitte um einen Gegenwunsch.
XXVI^{to} mensis ianuarii anno domini MDLI.

Ausfertigung
Lateinisch
1 Bogen Folio, S. 1 beschrieben, S. 2 Außenadresse.
Eigenhändige Ausstellerunterschrift und -siegel.
HBA G 742, Nr. 15. – Altsignatur: 4/31/77 (III).

Nr. 199

[1552] März 13, Königsberg

Herzog Albrecht an den Konnetabel Frankreichs [Anne de Montmorency]:

Dank für die wohlwollende Aufnahme des dem Konnetabel in einem früheren Schreiben empfohlenen ehemaligen herzoglichen Höflings, des jüngeren Johann von Werden, und für den diesem ermöglichten Zugang zum französischen König [Heinrich II.]; beifällige Begrüßung der Fortschritte Werdens bei der Erlernung der französischen Sprache und Fähigkeit Werdens, sich bereits mit den Leuten Montmorencys zu verständigen; angesichts eines der Hauptbeweggründe für Werdens Frankreichreise Bitte um Unterweisung desselben im Kriegshandwerk; Dankversprechen des älteren und jüngeren Werden sowie des Herzogs.

Abschrift
Lateinisch
Ostpr. Fol. 54, S. 330 f.

Nr. 200

1552 März 15, Westminster

König Eduard VI. von England an Herzog Albrecht:

Empfang eines von [1551] Oktober 31 datierten Schreibens nebst einem Falkengeschenk; Dank für diesen eines Königs würdigen Wohlwollensbeweis.
Decimo quinto die martii anno domini millesimo quingentesimo quinquagesimo primo.

Ausfertigung
Lateinisch
1 Bogen Folio, S. 1 beschrieben, S. 2 Außenadresse.
Eigenhändige Ausstellerunterschrift und -siegel.
HBA G 742, Nr. 16. – Altsignatur: 4/31/69 (V).

Nr. 201

[1552] März 23, Königsberg

[Herzog Albrecht] an König [Heinrich II.] von Frankreich:

Entsendung des herzoglich-preußischen Untertans *Thomas Koch/Koh* durch den Herzog von Olika, Nikolaus Radziwill, zu Verhandlungen; Ausstellung eines Empfehlungsschreibens zur Beförderung der Angelegenheiten des Gesandten und Bitte um Wohlwollen für denselben sowie um dessen Verabschiedung mit der gewünschten Antwort.

Abschrift
Lateinisch
Ostpr. Fol. 54, S. 335.

Nr. 202

[1552] Juli 7, Königsberg

[Herzog Albrecht] an König [Heinrich II.] von Frankreich:

Reise des briefzeigenden königlichen Untertans ins Herzogtum aus dem Wunsch heraus, fremde Länder zu besuchen; Bitte des Herzogs, den Briefzeiger für empfohlen zu halten, und Dankversprechen.

Abschrift
Lateinisch
Ostpr. Fol. 54, S. 366.

Nr. 203

[1552] Juli 8, Königsberg

[Herzog Albrecht] an [den Konnetabel Frankreichs] Anne de Montmorency:

Aufenthalt des briefzeigenden Untertans des französischen Königs [Heinrich II.] im Herzogtum aus dem Wunsch heraus, fremde Länder zu besuchen; gelegentlich der Abreise des Briefzeigers Mitgabe dieses Schreibens; Empfehlung des Briefzeigers und Angebot eines aus dem Herzogtum herrührenden Geschenkes.

Abschrift
Lateinisch
Ostpr. Fol. 54, S. 367.

Nr. 204

[1552] Juli 12, Königsberg

[Herzog Albrecht] an [den Gesandten des französischen Königs] Caïus de Virail:

Empfang eines Schreibens des Gesandten; in der darin angesprochenen Sache vermag der Herzog, keinen weiteren Beitrag zu dem bereits früher geleisteten zu erkennen und bricht deswegen die Geschäfte ab; Abgang des für Virail als Begleiter abgestellten berittenen Boten ohne Wissen des Herzogs nach Danzig; herzoglicher Befehl an den Boten, unverzüglich nach Königsberg zurückzukehren und dort vom Burggrafen [Christoph von Kreytzen] Nachrichten entgegenzunehmen, um danach Virail nachzureisen; Aufforderung an Virail, die Ankunft des herzoglichen Boten zu Marienburg eine kleine Weile abzuwarten und inzwischen Vorbereitungen für dessen schnelle Abfertigung zu treffen.

Abschrift
Lateinisch
Ostpr. Fol. 54, S. 368 f.

Nr. 205

[1552 Juli 20 – August 3] Treysa

[Der Gesandte des französischen Königs] Caïus de Virail an Kanzler Johann von Kreytzen:

Einem Schreiben des Kanzlers zufolge Erinnerung desselben an die Empfänger seiner Wohltaten, wessen sich der Absender nunmehr zweifelsfrei bewußt ist; Ankunft Virails in Treysa und Aufbruch des Fürsten [Landgraf Wilhelm IV. von Hessen] am darauffolgenden Tag zu einer achttägigen Jagd; Anweisung des Landgrafen an Virail, auf ihn zu warten, was Virails Rückreise zu seinem König [Heinrich II.] hinauszögert; Aufregung am Hofe wegen des Todes einer Hofdame der Landgräfin [Sabine]; nach der Rückkehr des Landgrafen Versprechen des Kanzlers [Dr. Scheffer], für Virails Sicherheit auf dem Weg zum Schloß zu sorgen; Erwartung eines günstigen Schreibens aus dem Schloß; Gerüchte über den nahen Aufenthalt des Markgrafen Hans [von Brandenburg-Küstrin] mit 3000 Reitern und Furcht vor dem Einfall des Markgrafen in das Gebiet des Kurfürsten [Moritz von Sachsen]; Tod Herzog Georgs von Mecklenburg bei der Belagerung von Frankfurt [/Main] durch eine Kanonenkugel; Fürstentreffen im Lager vor Frankfurt; nach Einschätzung des Markgrafen Albrecht [Alcibiades von Brandenburg-Kulmbach] und der übrigen bevorstehende Übergabe von Frankfurt; Aufenthalt des französischen Königs mit einem großen Heer in Luxemburg; Schreiben Virails an den vom französischen König als mächtigster Magnat Polens und als Anhänger eingeschätzen Krakauer Pfalzgrafen [Jan Amor Tarnowski]; Bitte um Weiterbeförderung des Briefes sowie eines Schreibens des Absenders zu seinem Vetter nach Konstantinopel vermittels Lemberg besuchender Kaufleute; unter den vielen italienischen Kaufleuten in Lemberg Aufenthalt von *Antonio Pandolpho*, der anstelle des mit einer Flotte abgereisten Gesandten die Aufgaben des königlichen Botschafters beim türkischen Sultan [Suleiman II.] wahrnimmt; widrigenfalls Bitte um Übermittlung des Schreibens an den Krakauer Pfalzgrafen unter Wegnahme des beigefügten Zettels; Bitte auch einen an denselben (*comitem de Tarnauff*) gerichtete Nachricht weiterzubefördern.

Postskript

Bündnis zwischen Herzog (*ducem*) Moritz von Sachsen und Kaiser [Karl V.] und Verstimmung des Herzogs August von Sachsen; Verbleib des Markgrafen Albrecht bei den Gegnern des Kaisers.

Ausfertigung
Lateinisch
1 Bogen Folio, S. 1–3 beschrieben, S. 4 Außenadresse.
Eigenhändige Ausstellerunterschrift und -siegel.
HBA G 742, Nr. 17. – Altsignatur: 4/21/16.

Nr. 206

[nach 1552 August 15] o. O.

[Der Gesandte des französischen Königs] Caïus de Virail an Kanzler Johann von Kreytzen:

Abfassung dieses Schreibens aufgrund der Bitte des den letzten Brief überbringenden Boten des Empfängers, der das Schreiben als Beleg für seine Anwesenheit benötigt;

kurze Verweildauer des Boten wegen der Freude in der Stadt über den Frieden [von Passau]; Unvermögen, seine Reise zu dem Markgrafen [Albrecht Alcibiades von Brandenburg-Kulmbach] zu beschleunigen wegen der Wünsche Herzog Augusts [von Sachsen]; Abfassung dieses Schreibens auf dem Rücken eines Pferdes.

Ausfertigung
Lateinisch
1/2 Bogen Folio, S. 1 beschrieben, S. 2 Außenadresse.
Eigenhändigkeit und Ausstellersiegel.
HBA G 742, Nr. 50. – Altsignatur: 4/21/17.

Nr. 207

1552 August 31, Schaffhausen
[Der Gesandte des französischen Königs] Caïus de Virail an Herzog Albrecht wegen des Verhaltens des Markgrafen Albrecht Alcibiades von Brandenburg-Kulmbach nach dem Vertragsschluß von Passau [Deutsche Übersetzung, in: Europäische Briefe, S. 39 f.].

Ausfertigung
Lateinisch
1 Bogen Folio, S. 1–2 beschrieben, S. 4 Außenadresse.
Ausstellersiegel
Altsignatur: 4/21/18.

Beilage

Umschlag

1/2 Bogen, S. 1 Außenadresse.
Ausstellersiegel
Altsignatur: ad 4/21/18 (?).
HBA G 742, Nr. 18.

Nr. 208

1552 September 1, Schaffhausen

[Der Gesandte des französischen Königs] Caïus de Virail an Kanzler Johann von Kreytzen:

Nach langwierigen Mühen und vielen Schwierigkeiten Ankunft im rettenden Ort und Meldung dieses dem Empfänger sehr willkommenen Umstandes; Kenntnisnahme des Kanzlers vom Grund der Reise über ihre Durchlaucht [Herzog Albrecht], der Virail davon ausladend geschrieben hat; Ankündigung Virails, in kürze Näheres brieflich mitzuteilen, und Bitte, Schreiben an ihn künftig an den königlichen Hof [Heinrichs II. von Frankreich] zu senden und sich dabei des Nürnberger Kaufmannes *Jacob [H]offman* zu bedienen, der bereits einen Brief an den Herzog befördert hat; Bitte um Empfehlung beim Herzog.

Ausfertigung
Lateinisch
1/2 Bogen Folio, S. 1 beschrieben, S. 2 Außenadresse.
Eigenhändige Ausstellerunterschrift und -siegel.
Altsignatur: 4/21/19.

Beilage

Umschlag

1 Bogen, S. 1 zeitgenöss. Betreff *Caij de Wiralle, des konigs zu Frangreichs diners, brive, darinne allerlej zeitung(en)* und Registraturvermerk *1.*
Altsignatur: ad 4/21/17 (18 & 19) (?).
HBA G 742, Nr. 19.

Nr. 209

1552 Oktober 10, Königsberg

Herzog Albrecht an König Heinrich [II.] von Frankreich:

Aufgrund der Gewohnheit der jährlichen Falkensendung an den König und wegen des zahlreichen Vorkommens solcher Vögel in diesem Jahr Übersendung von acht Falken; Bitte, sie vom Briefzeiger wohlwollend entgegenzunehmen; der Herzog wünscht dem König viel Freude mit den Tieren bei der Beiz, hofft in Erinnerung zu bleiben und für empfohlen gehalten zu werden; Versprechen, sich der Freundschaft des Königs würdig zu erweisen; *manu propria* (*scriptum*).

Unbehändigte Ausfertigung
Lateinisch
1 Bogen Folio, S. 1 beschrieben, S. 2 Außenadresse.
Ausstellersiegel.

Beilage

Kurzregest von Hand des 19. Jahrhunderts.

1 Blatt (35,3 cm x 21,1 cm), S. 1 beschrieben.
HBA G 1261, Nr. 63. – Altsignatur: 4/31/59.

Nr. 210

[1552] Oktober 10, Königsberg

[Herzog Albrecht] an König [Eduard VI.] von England:

[Wie Nr. 209]

Abschrift
Lateinisch
Ostpr. Fol. 54, S. 407.

Journalvermerk *Mutatis mutandis regi Franciae [Heinrich II.] falcones mittit.*

Nr. 211

1552 Oktober 10, Königsberg

Herzog Albrecht an den Konnetabel Frankreichs, Anne de Montmorency:

Aufgrund der Gewohnheit der jährlichen Falkensendung an den Empfänger und wegen des großen Vorkommens solcher Vögel in diesem Jahr Übersendung von vier Falken; Bitte, sie vom Briefzeiger entgegenzunehmen; der Herzog wünscht dem Konnetabel viel Freude mit den Tieren bei der Beiz, hofft in Erinnerung zu bleiben und für empfohlen gehalten zu werden; Versprechen, sich der Freundschaft des Empfängers würdig zu erweisen; *manu propria (scriptum)*.

Unbehändigte Ausfertigung
Lateinisch
1 Bogen Folio, S. 1 beschrieben, S. 2 Außenadresse.
Ausstellersiegel.
HBA G 1261, Nr. 64. Altsignatur: 4/31/65 (II).
Bucheintrag im Volltext: Ostpr. Fol. 54, S. 408.

Journalvermerk *Milor[d] margo [William Parr], milor[d] Twarfek [John Dudley, Earl of Warwick] et comestabili mutatis mutandis scriptum est.*

Nr. 212

[um 1552 Oktober 15] o. O.

[Der Gesandte des französischen Königs] Caïus de Virail an Herzog Albrecht:

Empfang eines für den Herzog bestimmten Schreibens des französischen Königs [Heinrich II.] mit dem Auftrag, dasselbe persönlich zu überbringen; wegen großer Geschäfte und körperlicher Beschwerden Verhinderung der Auftragsausführung, aber Übersendung des Schreibens; zur Vermeidung etwaiger anderslautender Nachrichten über den Abfall des Markgrafen Albrecht d. J. [Albrecht Alcibiades von Brandenburg-Kulmbach] vom französischen König Abfassung des folgenden Berichtes; Zug des Markgrafen an die französische Grenze und Versuche des Königs, die Freundschaft mit dem Markgrafen zu erhalten und mit ihm ein Verteidigungsbündnis abzuschließen; Ablehnung des Bündnisses durch den Markgrafen ungeachtet der im Namen des Königs, aber ohne dessen Wissen durch den Markgrafen verübten Brandschatzungen Deutschlands; unbillige Geldforderungen des Markgrafen an den König in Höhe von 300 000 Kronen (*krohnen*) für die zurückliegende Zeit, die der König mangels Bündnis- oder Dienstvertrag abgelehnt hat; jedoch Angebot des Königs, dem Markgrafen einmalig 200 000 Kronen zu schenken und das markgräfliche Kriegsvolk wie das königliche zu besolden oder ersatzweise dem Markgrafen monatlich 50 000 Kronen auszuzahlen unter der Bedingung, gegen Kaiser [Karl V.] Krieg zu führen; Ablehnung des Angebotes durch den auf seinen Forderungen beharrenden Markgrafen; zwischenzeitliche Werbungen des Kaisers um den Markrafen; nach Einschätzung Virails Verführung des Markgrafen durch dessen Edelleute und künftiger Schaden des Markgrafen durch den Kaiser; trotz der Abkehr des Markgrafen vom König königliche Hochschätzung der Freundschaft mit dem Herzogs; Bitte Virails um ein baldiges Antwortschreiben.

Ausfertigung
1 Bogen Folio, S. 1–4 beschrieben.
Altsignatur: 4/21/15 (I).

Beilagen

I. Durch Geschäfte Verhinderung Virails, persönlich zu König [Sigismund II. August] von Polen zu reiten, und Bitte um Weiterleitung eines Schreibens an denselben.

Ausfertigung
1 Blatt (21 cm x 13,1 cm), S. 1 beschrieben.
Eigenhändige Ausstellerunterschrift
Altsignatur: ad 4/21/15 (I).

II. 1 Bogen Umschlag, S. 1 Außenadresse, zeitgenöss. Rubrum *Cayus de Wiriall [!] ko[nigliche]r m[aiestet] zu Franckreich diner schigt etzliche schrift(en) vom konig z[u] F[ranckreich]. Und entschuldigt sich, warumb er solche nit selber bracht. I[tem] bericht, wie sich di spaldung mit marg[graf] Alb[recht] und dem Frantzosen zugetragen* und Bearbeitungsvermerk *Beantwort, den 9 februarii anno 1553.*

Ausstellersiegel
Altsignatur: ad 4/21/15 (I).
HBA G 742, Nr. 20.

Nr. 213

[15]53 Februar 9, o. O.

[Herzog Albrecht] an König [Heinrich II.] von Frankreich:

Am 6. Februar [15]53 Empfang eines zu Rennes datierten Schreibens des Königs von [15]52 November 6; Dank für die darin mitgeteilten Händel und die Zuneigungsbekundung; Erbittung des göttlichen Segens, zur Beendigung aller einheimischen Empörungen, zur guten und langen Regierung des Königs und zur Bewahrung der Freiheit des *liebe[n] vaterland[es] Deutzscher nation*, damit dem Erbfeind der Christenheit gemeinsam widerstanden werden kann; Wunsch nach baldiger Beendigung des Streites zwischen dem König und Kaiser [Karl V.] und Angebot des Herzogs, mit seinem geringen Rate zur Verfügung zu stehen; keine Zugehörigkeit des Herzogtums zum Römischen Reich, sondern Abhängigkeit des Herzogs mit Land und Leuten von der polnischen Krone, weswegen der Herzog weder zu den Händeln des Reiches eingeladen wird noch von ihnen gute Kenntnisse hat; Eingeständnis, aus diesen Gründen in Reichssachen wenig dienen oder raten zu können, aber Angebot, Angelegenheiten des Empfängers beim Lehnsherrn, dem polnischen König [Sigismund II. August], zu befördern; Bereitschaft, auch künftig den unlängst verhinderten Caïus de Virail anzuhören; Empfang eines Schreibens Virails und Absendung einer Antwort.

Konzept
1 Bogen Folio, S. 1–3 beschrieben, S. 4 Außenadresse und Bearbeitungsvermerke *Reg(istrirt)* und *reg(istrirt)*.

Beilage

Zweites Konzept

Lateinisch
1 Bogen Folio, S. 1–3 beschrieben, S. 4 Außenadresse.
Bucheintrag im Volltext: Ostpr. Fol. 83, S. 7–9.
HBA G 1261, Nr. 65.

Nr. 214

[15]53 Februar 9, o. O.

[Herzog Albrecht] an [den Gesandten des französischen Königs] Caïus de Virail:

Empfang eines Schreibens mit der Entschuldigung des Empfängers, einen Brief des französischen Königs [Heinrich II.] nicht persönlich zugestellt zu haben; Annahme der Entschuldigung trotz des herzoglichen Wunsches nach einer Unterredung; Übersendung einer Antwort auf das Schreiben des Königs mit der Bitte um Übermittlung des Briefes an den König; Dank für die Nachrichten Virails, die der Herzog ungern vernommen hat; Bitte um weitere Zeitung, Benachrichtigung von der Weiterleitung der für den polnischen König [Sigismund II. August] und für den Ritter *Caspar Bocklein* bestimmten Briefe sowie Übermittlung eines Antwortschreibens des Ritters.

Konzept
1/2 Bogen Folio, S. 1 beschrieben, S. 2 Außenadresse, und Registraturvermerke *Reg(istrirt)* und *reg(istrirt)* und zeitgenöss. Bearbeitervermerk *Ich habe gern ausgelassen oder mit stilleschweigen ubergangen.*
HBA G 1261, Nr. 66. – Altsignatur: KW 14.
Bucheintrag im Volltext: Ostpr. Fol. 83, S. 9f.

Nr. 215

[1553] Februar 11, Pont-Lannoy

[Anne de] Montmorency an [Herzog Albrecht]:

Am Vortag Benachrichtigung König [Heinrich II. von Frankreich] von einem durch Montmorencys Neffen, den Admiral [Gaspard de Coligny], und von Gesandten der Ketzer vermittelten fünfjährigen Waffenstillstand zwischen dem König und dem englischen König [Eduard VI.]; Anzeige des Waffenstillstandes durch Montmorency, um dem Herzog die Möglichkeit einzuräumen, sich nach der neuen Lage zu richten; Fortdauer des königlichen Wohlwollens im Falle der Beständigkeit des guten herzoglichen Willens; Versprechen, dem Herzog nach Eintreffen der Vertragsartikel weitere Einzelheiten über den Waffenstillstand mitzuteilen.

Abschrift
1 Bogen Folio, S. 1–2 beschrieben, S. 4 zeitgenöss. Betreff *Capei canastlebs [!] schreiben.*
HBA G 749, Nr. 12.

Nr. 216

1553 Februar 21, Westminster

William [Parr, Markgraf von] Northampton an Herzog Albrecht:

Freude über die in einem Schreiben des Herzogs bekundete Zuneigung, über das mitgesandte Geschenk in Gestalt von vier Falken und über die Aufnahme unter die Freunde des Herzogs; Dank, Glückwünsche zum neuen Jahr und Versprechen, sich gelegentlich gefällig zu erweisen.
Vicesimo primo mensis februarii a[nn]o domini 1552.

Ausfertigung
Lateinisch

1 Bogen Folio, S. 1 beschrieben, S. 4 Außenadresse.
Eigenhändige Ausstellerunterschrift und -siegel.

Beilage

Kurzregest von Hand des 19. Jahrhunderts.

1 Blatt (35,4 cm x 20,6 cm), S. 1 beschrieben.
HBA G 742, Nr. 21. – Altsignatur: 4/31/77 (IV).

Nr. 217

1553 Februar 24[1], Westminster

König Eduard VI. von England an Herzog Albrecht:

Empfang eines wohlwollenden Schreibens des Herzogs vom Jahr zuvor nebst einem Geschenk in Gestalt von Falken; Erwiderung der Zuneigung und Dank.
XXIIII° die mensis februarii anno domini MDL III^{tio}.

Ausfertigung
Lateinisch
1 Bogen Folio, S. 1 beschrieben, S. 2 Außenadresse.
Eigenhändige Ausstellerunterschrift und -siegel.

Beilage

Kurzregest von Hand des 19. Jahrhunderts.

1 Bogen, S. 1 beschrieben.
HBA G 742, Nr. 22. – Altsignatur: 4/31/69 (VI).

Nr. 218

[1553] April 27 [Königsberg]

Herzog Albrecht an [den Gesandten des französischen Königs] Caïus de Virail:

Anläßlich der bevorstehenden Rückkehr des Vertrauten Virails in seine Heimat Mitgabe eines Schreibens; der Herzog dankt Gott für das erhoffte Wohlergehen des Königs [Heinrich II. von Frankreich]; Gesundheit des Herzogs, seiner Gattin [Anna Marie] und seiner Töchter [Anna Sophie und Elisabeth]; Hoffnung auf die zwi-

---

1 Eduard VI. verstarb am 6. Juli 1553; s. auch die Nrr. 196 und 200.

schenzeitlich erfolgte Antwort des polnischen Königs [Sigismund II. August] auf einen Brief Virails; aus Zweckmäßigkeitsgründen Weiterleitung einer Antwort des polnischen Königs an Herzog August von Sachsen, um sie dem Empfänger zukommen zu lassen; damaliger Mangel an besserer Beförderungsmöglichkeit; Bitte des Herzogs um Übersendung von Zeitung, Wunsch, darüber mit Virail bei seinem Besuch zu sprechen, und Angebot, seinerseits Neuigkeiten zu übermitteln; Überlegung des Königs von Polen, eine neue Eheverbindung einzugehen; Verlobung des Königs mit der Tochter des Römischen Königs [Ferdinand], der Herzogin [Katharina] von Mantua, und Festlegung des Hochzeitstermins auf den 2. Juli [1553]; wegen der vermutlich besseren Kenntnisse des Empfängers vom Stand der deutschen Angelegenheiten nimmt der Herzog Abstand, darauf näher einzugehen; aufgrund der mangelnden Sicherheit von Schreiben Wunsch des Herzogs, sich auch über solche Angelegenheiten mit dem Empfänger zu unterreden; Bitte um Empfehlung an den [französischen] König und Dankversprechen; *commissio prin[cipis] propria.*

Konzept
Lateinisch
1/2 Bogen Folio, S. 1–2 beschrieben, S. 2 Außenadresse, Bearbeitungsvermerk *Coll(acionirt)* und Registraturvermerk *Registrirt.*
HBA G 1261, Nr. 67. – Altsignatur: KW 15.
Bucheintrag im Volltext: Ostpr. Fol. 54, S. 527 f.

Nr. 219

1553 Mai 13, Neuhausen

Herzog Albrecht an König Heinrich [II.] von Frankreich:

Am 12. Mai Empfang eines vom März 1552 datierten Schreibens des Königs mit einem an die Stände des Heiligen [Römischen] Reiches beigefügten Rechtfertigungsschreiben; Dank für die Übermittlung des Schriftstücks; mangels Zugehörigkeit des Herzogtums Preußen zum Reich und wegen der Einverleibung des Fürstentums im Königreich Polen *(immediatè regno Poloniae incorporatus)* geringes Ansehen des Herzogs im Reich, zu dessen Beratungen er nicht hinzugezogen wird; Überzeugung von der Entgegennahme der vom König erwiesenen Wohltaten durch die Reichsstände und von deren Dankbarkeit.

Mundum
Lateinisch
1 Bogen Folio, S. 1 beschrieben, S. 2 Außenadresse, Bearbeitungsvermerk *Coll(acionirt)*, Registraturvermerk *Registrirt* und Ausgangsvermerk *Dem wolgeborenen und getr(euen) h(errn) Bassefontain [Sébastien de Laubespine], ko[nigliche]r w[irde] zu Franckreich gesanth(er) bei den Schweizern.*
HBA G 1261, Nr. 68.
Bucheintrag im Volltext: Ostpr. Fol. 54, S. 535 f.

Nr. 220

[1553] Oktober 15 [Königsberg]

[Herzog Albrecht] an Königin [Maria] von England:

Gerüchte über eine unlängst in England entstandene Unruhe, unter denen das über das Ableben ihres königlichen Bruders [Eduard VI.] den Herzog sehr bewegt; Beileidsbekundung; Benachrichtigung des Herzogs von der mit Zustimmung der Großen erfolgten Königswahl der Empfängerin und Freude darüber; der Herzog wünscht der Königin eine lange und friedvolle Herrschaft, besonders aber einen wohlgefälligen und dem Königreich nützlichen Gatten; Versicherung, sein Bemühen um die Gunst ihrer königlichen Vorgänger auch bei der Empfängerin fortzusetzen; deshalb Bitte des Herzogs, die zehn mitgesandten Falken als Zeichen seiner Zuneigung anzunehmen und ihn beim Beizvergnügen mit den Vögeln in angenehmer Erinnerung zu halten.

Konzept
Lateinisch
1 Bogen Folio, S. 1–2 beschrieben, S. 4 Außenadresse, Bearbeitungsvermerk *Coll(acionirt)* und Registraturvermerk *Registrirt.*
HBA G 1261, Nr. 69.
Bucheintrag im Volltext: Ostpr. Fol. 54, S. 587–589.

Nr. 221

1553 Oktober 15, Königsberg

Herzog Albrecht an den ersten Rat Englands, William Paget:

Freude über die unlängst vernommene Nachricht von den neuen Würden des Empfängers und von seiner Stellung als einer der ersten Ratgeber des Königreiches; Bitte des Herzogs bei Gott, Paget mit weisen Ratschlägen zum Nutzen des Königreiches zu helfen; zur Beizjagd und wegen der einst in Preußen mit dem Empfänger gemachten Bekanntschaft Übersendung eines Schreibens zusammen mit einem Geschenk in Gestalt von vier Falken; Hoffnung auf freudige Entgegenahme des Geschenks aus der Hand des Briefzeigers; im Falle einer geringen Vorliebe Pagets für die Vogeljagd Bitte, seinen Freunden von diesem Geschenk zu berichten und den Herzog in guter Erinnerung zu behalten; Bitte des Herzogs um gelegentliche Zusendung englischer Hunde, worunter sich ein trächtiges Tier befinden sollte; Dankversprechen; *manu propria (scriptum).*

Unbehändigte Ausfertigung
Lateinisch
1 Bogen Folio, S. 1–2 beschrieben, S. 4 Außenadresse.
Ausstellersiegel

Beilage

Konzept
1/2 Bogen Folio, S. 1–2 beschrieben.
HBA G 1261, Nr. 70. – Altsignatur: 4/31/79/(II).
Bucheintrag im Volltext: Ostpr. Fol. 54, S. 589-591.

Nr. 222

[1553] Oktober 28 [Königsberg]

[Herzog Albrecht] an Königin [Maria] von England:

Klage des herzoglichen Dieners *Laurentius Venzel*, aufgrund falscher Angaben beim verstorbenen Bruder [Eduard VI.] der Königin beschuldigt worden zu sein; dadurch Verletzung der allen Seestädten (*omnibus maritimis civitatibus*) einst von England gewährten Freiheiten und großer Schaden für den Kläger; Versicherung Venzels, nicht nur nichts Nachteiliges gegen das Königreich zugelassen, sondern auch dem König eine Summe Geldes verschafft und ihn kurz vor seinem Tod sogar mit einem Geschenk in Gestalt einer Kriegsmaschine bedacht zu haben; Behauptung Venzels, als Gegenleistung das Versprechen erhalten zu haben, 4000 weiße Tuche ausführen zu dürfen; keine Erfüllung des Versprechens zu Lebzeiten des Königs, deshalb Zuflucht nach der Fürsprache des Herzogs; aufgrund des gerechtfertigt erscheinenden Anliegens Bitte des Herzogs, die Venzel zugesagte Ausfuhrerlaubnis in Ansehung der herzoglichen Zuneigung zu erteilen, und Gegenseitigkeitsversprechen.

Konzept
Lateinisch
1 Bogen Folio, S. 1–3 beschrieben, S. 4 Außenadresse, Bearbeitungsvermerk *Coll(acionirt)* und Registraturvermerk *Registrirt.*
HBA G 1261, Nr. 71.
Bucheintrag im Volltext: Ostpr. Fol. 54, S. 601–603.

Nr. 223

[1553] Oktober 28 [Königsberg]

Herzog Albrecht an [den ersten Rat Englands] William Paget:

Klage des herzoglichen Faktors Laurentius Venzel, aufgrund falscher Angaben in England großen Schaden erlitten zu haben; Beteuerung seiner Schuldlosigkeit durch den Kläger vor dem verstorbenen König [Eduard VI.] und seinem Rat; ungeachtet des vom Faktor dem König dargebrachten ansehnlichen Geschenks in Gestalt einer

Kriegsmaschine lediglich Bitte um die Erlaubnis, 4000 weiße englische Tuche auszuführen; häufige Wiederholung der im Namen des Königs zugesagten Erlaubnis; Ausbleiben einer sicheren Antwort zu Lebzeiten des Königs und Hoffnung des Bittstellers auf die Wirkung der Fürsprache einer einflußreichen Person; wegen der einst zwischen dem Herzog und Paget in Preußen gemachten Bekanntschaft Zuversicht des Herzogs auf Erfolg seines Eintretens zugunsten des Bittstellers; Bitte des Herzogs an den Empfänger um Fürsprache und Dankversprechen.

Konzept
Lateinisch
2 Halbbögen Folio, S. 1–2 beschrieben, S. 4 Außenadresse, Bearbeitungsvermerk *Coll(acionirt)* und Registraturvermerk *Registrirt.*
HBA G 1261, Nr. 72.
Bucheintrag im Volltext: Ostpr. Fol. 54, S. 603–605.

Nr. 224

1554 Januar 5, London

Königin Maria von England an Herzog Albrecht wegen einer Falkensendung:

[Druck der deutschen Übersetzung in: Europäische Briefe, S. 33 f.]
Quinto ianuarii anno domini M° D° LIII°.

Ausfertigung
Lateinisch
1 Bogen Folio, S. 1 beschrieben, S. 2 Außenadresse.
Eigenhändige Ausstellerunterschrift und -siegel.
HBA G 742, Nr. 23. – Altsignatur: 4/31/70 (I).

Nr. 225

1554 Januar 14, Wolkenstein

[Der Gesandte des französischen Königs] Caïus de Virail an Kanzler [Johann] von Kreytzen:

Durch den Beginn langwieriger und unaufschiebbarer Verhandlungen Verhinderung, zu ihrer Durchlaucht [Herzog Albrecht] zu reiten; Wunsch des französischen Königs [Heinrich II.] nach Aufrechterhaltung der Freundschaft mit dem Herzog; Bedauern Virails, dem Herzog nicht von allen Dingen berichten zu können, die zwischen dem Markgrafen Albrecht dem Jüngeren [Albrecht Alcibiades] und dem König erörtert worden sind; der König führt die Niederlage des Markgrafen [bei Sievershausen] auf das Verhalten einiger um ihre Güter fürchtende Adlige zurück; Bitte Virails, für seinen Verbleib in der herzoglichen Gnade zu sorgen, und Ankündigung, den Herzog ständig auf dem Laufenden zu halten; Hoffnung auf die Unterstützung des Kanzlers bei der Erteilung einer für den König bestimmten Antwort und Bitte, ihn gegebenenfalls darüber in Kenntnis zu setzen.

Ausfertigung
Lateinisch
1 Bogen Folio, S. 1 beschrieben, S. 4 Außenadresse.
Eigenhändige Ausstellerunterschrift und -siegel.
HBA G 742, Nr. 24. – Altsignatur: 4/21/15 (II).

Nr. 226

[1554] Oktober 15 [Königsberg]

[Herzog Albrecht] an König [Philipp von] England:

Benachrichtigung von der Eheschließung des Empfängers mit der englischen Königin [Maria] und dessen Weihe zum englischen König, wozu der Herzog beglückwünscht; Bitte des Herzogs bei Gott für eine zur Ehre Gottes gereichende, friedvolle und dem Königreich England nutzbringende Ehe; Versicherung, sich stets um die Gunst der englischen Könige bemüht zu haben, und Wille, dieses auch weiter unter Beweis zu stellen mittels eines Geschenkes in Gestalt von acht Beizvögeln; Entschuldigung für die geringe Anzahl der Falken mit der für den Vogelfang ungünstigen Witterung; der Herzog wünscht dem Empfänger viel Kurzweil mit den Vögeln und hofft, in angenehmer Erinnerung zu bleiben; Hoffnung des Herzogs auf gelegentliche Empfehlung der gesamten markgräflichen Familie beim kaiserlichen Vater [Karl V.] des Empfängers und Gefälligkeitsversprechen.

Konzept
Lateinisch
1 Bogen Folio, S. 1–3 beschrieben, S. 4 Außenadresse, Bearbeitungsvermerk *Coll(acionirt)* und Registraturvermerk *Registrirt.*
HBA G 1261, Nr. 73.
Bucheintrag im Volltext: Ostpr. Fol. 54, S. 797–799.

Nr. 227

[1554] Oktober 15 [Königsberg]

[Herzog Albrecht] an Königin [Maria] von England:

Erhalt der freudigen Nachricht von der unlängst zwischen der Königin und dem spanischen Prinzen [Philipp II.] geschlossenen Ehe; der Herzog wünscht lange Jahre und den göttlichen Schutz für die ersehnten Kinder; Empfang eines Dankschreibens für die ihr im Jahr zuvor zugesandten Falken; zur Fortsetzung der herzoglichen Bemühungen um die englische Königsfamilie Übermittlung von acht Falken durch den Briefzeiger; Bitte, die Vögel wohlwollend anzunehmen und darin weniger das untergebührliche Geschenk als die Gabe von Herzen zu erblicken; Entschuldigung der geringen Anzahl der Falken mit der für den Vogelfang ungünstigen Witterung; der Herzog wünscht der Königin Erholung bei den Tieren und dankt für die in ihren Schreiben bekundete Gunst; Bitte um Empfehlung bei ihrem Gemahl.

Konzept
Lateinisch
1 Bogen Folio, S. 1–3 beschrieben, S. 4 Außenadresse, Bearbeitungsvermerk *Coll(acionirt)* und Registraturvermerk *Registrirt.*
HBA G 1261, Nr. 74.
Bucheintrag im Volltext: Ostpr. Fol. 54, S. 799–801.

Nr. 228

[1554] Oktober 15 [Königsberg]

Herzog Albrecht an [den ersten Rat Englands] William Paget:

Im Jahr zuvor Übersendung eines Schreibens zusammen mit vier Falken; aufgrund der ausgebliebenen Antwort des Empfängers Unkenntnis darüber, ob die Falken bestimmungsgemäß angekommen sind, ob Paget noch am Leben ist oder ob ihm überhaupt die Übersendung von Falken noch genehm ist; Bitte um entsprechende Nachricht, um Bekanntgabe seiner Stellung und um Mitteilung von Zeitung; Versicherung des fortdauernden Wohlwollens.

Konzept
Lateinisch
1/2 Bogen Folio, S. 1 beschrieben, S. 2 Außenadresse, Bearbeitungsvermerk *Coll(acionirt)*, Registraturvermerk *Registrirt* und getrichene zeitgenöss. Anrede *Hochwirdiger, hochgeborner furst, freuntlicher lieber vetter! Wir haben e[euer] l[iebden] schreiben des dat[ums] stehet montags.*
HBA G 1261, Nr. 75.
Bucheintrag im Volltext: Ostpr. Fol. 54, S. 801.

Nr. 229

[1554] Oktober 15 [Königsberg]

[Herzog Albrecht] an Königin [Maria von] England:

Rückkehr des herzoglichen Dieners *Laurentius Ventzel* mit einem Schreiben der Königin; seinem Vernehmen nach hat die herzogliche Fürsprache bei der Königin Erfolg gehabt, indem sie auf Bitten des Herzogs und anderer Fürsten die Rückgabe der entfremdeten Waren Ventzels versprochen hat; Dank und Gefälligkeitsversprechen des Herzogs; Klage Ventzels wegen der Unmöglichkeit, die zugesagten Waren von den königlichen Sachwaltern ausgehändigt zu bekommen; deshalb erneute Fürsprache und Bitte des Herzogs an die Königin, die Rückgabe der Waren an Ventzel anzuordnen; der Angabe Ventzels zufolge Erhalt von freigebigen Versprechen vom verstorbenen Bruder der Königin [Eduard VI.], auf deren Einlösung er drei Jahre unter erheblichen Kostenaufwand gewartet und dennoch nichts erhalten hat; deswegen Bitte des Herzogs, Ventzel die Verschiffung von 4000 weißen Tuchen zu dem für Engländer in London geltenden Zoll für gewöhnliche Tuche zu gestatten; der Herzog schätzt die Erfüllung seiner Bitten gleich einem großen Geschenk ein; Ventzel erinnert, dem verstorbenen König mehrere Kriegsmaschinen im Wert von 1100 Goldkronen (*mille et centum coronatos in auro*) dargeboten zu haben; um seine Dankbarkeit für das vom Bruder der Königin gegebenen Versprechen unter Beweis zu stellen, Weiterschenkung der Kriegsmaschinen an den Gemahl der Königin [Philipp II.] durch Ventzel; Bitte des Herzogs, dem Ersuchen Ventzels stattzugeben; Dankversprechen für den gegebenen Fall.

Konzept
Lateinisch
1 Bogen Folio, S. 1–4 beschrieben, S. 4 Außenadresse, Bearbeitungsvermerk *Coll(acionirt)* und Registraturvermerk *Registrirt.*
HBA G 1262, Nr. 1.
Bucheintrag im Volltext: Ostpr. Fol. 54, S. 806–809.

Nr. 230

[1554] Oktober 15 [Königsberg]

[Herzog Albrecht] an König [Philipp von] England:

Im Vorjahr Verwendung des Herzogs für seinen Diener *Laurentius Ventzell* zwecks Freigabe von festgehaltenen Waren bei der königlichen Gemahlin [Maria] des Empfängers und Zusage der Königin, die Freigabe veranlaßt zu haben; aufgrund der bislang nicht erfolgten Zufriedenstellung Bitte Ventzells an den Herzog, sich erneut für seine Belange einzusetzen und dabei sich auch an den König zu wenden; Wunsch Ventzells nach Rückgabe der Güter und Erfüllung einer ihm vom verstorbenen König [Eduard VI.] gemachten Versprechung; zur Vermeidung lästiger Wiederholung Bitte des Herzogs an den Empfänger, den Sachverhalt von der Königin in Erfahrung zu bringen; Hoffnung auf Erfüllung der Fürsprache, Dankversprechen für den gegebenen Fall und Bitte, eine ehrenvolle Dankesbezeugung von Ventzell anzunehmen.

Konzept
Lateinisch
1/2 Bogen Folio, S. 1 beschrieben, S. 2 Außenadresse, Bearbeitungsvermerk *Coll(acionirt)* und Registraturvermerk *Registrirt.*
HBA G 1261, Nr. 76.
Bucheintrag im Volltext: Ostpr. Fol. 54, S. 809 f.

Nr. 231

1554 Dezember 15, Westminster

Königin Maria von England an Herzog Albrecht:

Empfang zweier Schreiben von [1554] Oktober 15 zusammen mit acht Falken; Dank und Angebot einer Gegengabe; neuerliche Anempfehlung der Sache des L[aurentius] Venzel (*Fentzel*) in einem der herzoglichen Schreiben und herzoglicher Wohlwollensbeweis ihr und ihrem Gemahl [Philipp II.] gegenüber im anderen Brief; Zusage, die Angelegenheit Venzels wieder aufzunehmen, und Versprechen, neuangeführte Gründe desselben zuzulassen; *R[ogerus] Ascamus.*

Ausfertigung
Lateinisch
1 Bogen Folio, S. 1 beschrieben, S. 2 Außenadresse und zeitgenöss. Rubrum *Die konigin zu Engellant danckt fur die 8 falcken, zeiget daneben an, wiewol Lorentz Fentzels sache vormals gnugsam durch ire rethe erwogen, so wolle sie ime doch zulassen, das er uffs new seine sache anstellen möge. Und da er andere wege erdencken könne, seiner sach(en) zu helffen, wolle sie ime, soviel die pillicheit leidet, zulassen.*
Eigenhändige Ausstellerunterschrift und Siegelspuren.
HBA G 742, Nr. 25. – Altsignatur: 4/31/70 (II).

Nr. 232

1554 Dezember 31, königlicher Hof

[Der ersten Rat Englands] William Paget an Herzog Albrecht:

Empfang eines wohlwollenden Schreibens mit dem Wunsch, Näheres über seinen Stand und seine Stellung zu erfahren; Annahme Pagets, dem Herzog in seiner Stellung als einer der engsten Räte des englischen Königspaares [Maria und Philipp II.] bekannt zu sein, und Anregung, weitere Einzelheiten eher über Dritte als über seine

Schreiben in Erfahrung zu bringen; Bereitschaft Pagets, dem Herzog Gefälligkeiten zu erweisen; Unkenntnis von den im Brief des Herzogs angesprochenen Falken; ungeachtet seines hohen Bekanntheitsgrades bei Hofe Behauptung der Überbringer der Falken vom Vorjahr, Pagets Namen nicht erfahren zu haben.

Ausfertigung
Lateinisch
1 Bogen Folio, S. 1 beschrieben, S. 2 Außenadresse und zeitgenöss. Rubrum *Wilhelm Paget schreibet seinen zustand, das er beij dem konig und konigin der negste rath seij. Erbeut sich f[urstliche]r d[urchlauch]t gern, worinn er kan, zu dienen. Von den falcken, davon f[urstliche] d[urchlauch]t geschrieben, habe er nichts gehört. Die falckner haben zur entschuldigung furgegeben, wie sie inen am ko[nigliche]n hofe nicht erfragen mögen, so doch niemants also bekant am hofe als er.*
Eigenhändige Ausstellerunterschrift und -siegel.
HBA G 742, Nr. 26. – Altsignatur: 4/31/79 (III).

Nr. 233

[1554]

[Ehevertrag des Prinzen Philipp von Spanien mit Königin Maria von England]:

1. 30 000 Dukaten Jahreseinkünfte für die Königin;
2. Ererbung der Niederlande durch die Kinder aus der Ehe;
3. bei vorzeitigem Tod von Philipps Sohn [Don Carlos] Erbfolge der Kinder aus Philipps Ehe mit Maria in Spanien;
4. Verbleib Marias im Königreich England;
5. Aufnahmeverbot für Spanier in allen englischen Räten;
6. Verbot, Spanier mit englischen Festungen zu betrauen;
7. Ämterverbot für Spanier in England;
8. Aburteilung spanischer Gefangener in England nach englischem [Recht];
9. Verbot der Steuer- und Abgabenerhebung durch Philipp ohne Zustimmung des Parlaments;
10. Verbot, Engländer gegen ihren Willen in einen Krieg ziehen zu lassen.

Abschrift
1 Bogen Folio, S. 1–2 beschrieben.

Beilage

Kurzregest von Hand des 19. Jahrhunderts

1 Blatt (34,9 cm x 19,5 cm), S. 1 beschrieben.
HBA G 749, Nr. 13. – Altsignatur: 4/19/19.

Nr. 234

1555 Januar 12, London

König Philipp von England an Herzog Albrecht wegen einer Falkensendung:

[Druck der deutschen Übersetzung in: Europäische Briefe, S. 34 f.]
Prid[ie] idus ianuarias MDLV.

Ausfertigung
Lateinisch
1 Bogen Folio, S. 1 beschrieben, S. 2 Außenadresse und zeitgenöss. Rubrum *Philippus, konig zu Engellant, bedanckt sich erstlich fur die gratulation, die f[urstlich]e d[urchlauch]t gethan der heijrat halb(en) mit antzeigung, wie angeneme ime solchs gewesen. Darnach danckt er fur die zugeschickten falcken.*
Eigenhändige Ausstellerunterschrift und Siegelpuren.
HBA G 742, Nr. 27. – Altsignatur: 4/31/98 (II).

Nr. 235

[15]55 Juni 11, Königsberg

Herzog Albrecht an [den ersten Rat Englands] William Paget:

Empfang eines zu London datierten Schreibens von [1555] April 6 mit der Bitte um Genehmigung für den Bau von vier Schiffen in Königsberg; Befürchtung vieler Bürger, durch Zerstörung der stadtnahen Wälder Vermögensverluste ertragen und erdulden zu müssen, daß der Herzog stillschweigend Vertragsverletzungen im Zusammenhang mit dem Schiffsbau hinnimmt; Erteilung der Baugenehmigung durch den Herzog weniger zum Nutzen der englischen Königin [Maria], der er seine Freundschaft zu versichern wünscht, sondern zum Vorteil Pagets, und zwar unter folgenden Bedingungen: Stellung erfahrener englischer Schiffbauer durch Paget, Beschäftigung und Besoldung einheimischer Schmiede und Handwerker, Bezug von Werkzeugen, Segeln und anderen notwendigen Dingen wie Holz über die herzoglichen Bürger und Verbot der Beschaffung von Baumaterial aus nahen Wäldern oder aus anderen Städten; zur Vermeidung von Nachteilen für die Städte Königsberg Bau der Schiffe in derjenigen Stadt, die genügend Baumaterial zur Verfügung hält; Gerüchte über kriegerische Unternehmungen der Engländer und Beleidigung des Herzog im Falle einer von den Schiffen ausgehenden Gefahr für den dänischen König [Christian III.] oder für einen anderen Nachbarn; deswegen Versprechen des Beauftragten Pagets, Schriftstücke zu besorgen, die die Gefahr für den dänischen König ausschließen; *cancell(arius) legit.*

Konzept
Lateinisch
1 Bogen Folio, S. 1–3 beschrieben, S. 4 Außenadresse, Bearbeitungsvermerk *Coll(acionirt)* und Registraturvermerk *Registrirt.*
HBA G 1261, Nr. 77.
Bucheintrag im Volltext: Ostpr. Fol. 54, S. 925–927.

Nr. 236

[1555] Oktober 18 [Königsberg]

[Herzog Albrecht] an König [Philipp von] England:

Empfang eines zu London datierten Schreibens von [1554] Januar 14 mit dem Dank des Königs für das herzogliche Bemühen um ihn sowie und mit einer Wohlwollensbezeugung für den Herzog; Freude desselben über die ihm von einem so großen König erwiesene Ehrung, was die Neigung, den Empfänger weiter zu bedenken, verstärkt; eine Empfehlung beim kaiserlichen Vater [Karl V.] des Königs schätzt der Herzog wie ein großes Geschenk ein; Wohlgefallen des Königs an dem ihm zugesandten Falkengeschenk; Wunsch des Herzogs, dem Empfänger zur Kurzweil zu verhelfen und denselben mit der neuerlichen Übersendung von zehn Falken zu bedenken; Bitte, weniger das untergebührliche Geschenk, sondern die Gabe von Herzen zu sehen; der Herzog hofft für den König, bei den Beizvögeln Vergnügen zu finden, und für sich selbst, in angenehmer Erinnerung zu bleiben; Bitte, mit den Seinen für empfohlen gehalten zu werden; Glückwünsche für lange Jahre an der Seite der königlichen Gemahlin [Maria] und für alle Vorhaben.

Konzept
Lateinisch
1 Bogen Folio, S. 1–3 beschrieben, S. 4 Außenadresse, Bearbeitungsvermerke *Notam in der überschrift, das wort consanguineo nit auszulass(en)* und *coll(acionirt)* sowie Registraturvermerk *Registrirt.*
HBA G 1261, Nr. 78.
Bucheintrag im Volltext: Ostpr. Fol. 54, S. 948 f.

Nr. 237

[1555] Oktober 18 [Königsberg]

[Herzog Albrecht] an Königin [Maria] von England:

Übersendung eines Falkengeschenkes im Jahr zuvor, unnötige Dankesbezeugung wegen der Geringfügigkeit der Gabe und dennoch Freude über die Antwort einer herausragenden Königin; Dank des Herzogs über das ihm entgegengebrachte Wohlwollen, um das er sich weiterhin zu bemühen verspricht; Zusendung eines Geschenkes in Gestalt von acht Falken und Bitte, es als Zeichen der Zuneigung zu betrachten; der Herzog wünscht der Empfängerin viel Freude beim Gebrauch der Vögel und hofft, dabei in Erinnerung gerufen zu werden; Bitte, ihn ihrem königlichen Gemahl [Philipp II.] zu empfehlen, und Dankversprechen.

Konzept
Lateinisch

1 Bogen Folio, S. 1–2 beschrieben, S. 4 Außenadresse, Bearbeitungsvermerk *Coll(acionirt)* und Registraturvermerk *Registrirt.*
HBA G 1261, Nr. 79.
Bucheintrag im Volltext: Ostpr. Fol. 54, S. 950 f.

Nr. 238

[1555] Oktober 18 [Königsberg]

Herzog Albrecht an [den ersten Rat Englands] William Paget:

Empfang eines sehr willkommenen Schreibens Pagets, das nicht nur über denselben, sondern auch über die Bemühungen Pagets um den Herzog Auskunft gibt; Glückwunsch des Herzogs zu den Paget zuteil gewordenen Ehrungen; Dank des Herzogs für die angebotenen Gefälligkeiten und Versicherung, auch seinerseits die alte Freundschaft mit ihm zu pflegen; Unkenntnis von aus dem Herzogtum herrührenden Sachen, die Paget erfreuen können; deswegen Übersendung von vier Beizvögeln; Absicht, sie ihm nicht als Geschenk, sondern als Zeichen der herzoglichen Zuneigung zukommen zu lassen; Entschuldigung der geringen Anzahl der Falken mit schlechtem Vogelfang und Wunsch für den Empfänger, Entspannung bei den Tieren zu finden; Bitte des Herzog um weitere Schreiben und um gelegentliche Empfehlung beim Königspaar [Maria und Philipp II.].

Konzept
Lateinisch
1 Bogen Folio, S. 1–3 beschrieben, S. 4 Außenadresse, Bearbeitungsvermerk *Coll(acionirt)* und Registraturvermerk *Registrirt.*
HBA G 1261, Nr. 80.
Bucheintrag im Volltext: Ostpr. Fol. 54, S. 951–953.

Nr. 239

[1555 Oktober 30, o. O.]

Goederth Hanegreff, Bürger zu Deventer, an [Herzog Albrecht]:

Am [15]54 März 31 zu Lübeck Kauf von 62 Ballenlast (*last thers*) Rheinwein beim Absender durch den ehemaligen Landschreiber des Fürstentums Berg, *Johannes Aueresch*, unter der Bedingung für den Verkäufer, auf eigenes Risiko die Ware zu verschiffen und sie zwischen [1554] Juni 24 und Juli 25 an Hanegreffs Bruder nach Riga zu liefern; nach Empfang der Ware durch Aueresch Absicht des Lübecker Bürgermeisters, *Dr. Herman Valck*, als Sicherheit für in Amsterdam gemachte Schulden Auereschs, entweder den Wein zu beschlagnahmen oder eine Bürgschaft zu empfangen; vorherige Unkenntnis Hanegreffs von den Schulden; Überredung Hanegreffs durch Aueresch, eine Bürgschaft von 530 Talern zu hinterlegen, und Versprechen, bis spätestens [1554] Juni 24 die Bürgsumme durch den jüngeren *Hans thom Berge* zu Riga auszahlen zu lassen; Schädigung Hanegreffs durch Nichteinhaltung des Versprechens; Bezahlung von lediglich 21 Ballenlast mit 106 Talern durch Aueresch, aber Empfang von rund 50 Taler an Geld und abgefülltem Wein durch Hannegreffs Bruder zu Riga; Restschuld Auereschs von rund 800 Talern; der Fürst von Livland [Ordensmeister Heinrich von Galen], Auereschs Wirt zu Riga, *Hermen Esckens*, und ein gewisser Berth zu Riga als weitere Gläubiger Auereschs; für die Unauffindbarkeit Auereschs vermutete Hanegreff entweder eine Fahndung nach ihm durch den livländischen Meister oder Vergehen in Berg, wo er Frau und Kinder ihrem Schicksal überläßt; trotz vielfacher Mahnungen Hanegreffs und seines Bruders an Aueresch keine Befriedigung der Forderung; einem Schreiben Auereschs vom Vorjahr zufolge Kauf von 200 Ballenlast Waren beim Komtur von Dünaburg [Gotthard Ketteler], was sich als unwahr herausgestellt hat; in Hanegreffs Namen Beschuldigung Auereschs durch *Christoffer van Lembeck* im Sommer [1554], worauf Aueresch fälschlich behauptet hat, seinen Diener nach Riga zur Begleichung der Schuld entsandt zu haben; Bitte an den Herzog um Erlaubnis, Aueresch gefangenzusetzen.

Postskript

14 Tage vor Martini [1554 Oktober 28] Empfang einer Einladung Auereschs zu einer Zusammenkunft in Königsberg und Benachrichtigung Auereschs von der Anwesenheit Hanegreffs in der Stadt am 25. Oktober [1554], aber Abwesenheit Auereschs.

Ausfertigung
1 Bogen Folio, S. 1–4 beschrieben, S. 4 Bearbeitungsvermerk *Hirauf ist dem Johan Medtmen genant Oberesch geschrieben den 30 octobris anno 1555, vide regist(rum).*
Eigenhändigkeit und Ausstellerunterschrift.
HBA G 742, Nr. 28.

Nr. 240

1555 Dezember 15, Saint James

Königin Maria von England an Herzog Albrecht:

Empfang eines Schreibens von [1555] Oktober 18 zusammen mit acht Falken; Freude über das im herzoglichen Brief ausgedrückte Wohlwollen sowie über das Falkengeschenk und Dank; *R[ogerus] Aschamus.*

Ausfertigung
Lateinisch
1 Bogen Folio, S. 1 beschrieben, S. 2 Außenadresse.
Eigenhändige Ausstellerunterschrift und Siegelspuren.
HBA G 742, Nr. 29. – Altsignatur: 4/31/70 (III).

Nr. 241

1555 Dezember 20, Brüssel

König Philipp von England an Herzog Albrecht:

Empfang eines Schreibens von [1555] Oktober 17 (*XVI calendas Novembris*) zusammen den mitgesandten Falken; Freude über das wohlwollende Schreiben sowie über die von schwierigen Geschäften Ablenkung verheißenden Beizvögel; Versicherung der königlichen Zuneigung; *G[onsaluu]s Perezius.*

Ausfertigung
Lateinisch
1 Bogen Folio, S. 1 beschrieben, S. 2 Außenadresse.
Eigenhändige Ausstellerunterschrift und heraussgeschnittenes Siegel.
HBA G 742, Nr. 30. – Altsignatur: 4/31/98 (I).

Nr. 242

1555 Dezember 31, Greenwich

[Der ersten Rat Englands] William Paget an Herzog Albrecht:

Empfang eines wohlwollenden Schreibens zusammen mit vier Falken; Freude und Dank; Bedauern, wegen der großen räumlichen Entfernung beider Länder und wegen der Unfruchtbarkeit des Bodens nichts zum Zeichen der Zuneigung übermitteln zu können, aber Angebot, dem Herzog nützlich zu sein.

Ausfertigung
Lateinisch
1 Bogen Folio, S. 1 beschrieben, S. 4 Außenadresse.
Eigenhändige Ausstellerunterschrift und -siegel.
HBA G 742, Nr. 31. – Altsignatur: 4/31/79 (IV).

Nr. 243

[1556 März – April] o. O.

Joachim von Zitzewitz (*Joachim von Sitzewitz*) an Herzog [Albrecht]:

Vorladung seines Herrn, des [Markgrafen Albrecht Alcibiades], durch alle Reichsstände nach Regensburg; Druck einer Klagschrift [des Markgrafen] wegen dessen Entsetzung wider Treu und Glauben und Brief und Siegel von Land und Leuten; geringe Hoffnung auf einen gütlichen Ausgang; deswegen Erwägung, die dem Herzog bekannten, und von einigen ehrlichen Leuten unterstützen Sachen in die Hand zu nehmen; im Falle der Übermittlung einiger Pferde Bitte, sie nicht an den Ort zu senden, über den Zitzewitz mit dem Herzog gesprochen hat; Bitte des Absenders für seine Person, ihm die herzogliche Meinung über ein Kloster und eine bestimmte Antwort Königs [Sigismunds II. August] von Polen mitzuteilen.

Abschrift
1/2 Bogen Folio, S. 1 beschrieben.
HBA G 749, Nr. 14.

Nr. 244

[15]56 Juni 26, Königsberg

[Herzog Albrecht] an König [Heinrich II.] von Frankreich:

Bitte Gottschalk Remlingrads (*Gotschalcus Kemlingrad !*) an den Herzog, ihn mittels eines Schreibens dem König zu empfehlen, und Gewährung der Bitte wegen des gerechtfertigt erscheinenden Anliegens; vor einigen Jahren Täuschung Remlingrads durch gewisse Spanier, Portugiesen und Lombarden und Verlust seines gut ausgerüsteten und mit wertvollen Handeswaren beladenen Schiffes; vergebliche Versuche des Bittstellers, sein Eigentum zurückzuerhalten, einen Richterspruch zu seinen Gunsten umzusetzen und Entschädigung für seine Handelswaren und sonstige Auslagen zu erhalten; Anempfehlung dieser Angelegenheit an den König durch den Herzog und Bitte, Remlingrad mit Rat und Tat behilflich zu sein, damit dieser von seinen Gegnern oder vielleicht auf dem Rechtsweg angemessen entschädigt wird; darüber hinaus Klage des Bittstellers, von Holländern schweres Unrecht und unwiederbringlichen Schaden erlitten zu haben durch das Aufbringen eines mit Kriegsmaterial und Proviant beladenen Schiffes, durch den Raub der Ladung und der Navigationsmittel, durch die Inbrandsetzung des Schiffes sowie durch die Niedermetzelung der Besatzung, worunter sich ein von Remlingrad hoch angesehener Mann aus dem Ritterstand befunden hat; Bitte des Herzogs an den König, Remlingrad auch gegen die besagten Holländer und ihre Helfer zu unterstützen, damit dieser genügsame Wiedergutmachung erfährt; Dankversprechen des Herzogs.

Konzept
Lateinisch
1 Bogen Folio, S. 1–2 beschrieben, S. 4 Außenadresse, Bearbeitungsvermerk *Coll(acionirt)* und Registraturvermerk *Registrirt.*
HBA G 1261, Nr. 81.
Bucheintrag im Volltext: Ostpr. Fol. 55, S. 82 f.

Nr. 245

1556 Juli 12, Orléans

Wenzel Schack von Stangenberg (*Wenzel Schak von Stangenberk*) an Herzog Albrecht:

Trotz der Möglichkeit der Übermittlung von Zeitung aus Frankreich durch Dritte Abfassung dieses Schreibens wegen des häufigen Abfangens von Briefen; brüchiger Waffenstillstand [von Vaucelles] zwischen dem Kaiser [Karl V.] und dem König [Heinrich II. von Frankreich], Übergabe der Regierung an den Prinzen Philipp durch den Kaiser und angebliche Rüstungen Philipps gegen die Engländer; Gerüchte über ein englisch-französischen Bündnisses nach Annahme des englischen [Hosenband-] Ordens durch den Franzosen [Heinrich II.]; im Einklang mit den Berichten des Rheingrafen [Johann Philipp von Salm] und [Georgs von] Reckerodt an den Herzog mißt der Absender den Gerüchten wenig bei, zumal der unlängst vom Kaiser zum französischen König gesandte Graf [Charles II. de] Lalaing (*de Aloëne*) und der königliche Gesandte [Gaspard de Coligny] beim Kaiser zu Brüssel die Waffenruhe bestätigt haben und die Gefangenen ausgetauscht worden sind; Flucht des auf 20 000 Kronen Lösegeld geschätzten Herzogs von Aarschot [Philipp III. von Croy] aus seinem Pariser Gefängnis; Verlöbnis zwischen dem schottischen Fräulein [Maria Stuart] und dem Dauphin [Franz II.] und Gerüchte über eine künftige Thronbesteigung des Dauphins in Schottland; Verlöbnis zwischen dem lothrinischen Herzog [Karl III.] und der Tochter des französischen Königs [Claude] trotz des kindlichen Alters beider; Niederkunft der französischen Königin [Katharina von Medici] und Geburt von Zwillingstöchter [Victoire und Jeanne], wovon eine [Jeanne] bald danach verstorben ist; außergewöhnlich große Christenverfolgung in Frankreich, Gefangensetzung und Verbrennung vieler Deutscher und Franzosen trotz der unlängst zu Orléans erhaltenen Zusage des Königs, die kein Ärgernis erregenden fremden Studenten zu schonen; Tod durch Ertrinken des zum Studium nach Frankreich durch den Markgrafen Albrecht [Alcibiades] vermittelten Pfalzgrafen und Herzogs von Simmern [Hermann Ludwig], von dessen Präzeptor und von zweier Adliger beim Übersetzen über ein kleines Gewässer; ungewisser Ausgang des Zwistes zwischen den Großen Frankreichs und dem als Emporkömmling geltenden Konnetabel [Anne de Montmorency] um den Einfluß beim König.

Ausfertigung
2 Bogen Folio, S. 3–7 beschrieben, S. 8 Außenadresse, zeitgenöss. Betreff *Wentzell Schack schreibt zeitungen auß Franckreich* und Registraturvermerk *20*.
Eigenhändigkeit und Siegelreste.

Beilage

Kurzregest von Hand des 19. Jahrhunderts

1 Blatt (35 cm x 20,5 cm), S. 1 beschrieben.
HBA G 742, Nr. 32. – Altsignatur: 3/30/173.

Nr. 246

[1556] Oktober 13 [Königsberg]

[Herzog Albrecht] an König [Heinrich II.] von Frankreich:

Zurückführung der in den vergangenen Jahren unterbliebenen Falkensendungen nicht auf die Vergeßlichkeit des Herzogs, sondern auf die vom König geführten Kriege, die die sichere Übermittlung von Schreiben und Sonstigem vereitelt haben; Bedauern des Herzogs über die Verhinderung, den König zu beschenken, und Bitte, darin nichts anderes zu sehen; Benachrichtigung von der Wiederherstellung friedlicher Zustände und Wiederaufnahme der gewohnten Falkensendungen durch den Herzog mit der Übermittlung von acht Beizvögeln; Bitte um die übliche freudige Annahme der Gabe; der Herzog wünscht dem König Vergnügen bei der Beizjagd mit den Falken und hofft, dadurch in Erinnerung zu bleiben.

Konzept
Lateinisch
1/2 Bogen Folio, S. 1–2 beschrieben, S. 2 Außenadressen *Regi Franciae, regi Anglię [Philipp II.], regine Anglie [Maria]* und Registraturvermerk *Registrirt.*
HBA G 1261, Nr. 82.
Bucheintrag im Volltext: Ostpr. Fol. 55, S. 134 f.

Nr. 247

[1556] Oktober 12 [Königsberg]

[Herzog Albrecht] an den Konnetabel [Frankreichs, Anne de Montmorency]:

Ausbleiben von Falkensendungen in den gerade zurückliegenden Jahren, was nicht auf die Vergeßlichkeit des Herzogs, sondern auf die Kriegshandlungen, mit denen der französische König [Heinrich II.] beschäftigt war, zurückzuführen ist; Bezweiflung der Falkenträger, sicher nach Frankreich gelangen zu können; Bitte des Herzogs, keine anderen Gründe anzunehmen; nach Erfahrung der Wiederherstellung friedlicher Zustände durch den Herzog Wiederaufnahme der gewohnten Falkensendungen mit der Übermittlung von vier Falken durch den Briefzeiger; Bitte, diese Vögel als Zeichen der Zuneigung anzunehmen und ihre geringe Anzahl mit den den Vogelfang beinträchtigenden Unbilden der Witterung zu entschuldigen; Angebot, dem Empfänger auf Verlangen mehr Falken zu senden; der Herzog hofft, daß der Empfänger bei den Tieren Vergnügen findet und ihn dabei in Erinnerung ruft.

Konzept
Lateinisch
1/2 Bogen Folio, S. 1–2 beschrieben, S. 2 Außenadressen *Regi Franciae, regi Anglie [Philipp II.], regine Anglie [Maria], Paceto [William Paget]* und Bearbeitungsvermerk *Registrirt.*
HBA G 1261, Nr. 83.
Bucheintrag im Volltext: Ostpr. Fol. 55, S. 135 f.

Nr. 248

1556 Dezember 10, Brüssel

König Philipp von England an Herzog Albrecht:

Wegen der fortdauernden Zuneigungsbeweise des Herzogs Bedauern des Königs, keine Wünsche des Empfängers zu kennen; Dank für das schöne Falkengeschenk; Versprechen, sich bei dem Beizvergnügen mit den Vögeln an den Herzog zu erinnern, und Angebot einer Gegenleistung; *Gonsaluus Perezius* (*scripsit*).

Ausfertigung
Lateinisch
1 Bogen Folio, S. 1 beschrieben, S. 2 Außenadresse.
Eigenhändige Ausstellerunterschrift und -siegel.
HBA G 742, Nr. 33. – Altsignatur: 4/31/98 (III).

Nr. 249

1556 Dezember 11, Saint-Germain-en-Laye

König Heinrich [II.] von Frankreich an Herzog [Albrecht]:

Empfang eines Schreibens zusammen mit acht Falken mittels des Briefzeigers; Dank und Genugtuung über die Fortsetzung der herzoglichen Zuneigungsbeweise; der König zweifelt nicht, jemals beim Herzog in Vergessenheit geraten zu sein; Freundschaftsversicherung und Angebot einer Gegengabe; *de Laubespine* (*scripsit*).

Ausfertigung
Französisch
1/2 Bogen Folio, S. 1 beschrieben, S. 2 Außenadresse.
Eigenhändige Ausstellerunterschrift und Siegelspuren.

Beilage

Deutsche Übersetzung

1/2 Bogen Folio, S. 1 beschrieben, S. 2 zeitgenöss. Betreff *Des kunigs schreijben ann hertzog zu Preuss(en).*
HBA G 742, Nr. 34. – Altsignatur: 4/31/96 (XII).

Nr. 250

1556 Dezember 11, Staint-Germain-en-Laye

[Anne de] Montmorency [Konnetabel Frankreichs] an Herzog [Albrecht]:

Freude des Königs [Heinrich II. von Frankreich] über ein Lebenszeichen vom Herzog, über das demselben übersandte Geschenk und über die Ankündigung des Herzogs, seine Bemühungen um den König fortzusetzen; Dank des Absenders für ein zusammen mit vier Falken übermitteltes Schreiben und Angebot einer Gegenleistung.

Ausfertigung
Französisch
1 Blatt (20,9 cm x 25,7 cm), S. 1 beschrieben, S. 2 Außenadresse.
Eigenhändige Ausstellerunterschrift und -siegel.
Altsignatur: 4/31/97 (VII).

Beilage

Deutsche Übersetzung

1/2 Bogen Folio, S. 1 beschrieben, S. 2 zeitgenöss. Betreff *Des vonn Momoranc(y) schreijbenn an f[urstlich]e d[urchlaucht] zu Preussenn.*
Altsignatur: ad 4/31/97 (VII).
HBA G 742, Nr. 35.

Nr. 251

1556 Dezember 24, Greenwich

Königin Maria von England an Herzog Albrecht:

Empfang eines Schreibens von [1556] Oktober 13 zusammen mit sechs Falken; Dank und Angebot einer Gegengabe; *R[ogerus] Aschamus.*

Ausfertigung
Lateinisch
1 Bogen Folio, S. 1 beschrieben, S. 2 Außenadresse.
Eigenhändige Ausstellerunterschrift und -siegel.
HBA G 742, Nr. 36. – Altsignatur: 4/31/70 (IV).

Nr. 252

1556 Dezember 27, London

[Der ersten Rat Englands] William Paget an Herzog Albrecht:

Empfang eines wohlwollenden Schreibens zusammen mit vier Falken; Freude über die herzogliche Beteuerung, die miteinander eingegangene Freundschaft nicht vergessen zu haben, und über die Versicherung, diese Art von Beziehung fortsetzen zu wollen; Wunsch nach einer Gelegenheit, dem Herzog seinerseits Wohlwollen zu bezeugen; Bedauern Pagets, von den Erzeugnissen des barbarischen Landes (*nostra haec terra barbara*) nichts außer Blei, Zinn, Wolle und Tuche nebst Paßgängern anbieten zu können; Bitte, mögliche Wünsche über Kaufleute aus Königsberg oder Danzig herantragen zu lassen.

Ausfertigung
Lateinisch
1 Bogen Folio, S. 1 beschrieben, S. 4 Außenadresse und zeitgenöss. Rubrum *Wilhelm Paget danckt fur die falcken mit grosser erbietung, f[urstliche]r d[urchlauch]t widerumb zu dienen.*
Eigenhändige Ausstellerunterschrift und -siegel.
HBA G 742, Nr. 37. – Altsignatur: 4/31/79 (V).

Nr. 253

[1556 Februar 5 – Dezember 31] o. O.

Der Rheingraf [Johann Philipp von Salm] an Herzog [Albrecht]:

Nach Beendigung der *claglaistung* Erfüllung seines Versprechens, dem Herzog Botschaft zu geben; am zurückliegenden Dienstag [!] Vergleich und Abschluß des Waffenstillstandes (*anstandt*) [von Vaucelles] für fünf Jahre unter Wahrung des eroberten Besitzstandes; aus Geheimhaltungsgründen Unmöglichkeit, dem Herzog die Vertragsartikel zuzusenden; Auftrag des Admirals [Gaspard de Coligny] an den Rheingrafen, die Einbeziehung des Herzogs als *freund und diener* des Königs [Heinrich II. von Frankreich] in den Vertrag dem Herzog mitzuteilen; trotz großer Widerstände der Gegenseite Übereinkunft, den Herzog sicher und frei handeln und wandeln zu lassen; Bruch des Waffenstillstandes im Falle offener und arglistiger Zuwiderhandlung; Absicht des Königs, den Gegnern seine Unterstützung für den Herzog kundzutun; mangelnde Befugnisse von Kaiser und Reich auf Land und Leute des Herzogs; spürbarer Neid und Mißgunst bei den [Kaiserlichen] gegenüber dem Herzog; Warnung und Ratschlag an denselben, sich mit weniger *gemeine leut* zu umgeben.

Abschrift
1 Bogen Folio, S. 1–2 beschrieben, S. 4 zeitgenöss. Betreff *Copei des reingrave(n).*
HBA G 749, Nr. 15.

Nr. 254

[1557] Februar 3 [Königsberg]

[Herzog Albrecht] an König [Heinrich II.] von Frankreich:

Klage einiger Danziger Bürger über die im Sommer des Vorjahres erfolgte Aufbringung ihres „Deutsches Volk" (*natio Germanica*) genannten Schiffes in französischen Gewässern durch Leute des Königs; unter großen Verlusten Entsendung von Boten nach Frankreich zwecks Rückgabe des Schiffes; Bitte der Geschädigten an den Herzog um Fürsprache; trotz Kenntnis des Herzogs vom Wunsch des Recht und Gerechtigkeit liebenden Königs, für jedermann den Rechtsweg offenzuhalten, Erhörung der Bitte der Danziger um Fürsprache; Vertrauen der Bittsteller auf das freundschaftliche Verhältnis des Herzogs zu den Königen von Polen [Sigismund II. August] und Frankreich; Schätzung des durch Raub und Auslagen erlittenen Verlustes auf 11 000 Kronen durch die Danziger; Bitte des Herzogs an den König, den Geschädigten bei der Erstattung von Schiff und Kosten behilflich zu sein, und Dankversprechen.

Konzept
Lateinisch
1 Bogen Folio, S. 1–2 beschrieben, S. 4 Außenadresse, Bearbeitungsvermerk *Coll(acionirt)* und Registraturvermerk *Registrirt.*
HBA G 1262, Nr. 2.
Bucheintrag im Volltext: Ostpr. Fol. 55, S. 199.

Nr. 255

[1556] o. O.

Abschied König [Heinrichs II.] von Frankreich an Markgraf Albrecht [Alcibiades]:

Übermittlung eines Schreibens des Markgrafen an den König durch den Konnetabel [Anne de Montmorency] mit dem Entschluß Albrechts, unter Geleit zum [Reichstag] nach Regensburg zu ziehen und nichts mehr ohne Wissen und Willen des Königs zu unternehmen; Genugtuung des Königs und Versicherung desselben, den Markgrafen nicht als undankbar einzuschätzen; Angebot des Königs, dem Markgrafen mit Trost, Rat und Hilfe beizustehen; Ablehnung des Gesuchs, demselben einige Leute zum Beistand mit auf die Reise zu geben wegen der vom Markgrafen in eigener Sache mit Fürsten und Ständen zu führenden Verhandlungen; Zusicherung des Königs, dem Markgrafen jederzeit Zuflucht zu gewähren; Ermahnung an Albrecht, sich der Anzahl und Macht seiner Feinde in Deutschland (*Deutschlandt*) entsprechend zu verhalten.

Abschrift
1 Bogen Folio, S. 1–2 beschrieben, S. 4 zeitgenöss. Betreff *Copie des abschiedes, so der konnig zu Franckrich meijnem gneidig(en) fursten und herrn geb(en).*
HBA G 749, Nr. 16.

Nr. 256

[15]57 Juni 4, Königsberg

[Herzog Albrecht] an die Königin von Schottland [Maria Stuart]:

Klage der Königsberger Bürger Hans Ungermann (*Ioannes Vngerman*) und Merten von Höfen (*Martinus ab Höfen*) und ihrer Gesellschafter über die vor zehn Jahren erfolgte unrechtmäßige Wegnahme ihres mit Handelswaren beladenen Schiffes durch Untertanen der Königin; nach viel Streit und Unkosten und nach einer Vermittlung des dänischen Königs [Christian III.] Erlangung eines Richterspruchs durch die Geschädigten mit der Maßgabe der pfandweisen Überstellung von Gütern der schottischen Schädiger und unter der Bedingung, die geschädigten herzoglichen Untertanen binnen sieben Jahren für Schiff, Waren und Auslagen zufrieden zu stellen; nach Ablauf der Siebenjahresfrist Beauftragung des Briefzeigers durch die Geschädigten mit der Wahrnehmung ihrer Interessen in Schottland, bei der Königin und beim obersten Reichsrat; Ersuchen der Geschädigten an den Herzog, sie durch ein fürsprechendes Schreiben an die Königin zu unterstützen; wegen des gerechtfertigt erscheinenden Anliegens Gewährung des Ersuchens durch den Herzog; Bitte des Herzogs, den Beauftragten gnädiglich zu behandeln und demselben bei der Forderung nach unverzüglicher Erfüllung des Richterspruches beizustehen, und Dankversprechen.

Konzept
Lateinisch
1 Bogen Folio, S. 1–2 beschrieben, S. 2 Bearbeitungsvermerk *Reginae Scotiae, mutatis mutandis supremo senatui regiae, iustitiae in Scotia, gubernatori Scotiae [Marie de Guise]*, S. 4 Außenadresse, Bearbeitungsvermerk *Coll(acionirt)* und Registraturvermerk *Registrirt.*
HBA G 1262, Nr. 3.
Bucheintrag im Volltext: Ostpr. Fol. 55, S. 233 f.

Nr. 257

1557 Juni 12, Königsberg

[Herzog Albrecht] an den König von England [Philipp II. von Spanien]:

Nach Verwendung des Königs beim Herzog zugunsten einiger Engländer Verschiffung ihrer Handelswaren in einem den herzoglichen Untertanen Merten Marquart (*Martinus Marquart*), Lorenz Perbandt (*Laurentius Berbant*), Merten von Höfen (*Martinus à Höfen*) und *Michaelis Stendel* und dem Schiffer und herzoglichen Untertan *Martinus Fritzsche* gehörenden Fahrzeug nach England; zur Absicherung von Schiff und Schiffer und zum Zwecke der ungehinderten und verlustfreien Rückkehr Abfassung dieses Schreibens; Bitte des Herzogs, die genannten Untertanen unter den königlichen Schutz zu stellen, ihre Beschwerung mit bislang unüblichen Zöllen zu verhindern und sie bei ihren gewohnten Zollfreiheiten zu belassen; Dankversprechen; *Johan von Kreytzen cancell(arius subscripsit).*

Konzept
Lateinisch
1 Bogen Folio, S. 1–2 beschrieben, S. 3 Bearbeitungsvermerk *P[ost] m[eridiem] orti*, S. 4 Außenadresse und Registraturvermerk *Registrirt.*
HBA G 1262, Nr. 4.
Bucheintrag im Volltext: Ostpr. Fol. S. 235 f.

Nr. 258

[15]57 Juni 12, Königsberg

[Herzog Albrecht] an den König von England [Philipp II. von Spanien]:

Nach Verwendung des Königs beim Herzog zugunsten einiger Engländer Verschiffung ihrer Handelswaren in einem dem herzoglichen Untertan *Christophorus Velsch/Wels* und dem Schiffer und herzoglichen Untertan *Gregorius Schonwalt* gehörenden Fahrzeug nach England; zur Absicherung von Schiff und Schiffer und zum Zwecke der ungehinderten und verlustfreien Rückkehr Abfassung dieses Schreibens; Bitte des Herzogs, die genannten Untertanen unter den königlichen Schutz zu stellen, ihre Beschwerung mit bislang unüblichen Zöllen zu verhindern und sie bei ihren gewohnten Zollfreiheiten zu belassen; Dankversprechen; *Johan von Kreytzen cancell(arius subscripsit).*

Konzept
Lateinisch
1 Bogen Folio, S. 1–2 beschrieben, S. 4 Außenadresse, gestr. Bearbeitungsvermerke *Weil die copeien geendert worden, bit der h(er) secretarius, die copeie wider zu underschreiben* und *Coll(acionirt)* sowie gestr. zeitgenöss. Kanzleivermerk *Es schadet den jungen gesellen nicht, das sie heraus gehen und beuchten grundlich dij gelegenheit und umbstende, dij ein nar nit behalten kan. Wil aber iderman her sein, so d(a)rff man meyner nichts etc.*
HBA G 1262, Nr. 5.

Nr. 259

[15]57 Juni 25, Königsberg

Herzog Albrecht an das englische Königspaar [Philipp II. von Spanien und Maria Tudor]:

Unlängst Empfang eines Schreibens der Majestäten mit der darin enthaltenen Bitte, den Beauftragten des Londoner Bürgers William Watson (*Gulielmus Watsonus*) im Herzogtum den Ankauf von Getreide und anderer Dinge für die Flotte zu gestatten; Bekundung, von den gewöhnlich Hanse (*Anseh*) genannten Städten bedrängt worden zu sein, den Untertanen der englischen Könige den Ankauf und die Ausfuhr von Getreide und anderer Dinge zu untersagen; dennoch Nachgeben des Herzogs auf das Verlangen der Empfänger unter der Bedingung, daß der Handel mit den gewünschten Waren den herzoglichen Untertanen nicht zum Schaden gereicht; Hoffnung auf Würdigung seiner Handlungsweise durch die Empfänger; Klage der Hansestädte über die schwere Verletzungen der von den königlichen Vorfahren der Empfänger den Klägern eingeräumten Privilegien durch Engländer; unter Beachtung der Güte des hansischen Handels und der vielen einst von den englischen Königen daraus gezogenen Vorteile Bitte, die Kläger zu schützen, deren Privilegien zu wahren und Benachteiligungen der ganzen Gemeinschaft aufgrund geringfügiger Privatangelegenheiten zu verhindern; Dankverpflichtung der ganzen Gemeinschaft und des Herzogs; *manu propria* (*scriptum*).

Mundum
Lateinisch
1 Bogen Folio, S. 1–2 beschrieben, S. 4 Außenadresse, Bearbeitungsvermerk *Coll(acionirt)* und Registraturvermerk *Registrirt.*
Siegelspuren.
HBA G 1262, Nr. 6.
Bucheintrag im Volltext: Ostpr. Fol. 55, S. 243–245.

Nr. 260

[15]57 Oktober 15, Königsberg

[Herzog Albrecht] an den Statthalter der Niederlande Emanuel Philibert von Savoyen:

Empfang des einem herzoglichen Falkner ausgehändigten und zu Brüssel datierten Schreibens von [15]57 [!] Dezember 3 mit dem Dank für die übersandten Falken; Übermittlung von vier Falken durch den briefzeigenden Falkner; Bitte, hierin nicht das geringfügige Geschenk, sondern die Gabe von Herzen zu erblicken und dieselbe wohlwollend anzunehmen; der Herzog wünscht dem Empfänger viel Vergnügen mit den Beizvögeln.

Konzept
1/2 Bogen Folio, S. 1 beschrieben, S. 2 Außenadresse und zeitgenöss. Federprobe.

Beilage

Kurzregest von Hand des 19. Jahrhunderts

1 Blatt (37,7 cm x 21,2 cm), S. 1 beschrieben.
HBA G 742, Nr. 38. – Altsignatur: 4/31/29.

Nr. 261

[15]57 Oktober 15, Königsberg

[Herzog Albrecht] an den König von England [Philipp II. von Spanien]:

Empfang eines Schreibens des Königs aus Brüssel von [1556] Dezember 10 mit dem Dank für die ihm zugesandten Falken sowie mit dem Ausdruck des königlichen Wohlwollens; Dank des Herzogs und Versicherung, sich weiterhin um den König zu bemühen; deswegen Übermittlung von wiederum acht Falken durch den Briefzeiger; Bitte um freudige Aufnahme der Tiere in der Hoffnung, damit dem König zu Kurzweil und Ablenkung von beschwerlichen Geschäften zu verhelfen sowie in guter Erinnerung zu bleiben; Entschuldigung der geringen Anzahl der Vögel mit den den Vogelfang beeinträchtigenden Unbilden der Witterung; der Herzog wünscht dem König Erfolg bei seinen Unternehmungen und bittet, für empfohlen gehalten zu werden.

Konzept
Lateinisch
1 Bogen Folio, S. 1–2 beschrieben, S. 4 Außenadresse, Bearbeitungsvermerk *Coll(acionirt)*, Registraturvermerk *Registrirt* und zeitgenöss. Federproben.
HBA G 1262, Nr. 7.
Bucheintrag im Volltext: Ostpr. Fol. 55, S. 295 f.

Nr. 262

[1557] Oktober 16 [Königsberg]

[Herzog Albrecht] an Königin [Maria von] England:

Unnötige Danksagung für die im Jahr zuvor zugesandten Falken wegen der Geringfügigkeit des Geschenkes; Dank des Herzogs für das bekundete Wohlwollen; gelegentlich einer Falkensendung an den königlichen Gemahl [Philipp II. von Spanien] Übermittlung von sechs Beizvögeln an die Empfängerin durch den Briefzeiger; Bitte, die Tiere gnädiglich anzunehmen, und Entschuldigung der geringen Anzahl der Vögel mit den den Vogelfang beeinträchtigenden Unbilden der Witterung; der Herzog wünscht viel Kurzweil bei den Beizvögeln und bittet die Königin um Empfehlung bei ihrem Gemahl.

Konzept
Lateinisch
1 Bogen Folio, S. 1–2 beschrieben, S. 4 Außenadresse, Bearbeitungsvermerk *Coll(acionirt)* und Registraturvermerk *Registrirt.*
HBA G 1262, Nr. 8.
Bucheintrag im Volltext: Ostpr. Fol. 55, S. 296 f.

Nr. 263

1557 Oktober 16, Königsberg

Herzog Albrecht an [den ersten Rat Englands] William Paget:

Dank Pagets für die im Jahr zuvor erhaltenen Falken und Freundschaftsbezeugung; wegen des dem Empfänger willkommenen Falkengeschenkes Übermittlung von vier Beizvögeln durch einen herzoglichen Falkner; Bitte, das kleine Geschenk als Gabe von Herzen zu betrachten; Freude des Herzogs, wenn der Beschenkte mit den Vögeln bei der Beize Kurzweil findet.

Konzept
Lateinisch
1/2 Bogen Folio, S. 1 beschrieben, S. 2 Außenadresse, zeitgenöss. Betreff *4 falcones mittuntur*, Bearbeitungsvermerk *Coll(acionirt)* und Registraturvermerk *Registrirt.*
HBA G 1262, Nr. 9.
Bucheintrag im Volltext: Ostpr. Fol. 55, S. 297 f.

Nr. 264

1557 Dezember 1, Brüssel

König Philipp von England an Herzog Albrecht:

Unlängst Empfang von acht Falken und Freude darüber; keine Notwendigkeit des Herzogs, sich wegen der geringen Anzahl der übersandten Vögel zu entschuldigen; Hoffnung des Königs, mit Hilfe der Beizvögel Ablenkung von schwierigen Geschäften zu finden, und Bedauern, bislang keine Gelegenheit zu einem seinerseitigen Zuneigungsbeweis erhalten zu haben; *G[onsaluu]s Perezius* (*scripsit*).

Ausfertigung
Lateinisch
1 Bogen Folio, S. 1 beschrieben, S. 2 Außenadresse.
Eigenhändige Ausstellerunterschrift, Siegel herausgeschnitten.
HBA G 742, Nr. 39. – Altsignatur: 4/31/98 (IV).

Nr. 265

[15]57 Dezember 3, Brüssel

Emanuel Philibert von Savoyen, Statthalter der Niederlande, an Herzog Albrecht:

Empfang eines aus Königsberg datierten Schreibens von [1557] Oktober 15 zusammen mit vier Beizvögeln vermittels des briefzeigenden herzoglichen Falkners; Dank und Angebot einer Gegengabe; *V. Scharberger* (*scripsit*).

Ausfertigung
1 Bogen Folio, S. 1 beschrieben, S. 2 Außenadresse.
Eigenhändige Ausstellerunterschrift und -siegel.
HBA G 742, Nr. 40. – Altsignatur: 4/31/30 (I).

Nr. 266

[15]57 Dezember 3, Brüssel

Jeorijs von Berselle, Oberster Falkner der Niederlande, an Herzog Albrecht:

Dem Vernehmen des anwesenden herzoglichen Falkners nach Wohlwollensbeweis des Herzogs dem Absender gegenüber und Dank; Beförderung Bersells zum Obersten Falkner der Niederlande.

Ausfertigung
1 Bogen Folio, S. 1 beschrieben, S. 4 Außenadresse und Registraturvermerk *Anno etc. [15]57.*
Eigenhändige Ausstellerunterschrift und -siegel.
HBA G 742, Nr. 41. – Altsignatur: 4/31/32 (V).

Nr. 267

[1558] Januar 4 [Königsberg]

Herzog Albrecht an [den ersten Rat Englands] William Paget:

Auf schnellen Wegen Entsendung des Briefzeigers *Ieremias à Pelken* nach Portugal; zwecks rascher und sicherer Ankunft am Ziel Bitte, dem wegen Kriegsereignisse über England Reisenden mit einem Geleitschreiben (*sub publicae securationis literis*) und Pferden behilflich zu sein; Dankversprechen und Ankündigung, Paget zu entschädigen.

Konzept
Lateinisch
1/2 Bogen Folio, S. 1 beschrieben, S. 2 Außenadresse, Bearbeitungsvermerk *Coll(acionirt)* und Registraturvermerk *Registrirt.*
HBA G 1262, Nr. 10.
Bucheintrag im Volltext: Ostpr. Fol. 55, S. 343.

Nr. 268

[1558] Januar 4 [Königsberg]

[Herzog Albrecht] an König [Heinrich II.] von Frankreich:

Auf schnellen Wegen Entsendung des Briefzeigers *Ieremias à Pelken* nach Portugal; zwecks sicherer Reise durch Königreich und Provinzen Bitte um Ausstellung eines Geleitbriefes (*ituro literas publice fidei*) sowie um Stellung von Pferden für Pelken; Dankversprechen.

Konzept
Lateinisch
1/2 Bogen Folio, S. 1 beschrieben, S. 2 Außenadresse, Bearbeitungsvermerk *Coll(acionirt)* und Registraturvermerk *Registrirt.*
HBA G 1262, Nr. 11.
Bucheintrag im Volltext: Ostpr. Fol. 55, S. 344 f.

Nr. 269

[15]58 Januar 4 [Königsberg]

[Herzog Albrecht] an König [Heinrich II.] von Frankreich:

Dem Vernehmen der herzoglichen Diener und Danziger Bürger *Ioannes Boleman*, *Ioannes Schachtman* und des herzoglichen Dieners und Untertans Christoph Ottendorf (*Christophorus Ottendorff*) und ihrer Danziger Mitgesellschafter nach Aufbringung dreier mit ihren Gütern beladener Fahrzeuge der Schiffer *Nicolaus Wolers*, *Vlricus Treger* und *Ioannes Meisner* durch den Befehlshaber einer königlichen Flotte unter Erleidung größten Schadens; wegen des Unvermögens des Herzogs, darüber hinwegzusehen, Abfassung dieses Schreibens an den König mit der Bitte, die Rückerstattung der genannten Güter anzuordnen; Hoffnung des Herzogs auf die Erfüllung seiner Bitte aufgrund der zuvorkommenden Behandlung der königlichen Untertanen in Polen und im Herzogtum und wegen der unbelasteten Beziehungen zwischen dem polnischen König [Sigismund II. August], dessen Untertanen die beiden erstgenannten Danziger sind, und dem Herzog einerseits sowie dem Empfänger andererseits; Schuldlosigkeit der Geschädigten und Dankverpflichtung des Herzogs.

Konzept
Lateinisch
1/2 Bogen Folio, S. 1 beschrieben, S. 2 Außenadresse, Bearbeitungsvermerk *Coll(acionirt)*, Registraturvermerk *Registrirt*, zeitgenöss. Kanzleivermerk *Hodie Christus natus; vivo, ego sum pastor; ego sum pa[stor]; ego sum p[astor]; puer natus est nobis; puer natus e[st]* und Federproben.
HBA G 1262, Nr. 12.
Bucheintrag im Volltext: Ostpr. Fol. 55, S. 350 f.

Nr. 270

[15]58 Januar 4 [Königsberg]

Herzog Albrecht an [Ponsard de Fors?] Flottenbefehlshaber des französischen Königs [Heinrich II.]:

Dem Vernehmen der herzoglichen Diener und Danziger Bürger *Iohannes Polman* und *Ioannes Schatman*, des herzoglichen Untertans Christoph Ottendorf (*Christophorus Ottendorf*) sowie ihrer Danziger Mitgesellschafter nach Wegnahme ihrer auf drei nacheinanderfolgenden Fahrzeugen der Schiffer *Nicolaus Wolers*, *Vlricus Treger* und *Ioannes Meisner* geladenen Waren durch die Einwirkung einer königlichen Flotte; der Herzog ist überzeugt, daß sich der Zwischenfall ohne Befehl und Wissen des Königs ereignet hat; Erhörung der Bitten der Geschädigten durch den Herzog und Schreiben an den Empfänger; Aufforderung, bis zur königlichen Entscheidung in der Sache für eine sorgfältige Aufbewahrung der Waren zu sorgen; wegen der Freundschaft des Königs zum polnischen König [Sigismund II. August], dessen Untertanen die geschädigten Danziger sind, und der ungetrübten Beziehungen des Herzogs zum [französischen] König Hoffnung des Herzogs auf Erfüllung seiner Bitte, damit die völlig schuldlosen Geschädigten wieder zu ihrem Eigentum kommen; Dank für sich und den polnischen König und Gegenseitigkeitsversprechen.

Konzept
Lateinisch
1 Bogen Folio, S. 1–2 beschrieben, S. 4 Außenadresse, Bearbeitungsvermerk *Coll(acionirt)*, Registraturvermerk *Registrirt* und zeitgenöss. Kanzleivermerk *Dom[inus]; vater unser, der du; vivo ego, dicit dominus; nolo; N; novem autem; vivo ego dicit dominus; sanctissima Maria*.
HBA G 1262, Nr. 13.
Bucheintrag im Volltext: Ostpr. Fol. 55, S. 351–353.

Nr. 271

[15]58 Januar 8, Königsberg

[Herzog Albrecht] an König [Philipp von] England:

Wunsch des jungen Briefzeigers und herzoglichen Untertans, des edlen *Albertus à Wittramsdorff*, auswärtige Gebiete, die Höfe christlicher Könige und vor allem den des Empfängers zu besuchen; deswegen Ersuchen an den Herzog um Empfehlung; Bitte des Herzogs an den Empfänger, Wittramsdorff für empfohlen zu halten und denselben unter seine Diener aufzunehmen; Überzeugung des Herzogs, daß der Empfohlene sich des in ihn gesetzten Vertrauens würdig erweist, und Dankversprechen.

Konzept
Lateinisch
1/2 Bogen Folio, S. 1 beschrieben, S. 2 Außenadresse, Bearbeitungsvermerk *Coll(acionirt)* und Registraturvermerk *Registrirt.*
HBA G 1262, Nr. 14.
Bucheintrag im Volltext: Ostpr. Fol. 55, S. 349 f.

Nr. 272

[1558] Januar 9 [Königsberg]

[Herzog Albrecht] an König [Heinrich II.] von Frankreich:

Dem Vernehmen des Briefzeigers und herzoglichen Untertans Christoph [der Jüngere] Schenk von Tautenberg nach Kriegsdienst seines Onkels Wilhelm beim verstorbenen Vater des Königs [Franz I.]; Wilhelm hat sich im Erbbesitz einer Burg mit dazugehöriger Stadt sowie einer großen Menge an goldenem und silbernem Geschirr befunden; während eines vor 24 Jahren tobenden Krieges Tod Wilhelms durch eine Kanonenkugel; Ableben von Wilhelms Bruder Christoph, des gleichnamigen Vaters des Briefzeigers, unmittelbar vor dem Aufbruch nach Frankreich, um das brüderliche Erbe einzufordern; Hinterlassung zweier Knaben durch Christoph; wegen Unkenntnis der Kinder Versäumnis, das Erbe einzufordern; Inbesitznahme des Erbes durch den König; nach Erlangung des Reifealters durch Christoph [den Jüngeren] Kenntnisnahme vom Erbe über Dritte und Entschluß Christophs, vor allen anderen auswärtigen Königen und Fürsten in den Kriegsdienst des französischen Königs zu treten und in seinem und in seines Bruders Wilhelm Namen die Einforderung des ihnen zugefallenen Erbes zu wiederholen; Ersuchen Christophs an den Herzog um Beistand, den dieser einem treuen und tüchtigen Untertan nicht verweigern kann; Bitte des Herzogs an den König, Christoph für empfohlen zu halten und eingedenk der herzoglichen Bitte und der Verdienste von Christophs Onkel das Erbe den beiden Neffen zu übertragen; Überzeugung des Herzogs, daß Christoph den Spuren seines Vaters, der ihm ob seiner treuen Dienste noch gegenwärtig ist, und seiner Vorfahren folgen und das in ihn gesetzte Vertrauen rechtfertigen wird; Dankversprechen des Herzogs.

Konzept
Lateinisch
1 Bogen Folio, S. 1–3 beschrieben, S. 4 Außenadresse, Bearbeitungsvermerk *Coll(acionirt)* und Registraturvermerk *Registrirt.*
HBA G 1262, Nr. 15.
Bucheintrag im Volltext: Ostpr. Fol. 55, S. 353–355.

Nr. 273

1558 Januar 26[1], London

[Der ersten Rat Englands] William Paget an Herzog Albrecht:

Empfang eines Schreibens zusammen mit vier Falken; Freude über den Wohlwollensbeweis; Dank und Hoffnung auf eine Gelegenheit, den Herzog mit einer Gegengabe zu beehren.
XXVI° ianuarii anno domini MDLVII°.

Ausfertigung
Lateinisch
1 Bogen Folio, S. 1 beschrieben, S. 4 Außenadresse.
Eigenhändige Ausstellerunterschrift und -siegel.
HBA G 742, Nr. 42. – Altsignatur: 4/31/79 (VI).

Nr. 274

1558 Januar 28[2], Westminster

Königin Maria von England an Herzog Albrecht:

Empfang eines Schreibens von [1557] Oktober 16 zusammen mit sechs Falken; Dank für den Wohlwollensbeweis und Versprechen, dem Herzog gelegentlich gefällig zu werden.
XXVIII° ianuarii M° D° L° VII°.

Ausfertigung
Lateinisch
1 Bogen Folio, S. 1 beschrieben, S. 2 Außenadresse.
Eigenhändige Ausstellerunterschrift und -siegel.

Beilage

Kurzregest von Hand des 19. Jahrhunderts.

1 Blatt (35,5 cm x 31,7 cm), S. 1 beschrieben.
HBA G 742, Nr. 43. – Altsignatur: 4/31/70 (V).

---

1 Dazu s. Nr. 274.

2 Vgl. dazu Nr. 262.

Nr. 275

[15]58 Februar 12, o. O.

[Herzog Albrecht] an König [Heinrich II.] von Frankreich:

Bezugnahme auf das unlängst [von 1558 Januar 4] ergangene Verwendungsschreiben für die durch einen Flottenbefehlshaber des Königs geschädigten herzoglichen Diener; erneute Vorstelligkeit der meisten Geschädigten beim Herzog mit dem Anliegen, sich beim König für eine vollständig Entschädigung für den Fall zu verwenden, daß eine Rückgabe der abgenommenen Güter nicht mehr möglich ist; die Unschuldigen sollen nicht wegen ihrer geraubten Habe von befreundeten Völkern schmachvoll behandelt werden, sondern ihren Schmerz vergessen können; Bitte des Herzogs an den König, dem Anliegen zu entsprechen, und Dankversprechen für den gegebenen Fall.

Konzept
Lateinisch
1/2 Bogen Folio, S. 1–2 beschrieben, S. 2 Außenadresse, Bearbeitungsvermerk *Coll(acionirt)* und Registraturvermerk *Registrirt.*
HBA G 1262, Nr. 16.
Bucheintrag im Volltext: Ostpr. Fol. 55, S. 359 f.

Nr. 276

[15]58 April 14 [Königsberg]

[Herzog Albrecht] an König [Philipp von] England:

Für einen Edelmann geziemende Betragung William Pelhams (*Wilhelmus Pelhamus*) am Herzogshofe; Ersuchen Pelhams an den Herzog um Erlaubnis, in das Königreich [England], aus dem er verbannt war, zurückzukehren; Furcht des Bittstellers vor dem Unwillen des Königs, deswegen Bitte an den Herzog, beim König einen Geleitbrief zu erwirken; aufgrund des durch Pelham erworbenen herzoglichen Wohlwollens Bitte des Herzogs an den Empfänger, Pelham gnädig in seiner Heimat wieder aufzunehmen und ihm den gewünschten Geleitbrief zukommen zu lassen; Hoffnung des Herzogs auf erfolgreiche Fürsprache und Dankversprechen für den gegebenen Fall.

Konzept
Lateinisch
1/2 Bogen Folio, S. 1–2 beschrieben, S. 2 Außenadresse, Bearbeitungsvermerk *Coll(acionirt)* und Registraturvermerk *Registrirt.*
HBA G 1262, Nr. 17.
Bucheintrag im Volltext: Ostpr. Fol. 55, S. 392 f.

Nr. 277

1558 Mai 4, Königsberg

Herzog Albrecht an Königin [Maria Stuart] von Schottland:

Erinnerung an ein an die Empfängerin im Vorjahr abgefertigtes Schreiben in Sachen des aufgebrachten Schiffes der Königsberger Bürger Hans Ungermann (*Ioannes Vngerman*) und Merten von Höfen (*Martinus ab Höfen*) und deren Mitgesellschafter sowie in Sachen des nach Schottland abgegangenen Beauftragten der Geschädigten; erneute Vorstelligkeit der Geschädigten beim Herzog und Klage über die lange Verweildauer ihres Beauftragten in Schottland, über die Verschleppung der Angelegenheit sowie über den damit verbundenen Schaden und Ersuchen der Geschädigten, sich in ihrer Sache wiederum bei der Königin zu verwenden; Bitte des Herzogs an die Königin, unter Berücksichtigung des allgemeinen Wohls, des Handelsaustausches und der Offenheit des unverzüglichen Rechtsweges für königliche Untertanen im Herzogtum zu befehlen, daß auch umgekehrt die herzoglichen Untertanen zu ihrem Recht gelangen und daß vor allem die Sache der Geschädigten ohne unnötigen Aufschub weiter betrieben wird; Hoffnung des Herzogs auf geräuscharme Beilegung des Zwistes und Dankversprechen für den gegebenen Fall.

Mundum
Lateinisch
1 Bogen Folio, S. 1 beschrieben, S. 2 Außenadresse.

Beilage

Konzept

Lateinisch
1 Bogen Folio, S. 2–4 beschrieben, S. 4 Außenadresse, Bearbeitungsvermerke *Relatio secretarii; mutatis mutandis gubernatori Scotiae [Marie de Guise], item supraemo senatui Scotiae* und *Coll(acionirt)* sowie Registraturvermerk *Registrirt.*
HBA G 1262, Nr. 18.
Bucheintrag im Volltext: Ostpr. Fol. 55, S. 405–407.

Nr. 278

[15]58 Juli 25 [Königsberg]

[Herzog Albrecht] an Königin [Maria von] England:

Erhalt eines Schreibens der Königin vom 14. Mai [1558] mit ihrem Dank für die dem königlichen Faktor William Watson (*Gulielmus Vvarsonus*) erwiesene Gunst sowie für die Erfüllung einer Bitte; unnötige Dankesbekundung wegen ihres und ihres Gemahls [Philipp II. von Spanien] Bemühungen um den Herzog; der Herzog zweifelt nicht, daß die Empfängerin Kenntnis von den ihren Untertanen im Vorjahr gewährten und in anderen Gegenden unüblichen Handelsfreiheiten im Herzogtum erlangt zu haben; mannigfache Anfeindungen des Herzogs ob dieser Privilegien; vergebliche Hoffnung des Herzogs, für sich und seine Untertanen Gegenseitigkeit zu erreichen; deshalb und wegen der aufgekommenen Mißgunst benachbarter Völker ihm gegenüber Entschluß, die gewährten Vergünstigungen eine Zeitlang aufzuheben und in andere Verträge umzuwandeln; Bitte an die Königin, darüber nicht betrübt zu sein und Verständnis für seine Notlage zu haben; bei ausgewogenen Verträgen der Königin und des Königreichs mit den Seestädten (*maritimis civitatibus*) oder bei ähnlichen friedensstiftenden Vereinbarungen Versprechen des Herzogs, William Watson und allen sonstigen Untertanen der Königin freizügige Handelstätigkeit im Herzogtum zu gestatten und ihnen wohlwollend bei allen Streitigkeiten zur Seite zu stehen; Versicherung der herzoglichen Zuneigung und Vertrauen auf die weitere Gunst der Königin und ihres Gemahls.

Konzept
Lateinisch
1 Bogen Folio, S. 1–3 beschrieben, S. 3 Außenadresse, Bearbeitungsvermerk *Coll(acionirt)*, Registraturvermerk *Registrirt*, sowie gestr. zeitgenöss. Kanzleivermerk *Podela(w)*.
HBA G 1262, Nr. 19.
Bucheintrag im Volltext: Ostpr. Fol. 55, S. 438–440.

Nr. 279

1558 August 4, Ziemel

[Herzog Albrecht] an Königin [Maria von] England:

Entsprechung des Ansinnens der Königin und Ankündigung eines diesbezüglichen Schreibens; im Falle einer anderweitigen Verfügung des polnischen Königs [Sigismund II. August] den Ihren gegenüber rät der Herzog zu einem den jeweiligen Umständen und Erfordernissen entsprechenden Verhalten.

Konzept
Zettel (19 cm x 22 cm), S. 1 beschrieben und Betreff von Hand des 18. Jahrhunderts *Handels-Sachen (Englandt)*, S. 2 zeitgenöss. Betreff *Der Englischenn abschit, Ziemell.*
HBA G 1261, Nr. 84. – Altsignatur: 30, c.

Nr. 280

[15]58 September 1 [Königsberg]

[Herzog Albrecht] an König [Heinrich II.] von Frankreich:

Dem Vernehmen des herzoglichen Untertans Christoph Ottendorf (*Christophorus Ottendorff*) nach Verkauf von zwei Scheiben Wachs im Gewicht von 3646 Pfund durch Ottendorfs Faktor *Franciscus de Ganspoel* an den Rouener Einwohner *Francois de Valre* für 134 Pfund flämischer Währung und 18 Schillinge, die der Käufer schuldet; Bevollmächtigung des Rouener Bürgers *Luca de Bondrit* mit der Einforderung der Schuld durch den Gläubiger und Ersuchen Ottendorfs nach einem herzoglichen Empfehlungsschreiben für das Parlament von Rouen; nach Auskunft des Bevollmächtigten Wirkungslosigkeit des herzoglichen Schreibens und Bitte Ottendorfs um ein Verwendungsschreiben des Herzogs an den französischen König zu dem Zweck, das Parlament anzuweisen, den unverzüglichen Rechtsweg in der Sache Bondrit gegen de Valre zu beschreiten; trotz der Schwierigkeit der Angelegenheit Bitte des Herzogs an den König, dem Bittsteller zu seinem Recht zu verhelfen, und Dankversprechen für den gegebenen Fall.

Konzept
Lateinisch
1/2 Bogen Folio, S. 1–2 beschrieben, S. 2 Außenadresse, Bearbeitungsvermerk *Coll(acionirt)* und Registraturvermerk *Registrirt.*
HBA G 1262, Nr. 20.
Bucheintrag im Volltext: Ostpr. Fol. 55, S. 452 f.

Nr. 281

[1558] September 1 [Königsberg]

[Herzog Albrecht] an das Parlament von Rouen:

Dem Vernehmen des herzoglichen Untertans Christoph Ottendorf (*Christophorus Ottendorff*) nach Verkauf von zwei Scheiben Wachs mit den Nummern 6 und 1 und dem Zeichen  im Gewicht von 3646 Pfund durch Ottendorfs Faktor *Franciscus de Ganspoel* an *Francois de Valre* aus Rouen; wegen Schuldung des Kaufpreises von 134 Pfund flämischer Währung und 18 Schillingen durch Valre Bevollmächtigung des Rouener Bürgers *Luca de Bondrit* mit der Einforderung der Schuld durch Ottendorf; zur Erleichterung der Aufgabe des Bevollmächten Ersuchen Ottendorfs an den Herzog um dieses Verwendungsschreiben; Bitte des Herzogs an das Parlament, dem Gläubiger oder seinem Bevollmächtigten ohne Aufschub bei der Erlangung des Kaufpreises und des Damnums behilflich zu sein; Dankversprechen des Herzogs.

Konzept
Lateinisch

1/2 Bogen Folio, S. 1–2 beschrieben, S. 2 Außenadresse, Bearbeitungsvermerk *Coll(acionirt)* und Registraturvermerk *Registrirt.*
HBA G 1262, Nr. 21.
Bucheintrag im Volltext: Ostpr. Fol. 55, S. 453 f.

Nr. 282

[15]58 Oktober 15, Königsberg

Herzog Albrecht an Jeorijs von Berselle, Obersten Falkner der Niederlande:

Behändigung eines Schreibens Berselles durch den herzoglichen Falkner; Dank des Herzogs für die Diensterbietung und Gnadenversicherung.

Konzept
1/2 Bogen Folio, S. 1 beschrieben, S. 2 Außenadresse.

Beilage

Kurzregest von Hand des 19. Jahrhunderts.

1 Bogen Folio, S. 1 beschrieben.
HBA G 742, Nr. 44. –Altsignatur: 4/31/32 (VII).

Nr. 283

[15]58 November 28, Brüssel

Emanuel Philibert von Savoyen, Statthalter der Niederlande, an Herzog Albrecht:

Empfang eines zu Königsberg datierten Schreibens von [1558] Oktober 16 nebst einem Geschenk in Gestalt von vier Falken vermittels des briefzeigenden herzoglichen Falkners; Dank und Angebot einer Gegengabe oder eines Freundschaftsdienstes; *V. Scharberger* (*scripsit*).

Ausfertigung
1 Bogen Folio, S. 1 beschrieben, S. 2 Außenadresse.
Eigenhändige Ausstellerunterschrift und -siegel.

Beilage

Kurzregest von Hand des 19. Jahrhunderts.

1 Bogen Folio, S. 1 beschrieben.
HBA G 742, Nr. 45. – Altsignatur: 4/31/30 (II).

Nr. 284

[1558 Juni 17 – Dezember 1] o. O.

Die englischen Einwohner in Preußen an Herzog [Albrecht]:

Erinnerung an die Bitte von [15]57 November, im Herzogtum freien Handel treiben zu dürfen, und Zustellung der herzoglichen Bedingungen; Versäumnis der Absender, darauf in angemessener Zeit geantwortet zu haben, und Verhängung des Handelsverbotes durch den Herzog von [15]58 Juni 17; wegen der alle englischen Kaufleute betreffenden Angelegenheit Aufrichtung eines Abschieds in England und Übermittlung desselben an die Krone mit der Bitte, dem Herzog zu antworten; aufgrund der Beschäftigung der Obrigkeit mit Kriegsangelegenheiten Vertagung der Antwort auf den zum 1. Dezember [1558] anberaumten Landtag; wegen des Fehlens eines Handelsverbotes vor dem 17. Juni Verschiffung von Laken und anderer englischer Waren ins Herzogtum, von denen noch welche unterwegs sind; Ersuchen um Erlaubnis, einen Teil der Waren auszuschiffen und wegzuführen und den anderen Teil zu Fischhausen zu lagern; Bitte, die mit hohen Kosten vor dem Handelsverbot auf den Weg gebrachten Waren zwischenzeitlich verkaufen und die eingekauften Waren verschiffen zu dürfen.

Abschrift
1 Bogen Folio, S. 1–3 beschrieben, S. 2 Kanzleivermerk *Der her cantzler [Johann von Kreytzen] lest sich dunck(en), dise supplicand(en) fexnein nurt di leuthe.*
HBA G 748, Nr. 1.

Nr. 285

1558 Dezember 2, Groenendaal

König Philipp [II.] von Spanien an Herzog Albrecht:

Freude über die beständige herzogliche Zuneigung; Hoffnung auf eine Gelegenheit, seinerseits dem Herzog sein Wohlwollen unter Beweis zu stellen; Freude über die ihm zugesandten Falken, die der König zu Erinnerung an den Herzog und zur Ermunterung der Seele zu gebrauchen verspricht; *G[onsaluu]s Perezius* (*scripsit*).

Ausfertigung
Lateinisch
1 Bogen Folio, S. 1 beschrieben, S. 2 Außenadresse.
Eigenhändige Ausstellerunterschrift und -siegel.
HBA G 742, Nr. 46. – Altsignatur: 4/31/98 (V).

Nr. 286

1558 Dezember 28, London

Königin Elisabeth von England an Herzog Albrecht:

Empfang eines zu Königsberg datierten und an ihre Schwester Maria gerichteten Schreibens von [1558] Oktober 15 nebst einem Geschenk in Gestalt von acht Falken; Versicherung, mit derselben Freude wie ihre Schwester Brief und Geschenk angenommen zu haben, und Angebot, die ererbte Freundschaft mit dem Herzog fortzuführen; *R[ogerus] Aschamus* (*scripsit*).

Ausfertigung
Lateinisch
1 Bogen Folio, S. 1 beschrieben, S. 2 Außenadresse.
Eigenhändige Ausstellerunterschrift und -siegel.
HBA G 742, Nr. 47. – Altsignatur: 4/31/71 (I).

Nr. 287

1559 Januar 1, London

[Der erste Rat Englands] William Paget an Herzog Albrecht:

Empfang eines Schreibens des Herzogs nebst vier Falken durch den üblichen Boten; aufgrund seines Unvermögens, in der Gunst dem Herzog gleich zu ziehen, Bereitschaft Pagets, die dem Herzog entgegengebrachte Freundschaft gelegentlich unter Beweis zu stellen.
Primo ianuarii anno domini MDLVIII°.

Ausfertigung
Lateinisch
1 Bogen Folio, S. 1 beschrieben, S. 4 Außenadresse.
Eigenhändige Ausstellerunterschrift und -siegel.

Beilage

Drei Kurzregesten von Hand des 19. Jahrhunderts.

1 Blatt (43,5 cm x 35,1 cm), S. 1 beschrieben.
HBA G 742, Nr. 48. – Altsignatur: 4/31/79 (VII).

Nr. 288

1559 Januar 1, Paris

König Heinrich [II.] von Frankreich an Kaiser [Ferdinand I.] und an die zu Augsburg versammelten Reichsstände:

Beschwerde über die bislang fehlende Erlaubnis und über das verwehrte Geleit, seine Zuneigung dem Heiligen Römischen Reich und den Reichsständen gegenüber zu beteuern; nach Öffnung von Weg und Zugang Beeilung, anstelle des abwesenden Herzogs von Nevers [Franz I. von Kleve] den Statthalter der Champagne, Bourdillon [Imbert de la Platière] und den Erzbischof von Vienne [Charles de Marillac] mit seiner Verhandlungsvollmacht zu entsenden; Bitte an Kaiser und Reichsstände, den Gesandten Glauben zu schenken; *de Laubespine subscripsit[!].*
Die prima mensis ianuarii anno 1558.

o. D., o. O.

[Imbert de la Platière, Herr von] Bourdillon und [Charles de Marillac] Erzbischof von Vienne an Kaiser und Reichsstände zu Augsburg:

Kreditierung ihrer Gesandtschaft; Ankündigung, in leicht verständlicher Sprache über die alten Rechte und Freiheiten der deutschen Stämme *(Germanorum omniumque gentium)*, über die Gründe ihrer Gesandtschaft und über die Forderungen des Königs zu reden, sowie von der seit der Geburt beider Völker eingegangenen Freundschaft zum Heil des Reiches und der Christenheit zu sprechen; Entsendung ihrer Personen als Botschafter, um bei der Bestätigung des designierten Kaisers als Nachfolger seines Bruders Karl [V.] durch die Kurfürsten beizuwohnen, um dem Kaiser Glückwünsche zu übermitteln und um den Kurfürsten und Ständen des Reiches Wohlwollen zu versichern; in der Nachfolge seiner Vorgänger Wunsch König Heinrichs, durch Gesandte Verwandtschaft und Freundschaft zu festigen; durch das Wiederaufflammen des innerdeutschen Krieges in den zurückliegenden Jahren Entstehung großen Schadens für die Christenheit und Verletzung vieler, Deutschland Wohlgesinnter; Mitleid der französischen Könige mit den bei Freunden Zuflucht suchenden Benachteiligten; Übergreifen des Krieges, langwierige und aufwendige Kriege der Könige von Frankreich und Spanien [Philipp II.] gegeneinander und Beendigung des Kriegszustandes mit Gottes Hilfe; während den Friedensverhandlungen Beilegung des Kriegszustandes und der Zwietracht in Deutschland; Vertrauen des französischen Königs auf den Kaiser und auf die Einmütigkeit der Fürsten, Deutschland als Sitz des Römischen Reiches zu erhalten und zu festigen; dem Zeugnis und der Denkmäler der Alten zufolge Annahme des weder durch Gewalt noch durch Frevel zerrissenen deutschen Reiches durch die Großen und Stärkung desselben durch Rechtspflege und durch Gesetze; Erschütterung der Macht der alten Römer erst durch die von Feinden gesäte Zwietracht; aufrichtiges Angebot König Heinrichs, zur

Wahrung und Hebung des öffentlichen Wohls Beistand zu leisten; Freundschaftbande vieler Fürsten mit dem König; Erinnerung an die gemeinsame Blutsverwandtschaft, an den ursprünglich gemeinsam gebrauchten Volksnamen, an die gemeinsam benutzten Zeichen *(ornamenta)*, an die Abkunft der [französischen] Könige von den Deutschen *(à Germanis)*, an den durch Tüchtigkeit im Krieg und Standhaftigkeit im Frieden erworbenen Ruhm beider Völker, an die unzähligen miteinander abgeschlossenen Verträge und an die Ähnlichkeit der Sitten und Gesinnungen; Entsendung der Botschafter durch den König auch zu dem Zweck, Erfahrungen zu sammeln; trotz der von einigen in Betracht gezogenen Beendigung der Freundschaft durch die Ereignisse von vor 14 Jahren Bereitschaft Bourdillons und des Erzbischofs, das Ganze auf die Treulosigkeit jener Zeiten, in denen Deutschland innerlich zerrissen war und ein großer Krieg ganz Europa heimgesucht hat, zu schieben und keine längere Übelnahme den Ihren gegenüber anzunehmen; Entschuldigung der damals über die Freundschaft hinausgehenden Forderungen des [französischen] Königs an die Adressaten mit dessen tiefer Kränkung; keine Herausforderung der Adressaten durch Unrechtshandlungen; unheilvoller Krieg mit Kaiser Karl [V.], der sich auf dessen Sohn [Philipp II.] übertragen hat; während des Krieges Verzicht des Königs, Botschafter zu den Reichstagen zu entsenden wegen der Unsicherheit der Wege; im zwischenzeitlichen Vertrauen auf die deutschen Freunde Ergreifung der Gelegenheit zur nunmehrigen Freundschafts- und Wohlwollensbekundung; Einladung an die Adressaten, bei der Abwehr von Reichsfeinden, der Ruhewahrung in Deutschland und in Europa und zum Heil der Christenheit die Hilfe des französischen Königs zu suchen.

Abschrift
Lateinisch
3 Bogen Folio, S. 1–11 beschrieben.

Beilage

Betreff von Hand des 19. Jahrhunderts.

1 Blatt (36,8 cm x 21,5 cm), S. 1 beschrieben.
HBA G 742, Nr. 49. – Altsignatur: 4/21/53.

Nr. 289

[1559] Januar 31, o. O.

[Herzog Albrecht] an Königin [Elisabeth] von England:

Benachrichtigung von der Thronbesteigung der Empfängerin, wozu der Herzog beglückwünscht; Ankündigung, bei Gott für eine gepriesene Regierungszeit zum Ruhme Gottes und zur Erbauung der christlichen Kirche sowie zum Heil vieler durch das wahre Evangelium zu beten; [Es folgt der von Voigt, S. 23 f. übersetzte Teil, in dem sich der Herzog u. a. für die Rückkehr des Bischofs von Bath und Wells, William Barlow, verwendet].

Abschrift
Lateinisch
Ostpr. Fol. 55, S. 528–530.

Nr. 290

[1559] März 20, o. O.

[Herzog Albrecht] an König [Heinrich II.] von Frankreich:

Erziehung des adligen Briefzeigers Johannes Zborowski (*Ioannes Sborowski*), Sohn des Posener Pfalzgrafen, am Herzogshofe, wo er häufig den König durch den Herzog hat preisen gehört; deswegen Entschluß des Jugendlichen, dem Empfänger seine Dienste anzubieten; Ersuchen Zborowskis an den Herzog, ihm ein Empfehlungsschreiben für den König mitzugeben, welches der Herzog wegen des untadeligen Verhaltens Zborowskis nicht verweigern kann; Bitte des Herzogs an den König, den Briefzeiger empfohlen zu halten und unter die königlichen Diener aufzunehmen, und Dankversprechen.

Abschrift
Lateinisch
Ostpr. Fol. 55, S. 553 f.

Nr. 291

[1559] April 6, o. O.

[Herzog Albrecht] an Königin [Maria Stuart] von Schottland:

Dem Vernehmen des herzoglichen Untertans Merten von Höfen (*Martinus ab Hofen*) nach zufriedenstellender Verlauf der Verhandlungen wegen des von Schotten aufgebrachten Schiffes dank königlicher Hilfe, aber ausstehende Übergabe der ihm in letztinstanzlicher Entscheidung zugesprochenen Güter sowie ausstehende Vergütung seiner und seiner Mitgesellschafter Auslagen; erneute Empfehlung Höfens durch den Herzog und Bitte, demselben bei der Erlangung der Außenstände behilflich zu sein; Dank und Gegenseitigkeitsversprechen.

Abschrift
Lateinisch
Ostpr. Fol. 55, S. 565–567.

Nr. 292

[1559] Juni 15, o. O.

[Herzog Albrecht] an [Richard Bertie] Herzog von Suffolk:

Wegen der Rückkehr des Briefzeigers nach England Ergreifung der Gelegenheit, Bertie mit einem Schreiben zu besuchen; Gesundheitswünsche des Herzogs für den Empfänger und dessen Familie; Wohlergehen des Herzogs, seiner Gattin [Anna Marie] und seiner Kinder [Albrecht Friedrich, Anna Sophie und Elisabeth]; Bitte um gelegentliche Zeitung und Empfehlung des Heimkehrers.

Abschrift
Lateinisch
Ostpr. Fol. 55, S. 613 f.

Nr. 293

1559 Juli 2, Greenwich

Königin Elisabeth von England an Herzog Albrecht wegen der Annahme der Augsburgischen Konfession und der Erhebung William Barlows auf den Bischofsstuhl von Chichester [in der deutschen Übersetzung Voigt, S. 24, ist irrig *Cicesterensis* mit Chester identifiziert; weitere Übersetzung mit falsch aufgelöstem Tagesdatum in: Europäische Briefe, S. 35]; *R[ogerus] Aschamus* (*scripsit*).

Ausfertigung
Lateinisch
1 Bogen Folio, S. 1 beschrieben, S. 2 Außenadresse, zeitgenöss. Rubrum *Die konigin Elisabeth zu Engellant danckt f[urstliche]r d[urchlauch]t fur die freuntliche gluckwunschung und ermanung, das ire m[aieste]t beij der Augspurgischen confession bleib(en) wolte. Welchs ire m[aieste]t zu thun bedacht, weil dieselbe confession von irer m[aieste]t fur rechtfertig erkant wird. Den Wilhelm Barlo haben ire m[aieste]t uff f[urstliche]r d[urchlauch]t vorbieth und wegen seiner rechten lehr zu einem bischoff verordnet etc.*, Bearbeitungsvermerk von Hand des 18. Jahrhunderts *Cop(irt)* und Registraturvermerk j.
Eigenhändige Ausstellerunterschrift und Siegelspuren.
HBA G 743, Nr. 1. – Altsignatur: 4/31/71 (III).

Nr. 294

1559 [September 18], o. O.

[Chronik vom Ableben König Heinrichs II. von Frankreich und von der Krönung Franz' II.]

Teilweiser Augenzeugenbericht [eines Unbekannten] über den Ausgleich *(vortzeichunng)* zwischen König [Philipp II.] von Spanien und König [Heinrich II.] von Frankreich; Ankunft des Herzogs von Alba [Fernando Alvarez de Toledo] am 15. Juni zu Paris; am 18. Juni Beeidung des [Friedens-] Vertrages durch den französischen König vor dem Herzog von Alba; Ankunft Herzog Emanuel Philiberts von Savoyen mit dreihundert Pferden am 21. Juni zu Paris; am selben Tag Verlöbnis zwischen Elisabeth, einer Tochter des französischen Königs, und dem im Namen des spanischen Königs handelnden Herzogs von Alba; vor einer großen Kirche Errichtung eines hölzernen, kostbar geschmückten Palastes zum Zwecke der Feier; Zusammenkunft des Paares unter den am Palast angeschlagenen Wappen der beiden Könige und anschließend Kirchenbesuch zum Empfang der Sakramente; Errichtung langer, goldbeschlagener, aus der Kirche und aus dem Palast zu einem zweiten Palast führender Gänge; Mahlzeit der Gäste und anschließender Tanz des französischen Königs mit seiner Tochter, des Herzogs von Savoyen mit seiner Verlobten *(mit seinem gemahel)* und anderer; am 22. Juni Beilager des Herzogs von Alba im Namen seines Königs; vor der Hochzeit Inhaftierung etlicher Adliger durch den französischen Königs des evangelischen Glaubens halber; Verzicht auf die Verbrennung der Inhaftierten aus Rücksicht auf Hochzeit und Trauung; zwischenzeitlich Tanz- und andere kurzweilige Vergnügen, Entfachung des Johannisfeuers durch den [französischen] König; inmitten des Marktes Errichtung eines mit Munition und Schwefel verkleideten Baumes, an dem ein mit Katzen besetztes Faß hängt; Flucht der Katzen vor dem herannahenden Feuer des entzündeten Baumes, was bei manchen Geisterfurcht hervorruft; Beginn des Turniers am 27. Juni, Herrichtung der weitesten Pariser Gasse zur Stechbahn und prächtige Bemalung des Eingangstores; Ausstellung der Wappen der Turniergegner am Tag vor der Eröffnung; vor unmittelbarem Turnierbeginn Einnahme der vorgesehenen Gänge durch die Frauen, Einfahrt eines mit Beschlag und vergoldetem *(uberguldeten)* Mastbaum versehenen Schiffes, das vor dem Sessel der Königin von Spanien haltmacht, und Übergabe eines Geschenkes an die Königin durch ein Besatzungsmitglied; Einzug des [französischen] Königs in einer Prachtrüstung unter Trompetenklang auf einer Seite der Stechbahn; am 30. Juni Brechen etlicher Spieße durch den König und Weigerung seines Pferdes, erneut auf die Bahn zu laufen; nach dem Trompetenklang irrige Annahme des Königs, von einem Turniergegner erneut herausgefordert zu sein; in der Absicht, nicht unverrichteter Dinge die Stechbahn zu verlassen, läßt der König zu einem erneuten Treffen blasen; Verzicht des Königs, sich das Visier schließen zu lassen; Verletzung des Königs an der Stirn durch den Stumpf der gegnerischen Lanze und Todesahnung; der Turniergegner des Königs *de Lor* [Gabriel de Lorges, Graf von Montgomery] ist derselbe, der zuvor die genannten [evangelischen] Christen inhaftiert hat; anstelle des Feuertodes derselben

Verbrennung des Königs ohne Feuer durch Montgomery; Ohnmachtsanfall der Königin [Katharina von Medici]; am 8. Juli Abfassung seines Testamentes durch den König, Segnung des Dauphins [Franz II.], Empfehlung des Konnetabels [Anne de Montmorency] als treuen Diener und Bestellung des Königs von Navarra [Anton von Bourbon] zum Vormund für den Thronfolger; am 9. Juli Beilager des Herzogs von Savoyen mit der Schwester des Königs [Margarete] und Tod des Königs um 10 Uhr 30; Fortdauer aller dem König gebührenden Reverenzen und Hofdienste nach dessen Ableben durch Vorsetzen der Mahlzeiten und Getränke sowie Wasserreichungen; anschließend Verteilung der Lebensmittel an die Armen; Portraitierung des Königs auf Holz mit königlicher Bekleidung, Krone sowie mit dem Szepter in der Rechten und dem Szepter der Gerechtigkeit in der Linken in dem für das Bankett vorgesehenen Hause; bis zum 11. August Abhaltung von Messen und Vespern in diesem Hause und Aufstellen von Weihwasser zur Besprengung der Füße des Königs; dasselbe Haus ist der Ort, wo der König zu seinen Lebzeiten von sich drei Büsten aus Stein hat anfertigen lassen, und zwar mit dem Szepter in der Rechten und einem von Schlangen umwundenen Szepter der Gerechtigkeit in der Linken, weißen Reiterfahnen zu den Füßen und mit zwei steinernen Göttinnen auf beiden Seiten; am 11. August Überführung des Leichnams nach Notre-Dame; Anführung des Leichenzugs durch 62 Paare schwarz gekleideter und mit Fackeln versehener gemeiner Höflinge; es folgen 22 Paare, Einfältige *(einfeltigen)* genannter Mönche, 45 Paare Franziskaner, 54 Paare Predigermönche, 75 Paare Augustiner, 21 Paare Karmeliter, 74 Paare Pfaffen, 257 Paare mit Fackeln versehene Arme in schwarzen Kappen, 21 Paare Glocken tragender und die Feiertage verkündender Pfaffen, 270 Paare Stadtwächter *(der burger wacht)*, 35 Paare Parlamentsprokuratoren, fünf Paare Malurinermönche *(Maluri-ni)*, 20 Paare Benediktinermönche, 14 Paare Viktorinermönche, 30 Paare schwarzer Mönche, 10 Paare Pfaffen, acht Paare geistlich-rot gekleideter Kinder mit Fackeln, 100 Paare Pfaffen, 105 Theologie-, Rechts- und Medizindoktoren mit dem von fünf Szepterträgern begleiteten Rektor, 16 Paare Postmeister, 11 Paare Musiker ohne Spiel, 14 Paare Trompeter, 44 Paare königlicher Edelknaben, sechs Paare Hauptleute, 33 Paare *hartschirer*, 49 Paare Schweizer mit Spiel und Fahne, 40 Paare von ihrem Ältesten namens Sannazar *(Zansare)* angeführter königlicher Edelleute mit zwei Reiterfahnen, 215 Paare königlicher Befehlshaber, Jagdbegleiter und Kammerbediensteter, und der Träger der königlichen Lilienfahne; Ausstaffierung des sechsspännigen Leichenwagens mit schwarzem Samt und weißem Kreuz; Begleitung des Sarges durch 16 Handwerksleute des Königs; es folgen zwölf von je einem Diener begleitete und mit schwarzen Samtkappen bedeckte Knaben zu Roß, ein berittener Träger der königlichen Waffenhandschuhe, ein berittener Träger der vergoldeten Sporen des Königs, ein berittener Träger des Schildes und der Waffen des Königs, ein berittener Träger des königlichen Küraßrocks, ein berittener Träger des königlichen Helms in Begleitung von 20 Lakaien, acht Äbte, 12 Bischöfe, vier fremde Gesandte zu Pferde in Begleitung von vier Bischöfen, fünf Kardinäle, das gesattelte und gezäumte Pferd des Königs mit 14 Herolden daneben, ein Träger des über die Achseln gegürteten Königsschwertes mit dem Sankt Michaelsorden am Halse und das ungefähr eineinhalb Mann hohe, mit Gold umrahmte Bild des Königs mit den Insignien in Begleitung der Parlamentsräte, denen voran der segenspendende Bischof von Paris [Eustache du Bellay] reitet; es schließen sich an die den Michaelsorden tragenden Gubernatoren und Statthalter *(leutenant)* des Königs mit dem mit einem schwarzen Stab versehenen Konnetabel an der rechten und mit dem eine schwarze Lilienfahne tragenden Herzog [Franz] von Guise an der linken Spitze, der den Michaelsorden tragende Marschall [Jacques Albon de Saint-André], der Sohn von *Inero Pensirs, Surgian Delarose,* der Herzog [Karl III.] von Lothringen und ein Herr namens *Guns Passir,* die in schwarzer Kleidung und mit schwarzen Schnabelkappen bedeckt, auf schwarz behangenen Pferden reiten; es folgen 19 mit gleichen Kappen bedeckte Ordensherren mit ihren Orden um den Hals, 34 Paare Kammerherren, acht Marschälle, vier Träger schwarzer und weißer Reiterfahnen, acht Statthalter und 124 Paare Nachzug; am 12. August Bestattung des Leichnams in dem eine welsche Meile von Paris entfernten [Kloster] Saint-Denis, der Grablege der Könige, mit allen beschriebenen Zeremonien sowie mit der Beleuchtung der Bürgerhäuser durch Fackeln; ungebräuchliche und deshalb heimliche Anwesenheit des Dauphins, seiner Mutter, seiner Gemahlin [Maria Stuart] und seines Bruders [Karl IX.?], die von einem Hausfenster zuschauen; am 13. August Zeremonien in der Kirche von Saint-Denis, Verkündigung des Todes des Königs durch einen hinzugetretenen Herold, namentliche Aufrufung der Amtsleute und Befehlshaber durch denselben, Niederlegung der Ämter und Befehle auf des Königs Grab, dreimalige Verkündigung des Königstodes durch den Herold, bei der vierten Verkündigung Niederknieen des Herolds und Aufrufung zum Gebet, danach Ausrufung des neuen Königs Franz durch den Herold mit den Worten *vivat rex Gallorum in aeternum;* Wiederholung der Heroldsworte durch Anwesende, Beginn einer Freudenmusik und Einnahme einer Mahlzeit durch die Amtsleute und Befehlshaber beim Kardinal [Karl von Lothringen?] auf des Königs Kosten; anschließend Rede des Konnetabels vor Fürsten, Herren und Parlamentsräten mit der Brechung seines Regimentsstabes, der ihm jedoch bald von neuem übertragen worden ist; am 15. September Salbung und Krönung Franz' II. zum König in Reims; Einholung des Königs durch den Rat der Stadt mit 100 Pferden, dreistündiges Salutschießen in der Stadt vor Ankunft des Königs; hinter dem Rat Einzug der auf spanisch in schwarzem Samt gekleideten Edelknaben des Königs; es folgen die beim Königstisch dienenden Edelleute, die Kammeredelleute, 200 Edelleute mit langen vergoldeten Hämmern *(hamern),* 100 Schweizer mit ihren Schilden, die Spielleute und die Trompeter, die Herolde, der Oberste Stallmeister mit dem umgürteten Schwert des Königs, der Marschall von Saint-André [Jacques Albon] als Oberster Kämmerer und der Konnetabel mit bloßem Schwert; es schließt sich der König an unter einem von vier Stadträten an silbernen Stangen getragenen Baldachin aus karmesinrotem Samt; vor dem Stadttor Einholung des Königs durch drei in Silberbrokat *(in weissen silbernstuck)* gekleidete Jungfrauen und Darreichung der drei goldenen Stadtschlüssel durch sie; Entgegennahme und Rückgabe der Schlüssel durch den Obersten Kanzler [François Olivier]; Begleitung des Königs vom Stallmeister und von 100 Adligen; es schließen sich an der Herzog von Guise, der Bruder des Königs [Karl IX.?], der König von Navarra, die Prinzen von Geblüt, die Ordensritter und die *hartschirer;* Einzug in die Kirche Notre-Dame, Empfang des Königs durch die Geistlichkeit und Segnung desselben durch den Kardinal; Errichtung eines Brunnens mit drei vergoldeten nackten, *antignites* genannten Frauengestalten, aus deren Brüsten Rot- und Weißwein sechs Stunden lang geflossen ist; am 18. September Salbung und Krönung des Königs, Ausstaffierung des Chores mit kostbaren seidenen, silbernen und goldenen Brokatstoffen mit Aposteldarstellungen und Verzierung des Altars mit in Silber und Gold gefaßten Reliquien *(heiligthumbe);* zwei mit großen Edelsteinen besetzte Kronen für König und Königin auf der rechten Altarseite, rechts davon Szepter und Schwert bzw. links davon das Szepter der Gerechtigkeit; die Krone des Königs unterscheidet sich von der der Königin allein durch den mit einem großen Rubin besetzten *spin;* Bereitstellung eines von Goldbrokat überzogenen Schemels für den König vor dem Altar und eines mit demselben Stoff bedeckten Stuhles; Auslegung des Bodens mit Goldbrokat; Aufstellung des Stuhles des Kanzlers hinter dem des Königs, rechts dahinter gleichermaßen geschmückte und gestaltete Stühle des Hofmeisters und des Großkämmerers [Jacques Albon de Saint-André]; auf beiden [Seiten] des königlichen Stuhles Aufstellung dreier mit Goldbrokat bedeckter Bankreihen für die Geistlichen und dreier für die Laien; bei der weltlichen Bank auf der linken Altarseite Aufstellung eines kleinen Baldachins *(geczelt)* aus braunem, mit goldenen Lilien besetztem Samt; Aufstellung eines mit Goldbrokat überzogenen Podestes *(maiestat)* zwei Mann hoch über der Tür des Lettners zum Chorraum sowie Ausschlagung der Kirchenwände und Gänge mit braunem, von goldenen Lilien besetztem Samt; zwei Stiegen zum Auf- und Absteigen des Thronsessels und Ausstattung des Podestes mit einer einen halben Mann hohen Erhöhung zur Aufnahme des königlichen Sessels; rechts vor des Königs Sessel Aufstellung eines Stuhles für den Kämmerer, den Herrn von Longueville [Leonor d'Orléans], davor Bereitstellung eines Stuhles für den Kanzler und für den Hofmeister; mit Goldbrokat beschlagene Bänke auf beiden Seiten des Podestes und Errichtung eines Altars zur Rechten; zuerst Einzug von sechs weltlichen, goldene und mit edlen Steinen besetzte Fürstenkronen tragenden Pairs *(vetter)* des Königs in den Chorraum, unter denen der König von Navarra die kostbarste Krone getragen hat, und Einnahme ihrer Sessel; Bekleidung der Fürsten mit blauen, mit goldenen Lilien besetzten weiten, hermelingefütterten Scharlachgewändern, bedeckt mit auf den Schultern liegenden, hermelingefütterten Kollern, ähnlich den Abbildungen der Kurfürsten; die Röcke der Fürsten sind inwendig gefüttert, bis zu den Ärmeln aufgeschlitzt, mit goldenen Borden verziert und von goldenen Knöpfen zusammengehalten, aus ihnen schaut der linke Arm hervor, und sie sind wie ein Kasel auf der rechten Seite offen; enge Unterröcke der Fürsten aus Goldbrokat; unter Musikbegleitung Einholung des Königs durch den Konnetabel; Vorausschreiten von 100 Schweizern, denen die Musiker und 200 Edelleute mit vergoldeten Hämmern folgen; es schließen sich an zwei Träger mit goldenen Szeptern von einer brabantischen Elle, die in zwei Kronen tragenden Knäblein enden, der Hofmeister mit seinem Stab, der Kämmerer und der ein bloßes aufgerichtetes Schwert tragende Konnetabel; es folgt der in einen engen, mit Edelsteinknöpfen besetzten und nach Art der Moskowiter geschneiderten Silberbrokatrock gekleidete König, der darunter einen aus rotem Karmesin gefertigten knopfbesetzten Rock und ein knopfbesetztes Hemd trägt; Führung des Königs durch einen geistlichen und einen weltlichen Pair zur Rechten und zur Linken; es schließen sich an die geistlichen und weltlichen Ordensritter; Führung des Königs vor den Altar, Niederknieen des Königs unter Entgegennahme des vom Kardinal gesprochenen Segens; Zurückführung des Königs bis zu seinem Stuhl, an dessen Seite sich die beiden Führer aufstellen; Niederlegung des Schwertes auf den Altar durch den Konnetabel, die geistlichen und weltlichen [Pairs des Königs], der Hofmeister, der Kammermeister und der Kanzler nehmen Platz; der einen großen Brief in der Hand haltende Kanzler trägt einen roten Scharlachrock wie die venezianischen Senatoren und ist mit einem seltsamen schwarzen Hut bedeckt; Bekleidung des Hofmeisters in der Weise der weltlichen Pairs des Königs; hinter den sechs geistlichen Pairs sitzen die Bischöfe und Pfaffen und hinter den weltlichen Pairs die Ordensritter; Segnung der Zeremonie durch die Pfaffen; Auszug des Kardinals und seiner Geistlichen aus dem Chor unter Mitnahme der Reliquien, erneuter Einzug derselben unter Weihrauch und Gesängen, Übergabe von Stiefeln und Sporen mit rotem Karmesinatlas an den König, Bekleidung des Königs mit blauen, gold-und edelsteinbesetzten Samtstiefeln mit Liliendarstellungen durch den Großkämmerer; Verschnürung der Stiefel in Kniehöhe in der Art eines Beutels mittels blauer, von Gold durchwirkter Seidenschnüre; An- und Ablegen der Sporen durch den König von Navarra; Abnahme des weißen Rocks des Königs durch Kämmerer und Hofmarschall, Führung des Königs durch einen Weltlichen und einen Geistlichen über *(uber)* den Altar, Niederknieen des Königs, Segensworte des Kardinals über dem Knieenden und Zurückführung des Königs zu seinem Stuhl; Aufnahme des in einer mit blauem, von goldenen Lilien besetzten Samt ausgeschlagenen Scheide steckenden Schwertes durch den Kardinal; nach einem Gebet Gürtung des Königs mit dem Schwert über der Achsel durch den Kardinal; anschließend Abnahme des Schwertes und Überreichung in die rechte Hand des Königs durch den Kardinal, der sich damit der weltlichen Obrigkeit anempfiehlt; erneute Segnung und Niederknieen des Königs mit dem Schwert vor dem Altar, Rückkehr des Königs zu seinem Platz, Vorhalten des Eidebriefes durch den Kanzler, Verlesung des Briefes durch den König im Beisein der geistlichen und weltlichen [Pairs] und anschließend treuhänderische Übergabe des Schwertes an den Konnetabel; Herbeiritt von vier Freiherren mit ihren Wappenfahnen, Ankunft eines von einem Fähnlein städtischer Knechte geleiteten Mönches vom Kloster Saint-Remi auf einem weißen Zelter und Übergabe der Salbe; Geiselstellung von anderen Herren zur Absicherung der Rückgabe der Salbe an das Kloster; Entgegennahme der Salbe durch den Kardinal; in Gegenwart zweier Bischöfe Niederlegung des Königs auf das Antlitz drei Schritte vor dem Altar, der Kardinal wirft sich zur Linken und die beiden Bischöfe hinter dem König auf ihr Antlitz nieder; halbstündiges Ausharren der drei in dieser Stellung, das durch Heilrufe begleitet wird, anschließend Übergabe eines mit Gold und Edelsteinen beschlagenen Gebetbuches an den Kardinal, der ein Gebet spricht und sich erneut für ungefähr eineinhalb Stunden auf den Boden wirft; Aufhebung und Altarführung des Königs, Gebetssprechung, Segnung und Zurückführung des Königs zu seinem Stuhl; Segnung des Öls oder der Salbe durch den Kardinal; Hochhalten einer goldenen, kelchdeckelartigen Schüssel und eines kleinen Löffels durch den Kardinal; Entnahme des Öls aus einem mit rotem Wachs verkleideten Gläschen und Emporheben des Gläschens; Führung des Königs unter Gebet und Gesang zum Altar durch die Geistlichen; Öffnung des königlichen Rocks hinten, auf beiden Seiten und an den Ellbogen durch sie, Salbung des Königs durch den ein Kreuz über ihn haltenden Kardinal auf Brust, Rücken, den beide Seiten und auf den Ellbogen; Bekleidung des Königs mit einem in geistlicher Weise gefertigten Gewand durch den Großkämmerer; Niederknieen des Königs vor dem Altar und Segnung durch den Kardinal, Bekleidung des Königs mit weißen Handschuhen und mit einem großen Diamantring am rechten Zeigefinger sowie Übergabe des Szepters in die Rechte und des Szepters der Gerechtigkeit in die Linke durch denselben; erneute Platznahme des Königs, Hinzutreten dreier weltlicher Pairs des Königs zur Rechten und dreier zur Linken sowie Darbietung der Krone durch den Kardinal; Handanlegen der weltlichen und geistlichen Pairs an die Krone, die über des Königs Haupt gehalten wird; Aufsetzen der Krone unter dem Segen und den Gebeten des Kardinals, Thronsetzung des Königs, Besteigen des Podestes durch vier Herolde und durch die geistlichen Pairs sowie Hinaufführen des Königs mit der aufgesetzten Krone und den beiden Szeptern; es folgen die weltlichen Pairs und der die schwere Krone haltende Herzog von Guise; Zurschaustellung des Königs mit den geistlichen [Pairs] zur Rechten und den weltlichen zur Linken; nach Verbeugung vor dem Altar und vor dem König küßt einer der geistlichen [Pairs] den König auf die rechte Wange und ruft in den Chor *vivat rex Gallorum in aeternum* aus, und unter Gesang Wiederholung der Zeremonie durch die übrigen geistlichen Pairs; in ähnlicher Weise Ausrufung des Königs durch die weltlichen Pairs nach dem Küssen der linken Wange des Königs; Abnahme der Krone durch den König während der auf dem Podest gefeierten Messe, Festhalten der Krone durch den König von Navarra nicht in der Art eines Königs, sondern in der eines Vaters, und Küssen der Hände des Kardinals, der vor dem Altar Platz genommenen hat, durch die anderen Pfaffen; Ausrufung des Königs vor dem gemeinen Mann durch den Herold, Trompetenstöße und Auswerfung neuer Münzstücke des Königs unter das Volk durch den Herold in Chor und Kirche sowie Verteilung neuer Geldstücke an die geistlichen und weltlichen [Pairs] ; Beginn der Meßfeier durch den Kardinal, Ankunft dreier Fürsten vom [Michaels-] Orden und vierer Herolde mit einer großen vergoldeten Kanne Weines, einem versilberten und einem vergoldeten Brot, denen der von einem Laien und einem Geistlichen geführte König entgegenkommt, und Opferung des Weines und des Brotes vor dem Altar durch den König; Niederknieen des Königs, Segnung durch den Kardinal, Zurückführung des Königs, Darreichung der Monstranz *(heiligthumb),* die ein von vier Herolden begleiteter Bischof in langem roten Schlepprock herbeigebracht hat, zum Kusse gegen Ende der Messe; Hinunterführen des Königs zum Empfang der Sakramente in beiderlei Gestalt, Verharren des Königs unter dem Baldachin bis zum Ende der Messe, Auszug des Königs und seines Krönungsgefolges aus dem Chorraum, Prozession durch den Kreuzgang und die Kirche sowie Einzug des Königs in seinen Palast; Rückkehr der vier Freiherrn mit ihren Fahnen, dem Öl und den Pfaffen ins Kloster [Saint-Remi] und Entlassung der dort verbliebenen Geiseln; Überreichung des Goldenen Vlieses an König Franz im Namen König Philipps von Spanien durch den Herzog von Savoyen.

Mundum
1 vorgebundenes Buch (16 cm x 21, 3 cm) in Pergamentumschlag, Blatt 1–52 beschrieben; Deckelaußenseite mit zeitgenöss. Betreff *Wie und wan des konigs von Franckreich tochter mit dem duca de Alba von wegen des konigs zw Hispanien verlobet, vertrauet und beij gelegt; was man fur ritterspil und andere kurtzweil dabej getrieben, wie der konig von Franckreich von eijnem edelman im rennen getroffen, das er baldt darnach denn todt gehabt;*

wann und wo er begrab(en), wie es mit und beij dem begrebnus zugang(en); wie der junge könig Franciscus der and(er) deß nahmens zu Renß in Schampanien eingeritten, wie er empfang(en) und daselbs gesalbet und gekrönet und was dabeij auch bei weme allerleij ceremonien gehaltenn wordenn.
HBA G 743, Nr. 2. – Altsignatur: 4/21/54.

Nr. 295

1559 September 30, London

Richard Bertie an Herzog Albrecht:

Freude über ein Schreiben des Herzogs, Scham über sein Versäumnis, nicht als erster geschrieben zu haben, und Dank für soviel ihm gegenüber gezeigte Menschlichkeit; vorrübergehende Abwesenheit aus London wegen einer fiebrigen Krankheit; Erfüllung des herzoglichen Wunsches nach Zeitung; gänzliche Wiederherstellung des Evangeliums in England und Entwurzelung des Papismus; Erfolge in Schottland trotz Widerstände der Königin [Marie de Guise], des französischen Königs [Franz II.] und des inzwischen verstorbenen Papstes [Paul IV.]; Erweiterung des Titels des französischen Königs um [Schottland] wegen seiner Gemahlin [Maria Stuart]; Vermeidung von innerem Zwietracht durch den König; in Ermangelung einer größeren Flotte Ausrüstung einer kleinen durch denselben zur Unterstützung der Papisten in Schottland; vergebliche Mühe wegen der mittlerweile überwiegend gewordenen Anzahl der schottischen Protestanten; Wunsch Kaiser [Ferdinands], seinen jüngeren Sohn [Karl] mit Königin [Elisabeth] zu vermählen; Anwesenheit des schwedischen Königssohnes [Erich in London] mit großem Pomp und Teilnahme des Grafen von Mansfeld [Peter Ernst I.] am Turnier anstelle Herzog [Augusts] von Sachsen; zwecks Fortsetzung der Geschäfte Entsendung seines Danziger Faktors, *Iohannes Swinfeth*, zur Unterredung; Übermittlung von Molosserhunden als Geschenk und Bitte, die Warensendungen aus Kroze in Samaiten zu den üblichen Zollbedingungen ungehindert zu ihm gelangen zu lassen.

Ausfertigung
Lateinisch
1 Bogen Folio, S. 1 beschrieben, S. 2 Außenadresse, zeitgenöss. Rubrum *Ricardus Bertie schreibt zeitung, das das evangelium in Engelanndt zunehme, in gleichem in Schotlanndt. Schickt auch f[urstlicher] d[urchlauch]t Engelische hunde unnd bitt, die dinge, so ijm aus Samoijtenn zugeschickt werdenn, ohne meimglichs hinderung gestatten vort zu schiffenn etc.* und Registraturvermerk 2.
Eigenhändige Ausstellerunterschrift.
HBA G 743, Nr. 3. – Altsignatur: 4/19/23.

Nr. 296

1559 September 30, London

Katharina [Bertie, Herzogin von] Suffolk an Herzog Albrecht:

Begrüßung des miteinander eingegangenen vertraulichen Umgangs; trotz ihres Unvermögens, dem Herzog ein gebührendes Geschenk zu machen, Übersendung von Geschenken an ihn und an seine Gemahlin [Anna Marie]; Anrufung Gottes zum Wohl des Herzogs und seiner Kinder [Albrecht Friedrich, Anna Sophie und Elisabeth].

Ausfertigung
Lateinisch
1 Bogen Folio, S. 1 beschrieben, S. 2 Außenadresse, zeitgenöss. Rubrum *Die furstin Katharina Suffolt(h) schicket f[urstlicher] d[urchlauch]t unnd ihrer f[urstlichen] d[urchlauch]t gemahl geschencke, bittet dieselben anzunhemen* und Registraturvermerk *3*.
Eigenhändige Ausstellerunterschrift und Siegelspuren.
HBA G 743, Nr. 4. – Altsignatur: 4/19/21.

Nr. 297

[1559] Oktober 26, o. O.

[Herzog Albrecht] an König [Franz II.] von Frankreich:

Betroffenheit über den Tod des königlichen Vaters [Heinrich II.] und Hoffnung auf eine lange glückliche Herrschaft des Empfängers; eingedenk der herzoglichen Gewohnheit, jährlich einige Falken zum Ausdruck der Wertschätzung zu senden, Übermittlung von zehn Falken; Bitte, die Tiere wohlwollend anzunehmen und seiner bei der Beizjagd mit den Vögel zu gedenken.

Abschrift
Lateinisch
Ostpr. Fol. 55, S. 754 f.

Nr. 298

[1559] Oktober 26, o. O.

[Herzog Albrecht] an Königin [Elisabeth] von England:

Erhalt eines Schreibens der Königin mit der Empfangsbestätigung der ihrer Schwester [Maria] im Jahr zuvor übersandten Falken; wegen der freudigen Annahme des Geschenkes Zusendung von wiederum acht Beizvögeln vermittels eines herzoglichen Falkners; Bitte um wohlwollende Aufnahme des Geschenks in der Hoffnung, der Empfängerin dadurch Kurzweil zu verschaffen.

Abschrift
Lateinisch
Ostpr. Fol. 56, S. 756 f.

Nr. 299

[1559] Oktober 26, o. O.

[Herzog Albrecht] an Herzog [Franz] von Guise:

Gelegentlich einer Falkensendung an den französischen König [Franz II.] Übermittlung eines Wohlwollensbeweises an den dem Herzog von Angesicht unbekannten Empfänger in Gestalt von sechs Falken durch den Briefzeiger; Bitte um wohlwollende Aufnahme der Gabe in der Hoffnung, daran Vergnügen zu finden.

Abschrift
Lateinisch
Ostpr. Fol. 55, S. 757.

Nr. 300

[1559] Oktober 26, o. O.

[Herzog Albrecht] an König [Anton] von Navarra:

Vor der Entsendung eines herzoglichen Falkners zum französischen König [Franz II.] Kenntnisnahme von der Übernahme der Regentschaft in Frankreich und von der Vormundschaft über den König durch den Empfänger; Beglückwünschung und Übermittlung von sechs Falken zum Zeichen des guten Willens; Bitte um wohlwollende Annahme der Gabe mit dem Wunsch, damit bei der Beizjagd Vergnügen zu finden.

Abschrift
Lateinisch
Ostpr. Fol. 55, S. 758.

Nr. 301

[1559] Dezember 22, o. O.

[Herzog Albrecht] an Richard Bertie, Herzog von Suffolk:

Wohlwollensversicherung aufgrund der Tugend, der Bescheidenheit und der aufrichtigen Gottesfurcht des Empfängers; Freude über die mitgeteilte Zeitung, woraus der Herzog ausführlich von der Politik, dem religiösen und kirchlichen Zustand und von der Verbreitung des Wortes Gottes in England Kenntnis genommen hat; dankbare Annahme der übermittelten Geschenke und Versprechen, sich dafür gelegentlich erkenntlich zu erweisen; wegen der erbetenen Erlaubnis zur Ausfuhr von Waren aus

Samaiten über den herzoglichen Hafen verweist der Herzog den Faktor Berties [Johann Swinefeth] auf seine diesbezügliche Entscheidung; Wunsch des Herzogs nach Empfehlung bei Königin [Elisabeth] und nach Pflege der mit dem Bertie eingegangenen Freundschaft.

Journalvermerk *Cedula hanc quere infra folium 10, nam est hec cancellata.*

Beilage

Bitte des Faktors um Erlaubnis, die Waren seines Herrn frei in den herzoglichen Hafen zu führen; Aufsetzung dieses Schreibens wegen der Schwäche des menschlichen Gedächtnisses; Anweisung an den Faktor, die Waren zu einem angemessenen Preis dem Herzog und seinen Untertanen zum Kauf anzubieten; nach Befriedigung der Käufer Erlaubnis zum Stapeln der Waren und zum Handeltreiben mit den herzoglichen Untertanen; bei Warenbedarf des Faktors aus dem Herzogtum Gebot, dieselben zuerst beim Herzog zu erbitten; Freiheit des Faktors, bei einem unangemessenen Preis die gewünschten Waren von den Untertanen günstiger zu erstehen.

Abschrift
Lateinisch
Ostpr. Fol. 55, S. 798–801.

Nr. 302

[1559 Dezember 22] o. O.

[Herzog Albrecht] an Herzogin [Katharina] von Suffolk:

Empfang eines zu London datierten Schreibens von [1559] September 30 nebst den mitgesandten Geschenken; hierüber und über die miteinander eingegangene Vertrautheit freut sich der Herzog und erkennt darin die ihm entgegengebrachte Zuneigung; Dank und Versprechen, sich erkenntlich zu zeigen.

Abschrift
Lateinisch
Ostpr. Fol. 55, S. 801–803.

Nr. 303

[1559 Dezember 28] o. O.

[Herzog Albrecht] an [Richard Bertie] Herzog von Suffolk:

Ungeachtet des Folgenden Bitte, die herzogliche Entscheidung hinsichtlich der von Berties Faktor [Johann Swinefeth] erbetenen Genehmigung der freien Warenausfuhr über den herzoglichen Hafen durch den Faktor in Erfahrung zu bringen; wegen der

Schwäche des menschlichen Gedächtnisses Übergabe eines besiegelten Schriftstücks an den Faktor mit den herzoglichen Bedingungen; eingedenk der Verpflichtung des Faktors, für den Bedarf des Herzogshofes zu liefern, Beauftragung desselben mit der Beschaffung von 100 gefärbten englischen Tuchen gemäß dem darüber aufgesetzten Schreiben; zur Vermeidung ärgerlicher Verzögerungen Bitte an Bertie, auf einen angemessenen Preis und auf die Vertragstreue des Faktors zu achten.

Abschrift
Lateinisch
Ostpr. Fol. 55, S. 815 f.

Nr. 304

1560 Januar 1, Westminster

Königin Elisabeth von England an Herzog Albrecht:

Willkommene Annahme sowohl der ihrer Schwester Maria übersandten acht Falken als auch der acht Beizvögel, die sie zusammen mit einem Schreiben von [1559] Oktober 26 erhalten hat; Dank und Versprechen, sich gelegentlich gefällig zu erweisen; *R[ogerus] Aschamus (scripsit).*
Cal[endae] ianuar[ii] M° D° L° IX°.

Ausfertigung
Lateinisch
1 Bogen Folio, S. 1 beschrieben, S. 2 Außenadresse.
Eigenhändige Ausstellerunterschrift und -siegel.
HBA G 743, Nr. 5. – Altsignatur: 4/31/71 (II).

Nr. 305

1560 Januar 4, Blois

König Franz [II.] von Frankreich an Herzog [Albrecht]:

Empfang eines Schreibens von [1559] Oktober 26, worin der Herzog sein Bedauern über den Tod des königlichen Vaters [Heinrich II.] ausdrückt und den Verlust seines sichersten Freundes beklagt; Wunsch des Königs, seinem Vater in der Freundschaft mit dem Herzog nachzufolgen; Dank für die zugesandten Falken und Angebot einer Gegengabe; *Bourdin (scripsit).*
Ce IIIIe *jour de janvier 1559.*

Ausfertigung
Französisch
1 Bogen Folio, S. 1 beschrieben, S. 4 Außenadresse.
Eigenhändige Ausstellerunterschrift und Siegelspuren.

Beilage

Deutsche Übersetzung

1/2 Bogen Folio, S. 1–2 beschrieben.
HBA G 743, Nr. 6. – Altsignatur: 4/31/96 (XIII).

Nr. 306

1560 Januar 4, Blois

[Herzog] Franz von Lothringen [-Guise] an Herzog [Albrecht]:

Freude des Königs [Franz II.] über das ihm zugesandte Falkengeschenk und den damit verbundenen Freundschaftsbeweis; Versicherung der Freundschaft des Königs; Dank für die ihm zugesandten Falken und für die in einem Schreiben ausgedrückte Zuneigung; Angebot einer Gegengabe.
Le IIIIe jour de janvier 1559.

Ausfertigung
Französisch
1 Bogen Folio, S. 1 beschrieben, S. 4 Außenadresse.
Siegelspuren und eigenhändige Unterschrift.

Beilage

Deutsche Übersetzung

1/2 Bogen Folio, S. 1–2 beschrieben.
HBA G 743, Nr. 7. – Altsignatur: 4/31/96 (XIV).

Nr. 307

1560 Januar 8, o. O.

[Herzog Albrecht] an den Faktor Richard Berties [Johann Swinefeth]:

Duldung des Verkaufs der eingeführten Waren Berties an herzogliche Untertanen unter der Voraussetzung angemessener Preise; nach erfolgtem Angebot der Waren an den Herzog und an seine Leute hat der Faktor die Erlaubnis, die Waren für einen späteren Verkauf an die herzoglichen Untertanen zu stapeln oder über die Königsberger Handelsbücher (*nundinis annalibus*) zu verkaufen; Deckung des Warenbedarfs aus Preußen (*ex his terris*) über den herzoglichen Faktor und Versprechen des Herzogs, Bertie dabei nicht übervorteilen zu wollen; bei Nichtbefriedigung der Nachfrage hat [Swinefeth] die Erlaubnis, seinen Warenbedarf über die herzoglichen Untertanen zu decken; Erlaubnis zur Verschiffung der Güter Berties aus Samaiten über den herzoglichen Hafen; Siegelankündigung.

Konzept
Lateinisch
1 Bogen Folio, S. 1–3 beschrieben, S. 4 Außenadresse und Registraturvermerk *Registrirt.*
HBA G 1262, Nr. 22.

Nr. 308

[15]60 März 4, o. O.

[Herzog Albrecht] an König [Franz II.] von Frankreich:

Wunsch des Briefzeigers *Michael Guin*, Länder zu besuchen; Aufgabe seines Standes (*revocato gradu*) durch Guin; Dienst Guins in Livland bei Herzog Christoph von Mecklenburg und beim Koadjutur des Erzbischofs von Riga [Markgraf Wilhelm]; Wunsch Guins, vor allen anderen dem französischen König seine Dienste anzubieten, und Ersuchen an den Herzog, ihn demselben zu empfehlen; Bitte des Herzogs an den König, Guin empfohlen zu halten und ihn unter seine Diener aufzunehmen; Überzeugung des Herzogs, daß Guin sich durch treue Dienste die königliche Gnade verdient, und Dankversprechen.

Konzept
Lateinisch
1/2 Bogen Folio, S. 1 beschrieben, S. 2 zeitgenöss. Schriftproben, Außenadresse, Bearbeitungsvermerk *Coll(acionatum)* und Registraturvermerk *Registrat(um).*
HBA G 1262, Nr. 23.
Bucheintrag im Volltext: Ostpr. Fol. 55, S. 903 f.

Nr. 309

[15]60 März 21, Königsberg

[Herzog Albrecht] an Königin [Elisabeth] von England:

Trotz seines Widerwillens, die Königin mit diesem Schreiben anzurufen, Unvermögen des Herzogs, seinem Untertan und Königsberger Bürger Merten von Höfen (*Martinus ab Hoeuen*) die Bitte um ein fürsprechendes Schreiben abzulehnen; Verhandlungen des Königsberger mit dem englischen Kapitän *Ringen Schacht* wegen der Kaperung seines Schiffes, der Entwendung aller seiner Güter und der langen Gefangensetzung Höfens; zur Vermeidung eines langwierigen und lästigen Verfahrens Bitte des Herzogs an die Königin, die Angelegenheit zur Kenntnis zu nehmen und dem Geschädigten Recht und Gerechtigkeit widerfahren zu lassen, damit dieser entweder sein Schiff mit den abgenommenen Waren zurückerhält oder dafür mit allen zusätzlichen Kosten voll entschädigt wird; zur Verkürzung des Verfahrens Bitte des Herzogs, die Sache an die königliche Hofgerichtsbarkeit zu ziehen und den Kläger nicht an einen Admiralitätsrichter (*ad ius admiraldicum*) oder an einen anderen Richter zu verweisen, und Gegenseitigkeitversprechen.

Konzept
Lateinisch
1 Bogen Folio, S. 1–2 beschrieben, S. 4 Außenadresse, zeitgenöss. Betreffe *In causa Martini ab Hoeuen* und *occasioni administrationis iustitie*, Bearbeitungsvermerk *Colla(cionatum)*, Registraturvermerk *Registrat(um)* und zeitgenöss. Kanzleivermerk *In nomine domini nostri miserere magistri.*
HBA G 1262, Nr. 24.
Bucheintrag im Volltext: Ostpr. Fol. 55, S. 925–927.

Nr. 310

[15]60 März 21, Königsberg

[Herzog Albrecht] an [Richard Bertie] Herzog von Suffolk:

Bitte des herzoglichen Untertans und Königsberger Bürgers Merten von Höfen (*Martinus ab Houen*) um ein Verwendungsschreiben des Herzogs an den als einflußreich eingeschätzten Empfänger und Gewährung der Bitte wegen der gerechtfertigt erscheinenden Angelegenheit; Verhandlungen Höfens mit dem englischen Kapitän Ringen Schacht wegen der Kaperung seines Schiffes und der Entwendung seiner darin befindlichen Handelsware; Bitte des Herzogs an Bertie, den Bittsteller bei der englischen Königin [Elisabeth] zu empfehlen, demselben zu seinem Recht zu verhelfen und sich zu bemühen, aus Kostengründen die Sache an die königliche Hofgerichtsbarkeit zu ziehen und den Kläger nicht an einen Admiralitätsrichter (*ad ius admiraldicum*) oder an einen anderen Richter zu verweisen; Gegenseitigkeitversprechen.

Konzept
Lateinisch
1/2 Bogen Folio, S. 1–2 beschrieben, S. 2 Außenadresse, zeitgenöss. Betreff *Pro interceptione*, Bearbeitungsvermerk *Colla(cionatum)* und Registraturvermerk *Registrat(um).*
HBA G 1262, Nr. 25.
Bucheintrag im Volltext: Ostpr. Fol. 55, S. 927–929.

Nr. 311

[15]60 März 26, Amboise

König Franz [II.] von Frankreich an jedermann:

Wunsch, die alte Freundschaft zwischen seinen königlichen Vorfahren und den Königen von Navarra mit König [Anton] zu bewahren und dessen Untertanen durch Privilegien und Freiheiten zur Verbesserung des Handelsaustausches zu begünstigen; aufgrund der Bitte des Königs von Navarra Erlaubnis für alle Einwohner des Königreiches Navarra, sich gleich den eigenen Untertanen ohne Behinderung an allen Orten im Königreich [Frankreich] zu Wasser und zu Lande zu bewegen, Handel zu treiben und den gleichen Zoll zu zahlen; Gleichstellung der Navarresen mit den Franzosen hinsichtlich der Abgaben von gewogenen, gemessenen und gezählten Waren; Niederlassungsfreiheit für die Navarresen in Frankreich und Recht derselben, nach Erlangung von Naturalisierungsbriefen (*naturalitatis literis*) Testamente aufzurichten und ihre bewegliche und unbewegliche Habe gemäß örtlicher Gewohnheit letztwillendlich zu vermachen, zu verschenken oder sonstwie zu verfügen; im Falle eines den Handel behindernden Krieges gegen den König von Navarra oder gegen eine andere Macht Freiheit für die niedergelassenen Navarresen, binnen Jahresfrist ihre Schiffe, Waren und sonstiges Zubehör ungehindert aus Frankreich auszuführen; im Falle eines Krieges gegen Dritte unter Ausschluß des Königs von Navarra Gewährung von völliger Bewegungsfreiheit und von Schutz an Leib, Leben, Hab und Gut unter der Voraussetzung der unterlassenen Feindbegünstigung durch die Navarresen; im Falle eines Krieges gegen Dritte Erlaubnis für die Navarresen, im Feindesland ungehindert und nach Belieben Handel zu treiben, ohne deswegen als Friedensbrecher zu gelten; Zusicherung, den Navarresen auf ihre Bitten hin für die Dauer des Krieges Geleitbriefe zwecks ungehinderter Handelstätigkeit auszustellen; Freiheit für die Navarresen, den Salzbedarf Navarras zu den üblichen Preisen bei den königlichen Untertanen ungehindert zu decken; zur Beilegung von Streitigkeiten unter ihnen Erlaubnis, zwei oder drei Älterleute (*aldermannos*) aus ihrer Mitte zu wählen; bei Zwisten zwischen Navarresen und königlichen Untertanen oder mit Fremden Bestallung von königlichen Richtern aus dem Rat der Seestädte (*a maritimis civitatibus*); Verbot, die Navarresen zum Verkauf von Waren unter dem üblichen Preis zu zwingen; bei Unklarheiten über Worte und Sätze dieser Bestimmung Auslegung nach Billigkeit; Anweisung an die königlichen Amtsträger, diese Bestimmungen verlesen, veröffentlichen und registrieren zu lassen und den Navarresen den ruhigen Gebrauch zu gestatten; Gültigkeit dieser Bestimmungen wider anderslautende Gesetze und Verfügungen; Ankündigung der Beglaubigungsmittel; Übersetzung dieses offenen Briefes auf Geheiß des Pariser Parlaments vom Französischen ins Lateinische durch den königlichen Protonotar und Sekretär des Parlaments *Du Tillet* von [1560] Mai 18; Kollationierung durch die Notare am königlichen Châtelet zu Paris *Guillaume Denetz* und *Nicolas Le Camus* von 1560 Mai 20.

Abschrift
Lateinisch
1 Bogen Folio, S. 1–4 beschrieben, S. 5 zeitgenöss. Betreff *Privilegia generalia Galliae*.

Beilagen

I. Abschrift

Lateinisch
2 Bogen Folio, S. 3–6 beschrieben, S. 1 zeitgenöss. Betreff *Privilegia generalia in Gallia.*

II. Abschrift

Lateinisch
2 Bogen Folio, S. 1–7 beschrieben, S. 8 zeitgenöss. Betreff *Privilegia regis Nauarrae in Gallia* und Registraturvermerk *Registrat(um).*

III. Abschrift

2 Bogen Folio, S. 1–5 beschrieben, S. 6 zeitgenöss. Betreff *Privilegium generale, deutsch.*
HBA G 743, Nr. 8. – Altsignatur: 4/21/47.

Nr. 312

1560 März 27, London

Richard Bertie [Herzog von Suffolk] an Herzog Albrecht:

Dank für die Öffnung der herzöglichen Häfen und Gruß; günstige Entwicklung des kleinen Tigers (*tiguriolo*); richtige Einschätzung der Franzosen in einem seiner früheren Schreiben, bei denen nunmehr wegen innerer Auseinandersetzungen große Verwirrung herrscht; Forderung des bewaffneten Volkes nach dem Sturz des Kardinals [Karl] von Lothringen; zur Beendigung der Verfolgung der Evangelischen mit Feuer und Schwert durch den Kardinal Entsendung von Botschaften des französischen Königs [Franz II.] nach [England], um die Einstellung der [englischen] Hilfe für die Schotten zu erreichen; Vereinigung anglikanischer Truppen mit den Schotten zum gegenwärtigen Zeitpunkt, was eine baldige Vertreibung der Franzosen aus Schottland erwarten läßt; Furcht Berties vor solchen Funken, die die schwer löschbaren Flammen des Krieges zu entzünden vermögen; wegen der unsicher gewordenen Seeschiffahrt Furcht des Absenders, Schaden davonzutragen (*oleum et operam perdam*), wenn die Tuchwaren des Herzogs in französische Hände fallen und der Herzog sich dafür rächt; Versprechen, ungeachtet der durch Wind und Wetter drohenden Gefahren auf See die Wünsche des Herzogs befriedigen zu wollen; wegen des Empfangs eines herzoglichen Schreibens im März Unvermögen, die Tuchwaren noch vor Beginn des Winters zu entsenden; teuere Verkaufspreise der Handelswaren im Sommer und billigere Preise im Winter bei Ankerung der Schiffe; trotz der Unüblichheit [in England], bunte Tuche herzustellen, Bemühen, welche zu beschaffen; bevorstehende Ankunft des ehemals im Solddienst der Königin [Elisabeth] gestandenen Herzogs von Holstein [Adolf I. von Schleswig-Holstein-Gottorp], jedoch bisheriges Ausbleiben von Eheverhandlungen; Grüße von Bertie und seiner Gemahlin [Katharina] an den Herzog, die Herzogin [Anna Marie] und an den jungen Fürsten [Albrecht Friedrich].

Ausfertigung
Lateinisch
1 Bogen Folio, S. 1 beschrieben, S. 2 Außenadresse, Registraturvermerk *j* und zeitgenöss. Rubrum *Englische furst Richardus Bertie danckt f[urstliche]r d[urchlauch]t vor das erleubte ausschiffen, schreibt zeitung von Englant, Franckreich und Schotlandt [und] wes er sich in ubersendung der tuche [.]b[........]; item von herzogk Adolpfs ankunft in Englandt.*
Eigenhändige Ausstellerunterschrift und -siegel.
HBA G 743, Nr. 9. – Altsignatur: 4/19/6.

Nr. 313

[1560] März 30, o. O.

[Herzog Albrecht] an Königin [Elisabeth] von England:

Anwesenheit des ehemaligen Bischofs von *Iustinopolis*, des Doktors *Petrus Paulus Vergerius*, und Lobpreisung der Königin durch Vergerius; den Worten Vergerius' zufolge Eifer der Empfängerin bei der Verbreitung der evangelischen Lehre in England sowie Förderung des Augsburger Bekenntnisses durch sie; Anvertrauung dieses Schreibens an Vergerius vor dessen Abreise; Beglückwünschung der Königin zu ihrer die Erweiterung des Gottesstaates fördernden Frömmigkeit und Hoffnung auf Verbreitung der evangelischen Wahrheit in benachbarten Reichen und Ländern; Erinnerung an die Heilige Schrift als gemeinsame Grundlage für die Christgläubigen; der Herzog zweifelt nicht an der Empfänglichkeit der Königin für das Augsburger Bekenntnis, dem die Stände in Deutschland anhängen und von dem bereits das Königreich Polen, das Großherzogtum Litauen und angrenzende Länder erfaßt sind; Ermahnung an die Empfängerin, das von vielen Königen und Fürsten erprobte und gebilligte Bekenntnis anzunehmen, was eine ruhige Herrschaft verspricht und ihr viele Herzen in Deutschland zukehren läßt; Inaussichtstellung des ewigen Lohnes für ihre Mühen zum Ruhme des Gottessohnes.

Abschrift
Lateinisch
Ostpr. Fol. 55, S. 943–946.

Nr. 314

[1560] März 30, o. O.

[Herzog Albrecht] an William Barlow, Bischof von Chichester:

Dem Vernehmen nach Einfluß Barlows bei der englischen Königin [Elisabeth] und Wiedereinsetzung in seine bischöflichen Würden, wozu der Herzog Glück wünscht; Anrufung Gottes für eine erfolgreiche Seelsorge des Bischofs; bei den Religionsverhandlungen Verpflichtung der Gläubigen, der Lehre Christi so zu folgen wie dem Kopf die Glieder des Körpers; Erinnerung an das Augsburger Bekenntnis als wahrste und christlichste Konfession; wegen der bekannten Frömmigkeit Barlows zweifelt der Herzog nicht an der Übernahme des Augsburger Bekenntnisses durch das Königreich England; Einmütigkeit in der religiösen Auffasssung dient der Befriedung und Ruhe im Königreich; Auslöschung des götzendienerischen päpstlichen Bekenntnisses im größten Teil Deutschlands und Erfassung des Königreichs Polen, des Großherzogtums Litauen und angrenzender Länder durch die evangelische Wahrheit; Ermahnung an den Empfänger, Vorkämpfer für die Verbreitung des Augsburger Bekenntnisses zu bleiben.

Abschrift
Lateinisch
Ostpr. Fol. 55, S. 947–950.

Nr. 315

[1560] April 9, o. O.

[Herzog Albrecht] an [Petrus Paulus] *Vergerius*:

Kurz nach Abreise des Empfängers Abfassung von herzoglichen Schreiben an Kurfürst August [von Sachsen], an Königin [Elisabeth] von England und an Bischof William Barlow; Bitte, die Briefe von diesem herzoglichen Schreiber entgegenzunehmen und für ihre Weiterbeförderung an die Adressaten zu sorgen; Übersendung einer Abschrift der Klagen von Fürsten des Heiligen Römischen Reiches über Papst [Pius IV.] mit der Bitte um Entschuldigung für die versäumte Übergabe der Abschrift während der Anwesenheit von Vergerius; Wunsch nach Zeitung und nach Einschluß in die Gebete des Empfängers.

Abschrift
Lateinisch
Ostpr. Fol. 55, S. 973–975.

Nr. 316

[15]60 April 24, Königsberg

[Herzog Albrecht] an König [Franz II.] von Frankreich:

Langjährige treue Küchendienste des Briefzeigers *Valentinus Hubner* bei Erzbischof Wilhelm von Riga in Livland und beim Herzog selber; Ersuchen Hubners an den Herzog, ihn dem König, dem er vor allen anderen dienen möchte, zu empfehlen; Bitte des Herzogs an den Empfänger, Hubner unter seine Diener aufzunehmen; der

Herzog zweifelt nicht an den nutzbringenden Fähigkeiten des Bittstellers, zumal dieser die Sprache und die Gewohnheiten [der Franzosen] kennt; Gegenseitigkeitsversprechen des Herzogs.

Konzept
Lateinisch
1/2 Bogen Folio, S. 1 beschrieben, S. 2 Außenadresse, zeitgenöss. Betreff *Commendatite literae*, Bearbeitungsvermerk *Colla(cionatum)* und Registraturvermerke *Registrat(um)* und *VIIII.*
HBA G 1262, Nr. 26.
Bucheintrag im Volltext: Ostpr. Fol. 55, S. 986–988.

Nr. 317

[1560] Mai 2, Königsberg

[Herzog Albrecht] an [Richard Bertie] Herzog von Suffolk:

Empfang eines Schreibens von [1560] März, woraus der Herzog den Stand der Dinge, den an ihn gerichteten Dank und die Bemühungen um ihn entnommen hat; Bedauern über die zwischen christlichen Völkern geführten Kriege und Hoffnung auf Frieden; Erstaunen über das späte Eintreffen seines die Tuchwaren betreffenden Schreibens bei Bertie wegen der bereits im Januar erfolgten Übergabe des Briefes an einen Diener des Empfängers; Überzeugung, daß ihm Bertie dennoch in dieser Sache vor dem festgesetzten Termin willfahren kann; Gebot des Herzogs an seine Diener, keine Tuche anderswoher zu beschaffen, um den Hof damit auszukleiden, und Festhalten an dem mit Berties Diener [Johann Swinefeth] geschlossenen Vertrag; Furcht Berties, die Ware in einer Zeit von Seekriegen zu verschiffen, aber Unkenntnis des Herzogs von Leuten, die gegen ihn gewalttätig vorgehen wollen; Versicherung des Herzogs, weder mit dem französischen König [Franz II.] noch mit einem anderen in Feindschaft zu leben; für alle Fälle Übersendung dieses offenen Schreibens für den mit der Fracht der herzoglichen Tuchwaren betrauten Schiffer in der Hoffnung auf besseren Schutz des Schiffes vor Raub; Bitte an Bertie, für die vereinbarte Farbe, die Anzahl und für eine annehmbare Güte der Tuche zu sorgen; Zusicherung des Herzogs, sich für die Bezahlung der Waren einzusetzen; Freude über die Nachricht von der bevorstehenden Ankunft des Herzogs von Holstein [Adolf I. von Schlewig-Holstein-Gottorp] in England; Wunsch des Herzogs, daß der Holsteiner das anklingen läßt, was man mit den Vögeln zu sagen pflegt (*quod dici solet avibus*), und sich die königliche Gnade verdient; Bitte, Berties Gemahlin [Katharina] auch im Namen der Herzogin [Anna Marie] zu grüßen und bei jeder Gelegenheit Briefe zu senden.

Konzept
Lateinisch
1 Bogen Folio, S. 1–2 beschrieben, S. 4 Außenadresse, Bearbeitungsvermerke *In absentia principis* und *Colla(cionatum)* sowie Registraturvermerk *Registrat(um).*
HBA G 1262, Nr. 27.
Bucheintrag im Volltext: Ostpr. Fol. 55, S. 1058–1060.

Nr. 318

[1560] Juni 28, o. O.

[Herzog Albrecht] an [Petrus Paulus] *Vergerius*:

Anschuldigung des Doktors der Theologie und Professors der Universität Königsberg, *Davidis Voitt*, bei Vergerius und vielleicht auch bei den sächsischen Herzögen [Johann Ernst, Johann Friedrich II., Johann Wilhelm und Johann Friedrich III.], eine die Würde der Herzöge berührende Rede über den gefangenen (*capto*) *Victorinus* gehalten zu haben; Versicherung des Herzogs, auf den häufig gemeinsam unternommenen Reisen nach Wittenberg niemals in der Weise mit Voitt gesprochen oder etwas davon gehört zu haben; trotz fleißiger Nachforschung in seinem Fürstentum hat der Herzog nicht nur nichts in Erfahrung bringen können, sondern sogar das Gegenteil in Form von Lobreden Voitts auf seine [sächsischen] Erbherren gehört; Abfassung dieses Schreibens zur Wiederherstellung von Voitts Leumund; Bitte an den Empfänger, Bezichtungen Voitts keinen Glauben zu schenken und gegebenenfalls vor dem Herzog von Sachsen zugunsten Voitts auszusagen.

Abschrift
Lateinisch
Ostpr. Fol. 55, S. 1104–1106.

Nr. 319

[1560] September 13, o. O.

[Herzog Albrecht] an Richard Bertie, Herzog von Suffolk:

Absicht des Briefzeigers und herzoglichen Untertans Kaspar Göbel (*Caspar Gebelius*), nach England zu reisen; Sendung dieses Schreibens aus Liebe zu Bertie; große Freude des Herzogs bei Gesundheit und Erfolgen Berties und dessen Familie; trotz seines Alters Wohlergehen des Herzogs, Gesundheit der Herzogin [Anna Marie] und seines Sohnes [Albrecht Friedrich]; Wunsch, über den Stand der Dinge in England unterrichtet zu werden, und Bitte, mit der Nachrichtenübermittlung einen geeigneten Boten zu betrauen, dem er seinerseits möglicherweise gewünschte Neuigkeiten aus Preußen mitgeben will; Heimsuchung Livlands durch den Moskowiter [Ivan IV.], der gänzlich aus eigenem Recht handelt; Unterwerfung eines großen Teils Livlands, in unmenschlicher Weise Verbrennung und Besetzung eines Drittels der Schlösser und Verschleppung einer Vielzahl von Menschen in die ständige Knechtschaft; Fortdauer der Verwüstung und der Entvölkerung und höchste Gefahr für dieses Land; Bitte des Herzogs bei Gott um Gnade für die wegen ihrer Sünden bestraften Menschen; der Herzog zweifelt nicht, daß Bertie sich seinen Gebeten für das unglückliche Land anschließt; Bitte, Grüße und beste Wünsche an die Gemahlin des Empfängers [Katharina] zu übermitteln.

Konzept
Lateinisch
1 Bogen Folio, S. 1–2 beschrieben, S. 4 Außenadresse, Bearbeitungsvermerk *Colla(cionatum)* und Registraturvermerk *Registrat(um).*
HBA G 1262, Nr. 28.

Nr. 320

[15]60 Oktober 14, Königsberg

[Herzog Albrecht] an Königin [Elisabeth] von England:

Empfang eines zu Westminster gegebenen Schreibens von [1560] Januar 1 mit dem Dank für die der Königin im Jahr zuvor zugesandten Falken; in diesem Jahr Sendung von acht Falken mit der Bitte, die Vögel gnädig in Empfang zu nehmen; Hoffnung, der Empfängerin damit zur Erleichterung der Seele und zu viel Kurzweil zu verhelfen.

Konzept
Lateinisch
1/2 Bogen Folio, S. 1 beschrieben, S. 2 Außenadresse und zeitgenöss. Betreff *Serenissima regina.*
HBA G 1262, Nr. 29 . – Altsignatur: 4/31/71 (IV).

Nr. 321

[15]60 Oktober 14, Königsberg

[Herzog Albrecht] an König [Franz II.] von Frankreich:

Erhalt eines Schreibens des Königs vom Januar [1560] mit dem Dank für die ihm zugesandten Falken; aus Zuneigung für den Monarchen Übersendung von acht aus dem Herzogtum stammenden Beizvögeln; Bitte, die Tiere gnädig aus der Hand des abgesandten herzoglichen Falkners entgegenzunehmen, sich bei der Beizjagd an ihnen zu erfreuen und des Herzogs dabei zu gedenken.

Konzept
Lateinisch
1/2 Bogen Folio, S. 1 beschrieben, S. 2 Außenadresse.
HBA G 1262, Nr. 30. – Altsignatur: 4/31/60

Nr. 322

[1560] Oktober 14, Königsberg

[Herzog Albrecht] an Herzog Franz von Lothringen-Guise:

Erhalt eines Schreibens mit dem Dank des Empfängers für die ihm im Jahr zuvor übersandten Falken; zur Bekundung seines aus einzigartigem Wohlwollen entsprungenen freundschaftlichen Willens Übersendung von sechs Falken in diesem Jahr; Bitte des Herzogs, die Vögel wohlwollend aufzunehmen in der Hoffnung, dem Empfänger mit den Tieren Vergnügen zu bereiten.

Konzept
Lateinisch
1/2 Bogen Folio, S. 1 beschrieben, S. 2 Außenadresse und Federprobe.
HBA G 1262, Nr. 31. – Altsignatur: 4/31/66

Nr. 323

[nach 1560 Dezember 5, Königsberg]

[Herzog Albrecht] an Antoine Maillet:

Antwort; Dank des Herzogs für die Bereitschaft Maillets, trotz des unlängst gemeldeten Todes König [Franz' II.] von Frankreich auf die früheren Angelegenheiten zurückzukommen und ihm erneut seinen Dienst und Rat anzubieten; hinsichtlich des zu erwirkenden Einfuhrprivilegs für Pottasche Befolgung des Mailletschen Ratschlags durch den Herzog mittels eines Schreibens an den Botschafter des französischen Königs in Dänemark, [Charles Quissarme, seigneur de] Danzay; wegen der Unsicherheit über das, was beim Botschafter zu erreichen ist, und aus vielen anderen Hindernissen heraus, Unvermögen des Herzogs, sich mit Maillet und seinen Gesellschaftern über die Pottasche vertraglich zu vereinbaren; Absicht des Herzogs, nach Gewährung des Privilegs und nach Maillets Rückkehr denselben und dessen Gesellschafter ehrenhaft mit einer Summe Geldes, einer Gewinnbeteiligung oder einer jährlichen Rente zu entlohnen.

Konzept
Lateinisch
1/2 Bogen Folio, S. 1 beschrieben, S. 2 zeitgen. Betreff *Responsum illustrissimi Prussiae ducis Antonio Mailleto datum*, Bearbeitungsvermerk *Ist ime nicht schriftlich, sondern durch Canitzen [Friedrich von Kanitz] muntlich gegeb(en) word(en)* und Registraturvermerk *Registrat(um).*
HBA G 1262, Nr. 32.

Nr. 324

1560 Dezember 19, Orléans

König Karl [IX.] von Frankreich an Herzog [Albrecht]:

Tod des königlichen Bruders [Franz II.] bei Ankunft des Briefzeigers; Absicht des Empfängers, die von seinen königlichen Vorgängern ererbte Freundschaft mit den Fürsten Deutschlands und vor allem mit dem Herzog weiter zu pflegen; Dank für die dem verstorbenen König zugesandten Falken und Angebot einer Gegengabe; *Bourdin (scripsit)*.

Ausfertigung
Französisch
1 Bogen Folio, S. 1 beschrieben, S. 4 Außenadresse.
Eigenhändige Ausstellerunterschrift und Siegelspuren.
Altsignatur: 4/31/96 (XV).

Beilage

Deutsche Übersetzung

1/2 Bogen Folio, S. 1–2 beschrieben.
Altsignatur: 4/31/61.
HBA G 743, Nr. 10.

Nr. 325

1560 Dezember 19, Orléans

[Herzog] Franz von Lothringen [-Guise] an Herzog [Albrecht]:

Einladung, vom Briefzeiger die Umstände des Todes von König [Franz II.] zu erfahren; Übergabe der dem toten König [Franz II.] zugesandten Falken durch den Briefzeiger an [Karl IX.], den Bruder und Nachfolger des Verstorbenen; Dank des Absenders für die ihm selbst übermittelten Beizvögel und Angebot einer Gegengabe.

Ausfertigung
Französisch
1 Bogen Folio, S. 1 beschrieben, S. 4 Außenadresse und Registraturvermerke *1560* und *Anno etc. 80*.
Eigenhändige Ausstellerunterschrift und -siegel.
Altsignatur: 4/31/97 (X).

Beilage

Deutsche Übersetzung

1/2 Bogen Folio, S. 1–2 beschrieben.
Altsignatur: ad 4/31/79 (X).
HBA G 743, Nr. 11.

Nr. 326

1560 Dezember 19, Westminster

Königin Elisabeth von England an Herzog Albrecht:

Empfang eines zu Königsberg datierten Schreibens von [1560] Oktober 14 nebst 10 Falken; Dank für das Geschenk und Ankündigung, bei Gelegenheit einen Wohlwollensbeweis dem Herzog zu übermitteln; *R[ogerus] Aschamus* (*scripsit*).

Ausfertigung
Lateinisch
1 Bogen Folio, S. 1 beschrieben, S. 2 Außenadresse und zeitgenöss. Betreff *Konigin zu Engellanndt dancket fur die zugeschickten falckenn.*
Eigenhändige Ausstellerunterschrift und -siegel.
HBA G 743, Nr. 12. – Altsignatur: 4/31/71 (V).

Nr. 327

1561 Januar 3, o. O.

[Instruktion Karls von Geldern und Antoine Maillets]:

Beachtung nachstehender Punkte durch die Beauftragten des Gesandten König [Karls IX.] von Frankreich beim dänischen König [Friedrich II.] Charles de Danzay, Karl von Geldern und Antoine Maillet, für ihre Verhandlung mit Herzog [Albrecht]; Versicherung des Gesandten, dem Herzog, seinem Sohn [Albrecht Friedrich] und den herzoglichen Untertanen nützen zu wollen; Erinnerung an die den französischen Königen und ihren Untertanen stets gezeigte Zuneigung des Herzogs; nach Einschätzung Danzays gute Aussichten für den Erwerb von Privilegien in Frankreich durch den Herzog zugunsten desselben und der Seinen; Stärkung der Freundschaft durch den Handel und durch andere gemeinnützige Dinge; durch Vermittlung Danzays Annahme dieser durch die Bemühungen Maillets in Gang gesetzten Sache durch den französischen König und seinen persönlichen Rat; Einladung an den Herzog, dem König und dem Kardinal [Karl] von Lothringen schriftlich seinen Willen zu bekunden und dabei die Fortsetzung der Freundschaft mit den französischen Königen zu betonen, die von seinen Untertanen zum Handeltreiben in Frankreich gewünschten besonderen Freiheiten zu nennen, diejenigen nützlichen Dinge aufzuzählen, von denen das Herzogtum Preußen und die angrenzenden Gebiete im Überfluß haben, und aufzuführen, was die herzoglichen Untertanen in Frankreich zu finden hoffen; Rat an den Herzog, den nutzbringenden Handel nicht länger hinauszuzögern, sondern Privilegien zu erbitten; Veranlassung des Herzogs, Danzay schriftlich mit der Beförderung dieser Angelegenheit beim französischen König zu betrauen; Zusicherung eines Kontors zu Rouen in der Normandie oder in einer anderen Stadt; Vereinbarung, Holz, Wachs, Pottasche, Leinen und anderes aus Preußen nach Frankreich aus- und von dort Salz, Tuche, Wein und andere Dinge einzuführen; Rat Danzays, im herzoglichen Schreiben an den Kardinal von Lothringen für die Olivaer Verhandlung zu danken; Bereitschaft Danzays, bei der Erfüllung anderer Bitten oder für den Schutz des Herzogs und seines Sohnes Hilfestellung zu leisten; Übernahme dieser Sache durch Maillet, um sie auf eigene Kosten im Auftrag Danzays zu besorgen, zu Ende zu vollziehen, in Frankreich zu veröffentlichen und dem Herzog zu übergeben; nach Erhalt eines herzoglichen Schreibens unverzügliche Rückkehr Maillets zu Danzay nach Dänemark, rascher Aufbruch nach Frankreich zur Ausführung des Vorhabens und Rückkehr Maillets zum Herzog.

Ausfertigung
Lateinisch
1 Bogen Folio, S. 1–4 beschrieben, S. 4 zeitgenössische Betreffe *Instruction durch Carolum von Geldern und Antonium Mailletum uberreicht* und *Instructiones et respons Latine etc.* und Registraturvermerk *Registrat(um).*
Unterschriften von Danzay, Geldern und Maillet.
HBA G 744, Nr. 1.

Nr. 328

[1561] Januar 6, o. O.

Herzog Albrecht an Charles de Danzay:

Erlaubnis des Briefzeigers David Römer (*Dauidem Ramer*), des Sohnes des herzoglichen Baumeisters [Christoph Römer], fremde Gegenden aufzusuchen; Ermahnung des Herzogs an den jungen Römer, sich zuerst ins Königreich Frankreich zu begeben, um dort möglich viel Nutzbringendes zu lernen; der Herzog wünscht, daß Römer sich vor allem mit dem Bau schöner und geräumiger Gebäude sowie mit dem verschiedener Befestigungen vertraut macht, um später damit dienen zu können; wegen des Bedarfs nach einem Beschützer Anempfehlung Römers; der Herzog vertraut in der Sache auf Danzay wie umgekehrt dieser auf den Herzog im Falle Karls von Geldern und Antoine Maillets; Bitte, David Römer empfohlen zu halten und demselben nach Möglichkeit in allen Dingen zu helfen; Versprechen des Herzogs, sich erkenntlich zu zeigen; *princeps audivit.*

Konzept
Lateinisch
1 Bogen Folio, S. 1–2 beschrieben, S. 4 Außenadresse, Bearbeitungsvermerk *Colla(cionatum)* und Registraturvermerk *Registrat(um).*
HBA G 1262, Nr. 33.

Nr. 329

[15]61 Januar 7, o. O.

Herzog [Albrecht] an die Unterhändler Charles de Danzays, Karl von Geldern und Antoine Maillet:

Antwort; Dank an Danzay für die dem Herzog und seinem Sohn [Albrecht Friedrich] gegenüber bekundete Zuneigung und Erwiderung des Wohlwollens durch den Herzog; dankbare Annahme des zuletzt von Danzay unterbreiteten Angebotes bezüglich einer zum französischen König [Karl IX.] zwecks Gewährung von Privilegien für den Herzog und seine Untertanen abzufertigenden Gesandtschaft; Ablehnung der von den Empfängern vorgebrachten Dringlichkeit der Umstände; obwohl der Herzog der Meinung ist, daß die Ausübung des Handels zwischen seinen und des französischen Königs Untertanen Sache der Untertanen ist, Entschluß, den König in der Angelegenheit um etwas zu ersuchen; Bitte des Herzogs an Danzay um Rat und Tat wegen eines dem König zu verehrenden Geschenkes; Dank an Maillet für dessen Bereitschaft, die Angelegenheiten des Herzogs beim König zu vertreten, und Versprechen, Maillet dafür nach Möglichkeit zu entlohnen; Dankesbekundung an Karl von Geldern für dessen Reise zum Herzog; *princeps et cancellarius audivere.*

Konzept
Lateinisch
1 Bogen Folio, S. 1–3 beschrieben, S. 4 Außenadresse, zeitgenöss. Bearbeitungsvermerke *Muntzern zu antwort(en), Carolo (nit) bescheid hir zu such(en)* und *umbschl(lagen)* sowie Registraturvermerk *Registrat(um).*
HBA G 1262, Nr. 34.

Nr. 330

1561 Januar 31, o. O.

Antoine Maillet an Herzog [Albrecht]:

Gutachten zur Herstellung von Pottasche; Erwirken von Privilegien zugunsten des Herzogs und des herzoglichen Faktors Maillet und Ausdehnung der Privilegien auf Maillets Nachfolger und Erben für seinen binnen fünf Jahren eintretenden Todesfall wegen Maillets Urheberschaft des Unternehmens und wegen der damit verbundenen hohen Eigenkosten; Recht auf Nießnutz der Privilegien durch Maillet, falls der Herzog binnen dieser Zeit verstirbt und seine Nachfolger oder Diener (*ministri*) davon keinen Gebrauch machen wollen; bei mangelndem Interesse des Herzogs Absicht Maillets und seiner Freunde, auch ohne Privilegien [Pottasche] zu verschicken und zu verkaufen; Hoffnung, bereits im März [1561] bis zu zwei erfahrene Fachkräfte aus Frankreich zur Verfügung zu haben; Beachtung der Bodenbeschaffenheit trotz Vorkommnis geeigneter Holzarten; Unentschlossenheit der [ausgewählten] Fachkräfte wegen der noch fehlenden Arbeiter; Absicht jener, diese binnen Jahresfrist so anzulernen, daß sie selbst entbehrlich werden; Anheuerung einer Fachkraft für die Monate Februar bis Juli durch Maillets Freunde mit einem monatlichen Entgelt von neun Mark preußischer Währung und zusätzlicher Zehrung für die Zeit der Anreise, der Anwesenheit und der Abreise; Bereitschaft der Fachkraft, sein ihn ausreichend ernährendes Vaterland zu verlassen erst nach Zuordnung einer zweiten, minder kostspieligen Fachkraft als Vertretung im Krankheitsfall; vertraglicher Anspruch der Fachkraft auf Bekleidung; Bevorzugung von Eichen-, Buchen- und Hainbuchenholz, das nach Auskunft der preußischen Freunde Maillets umsonst oder zu einem geringen Preis zu haben ist wegen der Geringschätzung der Wälder und der Bevorzugung von Ackerland; Gebrauch von Fässern bis zu fünffacher Aufnahmefähigkeit der landesüblichen Gefäße; der ungefähre Verkaufswert eines Fasses zu Paris beläuft sich auf 10 Mark preußischer Währung; rund zwei Taler Frachtkosten von Danzig bis nach Paris; Herstellung von bis zu vier Faß Pottasche in 12 Tagen durch vier Arbeiter; Berücksichtigung des Aufwandes für die vier Arbeiter und des Transportes vom Brennplatz bis nach Danzig oder unmittelbar bis nach Frankreich; Absicht Maillets und seiner Freunde, die Ware vor der Verfrachtung gegen die Gefahren auf See bei Antwerpener Kaufleuten zu versichern; Herstellung der Asche sommers und winters und Lagerung derselben im Trockenen; unter Berücksichtigung all dieser Dinge und unter Abzug der Kosten Aussicht auf einen Reingewinn von zwei und einer halben Mark auf das für 10 Mark verkaufte Faß; 1000 Taler Reingewinn bei Pottasche mit einem Verkaufswert von 4000 Talern; wegen des Überangebotes an Holz mangelnde Bereitschaft Maillets und der Seinen, viel dafür zu zahlen; Verteilung des Gewinns gemäß den jeweiligen Auslagen der Beteiligten für Zehrung, Fuhrlohn und Zölle; bei unentgeltlichem Einsatz herzoglicher Untertanen Bereitschaft Maillets, dem Herzog einen Ausgleich für die Kosten der andernfalls angeworbenen Arbeiter zu zahlen; bei Ablehnung des Überseetransportes durch den Herzog Recht Maillets auf Ankauf gut hergestellter und recht gemessener Asche zum Zweck des Weiterverkaufs in Frankreich; Annahme dieses Punktes durch Maillet vorbehaltlich der Zustimmung seiner Freunde; nach Bedarf Ankauf geeigneter Wälder in der Nähe der eigenen durch den Fürsten; Entlohnung des lediglich für die Verfrachtung und den Verkauf der Asche zuständigen Maillet durch Besoldung oder durch eine am Faß ausgerichtete Beteiligung; Abhängigkeit weiterer Berechnungen von der Ankunft der Arbeiter; bei Erfolgen der reinen Lehre in Frankreich günstige Möglichkeit Maillets, Privilegien für sich und die Seinen zu erlangen; sonst Bevorzugung, die Asche im Namen des Fürsten zu verschicken und zu verkaufen, und zwar unter Gewinnmitteilung an den Herzog; Höchstkostenveranschlagung zur Vermeidung des Selbstbetruges; Herstellung von drei Faß Asche durch vier Arbeiter in 12 Tagen bei einem in Paris zu erzielenden Verkaufspreis von 30 Mark; drei Groschen je Tag beziehungsweise sieben Mark und vier Groschen in 12 Tagen für Lohn und Kost eines Arbeiters; 12 Groschen Herstellungskosten für drei Fässer; einen halben Taler Lohn für die Fuhre nach Danzig, einen halben Taler Zoll und zwei Taler für die Ausfuhr aus der Stadt; drei und eine halbe Mark je Faß für Fracht und Zoll von Danzig bis Paris, was zusammengerechnet 10 1/2 Mark beträgt; bei drei Fässern mit einem Verkaufspreis von 30 Mark Kosten in Höhe von 21 Mark, 12 Groschen, was einen Gewinn von acht Mark und acht Groschen ausmacht; nur ein Viertel Gewinn bei zusätzlicher Berücksichtigung von 18 Groschen für Unvorhergesehenes; 10 Mark Gewinn im Falle der Herstellung von vier Faß Asche in 12 Tagen unter einem Kostenanteil von einem Drittel beziehungsweise zwei Mark und acht Groschen; höherer Gewinn bei der Herstellung von fünf Fässern [in 12 Tagen]; 3000 Mark Gewinn bei einer leicht erreichbaren Jahresleistung von 1000 Faß und Einladung, daran die Ausgaben für die Arbeit und die Zehrung des Faktors zu messen; gute Verkaufsmöglichkeiten von Pipenholz bei den Kaufleuten zu Brouage, von denen günstig Salz zu beziehen ist, was den herzoglichen Gewinn erhöht; Absatzmöglichkeit von anderem Holz, für das Maillet Maßangaben zur Verfügung stellen will; Herstellung von 1000 Faß Asche und von 200 großen Fässern im Jahr durch 100 Arbeiter.

Reinschrift
Lateinisch
2 Bogen Folio, S. 3–7 beschrieben, S. 8 zeitgenöss. Betreff *Declaratio cinerum a Mailleto.*

Beilage

Deutsche Übersetzung

2 Bogen Folio, S. 1–8 beschrieben.
HBA G 744, Nr. 2.

Nr. 331

1561 Februar 1, o. O.

Herzog Albrecht an den Gesandten des französischen Königs in Dänemark [Charles de Danzay]:

Gutwilligkeitsversicherung Danzays durch die Edelleute Karl von Geldern und Antoine Maillet und Ermunterung des Herzogs zur Freundschaft mit dem französischen König [Karl IX.], die Danzay als leicht zu erreichen einschätzt; Anregung Danzays, den König zum Nutzen des Herzogs und dessen Untertanen um Privilegien zu ersuchen; Dank und Erkenntlichkeitsversprechen des Herzogs; Versicherung, seit jeher den französischen Königen seine Zuneigung entgegengebracht und von einigen klare Gnadenbezeugungen erhalten zu haben sowie oftmals zur Äußerung von Wünschen aufgefordert worden zu sein; angesichts der Lage der Dinge in Frankreich bisherige Zurückhaltung des Herzogs in dieser Sache; Furcht vor dem Ausbruch großer Unruhen in Frankreich nach dem kürzlich erfolgten Tode aller französischen Könige; wegen der Unkenntnis des Herzogs von dem augenblicklichen Zustand des Königreiches Verschiebung einer Entscheidung; jedoch zwischenzeitliche Unterrichtung des Herzogs durch Maillet vom großen Bedarf an Pottasche in Paris und in Frankreich; aus Zuneigung zum französischen Volk und zu seinen Königen Angebot des Herzogs, sorgfältig gebrannte Pottasche nach Frankreich zu einem ausgewogenen und annehmbaren Preis zu liefern unter der Voraussetzung eines für die Lebensdauer des Herzogs und seines Sohnes [Albrecht Friedrich] oder doch mindest für eine gewisse Anzahl von Jahren ausgestellten Privilegs, das die mit Schiffen bis nach Rouen zu erfolgende Belieferung durch andere aus den nördlichen Gegenden ausschließt; zum Ausgleich der hohen Kosten für die aus Frankreich herangeführten Arbeitsleute und für das anderswo benötigte Holz Wunsch nach Erlaubnis, in Rouen ein zur Zwischenlagerung der Pottasche geeignetes Haus zu errichten und Antoine Maillet als Faktor einzusetzen; der Herzog zweifelt nicht, daß im Falle der Erfüllung seines Wunsches die Freundschaft zwischen ihm und den französischen Königen vertieft wird; Bitte an Danzay, beim König darauf hinzuwirken, und Versprechen, sich erkenntlich zu zeigen.

Konzept
Lateinisch
1 Bogen Folio, S. 1–3 beschrieben, S. 4 Außenadresse, Bearbeitungsvermerke *Colla(cionatum)* und *Garbemck*, Registraturvermerk *Registrat(um)* und Federprobe.
HBA G 1262, Nr. 35.

Nr. 332

1561 März 13, Genf

Johannes Calvin an Herzog Albrecht wegen des Todes von Claudius Druotus a Grandivalle:

[Deutsche Übersetzung in: Europäische Briefe, S. 137]

Ausfertigung
Lateinisch
1 Bogen Folio, 4 Bogen Umschlag, S. 1 beschrieben, S. 4 Außenadresse.
Ausstellerunterschrift und Siegelreste.

Beilage

[nach 1561 März 13]

Herzog Albrecht an Johannes Calvin:

Empfang der Nachricht über den Tod des Claudius Druotus a Grandivalle und Erschütterung darüber; Bedauern, auf die Dienste des Verstorbenen nicht mehr hoffen zu können; Dank an Calvin für die Übermittlung der Nachricht; Bitte des Herzogs, die von Grandivalle abgefaßten Bücher über das Militärwesen, falls sie noch vorhanden sind, für ihn auf seine Kosten sorgfältig abschreiben zu lassen.

Konzept
Lateinisch
1/2 Bogen Folio, S. 1 beschrieben.
HBA G 745, Nr. 1. – Altsignatur: LXII, 12.

Nr. 333

[1561] April 28, o. O.

[Herzog Albrecht] an König [Philipp] von Spanien:

Der Anzeige herzoglicher Untertanen zufolge Requirierung eines vom Herzogtum nach Spanien segelnden Schiffes für ein Seegefecht; Bedarf dieses Schiffes durch den Herzog zur Landesverteidigung und zum Heil der Christenheit gegen den mächtigen moskowitischen Herzog [Ivan IV.]; Bitte an den König, die Freigabe des Schiffes anzuordnen, damit es rasch in den herzoglichen Hafen zurückkehren kann; Dank und Erkenntlichkeitsversprechen.

Konzept
Lateinisch
1/2 Bogen Folio, S. 1 beschrieben, S. 2 Außenadresse, Bearbeitungsvermerk *Colla(cionatum)*, Registraturvermerk *Registrat(um)* und Federprobe.

Beilage

Nomen naucleri, qui huic navi, de qua scribimus, preest, est Marcus Offa. Ipsa navis vero appelatur Gideon.
Konzept
1 Blatt (18,5 cm x 9 cm), S. 1 beschrieben.
HBA G 1262, Nr. 36.

Nr. 334

1561 Mai 5, Kopenhagen

Charles de Danzay an Herzog Albrecht:

Empfang eines herzoglichen Schreibens durch Antoine Maillet und David Römer; trotz Abwesenheit Hilfsangebot für den Herzog und Versprechen, für die notwendigen Dinge zu sorgen; Bedauern über sein Unvermögen, größere Dienste in der Kürze der Zeit nicht geleistet zu haben; Pflicht, die in seinem Namen dem Herzog gemachten Vorschläge im folgenden zu erläutern, um seine Treue und Unbescholtenheit unter Beweis zu stellen: vor eineinhalb Jahren Besuch in Dänemark durch den aus Danzig kommenden Antoine Maillet; vorheriges vertrauliches Gespräch zwischen Maillet und dem edlen Herrn Karl von Geldern über eine Maßnahme zur Stärkung der freundschaftlichen Bande zwischen den französischen Königen und dem Herzog; bei aller Hochachtung dem Herzog gegenüber Billigung des Gedankens durch Danzay und Bitte um Entschuldigung für etwaige unbeabsichtigte Schritte; Beteuerung des Absenders, zum Zeitpunkt der Unterbreitung der Gedanken Maillets weder etwas vom Willen des Herzogs und vom Stand des herzoglichen Handels gewußt noch einen Auftrag vom französischen König gehabt zu haben; Überflüssigkeit, etwas, wodurch die Fürsten sich gegenseitig zu verpflichten pflegen, in den Mittelpunkt zu stellen; Abschlüsse von Bündnissen und Verträgen zwischen den meisten Fürsten zur Aufrechterhaltung des Wohlwollens und zur gegenseitigen Hilfe; Bedarf der Franzosen an vielen Waren aus Rußland, Litauen, Polen, Livland und den Gebieten des Herzogs; verlustreiche Handelsfahrten der Untertanen des französischen Königs zu jenen nördlichen Ländern und deshalb Zwang für sie, bei ihren deutschen, belgischen, schottischen und englischen Nachbarn die benötigten Waren zu kaufen; infolge der zum großen Teil an die See grenzenden Gebiete des Herzogs Erkundigung Danzays bei Maillet über nach Frankreich zum Zweck des Einkaufs von Salz, Wein, Tuchen und anderen Waren segelnde herzoglichen Untertanen; fehlende Tätigkeiten dieser Art nach Einschätzung Maillets und deswegen Einschreiten Danzays; im Falle des Versprechens des französischen Königs dem Herzog gegenüber, ein Haus oder Gebäude in irgendeiner Stadt des Königreiches erwerben zu dürfen, um dort Handelwaren zu stapeln und später zu verkaufen, Hoffnung auf den Nutzen für die Untertanen beider Herrscher; in Verfolgung der Angelegenheit Reise mit Maillet zum französischen König und Schreiben an einige königliche Räte; Entgegennahme wohlwollender Antworten, aber wegen ungewisser Vorstellungen keine sicheren Zusagen; Anheimstellung der Reise Maillets von Frankreich über Dänemark nach Danzig durch den Absender, um mit dem als dem Herzog sehr ergebenen eingeschätzten Karl von Geldern wiederum über die Angelegenheit zu reden, sie gegebenenfalls den herzoglichen Räten vorzutragen und um die Zustimmung des Herzogs einzuholen; Versprechen Danzays, dem Herzog die vollste Unterstützung angedeihen zu lassen; Ermahnung an Maillet, keine unsicheren Dinge für wahr auszugeben; wegen des Handels Bedarf an vielen Beratschlagungen; Beladung des Absenders mit größter Schande im Falle von nicht eingehaltenen Versprechungen, deshalb Einweihung des Herzogs in die ganze Handlung; Zusage, keine auf Kosten des Herzogs gehende Vorschläge zu unterbreiten, Ergebenheitsversicherung Danzays und Angebot, weiterhin hilfreich zur Seite zu stehen; aufgrund einer herzoglichen Bitte Schreiben Danzays an den französischen König Karl [IX.], an die Königinmutter Katharina, an den mit ihr die Verwaltung des Königreichs innehabenden König Anton von Navarra und an den mit besonderer Klugheit ausgestatteten Konnetabel Anne de Montmorency; Zuversicht Danzays hinsichtlich der Gewährung der Asche- und Handelsprivilegien, aber weniger Sicherheit, was die Erlangung der Partikular-Privilegien angeht; Diensterbietung und Bitte, seine künftigen Schreiben vertraulich zu behandeln.

Ausfertigung
Lateinisch
2 Bogen Folio, 1 Bogen Umschlag, S. 3–6 beschrieben, S. 8 zeitgenöss. Rubrum *Carolus Da[nzaeus]*[a], *des konigs zu Franck[eich gesandter in Denemarcken ...]*[a], Registraturvermerke *Capsa Franckreich etc., 1561* und *J.*
Eigenhändige Ausstellerunterschrift und -siegel.
HBA G 745, Nr. 2. – Altsignatur: 4/21/31

a) Durch Wasser- und Stockflecken unleserlich.

Nr. 335

1561 Mai 12, Königsberg

Denkschrift Herzog Albrechts für Horatius Curio wegen des Baues von Schiffen für Venezianer:

[Vollregest bei Hermann Ehrenberg: Die Kunst am Hofe der Herzöge von Preußen, Leipzig, Berlin 1879, Nr. 446, S. 195]

Konzept
2 Bogen Folio, 1 Bogen Umschlag, S. 3–6 beschrieben, S. 8 zeitgenöss. Betreff *Memorial uff Horatium Curionem.*
HBA G 745, Nr. 3. – Altsignatur: 6/50/101

Nr. 336

1561 Juni 14, Saint-Germain-en-Laye

König Karl IX. von Frankreich an seine Amtsträger:

Wunsch des preußischen Herzogs, den König zu beschenken und den königlichen Handel insbesondere durch Einfuhr von Bedarfsgütern in das Königreich zu befördern; vermittels herzoglicher Beauftragter Anzeige der im Herzogtum herstellbaren Menge an Pottasche; besonderer Bedarf an Pottasche in Paris, wo sie zur Laugebereitung und zur Reinigung von Leinwand Verwendung findet; Versprechen des Herzogs, den Bedarf an gewohnt guter Asche zu einem angemessenen Preis decken zu wollen, und Zusicherung, dafür eine ausreichende Zahl erfahrener Aschebrenner anzuwerben; zeitlich begrenztes Verbot für Leute aus dem Norden, die gleichen Waren einzuführen, um dem Herzog Gewinne zum Ausgleich seiner hohen Kosten zu ermöglichen; dankbare Entgegennahme des wohlwollend gemeinten herzoglichen Angebotes durch den König, nicht zuletzt wegen der damit einhergehenden Schonung der den königlichen Untertanen äußerst nützlichen Wälder; aufgrund der zur Aschebereitung benötigten großen Menge an Holz und wegen des riesigen Arbeits- und Frachtaufwandes Wunsch des Königs, den Herzog ebenfalls zu beschenken mit der Gewährung einer mit dem Datum dieses Schreibens anhebenden fünfjährigen Geltungsdauer, um eine unbegrenzte Menge an Pottasche in die unter königlicher Rechtsprechung stehenden Gebiete einführen und sie den königlichen Untertanen zu einem angemessenen Preis verkaufen zu können; Übertragung dieser Aufgabe an Antoine Maillet als Generalfaktor oder an andere Handelsbeauftragte durch den Herzog; Versicherung, deren durch Diplome oder durch ordungsgemäße Abschriften davon ausgewiesenen Beauftragten Glauben zu schenken; Verbot für Kaufleute aus dem Norden, ohne herzogliche Erlaubnis binnen der Fünfjahresfrist Pottasche ins Königreich einzuführen; von dieser Regelung ausgenommen sind diejenigen königlichen

Untertanen, die bisher diese Art von Handel in der Champagne, in Burgund und in anderen Teilen des Königreiches ausgeübt haben; zur Hebung des herzoglichen Gewinnes Befreiung der in dessen Auftrage gelieferten Asche von allen Abgaben, Torzöllen und ähnlichem; Befreiung von den Seinezöllen von Le Havre bis nach Paris auf Waren, die in nicht aus Flechtwerk bestehenden Behältnissen transportiert werden; Erlaubnis zur Errichtung von Kontoren in Rouen oder in Paris zur Lagerung der eingeführten Waren und Zusicherung, die herzoglichen Beauftragten in den Städten und Kontoren sicher und ruhig wohnen zu lassen; Verbot, die Nutzung dieses Privilegs zu behindern oder behindern zu lassen, und Gebot, Verstöße dagegen zu ahnden.

Abschrift
Lateinisch
1 Bogen Folio, S. 1–3 beschrieben, S. 4 zeitgenöss. Betreff *Privilegium cinerum Prus[sicorum].*

Beilagen

I. Deutsche Übersetzung

2 Bogen Folio, S. 1–5 beschrieben, S. 8 zeitgenöss. Betreffe *Copia ko[nigliche]r ma[iestet] in Franckreich vorschreibung uber f[urstlicher] d[urchlauch]t zu Preussen etc., meines gnedigst(en) herrn asche etc., Aschhandel* und *1.*

II. Deutsche Übersetzung

2 Bogen Folio, S. 1–7 beschrieben, S. 8 zeitgenöss. Betreff *Privilegium des konigs aus Frankreich.*
HBA G 744, Nr. 3. – Altsignatur: 4/21/45.

Nr. 337

1561 Juni 20, Tilsit

Herzog Albrecht an Charles de Danzay:

Erhalt eines zu Kopenhagen gegebenen Schreibens des Empfängers [von 1561 Mai 5] über ein zwischen Danzay und Maillet geführtes Gespräch sowie über das künftige Wirken Danzays zugunsten des Herzogs und seiner Untertanen; Wunsch des Herzogs, eine Stellungnahme Danzays zu der zwischen dem Herzog und Maillet geführten Unterredung zu bekommen; Dank für Danzays Bereitschaft, sich für den Nutzen des Herzogs und seiner Untertanen einzusetzen, und Erkenntlichkeitsversprechen; die am Ende von Danzays Schreiben gemachte Hoffnung, die zwischen dem Herzog und Maillet besprochenen Dinge zu bekommen, empfiehlt der Herzog dem Willen des französischen Königs [Karl IX.].

Konzept
Lateinisch
1 Bogen Folio, S. 1–2 beschrieben, S. 2 Außenadresse, Bearbeitungsvermerk *Colla(cionatum)* und Registraturvermerk *Registrat(um).*
HBA G 1262, Nr. 37.

Nr. 338

1561 August 5, Kopenhagen

Charles de Danzay an Herzog Albrecht:

Empfang eines herzoglichen Schreibens vom 20. Juni [1561] bezüglich einer vielversprechenden Unterredung mit Danzays Vertrautem, Antoine Maillet, und des Wunsches nach Erfolg der Bemühungen Danzays beim französischen König [Karl IX.]; nach Ansicht Danzays getreue Pflichterfüllung in dieser Sache, was der Herzog aus früheren Schreiben entnehmen kann; in durch Maillet übermittelte Schreiben Danzays an den französischen König und an die Großen des Königreiches Betonung des stetigen Wohlwollens des Herzogs den französischen Königen gegenüber, Einschätzung, die beiderseitigen Einkünfte durch die Aufnahme von Handelstätigkeiten zu heben, und Bitte um Gewährung von Privilegien zur Erleichterung der Handelsaufnahme; vor wenigen Tagen Empfang einer Antwort des Königs, aber zur Vermeidung von Mißverständnissen Mitteilung der allgemein formulierten Antwort an den Herzog erst nach der Rückkehr Maillets; wohlwollende Aufnahme der Gedanken durch [Karl IX.] und Bekundung seiner freundschaftlichen Verbundenheit mit dem Herzog; Versprechen des Königs, die Privilegien freigebig, freundschaftlich und zur Hebung des Ansehen des Herzogs und des Nutzens seiner Untertanen zu gewähren; voraussichtliche Rückkehr Maillets nach Ablauf des Monats [Juni 1561].

Ausfertigung
Lateinisch
1 Bogen Folio, 1 Bogen Umschlag, S. 1–2 beschrieben, S. 4 Außenadresse, zeitgenöss. Rubrum *Carolus Danzeus schreibt, das er f[urstliche] d[urchlauch]t die privilegien beij der ko[nigliche]n wirden zu Franckreich zu erhaltenn vortrostung empfangen etc. mit gar vleissiger diensterpietung* und Registraturvermerk 2.
Eigenhändige Ausstellerunterschrift und -siegel.
HBA G 745, Nr. 4. – Altsignatur: 4/21/30.

Nr. 339

[15]61 September 5, o. O.

Herzog Albrecht an den Nuntius Iohannes Franciscus Canobius:

Auf die Einladung des Nuntius, am Konzil von Trient teilzunehmen, läßt der Herzog antworten, daß er nach seiner Ausrufung zum Hochmeister des Deutschen Ordens (*ordinis Theutonici magister*) weniger beim Orden als bei der übrigen römischen Kirche fürchterlichen Mißbrauch und abergläubische Gebräuche festgestellt und mit großem Schmerz gesehen hat, daß diese nicht unterdrückt, daß die wahre Lehre des Evangeliums zu sehr beschwert und die Volksreligion zu sehr gehütet werden; aufgrund des Auftrages Christi und nach eingehender Lektüre der heiligen Schriften

Schärfung des Bewußtseins vom Mißbrauch in der Kirche und Beschluß, Abhilfe zu schaffen; dem die Abschaffung der Götzenbilder beinhaltenden göttlichen Auftrag zufolge Abschüttlung der Verpflichtung zum Gehorsam dem römischen Stuhl gegenüber durch den Herzog und Reinigung seiner Kirchen gemäß wahrer evangelischer Lehre; das Vorgehen des Herzogs hat der gerechte Eifer nach Frömmigkeit im Einklang mit den durch die heiligen Schriften und der alten apostolischen und katholischen Kirche gelegten Grundlagen bestimmt; Schreiben vieler Reichsfürsten und einiger Stände zu Augsburg an Kaiser Karl V. mit dem Hinweis auf den Bedarf an Verkündung der reinen Religion mit starken Grundlagen in Christus und in den Schriften der Propheten und Apostel; Verbannung der mit dem Wort Gottes bekämpften römischen Götzenbilder und menschlichen Überlieferungen durch den preußischen Herzog und gewissenhafte Billigung der wahren christlichen Lehre seit langer Zeit durch ihn; Absicht des Herzogs, bis zu seinem letzten Atemzug bei der erkannten evangelischen Wahrheit zu bleiben, der Authorität des römischen Bischofs in religiösen Angelegenheiten weiterhin die Anerkennung zu versagen und denselben zusammen mit den Fürsten und Ständen der Augsburger Konfession als Gegner zu betrachten; Ablehnung der Rechtsprechungsbefugnis des ökumenischen Konzils und der göttlichem und menschlichem Recht zuwiderlaufenden Schriften; jedoch Wunsch des Herzogs nach einem freien christlichen und ökumenischen oder nach einem nationalen (*nationale*), in Deutschland (*in Germania*) vom Kaiser, den Fürsten und den Ständen einzuberufenden Konzil und Bereitschaft, zusammen mit den verbundenen Fürsten sich nach Maßgabe der Frömmigkeit dem päpstlichen Joch zu beugen, aber nichts zur Verbreitung der göttlichen Wahrheit und des göttlichen Ruhms zu unterlassen; hinsichtlich des derzeit vom Papst [Pius IV.] anberaumten Konzils Beratschlagung des Herzogs mit den übrigen Fürsten der Augsburger Konfession; Forderung des Herzogs an den Nuntius, seine Antwort dem Papst in vollem Wortlaut mitzuteilen; Absicht, sich dem Nuntius derart wohlwollend zu zeigen, daß er das Gewicht des Herzogs beim polnischen König [Sigismund II. August] und beim ermländischen Bischof [Stanislaus Hosius] erkennt und daß seine Person zuvorkommend behandelt wird.

Mundum
Lateinisch
1 Bogen Folio, S. 1–3 beschrieben, S. 4 zeitgenöss. Betreff *Responsum illustrissimi Prussiae ducis legato pontifitio [!].*

Beilage

Kurzregest von Hand des 19. Jahrhunderts.

1 Blatt (34,2 cm x 21,8 cm), S. 1 beschrieben.
HBA G 1262, Nr. 38. – Altsignatur: 4/11/30

Nr. 340

[1561] Oktober 10, o. O.

Herzog [Albrecht] an König [Karl IX.] von Frankreich:

Erhalt eines Schreibens mit der Anzeige des Todes des königlichen Bruders [Franz II.]; Trauer des Herzogs und Hoffnung für den König auf baldige Trostfindung; Genugtuung über die Nachricht von der Übergabe der für den Verstorbenen bestimmten Falken an den Empfänger und Freude über die Mitteilung, daß dem König die Vögel gefallen haben; Versicherung des Herzogs, dem König gegenüber nicht weniger zugeneigt zu sein wie dessen Bruder; Dank für das trotz des geringen Geschenkes entgegengebrachte Wohlwollen und Ankündigung des Herzogs, sich der in ihn gesetzten Zuneigung würdig zu erweisen; zum Beweis des Wohlwollens Übersendung von zehn Falken durch einen herzoglichen Falkner mit der Bitte um gnädige Aufnahme des zur Kurzweil bestimmten Geschenkes.

Konzept
1/2 Bogen Folio, S. 1 beschrieben, S. 2 Außenadresse, Bearbeitungsvermerk *Coll(acionatum)*, Registraturvermerk *Registrat(um)* und Federproben.
HBA G 1262, Nr. 39.

Nr. 341

1561 Oktober 10, Königsberg

Herzog Albrecht an König [Anton] von Navarra:

Erhalt der Nachricht vom Ableben des französischen Königs [Franz II.], was den Herzog wegen des Verlusts eines Freundes bestürzt hat; Ankündigung, für den neuen König [Karl IX.], für Frankreich und für den Empfänger als Regenten bei Gott zu beten; ob der Tugenden des Empfängers Übermittlung von fünf Falken durch den Briefzeiger; Hoffnung auf wohlwollende Entgegennahme des Geschenkes und Wunsch, dem König dadurch Freude und Entspannung zu verschaffen, damit der Herzog in guter Erinnerung bleiben kann; Bitte des Herzogs, ihn mit Schreiben zu besuchen.

Mundum
Lateinisch
1 Bogen Folio, S. 1 beschrieben, S. 4 Außenadresse, Bearbeitungsvermerke *9 octobris* und *Coll(acionatum)* sowie Registraturvermerk *Registrat(um)*.
HBA G 1262, Nr. 40.

Nr. 342

[1561] Oktober 10, o. O.

[Herzog Albrecht] an Königin [Elisabeth] von England:

Erhalt ihres beifälligen Schreibens zu den ihr im Vorjahr zum Ausdruck des herzoglichen Bemühens um ihre Person übersandten Falken; zum Beweis der fortdauernden Zuneigung Übermittlung von zehn Falken durch den Briefzeiger und Bitte, das Geschenk freudig anzunehmen; der Herzog betet bei Gott, damit die Königin bei der Beizjagd an den Tieren Freude findet, und hofft, so in guter Erinnerung zu bleiben; Entschuldigung der geringen Anzahl der Vögel mit den Unbilden der Witterung.

Konzept
Lateinisch
1/2 Bogen Folio, S. 1 beschrieben, S. 2 Außenadresse, Bearbeitungsvermerk *Coll(acionatum)* und Registraturvermerk *Registrat(um)* sowie eine Federprobe.
HBA G 1262, Nr. 41.

Nr. 343

[15]61 Oktober 10, o. O.

[Herzog Albrecht] an König [Philipp II.] von Spanien:

Leichter diesjähriger Falkenfang im Herzogtum; zum Ausdruck der herzoglichen Zuneigung Übersendung von zehn Falken durch den Briefzeiger *Adrianus Christianus*, den der Markgraf von Aquilar [Luis Fernandez Manrrique] an den Herzog gesandt hat; Bitte, die Falken wohlwollend aufzunehmen, sich mit ihnen bei der Beiz zu vergnügen und seiner zu gedenken; Ersuchen des Herzogs, ein Schreiben an ihn dem herzoglichen Falkner Anton Dankwart (*Antonius Dunkart*) in Kaiserswerth (*Wert*) zuzustellen.

Konzept
Lateinisch
1/2 Bogen Folio, S. 1 beschrieben, S. 2 Außenadresse, Bearbeitungsvermerk *Coll(acionatum)* und Registraturvermerk *Registrat(um).*
HBA G 1262, Nr. 42.

Nr. 344

[1561] Oktober 10, o. O.

[Herzog Albrecht] an den Markgrafen von Aquilar, Luis Fernandez Manrrique (*Mauriquae*):

Ausweisung des Briefzeigers als Gesandten des Empfängers mit dem Auftrag, ihm die für den spanischen König [Philipp II.] bestimmten Falken im gegebenen Fall anzuvertrauen; gelegentlich der Beschenkung des Königs durch den Herzog Übermittlung von Falken an den Empfänger zum Zeichen der Zuneigung; bei Eintreffen des Briefzeigers vor der Verteilung der Falkengeschenke an die Herren und Freunde des Herzogs Zweifel des Herzogs an der willkommenen Aufnahme dieses Abschieds durch den Empfänger wegen der seit zwei Jahren fehlenden Kenntnis des Herzogs vom Wunsch Manrriques nach Falken; um den Diener nicht mit leeren Händen zurückkehren zu lassen und aus Zuneigung und Aufmerksamkeit zum Empfänger Übermittlung von vier Falken durch jenen; Bitte um wohlwollende Aufnahme des Geschenkes in der Hoffnung, Manrrique damit viel Vergnügen zu bereiten.

Konzept
Lateinisch
1 Bogen Folio, S. 1–2 beschrieben, S. 4 gestr. Außenadresse, Bearbeitungsvermerk *Coll(acionatum)*, gestr. Textbeginn *Magnifice domine, etsi nulla hactenus nobis cum magnificentia domino vestra intercessit, tamen cum* sowie Registraturvermerk *Registrat(um)*.
HBA G 1262, Nr. 43.

Nr. 345

[1561] November 30, Genf

Johann Morel an Herzog Albrecht:

Große Ergebenheit des in Krieg und Frieden erfahrenen Claudius Druotus a Grandivalle (*Claudius Granualius*) dem Herzog gegenüber, was der Absender aufgrund der gemeinsamen Erziehung zu Paris und in Italien und wegen der in Savoyen (*in Allobrogibus*) gepflegten Beziehungen bezeugen kann; Aufwendung großer Mühe und hoher Kosten für die geplante Reise durch Grandivalle und Verhinderung der trotz fiebriger Krankheit beabsichtigten Auswanderung des Grandivalle und seiner ganzen Familie nach Preußen durch den Tod; Reise Morels nach Frankreich vor dem Ableben Grandivalles; vor mehr als drei Jahren Abfassung eines Buches über Militärwesen für den Herzog durch den im Gebrauch der lateinischen Sprache ungeübten und des Deutschen unkundigen Grandivalle; Bitte Grandivalles an Morel, sein Buch ins Lateinische zu übersetzen; Erfüllung des Freundschaftsdienstes durch den Absender trotz starker sonstiger Beanspruchung; Auftrag König [Antons] von Navarra (*Cantabrorum regis*), das Buch zu übersetzen; aus Verständlichkeitsgründen Notwendigkeit, beim Übersetzen die heutigen Disziplinen ebenso wie die der Griechen und Römer zu kennen; möglicherweise Unkenntnis Grandivalles vom altertümlichen Militärwesen; Morel stellt dem Herzog anheim, sowohl die Vorlagennähe der Übersetzung als auch die eigene Übersetzungsleistung zu beurteilen; Reise Grandivalles zum Herzog nach Preußen und Verlust des vom Absender übersetzten Werkes in Deutschland durch Räuber; nach der Rückkehr des Autors aus Preußen Wiederherstellung des in großen Teilen unveränderten Buches aus Bruchstücken der französischen Version; Übergang des Buches in die Mitgift der einzigen Tochter Grandivalles; nach der Rückkehr Morels aus Frankreich Überprüfung des dem Herzog zu übersendenden Buches auf Titel und Namen, um künftigem Mißbrauch vorzubeugen; Angebot Morels, für den Herzog das Buch ins Lateinische zu übersetzen, und Bereitschaft, die herzoglichen Wünsche entgegenzunehmen; Anzeige Morels, über die Kirchenzucht (*disciplina ecclesiastica*) vier Bücher geschrieben zu haben und zur Zeit ein breitgefächertes Werk über den christlichen Staat (*republica christiana*) zu verfassen; Eingeständnis, das Buch Grandivalles beim Übersetzen zwar gesehen, aber nicht gelesen zu haben; Vornahme von umfangreichen Veränderungen im Buch durch Grandivalle; ursprüngliche, für 120 000 Fußsoldaten und 40 000 Reiter geeignete Feldlagerbemessung, die Grandivalle allmählich bis auf 3000 Fußsoldaten und 800 Reiter verringert hat; allen Wünschen entgegenkommende Einrichtung des Feldlagers, Ordnung der einzelnen Schlachtreihen, Zuweisung der Reiter, des Trosses und der Märkte im Lager; Lage und Befestigungen des Lagers unterscheiden sich nicht von einer bestens gelegenen und bewehrten Stadt; Belagerung und Verteidigung des Feldlagers zur Veranschaulichung; Ausfälle der am besten ausgebildeten Truppen und Einholung der versprengten Truppenteile durch Regimenter und Kompagnien zwecks Aufrechterhaltung der Ordnung; Beschreibung der fast nur noch gebräuchlichen quadratischen Fähnlein, erfindungsreiche Zusammenstellung derselben und allmähliche Verringerung der Einheiten von 12 000 auf 1800 Fußsoldaten sowie Lehre von der Absicherung der Soldaten während des Marsches; Bau am Gottestempel (*templum dei*) in Frankreich durch Grandivalle, aber Bauverzögerung durch andere; anläßlich eines Religionsgespräches Auswahl von fünf Gelehrten beiderlei Rechts, nämlich von zwei Bischöfen und drei Theologen auf papistischer Seite und von *Petrus Martyr*, Théodore de Bèze und drei anderen Pastoren auf Seiten Morels; einmütiges Bekenntnis aller, daß beim liturgischen Mahl an Fleisch und Blut aufrichtig geglaubt wird und daß Übereinstimmung herrscht bei der Kraft und der Wirkung des Geistes Gottes sowie bei der Verurteilung der Messe; Auflösung der Versammlung nach dem Einschreiten des Papstes [Pius IV.] und der Kardinäle; im Verlauf der Zusammenkunft von Bischöfen und Kardinälen Verbannung der Fliegen, der Füchsin und des Schweifes von ihren Götzenbildern, Verbot des Breviermurmelns durch die Priester beim Umherwandeln und Untersagung der Privatmessen bei öffentlich gesungenen Meßfeiern; aufgrund der Unterlegenheit ihrer Sache Zuflucht zu den Waffen; wegen der Aufgabe des Evangeliums als Kraft Gottes, zum Heil der Menschen beizutragen, zweifelt Morel kaum daran, daß Gott seine Macht ausübt und Christus über seine Feinde siegt; Enthüllung der Verschwörung der Guisen; Einsetzung des Herzogs von Orléans [Karl IX.], eines elfjährigen Knaben, durch die Guisen, Entführung desselben nach Lothringen, Beinflussung des Knaben und Zuschiebung der Verschwörung wegen angeblicher Nichtbegünstigung der Lutheraner auf den König von Navarra, der den Weg für die Übernahme des Königreiches nach Beseitigung des Königs bereitet; Überzeugung des Knabens von diesen Dingen durch die Guisen; Kenntnisnahme von der Sachlage durch die Mutter des Knaben [Katharina von Medici], Flucht des Urhebers Nemours [Jakob von Savoyen] nach Savoyen sowie Flucht der Guisen nach Lothringen; Verwicklung des Papstes, Savoyens, Lothringens und Spaniens in die Verschwörung; angebliche Absicht des Papstes, den König abzusetzen und ihn nach Orléans zu schaffen; Vorladung der Guisen und Nemours, um über ihr Verhalten Rechenschaft abzulegen; Einladung Morels an den Herzog, die Gefahr zu beurteilen; Ausstattung des Herzogs und der Seinen durch Gott mit großen Kräften zum Schutze der Religion; Aufgabe des Herzogs und der Seinen, Morel und seinen Anhängern solange Beistand zu leisten, bis der Gottestempel errichtet ist; Vergleich des Schutzauftrages der Stämme Manasse, Gad und Simeon mit den Aufgaben aller Gottgefälligen; Anflehung Gottes für das Wohlergehen des Herzogs durch Grandivalles Frau, die wegen des Buches auf einen herzoglichen Befehl wartet.

Behändigte Ausfertigung
Lateinisch
3 Bogen Folio, 1 Bogen Umschlag, S. 1– beschrieben, S. 8 Außenadresse.
Eigenhändige Ausstellerunterschrift und -siegel.
HBA G 745, Nr. 5. – Altsignatur. 4/44/7ax.

Nr. 346

1561 Dezember 9, Saint-Germain-en-Laye

[König] Karl [IX. von Frankreich] an Herzog [Albrecht]:

Empfang eines Schreibens nebst Beizvögeln aus der Hand eines herzoglichen Falkners; Dank für das schöne Geschenk und den damit bekundeten Freundschaftswillen; Angebot einer Gegengabe; *Bourdin scripsit.*

Ausfertigung
Französisch
1 Bogen Folio, 1 Bogen Umschlag, S. 1 beschrieben, S.4 Außenadresse.
Eigenhändige Ausstellerunterschrift und Siegelreste.
HBA G 745, Nr. 6. – Altsignatur: 4/31/96 (XVI).

Nr. 347

[15]61 Dezember 12, o. O.

[Herzog Albrecht] an Königin [Elisabeth] von England:

Dem Vernehmen der herzoglichen Untertanen und Königsberger Bürger Andreas Schmittner (*Andreas Schmitmer*), Adam Hausmann (*Adamus Hausman*), *Ioannes Keijser*, *Ioannes Prisch* und *Henningus Boij* zufolge Entsendung ihres mit Handelswaren befrachteten Schiffes unter der Leitung des gebürtigen Hamburgers *Renicke Gerbrandes* im Jahre [1559] nach Frankreich mit dem Auftrag, von dort Salz und andere Waren mitzubringen; betrügerisches Verhalten Gerbrandes' infolge der Landung in einem englischen Hafen; unter Geltendmachung von Ansprüchen auf Schadenersatz Bevollmächtigung des *Christopherus Wils* vor dem herzoglichen Hofrichter durch die Königsberger, um vom Kapitän das Schiff zurückzufordern und es in den herzoglichen Hafen heimzuführen; Ersuchen der Geschädigten um ein herzogliches Verwendungsschreiben bei der Königin; Bitte des Herzogs an die Königin, sich des Anliegens der Königsberger anzunehmen und ihnen ohne Verzögerung oder Behinderung zu ihrem Recht zu verhelfen, und Gegenseitigkeitsversprechen; *Moncerus legit.*

Konzept
Lateinisch
1 Bogen Folio, S. 1–2 beschrieben, S. 4 Außenadresse, Bearbeitungsvermerk *Coll(acionatum),* Registraturvermerk *Registrat(um)* und Federproben.

Beilage

Verweis auf die Abschrift eines Schreibens Herzog Albrechts an Johannes Calvin von 1561 nach März 13 in A4, 1561 März 13 (Altsignatur: LXII/12).

1/2 Bogen Folio, S. 1 beschrieben.
HBA G 1262, Nr. 44.

Nr. 348

1561 Dezember 13, Saint-Germain-en-Laye

[König] Anton [von Navarra] an Herzog Albrecht:

Empfang eines herzoglichen Schreibens; Genugtuung darüber und über andere, bereits erhaltene Briefe; Wunsch nach herzoglicher Achtung und Freundschaft; Dank für die übersandten Falken und Versprechen, sich um den Herzog zu bemühen.

Ausfertigung
Französisch
1 Bogen Folio, S. 1 beschrieben, S. 4 Außenadresse.
Eigenhändige Ausstellerunterschrift und -siegel.
HBA G 745, Nr. 7. – Altsignatur: 4/31/96 (XVII).

Nr. 349

1561 Dezember 17, Westminster

Königin Elisabeth von England an Herzog Albrecht:

Empfang eines zu Königsberg datierten Schreibens des Herzogs von [1561] Oktober 10 nebst 10 Beizvögeln aus der Hand eines herzoglichen Falkners; Freude über den Freundschaftsbeweis und Hoffnung auf eine Gelegenheit, dem Herzog ihrerseits ihr Wohlwollen unter Beweis zu stellen; *R[ogerus] Aschamus.*

Ausfertigung
Lateinisch
1/2 Bogen Folio, S. 1 beschrieben, S. 2 Außenadresse, zeitgenöss. Rubrum *Die kunigen auß Engelandt schreibt, daß ih(re) k[unigliche] w[irde] f[urstlicher] d[urchlauch]t schreibenn neben den uberschickt(en) falcken sehr angenehme gewesen mit wunschung, sie kont(e) dasselbe beschulden* und Bearbeitungsvermerk *Beantwortett denen 9ten octob[er] anno [15]62ten.*
Eigenhändige Ausstellerunterschrift und -siegel.
HBA G 745, Nr. 8. – Altsignatur: 4/31/71 (VI).

Nr. 350

1562 Januar 4, o. O.

Herzog Albrecht an Charles de Danzay:

Erhalt eines zu Kopenhagen datierten Schreibens des Empfängers von [1561] August 5, worin nicht nur das Bemühen und die Hoffnung Danzays zum Ausdruck kommt, beim französischen König [Karl IX.] Privilegien zu erwirken, sondern auch die Möglichkeit eines Freundschaftsbundes zwischen dem König und dem Herzog angesprochen wird; der Herzog begrüßt diese Möglichkeit, um damit seine und seines Sohnes [Albrecht Friedrich] Bereitwilligkeit dem König und Frankreich gegenüber unter Beweis zu stellen; Dank an Danzay für dessen Bemühen um Herzog und Herzogtum und Überzeugung von der weiteren nutzbringenden Tätigkeit des Empfängers; Versprechen, sich um den französischen König höchst zu bemühen, und sich daran zu erinnern, Danzay für seine Dienste zu belohnen; Bitte, mit Antoine Maillet zusammen nochmals zu überlegen, mit welcher dem französischen König zu erweisenden Wohltat die im Schreiben Danzays in Aussicht gestellten Privilegien zu erhalten sind.

Konzept
Lateinisch
1 Bogen Folio, S. 1–2 beschrieben, S. 4 Außenadresse, Bearbeitungsvermerk *Coll(acionatum)* und Registraturvermerk *Registrat(um).*
HBA G 1262, Nr. 45.

Nr. 351

1562 Februar 6, Madrid

König Philipp von Spanien an Herzog Albrecht:

Erfahrung des herzoglichen Wohlwollens in Worten und Taten bereits zu früherer Zeit; Empfang eines Schreibens von [1561] Oktober 10 nebst zehn Falken vermittels des *Adrianus Christianus*; Empfindung großer Freude an dieser Art von Vögeln und Versicherung, sich dankbar an das herzogliche Geschenk beim künftigen Vogelfang zu erinnern; Dank und Gefälligkeitsversprechen; *G[onsaluus] Perezius (scripsit)*.

Ausfertigung
Lateinisch
1 Bogen Folio, S. 1 beschrieben, S. 2 Außenadresse.
Eigenhändige Ausstellerunterschrift und -siegel.
HBA G 745, Nr. 10. – Altsignatur: 4/31/98 (VI).

Nr. 352

[vor 1562 Februar 20, Königsberg]

[Überprüfung des Mailletschen Kostenanschlages für die Herstellung und den Vertrieb von Pottasche]:

Ungeachtet der Aufnahmefähigkeit eines von Antoine [Maillet] vorgesehenen Fasses von vier bis fünf preußischen Tonnen Veranschlagung von vier preußischen Tonnen; Herstellung von drei statt von drei bis vier Fässern in 12 Tagen durch vier Arbeiter;
zu erwartende Unkosten: 100 Mark für Maillets Unterhalt zwischen Februar und Juli;
60 Mark in sechs Monaten für Zehrung und Kleidung für den einen, 30 Mark für den anderen Arbeiter;
drei Groschen täglichen Mindestlohn für einen Arbeiter ergeben bei vier Personen 109 Mark und 12 Schillinge;
Herstellung von drei Fässern in 12 Tagen und von 39 Fässern in sechs Monaten;
39 Faß zu den von Maillet veranschlagten vier Groschen ergeben sieben Mark und 48 Schillinge;
10 Mark, 43 Schillinge und drei Pfenninge Lohn für die Fuhre aus den Wäldern bis nach Danzig;
136 Mark und 30 Schillinge Frachtkosten von Danzig nach Paris;
18 Groschen je Faß oder insgesamt 35 Mark und sechs Schillinge sonstiger Unkosten;
Zehrungskosten für die nichtveranschlagten Arbeiter;
488 Mark, 31 Schillinge und drei Pfennige Gesamtkosten bei 39 Faß sind 12 Mark und 32 Schillinge pro Faß oder zweieinhalb Mark auf das preußische Faß;
Verkauf von 10 Mark je Faß zu Paris;
gegebenenfalls Abzug von 190 Mark und Verbleib von 298 Mark und 31 Schillingen Kosten;

diesjähriger Verkaufpreis von 12 preußischen Tonnen guter Asche im Herzogtum zu 12 Gulden ergibt zwei Mark je Faß; geringere Unkosten als von Maillet veranschlagt; 67 Wochen Herstellungskosten für 100 Faß bei Kosten in Höhe von 1202 Mark und 30 Schillingen.

Mundum
1 Bogen Folio, S. 1–3 beschrieben, S. 4 zeitgenöss. Betreff *Anschlag der asch(en).*
HBA G 744, Nr. 4.

Nr. 353

[vor 1562 Februar 20, Königsberg]

[Gutachten der Kammerräte zum Mailletschen Aschehandel]:

Voraussichtliche Unkosten für die von Antoine Maillet vorgeschlagene Herstellung von Pottasche;
gemäß des Vorschlages von Maillet Füllung dreier Fässer mit dem Inhalt dreier preußischer Aschetonnen: neun Tonnen;
Herstellung der drei Fässer in 12 Tagen durch vier Arbeiter zu folgenden Kosten: 10 Schillinge preußischer Währung je Arbeiter und Tag für Kost und Lohn in 12 Tagen: acht Mark;
nach den ungeprüften Angaben Maillets 12 Schillinge Kosten je Faß oder 36 Schillinge für drei Fässer;
nach Berechnung Maillets eineinhalb Taler Fuhrlohn für drei Fässer aus den Wäldern bis nach Königsberg oder Danzig: zwei Mark und 28 1/2 Schillinge;
dreieinhalb Mark je Faß Frachtkosten von Danzig nach Frankreich: 10 Mark, 30 Schillinge;
18 Groschen unvorhergesehene Kosten je Faß: zwei Mark, 42 Schillinge bei drei Fässern;
12 Groschen Assekuranz je Faß: eine Mark und 48 Schillinge auf drei Faß;
Summe der auf drei Faß Asche gerechneten Kosten bis einschließlich ihrer Fracht nach Frankreich: 26 Mark, 4 Schillinge und 3 Groschen;
Bezugsgrößen dieser Berechnung sind drei Fässer und 12 Tage;
Veranschlagung der Jahreskosten:
80 Mark für Besoldung eines Aufsehers;
neun Mark Monats- oder 108 Mark Jahreslohn für einen Brennmeister zuzüglich 10 Mark für ein Kleid, 15 Groschen wöchentlich oder 39 Mark [jährlich] für Kost: 157 Mark;
die halben Kosten für den [Gehilfen des Brennmeisters]: 63 Mark und 30 Schillinge;
wegen der nicht bekannten Kosten für das Kontor spätere Berücksichtigung der dafür getätigten Ausgaben oder Einbeziehung dieser Kosten in die unvorhergesehenen;
zu Prüfungszwecken Bedarf an einem Muster des von Maillet vorgeschlagenen Fasses; Verrechnung der veranschlagten Kosten, Auszahlung des fünften Pfennigs an

Maillet für seine Arbeit und wegen des ihm erteilten Verbots der Darlehensaufnahme; Einladung an den Herzog, jemanden nach Paris zum Empfang des Geldes zu entsenden; Anweisung an Maillet, beim Eintreffen eines herzoglichen oder gefrachteten Schiffes das Salz trotz möglicher Verpachtung zum landesüblichen Preis einzukaufen; seltene Schiffahrt von Danzig oder Königsberg nach Paris, aber häufiges Anlaufen von Brouage (*Probasti*) des Salzes wegen; deshalb Überprüfung der Möglichkeit durch Maillet, die Asche dorthin zu verschiffen.

Konzept
2 Bogen Folio, S. 3–7 beschrieben, S. 8 Betreff *Bedenckenn der cammerrethe.*
HBA G 744, Nr. 5.

Nr. 354

1562 Februar 20 [Königsberg]

Erklärung der herzoglichen Räte zum Aschehandel und Anmerkungen Antoine Maillets:

Räte: A) acht Mark für die Herstellung von drei Faß Asche in 12 Tagen durch vier Arbeiter;
Maillet: unbedingte vorherige Begutachtung des Waldes; bei reichhaltigem Angebot an geeignetem und in greifbarer Nähe befindlichem Holz Möglichkeit zur Herstellung von vier oder fünf Faß Asche; Erkundung von geeigneten Hölzern mit vier Arbeitern 15 oder 20 Tage im voraus; Senkung der Verpflegungskosten in Folge eines derartigen Einsatzes; Ausführung dieser Tätigkeit nach der Schneeschmelze; Einladung, dem Arbeiter während des Danziger Aufenthalts von Maillet Wälder zur Begutachtung zuzuweisen; bei dem von Maillet angeworbenen Arbeiter Erkundung der Möglichkeit, entweder zusammen mit zwei anderen Kräften fünfeinhalb Faß Asche in neun Tagen oder nur mit einem Gehilfen drei Faß in sieben Tagen zu brennen; die in Frankreich übliche Entlohnung der Aschebrenner richtet sich unter Ausschluß der Beköstigung und eines festen Lohnes nach der Anzahl der von ihnen hergestellten Fässer; Übernahme dieser Gewohnheit im Herzogtum erst nach Anlernung der Arbeiter;
Räte: B) 12 Groschen Kosten bei drei Fässern;
Maillet: geringer Unterschied;
Räte: C) eineinhalb Taler Mindestausgabe für die Fuhre aus den Wäldern nach Königsberg;
Maillet: unter der Voraussetzung einer Entfernung der Wälder von Königsberg von fünf Meilen und des Einsatzes herzoglicher Fuhrgespanne zu hohe Veranschlagung, allerdings Unkenntnis von der Beschaffenheit des Geländes; ein halber Taler Kosten für die Fuhre eigener Asche über fünf Meilen bis nach Danzig; Minderausgaben beim Wassertransport;
Räte: D) 10 Mark und 10 Groschen für die Fracht nach Frankreich;

Maillet: 900–1000 Mark Höchstkosten für die Anmietung eines Schiffes von 100 Last für eine Fracht von 1000 Faß Asche nach Rouen; mit oder ohne Privilegien eine Mark Frachtkosten je Faß für die Strecke von Rouen nach Paris; Kostenminderung bei Einsatz eines eigenen Schiffes durch den Herzog; Vorschlag, im laufenden Jahr rund 500 Faß Asche durch ein 80 oder 100 Last großes Schiff führen zu lassen und den übrigen Frachtraum mit Holzwaren, Spießen, Wolle, Getreide und Dielen auszulasten; voraussichtliche Herstellung von 500 Faß Asche bis zum 24. Juni, Fortdauer des Aschebrennens bis zum ersten Schneefall, Einlegung einer 15 tägigen Pause während der Baumblüte zur Vermeidung von Qualitätsverlust und Wiederaufnahme der Ascheherstellung, wenn die Bäume Blätter tragen;
Räte: E) 18 Groschen [je Faß] außergewöhnliche Kosten;
Maillet: Verweis auf die Artikel H und I;
Räte: F) 36 Groschen Versicherung;
Maillet: Verweis auf die Gefahren des Seetransportes;
Räte: G) 26 Mark und eineinhalb Groschen Gesamtkosten für drei Fässer;
Maillet: der Einschätzung erfahrener Danziger Kaufleute zufolge sechs oder sechseinhalb Mark Frachtkosten bei geschicktem Anpacken der Dinge;
Räte: H) 80 Mark für den Aufseher über die Arbeiter;
Maillet: angemessen;
Räte: I) neun Mark monatlich oder 108 Mark jährlich für den französischen Vorarbeiter;
Maillet: Vertrag Maillets mit dem Vorarbeiter vom 22. November bis 1. Oktober für 40 Pfund französischer oder 40 Mark preußischer Währung und Zusage von 10 Pfund unentgeltlich für die Zeit danach; Anheuerung eines Arbeiters im Jahr zuvor für 108 Mark, weil dieser zusätzlich noch Böttcher war;
Räte: 10 Mark für Bekleidung;
Maillet: angemessen;
Räte: wöchentlich 15 Groschen oder 157 Mark [im Jahr für Kost];
Maillet: wegen fehlender Sprachkenntnisse Unmöglichkeit für den Vorarbeiter, sich zu ernähren; zur Vermeidung von Arbeitsbeinträchtigungen oder Krankheiten Bedarf des Vorarbeiters an einem angemessenen Unterhalt;
Räte: 78 1/2 Mark für den Gehilfen;
Maillet: Anwerbung des rasch dieselbe Tätigkeit ausübenden Gesellen; keine andere Möglichkeit, ihn zu gewinnen;
Räte: K) Erklärung zur Anmietung eines Hauses;
Maillet: trotz Abhängigkeit der Anmietung von der Meinungsäußerung des Herzogs Erkundigung in dieser Hinsicht und Möglichkeit, bei einem Freund ein Kontor zu einem angemessenen Preis bis zu einer anderen Entscheidung zu mieten; bei Fortsetzung der Handelstätigkeit durch den Herzog Möglichkeit, unweit von Stadt und Fluß einen weiträumigen Ort zwecks Lagerung der herangeschifften Hölzer und Bretter günstig zu bekommen;
Räte: L) Ablieferung eines Faßmusters;
Maillet: unverzüglich Erfüllung der Begehrens;
Räte: M) Entsendung eines herzoglichen Geldempfängers nach Frankreich;
Maillet: Vertrauen auf den Herzog und seine Räte in dieser Angelegenheit;

Räte: N) Ankauf von Salz bei den Herstellern unter Umgehung des Zwischenhandels;
Maillet: Genuß dieser und anderer Annehmlichkeiten durch den Herzog im Falle erworbener Generalprivilegien, sonst Unmöglichkeit, den Zwischenhandel zu umgehen; bei fehlenden Privilegien Verzollung vor dem Abtransport, was den Weiterverkauf erschwert;
Räte: O) Erklärung zur Schiffahrt;
Maillet: nach Landung des Schiffes in Calais Möglichkeit, die Holzwaren, die Asche und andere Güter für wenig Kosten in einem Haus zu lagern; anschließender Salzempfang zu Brouage, das ausweislich einer französischen Wegekarte ohne Umwege über die übliche Strecke zu erreichen ist; entweder späterer Aschetransport nach Rouen durch ein anderes Schiff und Aufnahme von für Preußen bestimmte Güter zu Calais durch das von Brouage zurücksegelnde Schiff oder Entladung von Asche und Holz durch ein Rouen anlaufendes Schiff, das dort Tuchwaren und Wein aufnimmt, zum Salzempfang nach Brouage weiterfährt und auf der Rückfahrt in Calais anlegt, um etwaige weitere Güter zu laden.

Mundum
Lateinisch
2 Bogen Folio, S. 1–3 beschrieben, S. 8 zeitgenöss. Betreff *Responsio Antonii Mailleti* und Bearbeitungsvermerk *Das deutsche hat itzo der her marschalch [Joachim von Borcke] bei sich.*

Beilage

Deutsche Übersetzung

2 Bogen Folio, S. 1–5 beschrieben, S. 6 Bearbeitungsvermerk *Hiruf ist fur rais(unbl)irht, das man di arbether in di welde schicke und diselb(en) besehen lasse. Item das man des heidenkrugers S(aen) Heiem vorschreibe und mit ime handele, das er sich fur ain asschewald brauch(en) lasse.*
HBA G 744, Nr. 6

Nr. 355

1562 Februar 24 [Königsberg]

Beredung [der herzoglichen Räte] mit Antoine Maillet:

1. Auswahl der für das Aschebrennen geeigneten Wälder, Einholung der Meinung der französischen Arbeiter über die herstellbare Menge in einer bestimmten Anzahl von Arbeitstagen zwecks Erstellung eines erneuten Kostenanschlags und probeweise Arbeitsaufnahme durch die französischen Arbeiter, um anschließend einen möglichst genauen Anschlag ausarbeiten zu können;
2. Einstellung eines Böttchers zur Faßherstellung mit der Aufgabe, auf die Verfüllung mit guter Asche zu achten; nötigenfalls Unterweisung des Böttchers durch die französischen Arbeiter;

3. im Falle einer nur zum Aschehandel zu unternehmenden Reise Maillets nach Frankreich und zurück sowie der alleinigen Betätigung des im herzoglichen Auftrag in Frankreich tätig werdenden Maillet Übernahme der Zehrung durch den Herzog; im übrigen Zusicherung des mit Maillet vereinbarten Gewinnanteils von 20 v. H. ohne Selbstbeteiligung an den Unkosten und Zehrungen;
4. zu Beginn des Unternehmens Ausstattung der Arbeiter mit bis zur Rückkehr Maillets reichenden Lebensmitteln und anschließende Veranschlagung der weiteren Verpflegungskosten;
5. neben der Asche Verschiffung von Holzwaren wie Wagenschoß, Klappholz und Spießen, von Wolle und von anderem nach Frankreich; Veranschlagung der Waren nach dem im Herzogtum zu erzielenden Höchstpreis; Verkauf der Waren in Frankreich zum höchsten Marktwert, Verrechnung der Frachtkosten, der Versicherung und der anderen Unkosten mit dem Verkaufserlös und Berechnung des Mailletschen Gewinnanteils von 20 v. H. von der Restsumme wie im Falle des Ascheverkaufs; Mitsendung von bis zu zwei Sack Wolle zur Erprobung des Verkaufs;
6. bei gutem Verlauf des Aschegeschäfts und der Notwendigkeit der Veröffentlichung eines königlichen Privilegs Übergabe eines besiegelten herzoglichen Mandats an Maillet, worin er mit dem Titel eines herzoglichen Faktors erscheint.

Konzept
2 Bogen Folio, S. 3–7 beschrieben, S. 8 zeitgenöss. Betreff *Beredung mit Anthonio Maileto.*

Beilagen

I. Konzept

1 Bogen Folio, S. 1–2 beschrieben, S. 4 zeitgenöss. Betreff *Handlung mit Ant[onio] Mailetto.*

II. Abschrift

Lateinisch
1 Bogen Folio, S. 1–3 beschrieben, S. 4 zeitgenöss. Ausgangsvermerk *2 martii [15]62.*
HBA G 744, Nr. 7.

Nr. 356

[1561 Juni 14 – 1562 Februar 28, Königsberg][1)]

Erklärung Antoine Maillets an den Kanzler Johann von Kreytzen und an den Rat Friedrich von Kanitz zum Aschehandel laut herzoglicher Anweisung:

Unlängst Gewährung von den Handel mit einer Ware angehenden Partikularprivilegien durch König [Karl IX.] von Frankreich zugunsten Herzog [Albrechts], Zuneigung und guter Wille des Königs dem Herzog gegenüber; Wohlwollen und Zunei-

[1)] Zwischen der Erteilung des Privilegs von 1561 Juni 14 und der Rückkehr David Römers aus Italien in der neunten Woche des Jahres 1562, Ehrenberg, S. 245.

gung für den Herzog auch auf seiten der Königinmutter [Katharina von Medici], des Königs von Navarra [Anton von Bourbon] und dessen Bruders, des Herzogs [Ludwig] von Condé, und anderer Fürsten sowie des Konnetabels [Anne de Montmorency], des Admirals [Gaspard de Coligny] und weiterer vornehmer Räte der Krone Frankreichs; nach Übermittlung der großen Anteilnahme des Herzogs an ihrer Trauer Beauftragung Maillets durch die Genannten, dem Herzog Grüße zu bestellen; Ausdehnung des Wohlwollens der Könige von Frankreich und Navarra auch auf David Römer, den Sohn des herzoglichen Baumeisters [Christoph Römer]; wegen Davids beabsichtigter Italienreise Ausstellung von Empfehlungsschreiben an die französischen Gesandten zu Rom und zu Venedig sowie Erlaubnis für den jungen Römer, auf seinem Weg durch Frankreich zum eigenen Schutz Büchsen mitzuführen; Gewährung der Privilegien durch den König, ohne damit dem Herzog einen Schaden, eine Verpflichtung zum Krieg oder dergleichen auferlegen zu wollen, insbesondere wegen der Möglichkeit des Königs, sich der vielen, ihm dienstverpflichteten Fürsten und Hauptleute in Deutschland (*in Germania*) zu bedienen; Herausragen des Herrn von Esternay [Jean Raguier] aus der Vielzahl der dem Herzog gewogenen französischen Fürsten und Ständevertreter; große Verehrung des Herzogs durch die Diener des Wortes [Gottes]; bei Annahme der Privilegien durch den Herzog Erfordernis, sie in Preußen zu veröffentlichen, um die Kaufleute im Norden davon abzuhalten, unnütze Mühen und Kosten für die Herstellung und Fracht von Asche nach Frankreich aufzuwenden; Erfordernis, den Lübecker Rat davon in Kenntnis zu setzen, um insbesondere *Joachim Luhs, Arnold Grefu* und *Christoff Eingeland* vor der verlustreichen Aufnahme der Ascheherstellung zu warnen; Wunsch Maillets nach einem herzoglichen Beglaubigungsschreiben für den Rat zu Danzig, um dort sicherer und einfacher für den Herzog tätig sein zu können; Anheimstellung der Möglichkeit, auch die Danziger vor der Ascheherstellung zu warnen; nach Schaffung dieser Voraussetzungen Benachrichtigung seiner dem Herzog ergebenen Mitgesellen in Frankreich durch Maillet, um für die Verbreitung der Ascheprivilegien zu sorgen; Namen der Mitgesellen: Supplice Clerissau, gottesfürchtig, mit gutem Leumund, Pariser Tuchhändler, beliebt bei Fürsten und hochstehenden Leuten, und langjähriger Bekannter Maillets, Möglichkeit der Einsichtnahme in seine Handschrift; François Falloth, Pariser Bürger, gottesfürchtig, Lehrmeister Maillets im Pottaschehandel, langjährige Handelserfahrung in Frankreich und langjähriger Wirt Maillets; Jehan Jory, Bürger von Calais, erfahren im Handel mit allerlei Waren, sorgfältig, treu, Königen und Fürsten bekannt, beliebt bei vielen hochstehenden Personen und Inhaber eines eigenen, für wenig Geld anzumietenden Hauses zu Calais; Julius Chuysser, Franzose, wohnhaft zu Danzig, Friedrich von Kanitz vom Sehen her bekannt, in vielen Dingen erfahren, ziemlich reich und guter Ratgeber in Handelssachen; Auswahl dieser Leute durch Maillet aufgrund ihres Sachverstandes, ihrer Unbescholtenheit beim Herzog, ihres Bekanntheitsgrades bei den Regenten Frankreichs und wegen des Bedarfs an Helfern; Bitte um Bestallung eines für den Empfang von Geld und Waren zuständigen Dieners mit der Pflicht zur Rechenschaftslegung; im herzoglichen Dienst volle Beanspruchung Maillets in ganz Frankreich, um vor allem bei Hofe, zu Brouage des Salzes wegen und zu Rouen und Paris Vorsorge treffen zu können; mögliche kostengünstige Anmietung eines Hauses zu Rouen bei einem Freund Maillets; künftige

Aufgabe Maillets als Pfleger und Betreiber des [Handels], wozu der Herzog mittels eines entsprechenden Titels sorgen wird; Empfehlung des Gesandten Danzay an den Herzog, einen Boten mit Dankschreiben für die erhaltenen Privilegien an den französischen König, die Königinmutter und an den König von Navarra abzufertigen, sowie anschließende Versendung von Waren aus Preußen und den Nachbargebieten; Hoffnung Danzays auf baldige Abfertigung eines weiteren herzoglichen Boten mit anderen Aufträgen, woraus der König und die Seinen ebensolchen Dank verspüren wie aus den die ersten Privilegien betreffenden; Empfehlung Maillets, diejenigen Privilegien zu erbitten, von denen er im Vorjahr eine Abschrift zurückgelassen hat und die dem Herzog eine ständige Handelserlaubnis zusichern; Möglichkeit zur Einschließung und Verlängerung von Einzelprivilegien in dieses Generalprivileg sowie Einbeziehung des herzoglichen Sohnes [Albrecht Friedrich]; Vorteil des Generalprivilegs vornehmlich beim verlustreichen Salzkauf in Frankreich; Auftrag Danzays an Maillet, dies alles getreulich dem herzoglichen Kanzler und dem Rat zu bedeuten; künftiger Vorteil des Herzogs: Aussagen herzoglicher Diener nach Vorkommen großer Mengen ungenutzten Holzes in den herzoglichen Wäldern und Wunsch vieler nach Rodung; deswegen Nutzung von Baumstämmen zur Herstellung von Wagenschoß und Klappholz und der herumliegenden Äste unter Beimengung großer Holzstücke zur Ascheherstellung; Möglichkeit, die gerodeten Flächen entweder als Äcker oder zur Wiederbewaldung zu gebrauchen; Bereitschaft vieler, gegen Überlassung von Holz und Lebensmitteln zu roden; Unterbreitung solcher Angebote im Jahr zuvor an die in Danzig wohnende Frau Maillets durch auf dem Weg nach Frankreich sich befindende Arbeiter; wegen Maillets Abwesenheit Weiterreise der Leute; Erfordernis, Asche in großen, holzreichen Wäldern zu brennen; Kenntnisnahme Maillets von einem, 15 Meilen [von Königsberg] entfernten, diesen Anforderungen gerecht werdenden herzoglichen Wald; selbst im Falle der Tauglichkeit der Asche für Ballast läßt sie sich dennoch bei der Verfrachtung leichterer Waren gebrauchen, wie beispielsweise gegerbtes und ungegerbtes Rindsleder, Kälberhäute, in Frankreich begehrtes Flachs, Wolle, Wachs, Roggen und Bauholz für Calais; Vorschlag zum Erwerb eines dem König und den Seinen willkommenen Sonderprivilegs für das zu Rouen und Calais benötigte Bauholz; Wunsch einiger Kaufleute aus Antwerpen, vom Herzog gegen Geld Bauholz für Calais zu erhalten; herzogliche Gewinne binnen zweier Jahre; vornehmlich zu Calais und Rouen Bedarf an großen Mengen Langspießen aus Esche; Verfrachtung von Getreide und Flachs in später zu verkaufenden Weinfässern; mit der ersten Verladung von Asche Ausnutzung des übriggebliebenen Frachtraums mit Faß- und Bauholz sowie mit Spießen und anderem, um Salz, Wein, Tuche und Geld für die Rückfracht einzutauschen; bei Erfolg Anregung, zwei Schiffe bauen zu lassen, um mit eigenen Schiffern bis zu zweimal jährlich auf Fahrt zu gehen; Empfehlung, die Schiffe zu Antwerpen zu versichern, und Deckung des Schiffs- und Warenwertes bei Verlust auf See durch die Versicherung; bei der ersten Warenverschiffung Beachtung der Konstruktion eines Schiffes von 60, 80 oder 100 Last; zwecks Herstellung guter Asche Heranführung zweier Männer durch Maillet, worunter einer über in Frankreich erworbene Erfahrungen im Aschebrennen verfügt; die Beiordnung des anderen, in der Herstellung von Asche unerfahrenen Mannes ist Vorbedingung für das Kommen des Aschebrenners; Ablehnung beider, sich über den kommenden September hinaus anheuern zu lassen, und Übernahme ihrer Anreisekosten einschließlich der Verpflegung durch ihre Dienstherren; Aufwendung von 50 Pfund oder Franken französischer Währung für ihre Entlohnung und geringer Unterschied dieser zur preußischen Währung; Beginn der Ascheherstellung nach der Schneeschmelze, zuvor Anwerbung von an solche Arbeiten gewöhnten litthauischen Untertanen des Herzogs; Unterweisung der Litthauer durch die Fachkraft zur Sicherstellung der Fortsetzung des Aschebrennens während seiner Abwesenheit oder Abreise; Entstehung beachtlicher Verluste bei unsorgfältig hergestellter Asche; Erfordernis, die zur Ascheherstellung benötigten Werkzeuge, Schiffe und Wagen zur Verfügung zu haben; Versicherung Maillets, dies alles zum Nutzen des Herzogs erklärt zu haben, und Wunsch, dem Herzog mit allen Mitteln treu zu dienen und zu nutzen; Bitte um Entscheidung entweder über den vorläufigen Verbleib der beiden [französischen] Arbeiter oder über ihre Abreise in Begleitung Maillets und ihre gleichzeitig zu erfolgende Rückkehr; Absicht Maillets, nach Erhalt einer Antwort des Herzogs nach Danzig zu reisen, um sie dem Botschafter [Danzay] zu überbringen, ihn von der Absicht des Herzogs zu unterrichten und seinen Haushalt zu ordnen.

Mundum
Lateinisch
3 Bogen Folio, S. 1–8 beschrieben, S. 12 zeitgenöss. Betreff *Bedenck(en) Mailetti der asch halb(en).*

Beilage

Deutsche Übersetzung

4 Bogen Folio, S. 1–11 beschrieben, S. 14 zeitgenöss. Betreff *Mailetti erklerung und gutbedencken.*
HBA G 744, Nr. 8.

Nr. 357

1562 März 2, o. O.

Herzog Albrecht an Charles de Danzay:

Freude des Herzogs über das einem Brief Danzays beigefügte Privileg [von 1561 Juni 14, Saint-Germain-en-Laye] und über die im selben Schreiben ausgedrückte Sorgfalt desselben bei der Förderung des herzoglichen Nutzens, so daß der Herzog die dieses Wohlwollen bestätigenden Äußerungen Antoine Maillets mit Schweigen übergehen kann; Dank und Versprechen, Danzay gelegentlich zu entlohnen; Dank dem französischen König [Karl IX.], seiner Mutter [Katharina von Medici], dem König von Navarra [Anton von Bourbon] und den Großen Frankreichs für deren Hilfe bei der Beschaffung von Privilegien; Ankündigung, in Frankreich mittels eines eigenen Beauftragten tätig zu werden; Versprechen, sich wegen der erwiesenen Wohltaten gebührend erkenntlich zu zeigen; Erlaubnis für Danzays Neffen [Jacques de

Gauvrière], den herzoglichen Hof zwecks Anknüpfung von Bekanntschaften aufzusuchen; Angebot, Danzay eine Gefälligkeit zu erweisen, und Einladung, das übrige von Maillet in Erfahrung zu bringen; *cancellarius legit; princeps audivit presente Canitio.*

Konzept
Lateinisch
1 Bogen Folio, S. 1–2 beschrieben, S. 4 Außenadresse, gestr. Entwurfsanweisung, Bearbeitungsvermerk *Coll(acionatum)* und Registraturvermerk *Registr(atum).*

Beilage

Absicht des Herzogs, den Neffen Danzays mit den Dankesbekundungen nach Frankreich zu entsenden.

Konzept
Lateinisch
1/2 Bogen Folio, S. 1 beschrieben und Registraturvermerk *Registrat(um).*
HBA G 1262, Nr. 46.

Nr. 358

[1562] März 6, o. O.

[Herzog Albrecht] an König [Karl IX.] von Frankreich:

Im Auftrag des Botschafters Charles de Danzay Übergabe eines im Königreich Frankreich gültigen Immunitätsprivilegs [von 1561 Juni 14, Saint-Germain-en-Laye] durch Antoine Maillet; Freude über dieses Zeichen besonderen Wohlwollens; Dank und Versprechen, sich dieser Wohltat würdig zu erweisen; Entsendung des herzoglichen Dieners Jacques Torchard, Herrn von Gauvrière (*Iacobum Torchardum dominum de Gauuriere*) zum König mit der persönlichen Danksagung des Herzogs; Ankündigung, bei der ersten Gelegenheit Maillet oder einen anderen mit einer nochmaligen Danksagung zu entsenden; Bitte an den König um weiteres Wollwollen und Versicherung, diesem dieselben Gefühle entgegenzubringen wie dessen verstorbenen Vorfahren; *commissio principis propria; presente cancellario et Canitio; cancellarius legit.*

Konzept
Lateinisch
1 Bogen Folio, S. 1–2 beschrieben, S. 4 Außenadresse und Bearbeitungsvermerke *Mutatis mutandis reginae Franciae viduae [Katharina von Medici] et regi Nauarrae [Anton von Bourbon]* und *Coll(acionatum)* sowie Registraturvermerk *Registra(tum).*
HBA G 1262, Nr. 47.

Nr. 359

[1562] März 6, o. O.

[Herzog Albrecht] an Königin [Katharina] von Frankreich:

[Inhalt wie Nr. 358]

Konzept
Lateinisch
1/2 Bogen Folio, S. 1–2 beschrieben, S. 2 Außenadresse, Bearbeitungsvermerke *Mutatis mutandis ad regem Nauarrae [Anton von Bourbon]* und *Coll(acionatum)* sowie Registraturvermerk *Registrat(um)*.
HBA G 1262, Nr. 48.

Nr. 360

[1562 ?] März 6, o. O.

[Herzog Albrecht] an Herzogin Renate von Ferrara:

In einem Brief der Empfängerin Beglückwünschung des Herzogs zum Bekenntnis der reinen evangelischen Lehre und Freude des Herzogs darüber; der Herzog begrüßt die wortreiche Mitteilung Antoine Maillets und hofft, daß sowohl er selbst als auch die Empfängerin bis zum Lebensende am evangelischen Bekenntnis festhalten können; trotz des von Maillet hinterlassenen rechtschaffenen und tugendhaften Eindrucks große Wirkung des von der Empfängerin zu dessen Gunsten ausgefertigten Empfehlungsschreibens; Versicherung des Herzogs, Maillet nun doppelt so teuer anzusehen, und Einladung an die Empfängerin, darin das Gewicht ihres Schreibens zu ermessen; *relatio Canitii.*

Konzept
Lateinisch
1/2 Bogen Folio, S. 1 beschrieben, S. 2 Außenadresse, gestr. Entwurfsaufzeichnungen, Bearbeitungsvermerk *Coll(acionatum)* und Registraturanweisung *Registrat(um).*
HBA G 1262, Nr. 49.

Nr. 361

1562 März 25, Königsberg

Antoine Maillet an jedermann und besonders an Herzog Albrecht:

Bekanntgabe und Beglaubigung des Nachstehenden durch eigenhändige Unterschrift; Annahme seiner Dienste als Faktor und General-Negoziator durch Herzog Albrecht und Versprechen, dem Herzog und seinen Nachfolgern treu zu dienen und ihren

Nutzen zu befördern vorbehaltlich der Rechte Gottes, des französischen Königs [Karl IX.], Frankreichs und vorbehaltlich seines guten Menschenverstandes; Absicht, Pottasche, Wagenschoß, Klappholz, Spieße, Wolle, Hopfen und andere Handelswaren des Herzogs nach Frankreich zu schicken und mit Unterstützung seiner Gehilfen zum besten Preis zu verkaufen und unverzüglich Rechenschaft abzulegen über die Herstellungs- und Transportkosten der Asche und der anderen Waren; Versprechen, vier Fünftel des Reingewinnes an den Herzog und seine Nachfolger zu zahlen und ein Fünftel für die eigene Mühewaltung einzubehalten; Verpflichtung, von allen gegenwärtig und künftig durch ihn und durch seine Gehilfen empfangenen und verkauften Waren Rechnung zu legen und das aus den Waren erzielte Geld zusammen mit den vier Gewinnanteilen entweder zu Antwerpen bei Heinrich von Achteln (*Henricus de Acheln*) oder bei einer noch durch den Herzog zu bestimmenden Stelle einzuzahlen; entsprechende Aufteilung zu erwartender Gewinne aus dem Konfiskationsprivileg; Verpflichtung, die vom Herzog benötigten französischen Waren am kostengünstigsten einzukaufen und nach Preußen zu schicken; Verpflichtung, jährlich über die Preisentwicklungen zu berichten; eidesstattliche Erklärung für sich und seine Erben, vorstehende Punkte ohne Arglist getreulich einzuhalten.

Ausfertigung
Lateinisch
1 Bogen Folio, S. 1–2 beschrieben.
Eigenhändige Ausstellerunterschrift und -siegel.

Beilagen

I. Abschrift

Lateinisch
1 Bogen Folio, S. 1–3 beschrieben, S. 4 zeitgenöss. Betreff *Anthoni Mailleti revers des aschhandels halbe, 1562* und Registraturvermerk *5*.

II.

1 Bogen Folio Umschlag, S. 1 Betreff von Hand des 19. Jahrhunderts *Maillets Relation, Erklärung und Gutachten; Bedenken der Räthe. 1561–1562.*
HBA G 744, Nr. 9. – Altsignatur: 4er Schrank 21[s] Fach N° 49.

Nr. 362

1562 April 28, Tilsit

Herzog Albrecht an Johann Morel:

Einem Brief des Empfängers zufolge Wunsch des verstorbenen Claudius Druotus a Grandivalle, dem Herzog zu dienen, was Grandivalle nicht mehr hat verwirklichen können; Schmerz und Trauer des Herzog über den plötzlichen Verlust eines tugendhaften und in militärischen Angelegenheiten erfahrenen Mannes; Erinnerung des Herzogs an das ihm anläßlich des drei Jahre zuvor erfolgten Besuches von Grandivalle von demselben gegebenen Versprechen, das von Grandivalle in französischer Sprache verfaßte und von Morel ins Lateinische übersetzte Buch über das Kriegswesen, welches unterwegs in Räuberhände gefallen ist, auszuhändigen; dem Schreiben Morels zufolge Wiederherstellung des Buches durch ihn und Rat Morels an Witwe und Tochter des Verstorbenen, das Buch dem Herzog bald zuzueignen, wofür der Herzog dankt; wegen der Unsicherheit, entweder die französische oder die lateinische Fassung zu erhalten, Wunsch des Herzogs, das Werk in beiden Sprachen zu bekommen; jedoch Bitte, vorab Kenntnis zu erhalten, mit welchen Gaben er sowohl diese einzige Mitgift der Tochter Grandivalles als auch Morels Mühewaltung vergelten kann; Überzeugung des Herzogs, ein wohl übersetztes Buch zu erhalten, und Teilung der Einschätzung Morels hinsichtlich der dafür aufgewandten Mühe und Sorgfalt; zur Vermeidung einer Fehleinschätzung seiner Schuld gegenüber der Witwe und der Tochter Bitte des Herzogs um entsprechende Nachricht; Zusicherung, sich angemessen freigebig zu erweisen und die Bekanntgabe der Gegenleistung für das Buch vor der Übersendung desselben zu veranlassen; Dank für die im Schreiben mitgeteilte Zeitung und Bitte um gelegentliche Nachrichtenübermittlung.

Konzept
Lateinisch
1 Bogen Folio, S. 1–3 beschrieben, S. 4 Außenadresse mit Ortsangabe *Geneuae.*
HBA G 1262, Nr. 50. – Altsignatur: 4/44/7[a].

Nr. 363

1562 Mai 2 [Kopenhagen]

[Charles de Danzay] an Antoine Maillet:

Briefauszug; Erörterung seiner Vorstellungen über den Frankreichhandel des preußischen Herzogs mit Friedrich von Dohna und Achatius von Zehmen; Wille des französischen Königs [Karl IX.], mit dem Herzog befreundet zu sein; hierbei genügt es jenem, den Herzog als wahren und unbefangenen Freund zu kennen; Absicht des Königs, dem Herzog weder Mühe aufzuerlegen noch dessen Stellung zu stören; der König ist trotz seiner schwierigen Geschäfte für niemanden seiner fürstlichen Freunde unzugänglich; Einladung an den Herzog, sich von der Aufrichtigkeit des französischen Königs zu überzeugen; Hoffnung des Königs, im Herzog einen solchen Freund zu haben, der ihm gegen ihn gerichtete Machenschaften Dritter nicht verheimlicht, und Bereitschaft, dasselbe auch umgekehrt zu tun; Kenntnis Danzays von der Freundschaft beider Fürsten und Suche nach Mittel, diese zu festigen; bereitwillige Einräumung von Privilegien für den Herzog durch den König, der laut einer Erklärung Danzays den Herren von Dohna und von Zehmen gegenüber Gegengeschenke an sich, die Königinmutter [Katharina von Medici] oder an den König von

Navarra [Anton von Bourbon] für überflüssig hält; beim Wunsch des Herzogs, trotz allem Geschenke zu senden, empfiehlt Danzays, dem König drei oder vier kleine Pferde oder Zelter und der Königinmutter und dem König von Navarra je einen, in französischer Sprache „*coche*“ genannten Wagen mit vier Pferden von einer Farbe zu senden; dadurch Erweckung beiderseitiger Zufriedenheit bei geringen Kosten; die Ablehnung der Empfehlung durch den Herzog bringt nichts in Gefahr; im Falle der Übermittlung der beiden Wagen rät Danzay, dem herzoglichen Schreiben einen Brief Herzog Albrecht [Friedrichs] beizuschließen; Gespräch Danzays mit dem Herrn von Dohna über Geschenke; Erhöhung der Förderlichkeit der herzoglichen Angelegenheit im Falle von Geschenken an mehrere einflußreiche Herren; bei Übersendung von anderen Geschenken durch den Herzog Vorschlag Danzays, sie Maillet mitzugeben, um sie den Verdiensten jedes einzelnen gemäß diskret und, ohne schädliche Neidgefühle zu erregen, zu verteilen; Vorherrschung von Neid bei den Großen am Hof; Wille des Absenders, den Herzog wissen zu lassen, daß die Verteilung von keinerlei Geschenken den Handel nicht verzögern wird und Ergreifung von Vorsorgemaßnahmen in der Sache durch Danzay; Warnung Maillets durch Danzay, den Herzog zu belästigen; Zusendung der Abschrift anderer, vielleicht künftig nutzbringender Privilegien an Maillet, wobei Danzay davon ausgeht, daß diese Privilegien auf herzoglichen Wunsch hin bereitwillig gewährt werden; bei weitergehenden Privilegien Notwendigkeit, sich darum schriftlich zu bemühen; Abreise von Danzays Neffen [Jacques Torchard de] Gauvrière; Freude über das Gefallen des Herzogs an den Mühewaltungen des Neffen und Nützlichkeit des Dienstes bei solch einem tugendhaften Fürsten; vor Maillets Abreise wiederholt vorgetragene Bitte Danzays, dem preußischen Kanzler [Johann von Kreytzen] und Friedrich von Kanitz mitzuteilen, den Herzog in keiner Weise wegen des Neffen belasten zu wollen; Bekundung des Absenders, für sich und die Seinen genügend Mittel zu haben; Freude Danzays über die in Sachen des Handels unternommene Frankreichreise seines Neffen; große Freigebigkeit der französischen Könige Fremden gegenüber, deswegen Wunsch vieler, daraus Nutzen zu ziehen; Unkenntnis vieler von der Tatsache, daß der französische König nicht regiert, sondern regiert wird, und daß so viele Wirren und Nachteile entstehen; deswegen Furcht der Regenten vor dem Wagnis, irgendjemanden zu wohltätig zu bedenken, um Klagen und Streitigkeiten vorzubeugen; Zwang der Regenten, selbst verdienstvolle Leute um Geduld zu bitten; Maillet weiß davon aufgrund der Behandlung Danzays durch die Königinmutter und den König von Navarra; Trost für Danzay, daß sein Neffe und niemand anderes nach Frankreich gereist ist aus Furcht vor dem, was dem *Nicolaus Trussen* widerfahren ist; Entsendung Trussens nach Frankreich durch den dänischen König [Friedrich II.], um dem französischen König den Sankt Michaelsorden darzubieten; Hoffnung Trussens auf reiche Entlohnung, aber Rückkehr ohne Gabe und Beschimpfung derjenigen, die bei Hof waren, durch Trussen; bei Ausbleiben eines Geschenkes für einen herzoglichen Gesandten Überzeugung Danzays von einer ähnlichen Reaktion; wegen möglicher Geschenkvergaben an den französischen König, die Königinmutter und den König von Navarra Freude des Absenders am Entschluß des Herzogs, Maillet nach Frankreich zu entsenden; bei einem Geschenk im Wert von beispielsweise 1000 Kronen und einer Gegengabe von 100 Kronen an den Überbringer größeres Unbehagen der Beschenkten über die Gegengabe als Freude über das Geschenk; Danzays Wunsch zufolge Übersendung von allein solchen Geschenken durch den Herzog, die mit Zufriedenheit entgegengenommen werden; Besprechung des gegenwärtigen und künftigen Zustandes der Freundschaft zwischen den beiden Fürsten als erste Aufgabe Maillets nach seiner Ankunft am französischen Hof, danach Behandlung der Frage nach Aufnahme und Entlohnung von rund 100 Adligen, die möglicherweise nacheinander entsandt werden; Klage Danzays, unlängst auserlesene Pferde im Wert von 1200 bis 1500 Kronen an den Hof gesandt zu haben und dafür lediglich mit hoffnungsvollen Worten entlohnt worden zu sein; beim Wunsch des Herzogs, Einzelpersonen vermittels Danzay zu bedenken, schlägt dieser vor, Geschenke an die Supplikenmeister, an mehrere Sekretäre für Befehlsschreiben, an den Kanzler und die Seinen und an andere Herren zu vergeben; Entstehung von Gezank und Neid bei ungleichmäßiger Verteilung; beim herzoglichen Wunsch, Geschenke an seine Förderer auszuteilen, bietet Danzay seine und Maillets Dienste an; Eingeständnis Danzays, einmal 10 000 Kronen verloren zu haben, weil er besser mit einer Person als mit der anderen übereingekommen ist; um den Herzog nicht zu beschweren, Empfehlung an Maillet, sich nach den Änderungswünschen des Herzogs bei den zu erlangenden Privilegien zu erkundigen und zu fragen, ob der junge Herzog [Albrecht Friedrich] dem französischen König schreiben möchte, ob der Herzog Geschenke mitgibt und ob er ein mit Waren beladenes Schiff entsendet; Ankündigung Danzays, voraussichtlich bis Ende Mai in Kopenhagen zu bleiben, und Einladung an Maillet, zu ihm zu reisen nach Kenntnisnahme des herzoglichen Willens; Mitgabe von Schreiben, um Maillets Aufgabe zu erleichtern; Empfehlung, vor Anfang Mai aufzubrechen und wegen der großen Diebstahlgefahr in Frankreich ein Haus in Paris zur Lagerung der Waren anzumieten.

Abschrift
Lateinisch
2 Bogen Folio, 1 Bogen Umschlag, S. 1-6 beschrieben, S. 8 zeitgenösss. Betreffe *Pro negociis Galliae* und *Belanget f[urstliche] d[urchlaucht] undt Antonium Maillet.*
Altsignatur: 4/21/11.

Beilage

Abschrift

Lateinisch
2 Bogen Folio, 1 Bogen Umschlag, S. 1–5 beschrieben, S. 6 zeitgenöss. Betreffe *Pro negociis Galliae* und *D[ominus] Danseus legatus regis Gallie ad aulam regis Danie* und zeitgenöss. Kanzleivermerk *Franckauortii (f)renet.*
HBA G 745 Nr. 11. – Altsignatur: 4/21/33.

Nr. 364

[15]62 Juni 9, o. O.

Herzog Albrecht an Richard Bertie [Herzog von Suffolk]:

Empfang eines zu London gegebenen Schreibens Berties von [1562] April 20, worin die Freude des Empfängers über den Gesundheitszustand des Herzogs, das Hilfsangebot für einen herzoglichen Untertan und die Absicht, dem Herzog zwei Zelter zu verehren, zum Ausdruck kommt; Dank und Angebot einer erbetenen Gegenleistung; Danksagung für die Grüße von Berties Gemahlin [Katharina] und Bitte, ihr Gegengrüße auszurichten; wegen der vor zwei Jahren durch den herzoglichen Untertan und Kaufmann *Hanß Schwentzer* gelieferten Hunde steht noch die Rechnung offen; Bitte des Herzogs an Bertie, Schwentzer zu veranlassen, sich deswegen zum Herzog zu begeben; *cum burg(gravio) idem audivit.*

Konzept
1 Bogen Folio, S. 1–2 beschrieben, S. 4 Außenadresse und Registraturvermerk *Regist(ratum).*
HBA G 1262, Nr. 51.

Nr. 365

[vor 1562 Juni 11] o. O.

Gutachten Maillets [über die Herstellung von Asche]:

Der Meinung des Kanzlers [Johann von Kreytzen] zufolge Beginn der Ascheherstellung durch die eingetroffenen Arbeiter nach Ankunft Maillets; zur Vermeidung des Müßigganges Vorschlag Maillets, nach der Schneeschmelze mit dem Aschebrennen in den dem Wasser nahe gelegenen Wäldern mit vier litthauischen Hilfkräften an einer Brennstelle zu beginnen; Unterweisung der Arbeiter durch die unlängst eingetroffene Fachkraft; Bedarf an zuverlässigen und der herzoglichen Befehlsgewalt unterworfenen Hilfskräften, um durch sie andere unterweisen zu können; bei Einstellung vieler Kräfte gleich zu Beginn Gefahr großer Unordnung und hoher Unkosten; bei 100 Arbeitern, die auf 25 Brennplätze verteilt sind, vermag der Vorarbeiter, ohne viel Holz zu vergeuden, nicht alle zugleich anzuleiten; bei sorgfältiger Unterweisung der vier Hilfskräfte in 15 bis 20 Tagen Erlangung der Befähigung, selbst auszubilden und 20 Ungelernte anzuleiten, die ihrerseits später 100 ausbilden und zugleich mit diesen arbeiten können; Beschränkung der Tätigkeit des Vorarbeiters in diesem Falle auf die Aufsicht; bei Annahme des Vorschlages Herstellung einer großen Menge Asche in wenigen Monaten; Wunsch Maillets, vor seiner Rückkehr aus Danzig alles auf sich bewenden zu lassen wegen seiner Absicht, selber in die Wälder zu reisen; Bedarf zweier eingeschworener Böttcher, die nach Anweisung des Vorarbeiters die Fässer bereiten und die Asche verfüllen; Ankündigung Maillets, das Faßmaß anzugeben; Auswahl der Örtlichkeiten und der Holzarten zum Aschebrennen durch die Arbeiter nach ihrer Ankunft in den Wäldern; Erzielung guter Brennergebnisse aus einer Mischung von Eichen-, Buchen-, Haimbuchen-, Birken- Linden- und Ulmenholz; bei ungeeignetem Untergrund Vorbereitung des auf 12 Schuh im Quadrat bemessenen Brennherdes mit durch Teer *(bitumine)* verklebten Ziegelsteinen; bei einem Einsatz von beispielsweise 20, 50 oder 100 Arbeitskräften Bedarf einer vom Herzog bestellten Aufsicht zur Wahrung der Disziplin, sonst Gefahr der Aufsässigkeit im Falle der Abschlagung ihrer Bitten; Behandlung der Leute nicht wie Vieh, sondern wie nach dem Ebenbild Gottes geschaffene Menschen; Versorgung der Arbeitskräfte nach Gebühr mit dem üblichen Maß an Speck und Schweinefleisch, mit Erbsen und Brot, mit Wasser und Kleie für die Getränke sowie mit Bier für die an das Getränk der Litthauer nicht gewohnten Franzosen; Zerstückelung eines Knaben durch Litthauer oder Polen wegen seines Unwillens, ihnen das Ihrige zum Essen zu geben; zwei Jahre zuvor Erschlagung eines Menschen von hiesigen Bauern aus Unkenntnis der Sprache oder aus seiner Weigerung heraus, ihnen zu willfahren; trotz der entstehenden Kosten Inaussichtstellung hoher Gewinne aus der Ascheherstellung durch Maillet; Verhinderung des Entlaufens der Arbeiter durch den Aufseher, der seine Autorität durch Ermahnungen und den weitgehenden Verzicht auf Züchtigungen wahren kann; Betonung Maillets, keine Vorschriften machen, sondern nur Erfahrungswerte bei der Ascheherstellung weitergeben zu wollen.

Mundum
Lateinisch
1 Bogen Folio, S. 1–3 beschrieben.

Beilage

Deutsche Übersetzung

2 Bogen Folio, S. 1–4 beschrieben, S. 8 zeitgenöss. Betreff *Ma(i)leti bedenck(en)*.
HBA G 744, Nr. 10.

Nr. 366

[vor] 1562 [Juni 11], o. O.

[Vorkehrungen für die Verschiffung von Handelswaren durch Antoine Maillet]:

Verschiffung von mindestens 200 Faß Pottasche; zur Vermeidung höherer Frachtkosten Anmietung eines Schiffes bis nach Rouen oder Le Havre (*Hableneuf*); Befrachtung mit Asche, mit bis zu 10 000 Langspießen, mit Wagenschoß, Pipenholz, Faßholz, Klappholz, zwei Säcken Wolle, zwei Säcken guten Hopfens, mit bis zu zwei Last Teer, mit bis zu zwei Last bester Wedasche und mit bis zu zwei Last Piken; Beladung des Schiffes ausschließlich mit herzoglichen Waren; Auslaufen des Schiffes erst nach der Abreise Maillets oder des Julius Chuysser zwecks sicherer Entgegennahme der Waren zu Rouen; Versicherung seiner treuen Dienste durch Chuysser und

Bereitschaft, Maillet sowohl in Frankreich als auch zu Antwerpen oder zu Danzig mit Rat und Tat zur Seite zu stehen; Bedarf Chuyssers an einem auf ihn ausgestellten herzoglichen Geleitbrief für den Fall einer eigenen Reise; Verzicht Chuyssers auf eine gesonderte Besoldung, aber Beanspruchung von Zehrungsgeld für seine im herzoglichen Auftrag unternommenen Reisen; aufgrund seiner Treue, seiner Erfahrung und seines guten Leumundes zu Danzig Eignung Chuyssers, den Verkaufserlös zu Rouen oder zu Paris in Empfang zu nehmen und denselben dem Herzog zu Antwerpen oder zu Danzig zu überantworten, und Billigung dieses Vorschlages durch den Kanzler [Johann von Kreytzen]; im Falle der Auswahl einer anderen Person durch den Herzog oder seine Räte Bitte um Anzeige desselben; bei Berufung Chuyssers vermag dieser einen Bürgen zu Danzig bereitzustellen; Zusammenstellung der zu verkaufenden Waren, um Chuysser die Gelegenheit für das Aufbringen der Gelder für Fuhrlohn und für Sonstiges zu geben; Unmöglichkeit des Ascheverkaufs am Tage der Landung wegen des mindestens 15 bis 20 Tage in Anspruch nehmenden Weitertransports der Waren von Rouen nach Paris, aber Beharrung der Schiffer auf baldiger Entlohnung; möglicherweise Entgegennahme von Wagenschoß oder von „Bärenklau" oder „Horen" genannter Asche, vielleicht auch von Wolle oder anderem durch Chuysser und Bitte um entsprechende Mitteilung; die Weigerung des Vorarbeiters, die hiesigen Leute in die Kunst des Aschebrennens einzuweihen, läßt ihn treuer und klüger erscheinen als vorher angenommen wegen seiner Fähigkeit, die Faulheit oder Gedankenlosigkeit der ihre Arbeitsergebnisse mißachtenden Leute einzuschätzen; infolge schlecht gebrannter Asche großer Schaden für den Herzog und Schande für Maillet; Notwendigkeit, selbst bei 1000 einheimischen Arbeitern einen französischen Fachmann zur Stelle zu haben, um Ehre und Nutzen des Herzogs zu fördern und den Franzosen Befriedigung zu verschaffen (*satisfiatque Gallis*); Kostendeckung aus dem Gewinn; für den Fall des Ausscheidens des Vorarbeiters am 1. Oktober [1562] schlägt Maillet dessen Ersetzung vor; zum Nutzen des Herzogs drängt Maillet auf seine rasche Entsendung [nach Frankreich]; nach Eintreffen aller verschifften Güter an ihrem Bestimmungsort Verrechnung der Fracht mit allen weiteren Unkosten und Auszeichnung der Preise für die einzelnen Waren zur Gewinnermittlung; Benötigung einer mit dem großen herzoglichen Siegel beglaubigten Handelsvollmacht für Frankreich auf Pergament und Wunsch Maillets, ihren Entwurf zwecks Vornahme nötiger Ergänzungen einzusehen; Fertigung dieser Vollmacht durch die obersten Sekretäre gemäß üblichem Brauch; Angebot an den Burggrafen [Christoph von Kreytzen] und an die anderen Räte, bei Bedarf zusätzliche Erklärungen abzugeben.

Mundum
Lateinisch
1 Bogen Folio, S. 1–3 beschrieben, S. 4 zeitgenöss. Betreff *Providenda pro Gallia*.

Beilage

Deutsche Übersetzung

2 Bogen Folio, S. 3–6 beschrieben, S. 8 zeitgenöss. Betreff *Maleti erclerung*.
HBA G 744, Nr. 11.

Nr. 367

1562 Juni 11, Königsberg

Herzog Albrecht an jedermann:

Dem Vernehmen Antoine Maillets zufolge Befähigung, gute Pottasche nicht nur nach der in dieser Gegend üblichen Art und Weise, sondern auch aus allen Holzarten herzustellen; Übereinkommen mit ihm, Asche herzustellen und Fachleute aus Frankreich anzuwerben zwecks Unterweisung herzoglicher Untertanen in dieser Kunst; vermittels des Rates König Karls IX. von Frankreich und Gesandten in Dänemark, Charles de Danzay, Erwirkung eines für fünf Jahre geltenden königlichen Privilegs für den Herzog, Asche aus dem Herzogtum oder sonstwoher nach Frankreich zu verfrachten und dort zu veräußern; Bestallung Maillets und seiner Erben und Nachfolger für die Geltungsdauer des Privilegs sowie für die vom König gewährten Verlängerung zum Faktor und Generalhändler und Bevollmächtigung Maillets zur Ernennung von Mitfaktoren und Helfern gemäß der Ermächtigung von [1561] Februar 2; Verpflichtung Maillets, in Frankreich Pottasche, „Wagenschoß" und „Klappholz" genannte Holzerzeugnisse, Spieße, Wolle und anderes zum bestmöglichen Preis zu verkaufen, nach dem Verkauf aller Waren unverzüglich Rechnung zu legen über die hergestellte und nach Frankreich verfrachtete Asche, die Möglichkeiten zum Absatz anderer Waren zu ergründen und alle anderen Kosten einschließlich der für die Anmietung eines Hauses einzubeziehen; bei Reisen Maillets nach Frankreich auf herzogliches Geheiß Verrechnung aller Kosten einschließlich der für Maillets Ehefrau mit den Einnahmen; Beteiligung Maillets und seiner Erben und Nachfolger als Urheber dieser Art von Ascheherstellung im Herzogtum zu einem Fünftel am Reingewinn; bei der Lieferung von Asche nach Frankreich durch Dritte unter Ausnutzung des herzoglichen Beschlagnahmungsprivilegs (*ex confiscatione cinerum*) erhält Maillet ebenfalls eine Gewinnbeteiligung von 20 v. H.; Verpflichtung Maillets zur Rechenschaftslegung über alle empfangenen und verkauften Handelswaren und zur Aushändigung aller dem Herzog gehörenden Gelder (*omnemque pecuniam ad nos pertinentem*) zusammen mit dem herzoglichen Gewinnanteil von 80 v. H. an Heinrich von Achteln (*ad Henricum de Acheln*) zu Antwerpen oder an eine andere zu bestimmende Person an einem noch festzulegenden Ort; Beauftragung Maillets mit dem Einkauf und der Übermittlung gewünschter französischer Waren; bei Beanspruchung Maillets außerhalb seiner Handelstätigkeit Zahlung der Auslagen mittels der Gelder, die nicht aus dem Verkaufserlös der Handelswaren herrühren; Verpflichtung Maillets, jährlich zeitgemäß über Preise und über nach Frankreich eingeführte Waren wahrheitsgetreu zu berichten; Ankündigung der Beglaubigungsmittel.

Mundum
Lateinisch
1 Bogen Folio, S. 1–3 beschrieben, S. 4 zeitgenöss. Betreff *Contractus Mailleti.*

Beilagen

I. Konzept

Lateinisch
1 Bogen Folio, S. 1 beschrieben, S. 4 Kanzleivermerk *Vorschrifft.*

II. Deutsche Übersetzung

2 Bogen Folio, S. 1–4 beschrieben, S. 8 zeitgenöss. Betreff *Anthonii Maleti bestallung.*

III. Deutsche Übersetzung

1 Bogen Folio, S. 1–4 beschrieben.
HBA G 744, Nr. 12.

Verweis: weiteres Konzept unter Nr. 368.

Nr. 368

[1562 Juni 11, Königsberg]

Herzog Albrecht an jedermann:

Entsendung des briefzeigenden herzoglichen Dieners Antoine Maillet in Geschäftsangelegenheiten nach Frankreich; Bevollmächtiung des zum Generalhändler und zum Hauptfaktor bestellten Maillet, Waren einzuführen und zu verkaufen sowie benötigte Güter auszuführen; Bitte, Maillet Glauben zu schenken und ihn gemäß der Privilegien König Karls [IX.] von Frankreich vor Abgaben und Zöllen zu schützen, ihn und die Seinen ungehindert umherziehen und denselben nötigenfalls Hilfe angedeihen zu lassen; *audivit et placuit presente Canitzio et cancellario.*

Konzept
Lateinisch
1 Bogen Folio, S. 3 beschrieben, S. 1–2 Konzept zu Nr. 367, S. 4 zeitgenöss. Betreff *Contract mit Mailleto.*
HBA G 744, Nr. 13.

Nr. 369

1562 Juni 24, Greenwich

Königin Elisabeth von England an Herzog Albrecht wegen der Forderungen William Martins:

[Druck der deutschen Übersetzung in: Europäische Briefe, S. 36.]

Behändigte Ausfertigung
Lateinisch

1 Bogen Folio, S. 1 beschrieben, S. 2 Außenadresse, Eingangsvermerk *1562, 19 novemb(ris) ankommen*, Bearbeitungsvermerk *M. St(o)rmer solle wegen des Anglischen hiruf bericht thun* und zeitgenöss. Betreff *Urschrifte einen Anglischen betreffend.*
Ausstellersiegel und -unterschrift.
HBA G 745, Nr. 12.

Nr. 370

1562 Juni 28, London

Richard Bertie [Herzog von Suffolk] an Herzog Albrecht:

Dem Zeiger des Schreibens [William] von Königin [Elisabeth von England] an den Herzog zufolge ist [Williams] Vater [Thomas Martin] im Herzogtum Preußen Unbill widerfahren; Bitte des Briefzeigers an Bertie, ein Schreiben zu seinen Gunsten abzufassen; hohes Ansehen [William Martins] beim Adel Englands und Empfehlung des Bittstellers durch Bertie; Übergabe zweier weißer, zum Geschenk für den Herzog bestimmter Zelter an den herzoglichen Untertan Merten von Höfen (*Martin von Hoven*); Mitgabe eines Geleitbriefes für Höfen; Grüße von Herzogin [Katharina], der Gattin des Absenders.

Behändigte Ausfertigung
1 Bogen Folio, S. 1 beschrieben, S. 2 Außenadresse.
Eigenhändige Ausstellerunterschrift und -siegel.
HBA G 745, Nr. 13. – Altsignatur: W 67.

Nr. 371

[1562] August 12, Königsberg

Herzog Albrecht an den französischen Gesandten Charles de Danzay wegen der Entsendung Antoine Maillets nach Frankreich in Handelsangelegenheiten.
[Druck: Von Königsberg an die Loire, S. 110.]

Konzept
Lateinisch
1 Bogen Folio, S. 1–2 beschrieben, S. 4 Außenadresse, Bearbeitungsvermerk *Coll(acionatum)* und Registraturvermerk *Registrat(um).*
HBA G 1262, Nr. 52.

Nr. 372

[1562] August 12, Königsberg

[Herzog Albrecht] an König [Karl IX.] von Frankreich:

Entsendung Antoine Maillets mit Handelswaren nach Frankreich; Beauftragung Maillets, dem König Grüße und gute Wünsche zu übermitteln, demselben den herzoglichen Handel zu erläutern und zum Nutzen des Herzogs Privilegien zu erbitten; Bitte des Herzogs an den König, Maillet anzuhören, ihm Vertrauen zu schenken und sich ihm gegenüber gnädig zu erweisen, und Dankversprechen; *princeps audivit presentibus cancell(ario) et Canit(io).*

Konzept
Lateinisch
1/2 Bogen Folio, S. 1 beschrieben, S. 2 Außenadresse, Bearbeitungsvermerk *Coll(acionatum)* und Registraturvermerk *Registrat(um).*
HBA G 1262, Nr. 53.

Nr. 373

[1562 August 12, Königsberg]

[Herzog Albrecht] an König [Anton] von Navarra:

Entsendung des herzoglichen Faktors Antoine Maillet mit Handelswaren nach Frankreich; Beauftragung Maillets, Grüße des Herzogs an den Empfänger zu übermitteln und beim französischen König [Karl IX.] Privilegien zu erwirken; wegen des Einflusses des Empfängers beim französischen König Bitte, Maillet behilflich zu sein, ihn anzuhören und ihm Vertrauen zu schenken; Gegenseitigkeitsversprechen;

Konzept
Lateinisch
1/2 Bogen Folio, S. 1 beschrieben, S. 2 Außenadresse, Bearbeitungsvermerke *Mutatis mutandis reginae Franciae [Katharina von Medici] et duci de Condé [Ludwig von Bourbon]* und *Coll(acionatum)* sowie Registraturvermerk *Registra(tum).*
HBA G 1262, Nr. 54.

Nr. 374

[15]62 August 25, o. O.

[Herzog Albrecht Friedrich] an König [Karl IX.] von Frankreich:

Dank für die seinem Vater [Herzog Albrecht] gegenüber unter Beweis gestellte königliche Zuneigung; Wunsch, dem König ein Zeichen seines Herzens zu geben; aufgrund seines Alters Unvermögen des Absenders, persönlich Dank abzustatten; deswegen Übermittlung von Grüßen und von vier Pferden durch den Diener seines Vaters und Briefzeigers, Antoine Maillet; Bitte, das Geschenk wohlwollend anzunehmen, und Beteuerung seiner Diensterbietung in künftigen Zeiten; Bitte, Maillet anzuhören und sich ihm wohlwollend zu erweisen; *relatio Frid[erici] Canit[ii] eo presente princeps audivit et probavit, item cancellarius.*

Konzept
Lateinisch
1 Bogen Folio, S. 1–2 beschrieben, S. 4 Außenadresse, Bearbeitungsvermerk *Coll(acionatum)* und Registraturvermerk *Registrat(um).*
HBA G 1262, Nr. 55.

Nr. 375

1562 August 25, *Lazenay*

König Karl [IX. von Frankreich] an Herzog [Albrecht]:

Überantwortung dieses Schreibens an den abreisebereiten Edelmann [Jacques de Gauvrière]; Entgegennahme der Freundschaftsbezeugungen des Herzogs und Angebot, demselben einen Wunsch zu erfüllen; *Bourdin* (*scripsit*).

Ausfertigung
Französisch
1 Bogen Folio, S. 1 beschrieben, S. 4 Außenadresse.
Eigenhändige Ausstellerunterschrift und Siegelreste.
HBA G 745, Nr. 14.

Nr. 376

1562 August 29, *Lazenay*

Katharina [von Medici] an Herzog [Albrecht] wegen der Freundschaftsversicherung des französischen Königs [Karl IX.]:

[Druck der deutschen Übersetzung in: Europäische Briefe, S. 42.]

Ausfertigung
Französisch

1 Bogen Folio, S. 1 beschrieben, S. 4 Außenadresse.
Ausstellersiegel und eigenhändige Unterschrift.
HBA G 745, Nr. 15.

Nr. 377

1562 September 21, Etampes

Anton [von Bourbon] an Herzog [Albrecht]:

Freude über die dem Herzog zuteil gewordene Aufmerksamkeits- und Freundschaftsbezeugung in Form eines vom König [Karl IX. von Frankreich] gewährten Privilegs; Absicht, sich auch weiterhin für die Belange des Herzogs zu verwenden.

Ausfertigung
Französisch
1 Bogen Folio, S. 1 beschrieben, S. 4 Außenadresse.
Eigenhändige Ausstellerunterschrift und -siegel.

Beilage

Deutsche Übersetzungen von Nr. 375–77.

1/2 Bogen Folio, S. 1–2 beschrieben, S. 2 zeitgenöss. Betreff *Des Königes [Karl IX. von Frankreich] und der königin [Katharina von Medici], item des amirals [!] aus Frankreich [Gaspard de Coligny] schreiben an f[urstlich]e d[urchlauch]t zu Preußen, 1563.*
HBA G 745, Nr. 16.

Nr. 378

[15]62 Oktober 9, o. O.

[Herzog Albrecht] an Königin [Elisabeth von] England:

Zufriedenheit des Herzogs mit der wohlwollenden Aufnahme der ihr im Jahr zuvor übersandten zehn Falken; trotz seines Wunsches, der Königin ein würdigeres Geschenk anzubieten, bleibt dem Herzog ihre Freude an der Beizjagd nicht verborgen; deshalb Übermittlung von wiederum zehn Falken durch den Briefzeiger mit der Bitte, das Geschenk gnädig anzunehmen; Versicherung, keine Gelegenheit zu versäumen, ihr gefällig zu sein.

Konzept
Lateinisch
1/2 Bogen Folio, S. 1 beschrieben, S. 2 Außenadresse, Bearbeitungsvermerk *Coll(acionatum)* und Registraturvermerk *Regist(ratum).*
HBA G 1262, Nr. 56.

Nr. 379

1562 November 28, Brüssel

Antoine Maillet an Herzog Albrecht:

Hoffnung, daß der Herzog sein zu Lübeck datiertes Schreiben zusammen mit einem Brief des Gesandten Danzay erhalten hat; wohlbehaltene Ankunft des Absenders und der Pferde zu Antwerpen; während der Durchreise durch Utrecht Empfang zu Ehren des Herzogs durch den Stadtrat, Ehrung durch Ratswein, der von vier Ratsdienern in acht großen Gefäßen mit einem Fassungsvermögen von 24 oder 25 Pokalen gereicht worden ist; im Namen des Rates Bitte des fünften Ratsdieners an den Herzog, die ihn in Ehrensachen *(in rebus honestis)* anrufenden Utrechter Einwohner anzuhören; zu Antwerpen Übergabe eines herzoglichen Schreibens an Johann von Achteln *(Iohanni de Acheln)* und Fehlanzeige des Briefes, den der Burggraf [Christoph von Kreytzen] nach Maillets Abreise aus Königsberg an diesen gerichtet hat; Maillet stellt dem Burggrafen anheim, sich deswegen Achteln schriftlich zu erklären; Ankunft des im Juli mit Pottasche und anderen Handelswaren beladenen Schiffes in Le Havre; Absicht des Schiffers, nach Rouen weiterzufahren, aber Zwang durch den sich gegen die Papisten rüstenden Befehlshaber des Hafens [Ambrose Dudley, Earl of Warwick], das Schiff zu entladen und die herangeführten [Treidel-]Pferde zu Verteidigungszwecken zur Verfügung zu stellen wegen des bereits begonnenen Krieges; infolge der Unruhen und lauernden Gefahren eilige Heimfahrt des Schiffers nach Holland; Verwahrung der Waren durch den Kaufmann *Luca Baudet* aus Rouen nach einem diesbezüglichen Schreiben Maillets; Zusammenkunft Maillets mit Baudet in Antwerpen; Übergabe des Geleitbriefes des Herzogs für den Danziger Kaufmann *Petrus Petersen dictus Schmid* an Baudet durch Maillet; wegen des Unvermögens von Schmid, diese Gegend zu bereisen, Änderung des Namens [im Geleitbrief] und Ernennung Baudets zum Faktor durch Maillet; beabsichtigter Verkauf der Asche, der Spieße und der anderen Güter durch Baudet während der Abwesenheit Maillets; Verpflichtung Maillets, dies dem Herzog zu berichten, damit in der Kanzlei an Stelle von *Petrus Schmid* Luca Baudet geschrieben wird; Plünderung von Baudets Hab und Gut während der Eroberung Rouens durch den Herzog [Franz] von Guise von [1562] Oktober 25, auf dessen Befehl der Märtyrer *Marloratius* durch den Strang hingerichtet worden ist; im Jahr zuvor Teilnahme des Marloratius an der Disputation des Doktors *Petrus Martyr*, Théodores de Bèze und zweier anderer Diener des Wortes Gottes mit den Papisten zu Poissy; bei der Belagerung [Rouens] Schußverletzung König [Antons] von Navarra, an deren Folge dieser am 17. oder 20. [November] verstorben ist; abgebliche Reue des Königs, vom Glauben abgefallen zu sein und den Guisen Vertrauen geschenkt zu haben; Benachrichtigung des Herzogs von Guise, des Konnetabels [Anne de Montmorency] und des Marschalls von Saint-André [Jacques d' Albon] von einem Entsatzheer des Fürsten von Condé [Ludwig von Bourbon] aus 4000 deutschen Reitern und 6000 Fußsoldaten und von der Sammlung einer großen Armee; Rückzug des Herzogs von Guise und seiner Verbündeten nach Paris, wo sie in der Stadt und in den Vorstädten ein Heer zur Verfügung haben; Besetzung des von den Guisen gehaltenen

Etampes durch Condé unter Zurücklassung des Admirals [Gaspard de Coligny] und anderer zum Schutz von Orléans; Schlacht zwischen den Deutschen und den Guisen bei dem 14 Meilen vor Paris liegenden Etampes, um die Guisen und Saint-Andréischen nach Paris zurückzudrängen; Besetzung des sieben Meilen vor Paris liegenden Montlhéry durch Condé, Ausrufung Condés zum Regenten Frankreichs infolge des Todes seines Bruders, des Königs von Navarra; Aufenthalt König [Karls IX. von Frankreich] und der Königinmutter [Katharina von Medici] im zwei Meilen von Paris entfernten Bois de Vincennes unter Bewachung guisischer Soldaten; Furcht der Pariser, Flucht der Papstanhänger in die Stadt und der Gläubigen aus der Stadt trotz grassierender Seuche und Tod von nahezu einem Zehntel der Bevölkerung; wegen zu großer Menschenansammlung in Dieppe ergab sich die Stadt, aber spätere kühne Bitte an die Königinmutter um Entsendung eines Dieners des Wortes Gottes; Weigerung der Engländer und ihrer französischen Hilfstruppen, Le Havre dem Herzog von Guise auszuliefern; Übergabe von La Rochelle; hartnäckige Behauptung von Lyon gegen die Guisen, Niederlage des Herzogs von Nemours [Jakob von Savoyen] gegen Lyon und Flucht mit 20 Pferden in das Delphinat; zu Orléans ist der Bruder eines Pariser Ratmannes *(fratrem unius presidis Parisiensis)* durch den Strang hingerichtet worden, weil er eine zum Schaden der Evangelischen gerichtete Gesandtschaft nach Spanien angeführt hat; Versammlung aller Diener oder Vorsteher des Evangeliums zu Orléans oder Meaux wegen des Evangeliums; Hoffnung Maillets auf Besserung nach dem Tode des Königs von Navarra; Verschiffung der unlängst aufgegebenen 190 Faß Pottasche nach Antwerpen wegen der durch die Belagerung bedingten Schwierigkeiten, Rouen anzulaufen; Versuch des Absenders, die Pottasche zu Antwerpen für die Seifenherstellung gewinnbringend zu verkaufen; Hoffnung Maillets auf ein baldiges Ende der Wirren in Frankreich, damit der Handel des Herzogs erfolgreich sein wird; Begründung des langen Aufenthaltes des Absenders zu Antwerpen durch die Ereignisse; zum Zweck der sicheren Überführung der Pferde Bedarf eines Geleitbriefes der Statthalter des spanischen Königs [Philipp II.] für die Niederdeutschen Gebiete *(inferiori Germania)*; auf Intervention Danzays Unterstützung Maillets durch den Botschafter des französischen Königs [in den Niederlanden, Bernardin] Bochetel; auf Rat Danzays und anderer Getreuer des Herzogs Überführung der Pferde in das Haus des Absenders [zu Louppy-le-Château] und Abpassung einer günstigen Gelegenheit, um die Tiere zum französischen König, der Königinmutter und den anderen in Ehren zu führen; Versicherung Maillets, dem Herzog wahrheitsgetreu zu schreiben; Erfordernis, die in den Oletzkoischen Wäldern hergestellte Pottasche trocken zwischenzulagern, damit sie unverdorben verkauft werden kann; vergeblicher Arbeitsaufwand, wenn die von den französischen Arbeitern angelernten Kräfte unsachgemäß hergestellte Asche verfüllen; bei Unerfahrenheit in der Ascheherstellung des vom Absender nach Angerburg entsandten Paul Bruggemann *(Paulus Brugman)* Herstellung von Pipenholz und anderer Hölzer bis zum Frühjahr und Ankündigung, ihm andere Aufgaben schriftlich oder mündlich zu erteilen; Bitte um Entschuldigung für das aus Zeitmangel unsäuberlich abgefaßte Schreiben; Anzeige des Verbleibs der zuletzt empfangenen Spieße zu Danzig in Obhut des Julius Chuysser; Unmöglichkeit, die Spieße vor Ablauf des Jahres nach Frankreich zu verfrachten, und Erkundigung Maillets nach Wegen, die Waffen anderswo günstig zu verkaufen.

Behändigte Ausfertigung
Lateinisch
2 Bogen Folio, 1 Bogen Umschlag, Eingangsvermerk auf Pressel *Redite 20° ianuarii 1563 anno*, S. 1–5 beschrieben, S. 8 Außenadresse und zeitgenöss. Rubrum *Antonius Mailletus schreibt allerleij zeitung von Frankreich; item wie inen der rath zu Vtrich mit wein verehret habe; bieth, man wolle mehr asche brennen und verwaren lassen, das sie nicht naß werde; item pipenholtz; item zeigt an, das die spiesse zu Dantzig blieben s(e)in.*
Eigenhändige Ausstellerunterschrift und -siegel (beiliegend).
HBA G 745, Nr. 17. – Altsignatur: 4/20/28.

Nr. 380

1562 Dezember, Bois de Vincennes

[König] Karl [IX. von Frankreich] an Herzog [Albrecht]:

Empfang von zehn Falken vermittels eines herzoglichen Falkners; Dank für das schöne Geschenk, Freundschaftversicherung und Angebot einer Gegengabe; *Bourdin* (*scripsit*).

Ausfertigung
Französisch
1 Bogen Folio, S. 1 beschrieben, S. 4 Außenadresse.
Eigenhändige Ausstellerunterschrift und -siegel.
HBA G 745, Nr. 18. – Altsignatur: 4/31/96 (XVIII).

Nr. 381

[1562] o. O.

[Antoine Maillet an Herzog Albrecht]:

Tod des Pferdes des sich auf dem Weg nach Polen befindlichen herzoglichen Dieners; zur Vermeidung von Nachteilen für die herzoglichen Geschäfte Bitte um ein neues Pferd; im Falle von Neuigkeiten aus Litthauen, bei Beendigung der dort ausgebrochenen Unruhen oder im Falle der Dringlichkeit, die dortigen Ausrüstungsgegenstände nach Danzig zu verlagern, Ersuchen um schnellstmögliche Benachrichtigung zwecks Unterrichtung der für das Unternehmen bereitstehenden Leute und zur Einsparung ungeahnter Kosten.

Mundum
Lateinisch
1/2 Bogen Folio, S. 1 beschrieben.
HBA G 744, Nr. 14.

Nr. 382

1563 Januar 16, Westminster

Königin Elisabeth von England an Herzog Albrecht:

Empfang eines zu Königsberg datierten Schreibens von [1562] Oktober 9 nebst zehn Falken und Freude über diese jährliche Gewohnheit, Geschenke zu bereiten; Dank und Versprechen, den Herzog in guter Erinnerung zu behalten; *R[ogerus] Aschamus. XVI° ianuarii anno domini M° D° LXII° regni vero nostri quinto.*

Ausfertigung
Lateinisch
1 Bogen Folio, S. 1 beschrieben, S. 2 Außenadresse und Ausstellervermerk *Duci Prusie.*
Eigenhändige Ausstellerunterschrift und -siegel.
HBA G 745, Nr. 19. – Altsignatur: 4/31/71 (VII).

Nr. 383

1563 Januar 16, o. O.

[Henry Carey, Lord] Hunsdon an Herzog Albrecht:

Dank für die ihm übersandten Falken und Freude über das Geschenk; Angebot, dem Herzog oder den Seinen bei sich bietender Gelegenheit nützlich zu sein. *XVI° ianuarii M° D° LXII°.*

Behändigte Ausfertigung
Lateinisch
1 Bogen Folio, S. 1 beschrieben, S. 4 Außenadresse.
Eigenhändige Ausstellerunterschrift und -siegel.
HBA G 745, Nr. 9. – Altsignatur: 4/31/80.

Nr. 384

[1562 November 19 – 1563 Januar 23] o. O.

Hans Martin (*Hans Martjin*) aus London an [Herzog Albrecht]:

Dank für die Annahme der zu seinen Gunsten durch die englische Königin [Elisabeth] und die Herzogin [Katharina] von Suffolk ausgestellten Empfehlungsschreiben und für die daraufhin erfolgte vertröstende Antwort; vor Jahren Gesuch seines verstorbenen Vaters Thomas Martin an den Herzog wegen rückständigen Holzes und wegen eines bei Braunberg stattgefundenen Raubüberfalls gemäß beiliegender, mit A gekennzeichneter Abschrift; Erhalt eines von den herzoglichen Räten ausgefertigten Abschieds, der abschriftlich unter B beiliegt; Unentschiedenheit der Angelegenheit bis zum Tode von Thomas Martin; infolge seines Dienstes bei Hofe Behinderung des älteren Bruders des Absenders [William Martin], sich der bei der Erbteilung unerörtert gebliebenen Sache anzunehmen; wegen des unausgeführt gebliebenen Abschieds Bevollmächtigung des Absenders durch seine Geschwister mittels beiliegendem, mit C versehenem Schriftstück, die Angelegenheit zu bereinigen; Annahme des im Abschied Thomas Martin zugesprochenen halben Sechzig Wagenschoß unter Ausstellung einer Quittung; den Raub der Zobelfelle, der Kleinode, der Kleider und des Geldes aber bittet Hans Martin zu erstatten, da dieser wahrscheinlich von unbekannten herzoglichen Untertanen unter dem Vorwand des im Jahre [15]19 ausgebrochenen Krieges verübt worden ist; im Vertrauen auf den Herzog Verzicht Martins, die Forderungen gewaltsam durchzusetzen.

Abschrift
2 Bogen Folio, S. 1–7 beschrieben, S. 8 zeitgenöss. Betreff *Des Englisch(en) suplication* und Bearbeitungsvermerke *Die herrn rethe sollen den handel beratschlagen und f[urstliche] d[urchlauch]t (zu) bedenken, wi der Englische abzuweisen, mitteilen; f[urstliche] d[urchlauch]t (w)irt gedenken, sich dises alden handels halben zu nichtes einzulassen* und *Ist entrichtet aus der cammer anno [15]63 im ianuario.*

Beilagen

I. [1519 Oktober 28 – 1525 April 10], o. O.

Thomas Martin an [Hochmeister Albrecht]:

Vor einigen Jahren Holzeinkauf bei einem Edelmann zu Königsberg durch Matz Preusse (*Matheus Preuß*), Faktor und Mitgesellschafter Martins; nach drei Jahren Beschlagnahmung und Verkauf des auf der [Klapper-]Wiese gelagerten Holzes durch einen herzoglichen Befehlshaber; trotz Magdeburger Rechtsspruch zugunsten Martins ausstehende Wiedergutmachung; Hilfegesuch Martins an den englischen König [Heinrich VIII.], der daraufhin sich mit einem Schreiben an den Hochmeister für die Angelegenheit verwandt hat; Entgegennahme einer schriftlichen Antwort des Hochmeisters an den König sowie eines Passes und Geleitbriefes auf Leib und Gut durch Martin; Am 28. Oktober [15]19 Abreise Martins und seines Begleiters *Jan Jansenn*, eines Dieners des englischen Königs, aus Königsberg; zwischen Braunsberg und Frauenburg Überfall auf Martins Wagen durch eine Reiterschar an der *Schorkeck* genannten Stelle; Entwendung von Zobelfellen, Kleinoden, Geld und Kleidern im Gesamtwert von 8845 Mark Rigaer Währung oder 589 Pfund, 13 Schilling und 4 Groschen Sterling; Überfall in Gegenwart der Danziger Kaufleute *Jacob Schmidt*, *Caspar Arnt*, *Lucas Casdorp*, *Hans Dorbecke*, *Hans Paffrado*, *Hans Bade*, *Franz von Dantzke* und des bewaffneten Sekretärs von Bischof [Johann Blankenfeld] von Dorpat, die in allem unversehrt geblieben sind; Beschränkung des Überfalls auf den Wagen Martins; nach Beendigung seiner Geschäfte in Frauenburg Rückkehr des Sekretärs nach Königsberg, wo er seine Reisetasche, die in Martins Wagen gelegen hat, zurückerhält; Bitte Martins um Wiedergutmachung.

Abschrift
1 Bogen Folio, S. 1–3 beschrieben, S. 4 Bearbeitungsvermerk *A*.

II. o. D, o. O.

Matz Preusse, Thomas Martin aus London, Hans Martin; vor [15]19: Magdeburger Urteil zu dem von fürstlichen Bediensteten genommenen Holz, Zuflucht zum englischen König, Verwendungsschreiben und Antwortschreiben; am 28. Oktober [15]19 Beraubung, Bitte um Erstattung der entwendeten Zobelfelle; 8845 Mark Rigisch, 2200 Taler; *nota bene*, *vortrag*; *Clement von Sollen*, *Michel Radeke*, *Lucas Harder*, und Crispin Schönberg als Urheber für die Beschlagnahmung des Matz Preusse gehörenden Holzes; Beschlagnahmung durch den im Namen des Hochmeisters handelnden *Talheimer*.

Notiz
1/2 Blatt, S. 1–2 beschrieben.

III. [15]31 Juni 14, Königsberg

[Die Oberräte] an den Engländer Matz Preusse:

Nach Anmietung eines Waldes durch Preusse Einigung mit seiner Gegenpartei in folgender Weise: Erhalt von fünf Tonnen Honig und eines halben Sechzig Wagenschoß; Überantwortung von anderthalb Sechzig Wagenschoß nach Billigung des Vertrages durch seine Mitgesellschafter (*freundtschafft*); Ablehnung eines anderen Abschieds; bei Annahme dieses Vertrages durch Preusse Erhalt eines weiteren halben Sechzig Wagenschoß; wegen der im Stift Ermland oder Heilsberg entwendeten Zobelfelle Verweis auf die Zuständigkeit einer anderen Herrschaft; Verpflichtung Preusses, vor Ort oder von den Entwendern selbst die Felle zu fordern; *zur urkundt mit hochgedachter furstlicher durchlauchtigkeith secret vorsekretiret*.

Abschrift
1 Bogen Folio, S. 1–2 beschrieben, S. 4 zeitgenöss. Betreff *Abschidt englischen betreffende anno [15]63*, Bearbeitungsvermerk *B* und zeitgenöss. Kanzleivermerk *Stallung muntz und k(as)er*.

IV. 1562 April 22, London

Wilhelm Martin an jedermann:

Am 26. Januar 1563 Aufsuchung des kraft kaiserlicher Autorität eingesetzten Notars *M. Urbanus Stormius* aus Marienburg in seiner Wohnung zu Königsberg durch Hans Martin aus London in Begleitung der als Zeugen hinzugebetenen Studenten *Iohannes Hasentodter* aus Hessen und *Iohannes Neubawer* aus Mecklenburg; Vorzeigung eines von einem Notar zu London erstellten, unversehrten Instrumentes von 1562 April 22 mit der Bitte um eine beglaubigte Abschrift, die im folgenden erfolgt: In Gegenwart des öffentlichen Londoner Notars *Humfridus Brocke* aus der Diözese York

Bevollmächtigung des Hans Martin durch seinen Bruder und Vollstrecker des vom 6. Mai 1551 datierten Testamentes des verstorbenen Londoner Bürgers und Gewandschneiders Thomas Martin, Wilhelm Martin, die Außenstände seines verstorbenen Vaters bei jedwedem einzufordern, in Empfang zu nehmen, zu quittieren und seinerseits zu be- und entvollmächtigen; Beurkundung in dem in der Lombardstraße gelegenen, zur Londoner Pfarrei Sankt Nikolaus von Akkon gehörenden Hause des Notars in Anwesenheit von *Ricardus de Londin(ium)*, des Kaufmannes *Ianley de London(ium)* und des *Wilhelmus Sofflay*; Beglaubigung durch den Ritter, Major und Londoner Ältermann *Quilihelmus Harper* von 1562 April 20; *Blakwell.*

Beglaubigte Abschrift
Lateinisch
Pergament 55,5 x 62
Notarszeichen
HBA G 1262, Nr. 57.

Nr. 385

1563 Januar 25, Königsberg

[Herzog Albrecht an jedermann]:

Vor Jahren Zusage des Herzogs, dem Engländer Thomas Martin ein halbes Sechzig Wagenschoß zu geben, aber Ablehnung des angebotenen Holzes durch Martin; Ursache des Herzogs, den von den Erben Martins erhobenen Anspruch abzuweisen, Fürsprache Königin [Elisabeths von England] und Anweisung, Hans Martin ein Mehrfaches des früher zugestandenen Holzes, nämlich 17 Hundert Wagenschoß, unter Verzicht weiterer Ansprüche zu überantworten; *ex com(missione) burg(gravii); idem legit presentibus consiliariis.*

Konzept
1 Bogen Folio, S. 1 beschrieben, S. 4 Außenadresse, zeitgenöss. Betreff *Abschidt Hans Martin einem Englischen*, Bearbeitungsvermerke *Coll(acionatum), quitantz ist bei dem vidimus, quitantz hat der her burggraff [Christoph von Kreytzen] bei sich behalten und in die cammer geben, 28 ianuarii anno [15]63*^{ten} *(gestr.), instrument (gestr.)* und *Instrument der volmacht ist durch M. Stormer vidimiret utrunque instrumentum collatum per do[minem] Iaski et me, 28 ianua[ri]i ann [15]63* sowie Registraturvermerk *Regist(ratum).*
Siegelspuren
HBA G 1262, Nr. 59.

Nr. 386

1563 Januar 27, Königsberg

Hans Martin aus London an jedermann:

Bekundung für sich und seine Verwandten, sich wegen der von seinem verstorbenen Vater Thomas Martin ererbten Ansprüche mit dem preußischen Herzog [Albrecht] durch den Empfang von 17 Hundert Wagenschoß restlos verglichen zu haben.

Ausfertigung
1/2 Bogen Folio, S. 1 beschrieben.
Eigenhändige Ausstellerunterschrift und -siegel

Beilage

Konzept unter dem Datum [15]63 Januar 23, Königsberg

1/2 Bogen Folio, S. 1–2 beschrieben, S. 2 zeitgenöss. Betreff *Quitanz etc.*
HBA G 1262, Nr. 58.

Nr. 387

1563 Januar 31, Madrid

König Philipp [II.] von Spanien an Herzog Albrecht:

Empfang eines herzoglichen Schreibens von [1562] Oktober 10 nebst zehn Falken; Freude sowohl über das mitgeteilte Wohlergehen des Herzogs als auch über die Tiere; Dank und Gefälligkeitsversprechen; *G[onsalus] Perezius (scripsit).*

Ausfertigung
Lateinisch
1 Bogen Folio, S. 1 beschrieben, S. 2 Außenadresse.
Eigenhändige Ausstellerunterschrift, Siegel ausgeschnitten.
HBA G 745, Nr. 20. – Altsignatur: 4/31/98 (VII).

Nr. 388

1563 Februar 17, Paris

Antoine Maillet an Herzog Albrecht:

Anzeige, vor einigen Tagen dem Herzog eine kurze Mitteilung geschrieben zu haben; Anwesenheit des briefzeigenden [Jacques] de Gauvrière; Absicht Gauvrières, zum Herzog zu reisen, dem Gauvrière weitere Einzelheiten mitteilen mag; guter Stand des herzoglichen Handels in Frankreich trotz der großen Wirren; Hoffnung, wegen der

Kürze des Schreibens kein Mißfallen zu erregen; eifrige Bemühung, vier für den Herzog bestimmte Maultiere zu bekommen; Hoffnung Maillets auf sorgfältige Herstellung von Pottasche, Warnung, die Asche dem Regenwasser auszusetzen, und Ablehnung jeglicher Verantwortung bei anderem Vorgehen; Anmietung eines Kontors in Paris im Namen des Herzogs auf sechs Jahre für 200 Mark im Jahr; Postskriptum: zur Ehre des Herzogs und zur eigenen Sicherheit Anbringung des Wappen des Herzogs, das der verstorbenen und das der jetzigen Herzogin [Dorothea und Anna Marie] mit ihren Devisen auf Holztafeln am Kontor und Ankündigung Maillets, darüber nach seiner Rückkehr zu berichten.

Ausfertigung
Lateinisch
1 Bogen Folio, S. 1–2 beschrieben, S. 4 Außenadresse und zeitgenöss. Rubrum *Antonius Mailletus schreibet, das f[urstlich]e d[urchlauch]t von zeigern mehr erfaren werden dann er schreiben konne und das irer f[urstliche]n d[urchlauch]t sachen wol stehen inn Franckreich; item der maulesel halben, das man immer mehr asche bereiten lasse und am trougen vorware; item er hab ein schon haus zu Pariß umb 200 m jerlichs zinses gemittet f[urstliche]r d[urchlauch]t zu ehren.*
Eigenhändige Ausstellerunterschrift und -siegel.
HBA G 745, Nr. 21 – Altsignatur: 4/21/27.

Nr. 389

[15]63 Februar 27, o. O.

Herzog Albrecht an Antoine Maillet:

Erhalt eines Schreibens des Empfängers von [1562] November 28 betreffend der nach Frankreich zu führenden Handelswaren, der Unruhen in den dortigen Provinzen und der Kriegswirren; Bitte des Herzogs bei Gott, die kriegerischen Auseinandersetzungen zu beenden und seine Kirche zu bewahren; Billigung der von Maillet vorgenommenen Ersetzung des *Petrus Peterson* durch *Luca Baudet* und der Aufnahme Baudets unter die herzoglichen Faktoren; hinsichtlich der übriggebliebenen Asche, die Maillet trocken aufbewahrt wissen wollte, Ergreifung von Vorsorgemaßnahmen durch den Burggrafen; [Christoph von Kreytzen]; Wiederaufnahme der Ascheherstellung entweder nach Maillets Rückkehr oder nach seiner schriftlichen Benachrichtigung vom Erfolg des Handels; der Herzog zweifelt nicht an der Ausführung des Maillet bezüglich der Pferde erteilten Auftrages bei der ersten sich bietenden Gelegenheit; Zufriedenheit über Maillets sorgfältige Benachrichtigung von den Ereignissen in Frankreich und Aufforderung, damit in gleicher Weise fortzufahren und auch sich unterscheidende Nachrichten mitzuteilen; Beauftragung Paul Bruggemanns mit der Herstellung von Pipenholz und Übertragung anderer Arbeiten an ihn; *princeps presente F[riderico] à Canitz audivit.*

Konzept
Lateinisch
1 Bogen Folio, S. 1–2 beschrieben, S. 4 Außenadresse und Registraturvermerk *Registrat(um).*
HBA G 1262, Nr. 60.

Nr. 390

1563 Februar 28, Edinburgh

Vor den Baillis und den Ratmannen der Stadt Edinburgh beeidet der Edinburgher Kaufmann *Andrea Cranz*, rechtmäßiger Enkelsohn von *Thoma Cranz*, Sohn von *Ioannes Cranz* und Neffe von *Paulus* und *Heribertus* sowie vom Bartensteiner Bürger *Bartholomeus Cranz* und deswegen legitimer Erbe des Bartholomeus zu sein.

Beglaubigte Abschrift
Lateinisch
Pergament (29,2 cm x 20,7 cm), S. 1 beschrieben, S. 2 Kanzleivermerk *Anno 1679 hat [................] auß [..................] verkaufft und schuldig geblieben* und zwei weitere nicht identifizierte Rückvermerke.
Notarsunterschrift und -signet.
HBA G 743, Nr. 13.

Nr. 391

1563 März 13, Blois

Antoine Maillet an Herzog Albrecht:

Entschuldigung der späten Darbietung der herzoglichen Schreiben, der Pferde und des Wagens an den französischen König [Karl IX.] und an die Königinmutter [Katharina von Medici] unter Zuhilfenahme des Sprichwortes „schnell genug, wenn gut genug"; Hoffnung, dem Herzog die auf höhere Gewalt zurückzuführende Verzögerung nach seiner Rückkehr erklären zu können; Anzeige der aus seinen Kontoren zu Louppy-le-Château und Paris datierten Briefe über die Vorgänge in Frankreich durch Maillet und bevorstehende Rückkehr Gauvrières, durch den der Herzog weitere Einzelheiten erfahren mag; am 17. Februar Aufbruch des Absenders von Paris nach dem 50 Meilen davon entfernten Blois, wo sich der König aufhält; am Tag nach Maillets Ankunft tödliche Verletzung Franz' von Lothringen, Herzogs von Guise durch die Franzia (*Franciscus a Lothoringia dux Guysiae par Franciae*), durch drei Kugeln bei der Belagerung von Orléans; Eintreffen Maillets in Blois am 22. Februar, aber Aufenthalt der Königinmutter beim Heer vor Orléans wegen der Verwundung des Herzogs von Guise; Fortdauer der Belagerung der sich heldenmütig verteidigenden Stadt Orléans; am 24. Februar Ableben des Herzogs von Guise nach Jahr und Tag der von ihm verübten Grausamkeiten an den Gläubigen des in der Nähe seiner Residenz Joinville gelegenen Ortes Vassy, wo ihn infolge der Tötung von Müttern und Kindern eine beherzte Frau vorgeworfen hat, grausamer zu sein als Herodes; Verbleib der Königinmutter beim Heer vor Orléans vom Todestag des Herzogs an bis jetzt; Überführung des Leichnams nach Paris und königsgleiche Verehrung des Herzogs von Guise durch die Pariser; während dieser Ereignisse Gefangenschaft des Fürsten von Condé [Ludwig von Bourbon] zu Amboise und Eroberung der Normandie mit Ausnahme Rouens durch den Admiral [Gaspard de Coligny], den Neffen des Konnetabels [Anne de Montmorency], Bruder des Kardinals [Odet] von Châtillon und des Herrn [Franz] von Andelot; Besetzung von Stadt und Burg Caen, wo sich der Marquis [René] d'Elbeuf, der Bruder des Herzogs von Guise, aufhält; Wunsch der Königinmutter, die von Maillet herbeigeführten und zum Geschenk bestimmten Pferde und den Wagen zu erhalten; nach Abschluß aller Vorkehrungen Ankunft des Absenders in dem zwei Meilen von Orléans entfernten Kloster Saint-Mesmin am 5. Mai, um die Königinmutter zu treffen; Befehl der Königin an ihren Obersten Stallmeister (*prefectum sui stabuli*), Maillet und die Seinen mit Wagen und Pferden in der Herberge des verstorbenen Herzogs von Guise unterzubringen, um dort ihren Besuch erwarten zu können; beim Herannahen der Königinmutter, Einholen der Königin durch Maillet, Darbietung des herzoglichen Schreibens unter zur Ehre des Herzogs gereichenden Reverenzen und gnädiger Empfang Maillets; unter Entzückensrufen Annahme der mit schwarzem Samt und Seide geschmückten Pferde; Bewunderung der Gabe auch durch den Kardinal [Karl] von Bourbon, den Herzog von Etampes [Jean de Brosse], den Grafen von Martigues [Sébastien de Luxembourg] und durch die ersten Ehrendamen der Königinmutter; Gefallen der Königin und ihres Gefolges an der Fahrkunst des von Maillet mitgebrachten pommerischen Kutschers und Wunsch, entweder denselben da zu behalten oder andere durch ihn in der Kunst des Wagenlenkens unterrichten zu lassen; Schätzung des Geschenkwertes auf 1000 Goldkronen französischer Währung (*ad mille aureos Gallicos coronatos*) durch einen anwesenden Fürsten; Wunsch der Königinmutter, mit der Kutsche eine Probefahrt zu unternehmen; auf der Rückfahrt Erhöhung der Geschwindigkeit durch den Kutscher auf Befehl der Königin, wodurch es beinahe zu einem Zusammenstoß mit den vielen Pferden gekommen ist, die vor der Herberge der notwendigen Übungen wegen bereit stehen; Bereitschaft des Wagenlenkers, lieber die Deichsel zu brechen als die Pferde oder jemanden in Gefahr zu bringen; Dank der Königinmutter für das Geschenk des Herzogs und Einladung Maillets zum Frühstück; beim Essen Zusammenkunft des Absenders mit dem Obersten Sekretär [Bourdin], der ihn zur Audienz bei der Königinmutter geführt hat; Übergabe der Schreiben des Herzogs und des Gesandten Danzay an den Obersten Sekretär; Bestätigung Maillets, zu Paris einen herzoglichen Brief mit der Anweisung zum Erwerb vierer für die Sänfte geeigneter Maulesel erhalten zu haben; nach Aussage eines befreundeten und dem Herzog ergebenen Untersekretärs gelten Saumtiere aus dem Delphinat und seiner Nachbargebiete als besonders gut; aber Vereitelung ihrer Beschaffung durch die Kriegswirren; in Begleitung des mit einem kostbaren Kleidungsstück beschenkten Obersten Sekretärs Empfang Maillets bei der Königinmutter, Gewährung aller vom König gewünschten Privilegien und Bereitstellung der Sänfte mit den Mauleseln; Zurückbehaltung des herzoglichen Knappen [Franz] Mletzko für den König durch die Königinmutter unter dem Versprechen, ihn zur Ehre des Herzogs gut zu behandeln und für ihn zu sorgen; Ankündigung der Königin, einen französischen adligen Knappen dem Herzog an Stelle von Mletzko zu senden; Befehl der Königinmutter an ihren Obersten Stallmeister, den Knappen aufzunehmen und die Sänfte mit den Maultieren zur Verfügung zu stellen; zwischenzeitliches Eintreffen der Heerführer, um den König über den Stand der Belagerung von Orléans zu unterrichten und um mit dem Fürsten von

Condé und dem Admiral über den Frieden reden zu können; Fortsetzung der Audienz bei der Königin nach der von Maillet ihr angebotenen Unterbrechung; Versprechen der Königin, dem Herzog den Wunsch nach einer Sänfte zu erfüllen, und Dank Maillets; am Sonntag darauf Rückkehr Maillets nach Blois; Übergabe der Schreiben und der Pferde des Herzogs und seines Sohnes an den König am Dienstag vor dem Frühstück im Beisein des königlichen Bruders, des Herzogs [Heinrich] von Orléans, ihrer beider Schwester Margarete sowie anderer Fürsten und des Obersten Kanzlers [Michel de l'Hospital]; Begegnung Maillets mit dem als Knappen König Heinrichs II. angenommenen Neffen des Marienburger Hauptmannes [Achatius von Zehmen]; trotz seines geringen Alters sehr freundlicher Empfang Maillets durch den sich durch bewunderswerte Klugheit und Geradlinigkeit auszeichnenden König; Versicherung seiner besten Freundschaft dem Herzog und dessem Sohne gegenüber und Gewährung aller im Namen des Herzogs und in Maillets Namen geäußerten Bitten durch den König; freudige Entgegenahme der als hübsches Geschenk empfundenen vier Pferde durch den König, die von den anwesenden Großen und den Stallmeistern gelobt wurden; Übermittlung der herzoglichen Grüße an den Herzog von Orléans und an des Königs Schwester Margarete; wohlwollende Begrüßungsworte des Kanzlers und außergewöhnliche Ehrerbietung wegen des von allen französischen Königen hochgeschätzten und geliebten Herzogs; Rückkehr Maillets zum Feldlager vor Orléans und erneute Audienz bei der ob der besonderen Aufnahme Maillets durch den König erfreuten Königinmutter; zwischenzeitlich Besorgung eines Maulesels durch den Obersten Stallmeister, der die Vorbereitung der Sänfte sowie die Beschaffung weiterer Saumtiere befohlen hat; Beauftragung des Obersten Sekretärs mit der Ausstellung der für den Herzog bestimmten Privilegien; dem Vernehmen des Stallmeisters nach Verzögerung der Bereitstellung der Sänfte, Aufnahme von Friedensverhandlungen und Freilassung des Fürsten von Condé und des Konnetabels, der bei der Entgegennahme seines Schwertes und seines Dolches jegliche Friedensbemühung zugesichert hat; Absicht Maillets, dieses heilige Werk nicht zu stören, und Entsendung eines eigenen Boten nach Paris mit diesem zur Vertröstung des Herzogs abgefaßten Schreiben; vor der Belagerung Orléans Zug des Admirals mit seiner für sein Vorhaben am geeignetesten erscheinenden deutschen Reitertruppe in die Normandie und Gefangennahme des Herzogs [Claude] d'Aumale, des Bruders des Herzogs von Guise; Ankunft des Admirals in Touques bei Le Havre und Übernahme von Belagerungsgerät; Einnahme von Burg und Stadt Caen, Gefangennahme eines weiteren Bruders des Herzogs von Guise, des Marquis [René] d'Elbeuf, und Einnahme der ganzen Normandie durch den Admiral; nach gewonnener Einsicht, nichts auszurichten, Verhandlungen der Belagerer von Orléans mit dem Fürsten von Condé und dem Konnetabel; Herbeirufung des Admirals unter Übersendung eines königlichen Geleitbriefes, der am 10. März mit einem anderen Geleitbrief in Gestalt von 4000 Reitern in Orléans eintraf, und Friedensschluß; Inspektion des Heeres, Besoldung und Belobigung der zur Bewahrung des Königreiches gekommenen Fremden durch den französischen König; Ausübung des künftigen Vorsitzes beider Heere durch die Königinmutter und den Fürsten von Condé, den künftigen Ersten im Geheimen Rat und künftigen Regenten; dem Fürsten von Condé folgt der Konnetabel, der diesem bereits seine Würde überlassen hat; an dritter Stelle steht der Admiral, dann kommen der Herzog von Montpensier [Ludwig II. von Bourbon] und der Fürst von La Roche-sur-Yon [Karl], beide aus königlichem Geblüt; Zulassung des Abendmahles in allen durch Belliste, Seneschalle und Schultheiße (*prepositi*) verwalteten Städten, dasselbe gilt für die Städte der Herzöge, Grafen, Vizegrafen, Barone und großen Herren; künftiges Recht der adligen Bürger aus dem Volk (*nobiles cives plebei*), in ihren Häusern die evangelische Gemeinde zum Abendmahl zu versammeln, und Befragung der dazu verordneten Städte; Zulassungsbeschränkung beim Abendmahl, Überprüfung jedes einzelnen durch den Pastor und die Ältesten; Zusicherung des freien Zuganges zu den evangelischen Versammlungen durch das Januaredikt von [1562] und Widerstand dagegen durch die Feinde des Evangeliums, weshalb dieser Krieg ausgebrochen ist; größere Zugeständnisse an die Evangelischen als vor dem Kriege; Recht der Evangelischen, Lyon, Orléans und Rouen als Sicherheitsplätze einzurichten; Wiederholung der Worte des Herzogs „Oh Maillet, Maillet! Die Dinge haben sich sehr geändert"; Beklagung des Zustandes des Königreichs Frankreich im Schreiben Maillets aus Paris und Bitte an den Herzog, für Abhilfe zu beten, Erhörung der herzoglichen Gebete durch Gott; Versprechen Maillets, vor seiner Abreise aus Frankreich, den Handel zu regeln; Bitte, in der Zwischenzeit weiter die sehr gefragte Asche brennen zu lassen; Postskriptum: 10 000 Reiter stehen unter dem Kommando des Admirals; über Lothringen Ankunft von 8000 Reitern und 14 000 Fußsoldaten aus Deutschland.

Ausfertigung
Lateinisch
2 Bogen Folio, S. 3–8 beschrieben, S. 1 Außenadresse und zeitgenöss. Rubrum *Mailletus schreibt allerlei zeittung auß Franckreich, daß die Evangelischen gott lob woll seh(en) unnd nuhmer die hendell zu friden gerichtet; item wie er f[urstliche]r d[urchlauch]t briefe uberandtwortet etc.*
Eigenhändige Ausstellerunterschrift und -siegel.
HBA G 745, Nr. 23. – Altsignatur: 4/14/76.

Nr. 392

1563 April 12, Amboise

König Karl [IX.] von Frankreich an jedermann:

Wunsch, die von seinen königlichen Vorgängern und den königlichen Untertanen mit Herzog Albrecht und dessen Untertanen eingegangene Freundschaft und Eintracht zu wahren, ihnen wie den übrigen Freunden und Verbündeten zu helfen, ihnen Privilegien und Immunitäten zu gewähren und ihnen, dem Brauch befreundeter Völker geziemend, die Freiheit einzuräumen, mit den königlichen Untertanen ungehinderten Handel zu treiben; [es folgen die Bestimmungen des Handelsprivilegs für Navarra von 1560 März 26, Amboise, s. o. Nr. 311]; im Jahre 1561 Gewährung von Privilegien zugunsten Herzog Albrechts zur Einführung und zum Verkauf von im Herzogtum hergestellter Asche; Bestätigung und Verlängerung dieser Privilegien zugunsten des Herzogs und seines Sohnes Albrecht [Friedrich] auf zehn Jahre; unter

Strafandrohung Verbot für Dritte, ohne Erlaubnis des Herzogs, seines Sohnes oder ihres Generalfaktors Antoine Maillet, Asche ins Königreich einzuführen und dort zu verkaufen; Anweisung an die königlichen Amtsträger, diese Bestimmungen verlesen, veröffentlichen und registrieren zu lassen und den Preußen den ruhigen Gebrauch zu gestatten; Gültigkeit dieser Bestimmungen wider anderslautende Gesetze und Verfügungen; Ankündigung der Beglaubigungsmittel.

Abschrift
Lateinisch
2 Bogen Folio, S. 1–6 beschrieben, S. 8 zeitgenöss. Betreff *Prorogatio privilegiorum Gallicorum.*

Beilage

Deutsche Übersetzung

3 Bogen Folio, S. 1–9 beschrieben, S. 12 zeitgenöss. Betreff *Privilegium.*
HAB G 744, Nr. 15.

Nr. 393

[1563 April 12] o. O.

Auszug aus dem Privileg König [Karls IX.] von Frankreich von 1563 April 12:

1. Die Untertanen des preußischen Herzogs [Albrecht] genießen dieselben Bewegungsfreiheiten beim Handel wie die eigenen Untertanen.
2. Die herzoglichen Untertanen entrichten die gleichen Zölle an den üblichen Zollstätten wie die eigenen Untertanen.
3. Die herzoglichen Untertanen entrichten von den gewogenen oder gezählten Waren die gleichen Abgaben wie die eigenen Untertanen.
4. Verbot, von den herzoglichen Untertanen höhere Preise zu nehmen.
5. Freiheit der Seßhaftigkeit für die herzoglichen Untertanen unter Voraussetzung eines entsprechenden königlichen Freibriefes; Freiheit, Mobilien und Immobilien testamentarisch in derselben Weise zu übertragen wie die Franzosen.
6. Bei Bruch dieser Einung zwischen Frankreich und Preußen oder bei Behinderung ihrer Ausübung durch Kriegsfall haben die Preußen in Frankreich das Recht, binnen Jahresfrist alle ihre Schiffe und Waren ungehindert abzuführen.
7. Im Kriegsfall zwischen dem französischen König und einem dritten Fürsten genießen die Preußen uneingeschränkte Bewegungsfreiheit, dürfen aber keinen Gebrauch von den Privilegien zum Schaden des Königs oder seiner Untertanen machen.
8. Im Kriegsfall zwischen dem französischen König und einem anderen Fürsten haben die herzoglichen Untertanen das Recht, sich ungehindert in dem fremden Land zu bewegen.
9. Für den Kriegsfall Versprechen, den herzoglichen Untertanen Pässe für den Handel im Feindesland auszustellen.

10. Freiheit für die Preußen, in Frankreich Salz zu kaufen und auszuführen.
11. Recht der Preußen zwecks Schlichtung innerer Streitigkeiten, zwei oder vier Richter zu wählen.
12. Bei Streitigkeiten zwischen Preußen und Franzosen oder Leuten anderer Nationen sollen unparteiische königliche Amtspersonen aus der Nähe der Seestädte richten.
13. Verbot, die Preußen zum Verkauf verbilligter Waren zu zwingen.
14. Bei Mißverständnissen im Wortlaut dieses Privilegs Versprechen, nach Billigkeit zu verfahren.
15. Erstreckung des im Jahre 1561 gewährten Ascheprivilegs auf zehn Jahre und Ausschluß der Behinderung jenes Privilegs durch dieses.
16. Verbot der Ascheeinfuhr in Frankreich ohne Erlaubnis des Herzogs, seines Sohnes [Albrecht Friedrich] oder des obersten herzoglichen Faktors bei Strafe der im Privileg von 1561 enthaltenen Bestimmungen.
17. Anweisung an die königlichen Amtsträger, die Bestimmungen zu beachten und nicht zuwiderzuhandeln.

Auszug
2 Bogen Folio, S. 3–6 beschrieben, S. 8 zeitgenöss. Betreff *Auszug der articel aus dem Französich(en) privilegio.*

Beilage

1 Bogen Folio als Umschlag von zwei Händen aus dem 19. und 20. Jh. beschrieben mit *Privilegien von Frankreich und England* und *Maillet 1561–1564.*
HBA G 744, Nr. 16. – Altsignatur auf Umschlag: *4er Schrank 21es Fach Neo 46.*

Nr. 394

[1563 April 15, Blois]

Prinz Heinrich von Navarra an Herzog [Albrecht]:

Entgegennahme der für seinen verstorbenen königlichen Vater [Anton von Bourbon] bestimmten Geschenke; schwerer Verlust durch den frühzeitig eingetretenen Tod des Vaters; Gefallen an der Freundschaftsbezeugung des Herzogs, Dank und Bitte, das herzogliche Wohlwollen auf ihn auszudehnen.

Behändigte Ausfertigung
Lateinisch
1 Bogen Folio, S. 1 beschrieben, S. 2 Eingangsvermerk *5 martii anno [15]64* Außenadresse, zeitgenöss. Rubrum *Henricus, furst zu Nauarrn, schreibt von seines herrn vattern, des konigs, todtlich[e]n abgang und bedanckt sich der verehrung, so ihme an statt seines verstorbenen herrn vatters ist uberreicht worden* und Registraturvermerk *1564; 2.*
Eigenhändige Ausstellerunterschrift und Siegelspuren.
HBA G 745, Nr. 46. – Altsignatur: 3/17/214.

Nr. 395

1563 April 17, Blois

Antoine Maillet an Herzog Albrecht:

Anzeige, im Schreiben von [1563] März 14 über die freudige Aufnahme der Geschenke des Herzogs durch den französischen König [Karl IX.] und durch die Königinmutter [Katharina von Medici] sowie über den Zustand des Königreichs berichtet zu haben; infolge der bis Ende März täglich stattgefundenen Zusammenkünfte zwischen der Königinmutter, des Fürsten [Ludwig] von Condé, des Kanzlers [Michel de l'Hospital] und anderer Aufhebung der Belagerung und der Zugangssperre von Orléans am 31. März; Antreffen des Fürsten von Condé beim Abendmahl, zweimalige Umarmung Maillets vor aller Öffentlichkeit durch den Fürsten und Begrüßung Condés im Namen des Herzogs durch Maillet; Einladung Maillets ins fürstliche Schlafgemach, wo in Anwesenheits des Admirals [Gaspard de Coligny] und anderer Fürsten die Audienz stattgefunden hat; Freude Condés über die Botschaft und Aufforderung an Maillet, das Pferd am darauffolgenden Tag darzubringen; Verzögerung der Geschenkübergabe wegen der Gefangenschaft des Fürsten; aus Freude am Geschenk Befehl des Fürsten, dem Pferd sogleich die aus Samt und Seide gewirkte Decke aufzulegen, um zur zwei Meilen entfernten, sich beim Heer aufhaltenden Königinmutter reiten zu können; Geleit der Königinmutter in die Stadt Orléans durch Condé am 1. April; nach dem Frühstück Begehung der Stadt durch die Königin in Begleitung des bestellten königlichen Statthalters *de Sipiere*, eines goldenen Ritters vom Orden des Königs, und von Bürgern und anschließende Rückkehr zum Feldlager; der Königin folgt der dasselbe Pferd reitende Fürst von Condé, der nach Orléans zurückkehrt; nach Jahr und Tag des Beginns der Verteidigung von Orléans durch den Fürsten von Condé Abreise des Fürsten aus der Stadt am 2. April, um der Königinmutter zu Schiff nach Amboise zu dem sich dort aus Gründen der gesunden Luft aufhaltenden König zu folgen; Zurücklassung Colignys in Orléans, Vorsorge des Admirals für die deutschen Reiter des hessischen Marschalls Friedrich Rollshausen, die er zufrieden entläßt und denen er zum Schutz bis nach Deutschland den Fürsten von Porcien [Antoine de Croy] mitgibt; Entlohnung sowohl dieser deutschen Soldaten durch den König als auch derjenigen, die unter dem Herzog [Franz] von Guise gekämpft haben; Einladung Maillets an den Herzog, Einzelheiten dem zugesandten Exemplar des Friedensschlusses zu entnehmen; Verzicht Maillets, auch die Verteidigungsschrift des Admirals zu seiner und Théodore de Bèzes Unschuld am Tod des Herzogs von Guise zuzusenden wegen der nur wenig mehr als 1000 Exemplare betragenden Auflagenhöhe und der Gefahr, auf dem Wege verlorenzugehen; Bereitschaft Maillets, nach seiner Rückkehr dem Herzog über die Unschuld der beiden zu berichten; Versprechen Rollshausens, auf seinem Rückweg nach Deutschland zu Ehren des Herzogs der Burg und dem Gau von Louppy-le-Château, dem Aufenthaltsort von Maillets Familie, Schutz angedeihen zu lassen; am 2. April Abreise der Herren von Esternay [Jean Raguier] und von Rambouillet nach Deutschland zu Kaiser [Ferdinand] und zu anderen Fürsten, um ihnen im Namen des Königs, der Königinmutter und des Fürsten von Condé für ihre Frankreich gewogene Haltung zu danken; gewaltige, in kurzer Zeit durch die Verteidiger von Orléans errichtete Brückenbefestigung zur Verteidigung gegen die Angriffe der Guisen, die sich in den durch Verrat gewonnenen Türmen der anderen Brückenseite verschanzt haben; schwer zu überwindende Befestigungswerke Orléans; Hinrichtung des zur Dienerschaft des Fürsten von Condé gehörenden Verräters, der auch vor der Schlacht von Dreux die von seinem Herrn getragenen Kennzeichen verraten hat; Hinrichtung eines wohlhabenden Ehebrechers zusammen mit seiner Liebhaberin durch den Strang; am 8. April Ernennung des Fürsten von Condé zum Generalstatthalter des französischen Königs; am 12. April Abreise des Konnetabels [Anne de Montmorency] vom Hof aus Verärgerung wegen der nicht seinem ältesten Sohn [François], sondern einem Sohn des verstorbenen Herzogs von Guise am 13. April zuteil gewordenen Großmeisterwürde; am selben Tag Abreise des Königs nach der der Königin gehörenden Burg Chenonceaux zu einem viertägigen Erholungsaufenthalt, Weiterreise nach Orléans zu einem Brunnen mit gutem Wasser und Hoffnung Maillets, dort seinen Abschied zu bekommen; Verzögerung der Abreise des Absenders wegen der noch nicht bereitgestellten Sänfte; zwischenzeitliche Absendung dieses Schreibens, Entsendung eines Eilbotens in das von Engländern besetzte Le Havre der Rückgabe der im Juli vorausgesandten Spieße halber; deswegen Erhalt eines Schreibens des französischen Königs für seine Beauftragten zu Le Havre; Ankunft des englischen Botschafters [Thomas Smith] in Blois, den Maillet um eine Empfehlung für seinen Boten gebeten und das Versprechen erhalten hat, ein Fürschreiben an den englischen Statthalter zu Le Havre, Graf Warwick [Ambrose Dudley], zu bekommen; Betonung der langjährigen Freundschaft zwischen dem Herzog und dem französischen König gegenüber dem Botschafter durch Maillet, Hoffnung Maillets auf eine Übereinkunft zwischen Engländern und Franzosen und andernfalls Anregung eines Schreibens des Herzogs an die englische Königin [Elisabeth] des ungehinderten Handels wegen; Einladung an den Burggrafen [Christoph von Kreytzen], die im vergangenen Jahr hergestellte Asche für den Weitertransport nach Frankreich zu Julius Chuysser nach Danzig zu senden; Bitte, für die Herstellung von sorgfältig gebrannter Asche und einer großen Zahl von Kiefernbrettern zu sorgen; Entschuldigung Maillets für sein langes, durch die Kriegsereignisse bedingtes Fernbleiben und Hoffnung auf erfolgreiche Religionsverhandlungen; Gerüchte über den Tod des Herzogs von Nemours [Jakob von Savoyen] und der Hinwendung des Herzogs von Savoyen [Emanuel Philibert] zur reinen Religion auf Betreiben seiner Gattin [Margarete]; Ankündigung Maillets, nach seinem erneuten Aufenthalt bei Hofe und nach der Rückkehr des Boten aus Le Havre wiederum zu schreiben.

Behändigte Ausfertigung
Lateinisch
1 $^{1}/_{2}$ Bogen Folio, S. 1–4 beschrieben, S. 6 Außenadresse, zeitgenöss. Rubrum *Anthonius Mailletus schreibett viel newer zeitung(e) auß Franckreich mitt futhsschwentzen vorbremet letzlich(en), daß man die asche von zu jhar nach Dantzig schick(en) auch mehr im dene bretter schneid(en) und mehr asch(e) brennen solle* und Kanzleivermerk auf Papierdecke des Siegels *Den [!] prinz(en) dißes briefs inhalt zu berich(en).*
Eigenhändige Ausstellerunterschrift und -siegel.
HBA G 745, Nr. 24. – Altsignatur: 4/21/56.

Nr. 396

[15]63 Mai 15, o. O.

[Herzog Albrecht] an [den Herzog von Suffolk] Richard Bertie:

Erinnerung an das kürzlich wegen Berties Diener *Iohannes Schwantzer* an den Empfänger ergangene Schreiben bezüglich der für den Herzogshof benötigten Tuche und der Bertie gewährten Vergünstigungen, Handelswaren aus dem Herzogtum auszuführen; Bekundung, von Schwantzer weder die Tuche noch eine Antwort erhalten zu haben; wegen der von diesem in Berties Namen empfangenen Menge an Getreide, Holz und anderen Waren und der dafür zu zahlenden Geldschuld in Höhe von 1200 Joachimstalern *(mille et ducentos adhuc Ioachimicos)* Bitte, Schwantzer zur Zahlung der Schuld zu ermahnen; Dankversprechen; *princeps audivit.*

Konzept
Lateinisch
1/2 Bogen Folio, S. 1–2 beschrieben, S. 2 Außenadresse und Registraturvermerk *Registrata.*
HBA G 1262, Nr. 61.

Nr. 397

[15]63 Mai 17, o. O.

Herzog Albrecht an Antoine Maillet:

Erhalt eines zu Blois datierten Schreibens des Empfängers von [1563] März 13 über den Zustand Frankreichs und die Übergabe der ihm anvertrauten Geschenke; Anerkennung der sorgfältigen Zustandsbeschreibung; mit Ausnahme weniger Worte über den künftigen Erfolg und die Weiterführung der Ascheherstellung Versäumnis Maillets, etwas Sicheres über die Pottasche und die anderen Handelswaren geschrieben, und Vorwurf, über den Verkauf geschwiegen zu haben; Anforderung der fehlenden Angaben, um weitere Kosten bei der Ascheherstellung abschätzen zu können; fehlende Angaben zu dem Ort, an dem Maillet die im Herbst zuvor durch den Schiffer *Nicolaus* an ihn gesandten Handelswaren empfangen hat; dem Vernehmen des Schiffers nach Sperrung des Hafens von Rouen wegen der Kriegswirren, wodurch er gezwungen worden ist, die Spieße und die Pottasche unweit der Grenze Frankreichs an den Verwandten und Diener Maillets, *Luca Bandit,* zu übergeben; Beunruhigung des Herzogs durch den Schiffer wegen des Fährgeldes, dessen Auszahlung der Herzog angewiesen hat; der Herzog erwartet von Maillet, Einzelheiten vom Handelsgeschäft mitzuteilen, zu seinem Vorteil zu wirken und weiterhin wichtig erachtete Nachrichten zu übermitteln; *ex commiss(ione) burgg(ravi) per Leonhardum Lo(nhtum) maiorem; princeps audivit.*

Konzept
Lateinisch
1 Bogen Folio, S. 1–2 beschrieben, S. 4 Außenadresse, Registraturvermerk *Registrata* und Federproben.
HBA G 1262, Nr. 62.

Nr. 398

1563 Juni 20, Paris

Antoine Maillet an Herzog Albrecht:

Bitte um Verständnis für seinen langen Aufenthalt; Ende April Einzug des französischen Königs [Karl IX.] in Orléans und Weiterreise nach Saint-Germain-en-Laye, um Aufständische zu beruhigen; Lähmung der Geschäfte des Königs und seines gesamten Rates und Behinderung der Expedition von Partikularien; am 6. Mai Aufregung des gesamten Hofes infolge einer Verdächtigung des Admirals [Gaspard de Coligny] durch die Guisen; ungewöhnliche Verstärkung der Wachen in der Burg durch eine große Zahl von Schweizern, die Tag und Nacht bewaffnet sind; Gefahr für den Admiral, am Hofe sein Leben einzubüßen oder gefangen genommen zu werden; Reise des Fürsten [Ludwig] von Condé zum Admiral, Rückkehr Condés in Begleitung des Herrn [Franz] von Andelot, des Bruders des Admirals, und Empfang bei der Königin [-Mutter, Katharina von Medici]; Beschreibung der Einzelheiten in einem dem Herzog durch den Absender übersandten französischsprachigen Schriftstück; bei Ankunft Andelots Aufhebung der strengen Bewachung; Reise des Königs nach Paris, um vom Kirchenvermögen eine Jahreseinkunft von 100 000 [Kronen] zur Schuldentilgung zu veräußern; Weiterreise zum Bois de Vincennes, um mit einflußreichen Pariser Bürgern über den Aufstand und die Niederlegung der Waffen sowie über den Einzug des Fürsten von Condé als Generalstatthalter zu verhandeln; am 8. Mai Einzug des Fürsten von Condé, des Königs, der Königin [-Mutter] und des Kardinals [Karl] von Bourbon in Paris zum Abendmahl in der Hoffnung, im Bois de Vincennes wiederum nächtigen zu können, was die hereinbrechende Nacht vereitelt; infolge von Verhandlungen Aufenthalt des Fürsten von Condé in Paris bis zum 10. Mai, Bewaffnung der Pariser zum Schutze einer an diesem Tag von Papisten vollzogenen Hostienprozession; um nicht beiwohnen zu müssen, Rückzug des Fürsten in seine Gemächer und Zusammenkunft beim König um die Vesperzeit; Begleitung des Königs durch den von Nachstellungen der Guisen und der Pariser bedrängten Condé, der die Stadt zwischen dem König und dem Herzog [Heinrich] von Orléans verlassen muß, um nicht von papistischen Parisern umgebracht zu werden; Tötung des Hauptmannes *Couppé* in der Nähe der Kutsche der Fürstin [Eleonora] von Condé durch Papisten, Vereitelung der Absicht der Papisten, auch die Fürstin mit ihren Kindern umzubringen, allein durch die schneller laufenden Pferde und Empörung des Königs über diese Ereignisse; am 19. Juni Sturz des Königs vom Pferd aus Verschulden eines dem König auf das Tier helfenden Adligen; Absicht des Königs, bald in

Richtung auf das von den Engländern besetzte Le Havre zu ziehen, in dem sich die fehlende herzogliche Handelsware, die Spieße und die Pottasche befinden; vergebliche Bemühung Maillets um Freigabe der Waren beim Grafen von Warwick [Ambrose Dudley], dem englischen Statthalter von Le Havre; infolgedessen Entsendung seines mit einem Schreiben des englischen Botschafters ausgerüsteten Dieners zur englischen Königin [Elisabeth] durch Maillet; Gerüchten zufolge Herstellung von Schildwehren mittels der Asche[tonnen] durch die Engländer in Le Havre; Ankündigung Maillets, darüber nach Rückkehr des Dieners genauer zu berichten; Entsendung eines Boten in die Auvergne durch die Königin [-Mutter], um vier für die Sänfte des Herzogs geeignete Maultiere zu beschaffen; großer Mangel an Saumtieren in Paris aufgrund der Kriegsereignisse und den dadurch bedingten Straßensperren; zugunsten des Herzogs Verzicht der Königin auf ihre eigenen Maultiere, deswegen Beauftragung Maillets durch die Königin, den Herzog wegen der Verzögerung um Verständnis zu bitten; Hinzutreten weiterer Hinderungsgründe wie die Abwesenheit des Obersten Sekretärs, die sechswöchige Krankheit des zweiten Sekretärs und die Verhinderung des Kanzlers [Michel de l'Hospital] durch dessen Bemühungen, die Wirren beizulegen; Bedarf eines herzoglichen Schreibens an die englische Königin, um die Zuständigkeit Maillets für den herzoglichen Handel zu belegen und um in Kriegszeiten die ungehinderte Schiffahrt von Preußen nach Frankreich zu gewährleisten; Vorschlag Maillets, die im vergangenen Jahr in den Wäldern hergestellte Asche erst dann über Danzig zu versenden, wenn sich die Dinge um Le Havre geklärt haben; wegen der einfacheren Verschiffung Stapelung der Asche zu Danzig; Bitte, die Holzwaren von einem Verkaufswert von 50 000 Mark in dem zum Abtransport gut geeigneten Angerburg niederzulegen; unter der Voraussetzung, von der englischen Königin unbehelligt zu bleiben, Vorschlag Maillets, zwei oder drei eigene Salzschiffe auszurüsten; trotz hoher Kosten am Anfang Möglichkeit des Herzogs und der Seinen, vom französischen König umfangreiche Privilegien zu erhalten; Versicherung des Absenders, sich für den Vorteil des Herzogs in jeder Weise einzusetzen; Verursachung vieler Schäden durch den Krieg; Gerüchte über Bedrängnisse des Königs von Polen [Sigismund II. August] durch den Moskowiter [Ivan IV.]; Übergabe der beiden dem verstorbenen König [Anton] von Navarra zugedachten Pferde an dessen Sohn [Heinrich] durch Maillet, und Wunsch des Fürsten von Navarra, den gleichaltrigen Herzogssohn kennenzulernen; Anregung des Absenders, den jungen Herzog Albrecht [Friedrich] in französischer Sprache zu unterweisen, wodurch er dem König und den französischen Fürsten bei einem späteren Besuch willkommener sein wird; Beschäftigung vieler junger Fürsten und Herren am französischen Hof mit der Erlernung der deutschen Sprache; Fähigkeit des jungen Herzogs [Heinrich] von Guise, sich des Deutschen mündlich und schriftlich zu bedienen; Freude des Königs an seinem Deutschunterricht; Leichtigkeit, Deutsch in einem halben Jahr zu lernen; große Freude des Königs an dem vom Herzog selbst gerittenen Zelter, den der König „Preußin" nennt, weil „Zelter" im Französischen im Femininum gebraucht wird; Befehl des Königs, dem Pferd die Haare zu stutzen; Vergabe des grauen Pferdes des jungen Herzogs an Herzog [Heinrich] von Orléans durch den König und Weiterverschenkung der übrigen Pferde an andere Adlige; Tod des Rheingrafen [Johann Philipp von Salm] durch die Engländer vor Le Havre, Schußverletzung und Gefangennahme eines lothringischen Adligen aus dem Hause Bassompierre durch die Engländer und Tötung von 80 deutschen Reitern und 150 Fußsoldaten während eines Ausfalles der Engländer; Verteidigung Le Havres durch die Engländer durch 300 Geschütze.

Ausfertigung
Lateinisch
1 Bogen Folio, S. 1–3 beschrieben, S. 4 Außenadresse und zeitgenöss. Rubrum *Mailletus schreibt zeitung aus Frankreich; item das f[urstliche]r d[urchlauch]t asche und spieße von den Englendern angehalten; item das die konigin zu Frankreich f[urstliche]e d[urchlauch]t die verheißene maulesel und senfte schiken wolle; bit vorschrift an die königin zu Englant wegen der angehaltenen wharen; item das man die hinterstellige asche nach Danzigk schike und im Angerburgisch(en) das bewuste holtz schlaen laße; item zeigt an, das die pferde dem konige von Frankreich und Nauarre wolgefellig.*
Eigenhändige Ausstellerunterschrift und -siegel.
HBA G 745, Nr. 25. – Altsignatur: 4/21/24.

Nr. 399

[15]63 Juli 31, Königsberg

[Herzog Albrecht] an Königin [Elisabeth] von England:

Dem Vernehmen des mit dem Frankreichhandel beauftragten herzoglichen Kaufmanns und Adeligen Antoine Maillet zufolge Festhalten von Pottasche und Spießen in dem an der Seinemündung gelegenen Le Havre durch die dortigen Befehlshaber der Königin; der Herzog nimmt an, daß die Handelswaren ohne Vorwissen der Königin festgehalten werden, hat er ihr doch für eine solche Maßnahme keinen Grund geliefert; in Anbetracht seiner langjährigen Zuneigung ihr gegenüber Ersuchen, für die Rückgabe der Handelswaren an den herzoglichen Faktor Maillet zu sorgen; Bitte, Maillet und seinen Beauftragten sowohl in Kriegs- als auch in Friedenszeiten die ungehinderte Schiffahrt mit den herzoglichen Handelswaren von Preußen nach Frankreich über ihre Häfen zu gestatten und die Befehlshaber von Le Havre deswegen gesondert anzuweisen; Dankversprechen; *relatio cancell(ario), idem audivit.*

Konzept
Lateinisch
1 Bogen Folio, S. 1–2 beschrieben, S. 4 Außenadresse, Registraturvermerk *Registrata* und Federproben.
HBA G 1262, Nr. 63.

Nr. 400

1563 August 1, Lübeck

Charles de Danzay an Herzog Albrecht:

Befürchtung von Klagen des Herzog über das lange Ausbleiben seines dem Herzog empfohlenen Neffen Jacques de la Gauvrière von einer Mission zum französischen König [Karl IX.]; allerdings kaum vermeidbare Gefahren in schlechten Zeiten; Verhinderung des Neffen entweder durch Gefangensetzung oder durch Krankheit; Wunsch Gauvrières, seinen Auftrag schnell und sorgfältig auszuführen, und Bitte des Absenders um Entschuldigung für sich und seinen Neffen; Empfang eines Schreibens der französischen Königin [Katharina von Medici] mit der Ankündigung, eine für den Herzog bestimmte Sänfte bereitstellen und vier dafür geeignete Maultiere beschaffen zu lassen; Einsatz der Königin für die Erledigung der Anliegen des Herzogs; Ankündigung eines Berichts über den Zustand des Königreichs Frankreich durch Gauvrière; Beschluß des dänischen Königs [Friedrich II.], den schwedischen König [Erich XIV. Wasa] mit Krieg zu überziehen, und Ausrüstung eines auserlesenen und großen Heeres durch den Dänen; bevorstehende Reise Danzays nach Frankreich in Privatangelegenheiten und Hoffnung, in zwei Monaten im Kriegslager zu sein; Versprechen, sich um mögliche, zwischenzeitlich auftretende Angelegenheiten des Herzogs und seines Sohnes [Albrecht Friedrich] zu kümmern.

Ausfertigung
Lateinisch
1 Bogen Folio, S. 1 beschrieben, S. 4 Außenadresse und zeitgenöss. Rubrum *Carolus Danzeus entschuldigt seinen nepoten, das er so lang aussen gewesen; zeigt an, die konigin zu Franckreich werd ein senffte mit mauleseln schicken; item das Denmarck(en) mit Schweden krieg(en) wolle; item das er inn Franckreich zie, aber gedencke, bald wider zu kom(men).*
Eigenhändige Ausstellerunterschrift und -siegel.
HBA G 745, Nr. 26. – Altsignatur: 4/21/10.

Nr. 401

1563 August 2, Danzig

Julius Chuysser an den Obersten Burggrafen [Christoph von Kreytzen] wegen Übersendung von in Königsberg befindlicher Pottasche:

[Druck in: Von Königsberg an die Loire, Nr. 4, S. 150.]

Behändigte Ausfertigung
Französisch
1 Bogen Folio, S. 1 beschrieben, S. 4 Außenadresse, Eingangsvermerk *Den 22 august [15]63 zu Ronütte*, zeitgenöss. Betreff *Mayletus schreibt der asche halb(en)* und Bearbeitungsvermerk *Der h(er) burggraf hat diesen brif zu verweren geben.*
Eigenhändige Ausstellerunterschrift und -siegel.
HBA G 745, Nr. 27. – Altsignatur: 4/21/21.

Nr. 402

1563 August 8, o. O.

Herzog Albrecht an Antoine Maillet:

Erhalt eines zu Paris gegebenen Schreibens des Empfängers von [1563] Juni 20; Billigung der Bemühungen Maillets, französische Angelegenheiten mitzuteilen, und Wunsch nach Fortsetzung in derselben Weise; geringe Beschwerung des Herzogs durch die festgehaltenen Handelswaren wegen seiner spannungsfreien Beziehung zu den Engländern *(Anglis)*, aber Vorwurf an Maillet, die Waren trotz des Kriegslärms auf den Weg gebracht zu haben; Beauftragung Maillets, das auf dessen Rat hin erfolgte beiliegende Schreiben an die englische Königin [Elisabeth] unverzüglich an sie zu befördern; Verschickung der in den Wäldern vorhandenen Pottasche nach Danzig; infolge des von Maillet genannten Grundes Befehl zur Bearbeitung des Holzes in Angerburg; obwohl der Herzog an der Treue Maillets nicht zweifelt, wünscht er eine größere Sorgfalt; leichte Annahme der Entschuldigung der französischen Königin [Katharina von Medici] für die sich hinauszögernde Übermittlung der Sänfte und der Maultiere, aber Beauftragung Maillets, die Königin gelegentlich vorsichtig daran zu erinnern; Freude des Herzogs wegen der Übergabe des Zelters an den französischen König [Karl IX.] und der Pferde an [Heinrich], den Sohn König [Antons] von Navarra; Wunsch des Herzogs, dem König und der Königinmutter empfohlen zu werden und denselben seine Dienstfertigkeit zu versichern; *relatio burggrabii [!]*.

Konzept
Lateinisch
1 Bogen Folio, S. 1–2 beschrieben, S. 4 Außenadresse und Registraturvermerke *Registrata* und gestr. *Non registrata*.
HBA G 1262, Nr. 64.

Nr. 403

[1563] September 2, Königsberg

Herzog Albrecht an Antoine Maillet

Bedarf an vier kräftigen Mauleseln zum Tragen einer Sänfte; Aufforderung, in Frankreich vier junge, kräftige und gleichgroße Saumtiere zu kaufen, sie bei der ersten Gelegenheit zum Herzog zu senden und die Ausgaben in seiner Rechnung auszuweisen; *princeps audivit*.

Konzept
Lateinisch
1/2 Bogen Folio, S. 1 beschrieben, S. 2 Außenadresse, Bearbeitungsvermerk *Coll(acionata)* und Registraturvermerk *Registrat(a)*.
HBA G 1262, Nr. 65.

Nr. 404

1563 September 6, Rouen

Antoine Maillet an Herzog Albrecht:

Vor einigen Tagen Beantwortung eines den herzoglichen Wunsch beinhaltenden Schreibens, Aufschlüsse über die Versendung weiterer Pottasche trotz bislang noch unverkaufter Asche zu erhalten; Belagerung und Einnahme Le Havres durch den französischen König [Karl IX.]; Absicht Maillets, den Herzog erst nach Beruhigung der Lage und dem Abzug der Engländer zu benachrichtigen, der die Wiedergewinnung der Asche und der Spieße ermöglicht; Entsendung eines eigenen Boten zur englischen Königin [Elisabeth], um von ihr einen Geleitbrief für die sichere Seefahrt zu erwirken und um eine Entschädigung für die beschlagnahmten Gegenstände zu erhalten; Gewährung des Geleitbriefes und Übersendung einer Abschrift an den Herzog in Erfüllung des dem Julius Chuysser gegebenen Versprechens durch den Diener Maillets; Ablehnung einer Entschädigung wegen der Lagerung der Waren zu Le Havre; Ankündigung, die Asche und die Spieße aus Le Havre zum baldigen Verkauf holen zu lassen und nach den zu Antwerpen zurückgelassenen Waren zu schicken; Bitte, die in den herzoglichen Wäldern hergestellte Asche während der für die Schiffahrt günstigen Zeit nach Le Havre zu entsenden und auf den Rat Chuyssers zu hören, dem der aus England zurückgekehrte Diener diesbezüglich geschrieben hat; Verkauf der Waren spätestens im kommenden Jahr und Einschätzung Maillets, jährlich 3000-4000 Faß gut gebrannter Asche zu einem Preis von über 10 Mark pro Faß verkaufen zu können; Aussicht auf hohe Gewinne bei Verwendung zweier oder dreier eigener Schiffe, die im Frühsommer auf der Hinfahrt Asche und im Sommer auf der Rückfahrt Salz aus Brouage führen können; es gibt Schiffe, die im laufenden Jahr mindestens 1500 Goldstücke Gewinn erbracht haben; weitere, zu erwartende Gewinne bei der Herstellung von Holz für Weinfässer, bei Leder, bei Flachs und bei anderen Waren; infolge der Kriegswirren Erwartung geringerer Jahreshandelsergebnisse als geschätzt; hilfreicher Geleitbrief der englischen Königin aufgrund der auch auf Kriegszeiten ausgedehnten Geltung; Einladung an den Herzog, der englischen Königin gegenüber den Geleitbrief zu erwähnen wegen ihrer ursprünglichen Ablehnung desselben; vor 15 Tagen Ankunft Danzays beim französischen König, nützliche Gespräche Danzays zur Beförderung des herzoglichen Handels und baldige Rückkehr Danzays nach Dänemark; am 17. August Volljährigkeitserklärung zugunsten des französischen Königs in Rouen und bewaffneter Zug des Königs nach Paris zur Zähmung der Bevölkerung, die die Waffen allerdings schon niedergelegt hat; Nachricht vom vor wenigen Tagen erfolgten Tod des Herzogs [Emanuel Philibert] von Savoyen; Achtung des Königs auf Befolgung seiner Religionsedikte, Erlaubnis für einen jeden, nach seiner Überzeugung zu leben, sowie Duldung öffentlicher Predigten und Sakramentenspendung an vielen Orten; bevorstehender Aufbruch des Königs nach Lyon mit anschließender Rückkehr nach Paris, um dort mehrere Tage zu verweilen; neuerdings Aufenthalt des die Partei der Evangelischen erheblich stärkenden Kardinals [Odet] von Châtillon, des Bruders des Admirals [Gaspard de Coligny], bei Hofe; Empfang der roten Filzkappe durch den Kardinal als Voraussetzung für seine Zulassung zum Geheimen Rat des Königs; große Zuneigung des einflußreichen Konnetabels [Anne de Montmorency] zum Herzog; während der Einnahme von Le Havre geringe Aussichten Maillets, bei Hofe etwas zu bewirken, deswegen Reise nach Lothringen und Rückkehr über Paris nach Rouen; Hoffnung, in Kürze mit königlicher Erlaubnis nach La Rochelle zu reisen wegen des Salzes und anderer notwendiger Dinge; Wunsch, bald wieder in Paris zu sein, um dort zusammen mit Danzay beim König eine Audienz zu bekommen; Abfassung dieses Schreibens, um den Herzog nicht durch ein Versäumnis zu verärgern.

Ausfertigung
Lateinisch
1 Bogen Folio, S. 1–3 beschrieben, S. 4 Außenadresse.
Eigenhändige Ausstellerunterschrift und -siegel.

Beilage

1563 August 2, Richmont

Königin Elisabeth von England an jedermann:

Bitte des herzoglich preußischen Generalhändlers Antoine Maillet um Erlaubnis, zum Nutzen seines Herren Seefahrt und Handel mit Salz, Wein und anderen Waren auszuüben; aus Rücksichtnahme und Freundschaft zum Herzog Gewährung der Bitte; Aufnahme und gute Behandlung Maillets auch bei widrigen Windverhältnissen in den königlichen Häfen; Zusicherung, die Fahrten von Deutschland nach Frankreich und zurück ohne Behinderung durch königliche Kapitäne oder andere königliche Befehlshaber ausführen zu können.

Abschrift
Lateinisch
1 Bogen Folio, S. 1–2 beschrieben, zeitgenöss. Betreff *Copia salvi conductus ser[enissi]mae Angliae reginae* und Betreff von Hand des 19. Jahrhunderts *Commercien mit England* sowie Bearbeitungsvermerk von anderer Hand des 19. Jahrhunderts *Für England cop[iert].*
HBA G 745, Nr. 28. – Altsignaturen: 30.c und 4/21/26.

Nr. 405

[15]63 Oktober 5, o. O.

[Herzog Albrecht] an Henry [Carey], Herzog von Hunsdon und Oberstem Falkner der englischen Königin [Elisabeth]:

Bezüglich des dem Empfänger im Vorjahr übersandten und vom Herzog als geringfügig erachteten Falkengeschenkes Freude des Herzogs über die willkommene Aufnahme des Hunsdon bei der Beizjagd ergötzenden Geschenkes; erneute Entsendung von Beizvögeln vermittels eines herzoglichen Falkners; Bitte, die Falken wohlwollend aufzunehmen; der Herzog wünscht dem Empfänger, bei den Tieren viel Vergnügen zu finden und dabei seiner zu gedenken.

Konzept
Lateinisch
1/2 Bogen Folio, S. 1–2 beschrieben, S. 2 Außenadresse und Registraturvermerk *Registrata.*
HBA G 1262, Nr. 66.

Nr. 406

[15]63 Oktober 5, o. O.

[Herzog Albrecht] an Königin [Elisabeth] von England:

Erhalt eines wohlwollenden Schreibens der Königin mit dem Dank für die ihr auch in diesem Jahr zugesandten Falken, mit dem Ausdruck ihrer Freude über das lange unversehrte Leben des Herzogs und mit ihren Wünschen für die Fortdauer seiner Gesundheit; Dank des Herzogs und Glückwünsche für ihre Zukunft; trotz des nicht als nötig erachteten Dankes Bitte, das Geschenk als Zeichen der herzoglichen Dienstfertigkeit anzusehen; erneute Versendung von Beizvögeln vermittels dieses Falkners und Bitte, die Tiere wohlgefällig aufzunehmen und gutzuheißen; Versprechen des Herzogs, für Kurzweil beim Gebrauch der Tiere zu beten und sich weiterhin um die Königin zu bemühen.

Konzept
Lateinisch
1 Bogen Folio, S. 1–3 beschrieben, S. 4 Außenadresse und Registraturvermerk *Registrata.*

Beilage
Verweiszettel von Hand des 19. Jh. auf ein Schreiben Richard Berties an Herzog Albrecht von 1562 Juni 25 und auf ein Schreiben Königin Elisabeths von England vom selben Tag.
HBA G 1262, Nr. 67.

Nr. 407

[15]63 Oktober 5, Königsberg

[Herzog Albrecht] an König [Karl IX.] von Frankreich:

Erhalt eines dem herzoglichen Falkner mitgegebenen Schreibens mit der Zusicherung der Fortsetzung des von den königlichen Vorfahren Karls dem Herzog entgegengebrachten Wohlwollens; hierin kommt auch das Gefallen des Königs an dem kleinen

Falkengeschenk und die Bemühung des Herzogs zum Ausdruck, dem König wie dessen Vorfahren die herzogliche Zuneigung spüren zu lassen; deswegen und nach erfolgreichem herbstlichen Vogelfang sowie unter Aufgreifung einer jährlichen Gewohnheit Entsendung von Falken; der Herzog wünscht dem König viel Vergnüngen bei den Tieren und hofft, dabei in Erinnerung zu bleiben.

Konzept
Lateinisch
1 Bogen Folio, S. 1–2 beschrieben, S. 4 Außenadresse und Registraturvermerk *Registrata.*
HBA G 1262, Nr. 68.

Nr. 408

[1563] Oktober 8, o. O.

[Herzog Albrecht] an König [Philipp II.] von Spanien:

Erhalt eines Schreibens des Empfängers mit dem Dank für die demselben im Jahr zuvor übersandten Falken und den Wünschen für die Gesundheit des Herzogs; Dank für die entgegengebrachte Zuneigung und Versprechen, sich weiterhin um die königliche Gunst zu bemühen; wegen der Freude des Königs an der Beiz wiederum Übermittlung von Falken und Bitte, das Geschenk anzunehmen und gutzuheißen; Hoffnung auf Ergötzung des Königs beim Gebrauch der Vögel.

Konzept
Lateinisch
1 Bogen Folio, S. 1–2 beschrieben, S. 4 Außenadresse und Registraturvermerk *Registrata.*
HBA G 1262, Nr. 69.

Nr. 409

1563 November 6, Paris

Antoine Maillet an Herzog Albrecht:

Kürzliche Rückkehr aus Rouen und Empfang eines am 8. August datierten herzoglichen Schreibens nebst einem Schreiben an die englische Königin [Elisabeth]; Absicht, diesen Brief entweder gelegentlich weiterzuschicken oder aufzubewahren, bis er dem Herzog nutzen kann und Maillet hilfreich ist; zwecks rascherer Beförderung nach Paris Bitte, Pottasche nach Danzig zu schicken, und Empfehlung, Holzwaren in Angerburg herzustellen und sie auf Anforderung nachzusenden; Auftreten unvorhergesehener, von niemandem zu meisternde Schwierigkeiten; sogar Ohnmacht des französischen Königs [Karl IX.] oder eines anderen mächtigen Herrschers, alles seinem Willem zu beugen; Gefahr für das Leben der Königinmutter [Katharina von Medici] durch eine Kopferkrankung und Befürchtung neuer Unruhen im Falle ihres Todes; Beteuerung Maillets, die unvorhergesehenen hohen Ausgaben nicht mutwillig, sondern zum öffentlichen Nutzen gemacht zu haben; zweimalige Lebensgefahr Maillets während seiner Reise nach [Frankreich]; Versicherung Maillets, alles zum Besten getan zu haben, und Hoffnung, Gnade und Wohlwollen beim Herzog zu finden; Förderung der Angelegenheiten des Herzogs während einer in Anwesenheit Maillets stattgefundenen Unterredung Danzays mit dem König, der Königinmutter, dem Kanzler [Michel de l' Hospital] und allen Räten; am Vortag Abreise des aus Dänemark wegen schwieriger Geschäfte angekommenen Danzay; Versprechen Danzays an Maillet, dem Herzog zu schreiben; infolge des Kriegsgetöses Vorsicht bei der Versendung von Pottasche; im Zusammenhang der bereits verschickten Ware Erinnerung an die Unkenntnis von den Behinderungen zu Le Havre; Schuldzuweisung an den sich vermutlich aus Gründen der Einsparung von 12 oder 13 Kronen weigernden Schiffer [Nicolaus], durch Aufnahme von Lotsen (*nautas peritos*) auf üblicher Strecke weiterzufahren, sowie Einwirkung höherer Gewalt; Anzeige, die zu Le Havre festgehaltene Asche wieder bekommen zu haben nach Überwindung der Schwierigkeit, jemanden zu gewinnen, um in die von einer Seuche heimgesuchte Stadt zu reisen; Hoffnung Maillets, die Asche zu neun oder zehn Mark das Faß verkaufen zu können, und Ankündigung, dem Herzog über alles Rechenschaft abzulegen; Unterzeichnung der General- und Partikularprivilegien durch den König am 29. Oktober; voraussichtliche Abreise des Absenders nach der Besiegelung und den Veröffentlichungen der Privilegien zu Paris und zu Rouen; zwischenzeitlich Ausstattung der dem Herzog zugedachten Sänfte; Verhinderung, den oft ergangenen Befehl der Königinmutter, dafür geeignete Maultiere zu erwerben, auszuführen durch die Kriegswirren; unlängst Erhalt der Zusicherung des mit dieser Sache betrauten königlichen Schatzmeisters, die Angelegenheit vorrangig behandeln zu wollen; Beilegung der Religionsstreitigkeiten in Frankreich; Aufenthalt des Königs in der der Königinmutter gehörenden Burg Monceau, um dort Martini zu feiern; zwecks Erzielung eines annehmbaren Verkaufserlöses Erinnerung, für die Herstellung guter Asche zu sorgen; während der Abfassung dieses Schreibens Ankunft des mit Maillet befreundeten königlichen Kammersekretärs *Petrus Hamon*, Zuständigkeit Hamons für die Abfassung der Privilegien zugunsten des Herzogs; dem Vernehmen Hamons zufolge am 5. November gnädiger Empfang des Herrn [Franz] von Andelot und des Fürsten [Ludwig] von Condé durch den König und die Königinmutter zum Gastmahl; große Mühewaltung der Herzogin [Renate] von Ferrara, um die Guisen mit dem Herrn Admiral [Gaspard de Coligny] auszusöhnen; Gerüchte um eine Heirat der Witwe des Herzogs [Franz] von Guise [Anne d' Este] mit dem Herzog [Ludwig] von Montpensier und um eine Reise des Königs nach Lothringen wegen der Taufe eines Kindes [Heinrich] des lothringischen Herzogs [Karl III.]; Ankündigung Maillets, den Herzog weiterhin auf dem Laufenden zu halten.

Ausfertigung
Lateinisch
1 Bogen Folio, S. 1–3 beschrieben, S. 4 Außenadresse und Absendervermerk *Regiomonti etc.*
Eigenhändige Ausstellerunterschrift und Siegelspuren.
HBA G 745, Nr. 29. – Altsignatur: 4/21/22.

Nr. 410

1563 November 15, Paris

Antoine Maillet an Herzog Albrecht:

Erinnerung an sein Schreiben vom 6. November; Empfang von vier Maultieren, voraussichtliche Beendigung der auf Befehl der Königinmutter [Katharina von Medici] auszuführenden Ausstattungsarbeiten für die Sänfte innerhalb des Monats, zwischenzeitliche Veröffentlichung der Privilegien und Absicht, nach Fertigstellung der Sänfte aufzubrechen; Absicht des Admirals [Gaspard de Coligny], am 14. November den König [Karl IX. von Frankreich] in Fontainebleau aufzusuchen; Kenntnis des Marquis [René] d' Elbeuf, des Bruders des Herzogs [Franz] von Guise, von diesem Vorhaben; unter Vorgabe, zur Jagd zu gehen, Lagerung von Feuer- und anderen Waffen in einem verborgenen Schiff durch den Marquis in der Absicht, dem Admiral aufzulauern und ihn umzubringen; im Einverständnis mit dem Konnetabel [Anne de Montmorency] und dem Pariser Stadtrat Beschützung des Admirals durch den Grafen [Franz III.] von La Rochefoucault, des Gatten einer Nichte [Charlotte de Roye] des Admirals, mittels einer Reitertruppe; Umgehung des königlichen Verbotes, das Fürsten das Tragen von Feuerwaffen untersagt, mittels der Lagerung von Waffen in einem Boot durch den Marquis; Gerüchte über die in Deutschland erfolgte Ermordung des Kardinals [Karl] von Lothringen; Maillet verdächtigt den Kardinal und die Seinen als Urheber des Gerüchtes wegen Nachrichten über wenigstens drei Reisen des Kardinals nach Lothringen, um die vor der Entbindung stehende Herzogin [Claude] aufzusuchen; Geburt des Knaben [Heinrich] am 8. November zur elfeinhalbsten Stunde; Beendigung des Schreibens wegen des drängenden Botens.

Ausfertigung
Lateinisch
1 Bogen Folio, S. 1 beschrieben, S. 4 Außenadresse.
Eigenhändige Ausstellerunterschrift und Siegelreste.
HBA G 745, Nr. 30. – Altsignatur: 4/21/25.

Nr. 411

1563 Dezember 7, Paris

[König] Karl [IX.] von Frankreich an Herzog [Albrecht]:

Empfang von acht Falken über den Briefzeiger, Dank und Angebot einer Gegengabe; *Bourdin* (*scripsit*).

Ausfertigung
Französisch
1 Bogen Folio, S. 1 beschrieben, S. 2 Außenadresse.
Eigenhändige Ausstellerunterschrift und -siegel.
HBA G 745, Nr. 31. – Altsignatur: 4/31/96 (XX).

Nr. 412

1563 Dezember 19, Paris

Antoine Maillet an Herzog Albrecht:

Am 5. November Abreise Danzays vom französischen Hof nach Dänemark; Versprechen Danzays gegenüber Maillet, dem Herzog schriftlich über den Stand der den Aufbruch Maillets verzögernden Geschäfte zu berichten; Vereitelung der Absicht des französischen Königs [Karl IX.] und der Königinmutter [Katharina von Medici], Maillet früher zu entlassen, durch verschiedene Hinderungsgründe; Absicht Maillets, die begonnene Freundschaft zwischen den Majestäten und dem Herzog nicht durch zu starkes Drängen nach Entlassung zu belasten; Anzeige des Schreibens an den Herzog vom 6. November, Bericht über die den Admiral betreffenden Nachstellungen der Guisen im Schreiben vom 14. November und Bitte im Schreiben vom 26. November, dem zu Danzig wohnenden Franzosen und Freund des Absenders, Julius Chuysser, Glauben zu schenken; infolge des vorzeitigen Aufbruchs des Boten Auftrag Maillets an Chuysser, den Herzog eingehend zu unterrichten; um Zweifel zu zerstreuen, beiläufige Erwähnung des zu erwartenden Gewinnes von 12 000 Mark im Falle der Befolgung des Mailletschen Ratschlages durch den Herzog und seine Räte; Bedarf an 3000–4000 Faß Asche zu Paris und Möglichkeit, gute Ware für 10 Mark das Faß zu veräußern; Empfang von durch Wasser verdorbener Pottasche, Herstellung von Asche bei Oletzko unter Beimengung von Kiefernholz, das den Brennvorgang behindert und die Asche weiß werden läßt; wegen des Wunsches der Pariser nach schwarzer Asche Erschwerung des Verkaufs der gegenwärtig zur Verfügung stehenden Asche; Erfordernis, sich nach dem Willen der Käufer zu richten; Rodung großer Waldflächen zur Gewinnung von Ackerland durch den Vorsteher der Oletzkoschen Wälder und Versäumnis der bäuerlichen Aschebrenner, das angefallende und bequem zugängliche Kiefernholz mit anderen Holzarten zu mengen trotz Ermahnung des Vorstehers und der Franzosen Maillets; Wissen des Herrn [Kaspar] von Nostitz vom künftigen Nutzen der Rodungsflächen und Ratschlag des herzoglichen Rates und Erziehers des jungen Fürsten [Albrecht Friedrich], Jakob von Schwerin, die Asche zu einem angemessenen Preis zu verkaufen, um mehr losschlagen zu können; deswegen Bemühung Maillets um die Verlängerung des Ascheprivilegs auf 10 Jahre; Empfehlung, den Aschehandel ungeachtet niedriger Gewinne in den ersten Jahren nicht einzustellen; Ankündigung Maillets, die Asche nicht unter 10 Mark das Faß zu verkaufen, und Hoffnung, besser gebrannte und vor Regenwasser geschützte Ware zu 12 Mark zu veräußern unter der Voraussetzung der Befolgung des Mailletschen Ratschlags durch den Herzog und seine Räte; Schreiben Maillets an Karl von Geldern mit der Bitte, den Fürsten in Niederdeutschland zu bedeuten, keinem außer Maillet ihre Wälder zwecks Ascheherstellung zu verkaufen; zu Paris Versuch vieler aus Neid wegen der Privilegien des französischen Königs, den Mailletschen Aschehandel zu verhindern sowohl durch Verführung von Leuten, keine Ware bei Maillet zu kaufen, als auch durch Heranschaffung bisher nie gesehener Mengen von Asche, um den Mailletschen Verkauf zu verzögern; als Gegenmaßnahme schlägt Maillet den Einsatz von mit herzoglicher Hilfe bei den niederdeutschen Fürsten zu erwirkenden Privilegien über das alleinige Ausfuhrrecht von Asche vor; infolge des deswegen eintretenden Zwangs, bei Maillet zu kaufen, Gelegenheit, auch die minderwertige Asche loszuschlagen; beim Zweifel des Herzogs oder seiner Räte an der Möglichkeit, größere Mengen an Asche in Preußen herzustellen, oder bei Verlusten auf See Angebot Maillets, mit einem reichen französischen Aschehändler auf eigene Kosten oder mit Kostenbeiträgen dritter unter Gewinnbeteiligung des Herzogs Asche herstellen zu lassen; bei Bedenken des Herzogs, die Herstellung einer großen Menge Asche durch die eigenen Wälder nicht decken zu können, Vorschlag, Asche in den Wäldern des Kanzlers [Johann von Kreytzen], des Burggrafen [Christoph von Kreytzen], Friedrichs von Kanitz und anderer herstellen zu lassen; Unumgänglichkeit, drei oder vier französische Facharbeiter zur Anweisung der litthauischen und polnischen Arbeiter zu bekommen; bei zwischenzeitlich eingetretenem Aschemangel Angebot Maillets, Arbeiter auf seiner Rückreise mitzuführen; bei sofortigem Verkaufswunsch Bedarf an dem Käuferauge gefälliger Asche; trotz größerer Faßmaße schleppender Verkauf der aus Le Havre erhaltenen Asche wegen ihrer den Käufervorstellungen zuwiderlaufenden Farbe; voraussichtliche Steigerung der Verkäufe bei eintretendem Mangel; Verhinderung des Verkaufs der Spieße zu 24 oder 28 Groschen preußischer Währung das Stück durch die Beschlagnahmung während des Krieges; nach Ausbesserung, Polierung und Verstärkung durch Eisen, Absicht Maillets, die Spieße teuerer zu verkaufen; im Falle der Privilegiengewährung durch die niederdeutschen Fürsten Aussicht auf gute Geschäfte wegen der mittlerweile sehr ausgedünnten Wälder Frankreichs und Bemühungen Maillets, dort das Aschebrennen untersagen zu lassen; die preußischen Fässer beinhalten 34 und die französischen 26 Kleinscheffel (*modia parva*); Verkauf eines Scheffels Asche für 10 Schillinge französischer Währung durch Franzosen und nur für acht Schillinge durch Maillet; bei Kauf eines von Maillet angebotenen Fasses zu 10 Mark Erzielung eines Gewinnes von fünf bis sieben Mark; Verpflichtung der Aschekäufer, den Tuchwäscherinnen etwas zu geben, damit sie die geringwertige Asche loben; nach der Privilegierung Möglichkeit, die preußische Asche zu acht Schillingen den Scheffel oder zu rund 13 Mark das Faß an die Händler zu verkaufen, die den Scheffel zu 10 Schillingen veräußern; Wegfall eines Klagegrundes und des Zwangs für die Händler, ihr Geld für die Ascheherstellung auszugeben oder selber außerhalb des Königreiches zu ziehen; künftige Lobpreisung und Schätzung des Herzogs durch den König, die Königinmutter, die Fürsten von Geblüt, die Großen und durch das ganze Land sowie herausragende Stellung des Herzogs unter den Fürsten Deutschlands aufgrund der ihm von den Franzosen entgegengebrachten Wertschätzung; Verwunderung des Königs, der Königinmutter, des Konnetabels [Anne de Montmorency], des Kanzlers [Michel de l' Hospital] sowie der obersten Sekretäre und Räte über die Fähigkeit Maillets, künftig die Asche zu acht statt wie bisher zu 10 oder zu 12 bis 15 Schillingen zu verkaufen; Pariser Bedarf von bis zu 5000 Faß Asche jährlich; derzeitige Befürchtung der meisten Kaufleute, Einbußen zu erleiden, jedoch Angebot Maillets, ihnen das Faß zu 10 Mark zu verkaufen, wodurch sie von Gefahren und dem Zwang, Frankreich zu verlassen, befreit sind; zur Erhöhung des Gewinnes Erfordernis, für die Fracht von Pottasche, Häuten und anderen Waren bis nach Rouen zwei oder drei herzogliche Schiffe auszurüsten, die von dort aus im Sommer zweimal nach Brouage weitersegeln können, um Salz für Rouen zu laden; Verteuerung des Salzes in Frankreich wegen des Krieges mit England; Erzielung von über 1000 Kronen Gewinn durch einige deutsche Schiffer, die im Sommer trotz der Gefahr Salz transportiert haben; geringes Risiko für künftige herzogliche Schiffer wegen der Generalprivilegien und dem englischen Geleitversprechen; Übermittlung eines an die englische Königin [Elisabeth] gerichteten Schreibens des Herzogs an den englischen Botschafter [Thomas Smith] durch Maillet, kraft dessen Maillet um die Ausweitung der bereits erhaltenen Privilegien bittet, und Versprechen des Botschafters, die Sache zu befördern; zwecks entsprechender Hilfestellung diesbezügliches Schreiben Maillets an *Iohannes Vtenhouius*, der zusammen mit dem verstorbenen Johann Laski die jetzigen Privilegien besorgt hat; Rückkehr der herzoglichen Schiffe im Herbst nach Preußen mit Salz, Wein und weißen Tuchwaren, die Maillet im gegebenen Fall gewinnbringend färben will, sowie mit Tuchen aus Perpignan und mit anderen Waren; hohe Gewinnaussichten für den Herzog; Hinweis des Absenders auf den Kostenausgleich für das laufende Jahr im Falle des Einsatzes zweier herzoglicher Salzschiffe; Gewinnaussichten beim zu Angerburg für französische Weinfässer bearbeiteten Holz und Bereitschaft von Kaufleuten aus La Rochelle, jährlich Faßholz im Werte von 20 000 Mark zu beziehen; wegen der Teuerung gute Aussichten, auch Getreide dort gewinnbringend zu verkaufen, sowie Möglichkeit, gesalzene und trockene Häute mit einem Taler Gewinn das Stück zu veräußern; in Anbetracht seiner Ausführungen Hoffnung Maillets auf Anerkennung seiner Treue durch den Herzog, durch die Räte und durch den Kanzler; vor Maillets Abreise aus Königsberg Zurücklassung seines Revers beim Kanzler mit dem in der fünften und sechsten Zeile enthaltenen Treueversprechen; entgegen den vor einigen Monaten in Preußen geäußerten Anschuldigungen Versicherung, kein Betrüger oder Flüchtiger zu sein, sondern im herzoglichen Dienst in Gefahr für Leib und Gut gestanden und eigene Unkosten gehabt zu haben; wegen seines bezeugbaren guten Leumunds in Frankreich wird Maillet dort sogar für einen herzoglichen Gesandten gehalten; eingedenk seines guten Rufes Empfehlung Maillets durch den Gästemeister des französischen Königs und Botschafters in Dänemark, Charles de Danzay, bei allen deutschen Fürsten und beim Herzog selbst; Zufriedenheit des Absenders im Falle gleicher Ergebenheit seiner Kritiker dem Herzog gegenüber; nach Anhörung Maillets durch den Herzog Hoffnung auf Verständnis für die trotz der Hilfe Danzays und anderer Freunde zustandegekommenen Mehrausgaben von über 3000 Mark; Vorschlag des Absenders, wegen des großen Nutzens der Privilegien für die herzoglichen Untertanen, dieselben an den dafür entstandenen Kosten zu beteiligen etwa mit der Abgabe einer oder zweier Rindshäute durch die vornehmsten Stadtbürger; Maillet will dennoch nicht Urheber für die Beschwerung der herzoglichen Untertanen sein; Rückgewinnung ihres früheren Ansehens beim französischen König durch den Admiral [Gaspard de Coligny] und [Franz von] Andelot sowie durch ihren Bruder, den Kardinal [Odet] von Châtillon, und Bemühung des Königs, sie mit den Guisen auszusöhnen; Religionsausübung an vielen Orten, insbesondere zu Orléans, wo einige Türme von mutmaßlichen Gegnern des Evangeliums verwüstet worden sind; ständiger Aufenthalt des von dem Prediger *Franciscus Paroceli* begleiteten Fürsten [Ludwig] von Condé bei Hofe; unlängst Verwundung Parocelis durch den Schwerthieb eines papistischen Bürgers; Anwesenheit von Predigern in den Herbergen des Admirals und seiner Brüder sowie im Schlosse der Herzoginmutter [Renate] von Ferrara; öffentliche Predigten und Verteilung der Sakramente gemäß dem Ritus der reinen Kirche im Umkreis von rund fünf Meilen von Paris; unter Androhung, ihr Reich zu vergeben, Aufforderung des Papstes an die Königin [Johanna] von Navarra, sich binnen Halbjahresfrist zu erklären; genügsame Antwort der Königin und Widerstand des französischen Generalprokurators gegen die päpstliche Aufforderung; Verdrossenheit des französischen Königs und der Königinmutter infolge der päpstlichen Einmischung in die im Königreich zugestandenen Freiheit des Gewissens; öffentlicher Vorwurf des Kanzlers an Papst [Pius IV.], gegen menschliches und göttliches Recht zu verstoßen; Betroffenheit des Papstes wegen der Anordnung der Königin von Navarra, in ihrem Lande die Bilder abzunehmen und das reine Wort Gottes zu predigen; Empfang päpstlicher Zitationen durch den Kardinal von Châtillon und den Bischof von Valence [Jean de Montluc] im Delphinat; Kardinal [Karl] von Lothringen als Urheber der Zitationen unter Verdacht; voraussichtlicher Abschluß der Arbeiten an der Sänfte für den Herzog nach Weihnachten; Einladung an den Herzog, Einzelheiten über den briefzeigenden *Marcus Jaske* zu erfahren; Zusammenkunft des Absenders mit Thomas Smith (*Thoma Schmid*), dem Botschafter der englischen Königin, Übergabe des an die Königin gerichteten herzoglichen Schreibens an den Sekretär *Sommert* und Zusicherung Sommerts, sich für die Erweiterung des Geleitbriefes einzusetzen.

Ausfertigung
Lateinisch
3 Bogen Folio, S. 3–10 beschrieben, S. 12 Außenadresse und Rubrum *Antonius Mailletus schreibt von seinen asche- und andern kauffhendln [!]; item zeitung aus Franckreich.* Eigenhändige Ausstellerunterschrift, Siegel ab.

Beilage

Deutsche Übersetzung

5 Bogen Folio, S. 1–7 beschrieben, S. 10 zeitgenöss. Betreff *Antonii Mailleti brieff verdeutschet* und Bearbeitungsvermerk *Der herr burggraff weiß nicht anders, f[urstliche] d[urchlauch]t sollen den verlag thun, und Mileto soll den 5[.] d haben; doch sols ubersehen werden, ob dem also.*
HBA G 745, Nr. 32. – Altsignatur: 4/21/23.

Nr. 413

[15]64 Januar 10, Windsor

Königin Elisabeth von England an jedermann:

Bitte Antoine Maillets, des obersten Faktors des preußischen Herzogs [Albrecht] in Frankreich, um freie Schiffahrt für den Handel mit Salz, Getreide, Wein und anderen Waren; unangesehen der Freundschaft mit anderen Fürsten und aus besonderer Ge-

wogenheit dem Herzog gegenüber Gewährung der Bitte; Erlaubnis des im Auftrag des Herzogs handelnden Maillet, mit einem oder mehreren Schiffen die königliche See zu befahren, die königlichen Häfen anzulaufen, Unterstützung zu beanspruchen und unbehelligt von königlichen Hauptleuten auf Schiffen, in Häfen oder auf Schlössern von Frankreich nach Deutschland und umgekehrt zu verkehren; Mitnahmeverbot von Waren der Untertanen des französischen Königs [Karl IX.].
Denn 10 ianuar(ii) anno [15]63 unseres reiches am 6 t(en).

Abschrift
1 Bogen Folio, S. 1–2 beschrieben, S. 4 zeitgenöss. Betreff *Englisch privilegium* und Bearbeitungsvermerk von Hand des 19. Jahrhunderts *Für England.*
HBA G 745, Nr. 33.

Nr. 414

[15]64 Februar 3, o. O.

[Herzog Albrecht] an Graf *Aemilius Maluetius*:

Erhalt eines zu Bologna datierten Schreibens des Empfängers von [1563] Juli 1 Horatius Curio betreffend; Verwunderung, entweder über die Kühnheit Curios, einen herzoglichen Auftrag unausgeführt zu lassen, oder über die nicht erfolgte Zustellung eines herzoglichen Schreibens; Entsendung Curios nach Venedig mit gewissen, nicht zu überschreitenden Instruktionen; Curios Beschäftigung mit den Plätzen für Bewehrungen (*de locorum munitionibus*) oder mit anderen Dingen geschah außerhalb des herzoglichen Auftrages; Treueverletzung Curios durch seine nicht erfolgte Rückkehr; Dank des Herzogs für die Übermittlung eines Geschenkes; der Herzog zweifelt nicht daran, daß die ihm von Curio zugetragenen Dinge lange Zeit sehr willkommen waren; Absicht, den Aufentaltsort Curios ausfindig zu machen und das begonnene Werk wieder aufzunehmen; Ablehnung der Verpflichtung, die 80 Goldstücke, die der Empfänger seinem Schreiben nach in Sachen des Herzogs ausgegeben hat, zu erstatten, weil sie Curio ohne herzoglichen Willen geborgt hat; Ankündigung, dennoch die baldige Auszahlung des Geldes durch einen Kaufmann zu veranlassen wegen der Dankverpflichtung dem Empfänger gegenüber, aber Weigerung, etwaige weitere, von Curio ohne Wissen des Herzogs entgegengenommene Beträge auszuzahlen; Bitte an den Empfänger, sich künftig vor Curio in Acht zu nehmen und andere italienische Würdenträger vor ihm zu warnen; *relatio Canitz, principi sic placuit etc.*

Konzept
Lateinisch
1 Bogen Folio, S. 1–3 beschrieben, S. 4 Außenadresse und Registraturvermerk *Registr(ata).*
HBA G 1262, Nr. 70.

Bucheintrag im Volltext: Ostpr. Fol. 57, S. 22–23.

Nr. 415[1]

1564 Februar 21, Fontainebleau

[König] Karl IX. [von Frankreich] an Herzog [Albrecht Friederich]:

Bevorstehende Rückkehr des briefzeigenden Antoine Maillet zum Vater des Empfängers [Herzog Albrecht], um diesem von der Erfüllung aller seiner an den König herangetragenen Wünsche zu berichten; Geschenk des Absenders an den herzoglichen Vater in Gestalt einer Sänfte mit vier Mauleseln; Freundschaftsbekundung und Hoffnung, die Freundschaft bei künftiger Gelegenheit durch Taten unter Beweis stellen zu können; *Bourdin (scripsit).*
Le XXIe jour de febvrier 1563.

Ausfertigung
Französisch
1/2 Bogen Folio, S. 1 beschrieben, S. 2 Außenadresse.
Eigenhändige Ausstellerunterschrift und Siegelspuren.
HBA G 745, Nr. 22. – Altsignatur: 4/31/96 (XIX).

Nr. 416

1564 Februar 22, o. O.

[Herzog Albrecht] an Richard Bertie [Herzog von Suffolk]:

Ausbleiben der Antwort auf einige Schreiben, was der Herzog eher auf die nicht erfolgte Zustellung zurückführt als auf gesundheitliche Gründe oder auf Mißstimmung; Versicherung, nichts lieber zu vernehmen als Nachrichten von Berties Wohlbefinden und dem Erfolg seiner Unternehmungen; Bitte, dem von Antwerpen nach England entsandten herzoglichen Diener *Erasmus Kuffeln* Nachrichten über sich zu geben; Beauftragung Kuffelns, bei Bertie die 1200 Joachimstaler (*Ioachimos*) zur Sprache zu bringen, die dessen Diener Johannes Schwentzer dem Herzog schuldet; dringender Bedarf des ausstehenden Geldes, deshalb Bitte, Schwentzer zu veranlassen, das Geld unverzüglich Kuffeln zu überantworten; Dankversprechen.

Konzept
Lateinisch
1 Bogen Folio, S. 1–2 beschrieben, S. 4 Außenadresse, Bearbeitungsvermerk *C[ollationata]* und Registraturvermerk *Registr(ata).*
HBA G 1262, Nr. 71.

Bucheintrag im Volltext: Ostpr. Fol. 57, S. 30–32.

---

[1] Gehört zum Jahr 1564, s. Von Königsberg an die Loire, S. 76.

Nr. 417

1564 März 5, Paris

Charles de Danzay an Herzog Albrecht:

Einladung, das dem Herzog durch den französischen König [Karl IX.] und den Großen des Königreichs entgegengebrachte Wohlwollen aus deren Schreiben zu entnehmen; Annahme Danzays, die Erwartungen des Empfängers durch seine Bemühungen um den herzoglichen Handel erfüllt zu haben; Hoffnung auf gute Handelserträge; bei Beteiligung der herzoglichen Untertanen tragen sie ein geringes Verlustrisiko; nach Einschätzung des Absenders wird trotz Unvorhersehbarkeiten die Handelsfreiheit des Herzogs im Königreich willkommen sein; Unterstützung seines Vertrauten Antoine Maillet mit dem Notwendigsten, Aufwand großer Mühe durch Maillet bei der Beförderung des Handels und unverschuldeter, durch die gefahrvollen Zeiten bedingter langer Aufenthalt Maillets; Angebot an den Herzog, demselben weiterhin zu Diensten zu stehen.

Ausfertigung
Lateinisch
1 Bogen Folio, S. 1 beschrieben, S. 4 Außenadresse, zeitgenöss. Rubrum *Carolus Dantzaeus schreibt, das er f[urstliche] d[urchlauch]t gescheffte bey dem konig zu Franckreich zu verhofflichem gefallen habe außgericht, und erbeut f[urstliche] d[urchlauch]t seine dienst ferrer mit fleiß* und Registraturvermerk *3*.
Eigenhändige Ausstellerunterschrift und Siegelspuren.
HBA G 745, Nr. 34. – Altsignatur: 4/21/29.

Nr. 418

[15]64 März 14, o. O.

[Herzog Albrecht] an Königin [Elisabeth] von England:

Dank für die Freigabe eines im Jahr zuvor auf ihren Befehl festgehaltenen, mit Pottasche und anderen Handelswaren beladenen Schiffes des Herzogs und für die Ausstellung eines Geleitbriefes für den Schiffer; Bitte, künftig für die Sicherheit der herzoglichen Frachten zu sorgen und die herzoglichen Beauftragten mit Geleitbriefen oder mit anderen nötigen Dingen zu unterstützen; Gegenseitigkeitsversprechen.

Konzept
Lateinisch
1/2 Bogen Folio, S. 1 beschrieben, S. 2 Außenadresse und Registraturvermerk *Registr(ata)*.
HBA G 1262, Nr. 72.

Bucheintrag im Volltext: Ostpr. Fol. 57, S. 36 f.

Nr. 419

1564 April 19, Edenham

Richard Bertie an Herzog Albrecht:

Im Januar Empfang eines im vergangenen Mai zu Königsberg datierten Schreibens des Herzogs sowie Entgegennahme eines späteren Schreibens im April; Rückkehr des Antwortschreibens auf den über Antwerpen versandten Brief wegen des Gerüchts über das Ableben des Herzogs; Zurückweisung der im jüngsten herzoglichen Schreiben aufgestellten Behauptung über eine im Auftrag oder mit Wissen des Empfängers durch Johannes Schwentzer gemachte Schuld in Höhe von 1200 Joachimstalern wegen der fehlenden Rechnungslegung darüber; nach Belangung Schwentzers durch einen herzoglichen Diener rechtliche Untersuchung der Schuldenangelegenheit seines Sachwalters durch Bertie, jedoch mit zunächst geringem Erfolg; Nachforschungen ergaben eine Betrügerei des zu Danzig wohnenden Engländers *Humfred Lyon*; Anstiftung Schwentzers durch Lyon, dem Herzog etwas abzunötigen, und Nießnutz des gesamten Vorteils durch Lyon; zweitweiliger Aufenthalt Lyons im Herzogtum; im Zweifelsfall Verpflichtung Berties, für die Aufklärung der Angelegenheit zu sorgen; Entzug der Erlaubnis für Schwentzer, zu chirographieren oder zu beglaubigen.

Ausfertigung
Lateinisch
1 Bogen Folio, S. 1–2 beschrieben, S. 4 Außenadresse, zeitgenöss. Rubrum *Richardus Bertie schreibet, daß Schwantzer f[urstliche]r d[urchlauch]t auß seinem geheis nicht einen pfenning sei schuldig wordenn, er habe auch ni keinen gesehen; es solle aber ein Englischer mitt nahmen Heufred [!] sich zu Dantzig verhalt(en), der solchs alles genossen und entpfangen, wie er solchs beweisen wolle*, und Registraturvermerke *Engelland, 1564* und *1*.
Eigenhändige Ausstellerunterschrift.
HBA G 745, Nr. 35. – Altsignatur: 4/19/7.

Nr. 420

1564 April 23, Valencia

König Philipp [II.] von Spanien an Herzog Albrecht:

Empfang eines Schreibens von [1563] Oktober 8 nebst zehn Falken; Freude über deren guten Gesundheitszustand; Eignung der Beizvögel, Ablenkung bei den beschwerlichen Geschäften zu bieten; Dank und Gefälligkeitversprechen; *G[on]s[aluus] Perezius (scripsit).*

Ausfertigung
Lateinisch
1 Bogen Folio, S. 1 beschrieben, S. 2 Außenadresse, zeitgenöss. Betreff *Falkenbrief des königs aus Hispanien* und Registraturvermerk *4*.
Eigenhändige Ausstellerunterschrift und Siegelreste.
HBA G 745, Nr. 36. – Altsignatur: 4/31/98 (VIII).

Nr. 421

1564 Mai 3, Bar-le-Duc

König Karl [IX.] von Frankreich an den Schatzmeister Frankreichs [Jean Duval ?]:

Zur Vermeidung von Echtheitsüberprüfungen der kollationierten, beigefügten und mit dem Gegensiegel der Kanzlei versehenen Briefe und Urkunden zugunsten des preußischen Herzogs [Albrecht] und seiner Untertanen Befehl, unverzüglich die Schreiben anzunehmen und dem Herzog, seinen Beauftragten und Untertanen den ruhigen Gebrauch der Verfügungen zu gestatten; *signé par le roy en son conseil, Bourdin, et seellees sur simple queue du grand seau en cire jaune.*

Abschrift
Französisch
1/2 Bogen Folio, S. 1 beschrieben mit zeitgenöss. Bearbeitungsvermerk über der Anfangszeile *Copie.*
HBA G 744, Nr. 17.

Nr. 422

1564 Mai 9, Bar-le-Duc

König Karl [IX.] von Frankreich an König Sigismund [II.] August von Polen, an König Friedrich II. von Dänemark und Norwegen und an König Erich XIV. von Schweden:

Erlaubnis für Antoine Maillet, für seine Söhne Charles und Tobie und für seinen Sachwalter Samuel Botterbrot, Pottasche, Hölzer, Flachs, Wachs, Getreide, kostbare Rauchwaren, Leder, Pferde und andere, für seine Untertanen nützliche Waren zu liefern und Gegenstände aus seinem Land auszuführen; Bitte, den vorgenannten Zeigern in den Herrschaftsgebieten der Empfänger beliebig oft und ungehindert freie Bewegung zu gestatten, sie mit ihren Untertanen sicher und ungehindert Handel treiben zu lassen, sie freundlich aufzunehmen und ihnen behilflich zu sein; Dank- und Schuldigkeitsversprechen; *Carolus*; *Bourdin* (*scripsit*).

Abschrift
Lateinisch
1 Bogen Folio, S. 1 beschrieben, S. 4 zeitgenöss. Rubrum *Copie des briefes der ko[nigliche]n w[irden] zu Frankreich, welch Mallet auf asche und andere wharen aus Polen, Denmarken, Schweden und anderen lendern in frankreich zu füren ausbracht etc.*

Beilagen

I. Abschrift

Lateinisch
1 Bogen Folio, S. 1–2 beschrieben, S. 4 zeitgenöss. Rubrum *Copia des briefes, welchen Malletus vor sich und seine kinder weg[en] allerlei wharen in Frankreich zu verfüren vom konige zu Frankreich ausbracht.*

II. Deutsche Übersetzung

1 Bogen Folio, S. 1–3 beschrieben.
HBA G 744 Nr. 18.

Nr. 423

[1564 August 16 – 31, Königsberg]

Antoine Maillets Bericht [von seiner Handelsreise nach Frankreich]:

Beauftragung Maillets und seiner Erben mit dem herzoglichen Frankreichhandel und Rückkehr Maillets nach Preußen [von einer Reise nach Frankreich]; Bekenntnis Maillets zu dem dem Herzog geleisteten Diensteid und im Gegenzug Versprechen des Herzogs, Maillet und seine Erben zu beschützen und sie nötigenfalls anzuhören; nach Ankunft in Frankreich Übermittlung der herzoglichen Zuneigung an den französischen König [Karl IX.], die Königinmutter [Katharina von Medici], die königlichen Brüder [Heinrich und Franz] und an andere Fürsten; Anvertrauung eines eigenhändigen, die herzogliche Freundschaft begehrenden Schreibens des Königs und Übersendung einer Sänfte mit vier Mauleseln für den Herzog durch den König und die Königinmutter; Erteilung und Veröffentlichung unbefristeter Privilegien zugunsten des Herzogs und seiner Untertanen durch den König; den allgemeinen Privilegien nach Zollerleichterung für die Salzausfuhr gegenüber der Konkurrenz; 15 000 bis 20 000 Mark jährlicher Nutzen aus den Ascheprivilegien, der zwar für einen Fürsten wenig, für einen seiner Räte jedoch zufriedenstellend sein kann; zu Paris jährlicher Bedarf von 4000 oder 5000 Faß Asche und Gewinn von drei oder vier Mark je Faß bei einem Verkaufpreis von 10 bis 12 Mark; mittels der zu Paris lagernden unverkauften Asche Bekundung des Desinteresses, Asche unter 10 Mark das Faß zu verkaufen; bei der sommerlichen Warenknappheit üblicherweise Verkauf des gesamten Lagerbestandes an Asche unterschiedlicher Güte, was jedoch nicht von der Verpflichtung, Asche besserer Qualität herzustellen, entbindet; der Verkaufsverzug wirkt wie eine Geldverzinsung; bei Fortsetzung der Ascheherstellung frühestmöglicher Arbeitsbeginn zwecks Verschiffung der Asche zu Frühjahrsanfang; vor der nach zwei Jahren ablaufenden Geltungsdauer des ersten Privilegs Erfordernis, den Pariser Aschebedarf am Ort zur Verfügung zu halten, um keinen Grund zur Klage zu liefern; bei Verzögerung der Ascheverschiffung durch Unwetter, Kriegsereignisse und dergleichen greift das Privileg, welches Dritten die Einfuhr von Asche nach Frankreich und Paris verbietet; Möglichkeit der Ascheherstellung an den Orten der französischen Aschebrenner außerhalb der Grenze Frankreichs wegen des königlichen Brennverbots und wegen der Gunst der niederländischen Fürsten, welche die [Preußen] den Parisern bevorzugen; anfängliche Befürchtung der Pariser Aschehändler, durch die [preußischen] Privilegien geschädigt zu werden, jedoch beginnende Einsicht, mehr Vorteile als Nachteile zu ziehen; bei Herstellung der preußischen Asche an den für Neubrüche vorgesehenen Orten mahnt Maillet gute Brennergebnisse an; Bitte, den Amtleuten an der Weichsel oder sonstwo zu befehlen, Maillet und den Seinen die anfallenden Kosten zu berechnen, sowie die Hauptleute anzuweisen, denselben mit Rat und Tat zu helfen; während seiner Reise Kenntnisnahme von bis zu sechs Meilen von der Weichsel entfernten herzoglichen Wäldern durch Maillet, wo sich mit wenig Kosten und mit geringer Beschwerung der Untertanen Asche herstellen und zu den Danziger Schiffen führen läßt; bei Befolgung des Mailletschen Rates durch den Herzog Erzielung doppelten Vorteils durch die Ascheherstellung und durch die Gewinnung neuer Ackerflächen sowie Gunstgewinn sowohl beim französischen König als auch bei den fürstlichen Anhängern der reinen und der falschen Lehre in Frankreich; wegen der sich auf 10 Jahre erstreckenden Geltungsdauer der Privilegien rechnet Maillet mit der Möglichkeit, sie auf die Lebensdauer des jungen Herzogs [Albrecht Friedrich] verlängern zu lassen; wegen des hohen Kostenanfalls Beschenkung des Herzogs durch den französischen König mit der über zwei Jahre nach Beendigung der Unruhen geltenden Verlängerung der Ascheprivilegien, welche die Einfuhr von Asche durch Dritte verbietet; Auswirkung des dem Herzog zugestandenen Konfiskationsrechts (*iure confiscationis*) bereits auf die von Lübeckern in Mecklenburg hergestellte und nach Frankreich auf den Weg gebrachte Asche; infolge des alleinigen Verkaufsrechts des Herzogs Möglichkeit, die geringwertige, aus England angelandete Asche zu Rouen und die höherwertige zu Paris zu veräußern; großer Nutzen bei Salzfrachten von Brouage nach Rouen, aber hoher entgangener Gewinn während des vergangenen Krieges mangels zweier eigener Schiffe, die im Pendelverkehr von und nach Preußen Asche und Salz hätten mit sich führen können; jährliche Nachfrage an Faßholz zu La Rochelle (*Rußell*) im Wert von 2000 Mark, das sich gegen Bargeld oder teilweise gegen Salz und Wein eintauschen läßt; deswegen dringende Erfordernis, Faßholz herzustellen, was Maillet durch die Ausleihe seines eigenen Arbeiters [Paul Bruggemann] bereits in die Wege geleitet hat; trotz seiner Mitteilungen, Asche zu 10 Mark [das Faß] verkaufen zu können, Herstellung von zu wenig Asche; Absicht Maillets, Tuche in Paris zu bestellen und dort färben zu lassen, um dem Herzog den Gewinn zukommen zu lassen, den sonst die Kaufleute damit erzielen; große Nachfrage an Leder, Pferden, Flachs und anderen Waren; Entschuldigung der in den beiden letzten Jahren verursachten Kosten mit dem Aufruhr in Frankreich und mit Krankheiten des Königs, der Königinmutter, des Kanzlers [Michel de l'Hospital] und der obersten Sekretäre, die die Verabschiedung Maillets hinausgezögert haben; Verzögerung des Reisebeginns durch Krankheiten der Herzoglichen; Entschuldigung des zeitaufreibenden Rückwegs mit den langen Ruhepausen, die die jungen und mageren Maulesel benötigt haben; gute Saumtiere sind wegen der Kriegsereignisse in Frankreich kaum zu bekommen; wegen des großen Nutzens der Privilegien für die herzoglichen Untertanen regt Maillet eine Kostenbeteiligung derselben an, ohne aber eine Beschwerung der Bürger oder Untertanen anraten zu wollen; keine Beschwerung der Untertanen bei Abgabe eines Talers oder dessen Gegenwertes in Gestalt von Leder, Flachs oder anderem; große Ausgaben Danzays sowohl für die Partikular- als auch für die Generalprivilegien; trotz herzoglicher Genehmigung, Danzay vom Erlös der verkauften Waren 1000 Taler zur Verteilung am Hofe zu geben, Verzicht Maillets auf die Auszahlung des Geldes aufgrund der noch nicht veräußerten Waren; Vorstreckung eigenen Geldes durch Danzay und durch andere Freunde Maillets zugunsten der Geschäfte des Herzogs; Aufwendung von 1000 Gulden für die [Partikular-] und eines noch größeren Betrages für die Generalprivilegien durch Danzay; Bitte, mit der Rückerstattung des Geldes an Danzay nicht bis zum Abschluß des Warenverkaufes zu warten und bis kommenden September auszuzahlen und ebenso mit Marcus Jaske (*Marx Jaschke*) und den anderen Gläubigern zu verfahren, die Maillet zu Friedberg, Leipzig, Stettin und sonstwo mit Geld versorgt haben wegen der danach beginnenden Verzinsung; Erduldung großer Mühen und Gefahren für Hab und Gut sowie Leib und Leben durch Maillet und seine Familie (*geschlecht*); in Zweifelsfällen Wunsch nach persönlicher Audienz beim Herzog; Bereitschaft zur Rechnungslegung und zur Aufklärung; über 5000 Mark Ausgaben aus eigenem Geld und aus dem seiner Freunde.

Abschrift
5 Bogen Papier, S. 1–19 beschrieben, S. 20 zeitgenöss. Betreff *Antonii Maileti relationn etc.* und Bearbeitungsvermerk *der h[err] burggraf [Christoph von Kreytzen], marschalk [Joachim von Borcke] und Casper Nostitz sollen dieses uberseh(en), beratschlag(en) und was darauf zu thuen f[urstliche]r d[urchlauch]t ire meinung zu schreibe(en).*
HBA G 744, Nr. 19.

Nr. 424

[1564 August 16 – September 12, Königsberg]

Abschied auf den Bericht Antoine Maillets:

Kenntnisnahme Herzog [Albrechts] von der Übermittlung seiner Grüße und Diensterbietung an die Majestäten [Karl IX. und Katharina von Medici] und an andere Fürsten durch Maillet nach dessen Ankunft in Frankreich, von der Verehrung einer Sänfte mitsamt vier Mauleseln durch die Majestäten und von der Gewährung und der Veröffentlichung von Privilegien zugunsten des Herzogs und seines Fürstentums; Dank des Herzogs für die Grüße, Geschenke und Privilegien sowie herzogliche Freundschaftsversicherung an König und Königin; nach Meinung des Herzogs Erteilung der Privilegien zum Vorteil und nicht zum Schaden im Falle ihres rechten Gebrauchs; ausweislich der Verzeichnisse und Register der Rentkammer Empfang einer großen Menge an Asche, Holz, Langspießen, Hopfen und anderen Waren durch Maillet zum Zwecke des Verkaufs in Frankreich; trotz Anmahnungen fehlende Kenntnis des Herzogs von den Warenstandorten und von der Menge des verkauften

Gutes; bezüglich des Berichts über große Gewinne und die Fortsetzung des Frankreichhandels Abhängigkeit der herzoglichen Entscheidung vom Verkauf der Restwaren und von der Ermittlung des Gewinnes oder Verlustes; Anforderung einer Auflistung der Warenstandorte und einer Mitteilung über den Verkaufsstand sowie Aufschlüsselung der Ausgaben von über 5000 Mark; Anweisung, die Anforderungen den Kammerräten auszuhändigen; nach Prüfung aller Umstände Entscheidung des Herzogs über das weitere Vorgehen.

Konzept
2 Bogen Folio, S. 1–5 beschrieben, S. 6 zeitgenöss. Betreff *Abschidt Anthonio Maileto.*
HBA G 744, Nr. 20.

Nr. 425

[1564 September 12 – 19, Königsberg]

Antoine Maillets [Reisekosten-]Rechnung:

[Druck: Von Königsberg an die Loire, Nr. 1, S. 14–105.]

Mundum
9 1/2 Bogen Folio, S. 4–74 beschrieben, S. 1 zeitgenöss. Betreff *1564, Anthonii Maleti, des Franzosen rechnunge*, S. 78 zeitgenöss. Betreffe *Maleto, d(em) Frantzose, rechnunge; 1564* und *rechenung und wes derhal[b]en mit gehandelt und geschriben briffe.*

Beilage

Abschrift
11 Bogen Folio, S. 3–83 beschrieben, Pergamentumschlag.
HBA G 744, Nr. 21.

Nr. 426

1564 September 19, Königsberg

Antoine Maillet an Herzog Albrecht:

Getreuliche Ausführung der ihm vom Herzog übertragenen Aufgaben; auf herzoglichen Befehl hin Übergabe der von Karl IX. von Frankreich erhaltenen Schreiben, der Privilegien, der Sänfte und der Maultiere sowie Darlegung seiner Rechnung; Wunsch, angesichts der gefahrvollen Zeit einen wohlwollenden Bescheid zu erhalten und wegen der Rechnung in Einklang mit seinem Revers geduldig und persönlich gehört zu werden, um seine Gläubiger zufriedenzustellen und um für Angelegenheiten des Herzogs und für eigene vorzusorgen.

Ausfertigung
Lateinisch
1 Bogen Folio, S. 1 beschrieben, S. 4 Außenadresse und Rubrum *Anthonius Meiletus petit, ut illustr(issimus) princeps illi literas reversales Caroli noni comunicare velit, quo suis creditoribus satisfacere posset etc.*
Eigenhändige Ausstellerunterschrift und -siegel.
HBA G 745, Nr. 37. – Altsignatur: 4/21/40.

Nr. 427

[15]64 Oktober 3, o. O.

[Herzog Albrecht] an König [Philipp II.] von Spanien:

Wegen der Freude des Königs an den im Herzogtum gefangenen Falken Wunsch, den König wie jedes Jahr mit gefangenen Vögel diensterbietig zu beschenken; zum Zeichen der herzoglichen Zuneigung Entsendung des Briefzeigers mit zehn Falken; Bitte des Herzogs um wohlwollende Aufnahme der Vögel und Wunsch, daß der König beim Vergnügen mit den Tieren seiner gedenkt.

Konzept
Lateinisch
1 Bogen Folio, S. 1–2 beschrieben, S. 4 Außenadresse, zeitgenöss. Betreff *Falckenbriff* und Bearbeitungsvermerk *Mutatis mutandis regi Franciae [Karl IX.], regina Anglie [Elisabeth].*
HBA G 1262, Nr. 73. – Altsignatur: 4/31/98 (IX).

Nr. 428

[15]64 Oktober 5, Neuhausen

Herzog Albrecht an die Räte und Statthalter zu Königsberg:

Stellungnahme zu den Angelegenheiten Maillets; trotz geringem Nutzen der Privilegien Ablehnung eines endgültigen Verzichts auf sie und Anweisung, bei Maillet Erkundigungen nach den Vorteilen der Untertanen der französischen Krone, insbesondere bei Zöllen und Abgaben, gegenüber Fremden einzuziehen; Benachteiligung des Herzogs durch die Geschäfte Maillets und Anweisung, ihm folgende Punkte vorzuhalten: 1. die hohen Reisekosten, der zwanzigtägige Aufenthalt zu Danzig nach Maillets Abreise und Vermeidung der 100 fl betragenden Kosten für die mitgeführten Pferde im Falle einer Nachführung derselben aus Königsberg; 2. hohe Ausgaben für Pferde und Gesinde zu Lübeck während des Aufenthaltes von Maillet in Dänemark sowie versäumte Kostenersparnis durch das Voraussenden der Tiere nach den Niederlanden; 3. zu langer Aufenthalt in Antwerpen; 4. hohe Aufwendungen für die Faktoren und Versäumnis, eine Kostenminderung durch die Beteiligung der Faktoren am

Warenumsatz zu erzielen; 5.–[7.] vertragswidrige Berechnung der 318 m und 8 g Miete für die eigene Wohnung und des privaten Unterhalts (*hauszerung*) vom Jahr [15]62 bis [15]64, unnötiges Hin- und Herreisen in Frankreich auf herzogliche Kosten, Verschweigen der zu erwartenden hohen Ausgaben und eigenmächtige Geldausgaben; 8. trotz der auf mangelnde Sorgfalt der Faktoren zurückzuführenden Warenverluste Bestellung neuer Asche- und Holzlieferungen nach Le Havre und Versäumnis der Faktoren, von den Schiffern die Löschung der Waren am Bestimmungsort zu verlangen; 9. Verkauf des für Frankreich bestimmten Klappholzes zu Danzig zu dem in Königsberg üblichen Preis unter Verlust der Frachtkosten, Vermeidung des Verlustes bei Inanspruchnahme der Brake; 10. angeblicher herzoglicher Befehl an Julius Chuysser, wegen eines Verbotes zur Ausfuhr von 5488 Langspießen nach Frankreich an Maillet zu schreiben; 11.–[12.] 579 m und 16 g Mehrkosten für die Verschiffung von 190 Faß nach Antwerpen aufgrund des Versäumnisses, die Waren unmittelbar nach Frankreich geleitet zu haben, und wegen versäumter Zurückhaltung der Waren in Danzig Weigerung, Kriegshandlungen als Begründung anzuerkennen; angesichts der hohen Reisekosten mangelnde Dringlichkeit der Reise; Wunsch nach erneuter Überprüfung der Rechnung unter Berücksichtigung der herzoglichen Bedenken durch die Räte, um mit Maillet zu einem Abschluß zu gelangen; Angebot an Maillet, ihm künftig die Waren zu dem von ihm selber berechneten Preis zu überlassen, darüber Rechnung zu legen und den Überschuß [Johann] von Achteln zu Antwerpen auszuzahlen; ungeachtet der Vorbehalte der Räte gegenüber den Privilegien Wunsch, Maillet gebührlich zu behandeln; 13. Anweisung, die Privilegien nicht zu verachten und über ihren Nutzen sowohl bei Maillet als auch bei anderen Personen Erkundigungen einzuholen; Befehl, den auch in anderen Dingen von den Räten befragten Kaspar Göbel zu Rate zu ziehen; Rücksendung der Maillet betreffenden Unterlagen (*hendel*).

Ausfertigung
3 Bogen Folio, S. 3–11 beschrieben, S. 12 Außenadresse.
Ausstellersiegel
HBA G 744, Nr. 22.

Nr. 429

[1564 Oktober 5 – 10, Königsberg]

[Registerauszug über die in den Jahren 1562 und 1563 hergestellte Pottasche mit Frachtkosten]:

Im Jahr 1562 Herstellung von 761 Faß französischer Asche:

Ausgaben an Tagelohn:	1706 m,	8 s,	3 d.
Dito für den Böttcher:	169 m.		
30 s Fuhrlohn je Faß bis nach Allenburg:	380 m,	30 s.	
Gemeine Besoldung:	15 m,	34 s.	

Ausgaben für Lebensmittel:	183 m,	27 s,	3 d.
15 s Fuhrlohn je Faß von Allenburg bis nach Königsberg	190 m,	15 s.	
Ausgaben für die französischen Aschebrenner:	70 m.		
Städtegeld von der Asche:	13 m,	22 s.	
Ausgaben für das Neubinden der Asche und das Bessern der Fässer:	12 m,	22 s,	3 d.
Gesamtkosten bis Königsberg:	2740 m,	39 s,	3 d.
Stückkosten:	3 m,	36 s,	1/2 d.
Empfang von 310 Faß durch Antoine Maillet:	1116 m,	37 s,	3 d.
Dito von einer Last und 2 Fässern Bärenklau, zu 24 fl die Last:	42 m.		
30 Großhundert und 8 Ring Klappholz, das Hundert zu 44 m:	1349 m,	20 s.	
1512 Langspieße, zu 1/4 Taler das Stück:	623 m,	42 s.	
Verbleib von 6488 Spießen zu Danzig, zu 1/4 Taler das Stück:	2676 m,	18 s.	
An Auslosung in der Kammer für das Jahr 1562:	188 m,	31 s.	

Jahr 1563

Einem holländischen Schiffer für die Fracht von 310 Faß Asche, 10 Großhundert und 74 Bretter Wagenschoß, zu 30 m das [Hundert]:	318 m,	30 s.	
Zwischensumme:	3638 m,	30 s,	3 d.
Auf Wunsch Maillets Entsendung von 395 Faß Asche nach Danzig	1422 m,	32 s,	5 1/2 d.
Jahresfrachtkosten:	102 m.		
Gesamtsumme:	5163 m,	3 s,	2 1/2 d.
Verfüllung und Verfrachtung von 56 Faß Asche:	201 m,	40 s,	4 d.
Gesamtsumme mit den 56 Faß:	5364 m,	44 s,	1/2 d.

Gesonderte Rechnungslegung für die Kosten für Zehrung und Verehrung der von Maillet mitgenommenen [Geschenke].

Abschrift
1 Bogen Folio, S. 1–3 beschrieben, S. 4 zeitgenöss. Betreff *Rechnung 62 anno.*

Beilage

Abschrift
1 Bogen Folio, S. 1–3 beschrieben.
HBA G 744, Nr. 23.

Nr. 430

[1564 Oktober 5 – 10, Königsberg]

[Auszug aus einem Ausgabenregister]:

[15]63 Januar 27: 2 m, 10 g für einen nach Rouen gesandten Boten.
Februar 14: 12 m, 2 g die Beauftragten (*commißarien*) für die Hausmiete und für den Garten sowie 2 m, 8 g dem Notar wegen der Miete.
Februar 17: 12 g für einen wegen der Pottasche nach Rouen entsandten Boten.
Mai 10: 3 m, 3 g für das Siegel zum Geleitbrief.
Mai 14: 2 m, 12 g, 9 d Zehrung für Maillet wegen seiner Reise nach Poissy zum englischen Botschafter [Thomas Smith].
Mai 28: 12 g für einen nach Poissy zum englischen Botschafter der Asche wegen entsandten Boten.
Mai 31: 44 m, 7 g, 6 d Zehrung für den nach Le Havre gereisten Cyriac Breton (*Ciracus Bretten*).
Juni 3: 5 m,18 g für einen das Geleitzeichen malenden Handwerker.
August 23: 98 m, 4 g, 8 d Zehrung für den nach England gereisten Samuel [Botterbrot].
September 3–9: 9 m, 17 g, 8 d Zehrung für den von Paris nach Rouen und zurück gereisten Maillet.
Zwischensumme: 182 m, 6 g, 13 d.

[15]64 Februar 2:3 m, 12 für die Aschefuhre ins „Eisenkreuz“ und 15 g, um die Asche aufzubereiten (*kaulen*).
Februar 3: 1 m, 7 g für die Fuhre der Spieße und 3 g, 6 d für das Binden eines Aschefasses.
Mai 9: 11 m, 2 g den königlichen Schatzmeistern für das Siegel der [Privilegien-]Briefe.
Summe: 16 m, 19 g, 6 d.
Gesamtsumme: 199 m, 6 g, 1 d.

Geldempfänge Maillets:

1320 m für Holzverkäufe zu Danzig.
500 m für 50 Faß verkaufter Asche.
615 m oder 300 Kronen von der Königin [Katharina von Medici].
330 m oder 200 Taler für Zehrung.
24 m für das Klappholz zu Paris.
Summe: 2849 m.
Summe des Zehrungsgeldes: 5179 m, 19 g, 10 d.
Unberücksichtigt bleiben die in Maillets künftiger Rechnung aufgeführten Posten zum Aschehandel.
Zehrungskosten abzüglich des empfangenen Geldes: 2330 m, 18 g, 10 d.

Auszug
1 Bogen Folio, S. 1–3 beschrieben, S. 4 zeitgenöss. Betreff *Etliche pers(t)el aus Mailleti rechnung gezogen, die in den aschehandel gehoren,* Bearbeitungsvermerk *Der eseltreyber Nikolaij, der wegk ist, het 15 m empfangen und Hans, eseltreyber het auff d(ie) 100 m , soo im m[ein] g[nediger] h[err] zwgesagt.*
HBA G 744, Nr. 24.

Nr. 431

[1564 Oktober 5 – 10, Königsberg]

[Registerauszug über die Zehrungsausgaben Maillets von 1562 August 26 bis 1564 August 16]:

[15]62 August 26

Vier Tage bis nach Danzig:	21 m,	12 g,	15 d.
19 Tage Aufenthalt zu Danzig:	171 m,	17 g.	
17 Tage von Danzig nach Lübeck:	88 m,	6 g,	9 d.
Einen Tag Aufenthalt zu Lübeck:			
19-tägige Reise zu Danzay nach Kopenhagen und wieder zurück nach Lübeck:	59 m,	17 g.	
21-tägiger Aufenthalt des Gesindes und der Pferde zu Lübeck während der Reise nach Dänemark:	150 m,	2 g,	6 d.
18 Tage von Lübeck nach Antwerpen:	180 m,	18 g.	
12-tägiger Aufenthalt zu Antwerpen:	175 m,	17 1/2 g.	
Zwei Tage bis nach Brüssel:	9 m,	9 g,	9 d.
Zweitägiger Aufenthalt zu Brüssel:	53 m,	19 g.	

[15]63 [!] Dezember 9

11 Tage bis nach Louppy:	103 m,	10 g.	
Zwischensumme:	1015 m,	9 g,	12 d.
38-tägiger Aufenthalt zu Louppy:	206 m,	17 g,	3 d.

[15]63 Januar 25

Neun Tage bis nach Paris:	74 m,	1 g,	7 d.
22-tägiger Aufenthalt zu Paris:	55 m,	17 g,	15 d.
Dergleichen:	202 m,	17 g,	3 d.
Summe:	258 m,	15 g.	

Für die Ausstaffierung der Pferde und der Kutsche:	470 m,		9 d.

[1563] Februar 17 – Mai 29

102 Tage Reisen nach Blois, Orléans, Amboise, Saint-Germain und zurück nach Paris wegen der Überantwortung der Pferde und der Kutsche sowie der Ersuchung der Privilegien:	784 m,	11 g,	12 d.
Unterbringung der Pferde zu Louppy:	36 m,	10 g.	
Abholung der dem Fürsten [Heinrich] von Navarra zugedachten Pferde aus Louppy:	71 m,	12 g,	6 d.
35-tägiger Aufenthalt zu Paris:	124 m,	7 g,	15 d.
26-tägige Reise nach Gaillon, Rouen und Paris	79 m,	9 g,	10 d.
Fünftägige Reise nach Louppy und 27-tägiger Aufenthalt zu Louppy:	68 m,	13 g,	15 d.
Zwischensumme:	2077 m,	14 g,	12 d.

[15]63 August 28

Fünf Tage von Louppy nach Paris und Zweitägiger Aufenthalt zu Paris:	29 m,	18 g.	
Fünf Tage zu Rouen wegen der Asche und acht Tage zu Paris:	35 m,	17 g,	5 d.

[15]63 September 17

Zweitägiger Aufenthalt zu Meulan	4 m,	2 g,	10 d.
14-tägiger Aufenthalt zu Paris:	26 m,	16 g,	3 d.
10-tägiger Aufenthalt zu Courbevoie:	37 m,	9 g,	9 d.

[15]63 Oktober 13 –[15]64 Februar 11

112-tägiger Aufenthalt zu Paris:	490 m,	7 g,	2 d.

[15]64 Februar 12

27-tägiger Aufenthalt zu Paris nach Empfang der Maulesel:	315 m,	6 g,	11 d.
Für die Veröffentlichung der Privilegien:	95 m,	10 g,	7 d.

[15]64 März 11

Sieben Tage von Paris nach Louppy:	65 m,	12 g.	

[15]64 März 18 und Juni 3

11-tägiger Aufenthalt zu Louppy:	351 m,	15 g,	8 d.

[15]64 Juni 4 –August 16

74 Tage von Louppy nach Königsberg:	633 m,	18 g,	16 d.
Gesamtsumme:	5179 m,	18 g,	10 d.

Auszug
1 1/2 Bogen Folio, S. 1–4 beschrieben, S. 6 zeitgenöss. Betreff *Ein auszug der zerung, so Antoine Maillet hin- und herlenkt in Franckreich getahn.*
HBA G 744, Nr. 25.

Nr. 432

[1564 Oktober 5 – 10, Königsberg]

[Rechnungsschluß Maillets]:

Einnahmen von insgesamt 3602 m, 18 ß und 3 d, die sich wie folgt berechnen:

694	Faß Asche, zu 3 m, 36 ß das Stück:	2398 m,	24 ß.	
1300	Langspieße, zu 1/4 Taler [das Stück]:	424 m,	50 ß,	3 d.
5	Faß Bärenklau:	15 m.		
Frachtkosten:		420 m,	30 ß.	
Gewinn:		343 m,	34 ß.	

Hinzufügung von 500 Mark für 50 Faß Asche laut übergebener Rechnung; Verbleib von Ware im Wert von 3100 m, 18 ß und 3 d zu Paris; Absicht Maillets, im Falle des Ausbleibens besser gebrannter Asche den Erlös nach dem Verkauf gemäß entsprechender Anweisung zu überantworten, und Ablehnung der Verantwortung für die geringeren Einnahmen.

Behändigtes Mundum
1 Bogen Folio, S. 1 beschrieben, S. 1 Kanzleivermerke *15 vaß asche seynt verloren, 212 spysse seynt auch verloren, denen wil er nichtes wissen* und *Die ebemelten 3100 m uber ein jar uf Martini zu erlegen*, S. 4 Eingangsvermerk *Dijße rehenung [!] hat Melette ubergeben und sich dobey erbotten, in g[nedigen] h[errn] in eyne(m) j(ar) zu geben* und Registraturvermerk *B.*
HBA G 744, Nr. 26.

Nr. 433

[1564 Oktober 5–10, Königsberg]

[Ausgaben und Einnahmen Maillets für Waren]:

Gesamtsumme der Warenkosten bei ihrer Entgegennahme zu Paris:	3916 m,	49 s.	
Maillets übergebenem Register zufolge für Fracht:	1005 m,	55 s.	
Frachtkosten für 190 Faß Asche von Antwerpen nach Paris:	288 m.		
Für Aus- und Einfuhr:	15 m.		
Für die von Julius Chuysser mitgenommene Asche:	2000 m.		
Für Hausmiete:	318 m.		
Für Paul Bruggemann und für Aschebrenner:	113 m.		
199 m, 18 s laut Register abzüglich 20 m, 9 s , die zu anderen Kosten gehören:	179 m.		
Gesamtsumme der Kosten *vonn beidenn teilenn*:	7175 m,	33 s,	3 d.

Voraussichtlicher Warenverkauf:			
694 Faß Asche, zu 10 m das Faß:	6940 m.		
5 Faß Wedasche, zu 3 m das Faß:	15 m.		
1300 Langspieße, zu 10 g das Stück:	650 m.		
Gesamtsumme:	7605 m.		
Gewinn:	429 m,	26 s,	3 d.
Forderung Maillets an die Rentkammer gemäß übergebenem Register:	2416 m,	3 s,	3 d.

Abschrift
1 Bogen Folio, S. 1-3 beschrieben, S. 4 zeitgenöss. Rubrum *Dijß het Melette auch ubergeben; darauß zw sehen, wes er vor unkosten auff dy waren verrehent [!] und wy er dy auch vermmeynnt aus(g)abungen, auch wes er dorbey ver verg(ewin) vermeynt zw heben etc.*
HBA G 744, Nr. 27.

Nr. 434

[1564 Oktober 5 – 10, Königsberg]

Überschlag über Maillets Zehrungskosten:

Gesamtkosten: 5179 m, 55 s, 4 d.
Maillets Einnahmen:
1300 [m] für 30 Großhundert Klappholz;
500 [m] für 50 Faß Asche;
675 [m] oder 300 Kronen;
333 [m] aus der Rentkammer;
24 [m] für Klappholz und Asche zu Paris;
Summe: 2849 m;
2330 m, 54 s und 3 d Restsumme bei Maillet;
noch zu begleichende Schulden:
420 Taler für *Jaske* und 30 Taler an Ottendorf;
1588 m, 24 s, 3 d Übertrag aus einem anderen Zettel;
Absicht [Herzog Albrechts], die von den Waren herrührenden Forderungen Maillets nicht anzunehmen; Verweis Maillets auf den damit zu verrechnenden Warenerlös:
318 m, 29 s für Hausmiete;
die 65 m für die Eseltreiber, von denen Jan 60 m und der ausgeschiedene Nikolaus 5 m erhalten haben, sind Maillet abzuziehen;
101 m für Bekleidung der Aschebrenner;
3 m, 24 s für Paul Bruggemann (*Borckman*);
5 m, 39 s für Zehrung der [Arbeits-]Leute;
1005 m, 55 s Frachtkosten für die Asche;
Ablehnung des Herzogs, die zum Aschehandel gehörenden 199 m und 18 s in diese Rechnung aufzunehmen;
Summe: 1701 m, 58 s.
Ablehnung der Übernahme der 765 m Bekleidungskosten für die Diener Maillets.

Konzept
1 Bogen Folio, S. 1–2 beschrieben, S. 4 zeitgenössischer Betreff *Rechnung der zerung Maileti, und was ehr drauff empfangen.*
HBA G 744, Nr. 28.

Nr. 435

[1564 Oktober 5 – 10, Königsberg]

Anmerkungen [der herzoglichen Räte] zu Maillets Rechnung:

Zu langer Aufenthalt Maillets auf herzogliche Kosten, Entnahme von 200 Talern, Holzverkauf zu Danzig, Geldausleihe beim Gesandten [Charles de Danzay], [Geldausleihe] zu Antwerpen und Geldausleihen bei Maillets Bruder [Jean II Maillet] zu Louppy sowie beim Faktor [Danzays] zu Paris; Unvermögen der Räte, einen Ort sicherer als einen anderen zu erkennen, und deswegen das Umherreisen zu billigen; zu hohe Geleitkosten und Versäumnis Maillets, sich zu Antwerpen oder Valenciennes *(Walesin)* um ein Geleit für den direkten Weg zu bemühen; Ausstaffierung der Pferde; [Unkenntnis Maillets] über Orléans oder Blois als Aufenthaltsort der Königin [Katharina von Medici]; im angeblichen Vorteil, [die in Louppy zurückgelassenen Pferde] abzuholen, sehen die Räte eine nach Art der Franzosen zusammengeflickte Rechnung; 2000 Mark Zehrung während der Zeit der Ausbringung der Privilegien, Überantwortung der Geschenke im Mai, Niederschrift der Privilegien im April [1563] und Unverständnis der Räte wegen des weiteren langen Aufenthaltes; Eigenmächtigkeit in der Ausstattung [Franz] Mletzkos mit einem besseren Pferd statt mit einem Klepper; Verdächtigung anderer, nicht genannter Personen der Untreue durch Maillet, um sich selber rein zu waschen; Versäumnis, über die 300 Kronen Rechenschaft abgelegt zu haben; zu hohe Veranschlagung mittels eines Talers auf einen Maulesel, zu niedrige Bemessung der Tagesleistung mit fünf französischen Meilen und Zweifel der Räte am Versäumnis König [Karls IX.], für die gesamte Rückzehrung aufgekommen zu sein; Eigenmächtigkeit im Erwerb französischer und englischer Paßbriefe trotz Abratens Chuyssers *(Sweizer)*; wegen des Konfiskationsbriefes zu langer Aufenthalt zu Louppy; entweder Fehleinschätzung der Ausgaben für die Faktoren oder falsche Ausweisung der Kosten, die in die eigens zu überprüfende Kostenrechnung vom Aschehandel gehören; die Hausmiete gehört zum Aschehandel; bezüglich der Hauszehrung Erfordernis für niemanden, umsonst oder auf eigene Kosten zu dienen, aber Verpflichtung Maillets, sich an den [Dienst-]Vertrag zu halten; trotz des Mehrwerts des Geschenks [an den Herzog] fehlender Grund für Maillet, deswegen übergebührliche Zehrungsausgaben zu machen, und Zurückweisung der Behauptung, damit einen herzoglichen Wunsch erfüllt zu haben; hinsichtlich der Bemerkung *auxilio regis amisisset* Feindbegünstigung zum Schaden des [französischen] Königs; aufgrund der Bemerkung Maillets zu dem Kosten und Schaden überragenden Gewinn Rückverweisung Maillets auf diesen Gewinn; wider herzogliche Absicht und [Dienst-]Vertrag gerichteter Warenverkauf und Warnung an Maillet, den Herzog regieren zu wollen; bezüglich Maillets Anmahnung der Kosten für das erste Privileg Hinweis [Friedrichs] von Kanitz auf die Möglichkeit, derartige Privilegien umsonst zu erhalten und auf die Vergeltung durch die Geschenke des Herzogs an den Gesandten [Danzay] und an die Königin; gemäß seines Legationsbriefes Befugnis Maillets, von dem vom Warenverkauf angefallenen Geld 1000 Gulden zum Erwerb der anderen Privilegien zu verschenken; Zurückweisung der Kritik Maillets an den Brennplätzen wegen Maillets Versäumnis, den Räten oder dem Burggrafen [Christoph von Kreytzen] entsprechend Mitteilung gemacht zu haben; Aufklärungsbedarf über Nutzen und Zweck der Privilegien.

514 zu Paris befindliche Fässer, zu 10 m [das Stück]:	5140 m.
1300 Langspieße, zu 1/2 fl das Stück:	975 [m].
Gesamtsumme:	6115 [m].
2330 [m] Restsumme von Maillets Rechnung zusammen mit der Summe der Kosten in Höhe von 4456 m, 10 g, 2 d:	6786 m, 10 g, 2 d.

Hiervon abgezogen 6115 m von den Waren: 671 m, 10 g, 2 d.
Spitzfindigkeit [Maillets] in seinem Schreiben;
über 350 m Zehrungskosten zu Louppy und für den Hin- und Rückweg dorthin;
682 m Zehrung für die Reise von Louppy nach Königsberg;
500 m für die Asche;
615 m oder 300 Kronen;
1320 m für das Holz zu Danzig;
330 m oder 200 Taler;
24 m für das Klappholz zu Paris;
2330 m Forderungen Maillets laut seiner Rechnung; Vorhandensein von 514 Faß Asche und 1300 Langspießen;
ohne Berücksichtigung der unlängst zu Paris angekommenen Güter 2257 m, 13 g, 6 d gemäß Maillets Register; den Angaben Maillets zufolge 2000 m Kosten für die zuletzt zu Paris angekommene Asche; Gesamtsumme: 4257 m, 13 g, 6 d.
198 m, 16 g, 14 d Übertrag aus Maillets Zehrungsrechnung; Gesamtsumme aller Kosten: 4466 m, 10 g, 2 d.

Protokoll
2 Bogen Folio, S. 1–5 beschrieben, S. 6 Kanzleivermerk *Annot[ata] aulari in Maileti rech(nung)*, S. 8 Kanzleivermerk *Annotata in des Mayleti rechnung*.
HBA G 744, Nr. 29.

Nr. 436

1564 Oktober 10, Königsberg

[Vorhaltungen auf Maillets Reisekostenrechnung]:

[Druck in: Von Königsberg an die Loire, Nr. 2, S. 106–108.]

Mundum
2 Bogen Folio, S. 3–7 beschrieben, S. 8 zeitgenöss. Betreff *Artickel, so uff bevelch f[urstlicher] d[urchlaucht] zu Preussen etc. Anthonio Mailleto furzuhaltend und bericht darauf zu begerendt.*

Beilagen

I. Abschrift

3 Bogen Folio, S. 3–10 beschrieben, S. 12 zeitgenöss. Betreff *Artickel, darauff Anto[n] Mailet zu frag(n), belangend die reys und erlangte privilegie(n), teutsch.*

II. Konzept

3 Bogen Folio, S. 3–11 beschrieben, S. 12 Kanzleivermerk *Warauff Mailetus bericht thun soll, teutsch.*

III. Konzept

Lateinisch
3 Bogen Folio, S. 3–11 beschrieben, S. 12 Kanzleivermerk *Warauff Mailetus bericht thue(n) soll, lateinisch.*
HBA G 744, Nr. 30.

Nr. 437

1564 Oktober 11, Neuhausen

Antoine Maillet an Herzog Albrecht:

Ankunft in Königsberg vor genau zwei Monaten; bislang ausgebliebene Zufriedenstellung trotz der für den Herzog erbrachten Leistung und ungeachtet großer Geldausgaben; Versäumnis der herzoglichen Ökonomen, sich je nach seinen Bedürfnissen erkundigt zu haben; Klage Maillets, auch in der jetzigen gefahrvollen Zeit [der Seuche] deutlich vernachlässigt zu werden; gemäß vertraglicher Zusicherung Bitte um Audienz für sich und seine Erben; wegen der Liebe des Herzogs zu Karl IX. von Frankreich Wunsch, die alleine für die Ohren des Herzogs bestimmten Belange des Königs mitzuteilen; bei Unterdrückung der Nachricht Furcht, den König zu beleidigen; Bitte um Anzeige, ob die beiliegenden Artikel auf herzogliche Anweisung hin ihm übergeben worden sind.

Postskript:

Beleidigung der mit Maillet aus Frankreich gekommenen Maultiertreiber durch herzogliche Hofbedienstete, die ihnen angeblich ihren weiteren Aufenthalt verbieten; Grundlosigkeit des Vorgehens durch Leute, die nicht immer getreu die Anweisungen des Herzogs befolgen; Bitte der Maultiertreiber um ihren Abschied.

Ausfertigung
Lateinisch
1 Bogen Folio, S. 1–2 beschrieben, S. 3 Außenadresse und zeitgenöss. Rubrum *Mailetus helt ann umb personliche audientz unnd bittett bericht, ob ime die artickell auß f[urstliche]r d[urchlauch]t bevelich ubergebenn wordenn; item daß die eseltreiber irenn abschiedt etc.*
Ausstellerunterschrift und -siegel.
HBA G 745, Nr. 38. – Altsignatur: 4/21/39.

Nr. 438

[1564 Oktober 10 – 15, Neuhausen]

[Herzog Albrecht an seine Räte und Statthalter]:

Erhalt von Schriftstücken und eines Berichts der Empfänger Maillet betreffend; Enttäuschung über die ihn schädigende Handlungsweise Maillets; ungeachtet der Ursache, gegen denselben vorzugehen und so ein abschreckendes Beispiel zu geben, Absicht, Maillet wie einen Unschuldigen zu behandeln; Anweisung, ihn persönlich vorzuladen, und Ankündigung, ihm deswegen eigens schreiben zu wollen; Befehl, Maillet das bewilligte Geld auszuzahlen und quittieren zu lassen, von ihm wahrheitsgetreue Auskunft über die in Frankreich lagernden Waren einzuholen, ihm einzuschärfen, dieselben zum höchsten Nutzen des Herzogs zu verkaufen, den Gewinn abzüglich des fünften Teils auszuhändigen und von ihm den Dienstvertrag zurückzufordern; im Weigerungsfall, Anordnung, Maillet auf eigene Kosten in seiner Herberge ausharren zu lassen.

Mundum
1 Bogen Folio, S. 1–2 beschrieben.
HBA G 744, Nr. 31.

Nr. 439

[15]64 Oktober 15, Neuhausen

Herzog Albrecht an Antoine Maillet:

Erhalt eines Schreibens mit der Bitte um Audienz; Zusage, Maillet nach dem Abklingen der gerade wütenden Seuche in der Reihe der Diener unter vorheriger Bekanntgabe des Ortes zu empfangen; Vorwurf an denselben, in einer Zeit, in der jeder vor der Ansteckungsgefahr die Menge meidet, sich bereits drei Monate lang in dem besonders verseuchten Königsberg-Kneiphof aufzuhalten; Furcht des Herzogs, Maillet aufgrund der gefährlichen Umstände zuviel Zugeständnisse zu machen, und Vertrauen auf die weitere Treue Maillets zum Herzog; Aufforderung, das den französischen König [Karl IX.] angehende Geschäft entweder schriftlich mitzuteilen, einem der Sekretäre der herzoglichen Räte oder dem derzeit viel beschäftigten Friedrich von Kanitz, der später dem Herzog treulich davon berichtet, anzuvertrauen; Absicht, nach der Kenntnisnahme dem König den gebührenden Dank abzustatten; Abfassung der Maillet angebotenen Artikel auf herzogliches Geheiß hin; sie enthalten nichts Unbilliges, zudem ist es gestattet, sich nach seinen eigenen Angelegenheiten sorgfältig zu erkundigen; der Herzog begreift nicht das Erstaunen Maillets über die ihm vorgeschlagenen Dinge; Unkenntnis des Herzogs, aus welcher Ursache die Mauleseltreiber zu Maillet geflüchtet sind; Versäumnis der Eseltreiber, sich an den Herzog zu wenden; Zusage, sie nicht gegen ihren Willen im Dienstverhältnis zu belassen; *relatio Frid(erici) à Canitz, idem legit.*

Konzept
Lateinisch
1 Bogen Folio, S. 1–2 beschrieben, S. 4 Außenadresse und Registraturvermerk *Regist(rata).*
HBA G 1262, Nr. 74.

Bucheintrag im Volltext: Ostpr. Fol. 57, S. 160–162.

Nr. 440

1564 Oktober 22, Aix

Katharina [von Medici] an Herzog Albrecht:

Absicht des Briefzeigers Franz Mletzko, der ihr vom Herzog als Page überlassenen worden ist, nach Deutschland zurückzukehren, um seine Dienste beim Herzog wieder aufzunehmen; Zufriedenheit der Absenderin mit Mletzkos Dienst und Empfehlung des Pagen; *E(n)e(s)* (*scripsit*).

Ausfertigung
Französisch
1 Bogen Folio, S. 1 beschrieben, S. 4 Außenadresse und Registraturvermerk *Frantzosisch(e) capsa.*
Eigenhändige Ausstellerunterschrift und -siegel.
HBA G 745, Nr. 39. – Altsignatur: 4/21/8

Nr. 441

1564 Oktober 23, Königsberg

Antoine Maillet an Herzog Albrecht:

Empfang eines zu Neuhausen (*Nouo Castro*) am 15. des Monats datierten Schreibens mit der Absage einer Audienz beim Herzog wegen der Pestgefahr; Beteuerung, in allem das für den Herzog Nützliche zu wünschen und deshalb der herzoglichen Gesundheit nicht entgegenstehen zu wollen; Aufenthalt im Kneiphof auf Anweisung derjenigen, die im Namen des Herzogs befehlen; Ankunft in Königsberg bei bester Gesundheit aller; Umgehung der von der Seuche heimgesuchten Orte, was der Burggraf von [Preußisch-] Holland, Wilhelm von Buchsen (*Guilielmi von Buchsenn*), bestätigen kann; nach zweistündigem Aufenthalt bei Regen und bei den Wachen in der Vorstadt Erlaubnis, in der schmutzigen, von den Danziger Fuhrleuten besuchten Herberge des *Georgius Grabo* abzusteigen; Befehl des Burggrafen [Christoph von Kreytzen], sich dort mit den Seinen, den Maultieren, der Sänfte und den Pferden bis nach Erhalt einer Antwort des Herzogs aufzuhalten; Erkennung der Maillet in der Herberge bedrohenden Pest tags darauf durch seinen kneiphöfischen Wirt *Diedrik*

Lange; Vermittlung Langes beim Burggrafen unter Hinweis auf die Gefahr und Erlaubnis Langes, Maillet auf eigene Gefahr aufzunehmen; Betonung seiner Absicht, Maillet als wahren und alten Freund aufzunehmen, durch Lange; Quartiernahme bei Lange durch Maillet und die Seinen unter Mitnahme der Sänfte; Zurücklassung der Maultiere und Pferde in der früheren Herberge bis zur Einbestellung Maillets beim Herzog; Darbietung der Sänfte, Beauftragung des Kanzlers [Johann von Kreytzen] durch den Herzog, alles überstellen zu lassen, und Zusammenkunft Maillets mit dem Burggrafen und dem Marschall [Joachim von Borcke]; Austausch der Standpunkte; Absicht Maillets, bis zur Zuweisung eines seuchensicheren Quartieres bei Lange wohnen zu bleiben; Betonung, gehorcht und abgewartet zu haben; Einbestellung Maillets am 9. des Monats; auf herzoglichen Befehl Verschiebung der Verhandlung bis zur Ankunft Friedrichs von Kanitz und Anhörung Maillets seiner Bitte gemäß; trotz langer Gespräche keine Anweisung eines seuchensicheren Quartiers, dadurch Handlung wider den herzoglichen Willen; auf Wunsch des Herzogs Mitteilung der für seine Ohren bestimmten Worte an Friedrich von Kanitz; Wissen Maillets um die große Freundschaft des Herzogs gegenüber dem französischen König [Karl IX.]; Unvermögen Maillets, die seine Artikel, den französischen König und die Fürsten von Geblüt betreffenden Beleidigungen zu ertragen; Angebot Maillets, seine bei großen Geschäften in Frankreich bewiesene Aufrichtigkeit durch Zeugnisse des französischen Königs zu belegen, und Betonung, auch beim Ausgeben großer Geldsummen stets unbescholten gewesen zu sein; Hoffnung auf Genugtuung, falls sich der Herzog seine umfangreiche Antwortschrift vorlesen läßt; Klage über die Rechnungsprüfung des Burggrafen, der ihm die Summe von 2740 m, 39 s und 3 d für die Pottasche zweimal zugeschrieben und bei den Spießen 2700 Mark zuviel berechnet hat; Handlung des Burggrafen wider die Absprachen, wonach ein Spieß für einen Viertel Taler und zu dem vom herzoglichen Zeugmeister im Jahre 1559 genannten Verkaufspreis abzugeben ist; trotz großer Nachfrage wegen des Krieges Verbot, den Engländern Spieße zu verkaufen; nach Aussage des Burggrafen betragen die Herstellungskosten für 100 Spieße höchstens 15 Mark oder drei Groschen je Stück; sowohl in Maillets Abwesenheit als auch gegenüber seinen Söhnen und seinem Sachwalter [Samuel Botterbrot] Verbreitung von Unwahrheiten über ihn durch den Burggrafen und Absicht desselben, ihn zu übervorteilen; Maillets Rechnung entbehrt jeder Grundlage für einen üblen Leumund; Versicherung, nicht nur in Preußen und in Pommern viele Zeugen für seinen guten Ruf nennen, sondern auch den französischen König, die Herzogin von Ferrara [Renate von Frankreich] und den Botschafter Danzay anführen zu können; Maillet stellt dem Herzog anheim, die Gefahr zu beurteilen, der er seine kleinen Söhne im herzoglichen Dienste ausgesetzt hat; Bitte, ihm das aus eigener Tasche vorgestreckte Geld zu ersetzen, um damit [Kaspar] Göbel und andere Gläubiger in Deutschland ohne große eigene Verluste zufriedenzustellen; Ausgaben von über 5000 Mark im eigentlichen Dienst und von ebensoviel Geld für Waren; Bitte um die Möglichkeit der Rechnungslegung; gegenwärtiger Aufenthalt Maillets mit seinen drei Söhnen, vier Pferden und zwei Dienern in Königsberg; Anrufung der herzoglichen Milde in der Hoffnung, seine Frau und seine anderen Kinder wieder zu sehen und seine Freunde nicht zu enttäuschen; Bitte, zu der vom Burggrafen angekündigten Besprechung erfahrene und sachkundige Räte zu entsenden; Entschuldigung für seine Absicht, nur noch auf die mit persönlichem Sichtvermerk des Herzogs versehenen Aufforderungsschreiben des Burggrafen zu antworten.

Ausfertigung
Lateinisch
1 1/2 Bogen Folio, S. 1–4 beschrieben; S. 6 Außenadresse.
Eigenhändige Ausstellerunterschrift und -siegel.
HBA G 745, Nr. 40. – Altsignatur: 4/21/41.

Nr. 442

[1564 Oktober 10 – November 1, Königsberg]

Stellungnahme Maillets zu den erwirkten Privilegien König [Karls IX.] von Frankreich:

Hinsichtlich des im ersten Artikel ausgesprochenen Verbotes an andere Nationen (*nationen*), Salz und andere Waren ohne Zoll und Gabelle aus Frankreich auszuführen, Ausbleiben entsprechender Gesuche an eine Reihe französischer Könige; was den Nutzen des Aschehandels und den Vorteil des Herzogs vor anderen Nationen belangt, Bedarf in Paris an 4000 oder 5000 Faß Asche jährlich zu einem Stückpreis von 10 oder 11 Mark; höherer Gewinn bei maßweisem Verkauf der Asche wegen des sich auf über 30 Maß belaufenden Füllungsvermögens eines Fasses; sechs oder sechseinhalb Mark Frachtkosten je Faß, die sich bei Einsatz zweier oder dreier eigener Schiffe durch den Herzog verringern und die Ausgaben für den Aschetransport durch die Mitführung von Wachs, Leder, Holz und von anderen Waren im Sommer ausgleichen; zusätzlicher Vorteil bei Einsatz der Schiffe im Winter wegen der in Frankreich während dieser Jahreszeit möglichen Schiffahrt; unbegründete Furcht vor zu langer Lagerhaltung wegen des Einfuhrverbotes von Asche und der übergroßen Nachfrage zu Paris, welche durch das königliche Verbot des Aschebrennens in den Wäldern noch gesteigert wird; schleppender Verkauf der preußischen Asche zu Paris infolge des von den üblichen Aschehändlern herbeigeführten Überangebotes, die diese Handlungsweise zur Vermeidung des eigenen Schadens längerfristig aufgeben müssen, und ferner wegen der im Winter, bedingt durch den höheren Holzverbrauch, in größeren Mengen anfallenden Asche; schleppender Ascheverkauf auch aufgrund der zuerst gelieferten, aus irgendwelchem Holz gebrannten Asche, die für Pariser Bedürfnisse nicht ausreichend schwarz gewesen ist; Kenntnis Maillets von herzoglichen Wäldern in Weichselnähe, deren Holz sich kostengünstig nach Frankreich verschiffen läßt; kein Vorteil durch das verbriefte und vielleicht durch Geldzahlungen zu bekommende ius naturalitatis wegen der Möglichkeit anderer Nationen, dasselbe gegen Geld zu erwerben; laut Artikel sieben bis neun Befreiung der Preußen von Schäden infolge von Kriegen des französischen Königs mit anderen Herrschern unter der Voraussetzung, keine Feindunterstützung zu betreiben; laut Artikel 10 Befreiung der Preußen vor erhöhten Salzzöllen und Gabellen selbst bei in Frankreich herrschendem

Mangel; Vermeidung langwieriger und kostspieliger Prozesse vor den ordentlichen Gerichten Frankreichs durch die Gewährung der in den Artikeln 11 und 12 zugestandenen Freiheit, vier Schiedsrichter zur Beilegung interner Streitigkeiten zu wählen; Befreiung der Preußen von Preisbindungen laut Artikel 9; großer Vorteil durch die auf zehn Jahre in Artikel 15 festgesetzte Geltungsdauer der Privilegien, an deren Verlängerung Maillet nicht zweifelt; gemäß Artikel 16 Möglichkeit zur allmählichen Preissteigerung wegen des auf zwei Jahre unter Androhung des Wareneinzugs befristeten Verbotes der Ascheeinfuhr durch Dritte; Beglaubigung der Privilegien von unbefristeter Geltungsdauer mittels grünem und der mit befristeter Geltungsdauer mittels gelbem Siegel durch die französische Krone, deswegen Beglaubigung des ersten Ascheprivilegs mit gelbem Siegel; Bitte Maillets um Annahme seiner Reisekostenrechnung und zur Auszahlung des Geldes, um die zu Paris von [Marcus] Jaske (*Geschke*) vorgestreckten 400 Taler rückzahlen zu können; Angebot, für die günstige Versendung der zu [Königsberg] verbliebenen 50 Fässer Asche zu sorgen; bei schlechter Aufbewahrung der Fässer Herstellung von Reifen aus dem Holz.

Abschrift
2 Bogen Folio, S. 1–5 beschrieben, S. 8 zeitgenöss. Betreff *Antoni Mailets bericht auff dy artikel des priffilegions etc.*
HBA G 744, Nr. 32.

Nr. 443

[1564 Oktober 10 – November 1, Königsberg]

Erwiderung Maillets auf die ihm übergebenen Artikel:

[Druck: Von Königsberg an die Loire, Nr. 3, S. 110–149.]

Mundum
Lateinisch
7 Bogen Folio, S. 1, S. 3–4, S. 7–23 und S. 25–27 beschrieben.
HBA G 744, Nr. 33.

Nr. 444

[15]64 November 1 [Königsberg]

Zehrung Antoine Maillets bei Diedrik Lange in der Zeit von [1564] August 15 bis November 1:

6 Personen die Woche, 2 m, 30 s je Person mit Frühstück: 165 m.			
Die Eselknechte:	20 m.		
524 Stof Wein, zu 4 g den Stof:	104 m,	16 g.	
Bier:	21 m,	16 g,	1 s.

Brennholz:	12 m.		
2 Last und 23 Scheffel Hafer, den Scheffel zu 6 g:	42 m,	19 g.	
Pferdefutter:	24 m,	1 g,	1 s.

Die auf dem Rückweg nach Frankreich eingekehrten Aschebrenner, deren Anwesenheit Albrecht bezeugen kann: 2 m.

Gesamtsumme:	392 m,	11 g,	2 s.

Abschrift
1/2 Bogen Folio, S. 1 beschrieben, S. 2 zeitgenöss. Betreff *Mailetii zerung* und Registraturvermerk *A*.
HBA G 744, Nr. 34.

Nr. 445

[1564 November 1 – 10, Königsberg]

Antoine Maillets Schulden bei fremden Personen unter Überschreitung der Stundungsfristen:

1. 420 Taler seit über einem Jahr bei dem vornehmen Herrn [Marcus] Jaske;
2. 120 Taler bei dem ehemaligen Rektor der Universität Bologna, *Iulianus*;
3. 210 Taler seit ungefähr vier Monaten bei dem Leipziger Kaufmann *Adriann vonn Hilsenn*;
4. 30 Taler bei dem Holländer *Rubrecht Clare*, Kauf von Wolle bei dem herzoglichen Untertan Christoph Ottendorf durch Clare und Anspruch Ottendorfs auf das Geld;
5. 230 Taler seit über sieben Wochen bei dem vornehmen Herrn *Blesie*, Richter zu Lauenburg;
6. Ungefähr 110 Taler für kleine Pflugschuld vor Ort und in Pommern.

Gesamtschulden: 1120 Taler oder 1848 m preußischer Währung.

Mundum
1/2 Bogen Folio, S. 1 beschrieben, S. 2 Kanzleivermerke *Was dem Mailetto zu zal(en)* und *2416 m, 3 s, 3 d*.

Beilage

Abschrift und Abschrift von Nr. 444.
1 Bogen Folio, S. 1–3 beschrieben, S. 4 zeitgenöss. Betreff *Thiring Langs rechnung*.
HBA G 744, Nr. 35.

Nr. 446

1564 November 10, Sperling

Herzog Albrecht an jedermann:

Ausweislich der in der herzoglichen Kanzlei aufbewahrten Schriftstücke Übereinkunft mit dem edlen Antoine Maillet vor einigen Jahren über den Handel mit im Herzogtum aus allen Holzarten hergestellter Pottasche; wegen der mit der Zeit aufgetretenen Schwierigkeiten Abänderung des Vertragstextes, um mit Maillet einen ausgeglicheneren und erträglicheren Weg zu beschreiten, wie folgt: Ermächtigung Maillets, Asche auf eigene Kosten in den herzoglichen Wäldern mittels des dortigen Holzes zu brennen; Zuweisung geeigneter Wälder an Maillet oder an seine Beauftragten durch herzogliche Hauptleute und freie Wahl der geeigneten Brennplätze, um die Asche einsammeln zu können; Verwendung von sowohl dickem als auch dünnem Holz; gegen Überlassung dieser Ermächtigung Verpflichtung Maillets, von jedem auf eigene Kosten hergestellten Faß einen Gulden polnischer oder 30 Groschen preußischer Währung entweder nach der Herstellung oder in einer Summe am Jahresende und unabhängig vom Verkaufserfolg zu entrichten; Gebot, ausschließlich die bisher üblichen kleinen Fässer zu benutzen; Pflicht Maillets zur Übernahme sämtlicher Frachtkosten zu Wasser und zu Lande; zur Gewährleistung der Fuhren Erlaubnis, herzogliche Untertanen für entsprechende Dienste bis nach Königsberg anzuheuern; nach Ablauf der auf zwei Jahre befristeten Vertragsdauer Auflösungsfreiheit beider Parteien; *manu propria scripsimus.*

Unbehändigte Ausfertigung
Lateinisch
1 Bogen Folio, S. 1–3 beschrieben.
Ausstellersiegel

Beilagen

I. Kanzleivermerk *Malletus wil dieses nicht annehmen.*

1/2 Bogen Folio, S. 1 beschrieben.

II. Mundum

Lateinisch
1 Bogen Folio, S. 1–3 beschrieben, S. 4 Kanzleivermerk *Copia novi contractus.*

III. Konzept

Lateinisch
1 Bogen Folio, S. 1–3 beschrieben, S. 4 zeitgenöss. Betreff *Der newe ufgerichte vertrag mit Antonio Maileto* und Kanzleivermerk *Qui mercede caret, difficilis labor est.*
HBA G 744, Nr. 36.

Nr. 447

1564 November 12, Sperling

Herzog Albrecht an Antoine Maillet:

Kenntnisnahme von den Maillet vorgeschlagenen Bedingungen der als Schiedsrichter in der Ascheangelegenheit eingesetzten herzoglichen Räte vermittels ihres Schreibens und Bericht des Obersten Kämmerers Friedrich von Kanitz über die vorhergehenden, von Maillet aber verworfenen Vorschläge; Ablehnung der als zu hart empfundenen Bedingungen durch Maillet und Weigerung des Herzogs, aus verschiedenen, hier nicht weiter zu erörternden Gründen die Mailletschen Vorstellungen anzunehmen; in all den von Maillet unterbreiteten Artikeln Ungenauigkeiten hinsichtlich der Verkaufpreise der Aschefässer und der anderen Waren, was dem Herzog abgeraten hat, sein Schiff den Gefahren der See auszusetzen und Verlustrisiken zu tragen; in Anbetracht dessen Aufsetzung des beiliegenden besiegelten Dienstvertrages, der nur von der Hälfte des von Maillet versprochenen Gewinns ausgeht; wegen der Aussichtslosigkeit, eine günstigere Antwort zu erwarten, Wegfall der Begründung für Maillet, länger in Königsberg zu verweilen; Unbilligkeit, aus den in den herzoglichen Wäldern hergestellten Waren Gewinn zu ziehen und dabei dem Herzog seinen Nutzen vorzuenthalten; den Erkundigungen bei Maillets französischen Landsleuten zufolge Verkauf bester Asche in Frankreich zu einem zwischen 12 und 14 Mark schwankenden Preis; unter Voraussetzung der Richtigkeit der Angabe mangelnde Offenheit Maillets dem Herzog gegenüber; Absicht, das von Maillet übergebene Schreiben bezüglich der von ihm angekündigten Vorgehensweise erst nach Eingang einer Antwort auf diesen Brief zu beantworten; Beförderung der nach Frankreich mitgegebenen Schreiben teuerer als durch einen Boten; deswegen Absicht, künftige Schreiben dorthin Maillet nur noch im Falle von Privatreisen anzuvertrauen; Kenntnis vom Verlust von 15 Faß Asche und von rund 1000 Spießen und Aufforderung, Rechnung zu legen sowie den Schaden wiedergutzumachen.

Mundum
Lateinisch
1 Bogen Folio, S. 1–3 beschrieben, S. 4 Außenadresse.

Beilage

Konzept

1 Bogen Folio, S. 1–4 beschrieben, S. 4 Kanzleivermerk *Princeps presentibus Frid(erici) à Canitz, Eliae à Canitz, Casp(eri) à Nostitz, Balth(asarii) Ganse(n) et capitanei Aangerburgensis.*
HBA G 744, Nr. 37.

Nr. 448

1564 November 22, Königsberg

[Auszahlung einer Summe Geldes an Herzog Albrecht durch Antoine Maillet]:

Übersendung von zum Verkauf bestimmten Handelswaren in das Königreich Frankreich an Antoine Maillet durch Herzog Albrecht gemäß dem zwischen Maillet und dem Herzog vor etlichen Jahren geschlossenen Vertrag; Ausbleiben von Gewinnen aufgrund von Kriegen und wegen anderer Ursachen, deswegen Abschluß folgender Übereinkunft: Übereignung jener Waren an Maillet und Auszahlung von 3000 Gulden polnischer Währung über Johann von Achteln zu Antwerpen an den Herzog zwischen dem 11. November [15]64 und dem 11. November [15]65 durch Maillet; Verzicht Maillets für sich und seine Erben auf alle aus dem kanonischen und zivilen Recht (*tam canonci quam civilis iuris imperatorum*) begründbaren Vorteile und Freiheiten sowie insbesondere Auflassung seiner Rechte aus Mandaten oder anderen Vergünstigungen (*mandatis aut inhibitionibus literis moratoriis aliisque omnibus beneficiis*) des französischen Königs [Karl IX.] und anderer Fürsten.

Mundum
Lateinisch
1 Bogen Folio, S. 1–2 beschrieben, S. 4 zeitgenöss. Betreff *Obligatio Malleti.*

Beilagen

I. Lateinisches Konzept

1 Bogen Folio, S. 1–3 beschrieben.

II. Deutsche Übersetzung

1 Bogen Folio, S. 1–3 beschrieben, S. 4 zeitgenöss. Betreff *Anthonii Malleti obligation gegen f[urstliche] d[urchlaucht] zu Preuss(en).*
HBA G 744, Nr. 38.

Nr. 449

[vor 1564 November 29, Königsberg]

[Vorschläge Maillets zur Fortsetzung des Aschebrennens]:

Trotz Unterredung Maillets mit dem Doktor [Ambrosius] Lobwasser über die Ascheherstellung Ausbleiben entsprechender Artikel, deswegen Niederschrift folgender Vorschläge: Anweisung Herzog [Albrechts], auf eigene Kosten trockene und vor Regenwasser geschützte Asche zu brennen und für ihre Verfrachtung bis zu den Schiffen nach [Königsberg] oder nach Danzig zu sorgen, wo die Verladung von den

Leuten Maillets zu übernehmen ist; Übernahme der Frachtkosten bis nach Paris und der Hälfte der Transportversicherung durch Maillet und Auszahlung von fünf Mark je Faß nach Verkauf an den Herzog durch Maillet im Falle der Lieferung von 5000 [Faß] jährlich oder nach rechtzeitiger Anzeige der durch Sachkundige festgestellten lieferbaren Menge; unter der Voraussetzung Einnahmen des Herzogs von 25 000 Mark bei 5000 Faß; bei Zahlung von zwei Mark je Faß Ablehnung Maillets, auf eigene Kosten Asche herzustellen wegen besser Angebote sowohl hinsichtlich des Geldes als auch der Wälder; Gefährdung der Anwerbung von dazu bereiten Kaufleuten durch die herzogliche Privilegienaufgabe aufgrund des von den Parisern verbreiteten Gerüchtes von Aschelieferungen durch Kaufleute und nicht durch den Herzog; Interesse vieler französischer Kaufleute an solchen Privilegien, wie sie der Herzog besitzt, um Paris mit allem Notwendigen einzudecken; Angebot Maillets, die drei zur Verfügung stehenden Arbeitsleute auf seine Kosten zu entlohnen bei Übernahme der Verpflegung durch den Herzog; Vertrauen Maillets auf die Sorgfalt der drei bei der Ascheherstellung und Anbringung des herzoglichen Wappens (*signum*) auf die Fässer durch sie; Verpflegung und Besoldung der französischen Faktoren durch Maillet laut des mit dem Herzog geschlossenen Vertrages sowie Anmietung eines Kontors auf eigene Kosten; Erfordernis eines erneuten herzoglichen Empfehlungsschreibens an den französischen König [Karl IX.] zugunsten Maillets in seiner Eigenschaft als herzoglicher Generalhändler; Bitte um Gewährung seines Ersuchens, um den Parisern keinen Vorwand zur Klage zu geben; Zufriedenheit Maillets mit einem Gewinnanteil von 20 v. H. und als Aufwandsentschädigung Bitte um ein Geschenk in Gestalt von 100 Hufen Wald mit eingeschlossenen Seen.

Mundum
Lateinisch
1 Bogen Folio, S. 1–2 beschrieben, S. 4 zeitgenöss. Betreff *Declaratio Mailleti pro cineribus coquendis.*
HBA G 744, Nr. 39.

Nr. 450

[15]64 November 29, Johannisburg

Herzog Albrecht an Antoine Maillet:

Benachrichtigung durch die als Regenten (*gubernatores*) zu Königsberg zurückgelassenen Räte von der Rückgabe eines, einen herzoglichen Spruch beinhaltenden Schreibens durch Maillet; Bestätigung des Sachverhaltes in einem Brief des herzoglichen Rates und Obersten Kämmerers Friedrich von Kanitz; Gebrauch derselben Argumentation durch Maillet wie im Schreiben an Kanitz, auf das unlängst eine Antwort erfolgt ist; Verletzung des herzoglichen Willens, von der Angelegenheit fürderhin unbehelligt zu bleiben; bezüglich der in einem anderen Schreiben geäußerten Absicht Maillets, keine unnütze Arbeit aufzunehmen, wiederholte Erinnerung des Herzogs, in dieser Angelegenheit keinen Sinneswandel vollziehen zu können; Absicht Maillets, den Herzog vom Nutzen seines Handels überzeugen zu wollen; Zugeständnis von einem Fünftel des Gewinnes im ersten mit Maillet abgeschlossenen Dienstvertrag, aber Erhöhung des Gewinnanteils im zweiten Vertrag auf beinahe die Hälfte; Ausrichtung der Vertragsbedingungen, um mehr Verluste als Gewinn zu vermeiden; zwecks Einsparung mehrerer Schreiben Zusammenstellung der Bedingungen in einem; im Falle einer Ablehnung durch Maillet dennoch Festhalten des Herzogs an seiner Entscheidung, weswegen Maillet keine Veranlassung zu weiteren unnützen Kosten in Königsberg hat; Ablehnung der Bitte Maillets, ihm 100 Hufen Wald zu überlassen, wegen der Maillet in der ersten und zweiten Vereinbarung (*conventione*) zugestandenen Gewinnanteile; aufgrund der hohen und wohl nicht wieder auszugleichenden Kosten, die dem Herzog durch Maillet entstanden sind, verwahrt sich der Fürst vor dem möglichen Vorwurf, bislang nichts gegeben zu haben; *relatio Frid(erici) à Canitz; idem et Nostitz audivere; princeps ipse approbavit.*

Konzept
Lateinisch
1 Bogen Folio, S. 1–3 beschrieben, S. 4 Außenadresse und Registraturvermerk *Registr(ata).*

Beilage

Nach Abfassung dieses Schreibens Empfang eines Briefes der Räte bezüglich der Ablehnung der vorgeschlagenen Bedingungen durch Maillet; deswegen ist es für den Herzog nicht schwer, den Nutzer aus dem Handel ausfindig zu machen; daher Erteilung der Abreiseerlaubnis für Maillet; um Maillets Aufenthalt nicht zu verzögern, Übermittlung des erbetenen Schreibens an den französichen König [Karl IX.] mit dem Dank für die Sänfte, die Maultiere und die Privilegien, die Maillet überstellt hat.

Konzept
Lateinisch
1/2 Bogen Folio, S. 1 beschrieben, S. 2 zeitgenöss. Betreff *Cedula ad Mailletum* und Registraturvermerk *Regist(rata).*
HBA G 1262, Nr. 75.

Bucheintrag im Volltext: Ostpr. Fol. 57, S. 182–185.

Nr. 451

[15]64 November 30, Johannisburg

[Herzog Albrecht] an König [Karl IX.] von Frankreich:

Im Herbst des Vorjahres Übermittlung einer Sänfte mit vier Maultieren und Privilegien für sich und seine Untertanen durch den Briefzeiger Antoine Maillet; Dank und Bekenntnis, deswegen in der Schuld des Königs zu stehen; Wunsch des Herzogs, mit dem König über die Privilegien und andere Angelegenheiten einen Meinungsaustausch zu führen; aufgrund der im Herzogtum (*nostrae ditionis*) wütenden Seuche

Zwang, einen ständigen Ortswechsel vorzunehmen; Ankündigung, alle für nötig erscheinenden Dinge zu schreiben, sobald es die Umstände erlauben; Bitte um Verständnis für die Verzögerung.

[15]64 November 30, Johannisburg

[Herzog Albrecht] an die Königin von Frankreich [Katharina von Medici]:

[Inhalt wie oben]; *principi et cancellario placuerunt.*

Konzept
Lateinisch
1 Bogen Folio, S. 1–4 beschrieben, S. 4 Außenadressen und Registraturvermerk *Regist(rata).*
HBA G 1262, Nr. 76.

Bucheintrag im Volltext: Ostpr. Fol. 57, S. 185–187.

Nr. 452

[1564 November 30 – Dezember 12, Königsberg]

[Ambrosius Lobwasser] an [Antoine] Maillet:

Im Auftrag des Burggrafen [Christoph von Kreytzen] Zusendung des Entwurfs einer Verpflichtung (*obligationis formulam*) zur eigenhändigen Unterzeichnung und zur Besiegelung; Verzögerung eines herzoglichen Schreibens an den französischen König [Karl IX.] durch die ungesunde Luft und durch Unannehmlichkeiten des Weges zwischen [Königsberg] und dem Aufenthaltsort Herzog [Albrechts]; zur Vermeidung weiterer Aufenthaltskosten Aufforderung des Burggrafen an Maillet, sich unverzüglich nach Danzig zu begeben, um dort seine Geschäfte sowie die Rückgabe der Spieße zu regeln.

Konzept
Lateinisch
1/2 Bogen Folio, S. 1 beschrieben, S. 2 Außenadresse.
HBA G 744, Nr. 40.

Nr. 453

[1564 November 30 – Dezember 12, Königsberg]

Antoine Maillet an Ambrosius Lobwasser:

Gestriger Empfang herzoglicher Schreiben an den französischen König [Karl IX.], an die Königinmutter [Katharina von Medici] und an ihn selbst; Weigerung, ohne Auszahlung des ihm geschuldeten Geldes abzureisen; Bevorzugung, lieber vor Ort zu verweilen als sich auf die Reise zu begeben wegen seiner Unfähigkeit, seine Gläubiger zufriedenzustellen; bei mangelndem Vertrauen ihm gegenüber hinsichtlich der zurückzugebenden Spieße Vorschlag, einen seiner Vertrauten mit einem herzoglichen Beauftragten nach Danzig zu entsenden; Absicht, so lange zu bleiben, bis über ihren Zustand Gewißheit herrscht; Abhängigkeit der Verpflichtung, dem Herzog genaue Preise zu nennen, von der Übermittlung von zum Mischen geeigneter Asche; Ablehnung des Angebotes, die Spieße zurückzunehmen und eine Verpflichtung (*obligationem*) zu dem ihm geschuldeten Geld zu erfüllen wegen der infolge von Handelserfordernissen und herzoglichen Geheißes getätigten Ausgaben; Bitte Maillets um klare Trennung der Angelegenheit von seinem eigenen Handel und den schon längst zurückgegebenen Waren sowie Bereitschaft zur Rechnungslegung; Bitte um Antwort oder um Auszahlung seines Geldes; Ankündigung, eine Antwort an den Herzog mit seinem allerletzten Entschluß (*ultimam meam voluntatem*) zum ganzen Handel zu verfassen.

Ausfertigung
Lateinisch
Eigenhändige Ausstellerunterschrift und -siegel.
1/2 Bogen Folio, S. 1 beschrieben, S. 2 Außenadresse und Registraturvermerk *1*.

Beilagen

I. Abschrift

1 Bogen Folio, S. 1–2 beschrieben, S. 3 zeitgenöss. Betreff *Responsum Malleti ad litteras ei missas* und Registraturvermerk *1*.

II. Abschrift

1 Bogen Folio, S. 1–2 beschrieben, S. 3 zeitgenöss. Betreff *Responsum Malleti ad litteras ei missas.*
HBA G 744, Nr. 41.

Nr. 454

[1564 November 30 – Dezember 12, Königsberg]

Ambrosius Lobwasser an [Antoine] Maillet:

Empfang der Antwort auf ein Schreiben Lobwassers vom selben Tag; hinsichtlich der Auszahlung des erhofften Geldes Unlust, alles zu wiederholen; Abhängigkeit der Zahlung von der Erfüllung der Bedingungen; bezüglich der Verpflichtung den Maillet nach Frankreich gesandten Waren gegenüber Unbilligkeit, Geld vor getaner Arbeit zu verlangen; Ausflucht Maillets auf die auf Lieferung besserer Asche eingeschränkte Vereinbarung, um die vorhandene Ware mit der neuen Asche mischen zu können; trotz mehrmaliger Bekräftigung Maillets, beim ersten Dienstvertrag (*contractu*) bleiben zu wollen und neue Asche zum Verkauf der alten zu benötigen, Fehlen einer genauen Summenangabe für das dem Herzog zurückzuführende Geld im Falle einer neu einzugehenden Vereinbarung; Ablehnung dieser Vorschläge; mangelnde Berücksichtigung des Herzogs beim Geld in den alten Vereinbarungen; Frage nach den Gründen für die mangelnde Vorsicht und für die Unterlassung, mittels genauer Preisangaben dem Herzog eine bestimmte Summe Geldes zu sichern und den Herzog deswegen einem Risiko auszusetzen; Absage an die Einsetzung der neuen Forderung als Vorwand für einen anderen Vertrag und Zerschlagung der Hoffnung Maillets auf weitere Aschelieferungen nach Frankreich wegen der Furcht vor erneuten Verlusten des Herzogs; Verwerfung jener Asche durch Maillet, für deren Herstellung er selbst viel Sorgfalt sogar durch das Anheuern weit entfernter Fachkräfte aufgewandt hat; zur Vermeidung, eine Vertragsverlängerung zu ersitzen oder unnötige Kosten zu verursachen, Anweisung an Maillet, sich vor Ort auf eigene Kosten aufzuhalten; bei bestehendem Wunsch, Geld von den Danziger Spießen zu erhalten, besteht vor Ort Verkaufverbot, allerdings wird es Maillet erlaubt sein, jemanden nach Danzig zu schicken, der die Spieße einem beauftragten Kaufmann übergibt.

Mundum
Lateinisch
1 Bogen Folio, S. 1–2 beschrieben, S. 4 zeitgenöss. Betreff *Consiliariorum illustrissimi principis responsum ad Malleti litteras* und Registraturvermerk *2*.

Beilagen

I. Abschrift

1 Bogen Folio, S. 1–2 beschrieben, S. 4 zeitgenöss. Betreff *Nomine consiliariorum* und Registraturvermerk *2*.

II. Konzept

1 Bogen Folio, S. 1–2 beschrieben, S. 4 zeitgenöss. Betreff *Nomine consiliariorum* und Registraturvermerk *2*.
HBA G 744, Nr. 42.

Nr. 455

[1564 November 30 – Dezember 12, Königsberg]

Antoine Maillet an [Ambrosius Lobwasser]:

Rückgabe des Entwurfs zu einem neuen Dienstvertrag; wegen der ungerechtfertigten Zuschreibung von 1500 Mark Beharren Maillets auf seinem Dienstvertrag; der wiederholten Aussage des Sekretärs [Andreas] Muntzer zufolge Vertragsbruch Maillets aufgrund dieses Betrags; Absicht, den neuen Vertrag nur unter Gewalteinwirkung zu unterzeichnen, und Verweis auf den dem Burggrafen [Christoph von Kreytzen] schon lange zugesandten Rechnungsschluß; Absicht, dabei zu bleiben und Herzog [Albrecht] getreulich zufriedenzustellen wie im Falle der verkauften Asche; Steigerung der Einnahmen des Herzogs bei fortschreitendem Verkauf der restlichen Asche und Spieße und Zusicherung Maillets, sich um den Verkauf zu Höchstpreisen zu bemühen; Unkenntnis über die Güte der unlängst zu Paris angelandeten Ware; Versicherung Maillets, sich seinem Dienst geziemend zu verhalten, aber Ablehnung, Unmögliches zu schulden; Bitte um sicheres Geleit, um dem Herzog die erbetene Antwort zu übermitteln; bei erteilter Ablehnung unter Hinweis auf einen neuen herzoglichen Befehl Bitte um Offenlegung des Befehls, damit Maillet Lobwasser und nicht dem Herzog seine Meinung kundtun kann; Unkenntnis Lobwassers von dem über der Schloßbrücke (*super pontem arcis*) ergangenen Befehl der Räte vom 29. November, um dessen Einsichtnahme Maillet gebeten hat; deswegen Vorbereitung einer Antwort und Übermittlung derselben an den Herzog über Lobwasser; Ankündigung, jemanden der Spieße wegen nach Danzig zu entsenden und Lobwasser auf dem Laufenden zu halten; Anmahnung der Auszahlung des ihm zurecht geschuldeten Geldes, Auflaufen weiterer Kosten im Dienste des Herzog in Höhe von 1000 Goldkronen und Bitte, den Böttcher [Paul Bruggemann] laut unlängst übergebener Rechnung zu entschädigen.

Abschrift
Lateinisch
1 Bogen Folio, S. 1–2 beschrieben, S. 4 zeitgenöss. Betreff *Maleti alterum scriptum* und Registraturvermerk *3*.

Beilage

Lateinische Abschrift
1 Bogen Folio, S. 1–2 beschrieben, S. 4 Registraturvermerk *3*.
HBA G 744, Nr. 43.

Nr. 456

[15]64 Dezember 12 [Königsberg]

Ambrosius Lobwasser an [Antoine] Maillet:

Bewunderung über den Einfall Maillets, am letzten Tag der Vereinbarung (*conventione*) von den Herzog [Albrecht] zu zahlenden 3100 Mark aus den französischen Handelswaren zurückzuweichen; Bestreitung der Rechtfertigung dazu und künftige Einsicht Maillets, die Auflösung des ersten Dienstvertrages (*contractum*) hierauf zurückzuführen; vor Abschluß eines neuen Vertrages ausreichende Benachrichtigung Maillets von der Absicht des Herzogs, nicht beim alten bleiben zu wollen; deswegen Angebot neuer Bedingungen; deutliche Bekundung der herzoglichen Meinung in dieser Sache und fehlender Bedarf neuer Vereinbarungen bei Fortdauer der vorhergehenden; Frage Lobwassers nach dem Sinn einer mit Maillet abzuschließenden Vereinbarung über die zu einem bestimmten Preis in Frankreich zu verkaufende Restware vor dem Hintergrund des früheren Vertrages, der die Belieferung mit Waren zu gemeinsamem Risiko gemäß Gesellschaftsrecht (*iuxta legem societatis*) vorsieht; deswegen unzulässiger Vorwand Maillets, den herzoglichen Willen und besonders den zwischen beiden ausgetauschten Schriftwechsel nicht zu kennen; Gefahr der Beeinträchtigung einer anderen Vereinbarung (*conventionem*) durch diesen Vorwand; hinsichtlich des vom Sekretär [Andreas] Muntzer vorgehaltenen Vertragsbruchs Berichtigung der anstatt der Markbeträge versehentlich angegebenen Gulden; trotz der Möglichkeit Maillets, die zweite Vereinbarung zu verwerfen, falsche Hoffnung auf das Festhalten des Herzogs an der ersten wegen der grundsätzlichen Möglichkeit desselben, sich aus einer Gesellschaft zurückzuziehen; fehlende Verpflichtung zur Offenlegung des angemahnten herzoglichen Befehls; Ablehnung des Ansinnens Maillets, Einblicke in den Schriftwechsel zu erhalten, nicht um Ausflüchte Maillets in etwaige Widersprüche zu vermeiden, sondern aufgrund der Maillet unlängst mitgeteilten Meinung des Herzogs; Versicherung, nichts Falsches gegen ihn im Schilde zu führen; Abhängigkeit der Auszahlung des von Maillet erwarteten Geldes vom Auslaufen des alten, von Maillet auf Betrug oder Täuschung zuvor geprüften und gebilligten Vertrages; Versicherung, die Schreiben Maillets am Tage nach ihrer Ankunft an den Herzog weiterzuleiten; Aufforderung, den Namen des wegen der zu übergebenden Spieße nach Danzig zu entsendenden Beauftragten sowie den Tag seiner Abreise mitzuteilen; wegen der Abwesenheit des Burggrafen [Christoph von Kreytzen] Unvermögen, ihm den Böttcher [Paul Bruggemann] anzumelden; Ankündigung, in dieser Angelegenheit zu schreiben.

Mundum
Lateinisch
1 Bogen Folio, S. 1–3 beschrieben, S. 4 Außenadresse und Registraturvermerk *4*.

Beilage

Konzept
1 Bogen Folio, S. 1–3 beschrieben, S. 4 Registraturvermerk *4*.
HBA G 744, Nr. 44.

Nr. 457

1564 Dezember 19, Königsberg

Antoine Maillet an Herzog Albrecht:

Am 21. November Empfang eines zu Sperling am 12. November gegebenen Schreibens des Herzogs mit Bezug auf einen Bericht Friedrichs von Kanitz über den Inhalt der Mailletschen Schreiben an den Herzog, aber befürchtete Unkenntnis des Herzogs von dem später mit dem Burggrafen [Christoph von Kreytzen] geführten Schriftwechsel; Bitte, sich dieses Schreiben bis zum Ende anhören zu wollen, und Versprechen, Erklärungen auf alle offenstehenden Fragen und die Begründung für die Ablehnung des ihm angebotenen Vertrages abzugeben; um die in seiner Sache durch den Herzog verordneten Schiedsrichter von Eigenmächtigkeiten abzuhalten, Bitte um geduldige und persönliche Anhörung seiner Darstellung der gesamten Handelstätigkeit; deswegen Hoffnung Maillets auf Schiedsrichter, die ihn anhören, seine Rechnungen überprüfen und mit ihm über die Herstellungsweise der Asche und über die Fortführung des begonnenen Handels sprechen und die nicht versuchen, den zwischen ihm und dem Herzog nach reiflicher Überlegung geschlossenen Vertrag mit neuen Bedingungen zu versehen oder zu verfälschen; unter der Voraussetzung des erklärten herzoglichen Willens, mit Maillet eine neue Vereinbarung einzugehen, Bitte um Schiedsrichter, die nicht wie jene ihn hassen, auf ihn neidisch sind und ihn nicht verleumden; zum Beweis für diese Haltung Empfang einer von seinen Neidern aufgesetzten Verpflichtung um den 23. November [1564] herum, auf deren rasche Unterzeichnung sie gedrängt haben; wenige Tage vor Empfang der Verpflichtung Unterredung Maillets mit ihnen wegen der sich in seinen Händen befindenden Handelsware im Werte von rund 3000 Mark, die er zwecks Steigerung seiner Glaubwürdigkeit binnen Jahresfrist auszuzahlen versprochen hat; Versprechen Maillets, darüber eine gerechte Verpflichtung (*obligationem*) zu unterzeichnen, falls der Herzog mit dem begonnenen Handel fortfahren will und geeignetere Pottasche nach Frankreich schickt, die man vor dem Verkauf mit der Restware vermischen kann, gemäß seines am Rand des Schreibens wiedergebenen Rechnungsschlusses; [es folgt der Inhalt von Nr. 432]; nach Feststellung von Maillets einfältiger Bereitwilligkeit zur Unterschriftsleistung Überstellung der Verpflichtung, wo ihm statt 3000 Mark 3000 polnische Gulden in der Absicht zugeschrieben sind, ihn um 1500 Mark zu prellen; Erduldung von beleidigenden und drohenden Reden und Schreiben; um Maillet der Lächerlichkeit preiszugeben, Aufforderung an ihn, geschuldetes Geld beim herzoglichen Schatzmeister (*questor*) zu empfangen; außerdem Befehl an Maillets Wirt [Diedrik Lange], persönlich Rechnung zu legen, um Geld zu empfangen; Einfindung des Wirts und des Mailletschen Sachwalters [Samuel Botterbrot] beim Schatzmeister, der mit Ausflüchten eine Auszahlung vermieden hat; Feilschen des Schatzmeisters mit dem Wirt und Weigerung, Geld vor Rückspache mit dem Burggrafen auszuzahlen; Versäumnis des Schatzmeisters, zwischen dem für Handelszwecke verausgabten Geld und den Beherbergungskosten zu unterscheiden; Maillet sieht darin einen Zusammenhang mit der von ihm zu unterzeichnenden Verpflichtung und beschuldigt seine Neider, ihn mittels seines Wunsches nach Geld melken zu wollen; Herausgabe der zu Danzig liegenden Spieße durch Maillet als weitere Zahlungsbedingung; Versuch einer neuen List durch Maillets Neider unter dem Vorwand der bisher noch nicht stattgefundenen, aber von ihnen selber hinausgezögerten Abreise Maillets, die sie entweder mit angeblichen Rechenfehlern in der Abrechnung begründen oder zur Erhöhung der Aufenthaltskosten verzögern, um den Herzog leichter zum Verzicht auf Maillets Handel zu bewegen; Ankündigung, bei der Behandlung des Vertragsartikels darauf näher einzugehen und nun über die Forderung nach seiner Abreise sprechen zu wollen; um dem Herzog weitere Kosten zu ersparen, Aufforderung Maillets durch seine Neider, mit der Zusicherung, eine Antwort folgen zu lassen, nach Danzig zu ziehen; Ablehnung dieser als Vertröstung eingeschätzten Aufforderung sowie der Verantwortung für die unnötigen Kosten durch Maillet; Beteuerung, statt hier untätig zu verweilen lieber dem Herzog anderswo zu dienen und dessen Handel zu befördern; Bezweifelung der angemessenen Deutung seiner lauteren Absichten durch die herzoglichen Schaffer (*oeconomi*), die sich weder seine Antwort beschafft haben noch das geschuldete Geld zahlen; Absicht Maillets, ohne das Geld nicht abzureisen; trotz Versprechung auf Auszahlung des Geldes in Danzig nach Rückgabe der Spieße Befürchtung, enttäuscht und wiederum ausgelacht zu werden; bei fehlendem Vertrauen hinsichtlich der Rückgabe der Spieße Vorschlag, jemanden von seiten des Herzogs und jemanden von seiner Seite nach Danzig zu entsenden; Ankündigung Maillets, bis zur Klärung der Sache mit den Spießen und ihrer Übergabe an den herzoglichen Vertrauten in Königsberg zu verweilen, um für etwaige Verluste sofort einzustehen; wegen mangelnder Ursache sieht Maillet übrigens keine Veranlassung, länger als einen für die Rückgabe der Spieße aufzuwendenden Tag in Danzig zu verweilen; bei einer dort zu erfolgenden Geldanweisung Erfordernis, bis zu drei Wochen auf die Auszahlung zu warten oder Verzögerungen wegen der Abwesenheit des damit Beauftragten oder auch wegen Geldmangels hinnehmen zu müssen; unter dieser Voraussetzung Verursachung größerer, dem Herzog von Rechts wegen anzulastender Kosten, was die Auszahlung des Geldes zu Königsberg nutzvoller erscheinen läßt; Entstehung zusätzlicher Ausgaben für den Herzog durch die Fracht und die Bewachung der Spieße aufgrund der herzoglichen Anweisung, diese für Frankreich bestimmte Ware nicht zu liefern; Betonung, gebührende und für das Verständnis des gesamten Handels förderliche Vorbemerkungen gemacht zu haben, und Klage über die den Herzog verwirrenden Äußerungen anderer; Ankündigung, nun über die im herzoglichen Schreiben an erster Stelle erwähnten, den Räten von Maillet vorgeschlagenen und dem Herzog von Friedrich von Kanitz vorgetragenen Bedingungen zu sprechen; Übergabe von Vorschlägen und Artikeln an die herzoglichen Räte unter der Maßgabe, sie an den Herzog zu leiten; Zusage der Räte, dem Ansinnen zu dem Zweck zu entsprechen, dem Herzog den aus dem Bericht des Herrn von Kanitz undeutlich vermittelten Willen Maillets kund zu tun; Eingeständnis, Kanitz über die vorgeschlagenen Artikel nur wenig geschrieben zu haben in der Annahme ihrer Weiterleitung an den Herzog; das nicht eingehaltene Versprechen veranlaßt Maillet, verschiedene Gründe vorauszusagen, wie beispielsweise Zusammenhänge mit dem ersten Teil des jüngsten, im folgenden wiedergebenen herzoglichen Schreibens; [es folgt Nr. 447 bis zur Ablehnung des Herzogs, ein Schiff auszurüsten]; Zusammenstellung der Mailletschen Artikel auf der Grundlage des Anfangs dieses Schreibens, aber Verdacht Maillets auf Fälschung oder Unterschlagung der Artikel; deswegen Übersendung eines neuen Exemplars; Einladung an den Herzog, es sich vorlesen und es mit dem anderen Exemplar, falls es ihn erreicht hat, vergleichen zu lassen; Bitte um geduldiges und wohlwollendes Anhören; wegen der von Maillet angenommenen Unterschlagung Unkenntnis des Herzogs von dem ersten, angeblich ungenaue Warenpreise enthaltenden Artikel; Ankündigung Maillets, den Beweis für seinen Ruin im Falle der Annahme der von den Räten gemachten Vorschläge anzutreten; im Falle einer Audienz beim Herzog Beisteuerung unzweifelhafter Zeugnisse und augenscheinlicher Gründe für den hohen, jährlichen Gewinn aus seinem Handel bei Fortsetzung durch den Herzog; Handelsrisiken sind lediglich die zu Antwerpen versicherten Gefahren auf See, zumal nicht jedes Seefahrzeug Schiffbruch erleidet; Erinnerung an die vor zwei Jahren stattgefundene Behinderung seines Unternehmens, die nach einer Audienz beim Herzog durch den von Maillet hinterlassenen Eindruck als treuer und aufrechter Diener überwunden worden ist; Hoffnung auf erneute persönliche Anhörung trotz der Seuchenangst des Herzogs; Kenntnis Maillets vom persönlichen Empfang anderer gleichrangiger Leute aus Königsberg und anderswoher durch den Herzog, der mit ihnen über keine bedeutenderen Dinge gesprochen hat; Verhinderung einer Audienz durch Maillets Feinde und Verzögerer des herzoglichen Vorteils; Zwang zu ungenauen Angaben über den Verkaufspreis von Pottasche und der anderen Handelswaren aufgrund fehlender Äußerungen des Herzogs zum Gebrauch der Privilegien und zur alleinigen Lieferung von Asche nach Frankreich; bei unzureichender Lieferung guter Asche durch den Herzog Gefahr der erneuten Vergabe der Handelserlaubnis wie früher an Einzelpersonen; Aussicht auf höhere Verkaufspreise in günstigeren Zeiten; bei Aufnahme des Handels durch den Herzog Zwang aller anderen, die herzoglichen Waren zu kaufen, Gewinnaussicht und Möglichkeit der genauen Preisbestimmung für das Faß Asche; trotz schlechterer Voraussetzungen Bereitschaft von Kaufleuten aus Königsberg und anderswoher, den Handel zu übernehmen; Verhinderung, Aussagen über die Preise der während Maillets Abwesenheit zu Paris eingetroffenen Ware zu treffen infolge fehlender Kenntnis von der Aschegüte; Erinnerung an die Nachlässigkeit und an die Gesinnung der mit dem Handel besonders beauftragten Leute aufgrund ihrer Bemühungen, den Mailletschen Arbeitern ungeeignete Wälder zuzuweisen, und wegen des Vorenthaltens dringend benötigter Fässer und anderer Dinge; ausführliche Erwähnung der Behinderungen im Antwortschreiben auf die Maillet übergebenen Artikel; Bereitschaft Maillets, ungeachtet der Güte der in Frankreich befindlichen Asche, sie für 10 Mark je Faß zu verkaufen und das Geld binnen Jahresfrist dem Herzog auszuzahlen unter der Voraussetzung weiterer, zur Mischung bestimmter Lieferungen nach Frankreich durch den Herzog; bei Abbruch der Lieferungen übernimmt Maillet keine Preisgarantie für die Restware wegen seiner beim Verkauf nicht mehr erforderlichen Anwesenheit und verspricht Rechnungslegung gemäß Dienstvertrag; Bitte, sich auch nicht über das Fehlen einer Preisgarantie bei den Spießen zu wundern, da sie sich in Kriegszeiten teuerer verkaufen als im Frieden; Ankündigung, auf einen weiteren, im folgenden wiedergegebenen Teil des herzoglichen Schreibens zu antworten [s. Nr. 447 von der Ankündigung eines neuen Vertrages bis zur Aufforderung, Königsberg zu verlassen]; Beurteilung des neuen Vertrages durch Maillet als Bösartigkeit seiner Feinde, die mit falschen Angaben den Herzog von einer Vertragsänderung überzeugen möchten; Zurückweisung der in einem herzoglichen Schreiben aufgestellten Behauptung, selbst einen neuen Dienstvertrag erbeten zu haben; häufige Beunruhigungen durch den Burggrafen über den Doktor [Ambrosius] Lobwasser mit Fragen nach Möglichkeiten der Einstellung der Ascheherstellung wegen der damit verbundenen Beschwerung des alten Herzogs, mit der angeblichen Bereitschaft des Herzogs, die Asche sogar für zwei Mark zu verkaufen, sowie mit der Frage nach Leuten aus Frankreich, die zusammen mit Maillet die gestellten Bedingungen annehmen wollen; zu diesem Zweck herzogliches Schutz- und Gunstversprechen sowie Inaussichtstellung von Privilegien; bislang keine Entsprechung der Bitte, die unterbreiteten Vorstellungen zur Einholung von Rat schriftlich zu erhalten; Maillet verdächtigt seine Feinde, nichts zu seinem Schaden zu unterlassen und beim Herzog den Eindruck zu erwecken, Maillet selbst habe jene Angebote unterbreitet; dem Brief des Herzogs zufolge Zurückweisung der von den als Schiedsrichter eingesetzten Räten vorgeschlagenen Artikel durch Maillet, was aber im Widerspruch zu seiner angeblichen Bitte um einen neuen Vertrag steht; in weiser Voraussicht Übersendung der ausgeglichensten Bedingungen (*conditiones*) durch Maillet und Beteuerung, dem Herzog und sich selber keine besseren vorschlagen zu können; Festhalten Maillets am alten, ihm ein Fünftel Gewinnanteil zusichernden Vertrag bei Ablehnung des Angebotes durch den Herzog; Ankündigung, auf die im herzoglichen Schreiben [Nr. 447] enthaltene Klausel über den im Widerspruch zu den Versprechungen stehenden Gewinn einzugehen; Zwang, dabei das bereits Gesagte zu überdenken; Behauptung, dem Herzog bei einer Audienz genug Argumente für einen jährlichen Gewinn von 12 000 bis 15 000 Mark liefern zu können; Überredung des Herzogs durch Maillets Feinde, vom Handel abzustehen und den Dienstvertrag zu kündigen wegen des von ihnen vermißten übergroßen Gewinns sowie wegen zu großer Schwierigkeiten bei der Fortsetzung des Handels; die Feinde handeln aus Eifersucht wider besseres Wissen, beneiden die zwischen dem Herzog und Maillet geschlossene Übereinkunft, wollen zum eigenen Vorteil Maillet um die Früchte seiner Arbeit bringen und wollen die Privilegien ungenutzt verstreichen lassen, um dadurch Maillet zur Aufgabe seines Amtes als Generalfaktor zu bewegen; Erwerb des Amtes mit hohen Kosten, viel Mühe, unter Lebensgefahr und unter Aufgabe anderer Quellen des ehrenvollen Nahrungserwerbs; die Feinde versündigen sich am Herzog, verzögern seine Einnahmen, versperren durch Unrecht und Ungerechtigkeit Maillet den Weg, zu den Seinen zu gelangen, und wollen ihn vernichten; Erwartung Maillets, beim Herzog wegen der Verluste in den zurückliegenden Jahre angeschuldigt zu werden; Zurückweisung der Anschuldigung mit dem Hinweis auf die Weigerung seiner Feinde, Pottasche herstellen zu lassen; Übersendung von ungefähr 700 Faß Asche bei einer Nachfrage von 9000 oder 10 000 Faß; zu Paris und Rouen jährlicher Bedarf von 4000 oder 5000 Faß Asche; entweder Deckung der Nachfrage oder Verlust der Privilegien; bei Wunsch nach Schonung der herzoglichen Wälder Leichtigkeit für Maillet, eine solche Menge Asche in fremden Wäldern herzustellen, und Angebot vieler Leute an ihn, eigene Wälder zu dem Zweck zur Verfügung zu stellen; Vereitelung eines hohen Gewinnes durch diejenigen, die die Herstellung einer dafür erforderlichen Menge an Pottasche nicht zugelassen haben; Unmöglichkeit, mit 700 Faß Asche den Gewinn von 10 000 Faß zu erwirtschaften; bei Fortsetzung der Aschesendung immerhin Gewinn von 1000 Mark trotz der bescheidenen, von Maillet empfangenen Menge und ungeachtet der Kriegsereignisse sowie anderer Hemmnisse; bei den 700 Faß Asche Entstehung derselben Kosten wie bei der angeforderten Menge von 4000 oder 5000 Faß; wegen des Geleits und wegen der Rückgabe der Asche während des Krieges Erfordernis, Maillet sowohl nach England als auch nach Le Havre zu senden; gleicher Aufwand bei einer Anzahl von 5000 Faß; Verantwortlichkeit derjenigen, die die Herstellung einer ausreichenden Menge an Asche verhindert haben, für das Ausbleiben des von Maillet versprochenen Gewinns; vergleichbare Sachlage bei den anderen Handelswaren; Kostensteigerung auch aufgrund der Kriegsereignisse in Frankreich, die Maillet in jenen Ausmaßen künftig für nicht mehr möglich hält; Unvermögen Maillets, vom fünften Gewinnanteil einer derart geringen Warenmenge zu leben und Erleidung großer Verluste bei viel Mühe und Kosten im Dienst des Herzogs; Bitte Maillets um Vermeidung des Wiederholungsfalls, um sich nicht der Gefahr des eigenen Ruins auszusetzen; durch weitere Verzögerung des Handels Versäumnis, aus dem auf zwei Jahre befristeten Konfiskationsprivileg des französischen Königs [Karl IX.], das die Ascheeinfuhr aus fremden Ländern nach Frankreich aussetzt, Erträge zu erzielen; Kenntnis Maillets von den großen Mengen an Asche, die in Lübeck, in England und anderswo hergestellt werden, und Übernahme dieses Mengenanfalls durch den Herzog bei Fortsetzung des Handels; Ankündigung Maillets, sich im folgenden über den dem Schreiben des Herzogs beigelegten Dienstvertrag zu äußern, mit dem der Herzog weitere Ungewißheiten vermeiden will; fehlender Bedarf an größerer Gewißheit wegen der bestehenden Unzweifelhaftigkeit an allen Dingen; Zerstreuung der Befürchtung des Herzogs, großen Schaden davonzutragen, mit dem Hinweis auf den von den herzoglichen Beauftragten zu verantwortenden Verlust von lediglich 11 Faß Asche und 212 Spießen; bei Gewährung einer Audienz Ankündigung Maillets, letzte Bedenken des Herzogs zu zerstreuen; um den Herzog von seiner brieflich mitgeteilten Meinung abzubringen, einen neuen Dienstvertrag zu Maillets Sicherheit abzuschließen, Ankündigung Maillets, unverzüglich den Beweis für die, ihm zum Ruin gereichenden Bedingungen anzutreten; Verwahrung gegen die im herzoglichen Schreiben aufgestellte Behauptung, einen neuen Vertrag erbeten zu haben, und Versicherung, lieber beim alten Vertrag bleiben zu wollen; feindliche Gesinnung gewisser herzoglicher Räte wegen ihrer Urheberschaft für einen derartigen Dienstvertrag; Verdächtigung dieser Räte durch Maillet, seit langem die Entziehung seiner Stellung als Generalfaktor zu betreiben; um den Herzog nicht an seinen Worten zweifeln zu lassen, Ankündigung einer drei oder vier Tage nach Maillets Ankunft in Königsberg gemachten Äußerung eines der ältesten herzoglichen Räte, dessen Rat beim Aschehandel sehr viel gegolten hat, wonach Maillet aufgrund einer Verärgerung des Herzogs keine weitere Asche haben wird; Ablehnung Maillets, diesen Worten anfänglich Glauben zu schenken aufgrund seiner Schuldlosigkeit; mit dem neuen Vertrag sieht Maillet seine Gegner beinahe an ihrem Ziel; Beschuldigung der Gegner, auf einen unannehmbaren Vertrag hin gearbeitet zu haben, und Ankündigung der folgenden Erläuterung; [es folgt die Ermächtigung Maillets zum Aschebrennen in Nr. 446]; mittels dieser Bestimmung Eröffnung der Möglichkeit, sowohl zum Brennen ungeeignete Sumpfgebiete mit zuviel Kleinholz als auch flußabgelegene und gebirgige Wälder zuzuweisen; außerdem Zuweisungsmöglichkeit von minderwertigem Holz sowie Fehlen von Mengenangaben des zur Verfügung zu stellenden Holzes, des Verbotes der Waldnutzung durch Dritte und einer Zeitangabe für den Herstellungsbeginn; mit dem Verbot, Asche außerhalb der zugewiesenen Plätze zu brennen, behält sich der Herzog die Zuweisung ungeeigneter Brennplätze vor; aus all den Gründen Ablehnung des angebotenen Vertrages; Angebot, dem Herzog weitere Gründe für die Ablehnung, auf eigene Kosten in dieser Gegend Asche herzustellen, im Verlauf einer persönlichen Unterredung zu nennen; Überzeugung Maillets, bei unvoreingenommenen Ratgebern des Herzogs auf keine Schwierigkeiten zu stoßen; trotz der günstigen Bedingungen für die Ascheherstellung wegen den überaus zweckmäßigen, weiten und artenreichen Wälder des Herzogs, wegen der Vielzahl der Untertanen und wegen des großen Nahrungsangebotes Erfordernis, die Unternehmung einem rechtschaffenen, sorgfältigen und dem Herzog treu ergebenen Mann anzuvertrauen; gegen Bedenken Dritter wegen Schwierigkeiten von Einheimischen, geeignete Pottasche herzustellen infolge des angeblichen Scheiterns der von Maillet angeworbenen Kräfte Verweis Maillets auf seine Erwiderungsschrift [Nr. 443]; Antwort Maillets, auf die Aufforderung [in Nr. 447], Königsberg zu verlassen: Unmöglichkeit, Königsberg ehrenhaft zu verlassen, ohne vorher eine Übergabequittung für die Privilegien und die Sänfte sowie seine in der Schatzkammer hinterlegte Verpflichtungserklärung zur Rückkehr erhalten zu haben; Bitte um Ausstellung der Quittung; keine Abreise ohne Empfang des zwar angewiesenenen, aber noch nicht ausgezahlten geschuldeten Geldes und einer Quittung über die ausgehändigten Schreiben des französischen Königs, der Königinmutter [Katharina von Medici] und der Fürsten von Condé und von Navarra [Ludwig und Anton von Bourbon]; Bitte um entsprechenden Bescheid; bezüglich des Bescheides, auf keine andere Antwort des Herzogs zu hoffen, betont Maillet, sich in Königsberg nicht aus privaten, sondern aus rein dienstlichen Gründen aufzuhalten; Ankündigung, unten darauf noch näher einzugehen, um nicht aus der Reihenfolge zu geraten; [es folgt in Nr. 447 die Bestimmung über den Nutzen der Handelswaren]; Verwahrung gegen den Verdacht, alleiniger Nutzer des Handels sein zu wollen; Einladung an den Herzog, sich an den Zeitpunkt zu erinnern, an dem Maillets Hasser den Herzog zu überreden versucht haben, den Maillet nach reiflicher Überlegung zugestandenen Gewinnanteil von 20 v. H. zu entziehen; den größten Gewinn des von Maillet ins Leben gerufenen Unternehmens haben die Herren [Balthasar] Gans und [Friedrich von] Kanitz im gleichzeitigen Gewinn von Pottasche und von Ackerflächen gesehen, was auch der Burggraf, durch seinen Ausspruch „Warum haben wir das vor zehn Jahren noch nicht gewußt“ gleichsam bestätigt hat; zudem unschätzbarer Gewinn des Herzogs durch die Urbarmachung von vor Beginn des Jahrhunderts bewaldeten Flächen; für den Fall der Schonung der herzoglichen Wälder, Angebot vieler Leute an Maillet, eigene Wälder zur Nutzung zur Verfügung zu stellen und dafür sogar noch zu bezahlen; Möglichkeit der herzoglichen Arbeitskräfte, in diesen Wäldern gleichwertige Asche zum selben Preis herzustellen; Aussicht auf hohen Gewinn bei zu Faßholz verarbeitetem und nach Frankreich ausgeführtem Eichenholz; Behauptung Maillets, die bislang alleine bekannte Brandrodung durch die Herstellung und den Verkauf von Asche gewinnbringend ergänzt und als erster im Herzogtum in diesem Verfahren unterwiesen zu haben; [es folgt in Nr. 447 die Erkundigung des Herzogs bei Franzosen nach den Aschepreisen in Frankreich]; Einladung Maillets an den Herzog, sich an die ihm vom französischen König gewährte Alleinberechtigung zur Ascheeinfuhr nach Frankreich und die damit verbundene Hoffnung zu erinnern, einen ausgewogenen Preis zu gestalten; aufgrund der Tatsache, nicht jedes Jahr Asche zu einem Preis [von bis zu 15 Mark das Faß] verkaufen zu können, verwahrt sich Maillet gegen eine diesbezügliche Behauptung während seines Frankreichaufenthaltes; Ende Juli [1564] Anlandung einer übergroßen, lange im Hafen liegengebliebenen Menge an Pottasche in Paris, die sich nicht einmal für 9 Mark hat verkaufen lassen; großer Abstand zu dem damals angeblichen Verkaufspreis von 14 oder 15 Mark; Benachrichtigung Maillets durch die Seinen von diesem Sachverhalt und von ihrem Zwang, gute Asche zum Preis von 9 Mark zu verkaufen; bei der Zusage des Herzogs, den Aschehandel zwei Jahre weiterzuführen, Versprechen Maillets, selbst bei einer Aschemenge von 4000 Faß das Faß für 13 oder 14 Mark zu verkaufen und damit bis zum Ablauf der Geltungsdauer der Privilegien oder der ihrer Verlängerung fortzufahren; Angebot, dem Herzog während der erbetenen Audienz den Sicherheitsbeweis dafür anzutreten, und Zusage, dann auch verläßliche Angaben für eine Warenmenge im Wert von 100 000 Kronen machen zu können; [es folgt die Begründung, vorerst nicht auf ein Schreiben zu antworten, bis zum Vorwurf der zu teueren Briefbeförderung in Nr. 447]; Erfordernis für den Herzog, sich dem französischen König wegen der Fortsetzung oder der Einstellung des Handels zu erklären, und seine Entscheidung entweder über Maillet zu übermitteln oder ihm zumindest davon Kenntnis zu geben; sonst Anzweifelung des ganzen Handels aufgrund von Maillets Bekanntheit beim König, bei der Königinmutter und bei anderen Fürsten als treuer Diener des Herzogs, als dessen Generalfaktor sowie als Urheber des Handels; bei Einstellung des Handels für das laufende und das darauffolgende Jahr durch den Herzog infolge irgendwelcher Hindernisse geziemt es sich, dem französischen König entsprechend zu schreiben; leichte Hinnahme eines solchen Aufschubs durch den König; Warnung vor anderslautenden Ratschlägen wegen der Gefahr der daraus für den Handel entstehenden Störungen; erforderliche Erwähnung der Privilegien und der Sänfte im herzoglichen Schreiben [an den König] und Bitte um Mitteilung der erfolgten Rechnungslegung Maillets über die 300 Kronen; der Vorhaltung, zuviel für die mitgegebenen Schreiben berechnet zu haben, entgegnet Maillet mit dem Hinweis auf seine von seinen Freunden als ungenügend eingeschätzte Ausstattung durch den Herzog; Bitte Maillets um Beachtung seiner Untätigkeit bei Einstellung des Handels bis zum Ablauf der Geltungsdauer der Privilegien; wegen seiner Stellung als Generalfaktor Unvermögen Maillets, eine andere Bedingung anzunehmen; Wunsch nach Erhalt einer Pension für die Zwischenzeit, um nicht auf eigene Kosten leben zu müssen; [es folgt die Bestimmung über den Warenverlust in Nr. 447]; Zuweisung der Verantwortung für den Verlust von 11 Faß Asche und 212 Spießen auf den vom Burggrafen angeheuerten Schiffer [Nicolaus Wolers], der die ihm anvertrauten Waren nicht nach Rouen verschifft und versäumt hat, einen neuen, mit den Verhältnissen der Seinemündung vertrauten Führer zu gewinnen; Versäumnis, den Schiffer zur Rechenschaft zu ziehen und ihm einen Teil seines Lohnes vorzuenthalten; Absicht der Feinde Maillets, ihn so immer für die Schuld anderer aufkommen zu lassen, Gutes abzustreiten und weniger Gutes zu übertreiben; anstatt des behaupteten Verlustes von 15 Faß Asche und von 1000 Spießen tatsächlicher Verlust von 11 Faß und 212 Spießen; Bestreitung, Waren im Wert von 10 000 bis 12 000 Mark sowie Hopfen und anderes erhalten zu haben; Vollständigkeit der Anzahl der von Julius Chuysser wegen des schwedischen Krieges auf Geheiß der Räte in Danzig zurückgehaltenen Spieße und Vorhandensein der 5509 Langspieße und der 990 Reiterlanzen; Lagerung von 1300 Spießen zu Paris; aus den oben angeführten Gründen Ablehnung, den Verlust der 201 Spieße zu verantworten; unter Auslegung dreier Taler Entsendung eines Boten nach Danzig durch Maillet zwecks Erkundigung nach dem Zustand der dort verbliebenen Waffen; Bitte um Entschuldigung für den ausführlichen Antwortbrief auf das in der Werkstatt seiner Feinde erstellte und nur mit längeren Ausführungen zu entgegnende Schreiben; nach Abfassung dieses Schriftstücks Ankunft des Böttchers und Bruders des Ascheherstellers [Paul Bruggemann], den der Burggraf im Anschluß an Maillets Abreise nach Frankreich nach Angerburg geschickt hat, um dort Asche und Faßdauben für die nach

Frankreich zu schickenden Weinfässer herzustellen; Klage des Böttchers wegen seines nicht ausgezahlten Lohnes; Einladung an den Herzog, sich die beigefügte Abrechnung hinsichlich der Verschleppung herzoglicher Einnahmen bei bearbeitetem Holz und bei der Ascheherstellung anzuschauen, sich mit Hilfe der Abrechnung Maillets Behandlung während seiner Abwesenheit vor Augen zu führen und sich nicht über die jetzige grausame Handlungsweise seiner Feinde Maillet gegenüber zu wundern; während seines Frankreichaufenthaltes Verleumdung Maillets durch seine Gegner, geflohen zu sein; nach der Rückkehr mit den Privilegien und der Sänfte Bestreitung der Notwendigkeit von Maillets Anwesenheit wegen der angeblichen Leichtigkeit, die Privilegien über Antwerpen zu senden; bei Verlust der Privilegien auf diesem Weg aber Ablehnung der Schuldübernahme durch die Gegner mittels des Vorwurfs der Unbesonnenheit; ähnliche Haltung der Gegner bezüglich der Sänfte; [es folgt das Kreditiv für Maillet wie in Nr. 373]; Annahme der Entschuldigung der Königinmutter für die Verzögerung bei der Übermittlung der Sänfte und der Maultiere im Schreiben des Herzogs an Maillet vom 8. August [15]63 [s. Nr. 403]; ungeachtet dessen Empfang des Schreibens vom 29. November [1564; s. Nr. 450]; Ankündigung, darauf zu antworten, ohne jedoch vorher die Gelegenheit fahren zu lassen, den Herzog über die ständigen Bedrückungen und Verspottungen durch die das geschuldete Geld verweigernden Schaffer zu unterrichten; Vorwurf an die Schaffer, Maillet während der Abwesenheit des Herzogs ungerecht zu behandeln und Recht zu verweigern; Hoffnung Maillets auf die unversehrte Rückkehr des Herzogs, um ihm die ganze Angelegenheit zu eröffnen; Vorbereitung einer Antwort auf die anderen Briefe, die Maillet bei erster Gelegenheit dem Herzog übermitteln will; nach Aushändigung dieses Schriftstücks zur Zustellung Empfang eines Briefes der Räte mit der Bitte, nach Danzig wegen der zu überstellenden Spieße zu schreiben; Erfüllung der Bitte mit der Maßgabe, die Spieße dem Herzog oder anderswo zur Verfügung zu stellen laut der Julius Chuysser von den Räten erteilten Anweisung; bei Verkaufswunsch Abhängigkeit der Aushändigung der Waffen von der vorherigen Sicherstellung des vertraglich zugesicherten Gewinnanteils von 20 v. H.; bis zur Rückversicherung bei dem vom Herzog als Käufer der Waffen bevorzugten französischen König nach einem etwaigen Bedarf, Bitte Maillets um Geduld; bei Einstellung der Aschelieferungen nach Frankreich Befürchtung Maillets, die Restasche binnen vier Jahren verkaufen zu können wegen der Anlandung einer den Verkauf der herzoglichen Ware verzögernden Unmenge an Asche laut einer vom 21. September [1564] datierten Nachricht aus Paris; bei unterlassenen Gegenmaßnahmen des Herzogs drohender Privilegienverlust; 22. Dezember 1564.

Ausfertigung
Lateinisch
3 Bogen Folio, S. 1–11 beschrieben, S. 12 Außenadresse, zeitgenöss. Betreff *Anthonii Mailleti langes libell, darinnenn er uber f[urstliche] d[urchlaucht] cammerrethe, die seine widersacher sein sollen, sich zum heftigsten beschweret unnd f[urstliche]r d[urchlaucht] den aschhandell immer vortzustellen zu persuadiren sich understehet.*

Beilage

1564, o. O.

[Rechnung des Böttchers Paul Bruggemann]:

Klage des Böttchers Paul Bruggemann bei [Maillet] wegen ausgebliebener Zahlungen für seine Tätigkeit als Aschebrenner im Jahre 1562 zu Angerburg; 4 m einem Bauern für die Anfahrt des Gepäcks aus *Chorroiser* gegeben; 5 m, 6 s Schulden für zu Oletzko hergestellte 17 Faß Asche, Ablehnung der Zahlung durch den Burggrafen, Nichtzuständigkeitserklärung des Hauptmanns von Oletzko und Rückverweisung des Böttchers an seinen Auftraggeber durch den Hauptmann, der in Anlehnung an die vom Burggrafen zu Sperling hergestellten 16 Fässer eine Forderung von 6 g je Faß empfohlen hat; 3 m Zehrung für drei Reisen nach Königsberg in folgenden Angelegenheiten: 1. seinem Wunsch nach Gewinnung von Ackerflächen entsprechend Weigerung des Angerburger Hauptmannes, das Aschebrennen zuzulassen und dafür geeignete Orte zuzuweisen, achttägige Reisedauer [Bruggemanns] nach Königsberg, um sich deswegen beim Burggrafen zu beklagen, sowie lediglich Herstellung von Faßholz bis zum Eintreffen des burggräflichen Befehls; 2. wegen des Herstellungsverbots des Angerburger Hauptmannes für Asche und Fässer erneute Beschwerde [Bruggemanns] beim Burggrafen zu Königsberg und Anordnung desselben, lediglich Pipenholz zu fertigen; 3. infolge der ausgebliebenen Zahlung für die Hälfte des hergestellten Pipenholzes dritte, aber aussichtslose Beschwerde [Bruggemanns] beim Burggrafen und Verbleib des Böttchers zu Königsberg bis zu [Maillets] Rückkehr; Forderung nach 3 m, 18 s einschließlich 2 m für das Abholen des zurückgelassenen Gepäcks; Gesamtsumme von 15 m und 24 s.

Mundum
1 Bogen Folio, S. 1–3 beschrieben, S. 4 zeitgenöss. Betreff *Paul Brugman, buttcher.*
HBA G 745, Nr. 41.

Nr. 458

[um 1564 Dezember 22, Königsberg]

Antoine Maillet an Ambrosius Lobwasser:

Bitte des briefzeigenden Böttchers Paul Bruggemann um Begleichung der dem Empfänger zugestellten Auslagen zwecks Vermeidung weiterer Unkosten; Bitte Maillets, entsprechend zu verfahren.

Ausfertigung
Lateinisch
1/4 Bogen Folio, S. 1 beschrieben, S. 2 Außenadresse.
Eigenhändige Ausstellerunterschrift und -siegel.
HBA G 744, Nr. 45.

Nr. 459

[1564 Dezember 22 – 1565 Januar 4] o. O.

[Herzog Albrecht an seine Räte]:

Befehl, Maillet zum bestmöglichen Verkauf der in Frankreich befindlichen Waren anzuhalten, den erzielten Erlös auszuhändigen und ihm aus Gründen der Verbindlichkeit für seine Dienste zu danken; Ablehnung, mit ihm wegen einer für die Spieße zu leistenden Kaution zu streiten; Befehl, Kaspar Göbel oder jemand anderes mit der zu Danzig zu erfolgenden Entgegennahme der Spieße aus den Händen Maillets oder seines Beauftragten zu betrauen; bei Ermittlung der unvollzähligen Anzahl der Spieße Verantwortlichkeit des für den Schaden aufkommenden Maillet; Ablehnung, den Schaden bei den dem Herzog nicht dienstverpflichteten Substituten Maillets zu suchen; Absicht, sich vom Aschehandel zu lösen und deswegen keine weiteren Lieferungen zu gestatten; ungeachtet dessen Verpflichtung Maillets, die Restasche in Frankreich nutzbringend zu verkaufen und den Verkaufserlös zu überstellen.

Mundum
1 Bogen Folio, S. 1–2 beschrieben.

Beilage

Konzept
Lateinisch
1 Bogen Folio, S. 1–2 beschrieben.
HBA G 744, Nr. 46.

Nr. 460

[15]65 Januar 4, o. O.

Hans Göbel, Münzschreiber, an seinen Bruder, Kaspar Göbel:

Erhalt eines Schreibens Kaspars durch den briefzeigenden herzoglichen Boten *Tebes Sterlin*; Übersendung eines Schreibens an Friedrich von Kanitz; Zählung der Antoine Maillet angehenden Spieße zu Danzig durch drei Personen: 737 Bund [Spieße] zu 7 Stück, 35 Bund zu 3 Stück und ein Bund Rennspieße; Absicht Kaspars, erneut zählen zu lassen; Wunsch Maillets, die Spieße in Anwesenheit eines Notars an Kaspar Göbel zu übergeben; dadurch erneuter Beratungs- und Entscheidungsbedarf der Regimentsräte; im Falle der Öffnung des mitgesandten Kanitzschen Schreibens Bitte um Benachrichtigung; Ankündigung, am nächsten Tag auf Verordnung des Marschalls [Joachim von Borcke] um vier Uhr morgens abzureisen.

Ausfertigung
1/2 Bogen Folio, S. 1 beschrieben sowie Kanzleivermerk *5264 stuke, unngelt, 1224 stuke, dar die summa(m) sal sein 6488 stuke*, S. 2 zeitgenöss. Betreff *Casper [!] Göbels schreiben an seinen brudern wegen Anton Mallet* und Registraturvermerk *A*.
Eigenhändige Ausstellerunterschrift.
HBA G 744 Nr. 47.

Nr. 461

1565 Januar 8, Jagdschloß Puppen

Herzog Albrecht an [Antoine] Maillet:

Empfang eines von [1564] Dezember 19 datierten wortreichen Buches als Antwort auf einen Brief; Kenntnisnahme der von Maillet angeführten, aber von den Räten angezweifelten Begründungen für die Fortsetzung der Handelstätigkeit, der Ansprüche Maillets auf eine jährliche Pension sowie auf Zehrgeld für die Rückkehr nach Frankreich; Benötigung eines Trimesters, um auf alle angeführten Punkte einzugehen, und Absicht des Herzogs, seine Zeit nutzbringender einzusetzen; Erstaunen über die Kühnheit Maillets, den Herzog von seiner oft mitgeteilten Meinung abzubringen und die Treue der herzoglichen Räte anzuzweifeln; der Herzog fragt, ob Maillet entweder die herzogliche Urteilsfähigkeit abstreiten oder ihm Ratschläge erteilen will; Bekräftigung, die durch Maillet aufgenommene Handelstätigkeit weder durch denselben noch durch einen anderen fortsetzen zu wollen; Vermessenheit eines Dahergelaufenen (*deorum immortalium equidem singulari providentia te in Prussiam venisse*), dem Herzog, der keinen Meister über sich hat (*qui absque magistro hucusque viximus*), Vorschriften zu machen; um in der Angelegenheit ein Ende zu finden und um Maillet davon abzuhalten, weiterhin in den herzoglichen Schreiben herumzudeuteln, Lösung Maillets von dem dem Herzog geleisteten Eid sowie uneingeschränkte Annahmemöglichkeit der Maillet gestellten Bedingungen; fehlender Rechtsanspruch Maillets auf die zu Danzig befindlichen Spieße und Wunsch des Herzogs, sie vollständig und unverzüglich zu Königberg zurückzuerhalten; Verkauf der Waffen nach Gutdünken des Herzogs und nicht nach Maillets Willen; Beauftragung Maillets mit dem frühestmöglichen Verkauf der bereits nach Frankreich geschafften Waren mit der Verpflichtung, den Erlös an den Herzog zu überweisen; Einbuße von allem bei Entzug Maillets durch Flucht; für Maillets Rückkehr nach Frankreich genügen ein herzogliches Schreiben an den König [Karl IX.] und eins an die Königin [Katharina von Medici]; Ankündigung, in den Briefen die Übergabe der Sänfte mit den Mauleseln durch Maillet sowie den Empfang der Privilegien zu bestätigen; im übrigen behält sich der Herzog vor, an wen er etwas wann schreibt; wegen der in Zukunft fehlenden Verwendung für Maillet Ablehnung, ihm eine Jahrespension auszusetzen; Verweigerung der von Maillet erhofften Reisezehrung mit dem Hinweis auf den Maillet zustehenden Anteil von einem Fünftel aus dem Gewinn der verkauften Waren; Ablehnung der erbetenen Audienz wegen der in Maillets langem Brief überdeutlich gewordenen Ansicht des Verfassers; *princeps, cancellarius, F[ridericus] Canitz consenserunt.*

Konzept
Lateinisch
1 Bogen Folio, S. 1–4 beschrieben, S. 4 Außenadresse, Registraturvermerk *Regist(rata)* und Federprobe.

Beilage

Mundum
1 Bogen Folio, S. 1–3 beschrieben, S. 4 zeitgenöss. Betreff *Copia litterarum principis ad Maletum.*
HBA G 744, Nr. 48.

Bucheintrag im Volltext: Ostpr. Fol. 57, S. 234–237.

Nr. 462

[1565 Januar 4 – 9, Königsberg]

Antoine Maillet an Ambrosius Lobwasser:

Jusques a quand ô docteur LOBWASSER,
Ô LOBWASSER docteur iusques a quand,
Me feras tu le temps ainsi passer,
En m'affligeant sans raison tant et quant?
Mais ie te pry, di moy, est ce pourtant
Que tu te rends esclave du burggrave [Christoph von Kreytzen]?
N y a il point en toy savoir plus grave,
Que te submettre (en foulant l'innocent[a])
A cil qui veult ainsi faire le brave
Et du vray DIEU[b] le bon vouloir ne sent?
Les picques sont en lieu bien asseuré,
Tant pour le PRINCE [Herzog Albrecht] excellent et bening,
Comme pour moy, qui sans aucun venin
Son excellence ay tousiours reveré,
Par tous les lieux la ou i'ay demeuré.
Mais baille moy cest argent qui m'est deu,
Car pour l'avoir si long temps attendu,
De l'interest or veult estre asseuré,
Le crediteur auquel ie le doy rendre.
Advise y doncq, car il le fauldra prendre
De ton bien propre, ou de celluy du prince,
Et di a ceulx qui m'accusent de fuyte,
FIDELITÉ n'estre plus a leur suyte,
Qu'elle est en moy envers DIEU[b] et le PRINCE.

---

a) c auf Rasur
b) Darüber: *Dieu*

Ausfertigung
Französisch
1 Bogen Folio, S. 1 beschrieben, S. 4 Außenadresse und Registraturvermerk *B*.
Eigenhändige Ausstellerunterschrift und -siegel.

Beilage

Deutsche Übersetzung
1/2 Bogen Folio, S. 1 beschrieben.
HBA G 744, Nr. 49.

Nr. 463

[15]65 Januar 9 [Königsberg]

[Die Räte] an Antoine Maillet:

Erinnerung an die von Herzog [Albrecht] gefällten und ihm durch den Doktor Ambrosius Lobwasser mehrmals mitgeteilten Entscheidungen sowie Bezugnahme auf Maillets Rechnung und seine daraus hervorgegangen Forderungen; Abhängigkeit von Geldzahlungen von dem Verkauf der in Frankreich befindlichen Restware; Weigerung Maillets, über die in seiner Rechnung aufgeführten und zu Danzig befindlichen Spieße bislang Rechenschaft abzulegen und sie zurückzugeben; Erinnerung an eine diesbezügliche schriftliche Aufforderung Lobwassers auf der Grundlage eines Schreibens [Kaspar] Göbels und Warten auf eine klare Antwort; Gewährung seines Wunsches, die ihn betreffenden und den Absendern schriftlich mitgeteilten Entscheidungen des Herzogs einzusehen; Zurückweisung der Behauptung, Rechtsverweigerung zu erfahren; Verlangen Maillets nach geduldigem und menschlichem Umgang mit ihm, aber Wunsch, dringende Forderungen der Absender schriftlich zu erhalten; Bereitstellung von Geld für ihn; künftiger Verzicht des Herzogs auf Maillets Dienste, aber Beibehaltung der Aufgabe Maillets, für die in Frankreich befindlichen Handelswaren zu sorgen; Auszahlung des Maillet zustehenden Restgeldes nach Entschädigung des Herzogs und der Rückgabe der zu Danzig aufbewahrten Spieße; Ankündigung, die in deutscher Sprache geschriebenen Forderungen des Herzogs in den ihm zur Verfügung gestellten Exzerpten nachlesen zu können; Ablehnung, die Verantwortung für die von Maillet zu zahlenden Kreditzinsen zu tragen; Zumutung, die Zinsen dem Herzog in Rechnung stellen zu wollen; Warnung, die Güte des Herzogs zu mißbrauchen; Erwartung einer baldigen Antwort, um dem Herzog Mitteilung machen zu können.

Konzept
Lateinisch
1 Bogen Folio, 1 Bogen Umschlag, S. 1–4 beschrieben, S. 4 Registraturvermerk *D*.
HBA G 744, Nr. 50. – Altsignatur: 4a/21/43

Nr. 464

1565 Januar 11, Königsberg

Antoine Maillet an die Räte:

Am Vortag Empfang eines Schreibens der Räte; infolge seiner Unkenntnis der deutschen Sprache Möglichkeit, den Brief erst nach Erhalt einer lateinischen Version zu beantworten; Bitte um Unterzeichnung derselben und Ankündigung einer Antwort.

Ausfertigung
Lateinisch
1/2 Bogen Folio, S. 1 beschrieben, S. 2 Außenadresse und Registraturvermerk *E*.
Eigenhändige Ausstellerunterschrift und -siegel.
HBA G 744, Nr. 51.

Nr. 465

[15]65 Januar 11 [Königsberg]

[Die Räte] an [Antoine] Maillet:

Verwunderung über seine Zögerungen, einerseits die vorgestrige Ladung zur Entgegennahme der über die Räte ergangenen Entscheidungen des Herzogs wahrzunehmen, und andererseits eine deutsche Übersetzung des herzoglichen Schreibens an die Absender unter Angabe mangelnder Deutschkenntnisse oder eines fehlenden Dolmetschers zu erbitten vor dem Hintergrund der in Deutsch abgefaßten [Reisekosten-] Rechnung; Verachtung und Geringschätzung der Treue und des Ansehens der Räte durch Maillet sowie große Arbeit und Mühen derselben in Maillets Angelegenheit; Ausflüchte Maillets, um Zeit zu gewinnen, und Unzufriedenheit mit allem; zusätzliche Belastung der Absender durch die Forderung nach der Übersetzung; selbst bei Rechtsverweigerung besteht kein Grund zu weiteren Ausflüchten; Übermittlung einer lateinischen Übersetzung als Zeichen des guten Willens und Einladung, sich persönlich von der Authentizität des herzoglichen Schreibens in Anwesenheit der damit befaßten Personen zu überzeugen; Erwartung von Antworten, insbesondere auf die Fragen nach dem Verbleib der Spieße, nach ihrer zu ermittelnden Anzahl und nach einer Entschädigung.

Konzept
Lateinisch
1 Bogen Folio, S. 1–3 beschrieben, S. 4 Außenadresse und Registraturvermerk *F*.
HBA G 744, Nr. 52.

Nr. 466

[15]65 Januar 12 [Königsberg]

Die Räte an Antoine Maillet:

Schreiben der Absender vom Vortag bezüglich einer lateinischen Fassung der herzoglichen Entscheidungen; unverzügliche Abfertigung eines Boten an den Herzog mit der Antwort Maillets; abermalige Ermahnung; hinsichtlich der Spieße Bitte um eine Entscheidung zwecks Benachrichtigung des Herzogs.

Konzept
Lateinisch
1/2 Bogen Folio, S. 1 beschrieben, S. 2 Außenadresse und Registraturvermerk *G*.
HBA G 744, Nr. 53.

Nr. 467

[1565 Januar 12, Königsberg]

Antoine Maillet an die herzoglichen Räte:

Ankündigung der Empfänger im Schreiben an ihn vom selben Tag, einen Boten an den Herzog zu entsenden, und Wunsch der Räte, seinen Willen bezüglich der Spieße zu erfahren; Willensäußerung mittels seines Briefes und Bitte, das beiliegende Schreiben an den Herzog zu übermitteln; Ankündigung, ein Antwortschreiben an die Räte bezüglich der Spieße abzufassen und nach Fertigstellung zu übersenden.

Ausfertigung
Lateinisch
1 Bogen Folio, S. 1 beschrieben, Außenadresse und Registraturvermerk *H*.
Eigenhändige Ausstellerunterschrift und -siegel.
HBA G 744, Nr. 54.

Nr. 468

[15]65 Januar 15 [Königsberg]

Die Räte an Antoine Maillet:

Empfang eines Schreibens an Herzog [Albrecht] und eines an sie; Wunsch des Herzogs, in der Angelegenheit des Mailletschen Handels nicht mehr belästigt zu werden, deshalb Weigerung der Räte, das Schreiben an den Herzog weiterzuleiten; Ermahnung, genaue Angaben zu den in Maillets Obhut befindlichen Spießen zu machen und die Angelegenheit nicht in seinem Sinne hinauszuzögern; Auszahlung des ihm zustehenden Geldes bei Unversehrtheit der zu Danzig lagernden Spieße und Geldabzug bei fehlender und beschädigter Ware.

Konzept
Lateinisch
1 Bogen Folio, S. 1–2 beschrieben, S. 4 Außenadresse Registraturvermerk *I*.
HBA G 744, Nr. 55.

Nr. 469

[1565] Januar 16 [Königsberg]

Die Räte an [Antoine] Maillet:

Infolge ihres Schreibens vom Vortag fehlende Erfordernis, erneut an die Spieße zu erinnern, und Erwartung seiner bislang ausgebliebenen Antwort; dem Doktor Franz Degen zufolge Absicht des Dieners von Maillet, die Spieße in Danzig erneut zu zählen und dann zurückzugeben; Freude über die Nachricht von der fast vollständigen Anzahl der Waffen; Ermittlung einer größeren Fehlmenge durch [Kaspar] Göbel; Auszahlung des Maillet zustehenden Geldes erst nach Feststellung der genauen Fehlzahl; Ankündigung, damit jemanden in Danzig zu beauftragen; ausgehend von der gemeldeten Fehlzahl von 1224 Spießen Belastung Maillets mit einem viertel Taler je Spieß und einer Gesamtsumme von 306 Talern; Absicht, diese Summe zu verrechnen, und Bitte um unverzügliche Antwort.

Mundum
Lateinisch
1/2 Bogen Folio, S. 1 beschrieben, S. 2 Außenadresse und Registraturvermerk *5*.

Beilage

Konzept
Lateinisch
1 Bogen Folio, S. 1–2 beschrieben, S. 4 Außenadresse und Registraturvermerk *5*.
HBA G 744, Nr. 56.

Nr. 470

1565 Januar 17 [Königsberg]

Antoine Maillet an die herzoglichen Räte:

Bezüglich der Spieße wahrheitsgemäße Auskunft seines Sachwalters [Samuel Botterbrot] am Vortag; Bestätigung des Sachverhaltes durch [Kaspar] Göbel; Zählung der

Spieße am 11. des Monats; 780 [Bündel] zu 7 Stück und 324 [Bündel] zu 3 Stück ergeben 6432 Spieße; Bitte um Auszahlung seines Geldes.

Ausfertigung
Lateinisch
1 Bogen Folio, S. 1 beschrieben, Außenadresse und Registraturvermerk *K.*
Eigenhändige Ausstellerunterschrift und -siegel.
HBA G 744, Nr. 57.

Nr. 471

[1565 Februar 16-19] o. O.

Kaspar Göbel an *Iacobus Montanus*:

Bitte, seinem Bruder Hans den Empfang und die Zählung der Langspieße mitzuteilen; 780 Bund Spieße zu 7 Stück und 324 Bund Spieße zu 3 Stück nach Zählung und Zahlung von Zählgeld in Höhe von 1 Mark und 2 Groschen; Anmeldung von Ansprüchen Maillets durch den Stadtkoch Meister *Michel* und Beanspruchung des fünften Pfennigs auf 5 Pfennige bei Verkauf der Spieße; Bitte, auch dieses mitzuteilen; Ankündigung, am nächsten Tag Besuch von Maillet in Begleitung eines Notars oder zweier Sachverständiger (*2 guten mannen*) zu bekommen.

Abschrift
1/2 Bogen Folio, S. 1 beschrieben, S. 2 Kanzleivermerk *Aus Caspar Göbels schreiben an d[ominum] Iacobum Montanum* und Registraturvermerk *L.*
HBA G 744, Nr. 58.

Nr. 472

1565 Januar 19, Königsberg

Antoine Maillet an [jedermann]:

Vermittels des Schatzmeisters [Herzog Albrechts] Empfang von 2416 m, 3 s und 3 d preußischer Währung für Ausgaben im Zusammenhang von Handelsgeschäften im Namen des Fürsten laut Rechnungsschluß; Verzicht für sich und seine Erben auf weitere, aus der Summe ableitbare Ansprüche; Versprechen, die auftragsgemäß in Frankreich sich befindende Ware getreulich zu verkaufen und den herzoglichen Anteil davon zu Antwerpen oder sonstwo dem Herzog zur Verfügung zu stellen.

Konzept
Lateinisch
1/2 Bogen Folio, S. 1 beschrieben.

Beilagen

I. Konzept

Lateinisch
1/2 Bogen Folio, S. 1 beschrieben, S. 2 Registraturvermerk *D*.

II. Konzept

Lateinisch
1/2 Bogen Folio, S. 1 beschrieben, S. 2 Registraturvermerk *D*.

III. Konzept

Lateinisch
1/2 Bogen Folio, S. 1 beschrieben, S. 2 Registraturvermerk *A*.

IV. Konzept

Lateinisch
1 Bogen Folio, S. 1 beschrieben.
HBA G 744, Nr. 59.

Nr. 473

[15]65 Januar 30, o. O.

Herzog Albrecht an Antoine Maillet:

Aus mangelndem Respekt Ablehnung der gerechten und billigen Gründe des Herzogs durch Maillet sowie tollkühner und mutwilliger Widerstand desselben; Behandlung des Herzogs wie Spielzeug durch Maillet, was jener mit Bitterkeit erfahren hat; völlige Ausschöpfung der herzoglichen Milde durch Maillet; deswegen Entschluß, kein weiteres Schreiben an ihn zu verfassen; für den aufgrund der Nichtbefolgung der herzoglichen Ermahnung eintretenden Fall, weitere unverschämte Forderungen zurückweisen zu müssen, Befehl an Maillet, sich mit künftigen Schreiben an die geschworenen Räte zu wenden; Rückforderung des Schreibens, mit dem der Herzog Maillet unter seine Diener aufgenommen und zum Faktor gemacht hat und der diesem die Macht einräumt, andere Faktoren einzustellen, Handelswaren in Frankreich zu verkaufen und vom Verkaufgewinn ein Fünftel einzubehalten; Anweisung des Herzogs an seine Räte, Maillet im Weigerungsfalle die entsprechenden Worte des Herzogs mitzuteilen und die nachgewiesenen Reisekosten zu erstatten; Befehl an Maillet, sich auf Geheiß der Räte persönlich im Schloß einzufinden und mit ihnen weder über Beauftragte noch schriftlich zu verhandeln; bei Ablehnung und Verachtung der Räte durch Maillet erfolgt keine andere Ortszuweisung; *cancell(arius), F(ridericus) a Canitz, Frid(ericus) ab Aulak(en) audiverunt; princeps approbavit.*

Konzept
1/2 Bogen Folio, S. 1–2 beschrieben, S. 2 Außenadresse und Registraturvermerk *Regist(rata).*
HBA G 1262, Nr. 77.

Bucheintrag im Volltext: Ostpr. Fol. 57, S. 243–245.

Nr. 474

[15]65 Februar 5 [Königsberg]

Die Räte an [Antoine Maillet]:

Am Vortag Empfang eines Briefes des Herzogs [Albrecht] mit der Anweisung, Maillet zu sich zu laden zwecks Beredung gewisser Dinge; deswegen Bitte, sich in der zweiten Stunde auf dem Schloß einzufinden.

Mundum
Lateinisch
1/2 Bogen Folio, S. 1 beschrieben, S. 2 Außenadresse und Registraturvermerk *6.*

Beilage

Konzept
Lateinisch
1/2 Bogen Folio, S. 1 beschrieben, S. 2 Außenadresse und Registraturvermerk *6.*
HBA G 744, Nr. 60.

Nr. 475

[1565 Februar 5, Königsberg]

Antoine Maillet an Ambrosius Lobwasser:

Mit bestem Recht Unvermögen, zum Schloß hochzukommen; Bitte, dringende schriftliche Angelegenheiten der Räte festzuhalten.

Ausfertigung
Lateinisch
1/8 Bogen Folio, S. 1 beschrieben, S. 2 Außenadresse und Registraturvermerk *C.*
Eigenhändige Ausstellerunterschrift und -siegel.
HBA G 744, Nr. 61.

Nr. 476

[1565 Februar 5 – 14, Königsberg]

[Antoine Maillet] an [die Räte]:

Hinsichtlich ihrer unlängst im Namen Herzog [Albrechts] ergangenen Mitteilung und des über sie am gleichen Tag übermittelten Schreibens des Herzogs an ihn reifliche Überlegung folgender Antwort: fehlendes Schuldbewußtsein bezüglich des Vorwurfs der Mutwilligkeit, der Tollkühnheit und Halsstarrigkeit zu Beginn des herzoglichen Schreibens; bei Erläuterung der Vorwürfe, Überzeugung, sich von allem reinigen zu können; selbst im Falle kleiner Verzögerungen bei der Unterschriftsleistung und der sofortigen Befolgung der Anweisungen der Räte durch ihn fehlt der Tatbestand der Mutwilligkeit; Rückführungen seiner Handlungen auf wohlüberlegte Argumente und Gründe; Betonung seiner Geduld und Bescheidenheit; Schuldzuweisung auf die Vielzahl derer, die seiner Handelstätigkeit Unverständnis entgegenbringen; Unvermögen, der Forderung nach Rückgabe seines Dienstvertrages zu entsprechen wegen der Verwahrung des Schriftstücks in Frankreich; ungeachtet dessen Widerwille, den Vertrag vor Beilegung des anhaltenden Streites auszuhändigen; Verwahrung gegen den Vorwurf, dem Herzog irgend etwas vorschreiben zu wollen; Beteuerung, mit den darauf bezogenen Äußerungen lediglich auf seinen drohenden Ruin aufmerksam gemacht zu haben; Ausstellung einer vom Herzog eigenhändig unterschriebenen und besiegelten Urkunde zum Beweis für die Bestallung Maillets zum herzoglichen Generalfaktor für den Handel mit allen nach Frankreich zu entsendenden Waren wie Asche, Wagenschoß, Klappholz, Wolle, Hopfen, Spieße und dergleichen für den Zeitraum der vom französischen König [Karl IX.] dafür auf Betreiben Maillets gewährten Privilegien; im Falle des endgültigen herzoglichen Beschlusses, den auf Betreiben Maillets begonnenen Frankreichhandel während der Gültigkeitsdauer der Privilegien einzustellen, Bitte um einen im Namen des Herzogs und seiner Erben ausgestellten urkundlichen Beweis; bei Auslassung der Erben in der Urkunde Fortdauer der Bestallung Maillets zum Generalfaktor; bei Ablehnung einer zugunsten Maillets ausgestellten Urkunde durch den Herzog Bitte um eine würdige Entschädigung für die nach dem Urteil vieler sachverständiger Männer durch Maillet in den vergangenen vier oder fünf Jahren im Dienste des Herzogs aufgewandten Mühen, Kosten, ausgesetzten Gefahren und dergleichen; während des unlängst stattgefundenen Besuchs des mit Aufträgen zu Maillet entsandten Herrn [*Marcus*] *Jaske* Beteuerung Maillets, lieber eine Urkunde als 10 000 Kronen zu erhalten; bei Einstellung des Handels Wunsch Maillets, entweder binnen sechs Wochen 10 000 Kronen oder danach eine zu seinen Gunsten ausgestellte Urkunde zu erhalten; Bitte um Vertretung seiner gerechten Sache beim Herzog, damit Maillet bei Einstellung des Handels nicht seiner Lebensgrundlage beraubt wird; im Falle einer Entschädigung Bereitschaft Maillets, den Dienstvertrag herbeizuschaffen und ihn auszuhändigen; andernfalls Absicht, lieber zu sterben als den Vertrag auszuhändigen; trotz des drohenden Verzichts auf seine Dienste Treueversicherung Maillets; um sich nicht dem Zwang auszusetzen, seine Verpflichtung (*obligationem*) zu brechen, Bitte, von einer erneuten Verpflichtung Abstand zu nehmen; Betonung, zum Verkauf der Waren verpflichtet zu sein und deswegen weder aus rechtlichen noch aus notwendigen Gründen gehalten zu sein, eine neue Verpflichtung einzugehen; überdies Verantwortlichkeit seiner Erben für die Einhaltung der Verpflichtung im Falle eines Maillet widerfahrenden Unglücks; Unvermögen Maillets, eine hinreichende Erklärung zu finden für die Hinauszögerung der Auszahlung des ihm bewilligten Geldes; Bitte um rasche Auszahlung wegen der Gefahr, andernfalls Zinsen zahlen und dem Herzog noch größere Unkosten aufbürden zu müssen; Abhängigkeit seiner Abreise von der Auszahlung; im Falle der Einstellung der Aschelieferungen nach Frankreich und des Versäumnisses, die Einstellung des Handels urkundlich bekannt zu machen, Entstehung großen Schadens insbesondere in Paris und Rouen wegen der dem Herzog durch die Privilegierung des französischen Königs eingeräumten monopolartigen Stellung; zudem Erfordernis, jährlich 5000 oder 6000 Faß Asche in die beiden Städte zu schaffen, andernfalls Erhöhung der Pestgefahr aufgrund des von der ungebleicht gebliebenen Leinwand ausgehenden Gestanks; wegen der herzoglichen Zuneigung zum französischen König und zu allen Franzosen glaubt Maillet nicht an eine Absicht des Herzogs, dem König zu schaden; Vorhandensein vieler Angebote in Preußen und anderswo, den Aschebedarf in Frankreich zu decken; aber Abschreckung der Anbieter im Falle der urkundlich bekannt gemachten Einstellung des herzoglichen Handels und des Verzichts des Herzogs, das vom französischen König gewährte Konfiskationsprivileg zu nutzen; Einladung an die Räte, sich beiliegende Urkunde des französischen Königs mit dem Auftrag an Maillet, Asche und andere Waren nach Frankreich zu liefern, anzuschauen; Bitte um eine Quittung für die vom König für die Übermittlung der Sänfte und der Maultiere erhaltenen 300 Kronen zum Beweis von Maillets Zuverlässigkeit.

Mundum
Lateinisch
2 Bogen Folio, S. 1–7 beschrieben, S. 8 Registraturvermerke *No* und *7* sowie Federproben.

Beilage

Abschrift
Lateinisch
3 Bogen Folio, S. 3–11 beschrieben, S. 12 Registraturvermerk *7*.
HBA G 744, Nr. 62.

Nr. 477

1565 Februar 14, Königsberg

Antoine Maillet an die Räte:

Versprechen der Räte, sich bei Herzog [Albrecht] um eine Urkunde zugunsten Maillets zu bemühen; Bitte Maillets, dies zu tun und dabei klarzustellen, daß weder der Herzog noch seine Erben künftig von dem von Maillet ins Leben gerufenen Aschehandel Gebrauch machen; bei unklarer herzoglicher Äußerung Verhinderung künftiger Mitgesellschafter im Aschehandel, Schädigung des französischen Königs [Karl IX.] und Frankreichs sowie weitere Belästigung des Herzogs; im Falle der Ausstellung einer entsprechenden Urkunde Angebot vieler, für den Bedarf in Frankreich aufkommen zu wollen; Erfordernis eines völligen Verzichts des Herzogs auf den Aschehandel und auf den Gebrauch der Konfiskationsprivilegien; bei Fortsetzung des Handels durch den Herzog Fortdauer der früheren Vereinbarungen; Bitte um eine verbindliche Erklärung zur Fortsetzung oder zur Aufgabe des Handels; nach dem Urteil aller, mit denen Maillet darüber gesprochen hat, Verpflichtung des Herzogs zur Begleichung der Mailletschen Beherbergungskosten wegen der bislang ausgebliebenen Verabschiedung Maillets und aufgrund des noch nicht ausgezahlten Geldes; mangelnde Erklärung Maillets für das Ausbleiben von Geld sogar bei Leuten, die wie er, Geschenke überbracht haben; Bitte Maillets um eine Bescheinigung für die 300 Kronen, über die er Rechnung gelegt hat; rechtzeitige Anmahnung des ihm geschuldeten Geldes aufgrund der zu Michaeli beginnenden Verzinsung; Versicherung Maillets, lieber auf das geschuldete Geld zu verzichten als den Dienst am französischen König und seinen Dienstvertrag (*contractus*) aufzugeben; 1. im Falle des Beschlusses weiterzumachen Verbleib Maillets bei seinem Vertrag; 2. im Falle des herzoglichen Verzichts auf Maillets Dienste Bitte um eine Pension 3. oder um eine Urkunde für den Dienst am König; 4. andernfalls schwere Schädigung des Königs und seines Volkes, was Maillet mit allen Mitteln verhindern will; 5. im Falle der Entbindung Maillets von seinem Eid durch den Herzog Beharrung Maillets auf seinem Dienstvertrag; bei Abschluß des Dienstvertrages Billigung des Geschäfts durch den Herzog unter dem Versprechen, Maillet zum herzoglichen Faktor zu machen; damalige Bereitschaft anderer, Maillet ebenfalls ein Fünftel vom Gewinn zu überlassen; zur Vermeidung des herzoglichen Unwillens den Räten und Maillet gegenüber und zur Gedächtnisstütze Bitte, die Ausführungen schriftlich übergeben zu dürfen; Beteuerung seines aufrichtigen Verhaltens in diesem Geschäft sowie der Fähigkeit, den Herzog während einer halbstündigen Audienz von seiner Unschuld zu überzeugen.

Mundum
Lateinisch
1 Bogen Folio, S. 1–3 beschrieben, S. 4 Ausstellervermerk *Coram clarissimis consiliariis Regiomonti per Mailletum lecta et recitata 14° februarii 1565* sowie Registraturvermerk *8*.

Beilage

Abschrift
Lateinisch
1 Bogen Folio, S. 1–3 beschrieben, S. 4 Registraturvermerk *8*.
HBA G 744, Nr. 63.

Nr. 478

[1565 Februar 21 – 25, Königsberg]

[Die Regimentsräte] an [Antoine] Maillet:

Verzögerung der Auszahlung des auf Befehl Herzog [Albrechts] eher zu Ehren des französischen Königs [Karl IX.] als aus gerechter Schuld zu gebenden Geldes infolge der in den vergangenen Tagen stattgefundenen Meinungsänderung Maillets; häufige Ermahnung Maillets, die Bedingungen des Herzogs zwecks unverzüglicher Auszahlung des Geldes zu erfüllen; im Weigerungsfall und bei Fortdauer der schon seit über fünf Monaten angehäuften, unnötig verursachten Beherbergungskosten Einbehaltung des Geldes; Erinnerung an den herzoglichen Befehl, zum Schloß hochzugehen, um die Meinung des Herzogs vermittels der Räte entgegenzunehmen; Auszahlung des Geldes nicht vor Abgabe seiner Verpflichtungserklärung (*obligationem*) und der Aushändigung seines Dienstvertrages (*contractus*) durch Maillet; Weigerung Maillets, dies zu tun; nach langen Verhandlungen Bereitschaft Maillets, am 21. Februar [1565] auf die herzoglichen Vorschläge einzugehen; jedoch erneute Meinungsänderung beim Mittagessen am selben Tag; ungeachtet dessen Absicht der Räte, die Verhandlungsergebnisse dem Herzog zu schreiben und auf Antwort zu warten; Auszahlung des Geldes im Falle der herzoglichen Anweisung, auf die Herausgabe des Dienstvertrages und auf dessen Auflassungserklärung zu verzichten; Ablehnung, die Verantwortung für die Verzögerung zu übernehmen.

Konzept
Lateinisch
1 Bogen Folio, S. 1–3 beschrieben.
HBA G 744, Nr. 64.

Nr. 479

[1565] Februar 25 [Königsberg]

Die Regimentsräte an Antoine Maillet:

Ausreichende Kenntnis des Willens Herzog [Albrechts] bei dieser Verhandlung und fehlende Notwendigkeit, weitere Erklärungen nach der langen und beschwerlichen Unterredung zwischen ihnen abzugeben; Bereitliegen des aus Gnade und zu Ehren des französischen Königs [Karl IX.] versprochenen Geldes bei Erfüllung der Maillet gesetzten Auflagen; im Weigerungsfall Verantwortlichkeit Maillets für die Verzögerungen; Ablehnung, weitere Worte in dieser Sache mit Maillet zu wechseln.

Mundum
Lateinisch
1/2 Bogen Folio, S. 1 beschrieben, S. 2 Außenadresse und Registraturvermerk 9.

Beilage

Konzept
Lateinisch
1/4 Bogen Folio, S. 1 beschrieben, S. 2 Außenadresse und Registraturvermerk *9*.
HBA G 744, Nr. 65.

Nr. 480

[1565 Februar 21 – 28, Königsberg]

[Verpflichtungserklärung Antoine Maillets]:

Gemäß dem mit dem Herzog in Preußen [Albrecht] abgeschlossenen Dienstvertrag (*contractus*) über den Absatz von Handelsgütern in Frankreich Verkauf von Waren sowie Lagerung eines Bestandes im Wert von rund 3000 Mark; vollständige Rechenschaftslegung Maillets darüber und Feststellung von 2416 Mark, 3 Schillingen und 3 Pfennigen preußischer Währung Schulden des Herzogs infolge der in dessen Namen gemachten Ausgaben; Bekenntnis, das geschuldete Geld vollständig vom herzoglichen Schatzmeister erhalten zu haben; in Maillets und seiner Erben Namen Versprechen, künftig den Herzog oder dessen Erben wegen dieser Summe unbehelligt zu lassen und die in Frankreich befindliche Restware auftragsgemäß zu verkaufen; Absicht, den herzoglichen Anteil am Verkauferlös nach Antwerpen oder auf herzogliches Belieben sonstwohin zu schicken; Ankündigung der Beglaubigungsmittel.

Mundum
Lateinisch
1/2 Bogen Folio, S. 1 beschrieben, S. 2 Registraturvermerk *B*.

Beilage

Konzept
Lateinisch
1/2 Bogen Folio, S. 1 beschrieben, S. 2 zeitgenöss. Betreff *Quitantz, so Malleto v(u)n den h(erren) stadhalt(enn) zugesproch(en)*.
HBA G 744, Nr. 66.

Nr. 481

[1565 Februar 1 – 28, Königsberg]

Antoine Maillet an jedermann:

Anzeige Herzog Albrechts, sich aus schwerwiegenden und gerechten Gründen von dem mit ihm als Generalfaktor im Jahre 1561 geschlossenen Dienstvertrages über den Handel mit Pottasche und anderen Waren zurückzuziehen und den Handel entgegen der zugunsten Maillets und seiner Erben ausgestellten Urkunde weder über Maillet noch über einen anderen fortsetzen zu wollen; Verbürgung Maillets, den Vertrag nicht zum Nachteil des Herzogs zu verwenden.

Konzept
Lateinisch
1/2 Bogen Folio, S. 1–2 beschrieben, S. 2 Ausstellervermerk *Sciantque clarissimi domini consiliarii merces, quae adhuc restant in Galli non posse dividendi nec distrahi, nisi illustrissimi principis authoritate. Quare necessarium est omnino, ut mei mandatarii utantur vigore contractus*, zeitgenöss. Betreff *Renunciatio contractus* und Registraturvermerk *C*.

Beilagen

I. Konzept

Lateinisch
1/2 Bogen Folio, S. 1 beschrieben, S. 2 zeitgenöss. Betreff *Renunciatio contractus.*

II. Mundum

Lateinisch
1/2 Bogen Folio, S. 1 beschrieben, S. 2 zeitgenöss. Betreff *Renunciatio contractus* und Registraturvermerk *3*.
HBA G 744, Nr. 67.

Nr. 482

1565 Februar [1 – 28], Königsberg

Antoine Maillets an [jedermann]:

Bekenntnis für sich und seine Erben, vom Schatzmeister Herzog Albrechts die Summe von 2416 Mark, 3 Schillingen und 3 Pfennigen preußischer Währung für Ausgaben in herzoglichen Geschäften gemäß seines Rechnungsschlusses erhalten zu haben; in seinem und seiner Erben Namen Versprechen, künftig den Herzog oder dessen Erben wegen dieser Summe unbehelligt zu lassen und die in Frankreich befindliche Restware an Asche und Spießen auftragsgemäß zu verkaufen und den Gewinn abzüglich des ihm zustehenden fünften Teils an Heinrich von Achteln nach Antwerpen oder nach Belieben des Herzogs sonstwohin zu senden; Ankündigung der Beglaubigungsmittel.

Mundum
Lateinisch
1/2 Bogen Folio, S. 1 beschrieben, S. 2 Registraturvermerk *4*.

Beilage

I. Konzept

Lateinisch
1/2 Bogen Folio, S. 1 beschrieben, S. 2 gestrichener zeitgenöss. Entwurfansatz *Nos Albertus etc. significamus tenore praesentium, quorum scire interest universis, nobilem Antonium Mailletum*, zeitgenöss. Betreff *Quitantz und obligation* und Registraturvermerk *D*.

II.
Ausgangsvermerk *Diese schrifte hat man Malleto zu ubersehen zugestalt.*

1/2 Bogen Folio, S. 1 beschrieben.
HBA G 744, Nr. 68.

Nr. 483

1565 Februar [1 – 28] o. O.

Herzog Albrecht an jedermann:

Im Jahre 1561 Vertrag mit dem edlen Antoine Maillet, Asche aus dem Herzogtum Preußen nach Frankreich zu führen und dort zu gewissen Bedingungen zu verkaufen; aus unterschiedlichen Ursachen und Hinderungsgründen Absicht, den Handel mit Asche und den anderen in den Privilegien König Karls IX. von Frankreich und im Dienstvertrag genannten Waren weder mittels Maillet noch durch sonst jemanden weiterzuführen; nach reiflicher Überlegung Übertragung des ganzen Geschäfts auf Maillet und seine Erben zum ruhigen Nießnutz sowohl für die Geltungsdauer der Privilegien als auch für die der Verlängerung; Verzicht auf die vom König für zwei Jahre verliehene Konfiskationsgewalt gegenüber Dritten, die in Frankreich Asche einführen wollen; Versprechen, Maillet und seine Erben im ruhigen Gebrauch dieser Bestimmungen zu belassen; Ankündigung der Beglaubigungsmittel.

Konzept
Lateinisch
S. 1 beschrieben, S. 1 Randbemerkungen Maillets *Quod si principi illustrissimo hae non placeant conditiones, permittat mihi illustrissima sua celsitudo suo sub nomine per sex annos uti privilegiis surpadictis. Interim considerare videre et scire poterit, an commodum inde haberi possit et maneat contractus inviolatus. Et si postea continuare dignata fuerit, ut antea, faciet. Quòd si omnia ista suae illustrissimae celsitudini minimè placeant, nihilominus testes mihi erunt deus et homines per me non stare quin hoc negotium pacificè componatur. Neque mihi imputandum erit, si inde alias adhuc habeat molestias, aut necesse est post hac suas iterum turbare aures, nihil enim in hoc mundo mihi gratius quam illustrissimae suae celsitudinis commodum procurare et promovere totis viribus. Dignetur ex quatuor unum eligere illustrissima sua celsitudo, vel continuare, quod tamen absque illustrissimi principis offensione dictum est, vel mihi dare decem millia coronatorum vel omnino non uti privilegiis et in me remittere totam hanc negociationem et de hoc dare vel mihi permittere usum dictorum privilegiorum sub suo nomine in sex annos sine alteratione et mutatione contractus. Quia ex hac negotiatione omne meum pendet alimentum, fui enim instar illius, qui invento thesauro occulto in agro*

ivit [!] et vendidit omnia, quae habebat, ut emeret agrum illum. Quòd si ea privarer de me dici posset, quod Itali suo idiomate et enigmate quodam de candela in candelabro ardente dicunt a servire altri „io mi consumo“. Neque credere possum illustrissimum principem aliter mecum velle agere quàm clementer et benigne pro ea, qua semper erga omnes fuit pietate et liberalitate. Illustrissima sua celsitudo conservet et amen. Eamque humilissime rogo, ut me semper pro suo humilissimo et fideli servitore habeat. Et curare velint apud illustrissimum principem clarissimi domini consiliarii, ut haec omnia ad bonam et tranquillam compositionem perducantur ad dei gloriam et piorum consolationem, S. 2 zeitgenöss. Betreff *Patentes* und Registraturvermerk *A*.

Beilage

Konzept
Lateinisch
1 Bogen Folio, S. 1–2 beschrieben, S. 4 zeitgenöss. Betreff *Patentes*.
HBA G 744, Nr. 69.

Nr. 484

[1565 Februar – März 9] o. O.

Herzog Albrecht an jedermann:

Rechenschaftslegung Antoine Maillets über Ausgaben im Zusammenhang des herzoglichen Handels; Auszahlung von 2416 Mark, 3 Schillingen und 3 Pfennigen an Maillet weniger aus Schuld, sondern zu Ehren des französischen Königs [Karl IX.]; Bitte Maillets um Ausstellung eines Belegs über die vom König empfangenen 300 Kronen zum Zwecke der Überführung einer Sänfte mit Maultieren; Gewährung der Bitte durch den Herzog und Bekundung, die 300 Kronen nicht zu den für ihn gemachten Ausgaben hinzugezählt zu haben; Ankündigung der Beglaubigungsmittel.

Konzept
Lateinisch
1/2 Bogen Folio, S. 1 beschrieben, S. 2 zeitgenöss. Betreff *300 chronen*.
HBA G 744, Nr. 70.

Nr. 485

1565 März 9, Puppen

Herzog Albrecht an seine Statthalter und Räte zu Königsberg:

Erhalt eines am 22. Februar [1565] zu Königsberg datierten Schreibens der Empfänger; trotz Antoine Maillets Leichtfertigkeit Geduld mit ihm in der Hoffnung auf Änderung seines Verhaltens; Vorschlag der Räte, Maillet die noch zu seiner Verfügung befindliche Pottasche zur Zahlung der für die Erlangung der Ascheprivilegien durch den Gesandten in Dänemark [Charles de] Danzay ausgelegten Gelder und für eigene Zwecke zu überlassen; jedoch mangelnder Glaube an die Darstellung Maillets und fehlender Auftrag, für die Privilegien mit den Mitteln des Gesandten aufzukommen; wegen der oft wiederholten Beteuerung des kostenlosen Erwerbs der Privilegien mangelnde Grundlage für Ansprüche Danzays; bei Forderungen seitens des Gesandten Bereitschaft des Herzogs, sich lieber mit diesem als mit Maillet zu vergleichen; Beantwortung von Forderungen des Gesandten mit Gegenansprüchen und der Erinnerung an seine Verwendung für Maillet; bei Verlust der noch vorhandenen Asche Erkundigung nach den Ursachen, die dann Maillet und Danzay anzuzeigen sind; fehlende Verpflichtung des Herzogs, Maillet mehr zu schulden als den fünften Teil vom Gewinn; Entlohnung Maillets für das Mitbringen der Geschenke des [französischen] Königs [Karl IX.] und der Königin [Katharina von Medici] mit einem seidenen Kleide oder ähnlichem; bei Nachgiebigkeit höhere Forderungen Maillets; ernsthafte Ermahnung an Maillet, die Urkunde (*patentes*) und die Bescheinigung über 300 Kronen in der Beilage vorbehaltlos zu unterschreiben und zu besiegeln, sowie den Dienstvertrag (*contractum*) herauszugeben und die Auflassung (*renuntiation*) zu erklären; im Weigerungsfall Ergreifung von Maßnahmen, die Maillet verspüren lassen, wer der Herr ist; Ablehnung von Maillets Wunsch, für seine Geschäfte Pergamenturkunden mit hängendem Siegel zu erhalten, wegen anderer Kanzleigewohnheiten; keine Zugeständnisse an Maillet bei Ablehnung der Angebote durch ihn; um künftig von Maillet unbelligt zu bleiben, Anweisung, mit ihm entsprechend zu verfahren; Ablehnung des Vorschlags der Räte, aus Kostengründen niemanden eigens nach Dänemark zum [französischen] Gesandten zu schicken; der Ansicht der Räte, Maillet und Danzay steckten unter einer Decke, entgegnet der Herzog mit dem seit langen Jahren in Dänemark erworbenen guten Leumund des Gesandten; Rechtfertigung der zwischen 100 und 200 Gulden teueren Gesandtschaft mit der Möglichkeit, das Verhältnis zwischen Danzay und Maillet zu ergründen; im Falle des erwarteten Abstandes Danzays zu Maillet kann sich der Herzog niemand besseren als den Gesandten für die Übermittlung seiner Entschuldigungen an den König und die Großen Frankreichs vorstellen und hofft auf dessen Mitwirkung, Maillet von Klagen über den Herzog abzuhalten; im Falle des Beistandes Maillets durch Danzay Ankündigung eines entsprechenden Verhaltens; um etwaige falsche Behauptungen zu widerlegen, um Gebärden und anderes Verhalten Danzays zu beobachten Anweisung, den mit der Angelegenheit vertrauten Rat [Ambrosius] Lobwasser zu Danzay mit einer Maillets Geschäfte betreffenden Instruktion zu entsenden; die Instruktion hat die Leichtfertigkeiten Maillets sowie die zum Handel gehörenden Dinge wie die Privilegien und die angeblichen Schulden bei Danzay zu enthalten; Schreiben Herzog Johann Albrechts von Mecklenburg wegen Verhandlungen mit dem Österreicher um eine bestimmte Geldsumme nebst Zinsen; Zufriedenheit des Österreichers mit einem der Vorschläge Herzog Albrechts; voraussichtliche Zahlung der halben Summe und der Jahreszinsen an Ostern zu Wismar wegen der hohen Sterblichkeit zu Lübeck und Anweisung, das Geld vor dem Zahlungstermin nach Wismar zu schaffen.

Ausfertigung
4 Bogen Folio, S. 1–12, S. 16 Außenadresse.
Ausstellersiegel
HBA G 744 Nr. 71.

Nr. 486

1565 März 9, Jagdschloß Puppen

Herzog Albrecht an jedermann:

Im Jahre 1561 Vertrag mit dem edlen Antoine Maillet, Asche aus dem Herzogtum Preußen nach Frankreich zu führen und dort zu gewissen Bedingungen zu verkaufen; aus schwerwiegenden und gerechten Ursachen Rückzug aus dem mit Maillet geschlossenen Dienstvertrag und Lösung Maillets von seinem Treueeid; Absicht, den nach dieser Art vereinbarten Handel weder mittels Maillet noch durch sonst jemanden weiterzuführen; Verzicht für sich und seinen Sohn [Albrecht Friedrich] auf die vom französischen König [Karl IX.] verliehene Konfiskationsgewalt gegenüber Dritten, welche in Frankreich Asche einführen wollen; beim Wunsch Maillets, in eigenem Namen, auf eigene Gefahr und ohne Nutzung der dem Herzog gewährten Privilegien den Handel mit der für die Laugeherstellung in Frankreich gebrauchte Asche einzurichten, Erlaubnis, dies ungehindert zu tun; *manu propria* (*subscriptae*).

Unbehändigte Ausfertigung
Lateinisch
1 Bogen Folio, S. 1–2 beschrieben.
Ausstellersiegel.

Beilage

Konzept
Lateinisch
1 Bogen Folio, S. 1–2 beschrieben, S. 4 Kanzleivermerk *Patentes à Malleto approbatae et acceptae* und Registraturvermerk *i.*
HBA G 744, Nr. 72.

Nr. 487

1565 März 9, Jagdschloß Puppen

Herzog Albrecht an jedermann:

Bei der Rechnungslegung des edlen Antoine Maillet Erwähnung, vom französischen König [Karl IX.] für die Überführung einer Sänfte mitsamt Mauleseln 300 Kronen erhalten zu haben; Behauptung Maillets, das Geld für die Rückreise von Frankreich nach Preußen aufgebraucht zu haben; *manu propria* (*scriptae*).

Unbehändigte Ausfertigung
Lateinisch
1 Bogen Folio, S. 1–2 beschrieben.

Beilagen

I. Konzept

Lateinisch
1/2 Bogen Folio, S. 1 beschrieben, S. 2 zeitgenöss. Betreff *De trecentis coronatis testimonium* und Registraturvermerk *B*.

II. Mundum

Lateinisch
1/2 Bogen Folio, S. 1 beschrieben, S. 2 zeitgenöss. Betreff *Testimonium de trecentis coronatis* und Registraturvermerk *2*.

III.

1/2 Bogen Folio, S. 1 beschrieben mit *Diese inliegende schrifte hat Malletus approbirt. Aber hernach, wie der eingelegte zettel zu f[urstliche]r d[urchlauch]t schreiben vermag, widersprochen und nit annehmen wollen.*
HBA G 744, Nr. 73. – Altsignatur: 4/21a/50.

Nr. 488

1565 März 10, Madrid

Luis Fernandez Manrrique, Markgraf von Aquilar, Oberster Falkner des Königs von Spanien, an jedermann:

Ankunft von Adrianus Christianus in Madrid im Februar [1565] mit einem Geschenk des preußischen Herzogs [Albrecht] an den spanischen König [Philipp II.] in Gestalt von zehn Falken.

Ausfertigung
Spanisch
1/2 Bogen Folio, S. 1–2 beschrieben, deutsche Übersetzung auf Rückseite mit zwei Subscriptae-Vermerken.
HBA G 745, Nr. 42. – Altsignatur: 4/31/98 (X).

Nr. 489

[1565 März 15, Königsberg]

[Protokoll einer Verhandlung zwischen den Regimentsräten und dem Diener Maillets, Samuel Botterbrot]:

[1565] März 14 Überbringung der Entschuldigung [Antoine] Maillets durch seinen Diener [Samuel Botterbrot] wegen Maillets Ungeschicktheit bei den *kostungenn und gastgebotenn*; Annahme der Entschuldigung, Verlesung eines herzoglichen Befehls und Angebot des Dieners, Maillet die Botschaft zu überbringen; Rückkehr des Dieners am 15. März mit folgender Antwort: 1. wegen Mißachtung seiner Wünsche Ablehnung der vom Herzog angebotenen Urkunde (*patentes*) sowie Weigerung Maillets, seinen Dienstvertrag (*contractus*) auszuhändigen; Forderung nach Begleichung von zusätzlichen Zehrungskosten von 8000 Gulden; 2. Zurückweisung des herzoglichen Vorwurfs der Leichtfertigkeit und der ihm nachgesagten Absicht, den Herzog zu verunglimpfen; 3. bei Verweigerung des ihm von Rechts wegen und nicht aus Gnade oder zu Ehren des französischen Königs [Karl IX.] zustehenden Geldes Zwang, das Geld zu verzinsen; 4. fehlende Bereitschaft [der Räte], dem Wirt [Diedrik Lange] die Berechnung in Höhe von einer Mark je Person und Woche zuzüglich des von Maillet verbrauchten Weines anzuerkennen; im Falle der gegen die Gewohnheit verstoßenden Absicht des Herzogs, die Auslösung nicht zu übernehmen, Bitte um Rückgabe der Liste mit den Zehrungskosten; 5. wegen seiner Behandlung in der Art eines Stallknechts Weigerung Maillets, auf Befehl der Räte sich künftig im Schloß einzufinden, und Forderung nach einer Audienz beim Herzog; 6. Bitte um Rechtsbeistand aufgrund von Beschuldigungen, den Herzog um 18 000 Gulden betrogen zu haben; 7. Begrüßung einer herzoglichen Gesandtschaft nach Frankreich durch Maillet in der Hoffnung auf Ruchbarwerdung der ihm widerfahrenen Behandlung; Absicht der Räte, bis zur Ankunft des Burggrafen [Christoph von Kreytzen] hierauf eine Antwort zu finden.

Mundum
1 Bogen Folio, S. 1–3 beschrieben, S. 4 zeitgenöss. Betreff *Wesz die hernn stathalter mit Malleti diner gehandelt (etc.).*

Beilage

Konzept
1 Bogen Folio, S. 1–4 beschrieben, S. 4 zeitgenöss. Betreff *Wes die h(ernn) stathalter mit Malleti diener gehandelt.*
HBA G 744, Nr. 74.

Nr. 490

1565 März 16 [Königsberg]

Antwort der [herzoglichen] Statthalter auf [die Einwände Maillets]:

1. Kenntnisnahme von der Ablehnung der angebotenen Urkunde (*patentes*) durch Maillet, Absicht, ihm keine andere anzubieten, und entsprechende Benachrichtigung [Herzog Albrechts];
2. wegen Maillets unbillig erachteter Weigerung, seinen Dienstvertrag (*contract*) auszuhändigen, Widerstand gegen den herzoglichen Befehl; Verzicht des Herzogs auf Maillets Dienste und auf den verlustreichen Aschehandel; wegen drohender Ungemach erneute Ermahnung, den Vertrag auszuhändigen;
3. Ablehnung der Forderung von 8000 Gulden;
4. Einladung, den Vorwurf der Leichtfertigkeit beim Herzog selbst zurückzuweisen, und Unstetigkeit Maillets;
5. ausreichende Kenntnis Maillets von der Meinung der Absender über die Auslösung in der Herberge;
6. Ablehnung irgendwelcher Zinsforderungen aufgrund der von Maillet zu verantwortenden Verzögerungen bei der Rückgabe des Dienstvertrages und nicht wegen Geldmangels; Auszahlung des ihm zugesagten Geldes nach Erfüllung der herzoglichen Bedingungen;
6. infolge der in seiner Rechnung vielfach unnötig aufgeführten Kosten fehlende Verpflichtung des Herzogs zur Rechnungsannahme; deswegen mangelnder Rechtsanspruch Maillets auf das Geld; eigenmächtige und ohne Genehmigung unternommene Reisen im Zusammenhang des Aschehandels; die Rechnung läßt zudem offen, ob Maillet in den zwei Jahren seiner Abwesenheit ausschließlich im Dienste des Herzogs tätig gewesen ist;
7. Gleichgültigkeit hinsichtlich Maillets Ankündigung, den Ladungen der Absender auf das Schloß nicht mehr zu folgen; Beschäftigung der Absender mit Maillets Angelegenheit alleine auf herzoglichen Befehl hin, aber persönliche Abneigung, sich damit zu befassen; Zurückweisung des Vorwurfs, Maillet wie einen Stallknecht behandelt zu haben;
8. Einladung an Maillet, seine Verleumder gerichtlich zu belangen;
9. Unkenntnis über eine herzogliche Gesandtschaft nach Frankreich und Warnung vor Verleumdung des Herzogs.

Mundum
2 Bogen Folio, S. 1–6 beschrieben, S. 1 Kanzleivermerk über Anfangszeile *Antwort der h(erren) stadthalter, welchs sie den 16 martii des Malleti diener [Samuel Botterbrot] haben geben wöllen. Der diener hat aber nit zu den h(erren) kommen wollen.*

Beilage

Konzept
2 Bogen Folio, S. 1–7 beschrieben, S. 8 zeitgenöss. Betreff *Antwort der h(erren) stadthalter des Malleti diener gegeben.*
HBA G 744, Nr. 75.

Nr. 491

1565 Mai 1, Blois

[König] Karl [IX. von Frankreich] an Herzog [Albrecht]:

Großer Gefallen an den ihm übersandten Vögeln, zumal die aus dem Herzogtum stammenden Tiere als beste ihrer Art gelten; Belobigung des Überbringers wegen seiner den Vögeln entgegengebrachten Pflege und Bitte, bei künftigen Gelegenheiten demselben Boten wiederum derartige Tiere anzuvertrauen; *de Laubespine* (*scripsit*).

Deutsche Übersetzung
1 Bogen Folio, S. 1 beschrieben.
HBA G 745, Nr. 43. – Altsignatur: 4/31/96 (XXI).

Nr. 492

[15]65 August 4, o. O.

[Herzog Albrecht] an die Königin[-Mutter] von Frankreich [Katharina von Medici]:

Auf Bitte des briefzeigenden Adligen und herzoglichen Kammerknappens *Georgius Kinwangius* Erlaubnis, fremde Völker und Sitten kennenzulernen und sich deswegen nach Frankreich zu begeben; wegen der großen Entfernung Bedarf an einer Empfehlung durch die Königin; im Vertrauen auf ihre Gewogenheit dem Herzog gegenüber Empfehlung des Briefzeigers und Bitte, denselben unter ihre Diener aufzunehmen; Dankverpflichtung.

Abschrift
Lateinisch
Ostpr. Fol. 57, S. 314 f.

Nr. 493

[15]65 September 19, o. O.

[Herzog Albrecht] an König [Karl IX.] von Frankreich:

Seit einigen Jahren Verrichtung treuer Dienste als herzoglicher Kammerknappe durch Rudolf Burggraf von Dohna (*Rudolphus burggrabius et baro de Donen*); Wunsch Dohnas, feine Sitten und Tugenden an den Höfen fremder Könige und Fürsten kennenzulernen; Entschluß Dohnas, sich auf Anraten des Herzogs zum König zu begeben; Empfehlung des einer berühmten Familie entstammenden Dohna und Bitte, denselben empfohlen zu halten und unter seine Höflinge aufzunehmen; Dankversprechen; *relatio Dargitii.*

Abschrift
Lateinisch
Ostpr. Fol. 57, S. 340 f.

Nr. 494

[15]65 November 18, o. O.

[Herzog Albrecht] an König [Philipp II.] von Spanien:

Dem Vernehmen der herzoglichen Untertanen und Diener Wilhelm und Christoph Schenk von Tautenberg aus dem Geschlecht derer von Tautenberg in Niederdeutschland zufolge Fortbestand ihrer Familie in zwei Brüdern, von denen einer das Amt des Bischofs von Utrecht [Friedrich V.] bekleidet; Begründung der niederdeutschen und der preußischen Linie der Schenken von Tautenberg durch den Onkel und den Vater der beiden Untertanen; wegen des Mangels nächster männlicher Verwandter und aufgrund der Eindeutigkeit ihrer Wappen Wunsch der beiden Untertanen an den Herzog, dem König schriftlich ihre Anwartschaft zu übermitteln; Ersuchen des Herzogs an den König, die Anwartschaft der als unbescholten bekannten und in mannigfachigen herzoglichen Diensten erprobten Bittsteller zuzulassen und damit den Fortbestand des sich im burgundischen Dienst bewährten Familienzweigs zu ermöglichen; Bezeugung der rechtmäßigen Abkunft der beiden Brüder; Wunsch des jüngeren und in der Kriegskunst bewanderten Christoph, seinen Abschied vom herzoglichen Hof zu nehmen und dem König zu dienen, wozu der Herzog nur schweren Herzens einwilligt; Bitte des dem Glück Christophs nicht im Wege sein wollenden Herzogs an den König, Tautenberg unter seine Höflinge aufzunehmen und ihn empfohlen zu halten.

Abschrift
Lateinisch
Ostpr. Fol. 57, S. 370–373.

Nr. 495

[15]65 Oktober 3, o. O.

[Herzog Albrecht] an König [Karl IX.] von Frankreich:

Beauftragung des gewohnten Falkners auch in diesem Jahr mit der Überbringung von Beizvögeln; Hoffnung, mit der langjährigen Übersendung von Falken treulich seinen

Dienst erboten zu haben; beim Wunsch des Königs, künftig jemanden zur Entgegennahme von Beizvögeln ins Herzogtum zu entsenden, Bitte, dieses rechtzeitig vor Beginn des Vogelfangs zu tun; Versicherung, dem königlichen Willen dabei genügen zu wollen.

Konzept
Lateinisch
1/2 Bogen Folio, S. 1 beschrieben, S. 2 Außenadresse und zeitgenöss. Kanzleivermerke *3 monat lang 5 knechte, iderm vor 1 falk(en) 2 thaler: 108; vom keijser [Maximilian II.] 20 thaler; 200 m knechtelon, eßen und trink(en) auf i(n) und die falk(en); das trankgelt hinaus mit 5 knecht(en) wider herein zeren; [von anderer Hand:] Spanien 10 falcken kosten ime 20 thaler, krigt niht mer den zehn m; [von der ersten Hand:] von der bezalung der falk(en) restat 109.*
HBA G 1262, Nr. 78. – Altsignatur: 4/31/96 (XXII).

Nr. 496

[15]65 November 12, o. O.

Herzog Albrecht an Charles de Danzay:

Bezugnahme auf das durch den Empfänger und [Antoine] Maillet beim französischen König [Karl IX.] für den Herzog erwirkte Privileg, nach Frankreich Pottasche zu liefern; wegen einer seit über einem Jahr anhaltenden Seuche im Herzogtum und aus anderen schwerwiegenden Gründen Verhinderung der Herstellung und der Verfrachtung von Asche; Bitte um Benachrichtigung des Königs und Bitte, darauf hinzuwirken, daß König und Herzog sich in der Weise einigen, daß die Pottasche unbeschadet der herzoglichen Privilegien von woanders in Frankreich eingeführt werden kann; Ankündigung, nach dem Abklingen der Seuche dem König die Entscheidung hinsichtlich der Wiederaufnahme der Aschelieferungen mitzuteilen; *com(missio) principis per cancellarium.*

Konzept
Lateinisch
1 Bogen Folio, S. 1–3 beschrieben, S. 4 Außenadresse und zeitgenöss. Registraturvermerk *Regist(rata).*
HBA G 1262, Nr. 79.

Bucheintrag im Volltext: Ostpr. Fol. 57, S. 366 f.

Nr. 497

[15]65 November 18, o. O.

[Herzog Albrecht] an Königin [Elisabeth] von England:

Dem Vernehmen des herzoglichen Untertans und Rats Christoph Schenk von Tautenberg zufolge Absicht Tautenbergs, zu dem sich im Königreich aufhaltenden Markgrafen Christoph [II.] von Baden zu reisen; Beauftragung Tautenbergs, der Königin gewisse Angelegenheiten mündlich zu übermitteln; deswegen Bitte, den Beauftragten geneigt anzuhören und seinen Worten Glauben zu schenken.

Abschrift
Lateinisch
Ostpr. Fol. 57, S. 374 f.

Nr. 498

1565 Dezember 10, Westminster

Königin Elisabeth von England an Herzog Albrecht:

Willkommener Empfang eines Schreibens nebst acht Falken; Dank für das ihr gegenüber alljährlich wiederholte Geschenk und beste Wünsche für das Wohlergehen des Herzogs in seinem hohen Alter; *R[ogerus] Aschamus.*

Ausfertigung
Lateinisch
1 Bogen Folio, S. 1 beschrieben, S. 4 Außenadresse.
Eigenhändige Ausstellerunterschrift und -siegel.
HBA G 745, Nr. 44. – Altsignatur: 4/31/71 (VIII).

Nr. 499

[1565, Königsberg]

Antoine Maillet zustehendes Geld:

2416 Mark, 3 Schillinge, 3 Pfennige.
Hierauf sind zu zahlen:
420 Taler oder 693 Mark an *[Marcus] Jaske* und
30 Taler oder 49 Mark und 30 Schillinge an [Christoph] Ottendorf.
500 Taler oder 825 Mark Schulden an *Jan Boc*;

zur Begleichung des Maillett verbliebenen Restes in Höhe von 848 Mark, 33 Schillingen und 3 Pfennigen Überantwortung von 6488 Langspießen an ihn.

Konzept
1/4 Bogen Folio, S. 1 beschrieben.
HBA G 744, Nr. 76.

Nr. 500

[1565, Königsberg]

Herzog Albrecht an jedermann:

Vor rund drei Jahren Unterbreitung eines Vorschlags über die größtmögliche Nutzung der herzoglichen Wälder durch den adligen Franzosen Antoine Maillet; großer Mangel an Pottasche in Frankreich und besonders zu Paris wegen der Vielzahl der dort lebenden Menschen; hohe Gewinnaussicht bei Herstellung der Asche in den herzoglichen Wäldern und Ausbreitung der Ackerflächen unter Vermeidung von Verwüstungen; Ascheherstellung aus einem Gemisch verschiedener Hölzer; großes Wohlwollen der französischen Könige ihm und seiner Familie gegenüber; Vereinbarung mit Maillet, aus Frankreich erfahrene, zur Unterweisung der eigenen Leute bereite Aschebrenner heranzuführen; Absicht, eine in ihrer Güte von den Parisern geschätzte Ware herzustellen; ein Fünftel Gewinnanteil für Maillet; Zusicherung des französischen Gesandten in Dänemark, Charles de Danzay, benötigte Sonderprivilegien zu beschaffen; Ankündigung, dem französischen König [Karl IX.] und der Königinmutter [Katharina von Medici] Geschenke zu übersenden; Einbehaltung von 1000 Gulden aus dem Erlös verkaufter Waren durch Maillet zur Beschaffung von Generalprivilegien; Beauftragung Maillets, zur Einrichtung des Handels nach Frankreich zu reisen und die Geschenke mitzuführen; zwanzigtägiger Aufenthalt zu Danzig und Verkauf von für nach Frankreich bestimmte Waren in Danzig zu dem in Königsberg üblichen Preis in Höhe von 150 Mark; Reise zu Danzay nach Dänemark mit einem Diener unter Zurücklassung der Pferde in Lübeck; Entstehung derselben Kosten wie in Danzig; Weiterreise nach Antwerpen und dort längerer Aufenthalt; Umweg über Louppy-le-Château in Lothringen mit kostspieligem Aufenthalt von beinahe 40 Tagen; Ausgabe von 2000 Mark bis zur Ankunft Maillets beim französischen König; trotz angeführter Begründungen zu lange Aufenthalte; Versäumnis, die gefahrvolle Lage in Frankeich vor der Abreise abgeschätzt zu haben; Aufenthalt zu Danzig und Abschweifung nach Dänemark aus vermutlich privaten und geheimen Gründen; Vertragsverstoß wegen des Hauses zu Paris und der vielen Reisen in Frankreich; keine Beanspruchung von Spesen und Behauptung, die Ausgaben für die Beschaffung der Privilegien getätigt zu haben; eigenmächtiges Vorgehen Maillets in dieser Sache; Kostenersparnis durch einen in Frankreich tätigen und mit den Empfehlungen Danzays ausgestatteten Beauftragten; Kühnheit Maillets, die gesamten Jahresspesen in Rechnung zu stellen; Berechtigung, 1000 Gulden vom Erlös der Wa-

ren abzuzweigen, um sie nach seinem und Danzays Gutdünken in Kanzleien zu verteilen und Verausgabung von einer zwei- oder dreifach höheren Summe zu dem Zweck; trotz Eigenmächtigkeit, den französischen König auf die als Geschenk mitgebrachte Sänfte hinzuweisen, Erteilung des Mandates; Rückreise von Paris nach Deutschland unter Zurücklassung der ihm aufgetragenen Geschäfte und ebenso lange Reisezeit wie auf dem Hinweg; zu Louppy-le-Château zweimonatige Wartezeit auf ein Privileg aus England und ohne Berücksichtigung der vom französischen König erhaltenen 300 Kronen Verursachung von über 5000 Mark Kosten; Fehlen der 300 Kronen in der ersten und Ausweisung des Betrages durch die zweite Rechnung erst nach Anmahnungen; Erstattung des Betrages neben 700 Mark für die Bekleidung seiner Faktoren und seines Gesindes; Verbergung vieler zum Handel gehörenden und den gemeinsamen Gewinn schmälernden Ausgaben in der Reisekostenrechnung; hohe Kosten wegen der Indienstnahme unnötiger Faktoren und der Anmietung eines großen Kontors sowie Aufzehrung der Einnahmen durch die Ausgaben; Verantwortlichkeit Maillets für die Qualität der Pottasche; Verlust von nach Frankreich gesandten Aschefässern und einer großen Anzahl von Spießen; Gewißheit über die Verluste und Ungewißheit über künftige Gewinne; aufgrund der weiter im Herzogtum um sich greifenden Pest und der wegen des dänisch-schwedischen Krieges schwierig gewordenen Verschiffung von Pottasche Absicht, die Handelstätigkeiten zu verringern, diesen Handel einzustellen und den eingegangenen Vertrag aufzulösen; Bedauern, dem französischen König nicht mehr nützen zu können, und Überdenken künftiger Möglichkeiten; Beteuerung, trotz Beschwerung durch die Streitigkeiten mit Maillet demselben große Gewinne zu gönnen, und Angebot an ihn, auf eigene Kosten in den herzoglichen Wäldern Asche herstellen zu dürfen bei einer Abgabe von anderthalb Mark pro Faß; Ablehnung des Angebots durch Maillet mit der Begründung, beim ersten Vertrag bleiben zu wollen; Absicht Maillets, über den Gewinn hinausgehende Vorteile zu behalten; Ablehnung des Angebotes, die in Frankreich befindliche Restware binnen eines Jahres zu verkaufen und dafür 3100 Mark an den Herzog zu zahlen aus Furcht vor Auflösung der beiden ersten Verträge durch den Herzog; Abbruch der Vertragsverhandlungen und Entlassung Maillets; Abfassung dieser Urkunde zur Vermeidung von Verleumdungen durch Maillet; zur Kenntnis der Wahrheit und zum Schutz künftiger, im herzoglichen Auftrag nach Frankreich reisender Personen Abfassung nachstehender Instruktion:
Instruktion für N. N. wegen der Geschäfte Herzog Albrechts mit einem gewissen Antoine Maillet; bei Ankunft in Paris Erkundigung nach den sich in der Gewalt Maillets befindlichen Handelswaren, Feststellung der Anzahl der Aschefässer und der Spieße sowie Ermittlung der Verluste und Verkäufe; baldmöglicher Verkauf der noch vorhandenen Restware; bei Widerständen Maillets Versuch, trotzdem zu verkaufen und den Erlös nach Abzug eines Fünftels vom Gewinn bei Heinrich von Achteln zu Antwerpen einzuzahlen; Abgabe von Erklärungen zur geringen Qualität der Asche; Erkundigung nach den Verkäufen anderer Aschehändler, nach der Möglichkeit, gleichwertige Ware im Herzogtum herzustellen und nach dem Jahresbedarf der Pariser wegen des von Maillet angegebenen Bedarfs von 4000 Faß; Überprüfung der Tätigkeit von Maillets Faktoren und der von ihnen auf welchen Namen angemieteten Kontore zum Zwecke der Rechtsklarheit und der möglicherweise von Maillet

zurückgehaltenen Waren oder Gelder; hinsichtlich Maillets Verwaltung Einleitung rechtlicher Schritte gegen ihn sowie Entwindung von Waren und Geldern aus dessen Gewalt; Erkundigung nach dem Nutzen der Generalpriviliegien oder nach den darin festgehaltenen Vorteilen der Preußen anderen Nationen gegenüber; im Falle von Verleumdungen des Herzogs durch Maillet Verteidigung der herzoglichen Ehre gegebenenfalls mit Hilfe eines richterlich angeordneten Stillschweigens; nach Möglichkeit Erkundigung nach den Kosten in der Kanzlei für die Sonder- und Generalprivilegien und nach der Höhe der dafür bei Hof gezahlten Honorare sowie nach der Art der beim König am Hof zur Sprache gebrachten Gegenstände, um dem Herzog Anhaltspunkte für ein Entschuldigungsschreiben zu geben.

Herzog Albrecht an jedermann:

Beauftragung des Franzosen Antoine Maillet mit dem Verkauf von Pottasche und anderen Handelswaren zu Paris und anderswo in Frankreich; Beharrung auf Auszahlung des Erlöses durch Maillet; Entsendung des N. N. mit dem Auftrag nach Frankreich, sich einen Eindruck vom Handel Maillets zu verschaffen und sich nach dem Warenstand zu erkundigen; Pflicht des N. N., für den ordnungsgemäßen Verkauf der Restware zu sorgen und bei Einstellung des Verkaufs durch Maillet kraft herzoglicher Autorität die Waren weiter zu verkaufen; bei aus dem Handel rührenden Streitigkeiten mit Maillet oder bei Verleumdungen des Herzogs durch denselben Beauftragung des N. N., gerichtlich gegen Maillet vorzugehen.

Mundum
Lateinisch
5 Bogen Folio, S. 1–16 beschrieben, S. 20 zeitgenöss. Betreff *Instruction nach Frankreich.*
HBA G 744, Nr. 77.

Nr. 501[1]

1566 Januar 5, Moulins

[König] Karl [IX. von Frankreich] an Herzog [Albrecht]:

Empfang von zehn unversehrt gebliebenen Falken durch den Überbringer; Dank für das schöne Geschenk und für die Ehrerweisung; Angebot einer Gegengabe; *Bourdin (scripsit).*
Le Ve jour de janvier 1566.

Ausfertigung
Französisch
1 Bogen Folio, S. 1 beschrieben, S. 4 Außenadresse.
Eigenhändige Ausstellerunterschrift und Siegelspuren.
HBA G 746, Nr. 1. – Altsignatur: 4/31/96 (XXIII).

---

[1] Seit dem Jahre 1564 ist in Frankreich der Circumcisionsstil üblich.

Nr. 502

1566 Januar 18, o. O.

[Herzog Albrecht] an König [Karl IX.] von Frankreich:

Vier Jahre lang Leistung treuen Dienstes durch den Briefzeiger Jacques de Gauvrière am herzoglichen Hof; ehrenvoller, einem Adligen geziemender Lebenswandel Gauvrières; Entschluß Gauvrières, in sein Vaterland zurückzukehren, und Empfehlung desselben; Bitte des weiterhin auf Gauvrières Tugenden vertrauenden Herzogs, jenen auch aufgrund der herzoglichen Empfehlung wohlwollend aufzunehmen; *iussu domini truchsessi.*

Konzept
Lateinisch
1 Bogen Folio, S. 1–2 beschrieben, S. 4 Außenadresse und Bearbeitungsvermerk *Mutatis mutandis reginae Franciae [Katharina von Medici].*
HBA G 1262, Nr. 80.

Bucheintrag im Volltext: Ostpr. Fol. 57, S. 419.

Nr. 503

1566 Januar 18, o. O.

[Herzog Albrecht] an die Fürsten Ludwig von Bourbon-Condé und Karl von Bourbon-La Roche-sur-Yon:

Empfang eines Abschiedes zur Heimkehr des adligen Briefzeigers Jacques de Gauvrière und Bitte desselben um ein herzogliches Empfehlungsschreiben; bereitwillige Entsprechung der Bitte aufgrund seines treuen Dienstes und seines tugendhaften Lebenswandels am Herzogshofe sowie wegen der vielen auf die Empfänger gehaltenen Lobreden; Bitte des Herzogs, Gauvrière empfohlen zu halten und ihm in allem Gnade und Gunst zu erweisen, damit er die Hochschätzung des Herzogs und dessen Einfluß bei den Empfängern begreift; *iussu domini truchsessi.*

Konzept
Lateinisch
1/2 Bogen Folio, S. 1–2 beschrieben, S. 2 Außenadresse und Registraturvermerk *Regist(rata).*
HBA G 1262, Nr. 81.

Bucheintrag im Volltext: Ostpr. Fol. 57, S. 420.

Nr. 504

[1566] Januar 27, Kopenhagen

Charles de Danzay an Herzog Albrecht:

Empfang eines zu Königsberg datierten Schreibens des Herzogs vom 12. November [1565]; darin Bitte des Herzogs, ihn beim französischen König [Karl IX.] zu entschuldigen für das seuchenbedingte Ausbleiben von Aschelieferungen; unbeschadet der vom König gewährten Privilegien willkommene Aschelieferungen von anderswoher, um den Bedarf im Königreich zu decken; bezugnehmend auf ein früheres Schreiben an den Herzog erinnert Danzay an die Gewährung der Privilegien durch den König aus Freundschaft und in der Absicht, den Herzog damit weder zu belasten noch ihm zu schaden, sondern ihm zu nützen; keine Unwilligkeit des Königs bei unvermeidbaren Dingen und Uneigennützigkeit desselben beim Streben nach dem Wohlwollen befreundeter Fürsten; königliche Dankbarkeit für den guten Willen des Herzogs und Versprechen des Absenders, den guten Willen des Herzogs gewissenhaft zu erläutern, sowie Versicherung der Dienstwilligkeit; Fortdauer des [dänisch-schwedischen] Krieges und Ankündigung, Einzelheiten dem herzoglichen Sekretär Ambrosius Thumbs (*Ambrosius Thumbs*) mitgeteilt zu haben.

Ausfertigung
Lateinisch
1 Bogen Folio, 1 Bogen Umschlag, S. 1–2 beschrieben, S. 4 Außenadresse, zeitgenöss. Rubrum *Carolus Dan(t)zeus schreibt nach dem ime f[urstlich]e d[urchlauch]t geschrieben, das sie die asche wegen ie(t)ziger geferlichen zeitten der pestis nicht wol hinein in Franckreich(en) schicken können. So bittet er aber, sie wollen alsbalt, was ihrer f[urstlichen] d[urchlauch]t gefellig, die asche hinein handeln undt sich keiner gefar befurchten* und Registraturvermerk *4*.
Eigenhändige Ausstellerunterschrift und -siegel.
HBA G 745, Nr. 45. – Altsignatur: 4/21/32.

Nr. 505

1566 Februar 4, Moulins

Anne [de] Montmorency an Herzog [Albrecht]:

Empfang eines herzoglichen Schreibens vermittels des Markgrafen von Verona; Dank für die Ehrerweisung, Versicherung der Dienstwilligkeit und Gesundheitswünsche.

Ausfertigung
Französisch
1 Bogen Folio, S. 1 beschrieben, S. 4 Außenadresse.
Eigenhändige Ausstellerunterschrift und -siegel.
HBA G 746, Nr. 2. – Altsignatur: 4/21/48 (I).

Verweis: Deutsche Übersetzung unter HBA G 746, Nr. 3.

Nr. 506

1566 März 3, Moulins

Châtillon [Gaspard de Coligny] an Herzog [Albrecht]:

Unlängst Empfang eines herzoglichen Schreibens mit der Bitte um Unterstützung in Geschäften; Bedauern, diesbezüglich nur wenig ausgerichtet zu haben; Ankündigung, am nächsten Tag in Begleitung des Konnetabels [Anne de Montmorency] nach Hause abzureisen; Versprechen, sich mit allen Kräften für die Belange des Herzogs einzusetzen.

Ausfertigung
Französisch
1 Bogen Folio, S. 1 beschrieben, S. 4 Außenadresse.
Eigenhändige Ausstellerunterschrift und -siegel.
Altsignatur: 4/21/48 (II).

Beilage

Deutsche Übersetzung sowie deutsche Übersetzung von Nr. 505

1 Bogen Folio, S. 2–3 beschrieben, S. 1–4 zeitgenöss. Betreffe *Schreiben aus Franckreich und 2 frantzosischer briffe*.
HBA G 746, Nr. 3. – Altsignatur: ad 4/21/48 (I u II).

Nr. 507

1566 März 23, Paris

Antoine Maillet an Herzog Albrecht:

In Anwesenheit des Herzogs von Bouillon [Henri-Robert de La Marck], des Kardinals [Odet] von Châtillon, des Admirals [Gaspard de Coligny], der Bischöfe von Limoges [Sébastien de Laubespine] und Orléans [Mathurin de La Saussaye], der Vorsitzenden des Pariser Stadtrates, des Obersten Kammerdieners, des Marschalls von Vieilleville [François de Scepeaux], des Obersten Schatzmeisters und vieler anderer Großen des Königreichs Ehrung des Herzogs durch den französischen König [Karl IX.] mittels Lüftung seiner Kopfbedeckung vor Maillet sowie bereitwillige Erfüllung der im Namen des Herzogs ausgesprochenen Wünsche; Gewährung von Privilegien, die den Franzosen die Ascheherstellung im Königreich untersagen; dadurch Wegfall der bisherigen Hinderungsgründe für den Aschehandel und Eröffnung der Möglichkeit für Maillet und den Herzog, alleine Asche nach Frankreich zu führen; Empfehlung Maillets bei vielen anderen Fürsten durch den König, was aus beigefügten Abschriften ersichtlich wird; aus Sicherheitsgründen Übermittlung der Ausfertigungen unlängst an den Gesandten Danzay zur sicheren Weiterbeförderung an den Herzog;

Betonung seiner Fürsorge für den Handel durch Maillet; Erwartung schriftlicher Anweisungen des Herzogs hinsichtlich weiterer Gesuche an den König und Versprechen Maillets, sich um alles treulich zu kümmern.

Ausfertigung
Lateinisch
1 Bogen Folio, S. 1–2 beschrieben, S. 4 Außenadresse.
Eigenhändige Ausstellerunterschrift und -siegel.

Beilagen

I. 1566 Februar 27, Moulins

König Karl [IX.] von Frankreich an Herzog [Albrecht]:

Empfang eines herzoglichen Schreibens durch den herzoglichen Rat und Kaufmann Maillet mit der Versicherung der herzoglichen Zuneigung; Dank und Versprechen, sich nicht undankbar zu erweisen; große Fürsorge für den herzoglichen Handel und Empfehlung des sich bei ihm und seinen königlichen Vorgängern durch Eifer und Fleiß ausgezeichneten Maillet; Einladung, das übrige über Maillet in Erfahrung zu bringen.

II. 1566 Februar 23, Moulins

König Karl [IX.] von Frankreich an Herzog [Karl III.] von Lothringen:

Häufige Handelsreisen des Rates und Generalhändlers des preußischen Herzogs [Albrecht], Antoine Maillet, durch das Gebiet des Empfängers; Wunsch, Maillet behilflich zu sein wegen der Verbundenheit des Königs mit dem preußischen Herzog und aufgrund des ihm bekannten Fleißes und Eifers von Maillet; Bitte, dem Maillet gewogen und behilflich zu sein und ihm auf seinen Hin- und Rückwegen durch das herzogliche Gebiet Schutz und Wohlwollen angedeihen zu lassen.

Abschriften
Lateinisch
1/2 Bogen Folio, S. 1 beschrieben, S. 2 zeitgenöss. Betreff *Copia litterarum regis christanissimi ad illustrissimos Prussiae Lotharingiaeque duces anno 1566.*
HBA G 746, Nr. 4. – Altsignatur: 4/21/20.

Nr. 508

[15]66 April 2, Königsberg

[Herzog Albrecht] an König [Karl IX.] von Frankreich:

Mehrjähriges auf herzogliche Kosten betriebenes artistisches Studium (*bonis literis*) an der Königsberger Akademie durch den jungen Briefzeiger *Faustinus Willius*; wegen seines Wunsches, Recht zu studieren, Entsendung desselben in das dafür berühmte Frankreich; zur Vermeidung von Schwierigkeiten in einem weit entfernten fremden Land Bitte an den König, Willius empfohlen zu halten und ihm wie den anderen herzoglichen Untertanen besondere Milde zu erweisen; Dank und Gegenseitigkeitsversprechen.

Konzept
Lateinisch
1 Bogen Folio, S. 1–2 beschrieben, S. 4 Außenadresse und Registraturvermerke *Regist(rata)* und *Barten.*
HBA G 1262, Nr. 82.

Bucheintrag im Volltext: Ostpr. Fol. 57, S. 474.

Nr. 509

[15]66 April 20, o. O.

Herzog Albrecht an den Gesandten des französischen Königs, Charles de Danzay:

Abschied vom herzoglichen Hof und Rückkehr des adligen Briefzeigers Jacques de Gauvrière in sein Vaterland sowie herzogliche Empfehlung Gauvrières; ungeachtet der Kenntnis von der Blutsverwandtschaft Gauvrières zum Empfänger untadeliger Lebenswandel Gauvrières während seines Aufenthaltes am Herzogshof; Bitte an Danzay, Gauvrière empfohlen zu halten und ihm besondere Gunst zu erweisen; Dank für das im Dezember des vergangenen Jahres durch Gauvrière überbrachte Schreibens Danzays, aus dem das besondere Bemühen und die Zuneigung zum Herzog hervorgeht; Anweisung, die Danzay zustehenden 1000 Gulden (*mille Florenos*), Gauvrière in Danzig auszuzahlen; Dank für Danzays kostspieliges Bemühen um die Beförderung des herzoglichen Handels und Versprechen, dem Empfänger bei jeder Gelegenheit wohlwollend zu entgegnen; *relatio d(omini) liberi boronis truchsessi etc.*

Konzept
Lateinisch
1 Bogen Folio, S. 1–2 beschrieben, S. 4 Außenadresse, gestr. Bearbeitungsvermerk *Recordabitur nobilis do[minus] secretarius facere aliquam honestam mentionem litterum domini legati Caroli Danzei, quas in fine decembris obtulit illustrissimo principi Iacob[us] Gauurierius* und Registraturvermerk *Regist(rata).*
HBA G 1262, Nr. 83.

Bucheintrag im Volltext: Ostpr. Fol. 57, S. 479 f.

Nr. 510

[15]66 April 30, o. O.

Herzog Albrecht an Graf *Aemilius Maluetius*:

Diensterbietung des Empfängers durch ein von großer Entfernung an den Herzog gerichtetes Schreiben, das den Wunsch nach weiteren derartigen Schreiben erweckt hat; Bemühung des Grafen, sich dadurch und durch die übermittelten Geschenke den Herzog zu Dank zu verpflichten, was diesem derart willkommen ist, daß er seinerseits sich bei jeder Gelegenheit verschuldet; vergebliches Warten des Herzogs auf das ihm vom Empfänger versprochene Buch und Abstattung eines großen Dankes im Falle der Erfüllung des Versprechens; Anweisung, die durch Horatius Curio vom Grafen geborgten 80 Goldstücke dem *Antonius Ardouinus* auszuzahlen; Versicherung des Herzogs, wegen des Mangels an einem geeigneten Übermittler hinsichtlich der Verzögerung der Angelegenheit keine Schuld zu tragen; Hoffnung auf Verständnis beim Empfänger.

Konzept
Lateinisch
1 Bogen Folio, S. 1–2 beschrieben, S. 4 Außenadresse und Registraturvermerk *Regist(trata).*
HBA G 1262, Nr. 84.

Bucheintrag im Volltext: Ostpr. Fol. 57, S. 482 f.

Nr. 511

[15]66 Mai 7, o. O.

Herzog Albrecht an den Herzog von Florenz [Cosimo von Medici] :

Wegen seines hohen Alters Bedarf an einem in der Chirurgie erfahrenen Arzt; Bitte Herzog Albrechts, ihm gegebenenfalls einen solchen Mann auf seine Kosten zur Verfügung zu stellen und andernfalls einen anderen erfahrenen Arzt zusammen mit einem Chirurgen zu senden; Zusage, die Entlohnung nach Ankunft angemessen zu regeln, und Dankversprechen.

Konzept
Lateinisch
1/2 Bogen Folio, S. 1 beschrieben, S. 2 Außenadresse und Registraturvermerk *Regist(rata).*
HBA G 1262, Nr. 85.

Bucheintrag im Volltext: Ostpr. Fol. 57, S. 489.

Nr. 512

[15]66 Juni 31, o. O.

Herzog Albrecht an Bürgermeister und Ratmannen zu Engen (*civitatis Engensis*):

Vor dem herzoglichen Hofrichter Bekundung des herzoglichen Untertans und Briefzeigers *Matheus a Mölen* und seiner Schwester *Anna*, ein im Gerichtssprengel der Empfänger gelegenes Erbe zu beanspruchen; wegen des Unvermögens von Anna anzureisen, um das ihr zustehende Erbteil zu erbitten und zu empfangen, Bevollmächtigung ihres Bruders Matheus; Bitte des Untertans und seiner Schwester an den Herzog, die Bevollmächtigung den Empfängern bekannt zu geben und sie für die rasche Auslieferung des Erbes zu empfehlen; Entsprechung des Ersuchens durch den Herzog und Hoffnung auf billige, angemessene und unverzügliche Abwicklung der Angelegenheit.

Konzept
Lateinisch
1 Bogen Folio, S. 1–3 beschrieben, S. 4 Außenadresse und Registraturvermerk *Regist(rata).*
HBA G 1262, Nr. 86.

Bucheintrag im Volltext: Ostpr. Fol. 57, S. 524 f.

Nr. 513

1566 November 2, Paris

König Karl [IX.] von Frankreich an Herzog [Albrecht]:

Freude über den Empfang von zehn Falken sowie über den damit verbundenen neuerlichen Wohlwollensbeweis ihm und seiner Krone gegenüber; Freundschaftsversicherung und Bereitschaft, diese unter Beweis zu stellen; *de Laubespine* (*scripsit*).

Ausfertigung
Französisch
1 Bogen Folio, S. 1 beschrieben, S. 4 Außenadresse und Registraturvermerk *66.*
Eigenhändige Ausstellerunterschrift und -siegel.
HBA G 746, Nr. 5. – Altsignatur: 4/31/96 (XXIV).

Nr. 514

1566 Dezember 15, Westminster

Königin Elisabeth von England an Herzog Albrecht:

Empfang eines zu Königsberg datierten Schreibens von [1566] Oktober 7 nebst einem Geschenk in Gestalt von zehn Falken; Freude über die neuerliche Wohltat, Dank und Versprechen eines gelegentlichen Gegenbeweises; *R[ogerus] Aschamus* (*scripsit*).

Ausfertigung
Lateinisch
1 Bogen Folio, S. 1 beschrieben, S. 4 Außenadresse.
Eigenhändige Ausstellerunterschrift und -siegel.
HBA G 746, Nr. 6. – Altsignatur: 4/31/71 (IX).

Nr. 515

[15]67 Januar 13, o. O.

Herzog [Albrecht] an König Karl [IX.] von Frankreich:

Dem Vernehmen des jungen Königsberger Untertans Johann Brand (*Iohannem Brandium*) zufolge Wunsch Brands, zu Paris ein artistisches Studium (*literis operam*) aufzunehmen; wegen der Hoffnung Brands auf große Wirkung einer herzoglichen Empfehlung auf den König, Abfassung dieses Schreibens; Bitte des Herzogs an den König um Erlaubnis für Brand, sich in höchster Not, die die Angehörigen weit entfernter fremder Völker (*nationes*) öfter zu treffen pflegt, an ihn zu wenden, Brand empfohlen zu halten und diesem während seiner Studienjahre zu helfen; Dank und Gefälligkeitsversprechen.

Konzept
Lateinisch
1/2 Bogen Folio, S. 1 beschrieben, S. 2 Außenadresse, Bearbeitungsvermerk *Facta mutatione ad ducem Lotharingiae [Karl III.]* und Registraturvermerk *Regist(rata).*
HBA G 1262, Nr. 87.

Bucheintrag im Volltext: Ostpr. Fol. 57, S. 599.

Nr. 516

[15]67 Februar 2, o. O.

Herzog Albrecht an den Konnetabel Frankreichs, Anne de Montmorency:

Wahrnehmung der besonderen Zuneigung und des ihm entgegengebrachten Wohlwollens in dem letzten der in jährlicher Reihenfolge übermittelten Schreiben; der Inhalt des Briefes sowie die Worte, die der adlige Bote im Namen des Empfängers gesprochen hat, lassen nichts an Bemühungen um den Herzog zu wünschen übrig; wegen der aufrichtigen und ungekünstelten Übermittlung des Empfängerwillens durch den Boten Zuversicht, auch in geeigneter Weise dem Empfänger die Antwort des Herzogs zu übermitteln; Versprechen, sich Montmorency gegenüber stets freundschaftlich und wohlwollend zu erweisen; *iussu cancell(arii) referente Leonhard Gögitz; cancellarius legit, et sit edi iussit.*

Konzept
Lateinisch
1 Bogen Folio, S. 1–3 beschrieben, S. 4 Außenadresse und Registraturvermerk *Regist(rata).*
HBA G 1262, Nr. 88.

Bucheintrag im Volltext: Ostpr. Fol. 57, S. 604 f.

Nr. 517

[15]67 März 24, o. O.

[Herzog Albrecht] an König [Sebastian von] Portugal:

Dem Vernehmen der herzoglichen Untertanen und Königsberger Bürger Johann Köse (*Iohanne Koesen*), Bernhard Derschkau (*Bernardo Derschkaw*), *Iohannes Crinitz* und *Matthia Lohe* nach Verkauf von Handelswaren zu Lissabon und Einkauf von Salz zu Setubal (*ad Sancti Thubes oppidum*) vor zwei Jahren durch den briefzeigenden Schiffer; trotz Beachtung der königlichen Ausfuhrgebote durch den Schiffer Zwang, 300 Dukaten an königliche Amtsträger zahlen; ungeachtet der Anhängigkeit dieser Sache bei Gericht, Abfassung dieses fürsprechenden Schreibens; Bitte an den Empfänger, seine königliche Autorität für eine Rückgabe des Geldes ohne langen Rechtsstreit einzusetzen, und Gegenseitigkeitsversprechen.

Konzept
Lateinisch
1/2 Bogen Folio, S. 1–2 beschrieben, S. 2 Außenadresse, Registraturvermerk *Regist(rata)* und Federproben.
HBA G 1262, Nr. 89.

Bucheintrag im Volltext: Ostpr. Fol. 57, S. 650 f.

Nr. 518

[15]67 April 24, o. O.

[Herzog Albrecht] an König [Karl IX.] von Frankreich:

Aufgrund der allseits bekannten blutsverwandtschaftlichen und freundschaftlichen Beziehungen zwischen König und Herzog Wunsch vieler Reisewilliger, sie beim König mittels eines Schreibens zu empfehlen; Bitte des jungen Briefzeigers *Melchior Schoberus à Penigh* um ein solches Schreiben und Gewährung des Anliegens; Bitte des Herzogs, der Empfehlung stattzugeben und den Bittsteller unter seine Diener aufzunehmen; *retulit cancell(arius).*

Konzept
Lateinisch
1/2 Bogen Folio, S. 1–2 beschrieben, S. 2 Außenadresse und Registraturvermerk *Regist(rata).*
HBA G 1262, Nr. 90.

Bucheintrag im Volltext: Ostpr. Fol. 57, S. 663 f.

Nr. 519

[15]67 Oktober 7, o. O.

Herzog [Albrecht] an König [Philipp II.] von Spanien:

In Fortsetzung der jährlichen Gewohnheit Übersendung von zehn Falken mit der Bitte, sich an ihnen zu erfreuen und sie als Gabe der herzlichen Verbundenheit anzusehen.

Konzept
Lateinisch
1/2 Bogen Folio, S. 1 beschrieben und Bearbeitungsvermerk *Ad regem Hispaniarum, reginam Angliae [Elisabeth], [regem] Franciae [Karl IX.]*, S. 2 Außenadresse und Registraturvermerk *Regist(rata).*
HBA G 1262, Nr. 91.

Bucheintrag im Volltext: Ostpr. Fol. 57, S. 815.

Nr. 520

1567 Dezember 3, Paris

König Karl [IX.] von Frankreich an Herzog [Albrecht]:

Empfang der übermittelten Falken und Dank für das schöne Geschenk und für die ihm und der Krone fortwährend bezeugte Zuneigung; Versicherung seiner Hochschätzung und Versprechen, sich in allen Gelegenheiten erkenntlich zu zeigen; *de Laubespine* (*scripsit*).

Ausfertigung
Französisch
1 Bogen Folio, S. 1 beschrieben, S. 4 Außenadresse und zeitgenöss. Betreff *Falkenbriffe.*
Eigenhändige Ausstellerunterschrift und -siegel.
HBA G 746, Nr. 7. – Altsignatur: 4/31/96 (XXVI).

Nr. 521

1567 Dezember 9, Hampton

Königin Elisabeth von England an Herzog Albrecht:

Empfang eines zu Königsberg datierten Schreibens von [1567] September 26 und eines Geschenkes in Gestalt von 12 Falken vermittels eines herzoglichen Falkners; Freude über das jährlich wiederholte Geschenk, Dank und Hoffnung, noch viele Jahre solche Zuneigungsbekundungen entgegennehmen zu können; *R[ogerus] Aschamus* (*scripsit*).

Ausfertigung
Lateinisch
1 Bogen Folio, S. 1 beschrieben, S. 4 Außenadresse.
Eigenhändige Ausstellerunterschrift und -siegel.
HBA G 746, Nr. 8. – Altsignatur: 4/31/71 (X).

Nr. 522

1568 März 6, London

William Pelham an Herzog Albrecht:

Seit seiner Rückkehr von Preußen nach England beinahe ständiger Aufenthalt außerhalb seines Vaterlandes, um für Vaterland und Fürstin [Königin Elisabeth] zu kämpfen; deswegen Mangel an Gelegenheit, dem Herzog für seine fortwährenden Auf-

merksamkeiten früher zu danken; Abberufung Pelhams aus Zitadellen *(è castris in urbem)* und aus Kriegsverhandlungen durch die Freigebigkeit des Herzogs; Absicht, den Dank an den Herzog mit einer Gegengabe bei der ersten sich bietenden Gelegenheit zu erwidern; Anvertrauung gewisser Geschäfte dem mit Pelhams Schwester verheirateten Briefzeiger durch [Königin Elisabeth] und Einladung, über ihn Zeitung zu erfahren.
Sexto die martii M° D° LXVII°.

Ausfertigung
Lateinisch
1 Bogen Folio, S. 1 beschrieben, S. 4 Außenadresse, zeitgenöss. Rubrum *Willem, ein Englischer, schreibt muster wortt und comendirt sein schwagern* und Registraturvermerk 2.
Eigenhändige Ausstellerunterschrift und -siegel.
HBA G 746, Nr. 9.

Nr. 523

[15]68 Mai 31, o. O.

[Die Regimentsräte] an Herzog [Ludwig von Bourbon-]Condé:

Wegen des unlängst erfolgten Ablebens Herzog Albrechts Abschied für diese jungen briefzeigenden und von Herzog Albrecht besoldeten Musikanten; Bekundung der Musikanten, vor allen anderen dem Empfänger dienen zu wollen; Bitte um Empfehlung, von der sie sich eine leichtere Aufnahme versprechen; Bitte der Absender an den Herzog, die Musikanten eingedenk der Freundschaft mit dem Verstorbenen unter seine Diener aufzunehmen; Versicherung der Dankbarkeit des jungen Herzogs [Albrecht Friedrich] für den gegebenen Fall und Gefälligkeitsversprechen.

Konzept
Lateinisch
1 Bogen Folio, S. 1–2 beschrieben, S. 4 Außenadresse und Registraturvermerk *Regist(rata).*
HBA G 1262, Nr. 92.

Bucheintrag im Volltext: Ostpr. Fol. 57, S. 912 f.

Nr. 524

[15]68 August 8, Heiligenbeil

Herzog Albrecht Friedrich an König [Karl IX.] von Frankreich:

Ableben Herzog Albrechts, seines Vaters, und seiner Mutter [Anna Marie] am 20. März [1568] im Abstand von 16 Stunden; Pflege einer engen Freundschaft zum König durch den Verstorbenen; wegen der Aufrechterhaltung der guten Beziehungen zum König Ausnutzung der Gelegenheit der Reise des jungen Franzosen Jacques de Gauvrière nach Frankreich, um ihm dieses Schreiben für den König mitzugeben; der Herzog wünscht, daß der König von seiner Freundschaft vorbehaltlos überzeugt ist, und bittet, mit ihm dieselbe freundschaftliche und blutsverwandtschaftliche Bindung einzugehen wie mit seinem Vater; Empfehlung Gauvrières, der einige Jahre dem verstorbenen Herzog am Hofe treue Dienste geleistet hat.

Konzept
Lateinisch
1 Bogen Folio, S. 1–2 beschrieben, S. 4 Außenadresse und Registraturvermerk *Regis(trata).*
HBA G 1262, Nr. 93.

Bucheintrag im Volltext: Ostpr. Fol. 57, S. 932–934.

Nr. 525

[15]68 August 8, Heiligenbeil

Herzog Albrecht Friedrich an die Königin[-Mutter] von Frankreich [Katharina von Medici]:

Pflege einer dauerhaften freundschaftlichen Beziehung zur Königin durch seinen Vater, den verstorbenen Herzog Albrecht; Ausnutzung dieser Gelegenheit, um die guten Beziehungen bestätigen und verbessern zu wollen; Bitte, ihm als jungen zur Regierung gelangten Fürsten dasselbe Wohlwollen entgegenzubringen wie seinem Vater, und Diensterbietung.

Konzept
Lateinisch
1 Bogen Folio, S. 1 beschrieben, S. 4 Außenadresse und Registraturvermerk *Regis(trata).*
HBA G 1262, Nr. 94.

Bucheintrag im Volltext: Ostpr. Fol. 57, S. 931 f.

Nr. 526

[15]68 August 8, Heiligenbeil

Herzog Albrecht Friedrich an die Königin[-Mutter] von Frankreich [Katharina von Medici]:

[Inhalt wie Nr. 524]

Konzept
Lateinisch
1 Bogen Folio, S. 1–2 beschrieben, S. 4 Außenadresse, Registraturvermerk *Regis(trata)* und Federproben.
HBA G 1262, Nr. 95.

Nr. 527

[15]68 August 16, Königsberg

Herzog Albrecht Friedrich an den Obersten Gerichtshof Schottlands:

Den herzoglichen Untertanen, denen vor Jahren ein mit Handelswaren beladenes Schiff auf Befehl eines schottischen Admirals genommen worden ist, zufolge Empfehlung ihrer Angelegenheit durch Herzog Albrecht; mit Hilfe des Gerichtshofes Beförderung der Sache durch den Bevollmächtigten der Geschädigten Merten von Höfen bis zur letztinstanzlichen Zusprache der Güter; jedoch Freigabe der Güter zum Verkauf durch die Gegenpartei; trotz der Bevollmächtigung Höfens Entstehung von ihn zur Aufgabe der Verhandlungen und zur Heimkehr zwingenden Hindernissen; häufige Erwägungen der Geschädigten, Merten von Höfen durch einen anderen Bevollmächtigten zwecks Beendigung des langwierigen Streites zu ersetzen, und zusammen mit anderen Betroffenen Anrufung der Könige von Dänemark [Friedrich II.] und Schweden [Erich XIV.]; nach langer Zeit Annahme einer gemäß einem Rechtsspruch gefällten Entschädigung, Entmächtigung Höfens und Bevollmächtigung des herzoglichen Untertans Christoph Ungermann (*Christopherus Vngermannus*) mit der Vertretung ihrer Interessen; Empfehlung Ungermanns und Bitte des Herzogs, demselben bei der unverzüglichen Erfüllung seiner Aufgabe behilflich zu sein und ihn wie auf Bitte seines verstorbenen Vaters empfohlen zu halten; Dank und Gefälligkeitversprechen.

Konzept
Lateinisch
1 Bogen Folio, S. 1–2 beschrieben, S. 4 Außenadresse und Registraturvermerk *Regist(rata).*
HBA G 1262, Nr. 96.

Bucheintrag im Volltext: Ostpr. Fol. 57, S. 935–937.

Nr. 528

[15]68 September 28, o. O.

[Herzog Albrecht Friedrich] an Königin [Elisabeth] von England:

Heimreise des portugiesischen Jesuiten (*Lusitanus miles Iesu Christi*) *Bernhardus Barreta de Britto* und Zwischenaufenthalt des mit Empfehlungsschreiben des polnischen Königs [Sigismund II. August] und der Magnaten des Großfürstentums Litauen versehenen Britto beim Herzog; vor einigen Jahren Verbannung des Jesuiten aus seinem Vaterland aufgrund irgendwelcher Verdächtigungen, aber Hoffnung Brittos, nunmehr sicher zurückkehren zu können; Ersuchen Brittos an den Herzog, ihn der Empfängerin mittels eines Schreibens zu empfehlen; trotz der bekannten spontanen Hilfsbereitschaft der Königin Verbannten gegenüber Hoffnung des Bittstellers, mit

Hilfe eines vermittelnden herzoglichen Schreibens Audienz bei ihr zu erhalten; Bitte des Herzogs an die Königin, Britto eine Aufenthaltserlaubnis bis zur gefahrlosen Rückkehr in seine Heimat auszustellen; Dank, Gefälligkeitsbekundung und Versprechen Brittos, sich der ihm erwiesenenen Wohltat würdig zu erweisen; *commissio do(mini) truchsessii curiae magistri.*

Konzept
Lateinisch
1 Bogen Folio, S. 1–2 beschrieben, S. 1 Bearbeitungsvermerk *Praemissis praemittendis*, S. 4 Außenadresse und Registraturvermerk *Regis(trata).*
HBA G 1262, Nr. 97.

Bucheintrag im Volltext: Ostpr. Fol. 57, S. 945.

Nr. 529

[15]68 Oktober 6, o. O.

[Herzog Albrecht Friedrich] an König [Philipp II.] von Spanien:

Dem Vernehmen der herzoglichen Regimentsräte (*ex gubernatoribus consiliariis nostris*) zufolge Pflege des guten Verhältnisses zum Empfänger durch seinen Vater, den verstorbenen Herzog Albrecht; Absicht, in dieser Hinsicht in die Fußstapfen des Verstorbenen zu treten; aus dem kurz nach dem Ableben des Herzogs ergangenen Schreiben des Königs Entnahme des Gefallens an den jährlichen Falkengeschenken; deswegen Übersendung von Beizvögeln mittels des briefzeigenden herzoglichen Falkners mit der Bitte, das Geschenk anzunehmen, sich daran zu erfreuen und dem Herzog dieselbe Zuneigung entgegenzubringen wie seinem Vater; Versprechen des Herzogs, die jährliche Gewohnheit der Falkensendung nicht nur während seiner Minderjährigkeit, sondern auch später aufrechtzuerhalten.

Konzept
Lateinisch
1/2 Bogen Folio, S. 1–2 beschrieben, S. 2 Bearbeitungvermerke *Regi Hispaniarum 10, regi Franciae [Karl IX.] 8, reginae Angliae [Elisabeth] 8* und Registraturvermerk *Regist(rata).*
HBA G 1262, Nr. 98.

Bucheintrag im Volltext: Ostpr. Fol. 57, S. 950 f.

Nr. 530

[1544 – 1568] o. O.

Der Edelmann *Ioannes Antonius Magnaninus* aus Ferrara an [Herzog Albrecht]:

Hoffnung des in beiderlei Recht kundigen Absenders, beim Herzog als Mäzen der italienischen Nation in seiner Not Zuflucht zu finden; wegen der Förderung von Universität und Studium durch den Herzog Bitte um Unterstützung.

Ausfertigung
Lateinisch
1 Bogen Folio, S. 1–2 beschrieben, S. 4 zeitgenöss. Betreff *Ioannis Antonii.*
Eigenhändigkeit

Beilage

Kurzregest von Hand des 19. Jahrhunderts

1 Blatt (35,8 cm x 20,4 cm) S. 1 beschrieben.
HBA G 749, Nr. 17. – Altsignatur: 3/41/85.

Nr. 531

[1525 – 1568] o. O.

Cornelius Claweßön und *Dudo Dierckßön* aus Holland an [Herzog Albrecht]:

Bittgesuch trotz wichtiger Geschäfte und ungeachtet der Altersschwachheit des Herzogs; hinsichtlich des kürzlich veröffentlichten herzoglichen Auslaufverbots für Schiffe von über 70 Last Tragfähigkeit Hoffnung, von diesem Verbot ausgenommen zu sein aufgrund des Mandats des burgundischen Hofes [zu Brüssel] vom 16. März, keine Frachten für Feinde zu übernehmen; hohe Unkosten für die Schiffsbesatzung während der winterlichen Liegezeit; Bitte um Erlaubnis zum Auslaufen und Versicherung, die Gefahr einer Kaperung durch Schweden auf sich zu nehmen in der Hoffnung auf Einhaltung einer für solche Fälle gemachten Zusage des schwedischen Königs an den burgundischen Hof; Kunde von der ungehinderten Fahrt durch den Sund und Angebot, dem Herzog eine Kaution als Sicherheit für das Versprechen zu stellen, ohne Zwischenaufenthalte und ohne Übernahme von Feindesfracht nach Westen zu segeln.

Abschrift
2 Bogen Folio, S. 3–8 beschrieben.
HBA G 749, Nr. 18. – Altsignatur: 4/28/20.

Nr. 532

1569 März 1, Toul ?

[König] Karl [IX. von Frankreich] an Herzog [Albrecht Friedrich]:

Empfang von Vögeln; Rühmung der aus dem Herzogtum stammenden [Jagdfalken] als die besten ihrer Art; außergewöhnlich gute Pflege der Tiere durch den Überbringer, den der König für weitere Aufträge empfiehlt; *de Laubespine* (*scripsit*).

Ausfertigung
Französisch
1 Bogen Folio, S. 1 beschrieben, S. 4 Außenadresse.
Eigenhändige Ausstellerunterschrift und Siegelspuren.
HBA G 746, Nr. 10. – Altsignatur: 4/31/96 (XXV).

Nr. 533

1569 März 20, Escorial

König Philipp [II.] von Spanien an Herzog Albrecht Friedrich:

Empfang eines Schreibens nebst einem Geschenk in Gestalt von zehn Falken vermittels des briefzeigenden herzoglichen Falkners; Dank und Freude über die in der Tradition des verstorbenen Herzogs [Albrecht] stehenden Freundschaftsbezeugung; Trauer des Königs über das Ableben des alten Herzogs und Versprechen, sich dem Empfänger gelegentlich gefällig zu erweisen; *P[.] Pfintzino* (*scripsit*).

Ausfertigung
Lateinisch
1 Bogen Folio, S. 1–2 beschrieben, S. 4 Außenadresse und zeitgenöss. Betreff *Falckenbrieff aus Hispania anno [15]69 (ten).*
Eigenhändige Ausstellerunterschrift und -siegel.
HBA G 746, Nr. 11. – Altsignatur: 4/31/98 (XI).

Nr. 534

[15]69 April 27, Johannisburg

[Herzog Albrecht Friedrich] an Königin [Elisabeth] von England:

Aus der zu den Amtspflichten eines Fürsten gehörenden Sorge für das Wohl und den Nutzen der Untertanen und eingedenk der Freundschaft zwischen seinem verstorbenen Vater [Herzog Albrecht] und der Empfängerin häufige Empfehlung vieler, besonders den Gefahren des Meeres ausgesetzter Leute an die Königin; Bitte des herzoglichen Untertans und Königsberger Bürgers, Bernhard Derschkau, sich bei der Königin für die Genehmigung einer freien und sicheren Schiffahrt in ihrem gesamten Herrschaftsbereich (*imperium*) zwecks Ein- und Ausfuhr von Handelswaren einzusetzen; Bitte des Herzogs an die Königin, dem Anliegen des untadeligen Untertans zu entsprechen; Dank und Gegenseitigkeitsversprechen.

Konzept
Lateinisch
1 Bogen Folio, S. 1–2 beschrieben, S. 4 Außenadresse, Registraurvermerk *Registratum* und Federproben.
HBA G 1263, Nr. 1.

Bucheintrag im Volltext: Ostpr. Fol. 57, S. 1001 f.

Nr. 535

[15]69 Juli 18, o. O.

[Die Regimentsräte] an Königin [Elisabeth] von England:

Anliegen der herzoglichen Untertanen und Bürger von Königsberg-Kneiphof *Lucas* und *Aschuerus Hagemeister* sowie Johann Köse in beiliegendem Schreiben; Hoffnung der Bittsteller, mit Hilfe eines Empfehlungsschreibens die ihnen abgenommenen Handelswaren leichter zurückzubekommen; deswegen Bitte der Absender an die Königin, die Rückgabe der Waren an den Briefzeiger anzuordnen; Dank und Gefälligkeitsversprechen.

Konzept
Lateinisch
1/2 Bogen Folio, S. 1 beschrieben, S. 2 Außenadresse und Registraturvermerk *Registratum.*

Bucheintrag im Volltext: Ostpr. Fol. 57, S. 1008 f.

Beilage

[o. D. u. o. O.]

Die Bürger von Königsberg-Kneiphof Lucas und Aschuerus Hagemeister und Johann Köse an die [Regimentsräte]:
Beauftragung des Hamburger Schiffers *Lucas Borkhart* mit der Verfrachtung von 45 Last und neun Tonnen Pottasche unter dem Zeichen , von 10 Last Asche unter dem Zeichen , von 10 Last Weizen und von vier mit den Nummern 1 – 4 und dem Zeichen  kenntlich gemachten Ballen Memeler Leinwand nach Amsterdam in Niederdeutschland (*Germaniam inferiorem*) oder nach Emden in Friesland; Benachrichtigung von der Kaperung des angemieteten Schiffes durch eine englische Flotte; Bitte

um ein Empfehlungsschreiben an die englische Königin mit der Ausweisung der Warenbesitzer als Untertanen des preußischen Herzogs Albrecht Friedrich und mit dem Ersuchen an die Königin um Rückgabe der genommenen Waren; Dank und Gefälligkeitsversprechen.

Konzept
Lateinisch
1/2 Bogen Folio, S. 1–2 beschrieben, S. 2 Bearbeitungsvermerk *Hirauf soll eine latheinische vorschrift in der h[erren] regenten nhamen an die königin in Englandt gemacht und diese supplication eingelegt werd(en); iussu burgrabii [Christoph von Kreytzen] ex relatione Donati.*
HBA G 1263, Nr. 2.

Nr. 536

[15]69 August 17, o. O.

[Herzog Albrecht Friedrich] an Königin [Elisabeth] von England wegen der Ausfuhr von Marmor:

[Deutsche Übersetzung: Ehrenberg, Nr. 513, S. 202]

Konzept
Lateinisch
1/2 Bogen Folio, S. 1 beschrieben, S. 2 Außenadresse, Beglaubigungsvermerke *[Manu] propria script(um)* und *[Manu] propria script(um)* sowie Registraturvermerk *Registratum.*
HBA G 1263, Nr. 3.

Bucheintrag im Volltext: Ostpr. Fol. 57, S. 1023.

Nr. 537

[15]69 September 16, Königsberg

[Herzog Albrecht Friedrich] an Königin [Elisabeth] von England:

Nach der Rückkehr von seinem Besuch beim polnischen König [Sigismund II. August] Bericht der Regimentsräte von einem im Juli an die Empfängerin abgegangenen Empfehlungsschreiben für die herzoglichen Untertanen und Bürger von Königsberg-Kneiphof, Lucas und Aschuerus Hagemeister und für Johannes Köse, mit der Bitte um Rückgabe ihres mit Handelswaren beladenen und von einer englischen Flotte gekaperten Schiffes; dem Vernehmen der Geschädigten nach Ausbleiben der Rückgabe; zur Vermeidung von Verlusten für die Geschädigten Bitte an die Königin, ihrem Flottenbefehlshaber aufzuerlegen, unbefangen *Henricus Beijer*, den Bevollmächtigten der Königsberger, zu empfangen; Vertrauen des Herzogs auf Unterstützung angesichts der friedlichen Beziehungen zur Königin und Gefälligkeitsversprechen.

Konzept
Lateinisch
1 Bogen Folio, S. 1–2 beschrieben, S. 4 Außenadresse und Registratrurvermerk *Registratum*.
HBA G 1263, Nr. 4.

Bucheintrag im Volltext: Ostpr. Fol. 57, S. 1027.

Nr. 538

[15]69 September 25, o. O.

Herzog Albrecht Friedrich an Königin Johanna von Navarra:

Betroffenheit des Herzogs über den Bericht des königlichen Gesandten *Pezines* vom Zustand des Königreiches Frankreich und von den Mächtigen unter den Anhängern der wahren evangelischen Lehre sowie über das königliche Schreiben zu Unternehmungen der Papisten (*pontificorum*); Entsetzen über das unablässige Morden und Vergießen christlichen Blutes; Absicht des Herzogs, seinen Schmerz nicht nur durch Worte, sondern auch bei Gelegenheit durch Taten zu beweisen; Verhinderung des eigenmächtigen Handelns durch die Vormundschaft des polnischen Königs [Sigismund II. August] über den noch nicht erwachsenen Herzog; deswegen Bitte um Entschuldigung; Bitte bei Gott um Beendigung der kriegerischen Auseinandersetzungen und um Frieden und Versprechen, nach Möglichkeit alles zu tun, um bei Fortdauer der Verfolgung der christlichen Kirche ihre Feinde zu bekämpfen.

Konzept
Lateinisch
1 Bogen Folio, S. 1–2 beschrieben, S. 2–3 Bearbeitungsvermerk *Die meinung dieses briefes hatt mir der secretarius Dargitz durch Anthonium Kohll antzeig(en). Ich hab die copei gefertiget unnd Dargitzen durch den cantzlejknecht mitt dieser antzeig zugeschickt. Weill keiner von den h(erren) regenten alhie ohne den burggraf(en) [Christoph von Kreytzen], wuste ichs uber mich nicht zu nehmen. Dargitz hat dem burggrafen ueber ubersendung der copei, die beratschlaget werden muste, soliches weiter antzeig(en) lassen, welcher bevohlen, die copej zu transferieren, alß soliches gescheh(en), unnd der burggraff die translation abgehoret, hatt ers bevohlen also zu fertig(en), meinem g(nedigen) h(erren) zur underschreibung zuzuschick(en) unnd abgeh(en) zu lassen; actum den 22. und 23. Septemb(er) anno [15]69*, Außenadresse, Beglaubigungsvermerk (*subscriptum*) und Registraturvermerk *Registratum*.

Beilage

Deutsche Übersetzung

1 Bogen Folio, S. 1–3 beschrieben, S. 4 Bearbeitungsvermerk *Ann die konigin Johanna zu Nauarra unnd per mutationem ann andere h(erre)n zu Franckreich*.
HBA G 1263, Nr. 5.

Bucheintrag im Volltext: Ostpr. Fol. 57, S. 1028 f.

Nr. 539

1569 September 25, Königsberg

Herzog Albrecht Friedrich an den zu Fürsten Deutschlands von der Königin Johanna von Navarra gesandten *Pezines*:

Schmerzliche Kenntnisnahme des Schreibens der Königin über den Zustand Frankreichs und der dortigen Sache des Christentums; in dem ihm zu übermittelnden Antwortschreiben Erläuterung der Zeitumstände und deren Erfordernisse; Auftrag an den Empfänger, sein Schreiben der Königin auszuhändigen und den Herzog ihr zu empfehlen; Vertrauen auf Unterrichtung der übrigen, dem Herzog teilweise unbekannten Herren durch die Königin.

Konzept
Lateinisch
1/2 Bogen Folio, S. 1 beschrieben und Bearbeitungsvermerk *Diesen inhalt hab ich dem h(errn) burggrafen [Christoph von Kreytzen] vordeutschet, hatt es approbiret unnd abzufertigen bevohlen*, S. 2 Außenadresse und Registraturvermerk *Registrat(um)*.
HBA G 1263, Nr. 6.

Bucheintrag im Volltext: Ostpr. Fol. 57, S. 1030.

Nr. 540

[15]69 Oktober 29, o. O.

Herzog Albrecht Friedrich an Königin [Elisabeth] von England:

Entsendung des briefzeigenden herzoglichen Dieners *Melchioris ab Holten* zum Kauf von 20 Bündeln weißen Tuches für den herzoglichen Hof; Beauftragung des Käufers, vor Ort für die Einfärbung des Tuches und für die Verschiffung zu sorgen; Abfassung dieses Schreibens, um die Abwicklung des Handels zu vereinfachen; Bitte um die Einkaufs- und die zollfreie Ausfuhrerlaubnis; Dank und Gefälligkeitsversprechen.

Konzept
Lateinisch
1/2 Bogen Folio, S. 1 beschrieben, S. 2 Außenadresse, Kanzleivermerk *Hinc desumpto medio fiant litterae passuum*, Registraturvermerk *Registrat(um)* und Federproben.
HBA G 1263, Nr. 7.

Bucheintrag im Volltext: Ostpr. Fol. 57, S. 1035.

Nr. 541

[1569/70, La Rochelle]

Königin [Johanna] von Navarra, Fürst [Heinrich] von Navarra und Fürst [Heinrich I. von Bourbon-]Condé an König [Karl IX.] von Frankreich:

Übermittlung folgender Friedensvorschläge: 1. Freiheit der Religionsausübung, 2. Wiedererlangung aller Güter, Würden und Ämter, 3. Abgabe ausreichender Sicherheitsgarantien, 4. gemäß der zu Paris überreichten *confession* Ausübung der reformierten Religion in allen Orten sowie Freiheit in der Predigt, bei Taufen, Eheschließungen und anderen Handlungen, 4. Aufhebung aller gegen sie und ihre Anhänger verkündeten Urteile und Amnestie für die mit auswärtigen Mächten eingegangenen Bündnisse, 5. Wiedereinsetzung in alle Würden, Befehlsgewalten und Ämter gemäß dem Stand vor der Empörung, 6. künftige Beachtung der Vorschläge durch den König.

Abschrift
1 Bogen Folio, S. 1–3 beschrieben, S. 4 zeitgenöss. Betreff *Verteutsche copei der articul durch der khunigin vonn Nauarren und baider prijntzen, ires sohns und Conde, abgeordtneten der kho(niglichen) wirden zw Franckhreich ubergebenn vonn wegenn gemaijner pacification.*

1570 Februar 3, Angers

König [Karl IX.] von Frankreich an Königin [Johanna] von Navarra, Fürst [Heinrich] von Navarra und Fürst [Heinrich I. von Bourbon-]Condé:

Bewilligung folgender Punkte: 1. Außerachtlassung aller bisherigen Ereignisse, 2. Freiheit vor der gerichtlichen und persönlichen Strafverfolgung unter Androhung von Strafen gegen Zuwiderhandelnde, 3. Aufhebung aller ergangenen Urteile, 4. Billigung der mit auswärtigen Mächten eingegangenen Bündnisse und Verträge, 5. Restitution von Ehren und Gütern, 6. Restitution von Ämtern, Befehlsgewalten und Pensionen, 7. freie Religionsausübung in den Häusern und Gewährung zweier Städte zur Sicherheit unter Aufsicht eines zur Wahrung der königlichen Autorität eingesetzten Edelmannes, aber Verbot der Ausübung anderer als der königlichen Religion außerhalb der beiden Städte; zur Vermeidung von erneuten Ungerechtigkeiten und wegen Geldknappheit Ablehnung, die ausgegebenen niederen Justiz- und Finanzämter zu restituieren; Unvermögen, die königlichen Erlasse unausgeführt zu lassen, wegen der Klagen und Forderungen der katholischen Geistlichkeit nach Wiedergutmachung der erlittenen Schäden; Verpflichtung des Königs, beiden Seiten Recht und Billigkeit widerfahren zu lassen; Veröffentlichung der in gutem Glauben geäußerten königlichen Zusicherungen durch die Parlamente und andere Gerichte; Forderung des Königs nach Auflösung aller Bündnisse und Verträge mit auswärtigen Mächten; Verbot aller ungenehmigten Versammlungen; Entlassung der fremden Kriegsvölker binnen eines Monats nach Inkrafttreten dieser Pazifikation ohne Schädigung des Königreiches und seiner Untertanen und unter Begleichung des rückständigen Soldes durch die Auftraggeber; Entwaffnung und Übergabe der festen Plätze.

Abschrift
2 Bogen Folio, S. 1–7 beschrieben, S. 8 zeitgenöss. Betreff *Khunigliche Frantzösische resolution unnd erclerunge uber der admiralischen khriegsparthey gestelte friedennßartickel unnd begernn* und Bearbeitungsvermerk *Aussm Frantzösisch(en) verteutsch.*

Beilage

Kurzregesten von Hand des 19. Jahrhunderts

1 Blatt (26 cm x 21 cm), S. 1 beschrieben, S. 2 *Instruction des Königs von Polen [Sigismund I.] für seine Gesandten bei dem Kaiser [Karl V.] und Römischen Könige [Ferdinand I.], betreffend die Preußische Acht, o. D. (wie es scheint aus der Zeit des Reichstages von Regensburg 1532).*
HBA G 746, Nr. 12. – Altsignatur: 4/21/68.

Nr. 542

[15]70 August 8, Königsberg

Herzog Albrecht Friedrich an König [Philipp II.] von Spanien:

Dem Vernehmen des briefzeigenden *Iohannes Gerberus* zufolge Anstellung Gerberus' als Diener Kaiser Maximilians II.; Hoffnung des Briefzeigers, mit Hilfe eines herzoglichen Empfehlungsschreibens seinem Wunsch näher zu kommen, dem Empfänger zu dienen; Bitte des Herzogs an den König, den Bittsteller nach Möglichkeit unter seine Diener aufzunehmen; Dank für den gegebenen Fall.

Konzept
Lateinisch
1 Bogen Folio, S. 1–2 beschrieben, S. 4 Außenadresse, Beglaubigungsvermerk *[Manu] propria (subscriptum)*, Registraturvermerk *Registratum* und Federproben.
HBA G 1263, Nr. 8.

Bucheintrag im Volltext: Ostpr. Fol. 58, S. 68 f.

Nr. 543

[15]70 August 18, Königsberg

Herzog Albrecht Friedrich an Königin [Elisabeth] von England:

Gefährdung der Schiffahrt in diesen sehr unruhigen Zeiten; Absicht des Schiffers und herzoglichen Untertans *Ioachimus Clostermannus*, mit seinem „Jäger" (*venatoris nomen*) genannten Schiff Handelswaren so sicher wie möglich nach Westen zu verfrachten, wozu er ein herzogliches Schreiben erbeten hat; deswegen Empfehlung des

Bittstellers an die Königin; Bitte des Herzogs, Clostermannus empfohlen zu halten und ihn bei Schwierigkeiten nicht im Stich zu lassen; *permissum burg(gravii); truchsses [!], vicecancell(arius) legit.*

Konzept
Lateinisch
1 Bogen Folio, S. 1–2 beschrieben, S. 4 Außenadresse mit vollständigem Titel und *Registraturvermerk* Registrat(um).
HBA G 1263, Nr. 9.

Bucheintrag im Volltext: Ostpr. Fol. 58, S. 71 f.

Nr. 544

[15]70 September 15, Königsberg

Herzog Albrecht Friedrich an Königin [Elisabeth] von England:

Entsendung der mit Getreide und Hanf beladenen „Bär" *(ursi cognomen)* unter dem Schiffer *Arnoldus Fosbringius* durch den herzoglichen Untertan und Königsberger Bürger Bernhard Derschkau; in der Hoffnung auf das königliche Wohlwollen in dieser gefahrvollen Zeit Ersuchen eines herzogliches Empfehlungsschreibens durch Derschkau; Bitte des Herzogs, dem Schiffer freie und sichere Seefahrt in Anbetracht dieses fürsprechenden Schreibens und der guten, in religiösen Dingen gepflegten Nachbarschaft zu gewähren und dem Schiff sichere Aufnahme in den königlichen Häfen zu gestatten; Gegenseitigkeitsversprechen.

Konzept
Lateinisch
1/2 Bogen Folio, S. 1 beschrieben, S. 2 Außenadresse und Registraturvermerk *Registratum.*
HBA G 1263, Nr. 10.

Bucheintrag im Volltext: Ostpr. Fol. 58, S. 76 f.

Nr. 545

[15]70 September 28, o. O.

[Herzog Albrecht Friedrich] an König [Philipp II.] von Spanien:

Einem Schreiben des Königs zufolge dankbare Aufnahme der diesem im Jahr zuvor übersandten Falken; Absicht des Herzogs, die von seinem verstorbenen Vater [Herzog Albrecht] gleichsam ererbte Gewohnheit der jährlichen Falkensendungen fortzusetzen; deswegen Übermittlung von sechs Falken mit dem Wunsch, sie unversehrt in die Hände des Königs gelangt zu wissen, damit der König sich an ihnen erfreuen kann; *Enoch Baumgartner secretarius, [manu] propria* (*subscriptum*).

Abschrift
Lateinisch
Ostpr. Fol. 58, S. 77 f. mit den Adressen *Regi Hispaniarum, Franciae [Karl IX.], Angliae [Elisabeth], magistro stabuli reginae Angliae domino Roberto Doddele comiti de Lessiter.*

Nr. 546

[15]70 September 28, Königsberg

Herzog Albrecht Friedrich an Robert Dudley, Graf von Leicester:

In Fortsetzung der alljährlichen, von seinem verstorbenen Vater [Herzog Albrecht] gleichsam ererbten Gewohnheit Übersendung von Falken an die englische Königin [Elisabeth]; in der Erwartung, nicht ungelegen zu kommen, Übermittlung von zwei unlängst gefangenen Falken an Dudley durch den briefzeigenden herzoglichen Falkner; der Herzog wünscht Dudley den Empfang unversehrt gebliebener Tiere, damit dieser sich an ihnen erfreuen kann; *sine ulla alia subscriptione*.

Konzept
Lateinisch
1/2 Bogen Folio, S. 1 beschrieben, S. 2 Außenadresse, Beglaubigungsvermerk *[manu] propria* (*subscriptum*) und Registraturvermerk *Registratum*.
HBA G 1263, Nr. 11.

Vgl. Bucheintrag: Ostpr. Fol. 58, S. 77 f.

Nr. 547

[15]70 September 29, Amsterdam

Hennerich Hoffemann an den herzoglichen Kanzler Johann von Kreytzen:

Am Vortag Empfang des beiliegenden Eilbriefes durch einen aus Speyer kommenden Boten Christoph Schenks [von Tautenberg] mit der Aufforderung, das Schreiben an den Empfänger ungeachtet der Kosten rasch weiterzuleiten; Auftrag an den Boten, auf eine Antwort zu warten; Entlohnung desselben durch Hoffemann.

Behändigte Ausfertigung
1 Bogen Folio, S. 1 beschrieben, S. 4 Außenadresse, Empfangsvermerk *Ankommen zu Konigsberg, den 20 octob(ris) 1570*, zeitgenöss. Betreff *Doctor [Christoph] Jonas sreiben an h(errn) cantzlern vo(n) Speier im reichstage etc.* und Registraturvermerk 2.
Eigenhändigkeit mit Unterschrift

Beilage

Kurzregest von Hand des 19. Jahrhunderts

1 Blatt (34,7 cm x 19,5 cm), S. 1 beschrieben.
HBA G 746, Nr. 13. – Altsignatur: 1/9/21.

Nr. 548

[15]70 November 2, Königsberg

Herzog Albrecht Friedrich an Königin [Elisabeth] von England:

Erwerb eines zu Königsberg erbauten Schiffes vom dortigen Ratsherrn Martin Wintmöller durch den Thorner Ratsherrn Nikolaus von Linden und seinen Bruder und Danziger Bürger, Johannes, sowie durch den Königsberger Bürger Sigismund Scharff [von Werth]; Befrachtung des Schiffes mit Leinwand und anderen preußischen Waren, die sie dem Königsberger *Clemens Wolterson* zur Verschiffung nach Lissabon anvertraut haben; Ausbruch eines geringfügigen Streites zwischen dem Schiffer und denjenigen, die das Schiff für ein feindliches hielten; Kaperung und Entführung des Schiffes in das Königreich; Verkauf der Handelswaren zu London und Festhalten des Schiffes; wegen der unbelasteten Beziehungen zwischen Preußen und England Ersuchen der Geschädigten an den Herzog um Fürsprache bei der Königin zwecks Rückgabe von Schiff und Waren; Bitte des Herzogs an die Königin, diesem herzoglichen Schreiben Glauben zu schenken und den Geschädigten ihr Gut zurückzugeben.

Konzept
Lateinisch
1 Bogen Folio, S. 1–2 beschrieben, S. 4 Außenadresse und Registraturvermerk *Registrat(um)*.
HBA G 1263, Nr. 12.

Bucheintrag im Volltext: Ostpr. Fol. 58, S. 93 f.

Nr. 549

[1570 Juni 4 – Dezember 31], o. O.

Instruktion der Prinzen von Navarra [Heinrich] und Condé [Heinrich I.] und des Admirals [Gaspard de Coligny] an den Herrn von Argendien für die Fürsten der Augsburger Konfession:

Unlängst eingekehrter Frieden und großer Nutzen durch die Hilfe der Stände der Augsburger Konfession; Friedensangebot des französischen Königs [Karl IX.] im Oktober [1569] nach der Niederlage der [Hugenotten bei Jarnac], Zusicherung der

Gewissensfreiheit ohne Recht auf freie Religionsausübung und Ablehnung des Angebotes durch die [Hugenotten]; Entsendung des Herrn von Biron [Armand de Gontaut] und des Geheimen Rates des Königs *Malasisse* durch den König mit dem Angebot der Religionsausübung in Adelshäusern und der Ämterrestitution; Annahme der Friedensbedingungen; Verkündigung des Friedens durch den König mittels Edikt [von Saint-Germain]; Zustandekommen des Friedens mit Hilfe des verstorbenen Pfalzgrafen Wolfgang [von Zweibrücken] und mit Beistand der während der Hochzeitsfeierlichkeiten des Pfalzgrafen [Johann] Kasimir versammelten Fürsten; Dank und Bitte an die Kurfürsten und Fürsten, den König zum Friedensschluß zu beglückwünschen und ihn zur Aufrechterhaltung des Friedens zu ermahnen.

Abschrift
2 Bogen Folio, S. 1–7 beschrieben.

Beilage

Kurzregest von Hand des 19. Jahrhunderts.

1 Blatt (37,2 cm x 20,9 cm), S. 1 beschrieben.
HBA G 749, Nr. 19. – Altsignatur: 4/21/14.

Nr. 550

1571 Januar 5, Villers-Cotterêts

[König] Karl [IX. von Frankreich] an Herzog [Albrecht Friedrich]:

Empfang eines Schreibens von [1570] September 28; Versicherung der königlichen Zuneigung, Dank für die vom Briefzeiger überstellten acht Falken und Hoffnung, beim Flug der Tiere Vergnügen zu finden; Wunsch nach einer Gelegenheit zu einer Gegenleistung; *Pinart* (*scripsit*).

Behändigte Ausfertigung
Französisch
1/2 Bogen Folio, S. 1 beschrieben, S. 2 Eingangsvermerk *Aug[ust 15]71* und Außenadresse.
Eigenhändige Ausstellerunterschrift und Siegelspuren.
HBA G 746, Nr. 14. – Altsignatur: 4/31/96 (XXVII).

Nr. 551

1571 Februar 25, Aranjuez

König Philipp II. von Spanien an Herzog Albrecht Friedrich:

Empfang von sechs unversehrt gebliebenen Falken nebst einem Schreiben von [1570] September 28; Hoffnung, bei der von ihm fleißig gepflegten Beizjagd mit den Vögeln Vergnügen zu finden und dabei des Herzogs zu gedenken; *Gab[rielo] à Zaýas* (*scripsit*).

Ausfertigung
Lateinisch
1 Bogen Folio, S. 1 beschrieben, S. 2 Außenadresse und zeitgenöss. Betreff *Der khonig von Hispanien bedanket sich hoch der zugeschigten 6 falk[en], geben in Hispanien an [dem] Tago den 15 febr[uarii 15]71.*
Eigenhändige Ausstellerunterschrift und -siegel.
HBA G 746, Nr. 15. – Altsignatur: 4/31/98 (XII).

Nr. 552

1571 März 29, Greenwich

Königin Elisabeth von England an Herzog Albrecht Friedrich:

Freude über die unlängst nebst einem Schreiben zugesandten vier Falken und Dank; tiefes Schuldgefühl infolge der vom verstorbenen Herzog [Albrecht] erwiesenen ständigen Aufmerksamkeiten und Versprechen, sich dem Herzog gelegentlich erkenntlich zu zeigen.

Ausfertigung
Lateinisch
1 Bogen Folio, S. 1 beschrieben, S. 4 Außenadresse.
Eigenhändige Ausstellerunterschrift und Siegelreste.
HBA G 746, Nr. 16. – Altsignatur: 4/31/71 (XI).

Nr. 553

1571 März 29, Greenwich

R[obert Dudley, Graf von] Leicester an Herzog Albrecht Friedrich:

Empfang eines Schreibens nebst fünf [!] Falken; dem Brief zufolge Übergabe von vier Vögeln an Königin [Elisabeth]; Freude der Königin über das Geschenk wegen ihrer

Vorliebe für die Beizjagd; Dank der Königin und Versprechen, den Herzog in guter Erinnerung zu behalten; Dank Dudleys für die beiden für ihn bestimmten Falken und Versicherung, sich in jeder Angelegenheit erkenntlich zu erweisen.

Ausfertigung
Lateinisch
1 Bogen Folio, S. 1 beschrieben, S. 4 Außenadresse und zeitgenöss. Kanzleivermerk *a(nno) [15]70.*
Eigenhändige Ausstellerunterschrift und Siegelreste.
HBA G 746, Nr. 17. – Altsignatur: 4/31/81 (I).

Nr. 554

[15]71 Mai 30, [Königsberg]

[Herzog Albrecht Friedrich] an Königin [Elisabeth] von England:

Im Verlauf des französichen Krieges (*durante bello et dissidio Gallico*) Kaperung zweier dem herzoglichen Untertan und Königsberger Bürger Bernhard Derschkau gehörender Schiffe für Kriegszwecke des Fürsten [Wilhelm] von Oranien (*Vrania*); Hoffnung Derschkaus, mit Hilfe der herzoglichen Fürsprache bei der Königin die gerichtliche Verfolgung der im Königreich aufgefundenen Piraten zu erreichen; Bitte des Herzogs an die Königin, dem Geschädigten behilflich zu sein, und Gegenseitigkeitsversprechen.

Konzept
Lateinisch
1/2 Bogen Folio, S. 1 beschrieben, S. 2 Außenadresse zeitgenöss. Rubrum *Ad reginam Angliae pro Bernhardo Derschkouio, cui binae naves à quibusdam piratis interceptae sunt* und Registraturvermerk *Registra(tum).*
HBA G 1263, Nr. 13.

Bucheintrag im Volltext: Ostpr. Fol. 58, S. 172 f.

Nr. 555

1571 Juni 5, Kopenhagen

Charles de Danzay an Herzog Albrecht Friedrich:

Dem Vernehmen des *Ioannes ab Eisleben* nach Beauftragung durch den Herzog, sich bei Danzay über den Wahrheitsgehalt von Gerüchten hinsichtlich Kriegsvorbereitungen gegen den Herzog und die Seinen zu erkundigen; Dementierung der Gerüchte und Versprechen, unverzüglich auf alle möglichen Gefahren aufmerksam zu machen; Verpflichtung zu einem solchen Dienst wegen der Freundschaftsbande zwischen den französischen Königen und ihren Großen und dem verstorbenen Herzog Albrecht sowie aufgrund der besonderen Verbundenheit König Karls IX. mit dem Verstorbenen.

Ausfertigung
Lateinisch
1 Bogen Folio, S. 1 beschrieben, S. 4 Außenadresse, zeitgenöss. Rubrum *Carolus Danzeus antwort m[einem] g[nedigen] h[errn] uff s[einer] f[urstlichen] g[naden] schreiben wegen der ufrustung in Deudschlandt wider Preussen und zeiget an, das er von keiner wuste. Sonst(en) wolte ers s[einer] f[urstlichen] g[naden] nicht verhalt(en)* und Registraturvermerk *7*.
Eigenhändige Ausstellerunterschrift und -siegel.
HBA G 746, Nr. 18. – Altsignatur: 1/22/53.

Nr. 556

[15]71 August 13, Neuhausen

[Herzog Albrecht Friedrich] an König [Karl IX.] von Frankreich:

Empfang eines Schreibens des Königs mit der Bitte, dem edlen Herrn *de Gulott* den Ankauf von Kriegspferden zu gestatten und jenem dabei mit Rat und Tat behilflich zu sein; aus Freundschaft und Verwandtschaft mit allen christlichen Fürsten sowie aus dem Wunsch, dem König gefällig zu sein, Gewährung der Bitte trotz Betrübnis über den andauernden, eine Vielzahl von Pferden und Menschen verzehrenden Krieg; Erlaubnis für de Gulott, Pferde anzukaufen und sonstige Kaufaufträge auszuführen, Ausstellung eines Geleitbriefes für die Ausfuhr ins Königreich und Gewährung sonstiger Handelserleichterungen; Bitte um Anerkennung dieser Dienstfertigkeit und um Gegenseitigkeit in ähnlichen Fällen.

Konzept
Lateinisch
1 Bogen Folio, S. 1–2 beschrieben, S. 4 zeitgenöss. Rubrum *L[itterae:] Mein g[nediger] f[urst] unndt herr antwertet dem konig aus Franckreich [Karl IX.], bewilliget unnd lest zu, roß im lande zu kauffen, mit ahntragung sempt(licher) freundtlicher dienst(e)* sowie Registraturvermerke *A* und *Registrat(um).*
HBA G 1263, Nr. 14.

Bucheintrag im Volltext: Ostpr. Fol. 58, S. 197 f.

Nr. 557

1572 Januar 7, Amboise

König Karl [IX. von Frankreich] an Herzog [Albrecht Friedrich]:

Empfang eines Schreibens von [1571] September 20 nebst acht Falken; Fortsetzung der vom verstorbenen Herzog [Albrecht] gepflegten Gewohnheit der jährlichen Falkensendungen; Dank und Angebot einer Gegengabe; *Pinart* (*scripsit*).

Behändigte Ausfertigung
Französisch
1/2 Bogen Folio, S. 1 beschrieben, S. 2 Außenadresse, Eingangsvermerk *Carolus Franciae rex, ankommen, den 22 iulii 1572* und zeitgenöss. Betreff *Ist dancksagung fur die uberschickten falcken.*
Eigenhändige Ausstellerunterschrift und -siegel.
HBA G 746, Nr. 19. – Altsignatur: 4/31/96 (XXVIII).

Nr. 558

1572 Januar 28, Madrid

König Philipp II. von Spanien an Herzog Albrecht Friedrich:

Empfang eines Schreibens nebst acht Falken; Freude über die vom Herzog in der Nachfolge seines Vaters [Albrecht] entgegengebrachte Zuneigung und über die Fortführung der Falkensendungen; willkommene Entgegennahme des Geschenks und Versicherung, den Herzog beim Gebrauch der Vögel in guter Erinnerung zu behalten; Dank und Gesundheitswünsche; *Gab[rielo] a Zaias* (*scripsit*).

Behändigte Ausfertigung
Lateinisch
1 Bogen Folio, S. 1 beschrieben, S. 2 Außenadresse, Eingangsvermerk *Philippus Hispaniarum rex, ankommen 22 iulii anno 1572* und zeitgenöss. Rubrum *Thut dancksagung fur die uberschickten falken.*
Eigenhändige Ausstellerunterschrift und -siegel.
HBA G 746, Nr. 20. – Altsignatur: 4/31/98 (XIII).

Nr. 559

1572 Juli 30, o. O.

[Herzog Albrecht Friedrich] an König [Karl IX.] von Frankreich:

Benachrichtigung durch den Botschafter des Empfängers bei König [Friedrich II.] von Dänemark, Charles de Danzay, vom Wunsch des französischen Königs nach einem Zwergen; Übermittlung des jungen und sehr kleinen Zwergen Urban (*Vrbanus*), der mit anderen am Hofe des herzoglichen Vaters [Albrecht] erzogen worden ist; der Herzog bittet bei Gott, daß Urban unversehrt zum König gelangt und dieser am Dienst des Zwergen viel Kurzweil findet; Anwünschung geistiger und körperlicher Gesundheit sowie einer nutzbringenden Verwaltung des Königreiches; *illustrissimus princeps audiens approbavit*.

Konzept
Lateinisch
1/2 Bogen Folio, S. 1 beschrieben, S. 2 Außenadresse und Registraturvermerk *Regi(stratum)*.
HBA G 1263, Nr. 15.

Bucheintrag im Volltext: Ostpr. Fol. 58, S. 279 f.

Nr. 560

1572 August 24, Paris

Grabinschrift des Admirals von Frankreich, Gaspard de Coligny, der in hinterhältiger Weise von den Guisen am Bartholomäustag 1572 anläßlich der königlichen Hochzeitsfeier [Heinrichs von Navarra mit Margarete von Valois] unter Wortbruch des Königs [Karl IX. von Frankreich] mit den Seinen umgebracht wurde;

Ille dei miles iacet ammiralius armis
Omnibus invictus, victus ab insidiis.
Pietas. *Sic ego te video dolor, ò dolor ergo iacentem.*
Ammiralius. *Sic iaceo, non me vera iacente iacent.*
Pietas. *Ac quis erit sanctum, qui nunc defendet ovile.*
Ammiralius. *Ipse suum tutum pastor ovile dabit.*
In urbem Parrisiensem.
Urbs invisa deo, sanctis infensa prophetis.
Eximo vertat, te deus, oro solo.
Sic pereas tacitis iaceant tua rudera terris.
Praeteriensque aliquis, urbs ubi, dicat, erat.

Weissagungen aus einem in Italien gefundenen Buch:

1570 Erdbeben zu Ferrara,
1571 Abfall Zyperns vom Glauben,
1572 Fehlen des Guten Hirten,
1573 Zorn Gottes über die Menschheit,
1574 erkennen nur wenige Christus,
1575 große Kriege auf der ganzen Erde,
1576 Afrika in Flammen,
1577 Erscheinung eines großen Mannes,
1578 Erzittern Europas,
1579 Hungersnot auf der ganzen Erde,
1580 Einheit von Herde und Hirten;
Übersendung der Weissagung aus Rom an den [Erz-]bischof von Mainz [Daniel Brendel von Homburg];

Qui credit credat.

Abschrift
Lateinisch und deutsch
1/2 Bogen Folio, S. 1 beschrieben.

Beilage

Betreff von Hand des 19. Jahrhunderts

1 Blatt (36,5 cm x 20 cm), S. 1 beschrieben.
HBA G 746, Nr. 21. – Altsignatur: 4/21/69, vorher: LXII/38.

Nr. 561

1572 November 12, Neuhausen

[Herzog Albrecht Friedrich] an König [Karl IX.] von Frankreich:

Benachrichtigung durch die Anführer eines im Jahre 1569 eingesetzten deutschen Heeres, der Grafen Volrad und Karl von Mansfeld, der edlen Herren *Magnus Schonebergius, Henricus Stenius, Iohannes Buchius, Reinholdus Cracouius, Iohannes Dirsthius* und *Theodoricus Schonebergius* von ausstehenden Soldzahlungen, auf die der König einen Wechsel gegeben hat; wegen der bislang ausgebliebenen Zahlungen Bitte um herzogliche Fürsprache; Erhörung des billig erscheinenden Anliegens, Bitte des Herzogs an den König, die Söldnerführer auszuzahlen, und Dankversprechen; *ex commissione illustrissimi principis propria referente domino cancellario, hic legens approbavit.*

Konzept
Lateinisch
1 Bogen Folio, S. 1–2 beschrieben, S. 4 Außenadresse und Registraturvermerk *Registrat(um).*
HBA G 1263, Nr. 16.

Bucheintrag im Volltext: Ostpr. Fol. 58, S. 313.

Nr. 562

1572 November 17, Neuhausen

Herzog Albrecht Friedrich an Herzog Alba [Fernando Alvarez de Toledo]:

Beauftragung des Briefzeigers und herzoglichen Untertans, zu Antwerpen Wein und Spezereien für den Bedarf des Hofes einzukaufen; wegen der Kriegswirren in jener Gegend und den dadurch unsicher gewordenen Land- und Wasserwegen Sorge um die Sicherheit des Beauftragten; aufgrund der Befehlsgewalt Albas in jener Gegend Hoffnung des Herzogs auf leichte Erfüllung seines Wunsches; Bitte um sichere Schifffahrt und um Wohlwollen für den Beauftragten; Dankversprechen für den gegebenen Fall; *commissio burggrabii ex relatione Iohannis Kreyzen.*

Konzept
Lateinisch
1/2 Bogen Folio, S. 1 beschrieben, S. 2 Außenadresse und zeitgenöss. Federproben.
HBA G 1263, Nr. 17.

Nr. 563

1572 Dezember 23, Paris

König Karl IX. von Frankreich an Herzog [Albrecht Friedrich]:

Empfang eines Schreibens nebst einem der herzoglichen Gewohnheit entspechenden Geschenk in Gestalt von acht Falken durch den Briefzeiger; Dank und Angebot einer Gegengabe; *Brulart* (*scripsit*).

Behändigte Ausfertigung
Französisch
1 Bogen Folio, S. 1 beschrieben, S. 2 Außenadresse, Eingangsvermerk *Ankommen Königsperck, denn 27 iulii 1573* und zeitgenöss. Betreffe *Galliae rex Carolus IX agit gracias pro 8 falconibus a principe dono acceptis* und *König zu Franckreich thutt dancksagung wegen der vorehretenn 8 falcken.*
Eigenhändige Ausstellerunterschrift und Siegelspuren.
HBA G 746, Nr. 22. – Altsignatur: 4/31/96 (XXIX).

Nr. 564

1573 Januar 8, Hampton

Königin Elisabeth von England an Herzog Albrecht Friedrich:

Empfang von acht Falken nebst einem diensterbietigen Schreiben; Freude über die Ehrerweisung, Dank und Bereitschaft zu einer Gegenleistung.
Die mensis ian[uarii] VIII anno domini MDLXXII regni nostri decimo quinto.

Behändigte Ausfertigung
Lateinisch
1 Bogen Folio, S. 1 beschrieben, S. 4 Außenadresse, Eingangsvermerk *21 aprilis ankomm(en) 1573* und zeitgenöss. Betreff *Königin von Engelandt danksagung wegen der 8 zugeschigkten falken.*
Eigenhändige Ausstellerunterschrift und -siegel.
HBA G 746, Nr. 23. – Altsignatur: 4/31/71 (XII).

Nr. 565

1573 Januar 24, Hampton

Robert [Dudley], Graf von Leicester, an Herzog Albrecht Friedrich:

Empfang eines Schreibens nebst einem Geschenk in Gestalt von Falken; wegen seines Unvermögens zu einer Gegenleistung Verpflichtung des Grafen für diese alljährlichen Geschenke; Dank und Versprechen einer gelegentlichen Gefälligkeitserweisung; Bitte, den Dank der Königin [Elisabeth] für die ihr übermittelten Beizvögel aus ihrem Schreiben zu entnehmen.
Die mensis ian[uarii] XXIIII° anno domini M° D° LXXII°.

Behändigte Ausfertigung
Lateinisch
1 Bogen Folio, S. 1 beschrieben, S. 4 Außenadresse, Eingangsvermerk *21 aprilis 1573 ankomm(en)* und zeitgenöss. Rubrum *Der graff von Leycering bedanckt sich wegen der falckenn.*
Eigenhändige Ausstellerunterschrift und -siegel.
HBA G 746, Nr. 24. – Altsignatur: 4/31/81 (II).

Nr. 566

1573 Februar 13, Madrid

König Philipp II. von Spanien an Herzog Albrecht Friedrich:

Empfang eines zu Neuhausen datierten Schreibens nebst acht Falken; Freude über den neuerlichen Freundschaftsbeweis; Versicherung, den Herzog gelegentlich seine Dankbarkeit widerfahren zu lassen, und vorläufiger Dank; *Gab[rielo] à Zaias* (*scripsit*).

Ausfertigung
Lateinisch
1 Bogen Folio, S. 1 beschrieben, S. 2 Außenadresse und zeitgenöss. Betreff *Konig von Hispanien thut dancksagung fur die uberschicketen falk(en).*
Eigenhändige Ausstellerunterschrift und ausgeschnittenes Siegel.
HBA G 746, Nr. 25. – Altsignatur: 4/31/98 (XIV).

Nr. 567

1573 Juni 12, Greenwich

Robert [Dudley], Graf von Leicester, an Herzog Albrecht Friedrich:

Ankündigung eines Dankschreibens der Königin [Elisabeth von England] für das unlängst Londoner Bürgern erwiesene besondere Wohlwollen; freudige Entgegennahme der ihm übermittelten Falken; Dank und Angebot einer Gegenleistung.

Ausfertigung
Lateinisch
1 Bogen Folio, S. 1 beschrieben, S. 4. Außenadresse, zeitgenöss. Rubrum [durch Wasser- und Stockflecken verderbt] und Registraturvermerk *3*.
Eigenhändige Ausstellerunterschrift und Siegelspuren.

Beilage

Kurzregest von Hand des 19. Jahrhunderts

1 Blatt (34,5 cm x 20,5 cm), S. 1 beschrieben.
HBA G 746, Nr. 26. – Altsignatur: 4/19/3.

Nr. 568

1573 August 3, Belriguardo

Herzog Alfons [II.] von [Este-]Ferrara an Herzog [Albrecht Friedrich]:

Einladung zur Hochzeit Albrecht Friedrichs durch dessen Schwiegervater, Herzog [Wilhelm] von Jülich; Entsendung des Ritters *Galengus* an seiner Statt mit dem Auftrag, Glückwünsche zu übermitteln; Bitte, dem Ritter Glauben zu schenken.

Ausfertigung
Lateinisch
1 Bogen Folio, S. 1 beschrieben, S. 4 Außenadresse und zeitgenöss. Betreff *Hertzogk vonn Ferrar schickt einen gesanthen zu meines gnedig(en) herrn hochtzeitt.*
Eigenhändige Ausstellerunterschrift und Siegelspuren.

Beilage

Kurzregest von Hand des 19. Jahrhunderts

1 Zettel (14 cm x 5 cm), S. 1 beschrieben.
HBA G 746, Nr. 27. – Altsignatur: I.2. (vorher: VII.31).

Kurzregest: Fischer, Nr. 131, S. 423.

Nr. 569

1573 August 6, o. O.

[Herzog Albrecht Friedrich] an Königin [Elisabeth] von England:

Empfang eines zu Greenwich gegebenen Schreibens der Königin von [1573] Juni 12 mit ihrer Dankesbekundung für die Erlaubnis zum Ankauf von Schiffsseilen und Tauwerk durch ihre Bevollmächtigten; Versicherung, sich weiterhin bei jeder Gelegenheit in kleinen und großen Dingen um die Königin zu bemühen.

Konzept
Lateinisch
1/2 Bogen Folio, S. 1 beschrieben, S. 2 Außenadresse, Bearbeitungsvermerk *Mutatione ad comitem Leycestrem [Robert Dudley]* und Registraturvermerk *Registra(tum).*
HBA G 1263, Nr. 18. – Altsignatur: 30,c.

Bucheintrag im Volltext: Ostpr. Fol. 58, S. 377.

Nr. 570

[15]73 Oktober 16, o. O.

[Herzog Albrecht Friedrich] an Herzog [Alfons II.] von [Este-]Ferrara und Mantua:

Verhinderung, seinem Wunsch nachzugeben und an der Hochzeit des Empfängers teilzunehmen durch schwerwiegende Geschäfte; Bitte um Entschuldigung und Dank für die übermittelten Grüße sowie für das Geschenk an seine Braut [Marie Eleonore von Jülich]; *commissio domini cancellarii, idem audivit.*

Konzept
Lateinisch
1/2 Bogen Folio, S. 1 beschrieben, S. 2 Außenadresse und Registraturvermerk *Reg(istratum).*
HBA G 1263, Nr. 19.

Bucheintrag im Volltext: Ostpr. Fol. 58, S. 387.

Nr. 571

1573 Dezember 30, Westminster

Königin Elisabeth von England an Herzog Albrecht Friedrich:

Empfang eines Schreibens nebst einem Geschenk in Gestalt von acht Falken; Freude über die gewohnte Aufmerksamkeit; wegen ihrer Vorliebe für die Beizjagd, Wunsch nach einer Gelegenheit, um sich dem Herzog erkenntlich zu zeigen, und vorläufiger Dank.

Ausfertigung
Lateinisch
1 Bogen Folio, S. 1 beschrieben, S. 4 Außenadresse und Registraturvermerk *8*.
Eigenhändige Ausstellerunterschrift und Siegelspuren.
HBA G 746, Nr. 28. – Altsignatur: 4/31/71 (XIII).

Nr. 572

1573 Dezember 31, Saint-Germain-en-Laye

[König] Karl [IX. von Frankreich] an Herzog [Albrecht Friedrich]:

Empfang von acht Falken durch den Briefzeiger; Dank und Angebot einer Gefälligkeit; *Brulart* (*scripsit*).

Ausfertigung
Französisch
1 Bogen Folio, S. 1 beschrieben, S. 2 Außenadresse.
Eigenhändige Ausstellerunterschrift und Siegelspuren.
HBA G 746, Nr. 29. – Altsignatur: 4/31/96 (XXX).

Nr. 573

[15]74 Januar 11, o. O.

[Herzog Albrecht Friedrich] an den Feldmarschall des französischen Königs, Kaspar von Schonberg (*Casparnn von Schonbergk*):

Benachrichtigung von der Begleitung des neugewählten polnischen Königs [Heinrich von Valois] durch Schonberg; Entsendung der Räte Achatius von Dohna, Wenzel Schack von Stangenberg und Melchior von Diebes und Bitte, den Gesandten Glauben zu schenken und ihn dem König zu empfehlen; *relatio dominis baronis trucchesii praesente barone à Dohnen.*

Konzept
1/2 Bogen Folio, S. 1–2 beschrieben, S. 2 Außenadresse und Bearbeitungsvermerk *Item per mutationem ann Heinrichen von Staupitz, obersten* und Registraturvermerk *Registrirt.*
HBA G 1263, Nr. 20.

Bucheintrag im Volltext: Ostpr. Fol. 33, Bl. 184v – 185r.

Nr. 574

1574 Januar 22, Madrid

König Philipp II. von Spanien an Herzog Albrecht Friedrich:

Empfang eines Schreibens von [1573] Oktober 9 und Freude über die ihm zugesandten Falken; besonders willkommene Entgegennahme des Geschenks vor dem Hintergrund der geringen Ausbeute an Falken; Wunsch nach einer Gelegenheit, um dem Herzog gefällig zu werden; *Gab[rielo] à Zaias* (*scripsit*).

Ausfertigung
Lateinisch
1 Bogen Folio, S. 1 beschrieben, S. 2 Außenadresse und Registraturvermerk *8*.
Eigenhändige Ausstellerunterschrift und -siegel.
HBA G 746, Nr. 30. – Altsignatur: 4/31/98 (XV).

Nr. 575

[15]74 Februar 4, o. O.

[Herzog Albrecht Friedrich] an den Obersten Marschall des polnischen Königs, Kaspar von Schonberg:

Verhinderung einer persönlichen Reise zum polnischen König [Heinrich von Valois] durch Krankheit; deswegen Entsendung der Räte Achatius von Dohna, Wenzel Schack von Stangenberg und Melchior von Diebes; Hoffnung auf Förderung der Gesandten durch den Empfänger; Versicherung, dem Geschlecht der Schonbergs ebenso gewogen zu sein wie sein verstorbener Vater [Herzog Albrecht]; Bitte, den Gesandten Glauben zu schenken, und Dankversprechen.

Abschrift
Ostpr. Fol. 33, Bl. 185r–186r.

Nr. 576

[15]74 Februar 5, o. O.

[Herzog Albrecht Friedrich] an die Obristen *Heinrichen von Staupitz* und *Otto Platen:*

Verhinderung einer persönlichen Reise in die *cron Polen* durch Krankheit; deswegen Entsendung der Räte Achatius von Dohna, Wenzel Schack von Stangenberg und

Melchior von Diebes zum polnischen König [Heinrich von Valois]; Bitte, den Gesandten Glauben zu schenken, und Dankversprechen.

Konzept
1/2 Bogen Folio, S. 1–2 beschrieben, S. 2 Außenadresse und Registraturvermerk.
HBA G 1263, Nr. 21.

Bucheintrag im Volltext: Ostpr. Fol. 33, Bl. 186.

Nr. 577

[15]74 April 8, o. O.

Herzog Albrecht Friedrich an Herzog [Alfons II.] von [Este-]Ferrara und Mantua:

Zeitweiliger Aufenthalt der jungen Adligen *Fridericus Quaidius*, *Anthonius Lusthorfius* und *Ernstus Wrampius* am herzoglichen Hofe, wo sie treue Dienste geleistet haben; Wunsch der Adligen, ihr Wissen zu erweitern, fremde Völker und besonders die feinen italienischen Sitten kennenzulernen sowie an einem Seeunternehmen gegen die Türken teilzunehmen; deswegen Bitte an den Herzog um Verabschiedung und um Empfehlung beim Empfänger; Erfüllung des billigen und lobenswerten Ersuchens; Bitte an den Empfänger, die Jünglinge zu den adligen Seekriegsleuten zu gesellen, sie während des Winters als seine Höflinge aufzunehmen und sie bei Abweisung der Bitte anderen Fürsten zu empfehlen; Dankverpflichtung und Gefälligkeitversprechen des Herzogs für den gegebenen Fall.

[15]74 April 8, o. O.

Herzogin Marie Eleonore an Herzog [Alfons II.] von [Este-]Ferrara und Mantua:

Wunsch dreier Adliger aus Preußen (*ex patria nostra*) nach Italien zu reisen, die die Herzogin nicht ohne ein Schreiben an den Empfänger ankommen lassen will; aus mangelnder anderer Schreibursache Mitteilung über ihr Wohlbefinden und über Besserung der Krankheit ihres Gatten [Albrecht Friedrich]; die Herzogin hofft auf Wiedererlangung der Gesundheit ihres Gemahls und wünscht dem Empfänger Gesundheit und Erfolg; Bitte, sie mit einem Schreiben zu beehren und ihr Neuigkeiten mitzuteilen; Empfehlung der drei Jünglinge aus edler Familie, die am herzoglichen Hofe ein untadeliges Leben geführt haben.

Konzept
Lateinisch
1 Bogen Folio, S. 1–3 beschrieben, S. 4 Außenadresse und Registraturvermerk *Registra(tum)*.

Journalvermerk *Commissio illustrissimae principis, Hermannus Crüser iuris utriusque doctor (scripsit); a.*

Bucheintrag im Volltext: Ostpr. Fol. 58, S. 425–427.

Beilage

[1574 April 8, o. O.]

[Herzogin Marie Eleonore an Herzog Alfons II. von Este-Ferrara und Mantua]:

Zeitweiliger Aufenthalt der aus edlen und ehrenwerten Familien stammenden Jünglinge *Fridericus Quaidius*, *Anthonius Lusthorfius* und *Ernstus Wrampius* am herzoglichen Hofe, wo sie ein untadeliges Leben geführt haben; Wunsch der drei, sich in Italien weiterzubilden und feine Sitten kennenzulernen; deswegen Ersuchen einer Empfehlung; Bitte an den Empfänger, die Jünglinge in seine Gunst einzuschließen, und Versicherung ihrer Dienstfertigkeit.

Konzept
Lateinisch
1/2 Bogen Folio, S. 1 beschrieben.
HBA G 1263, Nr. 22.

Nr. 578

[15]74 August 9, o. O.

Herzog Albrecht Friedrich an König [Jakob VI.] von Schottland:

Klage der herzoglichen Untertanen und Königsberger Bürger Merten von Höfen, *Symon Titius, Iohannes Wichart, Adrianus Langerfeldt, Nicolaus Friloff* und Christoph Ungermann sowie ihrer Mitgesellschafter über den königlichen Untertan und jetzt in Dänemark gefangengehaltenen Junker (*iunior dominus*) Bothwell (*de Bodell*) mit der Bitte um herzogliche Fürsprache; Aufführung der Klagepunkte in beiliegendem Schreiben der Bittsteller; unbillige Besetzung der den herzoglichen Untertanen zugesprochen Hofgüter und Einzug von Erträgen, wodurch großer Schaden entstanden ist; Versäumnis eines Stadtrates, Schaden abzuwenden und unrechtmäßiges Eindringen abzuwehren; deswegen Erhörung der Bitten der herzoglichen Untertanen und Empfehlung ihrer Angelegenheit; Bitte des Herzogs an den König, Bothwell mit den Rechtsmitteln anzusprechen wegen des den herzoglichen Untertanen sowohl gegen Bothwells Vater als auch gegen ihn selbst gewiesenen Rechts, um die 16 Jahre lang einbehaltenen Erträge zu ersetzen und um die ausweislich des ersten Vertrages Merten von Höfen zustehenden Güter mit Erwerbungen und Einkünften sowie mit allen Zinsen und Frondiensten (*praestitis rusticorum servitiis*) gemäß königlichem Auftrag und Gewohnheit des Königreichs zurückzugeben; Bitte um Königsschutz für die herzoglichen Untertanen vor Unrecht und Gewalt in Verbindung mit ihren Gütern und Gegenseitigkeitsversprechen; *d(ominus) cancellarius audivit.*

Konzept
Lateinisch
1 Bogen Folio, S. 1–2 beschrieben, S. 4 Außenadresse und Registraturvermerk *Regi(stratum).*
HBA G 1263, Nr. 23.

Bucheintrag im Volltext: Ostpr. Fol. 58, S. 455.

Nr. 579

[15]74 August 23, o. O.

[Herzog Albrecht Friedrich] an Königin [Elisabeth] von England:

Einladung, die Klage des herzoglichen Untertans Merten von Höfen gegen den königlichen Untertan *Thoma de Lingen* und dessen Genossen aus Höfens beiliegendem Schreiben zu entnehmen; wegen des berechtigt erscheinenden Anliegens des Klägers infolge der Kaperung seines Schiffes und des dadurch entstandenen Schadens sowie des erlittenen Unrechts Gewährung herzoglichen Beistandes; Bitte an die Königin, dem Geschädigten gemäß ihrem und ihrer Räte Spruch das Schiff und die darin befindlichen Güter zurückzugeben und für die Wiedergutmachung des Schadens zu sorgen, und Gegenseitigkeitsversprechen; *commissio domini cancellarii, audivit; Christophorus Benkendorff (scripsit)*.

Abschrift
Lateinisch
Ostpr. Fol. 58, S. 459.

Nr. 580

[15]74 Dezember 20, o. O.

[Herzog Albrecht Friedrich] an König [Heinrich III.] von Frankreich und Polen:

Auf Fürsprache des Herzogs und der polnischen Reichsräte Ausstellung eines Schreibens von öffentlichem Glauben für den Elbinger Ratmann und herzoglichen Rat Nikolaus Schulz (*Nicolaus Schulz*), um die Aufhebung der gegen ihn von König Sigismund [II.] August verhängten Acht zu erreichen; Überreichung der für den Empfänger bei dessen Aufenthalt im Königreich Polen bestimmten Verteidigungsschrift durch Schulz an die polnischen Reichsräte und an *Guido Bibrachius*; Aufhebung der Acht mittels eines mit dem polnischen Reichssiegel und der Unterschrift des Vizekanzlers [Petrus Dunin Wolski] beglaubigten Schriftstücks, dessen Transsumpt zur Schau gestellt wird; Beimessung der höchsten Bedeutung der königlichen Unterschrift auf der Aufhebungserklärung durch Schulz, der deswegen um eine herzogliche Empfehlung nachgesucht hat; Bitte des Herzogs an den König, die Aufhebungserklärung der Acht durch seine Unterschrift zu bekräftigen und Zusicherung der Dankbarkeit des Bittstellers.

Konzept
Lateinisch
1/2 Bogen Folio, S. 1–2 beschrieben, S. 2 Außenadresse, Registraturvermerk *Regist(ratum)* und *(Sp)irgauder*.
HBA G 1263, Nr. 24.

Bucheintrag im Volltext: Ostpr. Fol. 58, S. 480 f.

Nr. 581

1575 Januar 22, Lyon

[König] Heinrich [III. von Frankreich] an Herzog [Albrecht Friedrich]:

Empfang eines Schreibens nebst 12 Falken; Dank und Zusicherung der aufrichtigen Freundschaft bei allen Gelegenheiten; *Brulart* (*scripsit*).

Ausfertigung
Französisch
1 Bogen Folio, S. 1 beschrieben, S. 2 Außenadresse.
Eigenhändige Ausstellerunterschrift und -siegel.
HBA G 746, Nr. 31. – Altsignatur: 4/31/96 (XXXI).

Nr. 582

1575 Januar 26, Madrid

König Philipp II. von Spanien an Herzog Albrecht Friedrich:

Empfang eines Schreibens von [1574] Oktober 15 nebst acht Jagdfalken; Freude über das schöne Geschenk, das den Herzog häufig in Erinnerung rufen wird; Wunsch nach einer Gelegenheit, um sich dem Herzog gefällig zu erweisen; *Gab[rielo] à Zaias* (*scripsit*).

Ausfertigung
Lateinisch
1 Bogen Folio, S. 1 beschrieben, S. 2 Außenadresse.
Eigenhändige Ausstellerunterschrift und -siegel.
HBA G 746, Nr. 32. – Altsignatur: 4/31/98 (XVI).

Nr. 583

1575 Februar 2, Hampton

Königin Elisabeth von England an Herzog Albrecht Friederich:

Empfang eines wohlwollenden Schreibens nebst acht Falken und Dank; Versicherung, sich bei der Beizjagd am besten erholen zu können und deswegen besonders in des Herzogs Schuld zu stehen.
Die mensis februarii anno domini MDLXXIIII° regni vero nostri XVII°.

Ausfertigung
Lateinisch
1 Bogen Folio, S. 1 beschrieben, S. 4 Außenadresse.
Eigenhändige Ausstellerunterschrift und beiliegendes Ausstellersiegel.
HBA G 746, Nr. 33. – Altsignatur: 4/31/71 (XIV).

Nr. 584

1575 Mai 3, o. O.

Herzog Albrecht Friedrich an Rat und Richter zu Lissabon:

Einladung, die Schwere der Klage von *Chatharina*, der Witwe des Königsberger Bürgers *Martinus Schwennonis*, gegen den Lissaboner Einwohner *Iohannes Bartschius* aus Danzig wegen angeblicher Schulden ihres Mannes aus beiliegendem Schreiben zu entnehmen; Befürchtung der Witwe, bei erneuter Beschlagnahme ihres Schiffes noch größere Verluste zu erleiden; Unwahrscheinlichkeit des Sachverhaltes wegen des stets freundschaftlichen Umganges des Bartschius mit Schwennonis; Beteuerung des Schwennonis auf dem Sterbebett, dem Bartschius nichts zu schulden, deswegen Erhörung des Ersuchens durch den Herzog; Bitte an die Empfänger, die gegen die Witwe ergangene Ladung zu widerrufen, eine Beschlagnahme des Schiffes der Witwe und ihrer Mitgesellschafter durch Bartschius zu verhindern, dem Schiffer und Danziger Bürger *Georgius Maes* die 20 Dukaten Hinterlegung für die Freigabe des im Jahr zuvor festgehaltenen Schiffes zurückzugeben, dessen Bürgen, den Lissaboner Bürger *Robertus Iacobus*, zu entlasten, den Bartschius zur Wiedergutmachung des der Witwe zugefügten Unrechts zu veranlassen und denselben seiner gerechten Strafe zuzuführen; Dankversprechen für den gegebenen Fall.

Konzept
Lateinisch
1 Bogen Folio, S. 1–2 beschrieben, S. 4 Außenadresse und Registraturvermerk *Regist(ratum).*
HBA G 1263, Nr. 25.

Bucheintrag im Volltext: Ostpr. Fol. 58, S. 547 f.

Nr. 585

1575 Mai 16, o. O.

Herzog Albrecht Friedrich an Königin Elisabeth von England:

Beschäftigung des Briefzeigers *Christianus N[.]* aus Berlin in der herzoglichen Küche; Wunsch des Briefzeigers, sich weitere Kenntnisse vor allen anderen im Dienste der Empfängerin anzueignen, und Ersuchen, ihn als Koch zu empfehlen; Erfüllung seines Wunsches in der Erwartung, künftig von seinen Diensten gesteigerten Nutzen ziehen zu können; Bitte des Herzogs an die Köngin, den Bittsteller empfohlen zu halten und ihm einen Platz unter ihren Köchen einzuräumen; Dankversprechen für den gegebenen Fall.

Konzept
Lateinisch
1/2 Bogen Folio, S. 1 beschrieben, S. 2 Außenadresse, Registraturvermerk *Registrat(um)* und zeitgenöss. Federproben.
HBA G 1263, Nr. 26.

Bucheintrag im Volltext: Ostpr. Fol. 58, S. 551.

Nr. 586

[15]75 Juni 22, o. O.

[Herzog Albrecht Friedrich] an Königin [Elisabeth] von England:

Dem Vernehmen des herzoglichen Untertans und Königsberger Bürgers *Iohannes Badersbach* zufolge Kaperung eines seinem Bruder, dem Königsberger Bürger *Anthonius,* gehörenden und aus Belgien kommenden Schiffes, das mit Wein für den Herzogshof beladen war, durch Seekundschafter (*à speculatoribus maris*); Aussetzung der Besatzung in ein Beiboot und Entführung von Schiff und Ladung in einen nahen englischen Hafen; Stattfindung dieses Ereignisses trotz eines im Besitz des Geschädigten befindlichen Geleitbriefes; Bitte des Herzogs an die Königin, das ihm und seinem Untertan zugefügte Unrecht nicht zuzulassen und auf die Erstattung von Schiff und Ladung hinzuwirken und ihm freie Schiffahrt zu erlauben; gegebenenfalls Dankversprechen; *commissio domini cancellarii, audivit.*

Konzept
Lateinisch
1 Bogen Folio, S. 1–2 beschrieben, S. 4 Außenadresse und Registraturvermerk *Registrat(um).*
HBA G 1263, Nr. 27.

Bucheintrag in Volltext: Ostpr. Fol. 58, S. 555 f.

Nr. 587

1576 Januar 6, Hampton

Königin Elisabeth von England an Herzog Albrecht Friedrich:

Dank für die der herzoglichen Gewohnheit gemäß auch diesmal zugesandten acht Falken; besondere Freude über das Geschenk wegen ihrer Vorliebe für die Beizjagd; Wunsch, dem Herzog ihr Wohlwollen gelegentlich zu beweisen, um nicht tiefer in seine Schuld zu geraten.
Die mensis ianuarii sexto anno domini M° D° LXXV° regni vero nostri decimo septimo.

Ausfertigung
Lateinisch
1 Bogen Folio, S. 1 beschrieben, S. 4 Außenadresse und zeitgenöss. Betreff *Falckenbrieff.*
Eigenhändige Ausstellerunterschrift und beiliegendes Ausstellersiegel.
HBA G 746, Nr. 34. – Altsignatur: 4/31/71 (XV).

Nr. 588

1576 Februar 4, Madrid

König Philipp II. von Spanien an Herzog Albrecht Friedrich:

Empfang eines Schreibens nebst acht Falken, die in willkommener Weise den Herzog in Erinnerung rufen; Bekräftigung der königlichen Zuneigung und Wunsch, dem Herzog gelegentlich gefällig zu werden; *Gab[rielo] à Çaias* (*scripsit*).

Ausfertigung
Lateinisch
1 Bogen Folio, S. 1 beschrieben, S. 2 Außenadresse und zeitgenöss. Betreff *König von Spanien thut dancksagung fur die vorehrete falcken.*
Eigenhändige Ausstellerunterschrift und -siegel.
HBA G 746, Nr. 35. – Altsignatur: 4/31/98 (XVII).

Nr. 589

1576 Februar 4, o. O.

[Herzog Albrecht Friedrich] an Königin [Elisabeth] von England:

Dem Vernehmen mehrerer herzoglicher Untertanen und Königsberger Bürger nach, deren Namen hier aus Rücksichtnahme auf eine Beschwerung der Königin nicht aufgereiht sind, Entsendung dreier mit eigenen und fremden Handelswaren beladener Schiffe im Sommer des Vorjahres nach England und Spanien; eines der Schiffe mit der Heckaufschrift „Jäger" (*venatoris nomen*) unter dem Befehl von *Thomas Pots* hat auf seinem Weg nach Lissabon Schutz im englischen Hafen Porthmouth (*Parczmoedt*) gesucht, wo es nach einem Streit zwischen dem Schiffer und einigen Engländern festgehalten wird; Aufbringung des zweiten auf dem Weg nach Lissabon befindlichen Schiffes mit Namen „Mann" (*viri nomen*) unter dem Befehl von *Andreas Tießön* durch den englischen Spähschiffer (*nauarcha speculatorum*) *Antonius Chare ab Hambdon* mittels seines „*Castela à Confort*" genannten Schiffes und Entführung des Handelsschiffes in den Hafen von Plymouth (*Bleymot*); Absicht des Entführers, Schiff und Ladung zu verkaufen, aber Zurückhaltung der Kaufwilligen nach dem Bekanntwerden der Eigentümer; trotzdem Verkauf der größtmöglichen Menge an geladenem Getreide und Holz, an Schiffsvorrat, Schießpulver und anderen notwendigen Dingen wie Anker und Ankertaue im Wert von schätzungsweise 2000 Silbertalern (*duobus argenteorum nummum, quos vulgus taleros vocant, millibus*); Umladung eines Teiles des zwischenzeitlich durch Regen verdorbenen Getreides in ein anderes Schiff; einmonatige Gefangensetzung Tießöns, des Schreibers und des Zimmermanns durch den Spähschiffer während dessen Bemühungen, das Handelsschiff in die Nähe der gegenüberliegenden französischen Küste zu schaffen; Vereitelung dieses Vorhabens durch widriges Wetter, Freilassung des Schiffers und seiner Mitgefangenen und zweimalige Vorstelligkeit des Schiffers bei Hofe, um Gerechtigkeit zu erhalten; jedoch krankeitsbedingte Behinderung, seine Sache weiter zu verfolgen; Forderung an Chare ab Hambdon von 5000 Silberstücken Entschädigung ohne Einbezug der Verluste; Entsendung des dritten „Engel Gabriel“ (*angelum Gabrielem*) genannten Schiffes unter *Sebastianus Gruben* zum berühmten englischen Handelsplatz London; unweit des dortigen Hafens, wo ein Großteil der nun in Preußen zu Königsberg und zu Danzig wohnenden Engländer hinzukommen pflegt, Befrachtung des Schiffes mit Handelswaren; Beraubung der Vorräte, der Geschütze und aller Instrumente des Schiffs durch einen Engländer; nach gemeinsamer Überzeugung der Geschädigten und des Herzogs Verpflichtung des Herzogs, sie in Schutz zu nehmen; große Anteilnahme des Fürsten an der Behandlung seiner Untertanen durch Untertanen der Königin, die stets freie Schiffahrt und Handel in seinem Gebiet ausüben und Wohlwollen genießen dürfen; vermutliche Unkenntnis der Königin von den Geschehnissen; zwecks Wahrung der guten Nachbarschaftsbeziehungen Bitte an die Königin, den Geschädigten Gerechtigkeit erweisen, ihre Schiffe freigeben und ihnen völlige Genugtuung widerfahren zu lassen; Bitte, Pots nicht zum Nachteil der herzoglichen Untertanen zu belangen; Verursachung eines Gesamtschadens von schätzungsweise 10 000 Talern (*10 millia thalerorum*) durch Chare ab Hamdon; Einladung an die Empfängerin, den Einsatz des Herzogs für seine Untertanen an dem Wortreichtum dieses Schreibens zu ermessen; Hoffnung auf Behandlung der herzoglichen Untertanen im Königreich wie umgekehrt königliche Untertanen im Herzogtum behandelt werden möchten.

Konzept
Lateinisch
1 1/2 Bogen Folio, S. 1–5 beschrieben, S. 6 Außenadresse und Registraturvermerk *Regist(ratum)*.
HBA G 1263, Nr. 28.

Bucheintrag im Volltext: Ostpr. Fol. 58, S. 582-586.

Nr. 590

[15]77 Januar 24, Prag

Isabella, Königinwitwe von Frankreich, an Herzog Albrecht Friedrich:

Dank für die im Schreiben des Herzogspaares von [1576] Dezember 21 und vermittels des herzoglichen Kämmerers Wilhelm [von] Truchseß mündlich überbrachte Kondolenz anläßlich des Todes ihres Vaters [Maximilian II.] und Zuneigungsversicherung.

Ausfertigung
1 Bogen Folio, S. 1–2 beschrieben, S. 4 Außenadresse.
Eigenhändige Ausstellerunterschrift und -siegel.

Beilage
Kurzregest von Hand des 19. Jahrhunderts

1 Blatt (37,2 cm x 21,7 cm), S. 1 beschrieben.
HBA G 746, Nr. 36. – Altsignatur: 4/21/59.

Nr. 591

1577 Februar 7, Blois

[König] Heinrich [III. von Frankreich] an Herzog [Albrecht Friedrich]:

Empfang von acht Falken, die ihm der Herzog seiner guten Gewohnheit nach übermittelt hat; Dank und Angebot einer Gegengabe zum Beweis der königlichen Zuneigung; *Brulart* (*scripsit*).

Ausfertigung
Französisch
1 Bogen Folio, S. 1 beschrieben, S. 2 Außenadresse und zeitgenöss. Betreff *Falckenbrieff königs v(on) Frankreich*.
Eigenhändige Ausstellerunterschrift und Siegelspuren.
HBA G 746, Nr. 37. – Altsignatur: 4/31/96 (XXXII).

Nr. 592

1577 März 4, Madrid

König Philipp II. von Spanien an Herzog Albrecht Friedrich:

Empfang eines Schreibens von [1576] Oktober 16 nebst acht unversehrt gebliebenen Falken; Freude über die schönen Tiere vor allem wegen seines Vergnügens bei der Beizjagd; Dank für diesen Zuneigungsbeweis und Wunsch, sich dem Herzog gelegentlich erkenntlich zu erweisen; *Gab[rielo] à Saias* (*scripsit*).

Ausfertigung
Lateinisch
1 Bogen Folio, S. 1 beschrieben, S. 2 Außenadresse und zeitgenöss. Betreff *Konig von Spanien danckt fur die uberschickt(en) falkenn.*
Eigenhändige Ausstellerunterschrift und -siegel.
HBA G 746, Nr. 38. – Altsignatur: 4/31/98 (XVIII).

Nr. 593

1577 April 20, o. O.

Herzog Albrecht Friedrich an den Obristen des französischen Königs, *Henrich, Freiherr von Petzstein*:

Dem Vernehmen des herzoglichen Untertans *Christoff Gröebel* nach Tod seines in Diensten des französischen Königs [Heinrich III.] stehenden Bruders *Heinrich*; Hoffnung Christoffs auf die Hinterlassenschaft; Bitte des Herzogs, diesbezügliche Nachforschungen anzustellen und gegebenenfalls eine Auflistung des Nachlasses zu übersenden.

Konzept
1 Bogen Folio, S. 1–2 beschrieben, S. 4 Außenadresse und Registraturvermerk *R(egistratum)*.
HBA G 1263, Nr. 29.

Bucheintrag im Volltext: Ostpr. Fol. 33, Bl. 270–271r.

Nr. 594

1578 Dezember 23, Paris

König Heinrich [III.] von Frankreich an Herzog [Georg Friedrich]:

Empfang eines Geschenks in Gestalt von zehn Falken; Dank und Versprechen einer gelegentlichen Gegenleistung; *Brulart* (*scripsit*).

Behändigte Ausfertigung
Französisch
1 Bogen Folio, S. 1 beschrieben, S. 2 Außenadresse, Eingangsvermerk *Pr[aesentatum] Konigsberg, den 4 aug[usti] anno etc. [15]79* und zeitgenöss. Rubrum *Ko[nigliche] mai[este]t in Franckreich danckt fur die geschickten falcken*.
Eigenhändige Ausstellerunterschrift und Siegelspuren.
HBA G 746, Nr. 39. – Altsignatur: 4/31/96 (XXXIII).

Nr. 595

[um 1578, Königsberg]

[Herzog Georg Friedrich] an Königin [Elisabeth] von England:

Entgegennahme ihres Dankes für die übersandten Falken aus dem Bericht des kürzlich zurückgekehrten Falkners und aus dem ihm mitgegebenen Schreiben; zur Wahrung der alljährlichen Gewohnheit Betrauung des briefzeigenden Falkners mit sechs

Beizvögeln in der Hoffnung, sie zu ungetrübtem Jagdvergnügen gesund und munter übermitteln zu lassen.

Konzept
Lateinisch
1/2 Bogen Folio, S. 1–2 beschriebenb, S. 2 Außenadresse, Bearbeitungsvermerk *Mutatione ad regem Franciae [Heinrich III.]* und zeitgenöss. Federproben.
HBA G 1261, Nr. 85.

Nr. 596

[15]79 Januar 9, Arras (*Atrecht*)

Friedensvorschläge der in der Abtei Saint-Vaust (*St. Vaust*) zu Arras versammelten Stände des Artois an Erzherzog [Matthias] und an die Generalstaaten zu Antwerpen:

1. Wiederherstellung der römisch-katholischen Religion in allen Städten, Ländern, Kirchen und Klöstern;
2. Gehorsamkeit gegenüber dem König [Philipp II. von Spanien];
3. Rückkehr zu den Pazifikationen von Gent;
4. Friedensschluß auf der Grundlage des bestehenden Waffenstillstandes;
5. Anschluß Luxemburgs und Burgunds an die anderen Provinzen;
6. Wegzug der fremden Soldaten beider Kriegsparteien aus den Niederlanden;
7. Freilassung der Kriegsgefangenen beider Parteien unter Verzicht auf Lösegeldforderungen;
8. Bewachung der Grenzen und der festen Plätze durch einheimische Soldaten;
9. Wiederherstellung der zur Zeit Kaiser Karls [V.] gegoltenen Freiheiten in allen Landen, Städten und Flecken;
10. Verbot des Durchzugs von zum Nachteil der Niederlande angeworbenen Soldaten durch Luxemburg und Burgund;
11. Ersuchen an den König, Erzherzog Matthias als Statthalter behalten zu dürfen;
12. Zustimmung der Generalstaaten zur personellen Erneuerung des Ständerates (*rath vonn statenn*) und dazu, höchstens 12 geeignete Personen aus dem hohen Adel zu kiesen;
13. Ersuchen an den König, eines seiner Kinder zur Erlernung der Gewohnheiten und Sitten zu entsenden;
14. Einsetzung eines Einheimischen oder jemanden aus königlichem Geblüt als Statthalter durch den König nach dem Ableben des Erzherzogs;
15. Gesuch an den König, den Ständen mit einer Million Dukaten zur Auslösung des Kriegsvolkes auszuhelfen;
16. Vergebung des von den Staaten mit Königin [Elisabeth] von England geschlossenen Bündnisses;
17. Entschädigung des Herzogs [Franz] von Anjou und Alençon für seine Hilfe bei der Verteidigung der niederländischen Freiheiten;

18. Restitution oder Entschädigung der Güter;
19. Vergebung der Taten der beiden Kriegsparteien von Anfang an;
20. Wegzug der Soldaten beider Kriegsparteien vor Ende März [1579];
21. Garantie des Friedensvertrages durch den Kaiser [Rudolf II.], den König [Heinrich III.] von Frankreich, den Herzog von Anjou, durch die Kurfürsten von Köln [Gebhard Truchseß von Waldburg] und Trier [Jakob von Eltz] und durch den Herzog von Kleve [Wilhelm VII.];
22. Beratung dieser Punkte durch die zu Antwerpen versammelten Generalstaaten und Erwartung einer Antwort vor Ende Januar [15]79.

Abschrift
2 Bogen Folio, S. 1–5 beschrieben.

Beilage

Betreff von Hand des 19. Jahrhunderts

1 Blatt (35,5 cm x 21,8 cm), S. 1 beschrieben.
HBA G 746, Nr. 40. – Altsignatur: 4/28/2.

Nr. 597

[15]79 Januar 23 [Antwerpen]

Auszug von Zeitung aus Antwerpen:

Rückkehr des Prinzen [Wilhelm von Oranien] aus Gent und Zugeständnis von fünf Pfarreien an die Geistlichen (*geistlichen*) durch den Prinzen; Rückkehr der Malcontenten (*mall contents*) auf die Seite der Staaten; Ersetzung des Herrn von *Rossuistedtte* durch den zur Familie von Hoogstraten (*Hochstrassenn*) gehörenden Herrn von *Hille*; angebliche Belagerung von *Diettmessenn* durch die Staaten; Abreise des *Casimirus* von Gent nach England; laut Zeitung vom 19. [Januar] aus Italien und Deutschland (*Deutschlandt*) Aufstellung von 15 000 Mann durch Papst [Gregor XIII.], den Herzog [Alfons II.] von [Este-]Ferrara, durch Piazenza (*Plazenza*) und Parma sowie durch ganz Italien mit der Absicht, sie herzusenden, und Bereitstellung von monatlich zwei Tonnen Goldes durch den Papst; Wiederkehr der Gesandten des Kaisers [Rudolf II.], Gerüchte über die Abschaffung der calvinistischen Lehre und ihre Ersetzung durch die katholische und über Frieden sowie überfällige Verlautbarung des Herrn *Hauerie*; angebliche Ablösung der Räte Kaiser [Maximilians II.] durch Italiener und Spanier ; Tod des jüngsten Kaiserbruders [Erzherzog Wenzel] in Spanien; nach seiner Rückkehr aus Mons (*Bergen*) und seinem Aufenthalt bei [Heinrich I. von Bourbon-]Condé Aufschlagung seines Lagers vor Ath durch den Herzog von Alençon [Franz von Anjou] in der Absicht, in die mit vier Fähnlein kampfeswilliger holländischer Soldaten besetzte Stadt einzuziehen; angebliche Berufung des Herzogs von Novaterra [Carlos von Aragon] zum Nachfolger Don Juans [Juan d'Austria] als

Statthalter; Einverständnis des Prinzen und der Staaten mit der Absicht des Herzogs von Alençon, sein Quartier zu Ath aufzuschlagen, aber Weigerung der dortigen Bevölkerung und der Soldaten, einen Franzosen aufzunehmen; kaiserliches Mandat an den Herzog von Parma [Alexander Farnese], sein Kriegsvolk zu entlassen, Entschuldigung des Herzogs beim Kaiser wegen des Aufschubs und Erwartung einer kaiserlichen Antwort; Ankunft des Grafen von Schwarzburg [Günther XLI.], um mit dem Herzog von Parma über den Abzug der spanischen Truppen zu verhandeln; Friedenshoffnungen der Deutschen (*Teutschen*), die aber von Gerüchten aus Italien enttäuscht worden sind; Einigung der mit Geld und Truppen zu helfen bereiten [Stände] des Artois und des Hennegaus mit den Staaten nur unter der Voraussetzung der Annahme der Pazifikation; Beschluß folgender im Namen des Königs [Philipp II. von Spanien] den Staaten zu unterbreitenden Vorschläge durch die in der Abtei Saint-Vaust versammlten Gesandten der Stände des Artois: [Es folgen die Bestimmungen Nr. 1–8 von Nr. 596].

Auszug
1 Bogen Folio, S. 1–4 beschrieben.

Beilage

Betreff von Hand des 19. Jahrhunderts

1 Blatt (35,3 cm x 21,7 cm) beschrieben.
HBA G 746, Nr. 41. – Altsignatur: 4/28/3.

Nr. 598

1579 April 11, Madrid

König Philipp II. von Spanien an Herzog Georg Friedrich:

Empfang eines Schreibens von [1578] September 29 nebst sechs Falken; Freude über die Beibehaltung der Gewohnheit des herzoglichen Vetters [Albrecht Friedrich], ihm mit der Sendung von Vögeln Wohlwollensbeweise zu übermitteln; großes Vergnügen des Königs an der Beizjagd; Dank und Versicherung, aufgrund der Gabe den Herzog häufiger in angenehme Erinnerung zu rufen; Wunsch nach Gelegenheit für Gefälligkeiten; *Gab[rielo] à Zayas* (*scripsit*).

Behändigte Ausfertigung
Lateinisch
1 Bogen Folio, S. 1 beschrieben, S. 2 Außenadresse und Eingangsvermerk *P[raesenta]t[um], den 4 augusti a[nno 15]79.*
Eigenhändige Ausstellerunterschrift und -siegel.
HBA G 746, Nr. 42. – Altsignatur: 4/31/98 (XIX).

Nr. 599

1579 Juli 18, Köln

Von den Beauftragten des Kaisers [Rudolf II.] zu Köln entworfene und beiden [Kriegsparteien] am 18. Juli [1579] mitgeteilte Artikel für einen Frieden in Belgien:

1. Befolgung der von König [Philipp II. von Spanien] gebilligten Pazifikationen von Gent von [15]76 November 8 und Brüssel von [15]77 Februar 17;
2. Amnestie für alle Vergehen der Anhänger beider Gegner von der Zeit der Genter Pazifikation an;
3. Festhalten des spanischen Königs an seinen Vasallen und Untertanen unter Zusicherung aller ihrer in Artikel 10 des Ständigen Erlasses festgehaltenen Freiheiten;
4. Wegzug aller spanischen, italienischen, deutschen, französischen, burgundischen, englischen, schottischen und sonstigen Kriegsvölker aus den belgischen Provinzen;
5. Entlassung der nicht zum Schutz benötigten einheimischen Soldaten durch den König, um jedem Einwohner die Möglichkeit zurückzugeben, in Ruhe seinen Geschäften nachzugehen und ihn, seine Frau und Kinder dem Waffengebrauch zu entwöhnen;
6. Abschaffung aller infolge des Aufruhrs erhobener Zusatzabgaben und Mitwirkung der Stände bei den zum öffentlichen Nutzen beibehaltenen Belastungen;
7. Wiederherstellung der vor dem Aufruhr gegoltenen Freiheit des Handels und des Verkehrs zu Wasser und zu Lande sowie Abschaffung der ohne königliche Autorität eingerichteten Steuern;
8. zur Vermeidung erneuten Streites Rückgabe der beweglichen und unbeweglichen Habe an alle Kleriker und Laien;
9. Restitution der rechtmäßig erworbenen Ehren und Ämter mit Ausnahme der gegen Freiheit, Rechte und Landesprivilegien (*privilegia patria*) erlangten;
10. ausschließliche Ämtervergabe nach vorhergehendem, dem König und den Ständen geleisteten Eid;
11. Austausch von Gefangenen ohne Lösegeldforderungen beider Seiten;
12. Wiedereinsetzung des Grafen [Philipp Wilhelm] von Büren (*Buranus*) binnen dreier Monate in seine Freiheiten und Erbgüter nach Erfüllung der mit ihm ausgehandelten Punkte durch den Prinzen [Wilhelm] von Oranien (*Auriacus*);
13. Gültigkeit der von Erzherzog Matthias im Namen des Königs getroffenen Verfügungen;
14. Absetzung der unrechtmäßig eingesetzten Magistrate und Wiedereinsetzung der rechtmäßigen Amtsinhaber;
15. Wiederherstellung der katholischen Religion in den königlichen Erbprovinzen (*in provinciis suis patrimonialibus*), Anwendung der Bestimmungen der Genter Pazifikation auf Holland, Seeland und die Stadt Bommel sowie dortige Wiederherstellung der katholischen Religion auf den Stand zur Zeit der Vertragsverhandlungen;
16. königliche Erlaubnis für die Abtrünningen der katholischen Religion, ungehindert Religionsfreiheit zu genießen bis zu einer vom König oder seinem Statthalter mit den Ständen einvernehmlich getroffenen Verfügung;

17. Rückkehr der Untertanen in den Gehorsam des Königs unter Beibehaltung der unter Kaiser Karl V. innegehabten Rechte und Freiheiten;
18. Bestellung eines mit den Gesetzen und Gewohnheiten der Provinzen vertrauten Prinzen von Geblüt zum Statthalter;
19. unverzügliche Übergabe aller festen Plätze, Kriegsmaschinen, Werke, Nachschübe, Waffen und Schiffe an den Generalstatthalter;
20. Verzicht des Königs auf Wiedererlangung des aus seinem Erbgut vom Volk entnommenen Gutes;
21. unbeschadet der Bestimmungen der Genter Pazifikationen, der Union der Generalstaaten und der Ständigen Verordnung von Brüssel Auflassung aller im Zusammenhang des Aufruhrs geschlossenen Bündnisse;
22. Einbeziehung der Königin von England [Elisabeth] und des Herzogs [Franz] von Anjou in diesen Vertrag;
Freiheit der dieser Vereinbarung beitretenden Provinzen, Städte und Einzelpersonen jedweden Standes von jeglicher Strafe (*iniuria*) des königlichen Heeres; Verzicht auf Beschwerung der Städte durch Garnisonen oder durch über diese Bestimmungen hinausgehende Forderungen; Möglichkeit für künftige Beitrittswillige, sich über den Herzog von Terranova [Carlos von Aragon] den Pazifikationen anzuschließen.

Abschrift
Lateinisch
3 Bogen Folio, S. 1–9 beschrieben, S. 12 Registraturvermerke *A* und *52*.

Beilage

Betreff von Hand des 19. Jahrhunderts

1 Blatt (35,5 cm x 21,8 cm), S. 1 beschrieben.
HBA G 746, Nr. 43. – Altsignatur: 4/28/4.

Nr. 600

1579 August 22, o. O.

[Herzog Georg Friedrich] an Königin [Elisabeth] von England:

Erinnerung an die unlängst vor der englichen Küste erfolgte Kaperung von mit Getreide und anderen Handelswaren befrachteten Schiffen von Königsberger Bürgern durch Piraten; trotz Hoffnung auf Berücksichtigung der Belange der ohne Grund und Ursachen durch königliche Untertanen hart getroffenen herzoglichen Untertanen erneute Klage der Königsberger Bürger *Christophorus Starck*, *Christophorus Han* und *Berhardus Ieckel* über den an dem Schiffer der „Gabriel“ Sebastianus Gruben durch den Engländer *Tschufer Dauidson* verursachten Betrug in Höhe von 1000 Mark, der nicht im Zusammenhang mit der zwischen beiden vereinbarten Vertragsstrafe steht; Verbürgung der Königsberger Schiffseigner für den von Engländern in

Schleswig festgehaltenen Gruben; Bevollmächtigung Ieckels durch die Schiffseigner mit der Vertretung ihrer Belange Dauidson gegenüber und Ersuchen der herzoglichen Fürsprache; Bitte des Herzogs an die Königin, seinen Untertanen bei der Verfolgung ihres Rechts gemäß den Gepflogenheiten der christlichen Stadtverwaltung *(christianus magistratus)* gegenüber den Gästen wohlwollend zu Seite zu stehen und die Fremden so zu behandeln wie die Ihren in der Fremde behandelt werden möchten; *ex consilio cancell(arii) et Bilau audivere; pro conclusione mutatione facta ad senatum Londinensem.*

Konzept
Lateinisch
1 Bogen Folio, S. 1–3 beschrieben, S. 4 Außenadresse.
HBA G 1263, Nr. 30.

Nr. 601

1579 August 24, Utrecht

[Utrechter Erklärung zu den Kölner Pazifikationen]:

Inhalt: Verbot des Utrechter Magistrats, die Kölner Pazifikationen unter den Gemeinen (*gemeinte*) zu verteilen; Drucklegung durch den bei *Gaert Brugge* im *„Goldenen Engel"* (*gulden Engel*) wohnenden *Conradt Henrick*; Abschrift: Bekanntmachung des Statthalters, des Schulzen, der Bürgermeister und des Rates zu Utrecht; in Köln Friedensverhandlungen unter kurfürstlicher und kaiserlicher Vermittlung zwischen dem Herzog von Terranova [Carlos von Aragon] im Auftrage König [Philipps II.] von Spanien und den Gesandten der Generalstaaten unter der Verdächtigung der Obrigkeit, den Krieg fortsetzen zu wollen; Absicht, künftigen Unannehmlichkeiten hieraus entgegenzuwirken, und Bekanntgabe folgender Tatsachen: Übergabe ihrer Friedensbedingungen an den spanischen König durch die Generalstaaten einerseits und der daraufhin von den Gesandten des Kaisers [Rudolf II.] entworfenen Antworten andererseits; Ablehnung dieser wider ihre Instruktion lautenden Antworten durch die Gesandten der [General-]Staaten; Mitteilung ihrer Meinung an den Statthalter der Niederlande, Erzherzog Matthias, und an die Generalstaaten durch die Gesandten; Empfang eines Schreibens des Erzherzogs und der Generalstaaten von [1579 August] 11 am 19. des Monats durch die Utrechter Stände; Übermittlung der mit ihren Instruktionen versehenen Schreiben an die zu Köln versammelten Gesandten der Generalstaaten durch die beiden Utrechter Stadträte; Vereitelung der guten Absichten der Staaten nach einem unverbrüchlichen Frieden durch das Beharren der Gegenseite auf ihren Bedingungen, um den Spaniern unter *Taduyß van Ascuvedo* die Handhabe für die Aufrichtung ihrer tyrannischen Herrschaft (*tyrannische regieringe*) zu geben und die blutgierige römische und spanische Inquisition einzuführen; [es folgt der Inhalt von Artikel 4–7, 12, 15, 9 und 14 der Kölner Pazifikationen]; Wiedereinsetzung der vor der mit Juan d'Austria geschlossenen Vereinbarung vom Jahre

1577 amtierenden Stadträte, um den Spaniern bei ihrem blutigen Handwerk Hilfe zu leisten; in Erinnerung an die von Herzog Alba gebrochenen Zusagen und wegen der großen Gefahr, sich dem [spanischen] König auf Gnade und Ungnade ausliefern zu müssen, Ablehnung der geforderten Entwaffnung; Absage an die ungöttlichen und unnatürlichen Vorschläge und Ankündigung, diese Erklärung drucken zu lassen; Ermahnung an die Staaten, bis zu einem dauerhaften Frieden mit dem [spanischen] König unter Sicherstellung von jedermanns Leib, Gut und Religion nicht zu ruhen; *G. vander Voort.*

Abschrift
Niederländisch
3 Bogen Folio, S. 1 und S. 3–10 beschrieben, S. 12 Registraturvermerke *D* und *52*.

Beilage

Betreff von Hand des 19. Jahrhunderts

1 Blatt (35,4 cm x 21 cm), S. 1 beschrieben.
HBA G 746, Nr. 44. – Altsignatur: 4/28/5.

Nr. 602

1580 Januar 30, Westminster

Königin Elisabeth von England an Herzog Georg Friedrich:

Erinnerung an die Freundschaftsbande zwischen den Königen und den preußischen Herzögen und ihren jeweiligen Untertanen; Wunsch der seit alters her an den Ostseeküsten *(in oris maris Balthici)* Handel treibenden [englischen] Kaufleute, den Warenaustausch zum gegenseitigen Nutzen zu verbessern, und Ersuchen, sich deswegen beim Herzog zu verwenden; Bitte der Königin, den [englischen] Kaufleuten so behilflich zu sein, wie es der Herzog umgekehrt im Falle seiner Untertanen wünscht, und Dankversprechen.
30[a] die ianuarii anno domini 1579 regni vero nostri vicesimo secundo.

Behändigte Ausfertigung
Lateinisch
1 Bogen Folio, S. 1–2 beschrieben, S. 4 Außenadresse und Eingangsvermerk *P(raese)n(tatum) den 12 (ten) octob(ris) anni.*
Eigenhändige Ausstellerunterschrift und Siegelspuren.
HBA G 746, Nr. 45. – Altsignatur: 62/16/1.

Nr. 603

1580 August 25, *Otlandiae*

Königin Elisabeth von England an Herzog Georg Friedrich:

Bitte an den Elbinger Rat, den königlichen Untertanen eine Niederlassung (*locum sedemque negotiationis*) zu gestatten; Beauftragung ihrer Gesandten, des Juristen Dr. John Roger und des William Salkins (*Wilhelmus Salkins*), Vertragsverhandlungen in der Stadt zu führen; aufgrund des herzoglichen Ansehens bei den Elbingern Entsendung der beiden auch zu ihm; Bitte, die Gesandten wohlwollend aufzunehmen und ihnen Glauben zu schenken.

Behändigte Ausfertigung
Lateinisch
1 Bogen Folio, S. 1–2 beschrieben, S. 4 Außenadresse und Eingangsvermerk *P(raesen)t(atum) per oratorem Angliensem Io(hannem) Rogerium Regiomonti 3 octobris 1581.*
Eigenhändige Ausstellerunterschrift und Siegelspuren.
HBA G 746, Nr. 46. – Altsignatur: 62/16/2.

Nr. 604

[15]80 September 25, o. O.

[Herzog Georg Friedrich] an König [Philipp II.] von Spanien:

Dem Vernehmen eines Schreibens des Königs zufolge willkommener Empfang der ihm im Jahr zuvor zugesandten Falken; Aufrechterhaltung der gewöhnlichen Falkensendungen und Übermittlung von sechs Falken mit dem Wunsch nach Unversehrtheit der Tiere; Hoffnung auf Kurzweil des Königs bei der Beizjagd mit den Falken.

Konzept
Lateinisch
1/2 Bogen Folio, S. 1 beschrieben und Ergänzung im Schreiben an die Königin von England durch die Bitte um Zusendung einiger Jagdhunde, S. 2 zeitgenöss. Betreff, Bearbeitungsvermerk *Regi Hispaniae 6, Galliae [Heinrich III.] 6, reginae Angliae [Elisabeth] 6* und zeitgenöss. Federproben.

Beilage

Kurzregest von Hand des 19. Jahrhunderts

1 Blatt (35,4 cm x 21,6 cm), S. 1 beschrieben.
HBA G 1263, Nr. 31. – Altsignatur: 4/31/27.

Nr. 605

1580 Oktober 11, o. O.

Herzog Georg Friedrich an Königin [Elisabeth] von England:

Der Klage herzoglicher Untertanen zufolge Verletzung der vor einigen Jahren bekräftigten alten Privilegien und Freiheiten der Deutschen Hanse (*hansa Theutonicae societatis*); derzeitiges Bestreben einiger unter dem Schein einer privilegierten Gesellschaft handelnder Londoner Kaufleute, den gesamten See- und Landhandel an sich zu ziehen; Ersuchen herzoglicher Untertanen und der Hansestädte, sich für sie zu verwenden; in Anbetracht der schon von seinen Vorfahren im Herzogtum mit den Vorgängern der Königin gepflegten Beziehungen Bitte, sich für die Beachtung der Privilegien, die freie Schiffahrt und die Abschaffung der Hindernisse einzusetzen; Gegenseitigkeitsversicherung für den gegebenen Fall.

Mundum
Lateinisch
1 Bogen Folio, S. 1–2 beschrieben, S. 4 Außenadresse und Registraturvermerk *R(egistrirt).*

Beilagen

I. Konzept

Lateinisch
1 Bogen Folio, S. 1–3 beschrieben, S. 4 zeitgenöss. Betreff *Ad reginam Angliae in causa Hanseaticae societatis* und Registraturvermerk *Registrirt.*

II.
Deutsche Übersetzung

1 Bogen Folio, S. 1–3 beschrieben, S. 4 zeitgenöss. Bearbeitungsvermerk *Ist tradirt ausem latein und registrirt* und zwei zeitgenöss. Rechenbeispiele in arabischen Ziffern.

III.
Kurzregest von Hand des 19. Jahrhunderts

1 Blatt (34,4 cm x 21,7 cm), S. 1 beschrieben.
HBA G 1263, Nr. 32. – Altsignatur: 4/25/84.

Bucheintrag im Volltext: Ost Fol 58, Nr. 988 f.

Nr. 606

[1580, Königsberg]

Herzog Georg Friedrich an Robert [Dudley], Graf von Leicester:

Versicherung des Wohlwollens und der Freundschaft; mit der Geschenksendung von sechs Falken an die englische Königin [Elisabeth] Fortsetzung einer Gewohnheit seiner herzoglich-preußischen Verwandten; in Anbetracht der Tugenden und der Stellung des Grafen im Königreich Übersendung dreier Falken an ihn; Bitte, dieses Geschenk wohlwollend anzunehmen, und Wunsch, Dudley damit Freude bei der Jagd zu bereiten; Annahme des im letzten Schreiben der Königin unterbreiteten Angebotes einer Gegengabe mit der Bitte um Zusendung eines oder zweier englischer Paßgänger für seine Gattin [Sophie]; Bitte um Unterstützung seines Wunsches bei der Königin; aus Freude an der Jagd Ersuchen des Herzogs an die Königin um Zusendung von Jagdhunden, falls der Wunsch der Schicklichkeit und Höflichkeit nicht widerspricht; aus Zuversicht dem Grafen gegenüber und ohne Absicht der Belästigung Bitte, ein Paar großer Hunde mit großem Spürsinn für die Bärenjagd auszusuchen, wobei einer der Schnelligkeit wegen aus Irland stammen soll; Bitte, die Tiere nach Königsberg mit einem der vielen dorthin segelnden englischen Schiffen zu senden wegen der häufigen Aufenthalte seines Hofes in dieser Stadt; Dankesverpflichtung für den gegebenen Fall und Angebot an gleichwertigen Gegengaben für die Königin und den Grafen.

Konzept
Lateinisch
1 Bogen Folio, S. 1–3 beschrieben, S. 4 Außenadresse.
HBA G 1261, Nr. 86.

Nr. 607

1581 Januar, Westminster

Königin Elisabeth von England an Herzog Georg Friedrich:

Ihres Vergnügens bei der Beizjagd wegen besondere Freude über das ihr in alter Gewohnheit übersandte Geschenk in Gestalt von sechs Falken; Dank und Wunsch, dem Herzog mit einer Gegengabe gelegentlich zu erfreuen.
Die ianuarii anno domini M° D° LXXX° regni vero nostri vicesimo tertio.

Behändigte Ausfertigung
Lateinisch
1 Bogen Folio, S. 1 beschrieben, S. 4 Außenadresse, Eingangsvermerk *Praesent(atum) 15 (ter) april anno etc. [15]81*, zeitgenöss. Betreff *Konigin in Engelland bedanckt sich weg(en) der verehrten unnd geschenkten falckhen* und Registraturvermerk *N[umer]o 4*.
Eigenhändige Ausstellerunterschrift und -siegel.
HBA G 746, Nr. 47. – Altsignatur: 4/31/71 (XVI).

Nr. 608

1581 Februar 8, am englischen Hof

Robert [Dudley], Graf von Leicester, an Herzog Georg Friedrich:

Empfang eines zu Königsberg datierten Schreibens von [1580] Oktober 3 nebst einem Geschenk in Gestalt dreier Falken vermittels eines herzoglichen Dieners; Dank für das ehrenvolle Geschenk; trotz seiner Schwierigkeit, angemessen zu danken, Versprechen, den Herzog stets in guter Erinnerung zu halten und ihm in allem dienstfertig zu sein; Zustellung der nachgefragten Hunde, nämlich zweier für die Wildschwein- und Bärenjagd geeigneter, über den Boten; Angebot weiterer Hundelieferungen und Ankündigung, erwartete irische Hunde nachzusenden; Versprechen, die im Schreiben an Königin [Elisabeth] erwähnten Hunde zu beschaffen.
Octavo die feb[ruarii] anno M° D° LXXX°.

Behändigte Ausfertigung
Lateinisch
1 Bogen Folio, S. 1 beschrieben und eigenhändiges Postskript *Misimus etiàm unum canem Anglicum, qui lepores assequatur*, S. 4 Außenadresse, Eingangsvermerk *Praesent(atum) 15 aprill anno etc. [15]81* und zeitgenöss. Rubrum *Schreibt, das er zwene falcken empfangen, schickt hergegen zwene Engelische hunde.*
Eigenhändige Ausstellerunterschrift und -siegel.

Beilage

Kurzregest von Hand des 19. Jahrhunderts

1 Blatt (35,5 cm x 21 cm), S. 1 beschrieben.
HBA G 746, Nr. 48. – Altsignatur: 4/31/81 (III).

Nr. 609

1581 April 17, Königsberg

Herzog Georg Friedrich an jedermann:

Pflicht der Schiffer, Reeder, Kaufleute und Schiffskinder, bei Benutzung des herzoglichen Tiefs oder herzoglicher Häfen und Flüsse alle Waren dem Pfundschreiber und dem Baumschließer anzumelden; Schädigung des Herzogs durch Unterschlagungen, Entschuldigungen mittels angeblicher Unwissenheit und Bedrohung des Baumschließers durch ertappte Betrüger; Warnung vor Beschlagnahmungen von Schiff und Waren; Befehl an alle Schiffer, Reeder, Kaufleute und Schiffskinder, beim Einlaufen dem herzoglichen Pfundschreiber zu Pillau (*Pillaw*) und dem Baumschließer alle mitgeführten Waren zu deklarieren; Verbot der Leichterung vor der Anmeldung sämtlicher Waren; Strafandrohung bei Zuwiderhandlung.

Ausfertigung
1 Bogen Folio, S. 1 bedruckt und Beglaubigungsvermerk *Georgius Fridericus dux Prussiae etc. manu propria (subscriptum)*, S. 2 zeitgenöss. Betreff *Mandat wegen verpfundung der wahren.*
HBA G 748, Nr. 2.

Nr. 610

1581 Juli 30, Greenwich

Königin Elisabeth von England an Herzog Georg Friedrich:

In Erinnerung an ihr beinahe vor einem Jahr [1580 August 25] verfaßtes Empfehlungsschreiben zugunsten der zu Elbing um Niederlassung bittenden Handelsgesellschaft (*societas mercatorum*) Verhandlungen wegen ausgewogener und für die Zukunft festgeschriebener Zölle für die ein- und ausgeführten Waren; bereitwillige Bitte angesichts der für die Wahrung der Freundschaft zwischen den Fürsten abträglich werdenden Zolländerungen; Wunsch nach Dauerhaftigkeit und Festigkeit der mit auswärtigen Fürsten und Völkern geschlossenen Verträge (*coniunctionis foedera*); Einladung, die Billigkeit ihrer Forderung zu sehen und hinsichtlich ihrer Untertanen rasch zu handeln.

Behändigte Ausfertigung
Lateinisch
1 Bogen Folio, S. 1 beschrieben, S. 4 Außenadresse, Eingangsvermerk *Pr(aesen)t(atum) 13 (ter) octob(er) anni.*
Eigenhändige Ausstellerunterschrift und -siegel.
HBA G 746, Nr. 49. – Altsignatur: 62/16/3.

Nr. 611

1581 September 16, Ortelsburg

Herzog Georg Friedrich an Robert [Dudley], Graf von Leicester:

Aus dem zusammen mit drei Hunden vom herzoglichen Falkner übermittelten Schreiben des Grafen Entnahme des Wohlwollens und des Bemühens um die Freundschaft mit dem Herzog; Freude über die Hunde und Dank dafür; wegen der willkommenen Aufnahme der in den vergangenen Jahren Dudley übermittelten Falkengeschenke Zusendung von abermals drei Beizvögeln; der Anstand verbietet, an das Versprechen der Königin [Elisabeth von England] zu erinnern, den Wunsch des

Herzogs nach Jagdhunden zu erfüllen; Hoffnung auf Beistand des Grafen in dieser Sache und Dankversprechen.

Konzept
Lateinisch
1/2 Bogen Folio, S. 1 beschrieben, S. 2 Registraturvermerk *Anno [15]81*.

Beilage

Drei Kurzregesten von Hand des 19. Jahrhunderts

1 Blatt (35,4 cm x 21,3 cm), S. 1 beschrieben.
HBA G 1263, Nr. 33. – Altsignatur: 4/31/72 (I).

Nr. 612

[15]81 September 20, Ortelsburg

Herzog Georg Friedrich an Königin Elisabeth von England:

Einem Schreiben der Königin vom Vorjahr zufolge willkommener Empfang der ihr übermittelten Falken; in Fortführung der herzoglichen Gewohnheit Übersendung von sechs Beizvögeln vermittels des briefzeigenden Falkners; Hoffnung auf Unversehrtheit der Tiere, um so zur Kurzweil der Königin beitragen zu können; Dank für das in einem früheren Schreiben gemachte Versprechen, einen Paßgänger und Jagdhunde zu senden; Versprechen, sich für die Erfüllung seines Wunsches geziemend zu bedanken.

Konzept
Lateinisch
1 Bogen Folio, S. 1–2 beschrieben, S. 4 Außenadresse, Registraturvermerk *83* und zeitgenöss. Federproben.
HBA G 1263, Nr. 34. – Altsignatur: 4/31/72 (II).

Nr. 613

[15]81 September 30, Königsberg

Herzog [Georg Friedrich] an Königin [Elisabeth] von England:

Einem Schreiben der Königin vom Vorjahr zufolge willkommener Empfang der ihr übermittelten Falken; in Fortführung der herzoglichen Gewohnheit Übersendung von sechs Beizvögeln vermittels des briefzeigenden Falkners; Hoffnung auf Unversehrtheit der Tiere, um so zur Kurzweil der Königin beitragen zu können; trotz der Bitte des Herzogs vom Jahr zuvor um Zusendung von für die Eber- und Hochwildjagd geeigneten Hunden Ausbleiben der Sendung, wofür der Herzog nicht mangelnden Willen, sondern die Unbilden der Witterung und die die Königin drückenden Geschäfte verantwortlich macht; Versprechen, sich für die Erfüllung seines Wunsches geziemend zu bedanken.

Konzept
Lateinisch
1 Bogen Folio, S. 1–2 beschrieben, S. 4 Außenadresse.
HBA G 1263, Nr. 35. – Altsignatur: 4/31/72 (III).

Nr. 614

[15]81 Oktober 14, Königsberg

Herzog Georg Friedrich an Königin [Elisabeth] von England:

Am 3. Oktober Empfang des im Auftrag der Königin handelnden Doktors der Rechte John Roger; aus Zuneigung zur Empfängerin unverzügliche Anberaumung einer Audienz; im ersten Anliegen Wunsch nach Erneuerung der zwischen ihren königlichen Vorfahren und den preußischen Landmeistern des [Deutschen] Ordens (*magistri ordinis terrarum Prussiae*) geschlossenen Verträge; Beurteilung der Sache als zu einer eingehenden Beratung würdig; dankbare Kenntnisnahme des ihm entgegengebrachten Wohlwollens, nicht nur die zwischen den beiderseitigen Vorfahren eingegangenen Bindungen erhalten, sondern auch mittels neuer Bande stärken zu wollen; Wunsch des Herzogs, in allem der Königin zum Wohle der beiderseitigen Länder und Untertanen zu willfahren, aber Verpflichtungen der Religion, dem Heiligen Römischen Reich und der Treue und dem Königreich Polen dieses [preußischen] Landes wegen; Beunruhigung des Herzogs über das am 25. August 1580 zu *Otlandia* datierte Kredenzschreiben der Königin wegen der Aufnahme der Verhandlungen mittels zweier Leute, nämlich durch die mit gleicher Befugnis ausgestatteten Unterhändler, Roger und William Salkins; Absicht Salkins, über die Elbinger Ratgeber des Herzogs Verhandlungen zu führen, um eine rasche Aufnahme der Verhandlungen mit Roger zu vermeiden; gleichzeitige Anwesenheit des mit denselben Vollmachten ausgestatteten Roger am Hofe (*coram*) zwecks frühzeitiger Weitergabe von Nachrichten; Bitte an die Königin, die unvollständige Antwort auf die Gesandtschaft nicht dem Herzog, sondern der mehrdeutigen Stellung der Gesandten anzulasten; hinsichtlich der Bitte der Königin, bei den Elbingern für die königlichen Untertanen freien Handel zu erwirken, erwartet der Herzog von den Elbingern auch ohne seine Fürsprache eine angemessene Entscheidung; auch zweifelt der Herzog nicht an einer Beschäftigung des polnischen Königs [Stephan Batory] mit dieser ihm allein zustehenden Angelegenheit im Falle des Friedenszustandes mit Moskau; Zusicherung der herzoglichen Unterstützung der königlichen Untertanen bei der Förderung des öffentlichen Nutzens; Aufbau und Förderung von Freundschaft und Nachbarschaft zwischen den Völkern durch den freien Handel unter Maßgabe der Beachtung der gegenseitigen Privilegien; Vorhandensein eines großen Schiedsgerichts (*magno consilio*) zur Beilegung des Zwistes zwischen dem Königreich England und den Seestädten unter Einschluß Königsbergs und anderer preußischer Städte; Vertrauen des Herzogs auf die Königin, um beiden Seiten den Genuß ihrer Freiheiten und Privilegien zu ermöglichen; Übergabe eines zu Westminster datierten Schreibens der Königin vom 30. Januar 1579 und eines zu Greenwich am 30. Juli 1581 gegebenen königlichen Briefs durch Roger mit der Bitte, die an diesem Teil der Ostseeküste (*in hoc littore Balthico*) Handel treibenden königlichen Untertanen zu empfehlen und sie nicht mit übermäßigen Steuern, Zöllen und Hafenabgaben zu drücken; Versicherung des Herzogs, den königlichen Untertanen nichts Unzumutbares aufzuerlegen, lediglich das von seinen Vorgängern an Steuern geforderte zu verlangen und von niemandem darüber Klagen vernommen zu haben; Erlaubnis für die königlichen Untertanen, die jährlichen Hafenabgaben zu gerechten Bedingungen zu pachten; trotz gegenteiliger Behauptung des Gesandten Roger kein Empfang weiterer Schreiben der Königin; deswegen Bitte um Entschuldigung für möglicherweise ausgebliebene Antworten.

Konzept
Lateinisch
2 Bogen Folio, S. 1–5 beschrieben, S. 8 Außenadresse, zeitgenöss. Rubrum *Ratione confoederationis inter regnum Anglie et magistros ordinis Teutonici olim et nunc duces Prussiae. Item de libera Anglorum apud Elbingenses negociatione impetranda, tum de exactione portorii ab iisdem non immodice exigenda* und Registraturvermerk *Regist(ratum) a Ioanne Kleinlein.*
HBA G 1263, Nr. 36. – Altsignatur: 62/16/4.

Nr. 615

1582 Februar 1, am englischen Hof

Robert [Dudley], Graf von Leicester, an Herzog Georg Friedrich:

Empfang dreier unversehrt gebliebener Falken; Dank für das schöne Geschenk; Entschuldigung seines langen Schweigens mit Verhandlungen vor Ort mit dem Herzog von Angers [Franz von Alençon] zur Vermeidung von Schreiben nach Belgien sowie Gefälligkeitsangebot.
1° febr[uarii] 1581.

Behändigte Ausfertigung
Lateinisch
1 Bogen Folio, S. 1 beschrieben, S. 4 Außenadresse, Eingangsvermerk *Praesent(atum) Konigsberg, den 6 aprilis anno[15]82*, zeitgenöss. Rubrum *Der konigin inn Engellandt [Elisabeth] stallmeister, millor[d] Robert, bedankt sich der uberschickt(en) dreij falcken* und Registraturvermerk *3.*
Eigenhändige Ausstellerunterschrift und -siegel.
HBA G 746, Nr. 50. – Altsignatur: 4/31/81 (IV).

Nr. 616

[15]82 September 1, Amsterdam

Die Bürgermeister zu Amsterdam an Herzog Georg Friedrich

Vergebliches Ersuchen über ihren Verordneten bei den holländischen Ständen, Zollbefreiung für die vom herzoglichen Diener David Pinßfeldt (*Dauid Pinsvelt*) eingeführten 200 Last Roggen zu erhalten; Verbot der Stände, Handelsgut von Potentaten, Fürsten und Herren vom Zoll zu befreien; Bitte um Entschuldigung; jedoch Ausnahmeerlaubnis der Stände für die zollfreie Ausfuhr von zum herzoglichen Bedarf bestimmten und von Pinßfeldt gekauften Wolltüchern, Spezereien und sonstigen Waren; *W. Pieters, 1582, (scripsit)*.

Behändigte Ausfertigung
1 Bogen Folio, S. 1–2 beschrieben, S. 4 Außenadresse, Eingangsvermerk *P(raesen)t(atum) 20 sept(embris) anno [15]82 Kunigspergk*, zeitgenöss. Betreff *Der stadt von Amsterdam wegen furstlicher geschifften waren* und Registraturvermerk *2*; Siegelspuren

Beilage

Kurzregest von Hand des 19. Jahrhunderts

1 Blatt (35 cm x 20,4 cm), S. 1 beschrieben.
HBA G 746, Nr. 51. – Altsignatur: 4/25/135.

Nr. 617

[15]83 Januar 6, Königsberg

[Herzog Georg Friedrich] an [Franz von Anjou] Herzog von Alençon:

Dem Vernehmen des herzoglichen Untertans und Königsberger Bürgers Peter Schmittner (*Petrus Schmitnerus*) zufolge jährliche Weineinkäufe in dem zum Rhein hin gelegenen Teil Belgiens (*in Belgia ad Rhenum*) und Verfrachtung des Weins nach Königsberg; Schmittners Erkundigungen nach Kriegführung Alençons in den dortigen Grenzgebieten und Furcht Schmittners, deswegen Schaden zu erleiden; Ersuchen Schmittners an den Herzog, ihn dem Empfänger zu empfehlen, um seinem Schiffer die gefahrlose Wegfuhr des erstandenen Weins zu ermöglichen; aus Gründen der Friedfertigkeit des Bittstellers und aus guter Nachbarschaft Bitte des Herzogs an Alençon, Schmittner ungehinderten Handel und Wandel zu gestatten und ihn empfohlen zu halten; Dankversprechen für den gegebenen Fall.

Konzept
Lateinisch
1 Bogen Folio, S. 1–3 beschrieben, S. 4 Außenadresse, zeitgenöss. Betreff *In negotio Christophori [!] Schmitneri* und Registraturvermerk *Registerirett.*
HBA G 1263, Nr. 37.

Bucheintrag im Volltext: Ostpr. Fol. 58, S. 1035.

Nr. 618

1583 März 16, Richmond

Königin Elisabeth von England an Herzog Georg Friedrich:

Aufgrund ihres Vergnügens bei der Beizjagd Freude über die nach jährlicher Gewohnheit zugesandten Falken; Dankverpflichtung und Versicherung ihres Wohlwollens.
XVI^{to} die mensis martii 1582 regni vero vicesimo quinto.

Ausfertigung
Lateinisch
1 Bogen Folio, S. 1 beschrieben, S. 4 Außenadresse, Eingangsvermerk *Praesent [!] Sperling, 18 augusti a[nn]o [15]83*, zeitgenöss. Betreff *Konigin in Engelandt danckt fur zugeschickte falcken* und Registraturvermerk *1582, n[umer]o 1.*
Eigenhändige Ausstellerunterschrift und -siegel.
HBA G 746, Nr. 52. – Altsignatur: 62/16/5.

Nr. 619

1583 März 29 [Hoorn]

[Schiffshypothekenrecht der Grafschaft Holland]:

Auf Bitte des *Petrus Ericus Enchusanus* Bestätigung durch Bürgermeister, Ratmannen und Rat der Stadt Hoorn (*Horueni*) in der Grafschaft Holland, daß Nachstehendes der Landesgewohnheit entspricht: Eigentümer (*dominus*) eines Schiffes bleibt der Verkäufer bis zur restlosen Ablösung der auf dem Schiff lastenden Hypothek; erst danach Befriedigung der Forderung des Gläubigers des Käufers; Ausnahmen von dieser Regelung sind die für Verpflegung der Schiffsbesatzung, für Bestattungen und für Schiffsausbesserungen geliehenen Gelder wegen ihrer fehlenden Auswirkung auf das Pfand des Verkäufers; Ankündigung der Beglaubigungsmittel.

Abschrift
Lateinisch
1 Bogen Folio, S. 1–4 beschrieben.
Altsignatur: 4/28/10 (I).

Beilagen

I. 1583 April 2 [Enkhuizen]

Beurkundung durch Bürgermeister, Ratmannen und Rat zu Enkhuizen

Abschrift
Lateinisch
1 Bogen Folio, S. 1–3 beschrieben.
Altsignatur: 4/28/10 (II).

II. 1583 Mai 3 [Medemblik]

Beurkundung durch Bürgermeister, Ratmannen und Rat zu Medemblik

Abschrift
Lateinisch
1 Bogen Folio, S. 1–3 beschrieben.
Altsignatur: 4/28/10 (III).

III. 1583 Juni 4 [Amsterdam]

Beurkundung durch Ratmannen und Rat zu Amsterdam

Abschrift
Lateinisch
1 Bogen Folio, S. 1–3 beschrieben.
Altsignatur: 4/28/10 (IV).

IV. Kurzregest von Hand des 19. Jahrhunderts

1 Blatt (35,5 cm x 21,7 cm), S. 1 beschrieben.
HBA G 747, Nr. 1.

Nr. 620

1583 April 5, Königsberg

[Herzog Georg Friedrich] an König [Friedrich II.] von Dänemark:

Schaden aufgrund von Hinterziehungen des Königsberger Zolls durch von Westen in das Tief einlaufende Schiffe und beschränkte Möglichkeit, die Waren in den Schiffen zu überprüfen; Bitte, von den Waren der durch den königlichen Zoll von Helsingör (*Helschenöhr*) in Richtung Königsberg gelassenen Schiffe ein durch den zuständigen Zöllner besiegeltes Verzeichnis anfertigen zu lassen und es den betroffenen Schiffern mitzugeben.

Konzept
1 Bogen Folio, S. 1–3 beschrieben, S. 4 Außenadresse und zeitgenöss. Betreff *Weg(en) der certificationen im pfundzoll.*
HBA G 748, Nr. 3.

Nr. 621

1584 Januar 26, Westminster

Königin Elisabeth von England an Herzog Albrecht Friedrich:

Freude über die vom anwesenden Boten überbrachte Nachricht vom Wohlergehen und von der beschaulichen Lebensführung des Herzogs; gemäß der alljährlichen herzoglichen Gewohnheit Empfang von sechs Falken, bei denen die Königin Vergnügen zu finden hofft; Dank und Versprechen, sich dem Herzog in jeder Weise wohlwollend zu erweisen.
Die mensis ianuarii XXVI° anno domini 1583 regni vero nostri vicesimo sexto.

Behändigte Ausfertigung
Lateinisch
1 Bogen Folio, S. 1 beschrieben, S. 4 Außenadresse, Eingangsvermerk *P(raesen)t(atum) Kunigspergk, 23 may anno etc. [15]83[!]*, zeitgenöss. Betreff *Koninginn auß Engelant bedankt sich der zugeschikten falken* und Registraturvermerk 2.
Eigenhändige Ausstellerunterschrift und Siegelspuren.
HBA G 746, Nr. 53. – Altsignatur: 4/31/71 (XVII).

Nr. 622

1584 Mai 8, Königsberg

Herzog Georg Friedrich an jedermann:

[Inhalt wie Nr. 609]; Verbot für alle einlaufenden Schiffe, ohne vollständige Deklarierung der mitgeführten Waren vor dem Pfundschreiber zu Pillau ihre Fahrt fortzusetzen; Verbot für alle auslaufenden Schiffe, ohne vollständige Angabe der mitgeführten Waren und ohne Überantwortung des zuvor von der herzoglichen Rentkammer ausgestellten Pfundzettels an den Pfundschreiber weiterzufahren; Androhung, bei Zuwiderhandlungen vom *Norderhagken* einzugreifen und das betroffene Schiff mitsamt Ladung zu beschlagnahmen.

Ausfertigung
1 Bogen Folio, S. 1 bedruckt, S. 2 zeitgenöss. Betreff *Mandat wegen verpfundung der wahren, verneuert unnd publiciret, den 8 maii [15]84* und zeitgenöss. Kanzleivermerk *N[ota] b[ene]: Wieder dies mandatt hatt der Englische gehandelt anno etc. [15]85 t(en).*
Ausstellersiegel und Beglaubigungsvermerk *Dux Prussiae (subscripsit).*
HBA G 748, Nr. 4.

Nr. 623

1584 Juni 24, Brouage
[François d'Espinay, seigneur de] Saint-Luc an [Herzog Georg Friedrich]:

Versprechen des Königsberger Schiffers *Hyens Bacquemin*, ihm mit seiner ersten Handelsreise vier türkische Pferde zuzuführen; Notwendigkeit, zu dem Zweck die Gunst des Empfängers zu erlangen; Bitte, die Einlösung des Versprechens des Schiffers durch die herzogliche Unterstützung zu ermöglichen; Zusicherung des Absenders, sich entweder dem Viertel der herzoglichen Seekaufleute (*lendroict des navires de voz quartiers*) oder dem Herzog sonst gegenüber erkenntlich zu zeigen.

Behändigte Ausfertigung
Französisch
1 Bogen Folio, S. 1 beschrieben, S. 4 Außenadresse *Monsieur es marquis de Kunissberge*, Eingangsvermerk *P(raesen)t(atum) Kunigspergk 8 augusti [15]84* und Registraturvermerke *N[umero] 1* und *1584*.
HBA G 746, Nr. 54. – Altsignatur: 4/31/96 (XXXIV).

Nr. 624

1585 Januar 16, Paris

König Heinrich [III. von Frankreich] an Herzog [Georg Friedrich]:

Empfang von Beizvögeln vermittels eines herzoglichen Falkners; Freude über das Geschenk, Dank und Gefälligkeitsangebot; *Pinart* (*scripsit*).

Behändigte Ausfertigung
Französisch
1/2 Bogen Folio, S. 1 beschrieben, S. 2 Außenadresse, Eingangsvermerk *P(raesen)t(atum) 20 iulii [15]85*, zeitgenöss. Betreff *Konig in Franckreich bedanckt sich wegen der zugeschickten falcken* und Registraturvermerk *N[umero] 2*.
Eigenhändige Ausstellerunterschrift und Siegelspuren.
HBA G 746, Nr. 55. – Altsignatur: 4/31/96 (XXXV).

Nr. 625

1585 April 6, Königsberg

[Herzog Georg Friedrich] an Königin [Elisabeth] von England:

Am 4. April [1585] Übergabe eines Schreibens durch ihren für diese Gegend zuständigen Botschafter, John Herbert (*Ioannes Herbert*), mit dem Dank für das englischen

Kaufleuten erwiesene Entgegenkommen und der Bitte an den Herzog, die englischen Kaufleute zur Aufrechterhaltung ihrer Elbinger Niederlassung und ihrer Handelsfreiheit zu schützen; Erläuterung der königlichen Gewogenheit dem Herzog und allen fürstlichen Anhängern der reinen Lehre in Deutschland gegenüber durch Herbert sowie der Aufgabe, die reine Lehre vor dem gemeinsamen Feind, dem Antichristen, und dessen jesuitischen Spionen zu schützen; in Ansehung des königlichen Verhaltens gegenüber zurückliegenden herzoglichen Angelegenheiten sichert der Herzog sowohl der Elbinger Niederlassung, die auch mit seinen Untertanen Handel treibt, als auch dem freien Handel seinen Schutz zu; Klage der herzoglichen Städte Königsberg und der anderen Seestädte wegen der privilegien- und sittenwidrigen Einführung des englischen Handels zu Elbing und wegen der Behinderung des Nießnutzes der eigenen Privilegien in England; Beschwerde der Königsberger, in England vom gewohnten Handel mit den königlichen Untertanen ausgeschlossen zu werden; wegen der Lage der Elbinger Niederlassung im Herrschaftsgebiet des polnischen Königs [Stephan Batory] Abhängigkeit des Schicksals der Niederlassung vom König; wie von alters her üblich Nutzung des herzoglichen Hafens bei der Weiterfahrt nach Elbing gegen geringes Entgelt; Vertrauen des Herzogs auf Berücksichtigung der mit jedem einzelnen Bürger und Untertan abgeschlossenen Verträge und der althergebrachten Rechte durch die Königin; Dank für das von ihrem Botschafter gepriesene königliche Wohlwollen, das zu bewahren der Herzog sich zu befleißigen verspricht; Freude über die Absicht der Königin, sich für den Schutz der reinen Lehre einzusetzen, und Versicherung, auch seinerseits bis zum letzten Atemzug die wahre Religion gegen den Antichristen verteidigen und sie der Nachwelt überliefern zu wollen; Bitte bei Gott für die Festigung ihres Königsthrones.

Konzept
Lateinisch
1 Bogen Folio, S. 1–4 beschrieben, S. 4 zeitgenöss. *Betreff F[urstliche] d[urchlauch]tt antwortt auff der koenigin v[on] Engelandt schreib(en)* und Registraturvermerke *Registriret* und *R(egistriret).*
HBA G 1263, Nr. 38.

Bucheintrag im Volltext: Ostpr. Fol. 59, S. 113–115.

Nr. 626

[15]85 Mai 1, Königsberg

Herzog Georg Friedrich an den Rat zu Elbing:

Dank für die Unterrichtung vornehmlich der englischen und holländischen Schiffer über den im herzoglichen Tief zu zahlenden Pfundzoll; Nachricht von der Einrichtung eines Pfundzolls zu Elbing zugunsten der Stadt und des polnischen Königs [Stephan Batory], um vor allem die Engländer zur richtigen Anzeigung ihrer ein- und ausgeführten Waren anzuhalten; zur Abschaffung der Zollvergehen Bitte, die Engländer zu ermahnen, Deklarationen nur mittels von königlich[-polnischen] Assessoren beglaubigten Schriftstücken abzugeben, und ihrem Ältermann John Langton (*Hans Lantton*) entsprechende Mitteilung zu machen; Ersuchen an die Empfänger, hinsichtlich der anderen fremden Kaufleute entsprechend zu verfahren.

Konzept
1 Bogen Folio, S. 1–3 beschrieben, S. 4 Außenadresse.
HBA G 748, Nr. 5.

Nr. 627

[15]85 Mai 23, Königsberg

Bürgermeister und Ratmannen zu Elbing an Herzog Georg Friedrich:

Empfang eines jüngst in Sachen des Pfundzolls ergangenen Schreibens des Herzogs; trotz Verwarnungen und Ermahnungen ihrerseits, von seiten des Herzogs und des englischen Deputierten (*deputaten*) Fortdauer des Zollvergehens; dem Vernehmen des derzeitigen Deputierten William Salkins nach Unkenntnis desselben von Zollvergehen, aber Kenntnis von den Strafandrohungen bei derartigen Tatbeständen; Versicherung Salkins, durch verstärkte Aufsicht den Betrug künftig unterbinden zu wollen; hinsichtlich des zugunsten des [polnischen] Königs [Stephan Batory] mit Zustimmung der englischen Kaufmannschaft (*Englischen societett*) eingerichteten Pfundzolls Bestellung vereidigter Pfundzollassessoren, um vom Ältermann oder vom Deputierten die Meldung der ein- und ausgeführten Waren entgegenzunehmen; Weiterleitung der Warenanzeigen an den vorsitzenden Bürgermeister durch dieselben, der die Anzeigen mit dem Stadtsiegel beglaubigt; Aussparung der anderen Fremden von der Regelung; Ersuchen an den Herzog, beim alten Brauch und beim jetzigen Vergleich zu bleiben.

Behändigte Ausfertigung
2 Bogen Folio, S. 3–7 beschrieben, S. 8 Außenadresse, Eingangsvermerk *P(raesen)t(atum) Kunigspergk 15 may [15]85* und zeitgenöss. Betreff *Rath zum Elbing antwortett weg(en) der certification.*
Ausstellersiegel
HBA G 748, Nr. 6.

Nr. 628

[15]85 August 7, Pillau

Wolf von der Oelsnitz, Vogt zu Fischhausen, an Herzog [Georg Friedrich]:

Am Vortag Empfang eines herzoglichen Schreibens bezüglich der unvollständigen Warendeklaration durch den aus Hull in England kommenden Schiffer *Henrich*

Berntt mit der Anweisung, Schiff und Ladung zu beschlagnahmen und das Schiff nach Königsberg zu senden; unverzügliche Abreise nach Pillau und Vorladung des Schiffers und des Führers des Schmackens, in den der größte Teil der Waren umgeladen worden ist; Ankunft der Kaufleute und Besitzer der Waren aus Elbing; Unterrichtung der Schiffer und der Warenbesitzer vom Inhalt des herzoglichen Schreibens durch von der Oelsnitz sowie Besetzung des Schiffes und des Schmackens durch Beauftragte des Ausstellers zwecks Überführung nach Königsberg; Verpflichtung der auf beiliegendem Zettel namentlich aufgeführten Kaufleute und Schiffer, sich in Königsberg einzufinden; Beilage eines Schreibens des Elbinger Rates an den Pfundschreiber wegen des englischen Schiffs und der Waren.

Behändigte Ausfertigung
1 Bogen Folio, S. 1–2 beschrieben, S. 4 Außenadresse, Eingangsvermerk *P[rae]s[entatum] Königsbergk, denn 9 augusti anno etc. [15]85* und zeitgenöss. Betreff *Voigts zu Fischhausen bericht des Englisch(en) arrestirt(en) schiffs halb(en).*
Eigenhändigkeit und Ausstellersiegel.

Beilagen

I. *Der Englischen kauffleutte nhamen: Michell Harttfartt, Frantz Michlsoitt, Wilhelm Jungeschön; Hans Kugellnchan, der schmackenschipper; Henrich Berndt, der schipper ufm schiffe.*

1 Blatt (20,2 cm x 15 cm), S. 1 beschrieben.

II. 1585 August $\frac{16}{[6]}$, Elbing

Bürgermeister und Ratmannen zu Elbing an den Pfundschreiber zu Pillau [Iheronimus Saltzmeier]:

Dem Vernehmen englischer Kaufleute zufolge zwei Tage zuvor Ankunft eines aus England kommenden Schiffes vor Pillau und Übergabe eines Zettels mit dem Verzeichnis lediglich der Packen und nicht der [übrigen] geladenen Waren durch den unerfahrenen Schiffsschreiber; nach Löschung der Waren in einen Schmacken Arrestierung von Schiff und Schmacken durch den Herzog; fehlende Verpflichtung, die Waren zu Pillau zu deklarieren, aber nach alter Gewohnheit und nach der vor einigen Jahren eingeführten Bestimmung Pflicht, die Waren [zu Elbing] anzumelden; Bitte, die Kaufleute von Verdächtigungen zu entheben und den Schreiber, der aus Unkenntnis und ohne Wissen und Willen der Reeder das Warenverzeichnis übergeben hat, zu entschuldigen; Ersuchen, Schiff und Waren freizugeben.

Behändigte Ausfertigung
1 Bogen Folio, S. 1–2 beschrieben, S. 4 Außenadresse, Eingangsvermerk *P[rae]s[en]ta[tum] Konigsb[erg], den 8 augusti anno etc. [15]85* und Bearbeitungsvermerk *F[urstliche] d[urchlaucht] lassen es bei dem mandat beruh(en).*
Siegelspuren
HBA G 748, Nr. 7.

Nr. 629

1585 August $\frac{16}{6}$, Elbing

Bürgermeister und Ratmannen zu Elbing an Herzog Georg Friedrich:
[Inhalt wie Nr. 628, II. Beilage]

Behändigte Ausfertigung
1 Bogen Folio, S. 1–3 beschrieben, S. 4 Außenadresse, Eingangsvermerk *P[rae]s[en]ta[tum] Konigsberg, den 8 augusti anno etc. [15]85* und zeitgenöss. Betreff *Statt Elbing vorbittschre(i)ben, das arrestirte Englische schiff zu freien und lo(s) zu geben.*
Ausstellersiegel
HBA G 748, Nr. 8

Nr. 630

[15]85 August 10, Pillau

Pfundschreiber *Iheronimus Saltzmeier* an den Burggrafen [Hans von Rautter]:

Einlaufen eines aus Hull (*Hölle*) in England kommenden Schiffes vor Pillau am Monatsersten; Anmeldung von 14 Packen Tuch durch den im Auftrag des Schiffers Henrich Berntt handelnden Schiffsschreibers; Behinderung der Weiterfahrt durch zu großen Tiefgang und Leichterung des Schiffes mittels einer Schmacke, was die Nachprüfung der Angaben des Schreibers durch den Absender erforderlich gemacht hat; Feststellung von 16 Packen Laken, einem Packen Weißleder, einer Rolle Kaninchenfelle (*caninen*), [Loch in Vorlage] sowie von zwei Last Heringen an undeklarierter Ware.

Behändigte Ausfertigung
1/2 Bogen Folio, S. 1 beschrieben und Bearbeitungsvermerk *Der baumschliesser [Jacob Boekhen] zeiget ahn, das noch der zeitt, weilen das schiff nicht geleichtet und die wahren ubereinander lagen, eigentlich nicht zu wissen sei, wie vil packhen und andere wahren unangesaget verplieben, heldt ein mehrers verschwig(en) dann inn diesem bericht angezeiget werden konnen. Itzt aber werden die wahren außgehab(en) und die packh(en) geoffnet. Soll alß dann gewißer und lautterer bericht f[urstlicher] d[urchlauc]ht zugeschriben werden*, S. 2 Eingangsvermerk *P[rae]s[en]t[atum],den 11 augusti anno [15]85.*
Eigenhändigkeit
HBA G 748, Nr. 9.

Nr. 631

[15]85 August 12, Königsberg

Die herzoglichen Räte [Albrecht] von Kittlitz, Hans Rautter, Georg Warmin, Friedrich Scharff [von Werth], Andreas Fabricius und Paul Crüger an Herzog [Georg Friedrich]:

Dem Vernehmen des Pfundschreibers [Iheronimus Saltzmeier] zu Pillau und des Baumschließers *Jacob Boekhen* zufolge sieben Ellen Tiefgang eines auf der Fahrt nach Elbing befindlichen Schiffes; [Waren-]Deklaration durch den Schiffsschreiber, Behinderung der Weiterfahrt durch den zu großen Tiefgang und Löschung der Waren in einen Schmacken; Verschweigen von einigen Packen Laken, von Heringen und anderen Waren durch den Schiffer; deswegen Beschlagnahmung von Schiff und Gut sowie des Schmackens durch den Pfundschreiber; im Auftrag der Absender Entsendung des beschlagnahmten Schiffes und der Waren durch den Vogt von Fischhausen [Wolf von der Oelsnitz] nach [Königsberg]; deswegen Schreiben des Rates von Königsberg mit der Bitte um Freigabe von Schiff und Waren; Beratschlagung der Absender über das weitere Vorgehen in der Sache und über eine Antwort an die Stadt und an Elbing; gedruckte herzogliche Bekanntmachung (*offen mandat*) mit dem Gebot an die das Tief nutzenden Schiffer, Schiffskinder und Reeder, richtige Deklarationen abzugeben; jedoch Fehlen der Strafmaße bei Vergehen; laut *gemeinem üblichem rechten* Ahndung von Zollvergehen durch gänzlichen oder teilweisen Verlust der Waren je nach Menge der Unterschlagung; nach den Rechten der englischen und dänischen Könige und anderer sogar zusätzliche Beschlagnahmung des Schiffes; ungeachtet dessen Ratschlag, lediglich die unangemeldeten Güter einzubehalten, und zwar vor dem Hintergrund der Unkenntnis des Schiffers vom Inhalt der Bekanntmachung und der fehlenden Strafmaße; Vorschlag, die Bekanntmachung unter Einbeziehung der Strafmaße zu erneuern; Bitte, das Antwortschreiben im Sinne der herzoglichen Entschließung in der Angelegenheit abzufassen und eine Entscheidung hinsichtlich des festgehaltenen Schiffes zu treffen.

Mundum
2 Bogen Folio, S. 1–5 beschrieben, S. 8 zeitgenöss. Betreff *Der heren raeth festes bedenckh(en), wie e[uer] f[ürstliche] d[urchlauc]ht mit den Englisch(en) unangesagt(en) wahren halten möcht(en)* und Registraturvermerk *N[umer]o 4.*
HBA G 748, Nr. 10.

Nr. 632

[15]85 August 14, Königsberg

Die herzoglichen Räte Hans Rautter, Friedrich Scharff [von Werth] und Georg Warmin an Herzog [Georg Friedrich]:

Ankunft eines englischen Schiffes mit Tuch und anderen Waren an Bord im Tief bei Pillau (*hafung der Billau*); Verschweigen eines Großteils der Ladung bei der Zolldeklarierung, dadurch Überschreitung des herzoglichen Verwarnungsmandats [von 1584 Mai 8]; Untersuchung des Vorfalls und Ankündigung von Bericht und Stellungnahme.

Mundum
Postskript; 1/2 Bogen Folio, S. 1 beschrieben, S. 2 zeitgenöss. Rubrum *Postscriptum, darinnen f[ürstliche] d[urchlauch]t angemeldet wirdt, d[a]z ein Englender etzliche pack lacken im pfundzoll nicht angesaget ha(t); soll irer f[ürstlichen] d[urchlauch]t ferner bericht gethan werden.*
HBA G 748, Nr. 11.

Nr. 633

[15]85 August 16, Johannisburg

Herzog Georg Friedrich an die Oberräte zu Königsberg:

Empfang eines Berichts der Empfänger hinsichtlich der nicht deklarierten Waren eines englischen Schiffes, der dem Herzog nebst der Beilage verlesen worden ist; wegen der allgemeinen Gewohnheit des Verlustes von Schiff und Gut, von Pferd, Wagen und Ladung bei Zollvergehen und aufgrund des ihm wie anderen Potentaten zustehenden Rechts unverzügliche Einziehung von Schiff und Waren durch die Räte; Ablehung des Vorschlages, das herzogliche Mandat abzuändern, wegen des sich möglicherweise daran entzündenden Streites über die Rechtsbefugnisse des Herzogs; deswegen Verzicht auf Veröffentlichung des zur erneuten Verwarnung der Seeleute angeregten Mandates und Anweisung, das bis dahin gültige [von 1584 Mai 8] unverändert zu lassen; Auftrag, die Einmischung der Elbinger in die herzoglichen Zollangelegenheiten zurückzuweisen.

Behändigte Ausfertigung
1 Bogen Folio, S. 1–3 beschrieben, S. 4 Außenadresse, Eingangsvermerk *Prae(sentatum) Konigsb(erg) 20 augusti an[no 15]85* und zeitgenöss. Betreffe *Englisch schiff* und *Englisch schiff.*
Ausstellerunterschrift und -siegel.

Postskript
Anweisung, bei künftig zu unterzeichnenden Schreiben Platz für Aktum und Datum zu lassen.

1 Blatt (20,5 cm x 12,6 cm), S. 1 beschrieben.
HBA G 748, Nr. 12.

Nr. 634

[1585 August 1 – 26, Königsberg]

Verzeichnis der im Jahre [15]85 vom Tief nach [Königsberg] verbrachten Packen englischer Waren: 26 große Packen Nordertuche, *dosinken* und Kirsei; 13 kleine Packen Nordertuche und Kirsei; zwei Packen Kanin; drei kleine Packen Kanin; einen Packen Weißleder; eine Rolle Kanin; Summe: 45 Packen; zwei Ballen mit Packleinen und mit Packtüchern; dem Pfundschreiber [Iheronimus Saltzmeier] zufolge Anmeldung im Tief von lediglich 14 Packen.

Abschrift
1/2 Bogen Folio, S. 1 beschrieben.
HBA G 748, Nr. 13.

Nr. 635

[1585 August 26, Königsberg]

[Verzeichnis der Waren aus dem 1585 konfiszierten englischen Schiff]:

Im Beisein der dazu von den [Königsberger] Räten verordneten *Wilhelm Persen, Georg Rochus, Bonifatius Hertlein*, Lorenz Naps (*Lorentz Napsen*), des Hofschneiders Georg Hoendorff und des Baumschließers Jacob Boekhen Feststellung folgender, aus dem [konfiszierten] englischen Schiff genommener Waren:
159 Norderlaken, davon 53 schwarze, 92 blaue, 12 rote, ein grünes und ein gelbes; 32 bunte *dosincken*; 1369 Kirsei, davon 1221 weiße, 146 blaue und 2 schwarze; 600 Weißleder *an 60 tusin*; zehn Tausend, sechs Hundert und sechs Schock Kanin, zu zwei Schock das Hundert und zehn Hundert das Tausend gerechnet; 37 *olßen* und sechs Füchse; zwei Ballen mit Packleinen und Packtüchern; ungefähre Verkaufwerte: ein Stück Norderlaken zu 25 Gulden; einen *dosincken* zu 12 Gulden; ein Stück Kirsei zu 10 Gulden; Summen: 18 049 Gulden für die Tuchwaren, 155 Gulden für die Rauchwaren und 36 Gulden für das Leder; Gesamtsumme 18 240 Gulden.

Abschrift
1 Bogen Folio, S. 1–2 beschrieben, S. 4 zeitgenöss. Betreff *Vertzeichnus der Englisch(en) wharen.*
HBA G 748, Nr. 14.

Nr. 636

[1585 August 26, Königsberg]

[Verzeichnis der Waren aus dem 1585 konfiszierten englischen Schiff]:

[Inhalt wie Nr. 635]

Abschrift
1 Bogen Folio, S. 1–2 beschrieben, S. 4 zeitgenöss. Betreff *Verzeichnuß der Anglischen wahren.*
HBA G 748, Nr. 15.

Nr. 637

[15]85 September 5, Ortelsburg

Herzog Georg Friedrich an die Oberräte:

Empfang eines Verzeichnisses der im [konfiszierten] englischen Schiff befindlichen Waren; Anmahnung eines Berichts entweder über die alleinige Beschlagnahmung der nichtangesagten Waren oder über den weiteren Verbleib des festgehaltenen Schiffes oder über die Handhabung ähnlicher Fälle durch die benachbarten Fürsten; Anweisung, ein Rechtsgutachten über die herzoglichen Befugnisse in der Angelegenheit zu erstellen.

Unbehändigte Ausfertigung
1 Bogen Folio, S. 1–3 beschrieben, S. 4 Außenadresse und Ausgangsvermerk *Ist nicht abgang(en), sond(ern) ei[n]g[e]stelt word(en).*
Beglaubigungsvermerk *Dux Prussiae (subscripsit).*
HBA G 748, Nr. 16.

Nr. 638

[15]85 September 14, Königsberg

Die herzoglichen Räte Albrecht von Kittlitz, Hans Rautter, Friedrich Scharff [von Werth], Georg Warmin, Erhart Truchseß, M[elchior] von Kreytzen, Eberhart Oggd, Caspar Brandner, Paul Crüger, Hans Camerarius, Johann Lobart und Hans Rephen an Herzog Georg Friedrich:

Bezugnahme auf die beim Einlaufen in das herzogliche Tief verschwiegenen Waren eines englischen Schiffes, über die Beschlagnahmung von Schiff und Ladung und des dazu ergangenen herzoglichen Beschlusses; Ankunft zweier Elbinger Ratmannen und Beilage ihrer Kredenz und ihres am 8. September [1585] eingegangenen Berichts; Bitte, die Verhandlungen mit dem Elbinger Rat im folgenden zu entnehmen: Vorhaltung an die Elbinger, in ihrem Schreiben nichts Erhebliches mitgeteilt zu haben; Zurückweisung ihrer anhand der *ordinantia* aufgestellten Behauptung der Rechtsüberschreitung des Herzogs und Aufforderung an sie, etwaige andere Rechtsgrundlagen zur Übermittlung an den Herzog herbeizuschaffen; der herzoglichen Anordnung von anfang Mai [15]83 zufolge Begnügung des Herzogs mit den Elbinger Bescheinigungen; Berufung der Gesandten auf die seit der Ordenszeit bestehende Gewohnheit der Entrichtung des Pfundzolls im Bestimmungshafen eines Schiffes und nicht bei dessen Einlaufen; Furcht der Elbinger vor Schädigung ihres Rufes aufgrund der von ihnen ausgestellten Bescheinigungen sowie mögliche Verdächtigung durch die von der herzoglichen Verfügung betroffenen Kaufleute aus England, sie zu etwas zu verführen; erneute Berufung der Gesandten auf die *ordinantia* und Zurückweisung der Behauptung der Überschreitung des herzoglichen Regals; Ablehnung der Räte, aus der allgemeinen Formulierung, kein Schiff dürfe ohne Bescheinigung ein- oder auslaufen, eine fehlende Bestimmung zur vollständigen Warendeklaration abzuleiten; Zurückweisung der Behauptung, ertappte Übeltäter nicht bestrafen zu dürfen; Erinnerung der Gesandten an das im Sund (*Sunde*) geübte vergleichbare Verfahren der Warenanmeldung beim Zoll; Bekundung der Gesandten, auf Bitten der Engländer eingeschritten zu sein, und Beteuerung, die herzogliche *ordinantia* buchstabengetreu zu nehmen, sie nicht auslegen und sich mit dem Herzog keinesfalls in eine Disputation einlassen zu wollen; Bitte der Gesandten, ihnen ihr Einschreiten nicht nachteilig werden zu lassen; Erinnerung der Gesandten an die Veröffentlichung des Pfundzollmandats im Tief, die die Kenntnis davon nicht abgestritten haben; am 10. September Abgabe einer auf vier Punkte zusammenzufassenden Erklärung der Gesandten: 1. Verwahrung der Elbinger gegen den Verdacht, den Engländern beim Betrug Vorschub geleistet zu haben; Zurückweisung des Vorwurfs durch die Räte trotz eines Befremden ausgelösten Schreibens der Elbinger vom 11. August; lange Geduld des Herzogs mit dem durch Engländer begangenen Zollbetrugs; noch unlängst Blöße der Besatzung des englischen Schiffes namens „Ventosa" (*Ventosa*) beim Vorzeigen einer zu Elbing ausgestellten und lediglich die ausgefrachteten Waren anzeigenden Bescheinigung; Übergabe des Verzeichnisses über die aufgenommene Ladung nach drei Tagen Verzögerung; Verstoß gegen die herzogliche *ordinantia*, die eine unter demselben Datum ausgestellte Beglaubigung der sowohl ein- als auch ausgeführten Waren fordert; zur Vermeidung weiterer Zwischenfälle dieser Art Bitte der Räte an den Herzog, beim Elbinger Rat auf Abhilfe zu drängen; 2. Bezugnahme der Elbinger auf die *ordinantia* vom Mai [15]83; durch die Bestimmung, kein Schiff dürfe ein- oder auslaufen ohne ausgestellte Bescheinigung, ist nicht das Fehlen der Befugnis des Herzogs eingeführt, Schiffe zu untersuchen und Übeltäter zu bestrafen; zur Wahrung des herzoglichen Regals Erfordernis, Schiffe zwecks Betrugsunterbindung zu untersuchen; fehlende Zuständigkeit des Herzogs für die bei Betrugsfällen von den Engländern untereinander vereinbarte Strafe; 3. Berufung der Elbinger auf die Pflicht der Schiffsschreiber, zu Zollzwecken eine Liste der ein- und ausgefrachteten Waren mitzuführen; Zumutbarkeit für den Schiffsschreiber, zumindest die sowohl im Sund als auch bei Pillau unter Auskunftspflicht stehende Anzahl der mitgeführten Warenpacken zu kennen; 4. bei unzureichender Warenanmeldung Schuldzuweisung an den Schiffer unter Ausschluß der [auftraggebenden] Kaufleute durch die Elbinger Gesandten sowie Bezugnahme derselben auf die Beachtung alter Verträge; Ablehnung des Ansinnens mit dem Hinweis auf das allgemein übliche Verfahren in den Seehäfen; Unzulässigkeit, einen zwischen dem Großfürstentum Litauen und [Preußen] geschlossenen Vertrag in diesem Falle anzuwenden; Empfehlung an den Herzog, unnachgiebig zu bleiben und den Einzug der Güter als abschreckendes Beispiel wirken zu lassen; Vorschlag, das Mandat in Zollangelegenheiten unter Einfügung der Strafmaße für Zuwiderhandlungen erneuern zu lassen; Bitte um eine unterschriebene und besiegelte Entwurfsanweisung für eine Antwort an die Elbinger.

Behändigte Ausfertigung
4 Bogen Folio, S. 1–13 beschrieben, S. 13 Bearbeitungsvermerk *F[ürstliche] d[urchlaucht] lassen sich der rethe bedenken allethalben gefallen, ausserhalb w[e]z der verenderung des mandats halben gedacht, denn sie es bey solch(em) mandat bleiben lassen, und d[a]z ihre f[ürstliche] d[urchlaucht] vermuge desselben schifs und gutts wegen der unangesagten wahren anzumassen befugt und deretwegen sich nichts anders desfals erkleren können; signatum Konigsberg, den 30 septembris anno etc. [15]85 dux Prussiae (subscripsit)*, S. 16 Außenadresse, Eingangsvermerk *P[rae]s[entatum] Rastenb[urg] 16 septemb[ris] anno etc. [15]85* und zeitgenöss. Betreff *Der rethe zu Konigsberg bericht, welch(er) gestalt die Elbingisch(en) ihre abgesant(en) gehabt wegen des angehaltenen Englisch(en) schifs.*
Eigenhändige Ausstellerunterschriften und Siegelspuren.

Beilagen

I. [15]85 September $\frac{13}{3}$, Elbing

Bürgermeister und Ratmannen zu Elbing an Herzog Georg Friedrich:

Beauftragung des königlichen Burggrafen und Bürgermeisters Johann Sprengel von Roben (*Johan Sprengell von Roben*) und des Ratsverwandten Albert Isinder (*Albertus Isinder*), gewisse Angelegenheiten vorzutragen; Bitte, dieselben anzuhören, ihnen Glauben zu schenken und sie mit einem Abschied zurückzusenden.

Behändigte Ausfertigung
1 Bogen Folio, S. 1–2 beschrieben, S. 4 Außenadresse, Eingangsvermerk *P[raesen]t[atum] Kunigspergk 6 septemb[ris 15]85* und zeitgenöss. Betreff *Elbinger creditiff auff ire abgesanten wegen der Englischen arrestirten waren.*
Ausstellersiegel

II. [1585 September 10, Königsberg]

Die Elbinger Gesandten Johann Sprengel von Roben und Albert Isinder an Herzog [Georg Friedrich]:

Zurückweisung des Vorwurfs, den Zollbetrug durch englische Kaufleute gleichsam zu billigen und die herzogliche *ordinantia*, die die vollständige Anmeldung der englischen Waren beim Ein- und Auslaufen durch das herzogliche Tief vorschreibt, zu mißachten; Erinnerung an die Beratungen von Anfang Mai [15]83 zwischen den herzoglichen Gesandten, dem Elbinger Rat und den englischen Verordneten über die

Vermeidung des Zollbetrugs und an das ausgehandelte Ergebnis; hiernach Unterrichtung des Elbinger Rates durch den Verordneten über Art und Anzahl der angekommenen Waren zwecks Ausstellung einer beglaubigten und dem Schiffer zu übergebenden Bescheinigung der ein- und ausgeführten Waren mit dem Verbot, ohne diese Beglaubigung auszulaufen; herzogliche Ratifizierung dieser Vereinbarung im Zuge der Freigabe zweier Schiffe, deren Schiffer zu wenig Warenpacken in Pillau angemeldet haben; Infragestellung des herzoglichen Regals, die eingeladenen Waren zu untersuchen; Aufsicht der englischen Niederlassung durch zwei vom polnischen König [Stephan Batory] bestellte Personen und außerdem Verpflichtung jedes englischen Kaufmanns durch die englische Krone, den Pfundzoll zu entrichten und sich des Betrugs zu enthalten; Entschuldigung des des Zollbetrugs überführten englischen Schiffers durch lückenhafte Kenntnis der geladenen Waren aufgrund eines fehlenden Warenverzeichnisses und mit der Unkenntnis der örtlichen Gegebenheiten; Bitte, dem Schiffer und nicht den Kaufleuten die Schuld für das Vergehen anzulasten und diesen ihre Waren zurückzugeben; Angebot der Kaufleute, den Herzog gegebenenfalls bei der englischen Königin [Elisabeth] in guter Erinnerung zu halten.

Behändigte Ausfertigung
2 Bogen Folio, S. 1–6 beschrieben, S. 8 Eingangsvermerk *Prae[sentatum] Konigsp[erg] 8 septembr[ri]s anni 1585* zeitgenöss. Betreff *Der herren Elbingischenn abgesandtenn berichtt wegen der ahngehaltenen tuch.*
Eigenhändige Ausstellerunterschriften
HBA G 748, Nr. 17.

Nr. 639

1585 Oktober 8 / [September 28], Elbing

Bürgermeister und Ratmannen zu Elbing an Herzog Georg Friedrich:

[Inhalt wie in Beilage I von Nr. 638]

Behändigte Ausfertigung
1 Bogen Folio, S. 1–2 beschrieben, S. 4 Außenadresse, Eingangsvermerk *Prae[sentatum] Konigsp[erg] 30 septemb[ris] an[ni] 1585* und zeitgenöss. Betreff *Elbingisch rath hat Johann Sprengeln und Albertum Isinder, iren burgermeist(er) und rathsverwandt(en), mit werbung an f[ürstliche] d[urchlaucht] abgefertigt etc.*
Ausstellersiegel
HBA G 748, Nr. 18.

Nr. 640

[15]85 Oktober 5, o. O.

Der Pfundschreiber Iheronimus Saltzmeier, der Gegenschreiber *Ambrosius Bergman* und der Baumschließer Jacob Boekhen (*Jacob Boek*) an [Herzog Georg Friedrich]:

Auf herzoglichen Befehl Überprüfung des im Tief festgehaltenen englischen Schiffes durch den Pfundschreiber, den Gegenschreiber, den Schulzen zu Klein (*kleinen*) und Groß (*grozen*) Pillau, *Steffen Siben* und *Merten Letker*, und durch den Baumschließer; Schätzung des 12 Jahre alten Schiffs auf 350 Mark; Feststellung von größtenteils veraltetem und verschlissenem Zubehör wie Anker, Taue, Segel, Geschütze und dergleichen mit dem Schätzwert von 360 Mark und 15 Groschen; Gesamtsumme: 710 Mark und 15 Groschen.

Abschrift
1 Bogen Folio, S. 1 beschrieben, S. 4 zeitgenöss. Betreffe *Englisch schiff geschetzett* und *Taxa des Englischen verfallenen schiffes.*
HBA G 748, Nr. 19.

Nr. 641

[1585 Oktober 5 – 7, Elbing]

Schiffer Henrich Berntt (*Heinrich Barnith*) für sich, seine Bootsleute und sein Schiffsvolk an [Herzog Georg Friedrich]:

Beauftragung durch seine Reeder in England, Güter von England und zurück zu frachten; Anmeldung von irgendwelchen Waren durch den erstmals auf Fahrt befindlichen und des Deutschen unkundigen Schiffsschreibers im herzoglichen Zollhaus; Festhalten des Schiffs, der Besatzung und des Kaufmannsgutes durch den Herzog; Beteuerung der Unschuld für sich und seine Schiffsbesatzung; zwischenzeitliches Anwachsen ihres Schadens und fehlende Mittel zur Bestreitung des Lebensnotwendigen; in Anbetracht dessen und des eigenmächtigen Handelns des Schiffsschreibers Bitte, das Schiff noch vor Einbruch des Winters freizugeben.

Ausfertigung
1 Bogen Folio, S. 1 beschrieben, S. 4 Eingangsvermerk *Prae[sentatum] Konigsp[erg] 7 octob[ris] an[ni] 1585* und zeitgenöss. Rubrum *Englisch schipper sampt den bosleuthen [!] bitten, das verfallene schiff wider loß zu geben*
Ausstellerunterschrift.
HBA G 748, Nr. 20.

Nr. 642

[1585 Oktober 10 – 12, Elbing]

Schiffer Henrich Berntt (*Heinrich Banneth*) für sich und seine Bootsleute an [Herzog Georg Friedrich]:

Auf das Gesuch der Kaufleute, deren Waren er für die Rückfracht nach England aufgenommen hat, herzoglicher Bescheid, das Schiff erst nach Hinterlegung von 1000 Talern freizugeben; Weigerung der Kaufleute, die Bürgschaft zu übernehmen; deswegen Verlassen des Schiffes unverrichteter Dinge und Abreise; Bitte um eine die Gründe und Umstände der Beschlagnahmung des Schiffes enthaltende Bescheinigung zur Vorlage bei den Reedern und anderen in England; wegen des Verlustes der Heuer für die Bootsleute und des Frachtlohns für ihn Bitte um Gewährung eines Zehrpfennigs für die Rückreise nach England.

Ausfertigung
1 Bogen Folio, S. 1–2 beschrieben, S. 4 Eingangsvermerk *Prae[sentatum] Konigsp[erg] 12 octob[ris] an[ni 15]85*, zeitgenöss. Rubrum *Heinrich Panneth, Englischer schipper, bitt kundtschafft und zerung zuruck*, Bearbeitungsvermerk *Hierauf ist ime die gebetene kuntschafft mitgetheilet worden, actum den 12 octob[ris 15]85* und Registraturvermerk *Englisch.*
Ausstellerunterschrift
HBA G 748, Nr. 21.

Nr. 643

[1585 Oktober 13 – 15, Elbing]

Die Kaufgesellen aus England *Christoff Croße, Wilhelm Brereij, Christoff Broock, Frantz Michckeltwhat, Gabriel Twhattes, Michael Hertfourth, George Rose, Thomas Thackwraij, Eielbrecht Koltwoll, Wilhelm Zenkissem, Roeff Zielbernn* und *Wilhelm Minckorth* an [Herzog Georg Friedrich]:

Arge Bedrängnis wegen ihrer infolge der Boshaftigkeit des Schiffsschreibers beschlagnahmten Waren; keine Anstiftung des Schiffsschreibers durch sie, durch die abwesenden Kaufleute oder durch den Schiffer; Bitte um Rückgabe ihrer auf dem Schiff befindlichen Packen mit verderblicher Ware und Beteuerung, sich zur Tatzeit entweder in Elbing oder in Danzig *aufm Domnik*[-Jahrmarkt] aufgehalten zu haben.

Ausfertigung
1 Bogen Folio, S. 1–2 beschrieben, S. 4 Eingangsvermerk *Prae[sentatum] Konigsp[erg] 15 octob[ris] an[ni 15]85*, zeitgenöss. Rubrum *Englische kauffgesellen bitten umb losgebung der verfallenen tuch etc.*
Ausstellerunterschriften
HBA G 748, Nr. 22.

Nr. 644

1585 Oktober 22, Lochstädt

[Der Amtsschreiber zu Lochstädt] *Georg Modrzijtzeki* an Herzog Georg Friedrich:

Herzoglicher Befehl von [1585] September 15, Vorkehrungen zum Schutz des festgehaltenen Schiffes zu treffen; wegen der am Vortag und am selben Tag erfolgten Entladung des Schiffes Gefahr des Kenterns mangels Ladung; außerdem drohender Verlust der Schiffsgeschütze und des übrigen Schiffszubehörs; fehlende Anweisung zur Beballastung und zur Überführung des Schiffes nach Königsberg; Bitte um Anweisung, das Schiff vor drohendem Umwetter entsprechend zu schützen.

Behändigte Ausfertigung
1 Bogen Folio, S. 1–2 beschrieben, S. 4 Außenadresse, Eingangsvermerk *P[rae]s[entatum] Konigsb[erg], den 23 octobris anno etc. 1585*, Bearbeitungsvermerk *Beantworttet, den 23. octobris anno etc. [15]85*, Ausgangsvermerk *Abgangen uhr 2 nach mittag*, zeitgenöss. Betreff *Ambtschreiber zu Lochstett bitt bericht wegen des arrestirten Englischen schifs* und Registraturvermerk *Cammersachen.*
Eigenhändige Ausstellerunterschrift und -siegel.
HBA G 748, Nr. 23.

Nr. 645

1585 Oktober 25, Königsberg

[Herzog Georg Friedrich] an Königin [Elisabeth] von England:

Kenntnis von der Freude der Königin an der Beizjagd.

Angefangenes Konzept
Lateinisch
1/2 Bogen Folio, S. 1 beschrieben, S. 2 zeitgenöss. Betreff *Schreiben an die kö[nigliche] ma[ies]t[ä]t in Franckreich [Heinrich III.] und die königin in Engellandt wegen der uberschickten falcken* und Registraturvermerk *N[umer]o 3.*
HBA G 1263, Nr. 39. – Altsignatur: 4/31/62 (II)

Nr. 646

1585 $\frac{\text{Oktober 25}}{\text{[November 4]}}$, Königsberg

[Herzog Georg Friedrich] an König [Heinrich III.] von Frankreich:

Kenntnis von der Freude des Königs an der Beizjagd und Absicht, hierzu wiederum beizutragen; Übermittlung von sechs im Herzogtum gefangenen Beizvögeln durch einen Falkner mit der Bitte, die Tiere wohlwollend anzunehmen.

Konzept
Lateinisch
1/2 Bogen Folio, S. 1–2 beschrieben, S. 1 Außenadressen *Ad regem Galliae* und *Item ad reginam Angliae [Elisabeth] etc.*

Beilage

Kurzregest von Hand des 19. Jahrhunderts

1 Blatt (35,4 cm x 21,4 cm), S. 1 beschrieben.
HBA G 1263, Nr. 40. – Altsignatur: 4/31/62 (I).

Nr. 647

[15]85 November 2, Lochstädt

[Der Amtsschreiber zu Lochstädt] Georg Modrzijtzeki an Herzog Georg Friedrich:

Empfang eines herzoglichen Schreibens von [1585] Oktober 27 vermittels seines Boten mit der Anweisung, das festgehaltene [englische] Schiff mit Hilfe von Kalk zu schützen und es vor Ort zu lassen; Ausführung der Anweisung und Besichtigung des Schiffes im Beisein des [Lochstädter] Schulzen und des Pfundschreibers [Iheronimus Saltzmeier]; Auffinden etlicher, nicht entladener Packen Flachs und eines Haufens Eisenstangen; Befehl an die anwesenden Engländer, das Schiff vollständig zu entladen, um es ballastieren zu können; wegen eines fehlenden Schmackens Angebot der Engländer, das Eisen an Bug und Heck zu verteilen, um die Schiffsmitte für den Ballast frei zu bekommen; Beballastung durch die Amtsuntertanen und Absicht, das Schiff in die Fahrrinne zu *Ambrosienkrugk* zu führen; wegen des fünf Ellen Tiefgangs und der nur vier Ellen tiefen Rinne Aufgabe der Absicht und Verankerung des Schiffes; Aufzug eines Sturms am zurückliegenden Sonnabend und Sonntag [Oktober 30–31], Rückkehr des Amtsschreibers nach Pillau und Befehl an die *woggramernn*, dem Schulzen oder dem Pfundschreiber behilflich zu sein, das Schiff *inn kolb* zu bringen; Aufgrundgehen des Schiffes und Entladung des Eisens durch die Engländer ohne Wissen des Pfundschreibers und des Gegenschreibers [Ambrosius Bergman]; Leckschlagung des entladenen Schiffes durch Sturmeinwirkung; Einladung, Einzelheiten aus dem Bericht des briefzeigenden Schiffers zu entnehmen; Schuldzuweisung an die dem Rat des Schiffers zuwidergehandelten Engländer; Empfehlung des auf dem Markt von Königsberg-Altstadt wohnenden Bürgers und Schiffbauers *Jertt Öhl* durch den Schmackenschiffer *Petter Korsten* für die Ausbesserungsarbeiten.

Behändigte Ausfertigung
1 1/2 Bogen Folio, S. 1–6 beschrieben, S. 6 Außenadresse, Eingangsvermerk *Den 3 novemb(ris) anno etc. [15]85 zu Konigsp(er)k empfang(en)*, zeitgenöss. Betreff *Lochstedt berichtet weg(en) des Englisch(en) schiffs* und Registraturvermerk *Cammersachen.*
Eigenhändige Ausstellerunterschrift und Siegelspuren.
HBA G 748, Nr. 30.

Nr. 648

[15]85 November 5 [Königsberg]

[Herzog Georg Friedrich] an den Amtsschreiber zu Lochstädt [Georg Modrzijtzeki]:

Empfang des Berichts des Amtsschreibers über das durch Sturmeinfluß leck geschlagene, festgehaltene englische Schiff; Befehl, mit den Engländern über die Freigabe des Schiffs gegen eine Kaution von 400 oder 500 Gulden zu verhandeln und darüber zu berichten.

Konzept
1/2 Bogen Folio, S. 1 beschrieben, S. 2 Außenadresse und zeitgen. Betreffe *Das arrestirte Englische schiff bel[angend]* und *Englisch schiff.*
HBA G 748, Nr. 29.

Nr. 649

[15]85 November 22–23 [Lochstädt]

Vom Pfundschreiber *Iheronimus Saltzmeier* empfangenes Zubehör des festgehaltenen englischen Schiffs:

das Großsegel, vier *benithsiegel*, je ein großes und kleines *morschsiegel*, das *meijsansiegel*, das *bindensiegel*, das Bootsegel, der Bootsmast; vom Gegenschreiber [Ambrosius Bergman] empfangen:
ein Fock mit *bonith*; an Takel und Tau empfangen: ein großes Tau und das kleine Schiffstakel ohne die noch am Mast hängende Wand; sorgfältige Aufbewahrung des Zubehörs *ufm hause* in der Hofstube [zu Lochstädt].

Abschrift
1/2 Bogen Folio, S. 1 beschrieben.
HBA G 748, Nr. 24.

Nr. 650

[15]85 November 23, Lochstädt

[Der Amtsschreiber zu Lochstädt] Georg Modrzijtzeki an Herzog Georg Friedrich:

Empfang eines herzoglichen Schreibens von [1585] November 19 um 21 Uhr bezüglich der Sturmschäden am festgehaltenen englischen Schiff mit der Anweisung, Segel, Tau und Takel herunterzunehmen, das Zubehör im [Amts-]Haus aufzubewahren und dort trocknen zu lassen sowie andere Vorsorgemaßnahmen für das Schiff zu treffen; im Gegensatz zu der von dritter Seite dem Herzog hinterbrachten Nachricht Entnahme der Segel, des Takelwerks und der Taue am Tag nach Meldung der Schäden; mit Hilfe des Schulzen, des Gegenschreibers [Ambrosius Bergman], des Strandknechts und etlicher Amtsuntertanen Verbringung des Zubehörs *ufm nalden* bei der Pfundbude [zu Pillau]; Aufbewahrung des ersten Segels beim Gegenschreiber im obersten Stockwerk (*lucht*); auf herzoglichen Befehl hin Überführung des gesamten Zubehörs am [22. und 23. November] nach Lochstädt und Aufbewahrung desselben in der Hofstube; Verbleib des Ankertaus und der Mastwand beim Schiff; Ankündigung, zwei übriggebliebene [Taue] zu bergen; Bitte um sachkundige Hilfe zur Entfernung des sich im Schiff befindlichen Wassers.

Behändigte Ausfertigung
1 Bogen Folio, S. 1–3 beschrieben, S. 4 Außenadresse, Eingangsvermerk *P[raesenta]tae 25 novembris anno etc. [15]85 zu Konigsp(er)k empfang(en)*, zeitgenöss. Betreff *Des Englendischr [!] schiff anlangends* und Registraturvermerk *Cammersachen.*
Eigenhändige Ausstellerunterschrift und -siegel.
HBA G 748, Nr. 25.

Nr. 651

[15]85 November 25 [Königsberg]

[Die Oberräte] an Herzog [Georg Friedrich]:

Entgegennahme des durch den herzoglichen Sekretär [Michael] Giese angezeigten Befehls hinsichlich der mit Engländern aufzunehmenden Verhandlungen über auf deren Kosten zu erfolgende Ausbesserung des [beschlagnahmten] Schiffes und eines möglichen Vergleichs über das Schiff; Ankündigung, entsprechend zu handeln; Berichten zufolge lediglich Aufenthalt eines einzigen Schiffsbesitzers zu Elbing mit dem Auftrag, sich um kostenlose Wiedererlangung des Schiffes und um anstehende Ausbesserungsarbeiten zu kümmern; Geringschätzung des Schiffes durch die Besitzer wegen der entstandenen Schäden und des noch nicht absehbaren weiteren Verwendungszwecks; angesichts des mangelnden Kaufwunsches von dritter Seite Vorschlag, das Schiff aus Gnaden zurückzugeben.

Konzept
1 Bogen Folio, S. 1–3 beschrieben, S. 4 zeitgenöss. Betreff *Bedenck(en) weg(en) des in der Pillau ligend(en) schiffs* und Registraturvermerk *612*.
HBA G 748, Nr. 26.

Nr. 652

[15]85 November 28 [Elbing]

Thomas Törnell, Diener des *Leonhard Beckwich* aus York, an Herzog Georg Friedrich:

Bezugnahme auf das vor einigen Wochen wegen einer Fahrlässigkeit des Schreibers bei der Zollanmeldung zu Pillau [festgehaltene] Schiff des Henrich Berntt (*Heinrich Bornitt*) aus Hull (*Höll*) in England; vor Ankunft des Schiffes Empfang eines Schreibens Beckwichs mit der Ankündigung, von einem anderen Schiffer aus einem mit dem Zeichen  markierten Packen 50 Stück weiße Kirsei und vier Norderlaken entgegenzunehmen; deswegen mangelnde Ursache, Handelsgut in diesem Schiff zu vermuten; Beteuerung für sich und seinen Herrn, den Schiffern stets das für Pfundzölle bestimmte Geld ausgezahlt und diese niemals zu Unterschlagungen ermutigt zu haben; Bedarf der Waren zur Begleichung von mehreren hundert Gulden Schulden, zur Einlösung seines ausgestellten Wechsels (*sigillten brief*) und zur Vermeidung des ihm deswegen drohenden Gefängnisses; Bitte um Freigabe seines Handelsgutes.

Behändigte Ausfertigung
2 Bogen Folio, S. 3–6 beschrieben, S. 8 Außenadresse, Eingangsvermerk *P[rae]s[entatum] Konigsberg 4 decemb[ris] anno etc. [15]85*, Kanzleivermerk *Mihi etiam*, Bearbeitungsvermerk *Ist verabschiedet den 12 decembris anno etc. [15]85* und zeitgenöss. Betreff *Supplication.*
Ausstellerunterschrift und Siegelspuren.
HBA G 748, Nr. 27.

Nr. 653

[15]85 Dezember 2, Königsberg

Herzog Georg Friedrich an [jedermann]:

Konfiszierung eines englischen Schiffes mitsamt der Ladung in diesem Jahr wegen Unterschlagung des Pfundzolls; aus besonderen Gnaden Rückgabe [des Schiffes] an den Briefzeiger Thomas Taekelle; Siegelankündigung.

Unbehändigte Ausfertigung
1 Bogen Folio, S. 1 beschrieben.
Eigenhändige Ausstellerunterschrift und -siegel.

Beilagen

I. Konzept

1/2 Bogen Folio, S. 1 beschrieben, S. 2 zeitgenöss. Betreff *Des Engelschen Thomas Taekelen abschiedtt wegen seines angehalttenen schiffes.*

II. Umschlag mit Kurzregest von Hand des 19. Jahrhunderts

1 Bogen Folio, S. 1 beschrieben.
HBA G 748, Nr. 28.

Nr. 654

[1585 November 5 – Dezember 2, o. O.]

Schiffer Henrich Berntt (*Heinrich Bonnith*) an [Herzog Georg Friedrich]:

Einschätzung der für die Freilassung seines festgehaltenen Schiffs festgesetzten Bürgschaft als hoch über dem Schiffswert; Verarmung durch das durch Sturmeinwirkung leck geschlagene Schiff; Absicht des Amtsschreibers zu Lochstädt [Georg Modrzijtzeki], wiederum über eine Kaution zu verhandeln; Einladung an den Herzog und seine Räte, solches Ansinnen angesichts des vollgelaufenen Schiffs zu prüfen; für ein Entgegenkommen des Herzogs Bereitschaft, das Schiff wieder flott zu machen; bei gänzlichem Verlust des Schiffes mangelnder Nutzen für jeden.

Ausfertigung
1 Bogen Folio, S. 1–2 beschrieben.
Ausstellerunterschrift
HBA G 748, Nr. 31.

Nr. 655

[15]85 Dezember 2, Königsberg

Herzog Georg Friedrich an den Amtsschreiber zu Lochstädt, Georg Modrzijtzeki:

Zugunsten des Briefzeigers Bewilligung der Freigabe des beschlagnahmten englischen Schiffes; Befehl, das Schiff mit seinem Zubehör an Segeln, Tauen, Takelwerk und dergleichen freizugeben und die Rückgabe quittieren zu lassen; *Alb[recht] hern von Kytlitz (subscripsit), Hanns Rautter (subscripsit), Jorge Pudewels, Georg Warnin.*

Konzept
1 Bogen Folio, S. 1–2 beschrieben, S. 4 Außenadresse, zeitgenöss. Rubrum *Lochstedt wegen des genomenen schiffs, dem Englisch(en) solchs wider volg(en) zu lass(en)* und Registraturvermerk *Englisch.*
HBA G 748, Nr. 32.

Nr. 656

[15]85 Dezember 12 [Königsberg]

Herzog Georg Friedrich an Thomas Törnell, Diener des Leonhard Beckwich aus York:

Zwecks Wahrung der herzoglichen Regalien Ablehnung des Gesuchs nach Freigabe der konfizierten Tuchwaren.

Konzept
1/2 Bogen Folio, S. 1 beschrieben, S. 2 zeitgenöss. Betreff *Thomas Törneln, Leonhardts von Beckwichenn von Yorcke dieners, abschiedtt.*
HBA G 748, Nr. 33.

Nr. 657

1586 Februar 28, Venedig

Antonius d'Oltrano an Herzog Georg Friedrich:

Hinterlassenschaft Herzog Erichs von Braunschweig, 1584–1586.

Verweis auf HBA A/2.
1 Blatt (19 cm x 24,3 cm), S. 1 beschrieben von Hand des 19. Jahrhunderts.
HBA G 749, Nr. 20.

Nr. 658

[1586 Januar – März 21, Königsberg]

Veranschlagung der im Jahre [15]85 wegen unrechter Anmeldung im [Pillauer] Tief konfiszierten Waren:

159 Stück an 53 schwarzen, 92 blauen, 12 roten, einem grünen und einem gelben Norderlaken, das Stück zu 25 fl: 3957 fl;
32 bunte *dosinken*, das Stück zu 12 fl: 384 fl;
1369 Stück an 1221 weißen, 14 blauen und zwei schwarzen Kirsei, das Stück zu 10 fl: 13690 fl;
7650 [Stück] gutes Kanin, das Tausend zu 24 fl, mit einem Verkaufserlös von 183 fl, 18 g;
2750 [Stück] minderwertiges Kanin, zu 12 fl [das Tausend], mit einem Verkauferlös von 33 fl;

600 [Stück] Weißleder, zu 6 fl [das Hundert], mit einem Verkaufserlös von 36 fl;
7 minderwertige Fuchsbälge, zu 15 g [das Stück]: 3 fl, 15 g;
37 minderwertige *ölsen*, zu 2 1/2 g das Stück, mit einem Verkaufserlös von 3 fl, 2 1/2 g
Gesamtsumme: 18308 fl, 5 1/2 g.

Abschrift
1 Bogen Folio, S. 1 beschrieben, S. 4 zeitgenöss. Betreff *Uberschlag unnd taxirung der wahren, so ezlichen Englischen wegen unrecht ansagens im tieffen verschienen [15]85 jhars genommen word(en)*, Bearbeitungsvermerk *Beleuft sich die summa, wie inwendig zu befinden, uf 18308 fl, 5 1/2 g* und Registraturvermerk *N[umer]o 1.*
HBA G 748, Nr. 34.

Nr. 659

1586 März 21, Greenwich

Königin Elisabeth von England an Bürgermeister und Ratmannen zu Königsberg[-Altstadt]:

Kenntnis der Empfänger von der Klage der zu Elbing niedergelassenen [königlichen] Kaufleute über die Festsetzung ihres mit englischem Tuch und anderen wertvollen Handelsgütern beladenen Schiffes „Salamon“ *(Salamonem)* zu [Königsberg] unter dem durchsichtigen Vorwand der Pfundzollhinterziehung aufgrund der ohne Vorwissen des Schiffers und der abwesenden Kaufleute erfolgten falschen Warenanmeldung des Schiffsschreibers; Erinnerung an die mit Herzog [Georg Friedrich] durch Gesandte getroffene Vereinbarung der erstmaligen Warenanmeldung bei der Ankunft eines Schiffes zu Elbing; im Falle der Unkenntnis des Vertragstextes Angebot, ihn den Empfängern zu übermitteln; Bitte, sich beim Herzog mit Rat und Tat für die Wiedererlangung der den königlichen Kaufleuten von herzoglichen Bediensteten vertragswidrig weggenommenen Waren behilflich zu sein; bei Erfüllung ihres Wunsches Anregung der Ihrigen zu einem Beitrag für den, den gemeinen Nutzen fördernden gegenseitigen Handel sowie Vermeidung des Rückgriffs wider Willen auf die allerletzten Mittel der Fürsten *(nos ad ultima remedia a principibus usitata descendere non cogemur).*
Die mensis martii 21mo anno domini 1585to regni vero nostri XXVIII^{mo}.

Ausfertigung
Lateinisch
1 Bogen Folio, S. 3 beschrieben, S. 4 Außenadresse.
Eigenhändige Ausstellerunterschrift
HBA G 748, Nr. 35.

Nr. 660

[1586 März – August 24, Königsberg]

Die Regimentsräte an Herzog [Georg Friedrich]:

Am 11. des Monats Überantwortung eines Schreibens der englischen Königin [Elisabeth] in Sachen der im vergangenen Jahr wegen Pfundzollhinterziehung konfiszierten Tuche und anderen Waren durch eine Gesandtschaft der englischen Kaufleute und deren Älterleute zu Elbing; Beilage der mit A gekennzeichneten Abschrift des Briefes und der mit B markierten Übersetzung; Entwurf einer der Wahrheit entsprechenden Gegendarstellung in Beilage C; Bitte um Ratifikation des Antwortschreibens und der mit D gekennzeichneten [lateinischen] Übersetzung; Bitte um eine rasche Genehmigung des Schreibens, um unverzüglich den englischen Gesandten antworten zu können; hinsichtlich der Unterschlagung Ankündigung einer sorgfältig abgefaßten Darstellung an die Königin, um sie von der unbilligen Tat zu überzeugen und sie von weiteren Schreiben in der Angelegenheit abzuhalten.

Konzept
1 Bogen Folio, S. 1–2 beschrieben, S. 4 Außenadresse und zeitgenöss. Betreff *Wegen der koenigin in Engelandt uberschickten missiff der vorm jaer vorfallenen und genommenen tuch halben.*
HBA G 748, Nr. 36.

Nr. 661

[15]86 August 24, o. O.

Herzog Georg Friedrich an Königin [Elisabeth] von England:

Empfang eines zu Greenwich datierten Schreibens der Königin von [15]85 März 24 und eines Briefes der Regimentsräte in Preußen von [15]86 August 11 durch Kaufleute einer englischen Gesellschaft; ungerechtfertigte Beschuldigung des Herzogs durch die möglicherweise schlecht unterrichtete Königin, infolge der Beschlagnahmung von Tuchen und anderen Waren englischer Kaufleute gegen alte Verträge verstoßen zu haben; zur eigenen Ehrenrettung Bedürfnis, der Empfängerin kurz den Grund der Dinge zu erläutern; herzogliche Begünstigung der sich in Elbing niedergelassenen englischen Kaufleute und Gewährung jeglicher Freiheit, um mit den herzoglichen Bürgern Handel treiben zu können; Berichten zufolge häufiger Verstoß englischer Kaufleute, ihrer Schiffer und Diener gegen die Pfundzollbestimmungen beim Einlaufen in das herzogliche Tief mittels Deklarierung von Waren zu privaten Zwecken oder mittels falscher und unvollständiger Angaben; Erinnerung an die schon zur Zeit der herzoglichen Vorgänger bestandene und durch ihn wieder eingeschärfte Verpflichtung (*brauch*) eines jeden in das Königsberger Tief einlaufenden Schiffes, dem Pfundschreiber ein vollständiges Verzeichnis der mitgeführten Waren zu übergeben; zur größeren Sicherheit und zur Vermeidung von Ungelegenheiten für die Schiffsleute Übereinkunft mit den Elbingern, den wieder auslaufenden Schiffen Deklarationen für die ein- und ausgeführten Waren mitzugeben, um anhand des Vergleiches beider Verzeichnisse den Pfundzoll zu entrichten und um das Feilbieten von Waren vor dem Einlaufen in Elbing zu unterbinden; nach Zuwiderhandlungen Verwarnung etlicher englischer Schiffer und Zurückholen einiger Schiffe zwecks Deklarierung der Waren; um den August [1585] Ankunft eines auf der Fahrt nach Elbing befindlichen englischen Schiffes im Tief, Deklarierung von 14 Ballen Tuch und Verdacht des Pfundschreibers auf Betrug wegen des Mißverhältnisses zwischen der Schiffsgröße und der geringen Ladung; mehrmalige Ermahnung des Schiffschreibers unter Hinweis auf die Gefährdung von Schiff und Ladung wegen Falschdeklaration; nach kurzer Weiterfahrt des Schiffes Ankerung und Entladung von Tuchballen in einen Schmacken; Überraschung der Betrüger durch den herbeigeeilten Pfundschreiber, der statt der angezeigten 14 Ballen 26 Großballen, 13 kleine Ballen Tuch, sechs Ballen Kaninchenfelle, einen Ballen Leder und eine Last Heringe ermittelt hat; Meldung des Vorfalls nach Königsberg und Einbehaltung von Schiff und Ladung durch den Herzog; die Haftung der Schiffsherren für Schiff, Waren und für die Tätigkeit ihrer Schiffer entspricht dem Recht aller Seeorte; Deckung der Maßnahme durch die Vereinbarungen mit den Elbingern, den vom Herzog und seinen Vorgängern ergangenen Erlassen und sogar durch den zwischen den polnischen Königen und den preußischen Herzögen geschlossenen Vertrag, der die Engländer als Fremde ausschließt; deswegen Zurückweisung der Beschuldigung durch die Königin, die Maßnahme wegen eines erhofften Vorteils widerrechtlich angeordnet zu haben; Anordnung der Beschlagnahmung zwecks Wahrung des herzoglichen Rechts und der Vermeidung künftigen Betrugs durch die zu sehr auf den Eigennutz bedachten Kaufleute; Kenntnis des Herzogs von strengen Ahndungen von Zollvergehen in englischen Häfen; allgemeine Klage über den Entzug fast aller den Hansestädten gewährten uralten Privilegien und Freiheiten in England wegen geringfügiger Verstöße; Wunsch des Herzogs, seine ererbten Rechte zu gebrauchen und ungeschmälert in gleichem Maße weiterzugeben wie es die Königin in ihrem Reich zu tun willens ist; Bitte um Verständnis für die Wahrung der herzoglichen Rechte und Hoffnung auf Abweisung der unberechtigten Klagen der betroffenen Kaufleute unter Berücksichtigung des aus Gnade zurückgegebenen Schiffes; Versicherung der Dienstwilligkeit.

Konzept
2 Bogen Folio, S. 1–7 beschrieben, S. 8 zeitgenöss. Rubrum *Version f[ürstlicher] d[urchlauch]t antwortt an die koenigin von Engelandt der vorm jaer im pfundzoll vorschwigenen und genommenen tuch halben*, Kanzleivermerk *N[ota] b[ene]: die original hat Parching [Christopher Parkins]* und Registraturvermerk *P.*

Beilagen

I. Konzept

Lateinisch
2 Bogen Folio, S. 1–7 beschrieben, S. 8 zeitgenöss. Rubrum *F[ürstlicher] d[urchlauch] antwortt an die koen[igin] von Engelandt wegen der vorfallenen und genommenen tuch*, Bearbeitungsvermerk *L. Boetio copien weiß abzuschreiben* und Registraturvermerke *Registriret* und *R[egistriret].*

II.
Betreff von Hand des 19. Jahrhunderts

1 Blatt (33,1 cm x 20,6 cm), S. 1 beschrieben.
HBA G 747, Nr. 2.

Bucheintrag im Volltext: Ostpr. Fol. 59, S. 171–176.

Nr. 662

1586 September 20, Königsberg

Herzog Georg Friedrich an König Jakob [VI.] von Schottland:

Klage der herzoglichen Untertanin *Elisabetha Doctors* über die unrechtmäßige Verweigerung der ihr zustehenden mütterlichen Güter, die sie trotz beschwerlicher Reisen zu Wasser und zu Land und trotz hoher Kosten noch immer entbehrt; Hoffnung der Untertanin, mit Hilfe herzoglicher Empfehlung, die Güter zu erlangen; Bitte des Herzogs an den König, der Witwe zu ihrem Recht zu verhelfen, und Gefälligkeitsversprechen für den gegebenen Fall; *ex commissione domini cancellarii.*

Konzept
Lateinisch
1/2 Bogen Folio, S. 1 beschrieben, S. 2 Außenadresse, zeitgenöss. Betreff *In negotio Elizabethae Doctors* und Registraturvermerke *Registeriret* und *R[egisteriret].*
HBA G 1263, Nr. 41.

Bucheintrag im Volltext: Ostpr. Fol. 59, S. 184.

Nr. 663

[15]86 Oktober 12, Ansbach

Herzog Georg Friedrich an die Oberräte:

Billigung der Antwort der Räte auf den unlängst eingegangenen Brief der englischen Königin [Elisabeth] bezüglich der Konfiszierung von Waren infolge einer Unterschlagung; Übersendung des entsprechenden Schreibens zum weiteren Gebrauch der Empfänger.

Ausfertigung
1 Bogen Folio, S. 1 beschrieben, S. 4 Außenadresse, zeitgenöss. Betreff *Engel[isch] schif* und Registraturvermerk und *38*.
Ausstellerunterschrift und -siegel
HBA G 748, Nr. 39.

Nr. 664

[1586 November 6, Königsberg]

Bürgermeister und Ratmannen der drei Städte Königsberg an Herzog [Georg Friedrich]:

Einladung, den Inhalt des unlängst erhaltenen Schreibens der englischen Königin [Elisabeth] betreffend des mit seinen Waren beschlagnahmten englischen Schiffs aus beiliegender Abschrift zu entnehmen; trotz Unkenntnis von den zur Konfiskation geführten Umständen Drohungen der Königin; Bitte um Vertretung und Entschuldigung bei der Königin sowie um vollen Einsatz, um Gefahren für die Städte auszuschließen; Erinnerung an die während des schwedisch-dänischen Krieges [1563–1570] erlittenen Nachteile durch die auf Befehl des polnischen Königs [Sigismund II. August] zur Unterbindung des Verkehrs nach Rußland (*inn die Mußcaij*) auf See geschickten Auslieger; nach Ankunft eines Ausliegers mit seiner Prise in Königsberg zum Zweck des Warenverkaufs und der Aufteilung der Prisenwaren Weigerung der damaligen Bürgermeister und Räte, solches Vorhaben in ihrem Rechtssprechungsbezirk zu dulden; nach einem entsprechenden Gesuch an die herzoglichen Räte durch die Auslieger Genehmigung des Antrages unter Mißachtung der städtischen Bedenken; Zuweisung eines Liegeplatzes für die Auslieger bei den herzoglichen Speicher am Münchenhof (*im Münchehofe*) durch die Räte; kurze Zeit darauf Kaperung eines vollbeladenen Königsberger Schiffs durch Beauftragte Königs [Erichs XIV.] von Schweden und Ausbleiben jedweder Entschädigung trotz vielfältigen Bemühens bei den Räten; in Anbetracht dessen und der Drohung der englischen Königin Hoffnung auf herzogliche Vorsorge, um in diesem Falle unbeschädigt zu bleiben.

Behändigte Abschrift
2 Bogen Folio, S. 3–7 beschrieben, S. 8 Eingangsvermerk *Praesentatae Kunigsp(erg) 6 novemb[ris] 8[6]* und zeitgenöss. Betreff *Konigspergsche burgermeister unnd rathmanne der dreijer städt[e] Konigspergkh wegen genommenen Engli[sch] schiffs etc.*
HBA G 748, Nr. 38.

Nr. 665

[15]86 November 26, Königsberg

[Herzog Georg Friedrich] an den Herzog von Parma [Alexander Farnese]:

Entsendung des briefzeigenden Untertans und Bürgers Johann Köse an den Rhein zum Einkauf von 50 Schläuchen Wein für den Königsberger Hofbedarf; wegen der sich in diesen Gegenden aufhaltenden Heere der Könige von Spanien [Philipp II.], von England [Elisabeth] und anderer Schwierigkeit für jeden, sich dort ohne Geleit zu bewegen oder Handel zu treiben; deswegen Bitte, dem Briefzeiger überall Bewegungsfreiheit zu gestatten, ihn von außergewöhnlichen Zollerhebungen zu verschonen, ihn vor fremden Übergriffen zu schützen und ihm auch sonst Hilfe angedeihen zu lassen; Dankversprechen für den gegebenen Fall.

Abschrift
Lateinisch
Ostpr. Fol 59, S. 188.

Journaleintrag: *Ad ducem Parmensem et mutatis mutandis ad comitem Licestriae [Robert Dudley].*

Nr. 666

1587 Januar 30, Paris

König Heinrich [III.] von Frankreich an Herzog [Georg Friedrich]:

Empfang eines Schreibens von [1586] Oktober 23 nebst sechs Beizvögeln vermittels des briefzeigenden herzoglichen Falkners; Dank für die alljährlichen Falkensendungen und Angebot einer Gegengabe; *Brulart (scripsit)*.

Behändigte Ausfertigung
Französisch
1 Bogen Folio, S. 1 beschrieben, S. 4 Außenadresse, Eingangsvermerk *Praesent(atum) Konigsperg, den 28 iulii anno 1587* und Betreff von Hand des 17. Jahrhunderts *König v. Franckreich danckt für zugeschickte falcken, 1587.*
Eigenhändige Ausstellerunterschrift und Siegelreste.
HBA G 747, Nr. 3. – Altsignatur: 4/31/96 (XXXVI).

Nr. 667

[1587 Mai 19, Königsberg]

Bürgermeister und Ratmannen der drei Städte Königsberg an Herzog [Georg Friedrich]:

Bezugnahme auf ein zusammen mit der Abschrift eines Briefes der englischen Königin [Elisabeth] am 30. November [1586] eingereichtes Gesuch; darin Bitte, sich mit der Königin ohne Nachteil der Städte und der Ihren hinsichtlich der konfiszierten Tuchwaren zu einigen; unlängst Eingang des in Abschrift beigelegten königlichen Schreibens; erneute Drohungen der Königin zwecks Wiedererlangung der weggenommenen Tuche; trotz Beteuerung ihrer Unschuld in der Angelegenheit Furcht der Städte, mit hineingezogen zu werden; Bitte, sie bei der Königin zu entschuldigen und sie aus der Sache herauszuhalten.

Behändigte Abschrift
1 Bogen Folio, S. 1–2 beschrieben, S. 4 Eingangsvermerk *P[rae]s[enta]tae Konigsberg, den 19 maij anno etc. [15]87*, zeitgenöss. Rubrum *Die 3 stedte Konigsberg schicken eine copia des schreibens, so die königin in Engellandt an sie gethan, darinn sie allerlei geferliche dreuung wegen der iren underthanen genommenen tuch und schiffs vorgibt, bitten sie bei der kon[iglichen] w[ürden] inn Engellandt zu vertretten* und Bearbeitungs- und Registraturvermerk *Ist ein ertichttet schreijbenn, soll zu den Englischen sachen gelegett werdenn, ex comissione cancellarii.*

Beilage

1587 März 15, Greenwich

Königin Elisabeth von England an Bürgermeister und Ratmannen zu Königsberg [-Altstadt]:

Erinnerung, zugunsten ihrer zu Elbing Handel treibenden Untertanen hinsichtlich der Rückgabe des unter einem Vorwand festgehaltenen Schiffes „Salamon" (*Salomonis nomine*) geschrieben zu haben; Erstaunen über die Aufrechterhaltung der Vorwände und über die deswegen bislang unterlassene Freigabe des Schiffes; Beurteilung der unvollständigen Pfundzollerklärung des aus Unwissenheit, Keckheit und ohne Auftrag des Schiffers und der abwesenden Kaufleute handelnden Schiffsschreibers als haltlosen Vorwand; mit der Erhebung von Pfundzollforderungen vor der Ankunft eines Schiffes in Elbing Verstoß gegen die beiderseitigen Vereinbarungen; Einladung, die Wirkung ähnlicher Ungerechtigkeiten für den eigenen Handel zu ermessen; deswegen Bitte, sich lieber aus Gerechtigkeit als aus irgendwelchen Zwangseinwirkungen (*aliunde exagitatis vehementioribus remediis*) heraus beim preußischen Administrator (*apud illustrissimum Prussiae administratorem*) für eine Wiedergutmachung einzusetzen.

Abschrift
Lateinisch
1 Bogen Folio, S. 1–2 beschrieben.
HBA G 748, Nr. 39.

Nr. 668

[15]87 Dezember 30, Ansbach

Herzog Georg Friedrich an den Herzog von Parma, Alexander Farnese, wegen eines Geleits für Johann von Linen:

[Druck: Fischer, Nr. 30, S. 476 f.]

Unbehändigte Ausfertigung
Lateinisch
1 Bogen Folio, S. 1–2 beschrieben, S. 4 Außenadresse.
Ausstellerunterschrift und Siegelspuren.

Beilage

Kurzregest wie bei Fischer, ebd. Nr. 155, S. 428 f.

1 Blatt (14,2 cm x 5,5 cm), S. 1 beschrieben.
HBA G 747, Nr. 4.

Nr. 669

1588 Mai 28, Greenwich

Königin Elisabeth von England an König Sigismund III. von Polen:

Glückwunsch zur Thronbesteigung und zum Sieg über seine adligen Feinde; freundschaftliche Beziehungen zwischen ihr, seinem Vater und schwedischen König [Johann III.] und dem polnischen König Stephan [Batory] und Hoffnung, sich derart auch mit ihm verbinden zu können; der Förderung des beiderseitigen Handels halber Bitte der seit einigen Jahren bestehenden Niederlassung englischer Kaufleute zu Elbing gewogen zu sein.

Abschrift
Lateinisch
1/2 Bogen Folio, S. 1–2 beschrieben.
HBA G 748, Nr. 40.

Nr. 670

1588 Juni 28, Greenwich

Königin Elisabeth von England an Bürgermeister und Ratmannen zu Königsberg[-Altstadt]:

Wiederholte schriftliche Bitte an Herzog [Georg Friedrich], das vor zwei Jahren bei [Königsberg] festgehaltene Schiff ihrer Untertanen, „Salomon von Hull" (*Salomon Hullensis*), mit seinen Handelswaren rückzuerstatten; zudem Ersuchen an den polnischen König [Sigismund III.], sich für diese Sache einzusetzen; Bitte an die Empfänger, die eigentlich lächerliche Angelegenheit erneut beim Herzog und seinen Räten zu befördern.

Abschrift
Lateinisch
1 Bogen Folio, S. 1 beschrieben, S. 4 Außenadresse.
HBA G 748, Nr. 41.

Nr. 671

1588 Juni 28, Greenwich

Königin Elisabeth von England an Herzog Georg Friedrich:

Erinnerung, wegen der Freigabe des unter dem Vorwand des Zollbetrugs festgehaltenen Schiffs ihrer Kaufleute, „Salamon", geschrieben zu haben; Empfang einer wohl von Einflösungen nicht ledigen Antwort auf den unverständlichen Grund für die Beschlagnahmung; äußerst ungerechte Konfiszierung laut beigefügtem Bericht der königlichen Kaufleute; nach Überzeugung der Königin fehlende Grundlage sowohl im göttlichen als auch im menschlichen Recht für diese Maßnahme; Auflösung jeder menschlichen Gemeinschaft im Falle schwerer Ahndung eines aus List oder Nachlässigkeit verursachten Vergehens, wie beispielsweise das eines eigenmächtig handelnden Steuermanns; Bitte, sich dieser Auffassung nicht zu verschließen und den Ihren die weggenommenen Güter zu restituieren; sonst Zwang, auf die zwischen Fürsten bei Rechtsverweigerung üblichen und allen bekannten Mittel zurückzugreifen (*cogemur ad ea remedia descendere, que propter non administratam iustitiam inter principes usitata esse omnibus notum est*); im Vertrauen auf die alte beiderseitige Freundschaft Hoffnung, darin nicht Zuflucht suchen zu müssen.

Abschrift
Lateinisch
1 Bogen Folio, S. 1–2 beschrieben.

Beilagen

I. 1585 August, o. O.

[Bericht königlicher Kaufleute über die Beschlagnahmung der „Salamon"]:

Wegen Zollbetrugs Konfiszierung des englischen Kaufleuten gehörenden Schiffs „Salamon" auf Befehl des preußischen Herzogs; Konfiszierung unter dem Vorwand der unvollständigen Warenanmeldung infolge der Befragung des unerfahrenen und eigenmächtig handelnden Schiffsschreibers durch einen Zöllner am Eingang zum Königsberger Tief (*ad ostium Regiomontanum*); beim Herzog Verwendung des Elbinger Rates und der englischen Königin für die Rückgabe der beschlagnahmten Handelswaren; nach dem Scheitern all ihrer Rückgabebemühungen erneute Zuflucht der geschädigten Kaufleute bei der Königin unter Angabe folgender Gesichtspunkte: 1. in Übereinstimmung mit dem Völkerrecht (*omnium gentium iuri*) Unzulässigkeit, jemanden für das Verschulden eines anderen zur Rechenschaft zu ziehen; 2. Unzulässigkeit, die Eigentümer der Waren für den durch Unwissenheit oder durch List des Schiffsschreibers entstandenen Schaden haftbar zu machen; 3. Ereignis des Vorfalls vor der Entladung der Handelswaren und vor der Stellungnahme des Schiffsmeisters beim Versuch des Schiffes, das Tief in Richtung Elbing zu verlassen; 4. Berufung auf die zwischen den polnischen Königen und den preußischen Landmeistern (*Prussiae magistros*) sowie unlängst zwischen den polnischen Königen und den preußischen Herzögen geschlossenen Vereinbarungen, wonach Schiffer oder Fuhrleute für Zollvergehen lediglich mit ihren eigenen Sachen oder Pferden haften, nicht aber mit dem mitgeführten Kaufmannsgut; einer anderen Vereinbarung zufolge lediglich Haftung mit dem Schiff oder dem Wagen; 5. trotz der vom preußischen Herzog behaupteten Beschränkung der Vereinbarung auf polnische und herzogliche Untertanen Ausdehnung der Gültigkeit auf die nach Elbing fahrenden Untertanen anderer Fürsten vermittels der allgemein gehaltenen Formulierung; 6. allenfalls geringer Ertrag bei der behaupteten engen Auslegung der Vereinbarung aufgrund der sonstigen Meidung Königbergs und Elbings durch die Kaufleute; 7. Entkräftung noch möglicher Zweifel durch die Vereinbarung zwischen dem preußischen Herzog, den Elbingern und der dortigen Niederlassung [englischer] Kaufleute; danach Ausstellung einer von der Stadt Elbing beglaubigten und vom Schiffsmeister beeideten Bescheinigung eines Abgeordneten der englischen Niederlassung über die ein- und ausgeführten Waren zwecks Berechnung des Königsberger Zolls; deswegen mangelnde Notwendigkeit, vor der Ankunft in Elbing dem Zöllner die mitgeführten Waren anzusagen oder zu beschreiben; 8. Bitte, diesen Sachverhalt dem preußischen Herzog mitzuteilen, ihn zur Wiedergutmachung des Schadens aufzufordern und widrigenfalls seinen Untertanen die üblicherweise zwischen den Fürsten aufgerichtete Gewohnheit der Behandlung gemäß Recht und Billigkeit zu verweigern.

Abschrift
Lateinisch
1 Bogen Folio, S. 1–4 beschrieben.

II. 1388 August 21, Marienburg

[Vertrag zwischen König Richard II. von England und Hochmeister Konrad Zöllner von Rotenstein wegen Beilegung der Streitigkeiten zwischen den englischen Liegern in Preußen und Ordensuntertanen]:

[Druck: Hanserecesse, Abt.1, Bd. 3, Nr. 406, S. 416–419]

Abschrift
Lateinisch
5 Bogen Folio, S. 1–18 beschrieben.

III. [1390] Dezember 20, Westminster

[König Richard II. von England bestätigt die Wahl John Bevys zum Ältermann englischer Kaufleute in Preußen und anderswo]:

[Regest mit Druckverweis: Hanserecesse Abt. 1, Bd.4, Nr. 5, S. 6 f.]

Abschrift
Lateinisch
1 Bogen Folio, S. 1–3 beschrieben, S. 1 Betreff [von Hand des 16. Jahrhunderts] *Gubernator Anglorum mercatorum in Prussia*, S. 4 Betreff [von derselben Hand] *I. Gubernator mercatorum Anglrorum [!] in Prussia.*

IV. 1410 Dezember 24, Marienburg

[Bestätigung des preußisch-englischen Handelsvertrages von 1409 Dezember 4 durch Hochmeister Heinrich von Plauen]:

[Regest mit Druckverweis: Staatsverträge, Bd. 1, Nr. 62, S. 68]

Abschrift
Lateinisch
3 Bogen Folio, S. 1–12 beschrieben, S. 1 Betreff [von Hand des 16. Jahrhunderts] *Henricus de Plawe patentes* und S.12 Betreff [von derselben Hand] *III. Henricus de Plawe.*

V. [1437] Juni 7, Westminster

[Bestätigung des preußisch-englischen Handelsvertrages von 1437 März 22 durch König Heinrich VI. von England]:

[Regest mit Druckverweis: Staatsverträge, Bd. 1, Nr. 185, S. 215]

Abschrift
Lateinisch
3 Bogen Folio, S. 1–12 beschrieben.
HBA G 748, Nr. 42.

Nr. 672

[1588 September $\frac{24}{14}$ Königsberg]

[Der Gesandte Königin Elisabeths von England, Dr. Christopher Parkins, an die Regimentsräte]:

Im Falle der Anwesenheit des Herzogs [Georg Friedrich] Übermittlung von Grüßen und guten Wünschen der Königin sowie Übergabe dieses Schreibens; infolge der Abwesenheit des Herzogs Ausführung seines Auftrages bei den zur Regierung verordneten Räten; hinsichtlich der Konfiszierung eines englischen Schiffes im Jahre 1585 Klage der sich dadurch ungerecht behandelt fühlenden Kaufleute bei der Königin und Bitte an den Herzog, das ihren Untertanen aus irgendwelchem Grund oder irrtümlich zugefügte Unrecht wiedergutzumachen; Rückführung des Unrechts auf die unmittelbar nach Einrichtung der dortigen englischen Niederlassung getroffene Vereinbarung des Herzogs mit Elbing, die für den königlich[-polnischen] Zoll verwandten Listen der von Engländern ein- und ausgeführten Waren mitzubenutzen; im herzoglichen Antwortschreiben an die Königin Versicherung der Vereinbarkeit der mit Elbing getroffenen Abmachungen mit den von den herzoglichen Vorgängern ererbten Rechten; kein so leiches Übergehen der Elbinger Vereinbarungen aufgrund der auch in den Archiven der [Handels-]Gesellschaft zu London und der königlichen Kanzlei aufbewahrten authentischen Schriftstücke; gewöhnliche Schmälerung und Entfremdung von Rechten durch eine neue Vereinbarung; Fehleinschätzung der Auswirkungen der Elbinger Vereinbarungen durch den Herzog; Einrichtung des Zolls zugunsten der polnischen Könige, um in Polen ungehindert Handel zu treiben; dem herzoglichen Schreiben zufolge Tadelung von Engländern wegen ihres Versäumnisses, beim Einlaufen in den ersten Hafen Rechenschaft von ihren gesamten Waren abzulegen, was einen anderen als den zuvor angegebenen Grund erkennen läßt; Rechtsverletzungen im Falle der Beanstandung von Neuerungen gegenüber den getroffenen Vereinbarungen; Fehlen von vor dem Jahr [15]86 erlassenen Statuten, deswegen mangelnde Begründung zur Offenlegung von auf dem Weg befindlichen Waren; Unwahrscheinlichkeit, auf dem [weiteren] Weg nach Elbing Betrug zu begehen wegen Fehlens eines geeigneten Ortes zur Feilbietung der Waren, wegen der Erwartung der Warenlisten durch die Verordneten und Lieger der Kaufleute zu Elbing und wegen der zur Eidessicherung üblicherweise niedergelegten Bürgschaft; unnötiges Vermerken der geladenen Gegenstände wegen der die Warenbeschaffenheit und die -anzahl anzeigenden Elbinger Listen; bezüglich der Bekanntmachung des Statutes Gewohnheit, sogar Privatverträge gültig, mit voller Zustimmung und ohne Veränderungen abzuschließen, was erst recht bei Verträgen zwischen Völkern zutrifft; wegen der Bestimmung, nirgendwo anders als zu Elbing die Warenverzeichnisse zu überprüfen, Rechtsverletzungen bis hin zur Konfiskation infolge der Abänderungen; deswegen das ungeduldige Drängen der Königin auf Aufhebung der Konfiskation; Aussage des für die Waren nicht zuständigen Schiffsschreibers als Grund für die Konfiskation unter Mißachtung der Ausführungen des hinzugetretenen Schiffers; bei Befragung des Schiffers auf der Grundlage eines ehrlichen Statuts (*iusto statuto*) Erhalt einer anderen Antwort; fehlende Kenntnis Parkins' von Orten, an denen Vergleichbares mit Konfiskation geahndet wird; zur Vermeidung von Bereicherungen größte Mäßigung der rechtschaffenden Fürsten (*optimi principes*) bei der Ergreifung solcher Maßnahmen und Abdeckung des Gebrauchs durch Gesetze, die nicht die unschuldigen und abwesenden Kaufleute, sondern die Schiffer bestrafen; bei einem Irrtum in vorliegendem Fall Festnahme des Schiffers und des Schreibers zwecks gerichtlicher Untersuchung; bezüglich der im herzoglichen Schreiben geäußerten Ansicht über die Verantwortlichkeit der Kaufleute bei der Auswahl ihrer Schiffer Hinweis Parkins auf diesen besonderen, von Untreue und Unzuverlässigkeit geprägten Menschenschlag; deswegen fehlende Gewohnheit, die Kaufleute für deren Irrtümer verantwortlich zu machen; im übrigen versteckter Hinweis in der zwischen Polen und Preußen geschlossenen Vereinbarung, in vergleichbaren Fällen die Schiffer persönlich oder durch Einzug ihrer Hilfsmittel und nicht die Kaufleute zu bestrafen; unlängst Bestätigung dieses Sachverhaltes in einer Streitsache zwischen dem Pfalzgrafen von Masowien [Stanisław Krzycki] und der Stadt Danzig durch König Stephan [Batory]; Ablehnung der vom Herzog behaupteten Beschränkung der Gültigkeit der Vereinbarung auf die Untertanen beider Provinzen (*ad utriusque provinciae subditos*) aufgrund der zugunsten des Handels abgefaßten Vertragsform; bei Aufrechterhaltung der unrechten Beschlagnahmung der Handelswaren Entblößung des Königs, des Königreichs und der Städte von Einnahmen durch den Fortzug der an den freien Handel und an freie Wareneinfuhr gewöhnten Kaufleute; Hochschätzung der sich zu Elbing niedergelassenen englischen Kaufleute wie Untertanen des [polnischen] Königs; Bitte der aus all dem die Rechtsverletzung erkennenden Königin an den Herzog, den Schaden wiedergutzumachen, um nicht geeignete Gegenmaßnahmen ergreifen zu müssen; bei Ergebnislosigkeit seiner wortreichen Bemühungen Beauftragung Parkins', mit den Räten „deutsch" (*sinceritate Germanica*) zu reden und zum polnischen König [Sigismund III.] mit einem Schreiben der Königin zu reisen; Ankündigung, im gegebenen Fall auch die Nachbarn des Königs und des Herzogs über den Stand der Dinge zu unterrichten.

Ausfertigung
Lateinisch
Eigenhändigkeit
1 Bogen Folio, S. 1–4 beschrieben.
HBA G 748, Nr. 43.

Nr. 673

1588 September 14, Königsberg

Die Regimentsräte an [den Gesandten Königin Elisabeths von England] Dr. Christopher Parkins (*Parehemio*):

Behauptung Parkins', im Namen der Königin dem preußischen Herzog [Georg Friedrich] Grüße bestellen und Briefe übergeben zu dürfen; trotz Vorbringung einer Reihe von Verhandlungsgegenständen, der Bitte um Wiedergutmachung für entstandene Verluste und des Ausstoßens von Drohungen Fehlen eines Kreditivs oder einer Instruktion der Königin; Weigerung der Räte, unter diesem Umständen zu antworten.

Abschrift
Lateinisch
1 Bogen Folio, S. 1–3 beschrieben, S. 4 Bearbeitungsvermerk *Praes[entatum] 17 septemb[ris] d[omino] Christophoro Parehemio ex Anglia per me Iohan[nem] Pistorium anno etc. [15]88.*

Beilage

I. Lateinisches Konzept

1 Bogen Folio, S. 1–3 beschrieben.

II. Deutsches Konzept

1 Bogen Folio, S. 1–4 beschrieben, S. 4 zeitgenöss. Betreff *Copia der furst[lichen] hern zur regierung hinderlassenen oberrät(en) antwortt auf des Englisch(en) legaten anbring(en) etc.*
HBA G 748, Nr. 44.

Nr. 674

[1588 September 24, Königsberg]

Bürgermeister und Ratmannen der drei Städte Königsberg an Herzog [Georg Friedrich]:

Aushändigung des mit A gekennzeichneten und in Abschrift beigelegten Schreibens am 16. [September] durch den Gesandten Königin [Elisabeths] von England [Christopher Parkins]; Klage des Gesandten über die unter einem Vorwand erfolgte Konfiszierung eines englischen Schiffs nebst Ladung durch herzogliche Bedienstete; trotz vielfältiger Bitten der Betroffenen und des Einschreitens der Königin zu ihren Gunsten keine Freigabe der Schiffsladung; deswegen Warnung der Königin an Königsberg, zu den äußersten Maßnahmen schreiten zu müssen und Hab und Gut städtischer Untertanen zu beschlagnahmen; Ablehnung, sich auf Streitgespräche mit dem Gesandten einzulassen mit dem Hinweis auf die guten Gründe des Herzogs für die Konfiszierung; auf Bitten der Königin, erneutes Einschreiten der Städte zugunsten der Geschädigten mit dem Ersuchen, die Angelegenheit ohne Nachteile für die Städte und ihre Bürger zu richten; aufgrund der bereits eingetretenen abschreckenden Wirkung der Konfiszierung fehlende Notwendigkeit, weiterhin auf den eingezogenen Gütern zu bestehen.

Abschrift
1 Bogen Folio, S. 1–3 beschrieben, S. 4 Eingangsvermerk *Praes[entatum] Königsberg, den 24 septemb[ris] anno etc. [15]88* und zeitgenöss. Rubrum *Burgermeister unnd rhat der dreijen städte Königsberg ubergeben f[ürstlicher] d[urchlauc]htt der königin in Engellandt wegen der Englischen confiscirten guettern an sie gethunes [!] schreiben unnd bitten, weil die königin do ihre underthanen die guetter nicht wieder bekommen soltten, sich bedrohlich vernemen lest, dannenhero diesen stedten in grossen schaden kommen kondten. F[ürstliche] d[urchlauc]htt wolle ettwas an ihrem recht remittiren unnd die sachen dohin wenden, das es nicht den dreijen städten zu nachteil gereichen mag.*

Beilage

Wie Nr. 670

Abschrift
Lateinisch
1 Bogen Folio, S. 1–2 beschrieben, S. 4 Anlagevermerk *A.*
HBA G 748, Nr. 45.

Nr. 675

[15]88 Oktober 4, Königsberg

[Die Regimentsräte] an Herzog [Georg Friedrich]:

Bezugnahme auf die Schreiben des Elbinger Rates und der dortigen englischen Handelsgesellschaft sowie auf einen zu Greenwich (*Grimnich*) datierten Brief Königin [Elisabeths] von England vom 24. März [15]85, der am 16. August [15]88 eingegangen und dessen Antwort dem Herzog am 24. [August] zugesandt worden ist; irrige Annahme der Absender, die Angelegenheit der konfiszierten Waren unter dem zu Ansbach datieren Schreiben des Herzogs von [15]86 Oktober 12 an die Königin erledigt zu haben; unlängst Ankunft des englischen Doktors Christopher Parkins (*Christophorus Parchenius*) in Königsberg; Bitte Parkins' um Audienz unter Anzeige beim herzoglichen Vizekanzler [Friedrich Scharff von Werth], Gesandter der Königin zu sein; vor versammeltem Rat Darlegung seines Anliegens; wegen der Schärfe des Vorgebrachten Forderung der Räte nach Parkins' Kredenz und nach schriftlicher Niederlegung seiner Aussagen, um dem Herzog sorgfältigen Bericht abstatten zu können; Entschuldigung der fehlenden Kredenz mit einem dem Herzog persönlich zu übergebenden Schreiben der Königin, aber Bereitschaft Parkins', seinen Vortrag schriftlich abzufassen; unter Nummer 1 Beilage der schriftlichen Fassung [siehe Nr. 672]; aufgrund der mangelnden Legitimierung Weigerung der Räte, sich mit dem Gesandten auf ein Streitgespräch einzulassen; Zustellung ihrer, unter Nummer 2 in Abschrift beiliegenden schriftlichen Begründung [siehe Nr. 673] an Parkins; mutmaßliche Fortsetzung der englischen Bemühungen beim König [Sigismund III.] und den Ständen in Polen; Ankündigung, den Herzog diesbezüglich auf dem Laufenden zu halten.

Konzept
2 Bogen Folio, S. 1–6 beschrieben, S. 8 Außenadresse und zeitgenöss. Betreff *Wegen deß vermeinten Englischen gesandten doctoris Christophori Parchenii werbung etc.*
HBA G 748, Nr. 46.

Nr. 676

[Rundschreiben von Ältermann und Rat des deutschen Kontors zu London]:

[15]88 Oktober 16, London

Ladung des Ältermanns *Mauritz Zimmermann* des deutschen Hauses zu London durch den königlichen Kammersekretär Francis Walsingham (*Franciscus Walsingham*), sich zu Saint James bei Westminster (*S. Jacob bey Westmunster*) am 13. [Oktober] um zwei Uhr nachmittags vor dem königlichen Rat einzufinden; Wahrnehmung der Ladung durch den vom Sekretär *Adam Wachendorff* begleiteten Ältermann; im sitzenden Rat des Reichskanzlers Christopher Hatton (*Christophern Letten*) und in Anwesenheit des Bischofs von Canterbury (*zu Canterbergs*) und Reichsprimaten, [John Whitgift], des Schatzmeisters *Burghley* [William Cecil], des Admirals *Howarde* [Thomas Howard], des königlichen Kämmerers *Husdon* [Henry Carey], Walsinghams und des Sekretärs in lateinischen Angelegenheiten, *Wolley* [John Wolley], Benachrichtigung von der beabsichtigten Invasion Englands durch die mit Hilfe von Papst [Sixtus V.] und den verbündeten Italienern ausgerüsteten Armada des spanischen Königs [Philipp II.] und von der Zerstreuung und Vernichtung dieser Flotte durch die Hilfe Gottes; dem Vernehmen nach teilweise Ausrüstung der Armada durch die Ostsee- und Hansestädte (*Osterische sehe unnd Hännse stedte*) mit Getreide, Lebensmitteln, Artillerie, Pulver, Tauen, Masten und dergleichen; Unvereinbarkeit eines solchen Verhaltens mit der alten Freundschaft, den Verträgen und der guten Nachbarschaft zwischen [England] und den Hansestädten; Absicht der Königin [Elisabeth von England], auch im Sinne der protestantischen Stände des Reichs Deutscher Nation (*reichs Teutscher nation*) den spanischen König und den Papst von weiterer Zufuhr dieser Art abzuschneiden; unter Androhung der Konfiszierung von Schiff und Waren Warnung an Ältermann und Sekretär durch den Schatzmeister vor der Wiederaufnahme derartiger Lieferungen nach Spanien, Portugal und Italien mit dem Beginn der Schiffahrt im Januar [15]89; Weigerung, das Fehlen einer Kriegserklärung als Entschuldigung anzunehmen; Erstellung eines Protokolls auf Anweisung des Schatzmeisters, Wunsch des Ältermanns und des Sekretärs nach einer Abschrift und Vertröstung derselben; Ankündigung, das Protokoll unverzüglich nach Erhalt bekannt zu machen; Übersendung dieser Nachricht an die benachbarten Städte Lübeck, Hamburg und Bremen mit der Bitte, den anderen Städten davon Kenntnis zu geben.

Abschrift
2 Bogen Folio, S. 1–6 beschrieben, S. 8 zeitgenöss. Betreff *Copia der demunctration wegen des vorboths der schiffart in Hispanien, von Dantzig alh(ier) nach Konigsberg geschickt den 8 decemb(ris) anno [15]88.*
HBA G 748, Nr. 47.

Nr. 677

1588, November 18, *Brertae*

König Sigsismund III. von Polen an Herzog Georg Friedrich:

Empfang des in Abschrift beigelegten Schreibens der englischen Königin [Elisabeth] bezüglich der Konfiszierung eines englischen Schiffes im Königsberger Tief (*in portu Regiomontano*); in Anbetracht des gesamten Handels zwischen seinen Untertanen und den der Königin Bitte um Mäßigung und um Beilegung der Mißhelligkeiten mit der Königin; zwecks Vermeidung von aus der Konfiszierung entstehenden Ungemachs Einladung, die Angelegenheit lieber vor das oberste Gericht (*de summo iure*) zu bringen als irgendwelchen Schaden durch eine öffentliche Handlung heraufzubeschwören; Vertrauen des Königs auf die herzogliche Weisheit sowie auf die Güte gegenüber den betroffenen Kaufleuten.

Abschrift
Lateinisch
1 Bogen Folio, S. 1 beschrieben, S. 4 Außenadresse und zeitgenöss. Betreff *Copia regis Poloniae litterarum de navi quadam Anglica anno [15]85 confiscata in Borussia.*
HBA G 748, Nr. 48.

Nr. 678

1589 Januar 22, Ansbach

Herzog Georg Friedrich an König Sigismund III. von Polen:

Vermittels des Briefzeigers Erhalt eines Schreibens bezüglich des wegen Zollbetrugs vor einigen Jahren konfiszierten englischen Schiffs und der Bitte um Freigabe von Schiff und Waren; wegen dieser gänzlich in Preußen behandelten Angelegenheit Fehlen von Unterlagen in seinen fränkischen Landen (*in Francicis his nostris ditionibus*); Versprechen, nach Akteneinsicht unverzüglich darauf zu antworten.

Abschrift
Lateinisch
1 Bogen Folio, S. 1–2 beschrieben, S. 2 Bearbeitungsvermerk *Ad reginam Angliae [Elisabeth] mutatis mutandis*, S. 4 Außenadresse.
HBA G 748, Nr. 49.

Nr. 679

[1589 Februar 15, Königsberg]

Reinholdt Boihe, *Anthonius Kholl*, *Christoff Bomgardt*, *Antonius Boihe*, *Isaaq Bock*, *Valthin Schleim*, *Hans Wessel*, *Clara Hans von Mellische*, *Jacob Bock* und *Andreas Tijsen*, Reeder der „Maria von Königsberg" (*Maria von Königsbergk*) an Herzog [Georg Friedrich]:

Bezugnahme auf ihr mit einem Bericht versehenes Gesuch, sich um Entschädigung für das von einem englischen Befehlshaber genommene Schiff samt Ladung einzusetzen; Bezifferung des Schadens auf über 29 000 Gulden; Besorgnis wegen des Fehlens eines herzoglichen Bescheids vor dem Hintergrund des nahenden polnischen Reichstages und der beim König [Sigismund III.] und den Ständen geführten Klagen der englischen Kaufleute über die Konfiszierung eines ihrer Schiffe nebst Ladung; Befürchtung, dort nicht berücksichtigt zu werden; Klage ihres Mitreeders und Danziger Bürgers, *Adrian Engelkenn*, bei dem polnischen König und den Reichsständen mit Unterstützung des Danziger Rates; Bitte Engelkenns an seine Mitreeder, über die in der Sache vom Herzog unternommenen Schritte unterrichtet zu werden; um sich mit einer eigenen Eingabe an König und Stände von Polen nicht ungebührlich zu erweisen, Unschlüssigkeit der Mitreeder über ihre weitere Vorgehensweise und Wiederholung der Bitte nach einem Bescheid.

Behändigte Ausfertigung
2 Bogen Folio, S. 3–6 beschrieben, S. 8 Eingangsvermerk *P[rae]s[en]t[atum], den 15° febr[uarii] anno etc. [15]89* und zeitgenöss. Betreff *Die rehter, denen in Engellandt d(a)z schiff genommen, halten an, d(a)z sich i[re] f[ürstliche] d[urchlauch]t ihrer g[nädig]st annemen wolte*

etc. und Bearbeitungsvermerk *N[ota] b[ene] diser sachen bey f[ürstlicher] d[urchlauch]t ingedenk zu sein, wan man wegen deß genommenen Englischen schifffß bericht thutt.*
Ausstellerunterschriften
HBA G 748, Nr. 50.

Nr. 680

[15]89 März 15 [Königsberg]

[Die Regimentsräte] an Herzog [Georg Friedrich]:

Am 9. Februar [1589] Empfang eines zu Ansbach datierten Schreibens vom 25. Januar [1589] bezüglich des Einsatzes der Könige von Polen [Sigismund III.] und England [Elisabeth] wegen der konfiszierten englischen Güter, der Antwort des Herzogs und der herzoglichen Anweisung, über die Sache zu berichten und ein Votum für das Antwortschreiben abzugeben; Erinnerung an die bereits in dem Zusammenhang an die Königin gerichtete Erklärung des Herzogs mit der Schilderung des gesamten Verlaufs; Verdacht auf Unterschlagung der herzoglichen Darstellung in England; Empfehlung, die Königin daran zu erinnern und eine Abschrift der Darstellung mitzusenden; Übersendung des Vorgangs durch die Räte nebst dem mit dem englischen Gesandten [Christopher Parkins] in der Sache entstandenen Schriftgut; Anheimstellung, die Angelegenheit dem polnischen König ausführlich zu schildern; Mitnahme der entsprechenden Unterlagen auf den Reichstag zu Warschau, um auf Vorstöße der englischen Kaufleute antworten zu können; Ankündigung eines diesbezüglichen Berichts.

Konzept
2 Bogen Folio, S. 1–7 beschrieben, S. 8 zeitgenöss. Betreff *Wegen der confiscirten Englischen gütter.*
HBA G 748, Nr. 51.

Nr. 681

[1589 März 17, Königsberg]

Bürgermeister und Ratmannen zu Königsberg-Altstadt an Herzog [Georg Friedrich]:

Dem Vernehmen der Altstädter Bürger und Reeder des von einem Befehlshaber der englischen Königin [Elisabeth] aufgebrachten Schiffes „Maria von Königsberg“ nach unlängst Ersuchen der Geschädigten an den Herzog, ihnen auf ihre zum Zwecke der Wiedergutmachung erfolgte Eingabe Bescheid zu geben; auf die Klage des Danziger Mitreeders, Adrian Engelke vor dem Danziger Rat Anweisung desselben an den Danziger Gesandten beim polnischen König [Sigismund III.] und bei den Reichsständen, sich des Schadens wegen zu beschweren und um königliche Hilfe zu bitten; Anregung Engelkes zu einem gleichartigen Vorstoß durch seine Mitreeder; daraufhin Bitte der Mitreeder an den Herzog um Bescheid für das weitere Vorgehen; in Anbetracht des bald stattfindenden Reichstages Ersuchen der Absender, der Bitte stattzugeben.

Behändigte Abschrift
1 Bogen Folio, S. 1-2 beschrieben, S. 4 Eingangsvermerk *P[raese]n[tatum] 17 martii anno [15]89.*
HBA G 748, Nr. 52.

Nr. 682

1589 März 13 [Danzig]

[Bürgermeister und Ratmannen zu Danzig] an Königin [Elisabeth] von England:

Beglückwünschung zum Seesieg über die nicht nur das Königreich, sondern auch die Nachbarn bedrohende spanische Flotte in der Hoffnung auf größere Freiheit der Seeschiffahrt in Zukunft; dem Vernehmen der zu London niedergelassenen Kaufleute nach Absicht der Königin, die Schiffahrt nach Spanien zu verbieten; neben den anderen Hansestädten Besitz von Privilegien für die ungehinderte Schiffahrt im Kriegsfalle zwischen England und Dritten unter Einschränkung des Transportverbotes für Waffen und Kriegsgeräte; entsprechend der Bestimmung des Völkerrechts hinsichtlich des freien Handels mit Lebensmitteln fehlendes Verbot für den Handel mit Getreide und anderen Waren; Bitte der Gesandten des spanischen Königs [Philipp II.] genau um diese Dinge; schwere Klagen der im Seefrachtgeschäft tätigen Bürger über die Ausdehnung des Verbots auf alle vor Inkrafttreten desselben aus Spanien zurückkehrenden Schiffe; Zwang für die im vergangenen Herbst ausgelaufenen und wegen schlechter Witterung in England festgehaltenen Schiffer, ihre Waren unter großen, kaum die Fracht abdeckenden Verlusten in England zu verkaufen; selbst während der großen Kriege zwischen Engländern, Franzosen und Burgundern (*Burgundos*) ungehinderter Handel der sich auf ihre Privilegien berufenden Seestädte; Beschwörung der Königin, sich ihrer Angelegenheit anzunehmen, sie und die übrigen Betroffenen bei ihren Schiffahrtsrechten zu belassen und die festgehaltenen Schiffe und Waren freizugeben.

Abschrift
Lateinisch
1 Bogen Folio, S. 1–3 beschrieben, S. 4 zeitgenöss. Betreff *Copia der von Dantzig schreyben ahn die konigin in Englandt im martio des [15]88 [!] jares etc.*
HBA G 748, Nr. 53.

Nr. 683

[1589 Juni 19, Königsberg]

Die Reeder der „Maria von Königsberg“ (*Königspergische Maria*) an Herzog [Georg Friedrich]:

Dank für die herzogliche Fürsprache bei der englischen Königin [Elisabeth] in Sachen ihres Schiffes; unbeschadet ihrer Absicht, dem Herzog keine Vorschriften machen zu wollen, Vorschlag, sowohl den Brief des Herzogs an die Königin als auch das Ersuchen der Absender ins Lateinische übersetzen, die Botschaft auf Kosten der Reeder durch einen vereidigten herzoglichen *silberbothen* befördern und denselben auf Antwort warten zu lassen; Bitte um Benachrichtigung über den Fortgang der Angelegenheit.

Behändigte Abschrift
1 Bogen Folio, S. 1 beschrieben, S. 4 Eingangsvermerk *P[raesen]t[atum] Konigsperg, den 19 iunii anno etc. [15]89* und zeitgenöss. Betreff *Die Konigspergische roder des geblieben schiffs Maria genant.*

Beilage

Kurzregesten von Nr. 679–681 von Hand des 19. Jahrhunderts

1 Bogen Folio, S. 1 beschrieben.
HBA G 748, Nr. 54.

Nr. 684

1589 Juni 23, Ansbach

Herzog Georg Friedrich an Königin [Elisabeth] von England:

Der Klage einiger Königsberger Bürger und ihrer Danziger Mitgesellschafter zufolge Rückfahrt eines ihrer mit Handelswaren befrachteten Schiffes aus Portugal im Dezember [15]87; Aufbringung des Schiffes durch ein königlich-englisches Schiff, das es zur Weiterfahrt in ein enges Tief (*in angustius portus*) gezwungen hat, wo es gesunken ist; Einladung, die Umstände aus den beigefügten Akten zu entnehmen; Vertrauen der Geschädigten auf die königliche Gerechtigkeit und auf herzogliche Fürsprache; in Anbetracht der auf Verschulden des königlichen Schiffsbefehlshabers verursachten Schäden Bitte des Herzogs, den Geschädigten Gerechtigkeit und Schadenersatz widerfahren zu lassen; sonst Klagen der Geschädigten gegen die Verletzung der Handelsfreiheit beim polnischen König [Sigismund III.]; Dankversprechen für den gegebenen Fall.

Konzept
Lateinisch
1 Bogen Folio, S. 1–2 beschrieben, S. 4 Außenadresse, zeitgenöss. Betreff *Wegen deß von Kunigspergk in Engelantt angehaltenen und geplibenen schifffß, Maria genannt*, unleserlicher Vermerk und Registraturvermerk *Regis(trirt).*

Beilagen

I. Deutsches Konzept ohne Bezug auf Sigismund III.

1 Bogen Folio, S. 1–4 beschieben.

II. Deutsches Mundum ohne Bezug auf Sigismund III.

1 Bogen Folio, S. 1–4 beschrieben.
HBA G 748, Nr. 55.

Nr. 685

[15]89 Juni 26 [Königsberg]

Herzog [Georg Friedrich] an Königin [Elisabeth] von England:

Der Klage einiger Königsberger Bürger und ihrer Danziger Mitgesellschafter zufolge Rückfahrt eines ihrer mit Handelswaren befrachteten Schiffes aus Portugal im Dezember [15]87; Aufbringung des Schiffes durch ein königlich-englisches Schiff, das es zur Weiterfahrt in ein enges Tief gezwungen hat, wo es gesunken ist; Vertrauen auf die Aufrechterhaltung der Handelsfreiheit durch die Königin und auf Entschädigung der herzoglichen Untertanen für den von denselben unverschuldeten Schaden; in Anbetracht der auf Verschulden des königlichen Schiffsbefehlshabers verursachten Schäden und der den königlichen Untertanen in den herzoglichen Ländern gewährte Handelsfreiheit Bitte des Herzogs, den Geschädigten Wiedergutmachung angedeihen zu lassen; bei Gewährung der herzoglichen Bitte Sorge der Königin für das Wohlergehen der herzoglichen und für Begünstigungen ihrer Untertanen; Dankversprechen für den gegebenen Fall.

Konzept
Lateinisch
1/2 Bogen Folio, S. 1 beschrieben, S. 2 Außenadresse, zeitgenöss. Betreff *Wegen des angehaltenen und gebliebenen schiffs Maria genandt* und Registraturvermerk *Regist[rirt].*
HBA G 1263, Nr. 42.

Bucheintrag im Volltext: Ostpr. Fol. 59, S. 325 f.

Nr. 686

1589 Juni 27 [Königsberg]

[Die Reeder der „Maria von Königsberg“ an Herzog Georg Friedrich]:

Bezugnahme auf ihren Bericht über den ihnen im Dezember [15]87 in England zugefügten Schaden; Rückfahrt des unter der Führung ihres Mitreeders Andreas Tijsen stehenden 250-Last-Schiffes, das mit Salz, Pfeffer, Zimt, Zucker und anderen Spezereien befrachtet worden ist, aus Portugal; Ankerung vor der englischen Küste zwecks Einholen von Nachrichten über die eisfreie Fahrt durch den dänischen Sund *(Sundum)*; im Namen der englischen Königin [Elisabeth] und mittels Gewalt und Androhung von 2500 Gulden Strafe Aufforderung durch den Kapitän der „Achat“ *(Achates)*, ihm in einen dem Mitreeder unbekannten englischen Hafen zu folgen; Aufgrundlaufen des Schiffes und Verlust desselben mit allen Waren ausweislich der beigefügten lateinischen Unterlagen; Beschwerung Tijsens bei der Königin und ihrem Rat ob dieses Vorfalls; trotz der ihm bedeuteten Entschädigung Ausbleiben jeglicher Wiedergutmachung; zudem zuverlässige Kunde aus England über die Bergung des Ankers und einiger Geschütze aus dem Wrack zur Ausrüstung königlicher Kriegsschiffe; Ankündigung, zur Wiedergutmachung alle rechtlichen Mittel auszuschöpfen und auch den polnischen König [Sigismund III.] um Hilfe zu ersuchen; Bitte an den Herzog, ihnen in ihrer Angelegenheit behilflich zu sein.

Konzept
Lateinisch
1 Bogen Folio, S. 1–3 beschrieben, S. 4 Bearbeitungsvermerk *Lateinische suplication an f[ürstliche] d[urchlauch]tth derselben intercessionschrifft beyzulegen.*

Beilage

a) [1588 März 28, London]

Abschrift der vom öffentlichen Notar *Rolandus a Santforth* am 28. März 1588 zu London beglaubigten Übersetzung aus dem Englischen der Bittschrift [des Andreas Tijsen aus Königsberg an den Geheimen Rat der englischen Königin]:

Einreichung einer Bittschrift des Andreas Tijsen aus Königsberg in Preußen, Schiffer und Mitreeder des 400-Tonnen-Schiffes „Maria“, an die Königin [Elisabeth von England] über ihren Supplikenmeister, den Doktor [John] Herbert; der Schrift zufolge Heimfahrt des aus Lissabon *(Vlissippona)* kommenden und mit Waren beladenen Schiffes; am 3. Dezember 1587 Ankerung des Schiffes bei *Duinam* am Northforeland *(Nortuoorlandt)*, um auf Nachrichten hinsichtlich der eisfreien Fahrt durch den dänischen Sund und der Weiterfahrt nach Königsberg zu warten; kurz nach Ankerung Kanonenangriff durch das königliche Schiff „Achat“ *(Achatus)*, Zwang zum Lichten des Ankers und zur Begleitung nach Gravesend *(Gouerende)*, sowie dortige zehntägige Festhaltung des Schiffes; Forderung des englischen Kapitäns und des Schiffsmeisters nach 1000 Pfund Lösegeld und nach Einsetzung des Engländers *Rudigerus Tye* als Schiffsführer, um das Schiff nach Harwich *(Herwiche)* oder noch weiter zu lenken; wegen der außergewöhnlichen Größe des Schiffes und seiner Ladung aus Salz, Zucker, Zimt, Pfeffer und anderen Waren mit dem Schätzwert von 5868 Pfund Sterling *(libras Starlingas)* ohne Einbezug der Waren des *Simon Wilmson* und der Reeder Bitte Tijsens, auf eigene Kosten einen ihm zuverlässiger erscheinenden Schiffsführer anheuern zu dürfen; Ablehnung der Bitte durch den auf Tye beharrenden Kapitän; Schiffbruch in der Untiefe von Gun-Fleet *(Gonfleet)*, acht Meilen südlich von Harwich, und Verlust der gesamten Ladung; aufgrund des von königlichen Dienern verschuldeten Schadens Bitte um Wiedergutmachung und um rasche Antwort zur Weiterleitung an die in den beigefügten Abschriften namentlich aufgeführten Reeder.

b) [1588 März 29, London]

Vom öffentlichen Notar Rolandus a Santforth am 29. März 1588 zu London beglaubigte Abschrift der aus dem Englischen übersetzten Bittschrift [desselben an Königin Elisabeth von England]:

[Inhalt wie in a)]; Übergabe einer ähnlichen Bittschrift vor acht Wochen an den Doktor Herbert; Übermittlung weiterer Suppliken an den Geheimen Rat, den Kanzler [Christopher Hatton], den Schatzmeister [William Cecil of Burghley] und an Francis Walsingham; bislang Ausbleiben einer Antwort; Bitte an die Königin, sich der Sache anzunehmen.

c) [1588 März 29, London]

Vom öffentlichen Notar Rolandus a Santforth am 29. März 1588 zu London beglaubigte Abschrift der aus dem Englischen übersetzten Bittschrift [desselben an Königin Elisabeth von England]:

[Inhalt wie in a)]

d) o. D., o. O.

Vom öffentlichen Notar Rolandus a Santforth beglaubigte Abschrift des Untersuchungsprotokolls der Doktoren *Iohannes Hammons* und *W(illiam) Goldingh(a)m*:

Bestätigung des Sachverhalts der Bittschrift; rechtliche Verpflichtung des Kapitäns und des Schiffsmeisters der „Achat" zur Wiedergutmachung des Schadens wegen der Behinderung der Fahrt des Schiffes und wegen ihrer Verantwortung für den Schiffsverlust.

e) [1588 März 29, London]

Von dem öffentlichen Notar wie oben beglaubigte Abschrift; vor dem öffentlichen Notar Rolandus a Santforth Bezeugung des zu London weilenden, 57 jährigen Kaufmannes *Petrus Palliot alias Pierro* auf Bitten des Schiffsmeisters der „Maria von Königsberg" *(Maria de Regiomonte)*, Andreas Tijsen, zusammen mit demselben die in Englisch abgefaßte Bittschrift mit dem Gutachten der Doktoren beim Geheimen Rat der Königin niedergelegt zu haben; Bestätigung des Sachverhaltes durch den königlichen Supplikenmeister; seit dem 2. Januar 1588 Hilfeleistung Palliots bei der Abfassung der Suppliken und der Beförderung der Angelegenheit; Unterschrift Palliots und der Zeugen *Iohannes Sutton* und *Heindrick à Horst.*

f) 1588 Januar 2 [London]

Vor dem königlichen Admiralitätsrichter, dem Doktor [Julius] Caesar, Niederlegung folgender Forderung an den Obersten Schatzmeister Englands Burghley durch den 30 jährigen Kaufmann Simon Wilmson aus Limmen *(Linnen)* bei Alkmaar *(Almariam)* vermittels des Dolmetschers Palliot *(Petrus Paille alias Pierro)*:

Unlängst Kauf verschiedener Gewürze, von Zimt, sowie von gemahlenem und festem Zucker zu einem Schätzpreis von 200 Pfund Sterling *(ducentarum librarum Starlingarum)* zu Lissabon in Portugal; Befrachtung des ungefähr 500 Tonnen tragenden deutschen Schiffes „Maria von Königsberg" *(navi Alemanicae Maria de Regiomonte)* unter dem Schiffsmeister Andreas Tijsen mit den Waren; bei seiner Ankunft aus Lissabon hat Wilmson 418 „Mileresos" genannte portugiesische Golddukaten *(in eo genere aureorum, quos Mileresos et Portugalenses ducatos)*, in seiner Kleidung eingenäht, getragen; Bestimmung von 343 Dukaten zur Niederlegung und der restlichen 75 Dukaten zur Unterstützung der Familien zweier in Portugal gefangen gehaltener Holländer; Ankerung des aus Lissabon kommenden Schiffes am 3. Dezember [1587] vor der englischen Küste, um Erkundigungen über die eisfreie Fahrt durch den dänischen Sund einzuziehen; Zwang zum Ankerlichten und zur nächtlichen Weiterfahrt bis nach Gravesend durch den Schiffsmeister der „Achat"; Nötigung Tijsens, den Steuermann des englischen Schiffs, Rudigerus Tye *(Richardus Tye)* zur Fortsetzung der Fahrt nach Harwich aufzunehmen und 500 Pfund Bürgschaft zu hinterlegen; Ablehnung der Bitte Tijsens, die Ladung in einem anderen Schiff nach Seeland *(in Selandiam)* in Sicherheit bringen zu dürfen, durch den englischen Kapitän; Bruch des vollbeladenen Schiffes acht Meilen vor Harwich und Verlust von Schiff und Waren; lediglich Rettung der Mannschaft; Reise Wilmsons nach London; vor der Einschiffung in ein heimkehrendes deutsches Schiff Ladung Wilmsons vor den Hafenmeister und Konfiszierung der 418 Dukaten sowie 16 Pfund und acht Schillinge in Gold und Silber *(sedecim libras et octo starlingas in aureis Mileresis et argenteis regalibus)*, die dem Reeder *Heymo Wilmsen* gehört haben; Enttäuschung über die Rechtsunsicherheit und Beteuerung, wahrheitsgemäß ausgesagt zu haben.

g) o. D., o. O.

Durch [Paillot] verdolmetschte Aussage des 27jährigen Reeders Heymo Wilmsens *(Heyman Wilmson)* aus Amsterdam:

Rückkehr aus Lissabon an Bord der unter Befehl Tijsens stehenden und mit Salz, Zucker, Reis, Gewürzen und anderem beladenen „Maria von Königsberg"; Ankerung an der englischen Küste bei Margate *(Maregate)*; [wie in a)]; nach Rettung vor dem am 13. Dezember erfolgten Schiffbruch Reise nach London, um nach Holland zurückzukehren; Wegnahme des Erlöses in Höhe von neun halbe „Mileresos" und 55 Silberstücken aus dem Verkauf privater Waren durch den Londoner Hafenmeister und Beteuerung, wahrheitsgemäß ausgesagt zu haben.

h) [1588 Januar 5, London]

Durch [Paillot] verdolmetschte Aussage des 45jährigen Andreas Tijsen aus Königsberg in Preußen vor dem Admiralitätshof:

Beteuerung, Schiffsmeister und Mitreeder der „Maria von Königsberg" gewesen zu sein und Gewalt gehabt zu haben über die geladenen Waren mit Ausnahme der ihm von Wilmson zu Lissabon anvertrauten; [wie in a)]; beim Anblick der „Achat" Möglichkeit der leichten Fluchtergreifung und Vereitelung des Vorhabens mittels Androhung des Strangs durch Tye beim Widerstand gegen ein königliches Schiff; Ablehnung des Wunsches nach einem anderen Steuermann durch den auf seine eigenen Fertigkeiten verweisenden Tye; Anwesenheit des Heymo Wilmsen an Bord; private Ausfuhr von vier Tonnen Roggen und eines Faßes voller bemalter Blätter *(paginarum)* durch den den Verkaufserlös mit sich tragenden Wilmson; Beglaubigung durch den öffentlichen Notar bei Magister *William Harwart* und beim Admiralitätshof *Iohannes Pulfort*; Beglaubigung der Übersetzung durch den öffentlichen Notar Rolandus a Santforth.

i) 1588 Februar 8

Durch [Paillot] verdolmetschte Aussage des 26jährigen Schreibers der „Maria von Königsberg", *Antonius Wilgast* aus Danzig, vor dem Admiraltätshof:

[wie in a)]; nach zwei Stunden Ankerung Ankunft eines kleinen, sich als Geselle des Schiffsmeisters der „Achat" ausgebenden Mannes mit fahler Gesichtsfarbe; Erkundigung des Mannes nach Herkunft, Ladung und Zielhafen des Schiffes; nach Auskunfterteilung Wegfahrt des Mannes in seinem Boot und Ankunft der „Achat"; Aufforderung Tijsens durch den Kapitän der „Achat", ihm nächtens bis nach Reculvers *(Rode Coluers)* zu folgen; trotz des zum Schutze der Ladung gemachten Angebotes, bei Tagesanbruch der Aufforderung nachzukommen, Drohung der Besatzung unter

Verstärkung von Matrosen eines in die Berberei *(in Barbariam)* segelnden Schiffes und von Leuten auf den herbeigeeilten Booten, unverzüglich Folge zu leisten, was dieselben mittels eines Kanonenschusses bekräftigt haben; infolge der Behauptung des Kapitäns der „Achat", ein königliches Schiff zu befehligen, Weiterfahrt bis nach Reculvers; nach Ankunft am 2. Dezember Zwang unter Androhung einer 500 Pfund hohen Strafe, das Ruder an den Engländer Tye zwecks Weiterfahrt nach Harwich zu übergeben; Ablehnung der Bitte Tijsens nach einem anderen Steuermann durch den seine Fähigkeiten auf dem Gebiet preisenden Tye; trotz schönen Wetters Schiffbruch bei Gun-Fleet am 3. Dezember und Verlust von Schiff und Ladung; Beteuerung, wahrheitsgemäß ausgesagt zu haben.

j) 1588 Februar 8

Durch [Paillot] verdolmetschte Aussage des 32jährigen Geschützmeisters der „Maria", *Vrbanus Lang* aus Königsberg, vor dem Admiraltätshof:

[wie in i)]

Außenvermerk: Mitleid der englischen Königin mit den Bittstellern wegen der erlittenen Schäden; nach Recht und Billigkeit Zuerkennung einer durch ihre Untertanen zu leistenden Entschädigung; Übersetzung der Schriftstücke vom Deutschen ins Lateinische durch den aus kaiserlicher und königlicher Autorität handelnden öffentlichen Notar *Andreas Rhenanus*.

Behändigte Abschrift
Lateinisch
8 Bogen Folio, S. 5–30 beschrieben, S. 32 Eingangsvermerk *P(raesen)t(at)ae 3 februaris anno etc. [15]91* und zeitgenöss. Betreff *Die stedte Königsperg*.
HBA G 748, Nr. 56.

Nr. 687

[1589, Königsberg]

Reinhold Boihe, Anton Boihe, Adrian Engelke, Christoff Bomgardt, Anton Kholl, Isaaq Bock, Jakob Bock, Hans Wessel, Valthin Schleim und Andreas Tijsen an Herzog [Georg Friedrich]:

Erinnerung an die wiederholte Beschwerde über den im Jahre [15]87 durch den königlich-englischen Kapitän der „Achat" verursachten Verlust ihres Schiffes „Maria von Königsberg" und ihrer damit verbundenen Bitte, sich für eine Wiedergutmachung ihres bis zu 30 000 Gulden betragenden Schadens einzusetzen; wegen des fehlenden herzoglichen Bescheides Beifügung des vom königlichen Admiral und der Stadt London besiegelten Vorgangs und abermaliges Ersuchen um Fürsprache in ihrer Sache.

Ausfertigung
1 Bogen Folio, S. 1–3 beschrieben, S. 4 zeitgenöss. Rubrum *Anno etc. 1587 ist das schieff Maria durch ko[nigliche] m[aiestä]t officirn zu schaden kommen, derselbe wirdt uff 30 000 fl gerechnet.*
Ausstellerunterschriften
HBA G 748, Nr. 57.

Nr. 688

1590 März 7, Danzig

Der Sekretär der Republik Venedig, *Marcus Otthobonus*, an Herzog Georg Friedrich:

Bestätigung der in einem herzoglichen Schreiben des Getreides wegen gemachten Angaben nach seiner Ankunft vor Ort durch eigene Anschauung und nach Gesprächen mit erfahrenen Leuten; angenehme Begleitung durch *Iohannes Fug*; Nutzung ihrer Erfahrungen mit der Verhinderung der Schiffahrt durch Kälte und Eis; Unkenntnis über Getreideankäufe zu Frühjahrsbeginn; aufgrund der milden Winterwitterung in seiner Heimat Aussicht auf eine gute Ernte; um jedoch im gegebenen Fall eine vergebliche Anreise zu vermeiden, erneute Bitte um die herzogliche Gunst für seine Einkäufe; Dank für ein zwischenzeitlich an ihn gerichtetes Schreiben.

Behändigte Ausfertigung
Lateinisch
1 Bogen Folio, S. 1 beschrieben, S. 4 Außenadresse, Eingangsvermerk *P[raesen]t[atum] Kunigspergk, 5 martii anno [15]91* und zeitgenöss. Betreff *Der Venediger secretarius wegen kornkauffß.*
Eigenhändigkeit und Siegelreste.

Beilage

Kurzregest von Hand des 19. Jahrhunderts

1 Blatt (37,3 cm x 21,2 cm), S. 1 beschrieben.
HBA G 747, Nr. 5.

Nr. 689

1590 Mai 12, Greenwich

Königin [Elisabeth] von England an König [Sigismund III.] von Polen:

Dem Vernehmen ihrer Untertanen aus York zufolge Schreiben des Königs in deren Angelegenheit an den preußischen Herzog [Georg Friedrich]; Dank und Gegenseitigkeitsversprechen; Klage ihrer Untertanen über die ihnen zu Unrecht und ohne Einhaltung des Rechtswegs weggenommenen Güter; auf Bitten der Betroffenen Ausstellung eines Repressalienbriefs, aber Aussetzung der Nutzung des Briefes, um dem Herzog Gelegenheit zu geben, sich sachkundig zu machen, oder um schlimmstenfalls dem König die Zeit zum Eingreifen zu ermöglichen; eingedenk ihrer beiderseitigen Freundschaft Gestattung der Repressalienanwendung erst nach einem Meinungsaustausch mit dem König.

Abschrift
Lateinisch
1 Bogen Folio, S. 1–2 beschrieben, S. 4 Außenadresse, zeitgenöss. Betreff *Copia der königin auß Engelandt schreibens an kon[igliche] m[aiest]ä[t] in Polen etc.* und Registraturvermerk D.
HBA G 748, Nr. 58.

Nr. 690

1590 Mai 12, Greenwich

Königin Elisabeth von England an Herzog Georg Friedrich:

Im Vorjahr Kaperung einiger auf dem Weg nach Spanien befindlicher Hanseschiffe (*Hansaticae civitates naves*) aufgrund des von ihr verhängten und laut Kriegsrecht im voraus verkündeten Frachtverbotes für Kriegsgeräte; Verstoß gegen dieses Verbot durch beinahe alle Hansestädte; um nicht Verleumdungen bei den befreundeten Fürsten Platz einzuräumen, Wunsch ihrerseits, mit diesem Schreiben aufzuklären; zur besseren Erläuterung Beauftragung Christopher Parkins' (*Christopherum Perchingium*) mit der Erläuterung der Angelegenheit; Bitte, demselben Glauben zu schenken.

Abschrift
Lateinisch
1 Bogen Folio, S. 1– beschrieben, S. 4 *Creditschreiben der konigin inn Engelandt.*
HBA G 748, Nr. 59.

Nr. 691

1590 August 13, Elbing

Der Gesandte der englischen Königin [Elisabeth], Christopher Parkins, an Herzog Georg Friedrich:

Übermittlung des herzoglichen Antwortschreibens vom Vorjahr in Angelegenheit der Yorker an König [Sigismund III.] von Polen mit dem Bericht über die zu Ansbach in der Sache unternommenen Verhandlungen; Befehl des Königs, ein Parkins anzuvertrauendes anderes Schreiben bald aufzusetzen; wegen seiner Absicht, damals nach England zurückzukehren, und aufgrund des an die englische Königin gerichteten Schreibens Entschluß, den [polnischen] König um Rat anzugehen; Zweifel Parkins' am Willen des Königs, weiterhin mittels Schreiben vorzugehen; beim Englandaufenthalt [des Gesandten] Annahme des Briefes des polnischen Königs durch die Königin, zumal er in ihrem Sinne gehalten ist, und Erwiderung; dementsprechend Zusendung der Erwiderung mit der Bitte um Entschuldigung für die Verzögerung; Entsendung Parkins' durch die Königin, um mit Königen und auch anderen Fürsten gewisse Dinge zu verhandeln; Ankündigung, seine Aufträge an den Herzog sogleich nach Empfang zu übermitteln und zu demselben sich zu begeben in der Hoffnung, mit keiner unerwünschten Botschaft anzukommen; Wunsch, in der Yorker Sache mit den herzoglichen Verordneten zu einem Ende zu gelangen.

Behändigte Ausfertigung
Lateinisch
1 Bogen Folio, S. 1 beschrieben, S. 4 Außenadresse, Eingangsvermerk *P[raesen]t[atum] Kunigsp[erg] 12 sept[embris] anno [15]90*, zeitgenöss. Betreff *Englischer abgesanter weg(en) der genommen tuch(e)* und Bearbeitungsvermerk *Ist deretwegen wider an den gesanten geschrieben den 12 septemb[ris] und beantworttet worden.*
Ausstellerunterschrift und -siegel.
HBA G 748, Nr. 60.

Nr. 692

1590 September 12, Königsberg

[Die Regimentsräte] an den Gesandten Königin [Elisabeths] von England, Christopher Parkins:

Empfang eines Schreibens des königlichen Sekretärs *Thomas Laringus* zusammen mit einem Brief des polnischen Königs [Sigismund III.] und Annahme der Entschuldigung für die verspätete Aushändigung der Schreiben; Kenntnisnahme der Auffassung der Königin über die dem herzoglichen Fiskus zugesprochenen Yorker Tuche und Handelswaren und der Stellungnahme des polnischen Königs, was den Räten ermöglicht, ihrerseits den Empfänger zu unterrichten; Vertrauen auf gleichartige Entscheidungen der englischen Königin, des polnischen Königs und aller gerechten Richter bei Zollbetrug, weil nicht nur die englische Königin, sondern auch die anderen christlichen Fürsten dieses Recht fremden Übeltätern gegenüber zur Geltung bringen; Hoffnung auf Benachrichtigung der Königin in diesem Sinne durch den Gesandten zwecks Wahrung des herzoglichen Rechts, zur Besänftigung der Querulanten (*querulantes*) und zur Beseitigung aller Belastungen für den Handel und für die Freundschaft der höchsten Fürsten; bei entsprechendem Verfahren des Botschafters handelt dieser für das öffentliche Wohl, gewinnt den Herzog und erleichert schwierigere Verhandlungen; Ankündigung, das Schreiben des polnischen Königs und den Brief Parkins' an den Herzog weiterzuleiten, um demselben die Verhandlungen mit dem Empfänger zu vereinfachen; *audiverunt et probaverunt dominus Brandner, dominus Fabritius.*

Konzept
Lateinisch
1 Bogen Folio, S. 1–2 beschrieben, S. 4 Außenadresse und zeitgenöss. Vermerke *Regist(rirt)* und *Regist[rirt].*
HBA G 1263, Nr. 43. – Altsignatur: 4/19

Bucheintrag im Volltext: Ostpr. Fol. 59, S. 470 f.

Nr. 693

[15]90 Oktober 10, [Königsberg]

[Die Regimentsräte] an Herzog [Georg Friedrich]:

Am 12. September Bitte um Anhörung einer sich als Sekretär Königin [Elisabeths] von England ausgebenden Person wegen der konfiszierten Tuche; Übergabe eines Schreibens des polnischen Königs [Sigismund III.] und eines Briefes, den die Königin ihrem sich derzeit zu Elbing aufhaltenden Gesandten Christopher Parkins anvertraut hat; Bitte des Sekretärs um eine Empfangsbestätigung, deren Abschrift beiliegt; Ankündigung eines Besuchs des Gesandten beim Herzog.

Konzept
1 Bogen Folio, S. 1–3 beschrieben, S. 4 angefangenes Konzept und Bearbeitungsvermerk *Ann f[ürstliche] d[urchlauch]t werden konigl[iche] maij[estä]t auß England abgesanten schreiben wegen der hiebevorn genommenen tuche zugeschickt.*
HBA G 747, Nr. 6.

Nr. 694

[15]90 Oktober 12, Ansbach

Herzog Georg Friedrich an Königin [Elisabeth] von England:

Empfang eines durch ihren sehr sachkundigen Gesandten Christopher Parkins übermittelten Schreibens, dem er aufgrund eigener Abwesenheit umgehend Gehör hat verschaffen lassen; deutliche Vermittelung des königlichen Standpunktes durch Parkins hinsichtlich der Übertretung des Seeverkehrs- und Ausfuhrverbotes für Kriegsgüter nach Spanien durch Hansekaufleute und der sich daraus entwickelnden Kaper; um nicht die in den Herzog gesetzten Erwartungen zu enttäuschen, Entschluß, diese Angelegenheit den herzoglichen Verwesern in Preußen zwecks Erarbeitung einer gütlichen Lösung mitzuteilen; bezüglich des Seeverkehrs nach Spanien Abhängigkeit des Herzogtums und seiner Einwohner vom Handel mit Nahrungsgütern; Versprechen, sich bei den herzoglichen Untertanen und bei deren Nachbarn für die Befolgung des königlichen Willens einzusetzen; Aufnahme der in Orten unter herzoglicher Rechtsprechung lebenden königlichen Untertanen in Sicherheit und unter besonderem Schutz in der Hoffnung, es nicht mit Unwürdigkeit gedankt zu bekommen; bezüglich der Schadensersatzklage der englischen Untertanen, denen [15]85 wegen Zollbetrugs Schiff und Waren beschlagnahmt worden ist, Verzögerung einer Entscheidung wegen der von den Verwesern des Herzogtums erwarteten Stellungnahme zu ähnlichen Beschwerden preußischer Untertanen über die ihnen von Engländern zugefügten Schäden; Bitte um Nachsicht im Falle einer unbefriedigenden Antwort.

Abschrift
Lateinisch
1 Bogen Folio, S. 1–3 beschrieben, S. 4 Außenadresse.
HBA G 748, Nr. 61.

Nr. 695

1590 Oktober 12, Ansbach

Herzog Georg Friedrich an die Regimentsräte zu Königsberg:

Übersendung dreier Abschriften mit Bezug auf drei Anliegen Königin [Elisabeths] von England und der herzoglichen Antworten darauf; Unterstützung der königlichen Forderung nach Einstellung der Lieferung von Kriegsgütern nach Spanien; Anweisung an die Räte, den seefahrenden Untertanen die Fracht von Kriegsgütern und Proviant nach Spanien zu verbieten und sie neue Märkte suchen zu lassen, um die Kaperung ihrer Schiffe durch englische Kriegsleute zu vermeiden; Berichterstattung der Räte über das notfalls auch im Geheimen zu ermittelnde Verhalten anderer Seestädte in derartigen Fällen; unter Wahrung der herzoglichen Regalien und Freiheiten wohlwollende Behandlung und Schutz der in die herzoglichen Häfen einlaufenden Engländer; in der Sache des 1585 konfiszierten englischen Schiffs Vertröstung der Königin auf ein künftiges Schreiben; Anforderung eines Berichts über den Verbleib der damals beschlagnahmten Waren unter Berücksichtigung des durch den Schiffsschreiber beim Zoll angemeldeten Warenwertes und eines durch die Räte zu erstellendes Gutachtens; Wunsch nach genauer Beschreibung der herzoglichen Untertanen in England zugefügten Schäden oder Behinderungen unter Angabe der Ursachen.

Behändigte Ausfertigung
2 Bogen Folio, S. 1–5 beschrieben, S. 8 Außenadresse, Eingangsvermerk *P[raesentatum] Konigsperg, den 17. novemb[ris] anno etc. [15]90* und zeitgenöss. Betreff mit Bearbeitungsvermerk *F[ürstlicher] d[urchlauc]ht resolution weg(en) der Englisch(en) confiszirt(en) wahren. Item uff konigliche werbung bericht zu schick(en).*
Eigenhändige Ausstellerunterschrift und -siegel.

Beilage

Vollregest von Hand des 19. Jahrhunderts

1 Blatt Papier (37,6 cm x 21,7 cm), S. 1 beschrieben, S. 1 Akzessionsvermerk *Behring-Elbing 1898 I. N. 574/98.*
HBA G 748, Nr. 62.

Nr. 696

1590 Dezember 26, Warschau

Der Gesandte der englischen Königin [Elisabeth], Christopher Parkins, an den herzoglichen Sekretär Michael Giese:

Anläßlich seiner unlängst zu Ansbach stattgefundenen Zusammenkunft mit Herzog Georg Friedrich Verhandlung über eine Entschädigung des vor fünf Jahren im Königsberger Tief (*in portu Regiomontano*) aufgebrachten englischen Schiffs; nach seiner Rückkehr Empfang eines Schreibens der preußischen Regimentsräte mit der Betonung der Rechtmäßigkeit der Beschlagnahmung und der Ablehnung einer Entschädigung; wegen der bekanntlich gegen fürstliche und örtliche Gewohnheiten verstoßenden Konfiskation Beharrung Parkins' auf Rückgabe; ungeachtet des herzoglichen Hinweises auf das Königsbergern von Engländern zugefügte Ungemach Ablehnung, erlittene Schäden durch hinzugefügte neue auszugleichen; zugunsten der Königsberger Zusicherung des Rechtswegs auf Antrag; in Anbetracht des langen polnischen Instanzenwegs Drängen Parkins' auf eine andere Antwort der Königsberger Verweser; deswegen Verzicht, das an den polnischen König [Sigismund III.] gerichtete und den Rechtsgang und Repressalien beinhaltende Schreiben vor einer Antwort aus Königsberg zu übergeben; Hoffnung auf gütliche Einigung ohne Urteil des Königs und ohne Anwendung von Repressalien; nach seiner vor acht Wochen erfolgten Rückkehr aus Ansbach Eintreffen dieser bei ihm gespannte Erwartung auslösenden Angelegenheit.

Behändigte Ausfertigung
1 Bogen Folio, S. 1–2 beschrieben, S. 4 Außenadresse, zeitgenöss. Betreff *Deß Englischen gesantten schreiben wegen der genommenen tuche* und Registraturvermerk *C.*
Eigenhändige Ausstellerunterschrift und Siegelspuren.

Beilage

Abschrift
1 Bogen Folio, S. 1–2 beschrieben, S. 4 zeitgenöss. Betreff *Copia deß Englischen gesandten gethanen schreibens an secretarium Michel Giesenn etc.* und Registraturvermerk *C.*
HBA G 748, Nr. 63.

Nr. 697

[1590 Dezember 28, Königsberg]

Nachweis der im Jahre 1585 von einem englischen Schiff konfiszierten Waren:

Noch am 28. Dezember [1590] vorhandene und nicht für Hofhaltungs- oder sonstige Zwecke verbrauchte Waren: 356 Ellen Norderlaken, 15 Stück *enckele dosincken* und 67 Ellen *dosincken*; [15]86 Verfrachtung von 1300 Stück Kirsei nach Danzig; Verkauf von 456 Stück, zu 10 Gulden das Stück, durch *Graffscot* an *Hieronimus Steffen* und von 10 Stück an *Gert Zimmerman*; Hinterlegung eines verdorbenen Stückes zu Danzig und Empfang von 833 Stück durch *Moritz von Petwitz*; zu Königsberg Verkauf von 15 Stück, zu 10 Gulden das Stück, am 28. August [15]89 an den Diener des Herrn *Johan Klewowitzen*; Verbrauch von 49 Stück im Gesamtmaß von 67 Ellen für die Hofhaltung und fünf Stück verbleibender Rest; am 14. Oktober [15]85 Verkauf der 7650 guten und der 2750 minderwertigen Kaninen zu 24 Gulden je Tausend für die guten und 12 Gulden je Tausend für die schlechten Felle an die Königsberger Bürger *Daniel Watz* und *Nickel Rehanen*; Verkauf der 600 Weißleder, zu sechs Gulden das Hundert, in [Königsberg] an *Daniel Reüssen* und Einzahlung des Erlöses in die Rentkammer am 30. Oktober [15]89; Überantwortung der sieben Fuchsbälge an den Hofkürschner Daniel; Verkauf der 37 *ölsen*, das Stück zu siebeneinhalb Schilling, an den [Königsberger] Kürschner *Michel Weissen*; Vorhandensein eines Pfühls und eines Kissens in der Rentkammer; Diebstahl einer Decke während der Aufbewahrung der Waren im Langen Saal [des Königsberger Schlosses]; Verbrauch zweier Packen mit Packleinen und -tüchern; Entleerung einer Last verdorbener Heringe in den Pregel (*Pregel*).

Abschrift
1 Bogen Folio, S. 1–3 beschrieben, S. 4 zeitgenöss. Betreff *Vertzeichnüs woehin die wahren, so verschienen 1585 jhars etzlichen Englischen wegen unrecht ansagens im tieffen genommen, gewendet worden unnd was noch doran vorhanden* und Registraturvermerk *No 2*.

Beilage

Umschlag mit Kurzregest von Hand des 19. Jahrhunderts

1 Bogen Folio, S. 1 beschrieben.
HBA G 748, Nr. 64.

Nr. 698

[1590 Juli 28 – Dezember, Königsberg]

Die Reeder der „Maria von Königsberg“ *(Maria Regiomontanae)* an Herzog [Georg Friedrich]:

Erinnerung, sich wegen der Kaperung ihres Schiffes durch den königlich-englischen Kapitän der „Achat“ im Jahre [15]87 beim Herzog und beim polnischen König [Sigismund III.] unter Beifügung von durch das Londoner Stadtsiegel beglaubigten Zeugenaussagen beklagt zu haben; Einschreiten des Königs zu ihren Gunsten bei der Königin [Elisabeth] von England und Antwort der Königin in der Sache, was der Herzog aus den mit A und B gekennzeichneten beigefügten Abschriften ersehen kann; auf dem Hintergrund des Vergleichs der dem Herzog abschriftlich zur Verfügung gestellten Zeugenaussagen mit dem Schreiben der Königin unvollständige Kenntnis der Königin von der Größe und Schwere der Angelegenheit; Hoffnung, mit Hilfe der notfalls wiederholten herzoglichen Fürsprache bei der Königin Wiedergutmachung für das ihnen angetane Unrecht zu erlangen.

Abschrift
Lateinisch
1 Bogen Folio, S. 1–2 beschrieben.

Beilagen

I. [1590] März 2, Warschau

König Sigismund III. von Polen an Königin Elisabeth von England:

Bitte von Danziger Untertanen und ihrer Königsberger Mitgesellschafter um Fürsprache wegen des im Dezember [15]87 durch den Kapitän der „Achat“ verursachten Bruchs ihres aus Portugal zurückkehrenden Schiffes „Maria von Königsberg“ bei Harwich *(Herwichae)*; Hoffnung der Bittsteller, mit seiner Hilfe Wiedergutmachung für das Schiff und die verlorene Ladung zu bekommen; Vertrauen auf die Bereitschaft der Königin, den freien Handel aufrechtzuerhalten und von ihrem Schiffskapitän Entschädigung für dessen aktenkundiges Unrecht zu fordern; in Anbetracht der in seinen Ländern freien Handel treibenden Untertanen der Königin Bitte um rasches Handeln in der Angelegenheit; Dankversprechen für den gegebenen Fall.

Abschrift
Lateinisch
1 Bogen Folio, S. 1 beschrieben.

II. 1590 Juli 28, Greenwich

Königin Elisabeth von England an König Sigismund III. von Polen:

Ende Juni Empfang eines zugunsten Danziger und Königsberger Bürger verfaßten Schreibens aus Warschau von [1590] März 2, worin der König Schadenersatz für einen angeblich von einem ihrer Schiffsbefehlshaber verursachten Schiffbruch anmahnt; Einsetzung einer Untersuchungskommission durch die Königin; laut Untersuchung allerdings folgender Sachverhalt: Ankunft des aus Lissabon kommenden und mit verschiedenen Handelswaren beladenen Schiffes „Maria von Königsberg“ gegen Ende des Jahres 1587 vor der Küste von Kent *(Kantii)*; Absicht des aus Königsberg stammenden Schiffers Andreas Tijsen *(Andreas Tisonius)*, einen sicheren, zum Überwintern geeigneten Hafen ausfindig zu machen, um später seine Fahrt durch die Ostseengen *(Baltici angustias)* fortsetzen zu können; Aufforderung Tijsens durch den Kapitän der „Achat", *Georgius Riggaeus*, das Schiff in die Themse *(in Thamesim)* zu führen aus Furcht vor einer vom spanischen König [Philipp II.] ausgerüsteten Flotte; Anweisung an die königlichen Schiffskapitäne, solche Vorsichtsmaßnahmen bei kriegstauglichen Schiffen zu ergreifen; trotzdem Beharrung Tijsens auf seinem Wunsch, in einem königlichen Hafen aufgenommen zu werden; Bitte Tijsens, in den ruhigen Harwicher Hafen einlaufen zu dürfen und ihm deswegen einen Lotsen zur Verfügung zu stellen; Verweigerung eines Lotsen mit dem Hinweis auf erfahrene Schiffsführer in den nahegelegenen Orten Margate *(Margate)* und Sandwich *(Sanduici)*; Einsetzung des sich während der Fahrt auf Tijsens Schiff befindlichen Engländers Rudigerus Tye *(Richardum Tiium)* als Lotsen, der trotz guten Wetters das Schiff auf eine Sandbank hat laufen lassen; Schuldzuweisung für den Schiffbruch durch die betroffenen Danziger und Königsberger auf den zwischenzeitlich verstorbenen Schiffskapitän unter Aufbauschung der Angelegenheit bis zur Schadenersatzforderung; außerdem widersprüchliche Zeugenaussagen hinsichtlich der Verweigerung eines Lotsen; Hoffnung, beim König keinen Glauben mehr bei ähnlich aufgeblähten Streitsachen zu finden, und Beteuerung, für die Wahrung des freien Handels einzustehen und für die als rechtmäßig befundenen Entschädigungen zu sorgen.

Abschrift
Lateinisch
1 Bogen Folio, S. 1–3 beschrieben, S. 1 und S. 4 Beilagenvermerk *B*.

III. Abschrift von II.

Lateinisch
1 Bogen Folio, S. 1–2 beschrieben, S. 4 zeitgenöss. Betreff *Exemplum litterarum serenissimae Angliae reginae ad r[egiam] m[aiesta]tem Poloniae de navi Maria Regiomontana, que in Anglia perierit.*
HBA G 748, Nr. 65.

Nr. 699

[1590, Königsberg]

Die Reeder Hans Krintz d. Ä. *(Hans Krintz der Elter), Regyna Schellenbersch, Mathes Schagke, Kersten Fölßenn* und der Schiffer der „Jonas von Königsberg" *(Jonas von Königsbergk), Harmen Rünghen,* an [Bürgermeister und Ratmannen zu Königsberg]:

Bezugnahme auf ihre Eingabe auf die im Jahre 1577 erfolgte Kaperung ihres Schiffes durch den englischen Seeräuber *Robberdt Hijx*; wegen der bislang fehlenden Aussicht auf Entschädigung Ersuchen um Beistand; für Lissabon *(Lissebonn)* Befrachtung der unter dem Befehl des Schiffers und kneiphöfischen Bürgers Harmen Rünghen *(Herman Rungen)* stehenden „Jonas" mit damals noch erlaubten Waren; am 10.

Mai [1577] Überfall des mit 16 Mann besetzten Handelsschiffes durch 200 Seeräuber, die das Schiff nach Milford Haven *(Mijlfordt Habunge)* in Wales *(Welsch Engellandt)* geschleppt haben; Verkauf der Waren an Einheimische und Einbehalten von Schiff und Warenerlös durch die Räuber sowie Not der Schiffsbesatzung; Auflistung dieser vor 13 Jahren entstandenen Schäden: 1. 2000 Taler Schiffskosten; 2. 1071 Taler, 3 Groschen und 15 Pfennige für die Ausreedung mit Takelwerk, Segeln, Geschützen, Pulver, Blei und Lebensmitteln; 3. 702 Dukaten für 54 Last oder 13 Dukaten für eine Last Weizen; 4. 516 Dukaten für 43 Last Roggen oder 12 Dukaten für eine Last; 5. 63 Dukaten für sieben Last oder neun Dukaten für eine Last Tau; Summe: 1281 Dukaten oder 1610 Taler; 6. 264 Taler für 55 Last oder 28 Gulden je Last Roggen als Reedergut; 7. 72 Taler für die zwei Last Weizen des Büchsenmeisters *David Nusselman*; 8. schätzungsweise 100 Taler für die persönliche Habe des Schiffsvolks der Fracht; Gesamtsumme: 5118 Taler; Bitte um Mitteilung des Sachverhaltes an den Herzog [Georg Friedrich] in der Hoffnung, vermittels herzoglicher Fürsprache den Schaden ersetzt zu bekommen; im Schiff befindliches Kaufmannsgut des Kneiphöfers *Bartel Buthner* : 1. 231 Gulden für fünfeinhalb Last oder 42 Gulden für eine Last Weizen; 2. 140 Gulden für acht Last oder 28 Gulden für eine Last Korn; 3. 20 Gulden für dabei entstandene Unkosten; Summe: 391 Gulden.

Ausfertigung
2 Bogen Folio, S. 1–7 beschrieben, S. 8 zeitgenöss. Rubrum *1577 ist das schiff Jonas durch einen Englischen seereuber benomen und zu schaden kommen, uff 5118 taler.*
Ausstellerunterschriften
HBA G 748, Nr. 66.

Nr. 700

[1590, Königsberg]

Die Reeder der „Fortuna" (*Fortuna*), *Lorentz Huin*, Isaaq Bock und *Hansen von Möllen* Erben, an [Bürgermeister und Ratmannnen zu Königsberg]:

Am 30. Mai [15]89 Kaperung ihres mit 1200 Wagenschoß und 100 Klappholz beladenen Schiffes vor Lissabon durch eine Flotte Königin [Elisabeths] von England; Besetzung des Schiffes durch 80 beinahe verhungerte englische Kriegsleute; am 10. Juni [15]89 Beschädigung der „Fortuna" durch Beschuß einer spanischen Galeere und Tod von acht englischen Besatzern; Einbüßung von sechs von insgesamt 13 Mannschaftsmitgliedern infolge der von der Prisenbesatzung eingeschleppten Seuche sowie Verlust des auf ein Jahr angelegten Proviants; Überführung des Schiffes nach England und Entladung der Fracht; am 12. Oktober [15]89 Freigabe von Schiff und Mannschaft und Auszahlung von 90 Pfund (*pfundt Starlinges*) in Anerkennung der Verdienste des Schiffers bei der Abwehr des Galeerenangriffes; wegen des zur Anheuerung einer neuen Mannschaft unzureichenden Betrages Entstehung eines weiteren Verlustes; Anschlag des Verlustes: 1. 1200 Wagenschoß, das 100 zu 60 Dukaten (*ducaten*) im Wert von 720 Dukaten; 100 Klappholz zu 100 Dukaten mit einem derzeitigen Verkaufswert in Spanien von 1030 Talern (*thaler*) und 30 Groschen (g); 2. 120 Dukaten für Pulver, Blei und 150 Dukaten für die beiden zerschossenen Geschütze (*götlinge*) mit einer Summe von 339 Taler und 15 Groschen; 3. 195 Dukaten Anleihe bei *Cord Brockes* und 112 Dukaten und 7 Stüber (*stiever*) zu 44 Groschen Anleihe bei *Andreß Saßen* durch den Schiffer zum Zweck der Rückfahrt im Gesamtwert von 386 Talern und 15 Groschen; 4. 519 Taler und 11 Groschen für die Ausreedung; 660 Taler Verlust aufgrund des im Frühjahr, zur Zeit der Rückkehr des Schiffs von 36 auf 25 Gulden (f) [je Last] gesunkenen Salzpreises; 2936 Taler Gesamtverlust; Bitte an die Empfänger, Herzog [Georg Friedrich] zu veranlassen, zwecks Schadenersatz einzuschreiten.

Abschrift
2 Bogen Folio, S. 1–6 beschrieben.
HBA G 748, Nr. 67.

Nr. 701

[1590, Königsberg]

Die Reeder Reinhold Boihe, Anton Boihe, Isaaq Bock, Kersten Fölßenn, *Anna Petter Kerstens nachgelassene wittwe* und der Schiffer *Johan Wette* an [Bürgermeister und Ratmannen zu Königsberg]:

Bericht an die Empfänger in der Hoffnung, mit ihrer Hilfe für die Verluste entschädigt zu werden; Befrachtung ihres „Reinhold" (*Reinholdt*) genannten 90-Last-Schiffes durch den Hamburger Kaufmann *Hanß Borneman* mit für nach Lissabon bestimmten, und von Königin [Elisabeth] von England zugelassenen Waren, nämlich Pipen- und Klappholz und Salz für die Rückfracht; ferner Mitführung von Proviant und 300 Dukaten Bargeld durch den Schiffer; am 30. Mai [1589] Kaperung der „Reinhold" durch die vor Lissabon liegende englische Flotte, Einschleppung einer Seuche durch die Prisenbesatzung und Tod von vier Mann aus der zwölfköpfigen Besatzung; Verzehr des Proviantes, Überführung des Schiffes nach England und Entladung der Fracht; Freigabe des Schiffes im Spätherbst; Anschlag des Verlustes: 1. 2777 Taler (*thaler*) und 5 Groschen (g) für entgangene 90 Last Salz mit dem Verkaufswert von 36 Gulden je Last; 2. 300 Dukaten (*ducaten*) oder 342 3/4 Taler Verlust für entgangene Fracht; 3. 685 3/4 Taler für die Ausreedung des Schiffes; Aufnahme von 145 Pfund Sterling (*pfundt Starlingks*), das Pfund zu fünf polnischen Gulden (*5 f Polnisch*) oder 621 Taler und 15 Groschen durch den Schiffer, um die Rückfahrt antreten zu können; Gesamtverlust: 4427 Taler und 2 $^{1}/_{2}$ Groschen; Bitte an die Empfänger, Herzog [Georg Friedrich] zu veranlassen, zwecks Schadenersatz einzuschreiten.

Ausfertigung
2 Bogen Folio, S. 1–7 beschrieben, S. 8 zeitgenöss. Rubrum *1589 ist das schiff der Konigspergische Reinholdt durch die konigliche diener zu Engelland zu schaden kommen uff 4427 thaler 2 1/2 g[roschen].*
Ausstellerunterschriften
HBA G 748, Nr. 68.

Nr. 702

[1590, Königsberg]

Die Reeder der „David von Königsberg" *(Dauidt von Königsbergk)*, der herzogliche Rentmeister David Pinßfeldt, *Hieronijmus Jenzsche, Hanß Rabe,* Kersten Fölßenn, *Sikminck Boge, Hans Causse, Warnner Kalsche* und der Schiffer *Johann Kerschen* an [Bürgermeister und Ratmannen zu Königsberg]:

Eingedenk der Warnung Königin [Elisabeths] von England an die Empfänger und an andere Hansestädte vom Frühjahr 1589, bestimmte Waren weder nach Lissabon noch nach Spanien zu verschiffen, Befrachtung der „David" mit Pipen- und Klappholz im Namen des Hamburger Bürgers Hanß Borneman für 300 Dukaten; Auftrag der Reeder an den Schiffer, als Rückfracht Salz aufzunehmen; am 11. April [1589] Auslaufen des Schiffes und Anschluß an eine sich im Sund versammelte Flotte von Schiffen anderer Seestädte; am 30. Mai Kaperung der „David" durch eine vor Lissabon sich aufhaltende englische Flotte und Besetzung des Schiffes durch erkrankte englische Seeleute; Überführung des Schiffes nach England, Verzehrung des Schiffsproviants und Wegnahme des Bargeldes durch die Prisenbesatzung; Tod eines Besatzungsmitgliedes infolge der eingeschleppten Krankheit; Entladung der Holzfracht auf englische Schiffe und Freigabe des Schiffes im Spätherbst; Aufnahme von Geld *uff bodmereij* durch den Schiffer, um das Schiff erneut ausreeden, verproviantieren und die Rückfahrt antreten zu können; Anschlag des Verlustes: 1. 1344 Mark *(marck Preusch)* oder 768 Reichstaler *(Reichsthalern)* und einen Groschen (g) für die Ausreedung; 2. 300 Dukaten *(ducaten)* oder 342 Taler und drei Ort *(ortt)*; 3. 2777 Taler und fünf Groschen für 90 Last Salz, die Last zu 36 polnischen Gulden *(f Polnisch)* Verkaufswert; 4. Anleihe von 650 Dukaten oder 817 Talern und fünf Groschen bei dem Lübecker Kaufmann Cord Brockes zu *Sanct Luca*; 5. 195 Taler und 15 Groschen Anleihe für die Aufnahme von Proviant und Salz; 6. schätzungsweise 300 Taler für zerstörte Segel, Anker und Taue; 7. 100 Taler für die Heuer und zum Trost der Hinterbliebenen des verstorbenen Bootsmanns; 5300 $^1/_2$ Taler Gesamtsumme; Bitte an die Empfänger, Herzog [Georg Friedrich] zu veranlassen, zwecks Schadenersatz einzuschreiten.

Ausfertigung
2 Bogen Folio, S. 1–7 beschrieben, S. 8 zeitgenöss. Rubrum *1589 ist das schiff Dauidt durch die konig(in) auß Engellandt zu schad(en) gebracht uff 5300 $^1/_2$ thaler* und Betreff von Hand des 17. Jahrhunderts *Seindt lautter Englische sachen wegen des abgenommenen schiffffß.*
Ausstellerunterschriften

Beilage

Fünf Kurzregesten von Hand des 19. Jahrhunderts zur Kaperung des „Jonas", der „Maria", des „Reinhold", des „David" und der „Fortuna"

1 Bogen, S. 1–2 beschrieben.
HBA G 748, Nr. 69.

Nr. 703

[15]91 Januar 4 [Königsberg]

Der Oberhofmeister [Albrecht von Kittlitz], der Oberburggraf [Hans von Rautter], der Oberste Marschall [Georg von Podewils], [Georg] Warmin, [Caspar] Brandner und [Andreas] Fabricius an Herzog [Georg Friedrich]:

Empfang eines Schreibens mit den Anliegen des englischen Gesandten [Christopher Parkins] an den Herzog; Anweisung des Herzogs, den seehandeltreibenden Untertanen bis auf weiteres Rüstungsgüter und Proviantlieferungen nach Spanien zu untersagen wegen des Kriegszustandes zwischen Königin [Elisabeth] von England und dem spanischen König [Philipp II.], das Verhalten anderer Seestädte mittels geheimer Treffen in Erfahrung zu bringen und sich über den Verbleib der konfiszierten Waren und der herzoglichen Untertanen in England zugefügten Schäden zu erkundigen; Einbestellung und Unterrichtung der drei Bürgermeister der Städte [Königsberg] mit der Bitte um Stellungnahme; Ankündigung, nach Eingang die Stellungnahme der Städte nebst den eigenen Bedenken und den angeforderten Akten zu übersenden; Befürchtung, dem Herzog in der Angelegenheit der konfiszierten Waren nichts anderes als früher raten zu können; Schreiben des englischen Gesandten aus Warschau an den herzoglichen Sekretär [Michael] Giese mit der Drohung, ein Schreiben der Königin an den polnischen König [Sigismund III.] weiterzuleiten, falls nicht binnen sechs Wochen eine herzogliche Entscheidung vorliegt; Vertröstung des Gesandten im Antwortschreiben Gieses mit der Bitte, die Weiterleitung des Schreibens an den König aufzuschieben; Bitte um baldige Stellungnahme des Herzogs.

Konzept
2 Bogen Folio, S. 1–8 beschrieben, S. 8 Außenadresse und zeitgenöss. Betreff *Wegen des Englischen gesanten.*
HBA G 748, Nr. 70.

Nr. 704

1591 Januar 18, Ansbach

Herzog Georg Friedrich an die Oberräte:

Übersendung von Abschriften von den polnischen Reichstagsverhandlungen und von den Anliegen des englischen Gesandten [Christopher Parkins] bezüglich des angehaltenen englischen Schiffs; Festhalten an der bestehenden Handhabung im Herzogtum, aber aus Freundschaft zur Königin [Elisabeth] von England Entschluß, einen Vergleich mit den englischen Kaufleuten trotz Verstoßes gegen die herzogliche Bekanntmachung (*mandaten*) anzustreben; Anweisung, den Gesandten oder dessen Vertreter nach Königsberg zu Verhandlungen einzuladen, ihn über die Ursache für die Konfiszierung aufzuklären, eine Erstattung von Rechts wegen abzulehnen, aber zu Ehren der Königin den betroffenen Kaufleuten Klappholz und andere Waldwaren anzubieten; Anforderung, darüber und über den *Soldawischen lerm* zu berichten und entsprechende Vorschläge zu unterbreiten; Überprüfung von Gerüchten über den vom masowischen Woiwoden verlangten Kaufpreis für das Gut Narzim in Höhe von 22 000 Gulden statt des von 30 000 auf 26 000 Gulden heruntergehandelten Preises; wegen seiner Absicht, das Gut vor allem der Religion wegen zu erwerben, Fortsetzung der Verkaufsverhandlungen mit dem Woiwoden; Erstellung eines Verzeichnisses der von den Soldaten des Obristen [Jürgen] Farensbach (*Fahrensbeck*) angerichteten Schäden; Anhörung der Beschwerden des [Friedrich] von Perschkau (*Perschkhau*), für deren Beilegung die Räte durch die Anwendung ordentlicher Mittel zu sorgen haben.

Ausfertigung
3 Bogen Folio, S. 3–10 beschrieben, S. 12 Außenadresse, zeitgenöss. Betreff *F[ü]r[stliche] d[urchlauc]ht erclern sich 1 wegen Englischen schiffs, 2 Soldauschen lermens, 3 des guts Narzim, 4 Farenßbeckens krigsvolck gethanen schaden, 5 den von Perschkau bel[angend].*
Eigenhändige Ausstellerunterschrift und -siegel.

Postskript

1591 Januar 21, Ansbach

Empfang eines Schreibens der Räte wegen der konfiszierten englischen Waren und der Bitte um eine dem englischen Gesandten zu erteilende Antwort; Anweisung, sich dabei genau an die herzoglichen Beschlüsse zu halten und darüber zu berichten.

1/2 Bogen Folio, S. 1 beschrieben.
Eigenhändige Ausstellerunterschrift
HBA G 748, Nr. 71.

Nr. 705

[1591 Februar 4, Königsberg]

Bürgermeister und Ratmannen der drei Städte Königsberg an Herzog [Georg Friedrich]:

Empfang eines herzoglichen Schreibens mit Bezug auf die Anliegen der englischen Königin [Elisabeth] an die Empfänger; Übermittlung der von ihnen erbetenen Auflistung der durch Engländer [Königsberger] Bürgern zugefügten Schäden; Bitte, sich bei der Königin um Wiedergutmachung einzusetzen.

Behändigte Abschrift
1 Bogen Folio, S. 1–2 beschrieben, S. 4 Eingangsvermerk *P[raesen]t[atum] Konigsperg, den 4 (ten) Febr[uarii] anno [15]91* zeitgenöss. Rubrum *Die 3 stett Konigsperg ubergeb(en) der handels- und keuffleuth beschwer und verzeichnis der scheden, darein sie durch ko[nigliche]*

m[aies]t[ät] in Engellandt officirer und bevelhsleuth gebr(a)cht word(en) und Bearbeitungsvermerk *Belauff(en) sich die sched(en) und uncost(en) der genannten angehalttenen schiff und wahren uff 47319 f, 22 1/2 g.*
HBA G 748, Nr. 72.

Nr. 706

[15]91 Februar 6 [Königsberg]

[Die Regimentsräte] an Herzog [Georg Friedrich]:

Überbringung beiliegender Beschwerde durch den Rat von [Königsberg-]Altstadt nach Schließung der Post; Klage der herzoglichen Untertanen *Lorenz Heinen*, Isaaq Bock und Hans von Möllen (*Hanns von Mollen*) über einen ihnen von Engländern zugefügten Schaden in Höhe von 2936 Talern; fehlende Möglichkeit der Beschwerdeführer, noch vor Schließung der Post ihre Schrift übersetzen zu lassen; deswegen Ersuchen des Rates um Anfertigung einer lateinischen Übersetzung in der herzoglichen Kanzlei zum Zweck der Mitberücksichtigung im Antwortschreiben des Herzogs an [Königin] Elisabeth oder an ihren sich zu Warschau aufhaltenden Gesandten [Christopher Parkins].

Konzept
1/2 Bogen Folio, S. 1 beschrieben, S. 2 Außenadresse *Postscriptum an f[ürstliche] dh[u]r[chlauch]tt*, zeitgenöss. Betreff *Ettliche der Allttenstatt burgere beschwer gegen ih[re] kon[igliche] may[estä]t in Engellandtt* und Ausgangsvermerk *Ist beim schreiben an f[ürstliche] d[urchlauch]t, den 6 febr[ruari]i [15]91 Daniel Neffel belangendt, abgangen.*
HBA G 748, Nr. 73.

Nr. 707

1591 Februar 9, Elbing

Der englische Gesandte Christopher Parkins an die Regimentsräte:

Mitte Dezember Ankunft zu Warschau aus Deutschland kommend und Empfang eines Schreibens der Räte vom 12. Dezember [1590]; darin Betonung der Rechtmäßigkeit der Konfiszierung des fraglichen Schiffes; in öffentlicher Bekanntmachung zu Elbing jedoch Festlegung der Königsberger Zollrechnung (*rationes telonii*) durch herzogliche Beauftragte beim Aus- und nicht beim Einlaufen eines Schiffes unter alleiniger Vorlage einer vom Elbinger Rat ausgestellten Bescheinigung; bei allen anderen Fürsten und Völkern (*nationes*) lediglich Konfiszierung der verschwiegenen Waren; wegen des Abfangens des betroffenen Schiffes beim Einlaufen Verstoß gegen Recht und Billigkeit; im übrigen nur Zulassung der Bestrafung der Schiffer und nicht der sie mit der Verfrachtung beauftragenden Kaufleute durch das preußische Recht; auf wiederholtes Ersuchen englischer Untertanen bei ihrer Königin [Elisabeth] nach Beistand in der offenen Rechtsangelegenheit Beauftragung Parkins', beim Herzog in der Sache vorstellig zu werden; zu Ansbach Einladung gewisser Leute an Parkins, sich bis zu einer günstigen Antwort aus Königsberg über die ergangenen Bescheide hinwegzusetzen; Bitte des mit Parkins Mitte Dezember zu Warschau zusammengetroffenen herzoglichen [Sekretärs Michael] Giese, sich wegen der Antwort noch sechs Wochen zu gedulden; Betonung, nunmehr lange genug gewartet zu haben, und Bitte um einen günstigen Bescheid.

Behändigte Ausfertigung
Lateinisch
1 Bogen Folio, S. 1–2 beschrieben, S. 4 Außenadresse, Eingangsvermerk *P[raesen]t[atum] Kunigspergk 15 feb[ruarii] anno [15]91*, zeitgenöss. Betreff *Englischer gesantter wegen der confiscirten tuche* und Bearbeitungsvermerk *Ist beantwortet den 16 febr[uarii] anno [15]91.*
Eigenhändige Ausstellerunterschrift und -siegel.
HBA G 748, Nr. 74.

Nr. 708

[15]91 Februar 16, Königsberg

[Die Regimentsräte] an den Botschafter der englischen Königin Christopher Parkins:

Erhalt eines Schreibens des Empfängers bezüglich der Verhandlung über das vor einigen Jahren wegen Zollvergehens zugunsten des herzoglichen Fiskus' beschlagnahmten englischen Handelsschiffs; trotz herzoglicher Zuversicht, bei gerechten Richtern wegen des Vergehens, der Mißachtung seines Mandates und wegen der in den meisten Gegenden geltenden Gewohnheiten, Recht zu bekommen, Neigung nach gütlicher Beilegung der Streitsache; diese haben die Absender aus der Forderung des Botschafters nach Unterrichtung über die ganze Angelegenheit, nach dem Entscheid der Absender sowie nach der Bitte um Aufzeichnung der durch königliche Schiffskapitäne herzoglichen Untertanen zugefügten Schäden entnommen; verspäteter Empfang der Aufzeichnung aufgrund von Verzögerungen durch die Magistrate der Städte Königsberg; nach Empfang Entsendung der ganzen Handlung vor zehn Tagen an Herzog [Georg Friedrich] mit der Bitte um Entscheidung; Vertrauen der Absender auf Anerkennung ihrer Bemühungen durch den Botschafter und Versicherung der herzoglichen Zuneigung gegenüber Königin [Elisabeth] und der Bereitschaft, sich für diese Sache weiterhin zur Verfügung zu halten.

Konzept
Lateinisch
1 Bogen Folio, S. 1–2 beschrieben, S. 4 Außenadresse, zeitgenöss. Rubrum *Wegen der genohmen(en) tuch* und zeitgenöss. Vermerke *Registriret (A)* und *Registriret (U).*
HBA G 1263, Nr. 44.

Bucheintrag im Volltext: Ostpr. Fol. 59, S. 513 f.

Nr. 709

[15]91 Februar 27, Königsberg

[Herzog Georg Friedrich] an den Sekretär der Republik Venedig, Marcus Otthobonus:

Dem Vernehmen des Briefzeigers nach Wunsch des Sekretärs, zur ausreichenden Versorgung der Venedig unterworfenen Provinzen einige Last Getreide zu kaufen, wovon der Sekretär bereits bei seinem Aufenthalt zu Königsberg unlängst gesprochen hat; entgegen anderslautenden Gerüchten bei der Abreise des Sekretärs Überfluß an Getreide sowohl im Herzogtum als auch zu Königsberg; Verfügung von Getreide in ausreichender Menge, das zu einem angemessenen Preis verkauft und ausgeführt werden kann; Einladung an den Sekretär, sich wegen des Ankaufs von Getreide an den Herzog zu wenden; Zusicherung eines günstigen Preises.

Abschrift
Lateinisch
Ostpr. Fol. 59, S. 520 f.

Nr. 710

1591 März 8, Ansbach

Herzog Georg Friedrich an die Regimentsräte:

Herzogliche Erklärung an Königin [Elisabeth] von England auf den Bericht der Räte über die im Jahre [15]85 konfiszierten englischen Schiffsgüter und über die von englischen Offizieren herzoglichen Kaufleuten zugefügten Schäden in beiliegender Abschrift; wegen der Fortdauer der Klagen herzoglicher Untertanen Anweisung, die Beschwerden einzeln aufzunehmen und sie der Ausfertigung des herzoglichen Schreibens an die Königin beizulegen, sie mit dem herzoglichen Sekret zu besiegeln und sie einer nach England reisenden Abordnung der Kaufmannschaft mitzugeben; im Falle einer Wiedergutmachung Anweisung, sich mit den englischen Kaufleuten der [15]85 eingezogenen 14 Ballen Tuche im Wert von 6102 Gulden zu vergleichen und ihnen als Entschädigung Holz, Wolle oder Getreide anzubieten; Benachrichtigung des englischen Gesandten [Christopher Parkins], um nicht zuletzt die englische Königin [Elisabeth] an die Gegenseitigkeit zu erinnern.

Behändigte Ausfertigung
1 Bogen Folio, S. 1–3 beschrieben, S. 4 Außenadresse, Eingangsvermerk *P[raesen]t[atum] Kunigspergk 7 april anno [15]91* und zeitgenöss. Betreff *F[ürstliche] d[urchlauch]th erklerung wegen dero anno [15]85 confiscirten Englischen tuch.*
Eigenhändige Ausstellerunterschrift und -siegel.
HBA G 747, Nr. 7.

Nr. 711

[15]91 März 16 [Königsberg]

Der englische Gesandte Christopher Parkins an die [Regimentsräte]:

Beauftragung durch Königin [Elisabeth], sich um die Niederlassungs- und Handelsfreiheit ihrer Untertanen zu kümmern; wegen der in Unordnung geratenen polnischen Sachen Reise zu Herzog Georg Friedrich und Entgegennahme einer günstigen Antwort auf sein Anliegen; Abhängigkeit einer endgültigen Entscheidung von dem bei den Räten liegenden Vorgang; wegen der immer noch ausstehenden Entscheidung Bitte um die versprochene Antwort; Andeutung herzoglicher Verordneter, in der Sache mit dem [15]85 angehaltenen Yorker Schiff, die ihm die Königin wegen Justizverweigerung anvertraut hat, auf eine günstigere Antwort aus Königsberg zu vertrauen; außerdem Erwägung Herzog [Georg Friedrichs], zu Ehren (*in gratiam*) der Königin sich mit ihren betroffenen Untertanen ins Benehmen zu setzen; Bestätigung dieser Sache auch durch ein unlängst empfangenes Schreiben der Räte und durch [Michael] Giese anläßlich ihrer Zusammenkunft in Warschau; Betonung der Unschuld der betroffenen königlichen Untertanen und Bitte um die zu Ansbach versprochene Antwort.

Ausfertigung
Lateinisch
1 Bogen Folio, S. 1–2 beschrieben, S. 4 zeitgenöss. Betreffe *Deß Englischen gesanten Christophori Parchingii anbreng(en) und erinnern bey den heren rheten und Schiffshandlunge und confiscirete wahren bet(reffend).*
Eigenhändigkeit
HBA G 748, Nr. 75.

Nr. 712

1591 März $\frac{27}{17}$, Königsberg

[Die Regimentsräte] an den englischen Gesandten Christopher Parkins:

Antwort auf die vorgetragenen Anliegen: Erinnerung an das auf den Besuch des Gesandten in Ansbach ergangene Schreiben Herzog [Georg Friedrichs] an die Räte; klare herzogliche Äußerung hinsichtlich des Gast- und Aufenhaltsrechts sowie des freien Handels der königlichen Untertanen in den herzoglichen Ländern; Beteuerung des guten herzoglichen Willens der englischen Königin [Elisabeth] und ihren Kaufleuten gegenüber; wegen des Mangels an greifbaren Vorschlägen des Gesandten für die Errichtung einer englischen Handelsniederlassung in den Ländern des Herzogs Niederlegung der Angelegenheit durch den Herzog, aber Zusicherung der Wiederaufnahme unter veränderten Voraussetzungen; auf die Schreiben König [Sigismunds III.] von

Polen und der englischen Königin wegen der Konfiszierung von Yorker Kaufleuten gehörenden Waren durch den Herzog hin persönliche Beschäftigung des Herzogs mit der Angelegenheit; Erwartung einer baldigen herzoglichen Stellungnahme, Bitte, sich deswegen noch zu gedulden, und Versicherung, nichts in der Angelegenheit außer acht lassen zu wollen.

Konzept
Lateinisch
1 Bogen Folio, S. 1–3 beschrieben, S. 4 zeitgenöss. Rubrum *Der furstlichen regierung antwortt auff deß Englischen gesantten erinnern wegen der Englischen residens und wegen dero fur 6 jaren genommenen tuch.*
HBA G 747, Nr. 8.

Nr. 713

[15]91 April 8, Königsberg

[Die Regimentsräte] an den Botschafter der englischen Königin, Christopher Parkins:

Unverzügliche Bekanntgabe der am Tag zuvor zugegangenen Mitteilung Herzog [Georg Friedrichs] in Sachen der Engländer aus York; Einladung, die Ansicht des Herzogs in dieser Sache der beigefügten Abschrift eines Schreibens desselben an die englische Königin [Elisabeth] zu entnehmen; Klagen herzoglicher Untertanen über mannigfache Schäden, die ihnen von einer englischen Flotte und von königlichen Befehlshabern zugefügt worden sind; Vorstelligkeit des Herzogs bei der Königin, um seinen Untertanen zu ihrem Recht zu verhelfen; im Falle entsprechender Unterstützung durch den Gesandten herzogliches Entgegenkommen besonders bei den ordnungsgemäß deklarierten Waren der Yorker, um jedermann die gegenseitige Rücksichtnahme verständlich zu machen; zwischenzeitliche Bemühungen der von Engländern geschädigten Königsberger Bürger, mit dem Botschafter zu verhandeln; Möglichkeit, mittels eines Schreibens des Herzogs an die Königin zur Besänftigung der beiderseitigen Klagen schneller beizutragen; Beteuerung der Räte, bei der Verzögerung der Angelegenheit und bei einer möglichen Verärgerung der Königin schuldlos zu sein wegen ihrer mehrmaligen wiederholten Erinnerung des Herzogs, die Sache günstiger zu behandeln; Vertrauen auf eine bessere Auslegung der Dinge zur Förderung der gegenseitigen Freundschaft und zum Vorteil des freien Handels; *ex commissione hern hoffmeisters, burggraven, Warmin, d[octoris] Fabritii.*

Konzept
Lateinisch
1 Bogen Folio, S. 1–2 beschrieben, S. 4 Außenadresse, zeitgenöss. Rubrum *Wegen dero anno [15]89 confiscirten Englischen tuch* und zeitgenöss. Vermerk *Registriret.*
HBA G 1263, Nr. 45.

Bucheintrag im Volltext: Ostpr. Fol. 59, S. 539 f.

Nr. 714

[15]91 April 21 [Königsberg]

[Die Regimentsräte] an den Gesandten der englischen Königin, Christopher Parkins:

Empfang eines Schreibens Parkins' zusammen mit der Abschrift eines Briefes des Botschafters an Herzog [Georg Friedrich] vom 19. April, in dem jener in Sachen der Yorker nochmals drängt; Einladung, aus einem früheren Antwortschreiben der Räte und aus einem Schreiben des Herzogs an Königin [Elisabeth] die Ansicht des Herzogs zu der Angelegenheit festzustellen und dessen Vergleichsvorschläge zu entnehmen; unter Billigkeitserwägungen Unvermögen der Räte, eine ungerechte Behandlung der wegen Zollhinterziehung belangten Engländer aus York zu erkennen; Hinweis auf die allgemein übliche Ahndung von Zollvergehen durch Beschlagnahmung von Schiffen und Waren sowie auf die strenge Beachtung dieses Rechtsmittels durch die englische Königin; Versprechen, dem Herzog die Angelegenheit unverzüglich und umfassend zu berichten im Vertrauen auf gerechte Beilegung der Streitsache.

Konzept
Lateinisch
1/2 Bogen Folio, S. 1 beschrieben, S. 2 Außenadresse und zeitgenöss. Vermerk *Registrirt.*
HBA G 1263, Nr. 46.

Bucheintrag im Volltext: Ostpr. Fol. 59, S. 540 f.

Nr. 715

[15]91 Mai 8, [Königsberg]

[Die Regimentsräte] an Herzog [Georg Friedrich]:

Empfang eines zu Ansbach datierten Briefes von [1591] März 8 in Sachen der [15]85 konfiszierten englischen Güter; Unterrichtung des unaufhörlich drängenden englischen Gesandten [Christopher Parkins] über die darüber ergangene herzogliche Erklärung; Abhängigkeit der Freigabe der Güter von der Wiedergutmachung der herzoglichen Untertanen in England zugefügten Schäden; Unzufriedenheit des Gesandten mit der Antwort und Beurteilung der herzoglichen Haltung als Repressalie; infolge der in der Schwebe befindlichen Restitution der konfiszierten englischen Güter Vertagung der von Recht und Billigkeit geleiteten Entscheidung Königin [Elisabeths] auf einen unbestimmten Zeitpunkt; Bitte des Gesandten, den Fall nochmals zu überdenken, um nicht beim polnischen König [Sigismund III.] um Recht nachsuchen und im Falle der Nichtbeschäftigung des Königs mit der Angelegenheit zu anderen Maßnahmen greifen zu müssen; zur Vermeidung einer Verschärfung der Angelegenheit Vorschlag der Räte, in Erwartung einer Antwort auf die Königsberger Abordnung und auf das fürbittende Schreiben des Herzogs an die Königin die Freigabe der auf 6102 Gulden veranschlagten angemeldeten englischen Waren zu gestatten; Zusage des Gesandten, sich für die Belange der geschädigten Königsberger einzusetzen; *item von Kitlitz, item burggraf, item obermarschalc, item d[octor] Prandner subscripserunt.*

Konzept
1 Bogen Folio, S. 1–4 beschrieben, S. 4 Außenadresse und zeitgenöss. Betreff *Weg(en) der angehalttene und constituirte Englischen gwtt(er).*
HBA G 748, Nr. 76.

Nr. 716

1591 Mai 27, Elbing

[Der Gesandte der englischen Königin] Christopher Parkins an die Regimentsräte:

Enttäuschung über die herzogliche Antwort von [1591] Mai 27 bezüglich der Yorker Angelegenheit; Bedrängung durch die Yorker, die Sache nicht vor seiner Abreise nach Dänemark unerledigt zurückzulassen; bis zum 25. Juli Hinterlegung eines Schreibens Königin [Elisabeths] von England an den polnischen König [Sigismund III.] und anderer, die Angelegenheit belangender Mittel bei geeigneten Leuten mit dem Auftrag, bei Ausbleiben eines billigen Vorschlages entsprechend zu verfahren; Beteuerung, seinerseits alles zur Beruhigung der Angelegenheit getan zu haben; im Falle einer Antwort Bitte, diese an den sich zu Elbing aufhaltenden *Iacobus Williamson* zu richten.

Behändigte Ausfertigung
Lateinisch
1 Bogen Folio, S. 1 beschrieben, S. 4 Außenadresse und Eingangsvermerk *Praesent[atum] 30 maii anno [15]91.*
Ausstellerunterschrift und -siegel.
HBA G 748, Nr. 77.

Nr. 717

1591 Mai 29, Elbing

Der englische Gesandte [Christopher Parkins] an die [Regimentsräte]:

Auftrag, mit Herzog Georg Friedrich über die Rückgabe des im Königsberger Tief (*in portu Regiomontano*) widerrechtlich beschlagnahmten englischen Schiffes zu verhandeln und bei Justizverweigerung, das eingeschlossene Schreiben Königin [Elisabeths] von England an den polnischen König [Sigismund III.] zu überreichen, eine Antwort auf eine mögliche Rechtsprechung des Königs zu erbitten oder die Angelegenheit für Repressalien aufzubewahren; Vertröstung des zu Ansbach vorstellig gewordenen Gesandten auf einen Bericht der Königsberger (*Regiomontanorum*) unter Andeutung eines einzugehenden Vergleiches; Verhandlung der Angelegenheit mit dem herzoglichen Botschafter [Giese] zu Warschau und mit den Regimentsräten zu Königsberg; Erhalt einer die Aushändigung des königlichen Schreibens nicht mehr verzögernden Antwort; Ankündigung, nunmehr den Brief abzusenden; zur Vermeidung schwerwiegender Folgen Bitte um eine günstige Antwort; bei Übersendung der Antwort an den Verordneten der Elbinger Niederlassung leichte Übermittlung derselben an die Königin.

Abschrift
Lateinisch
$^1/_2$ Bogen Folio, S. 1 beschrieben, S. 2 zeitgenöss. Betreff *Englischer gesantte wegen deß genomenen schifffß und tuche.*
HBA G 748, Nr. 78.

Nr. 718

[15]91 Juli 29, Königsberg

[Die Regimentsräte] an Königin [Elisabeth] von England:

Dem Bittschreiben des Beauftragten des polnischen Königs [Sigismund III.] für den Waldwarenhandel (*sylvestrum mercium minister*), des edlen *Iohannes Sager*, und des herzoglichen Untertans und Königsberger Bürgers *Iohannes Hildebrandt* zufolge Unterhaltung eines zwei Jahren währenden Handels mit dem königlich-englischen Untertan *Iohannes Langthon*; vor zwei Jahren Übereinkunft mit Langthon über die Lieferung von Mastbäumen aus Litauen nach Königsberg mit dem ersten Hochwasser; Ausbleiben der Lieferung wegen Wassermangels und Bitte der Lieferanten an Langthon, vom Vertrag abzustehen und das ausgelegte Geld zurückzunehmen; Beteuerung Langthons, von dieser Sache nur mit Einwilligung der Königin Abstand nehmen zu können, wodurch die Verkäufer gezwungen sind, entweder unter sehr hohen Kosten anzuliefern oder auf den Weiterverkauf zu verzichten; Abstand der Verkäufer von ihrer Möglichkeit, Langthon rechtlich zu zwingen, die entstandenen Kosten zu erstatten; Wunsch der Verkäufer, die Maste nach England zu verschiffen und sie der Königin zu einem angemessenen und gerechten Preis anzubieten; deswegen Ersuchen der Verkäufer an die Räte, sich bei der Königin für die Erlaubnis des Weiterverkaufs der Maste bei fehlendem eigenem Kaufwunsch zu verwenden; Bitte der Räte an die Königin, dem Wunsch der Bittsteller nachzukommen, und Dankversprechen; häufige Verschiffung von Masten nach England durch die Verkäufer und ihrer unten aufgeführten Mitgesellschafter und herzoglichen Untertanen mittels ihres „Samson“ (*Samson*) genannten Schiffes, aber mangelnde Ausstattung des Schiffes mit Geschützen; Wunsch der Verkäufer, mit der fürsprechende Hilfe der Räte von der

Königin die Erlaubnis zu erwirken, in England zwei Geschütze zu 3500, vier zu 3000 und sechs zu 2000 Pfund zu kaufen und nach Preußen auszuführen in der Absicht, sie nur gegen Piraten einzusetzen; Bitte der Absender an die Königin, auch diesem Wunsch zu entsprechen; *ex mandato d[omini] sec[retario] Gers(ten)dorff; herr hoffrichter hats gelesen und approbirt; consignatio exercitorum: Christophorus Preus, Iohannes Klinghammer, Mattheus Reimer, Iohannes Michael, Mattheus Siwert, Georgius Brotman, Iacobus Remse, Iohannes Lutke, Bernigk, Claus Dragke nauclerus.*

Konzept
Lateinisch
2 Bogen Folio, S. 3–7 beschrieben, S. 1 angefangene Reinschrift *Serenissima regina, potentissima princeps, domina domina clementissima* und Kurzregest von Hand des 19. Jahrhunderts, S. 8 Außenadresse und zeitgenöss. Betreff *Hans Sager, Hans Hildebrandt und andere rheder belangendt.*

Bucheintrag im Volltext: Ostpr. Fol. 59, S. 552–554.

Beilagen

I. [vor 1591 Juli 28] o. O.

Iohannes Sager, Beauftragter des polnischen Königs für den Waldwarenhandel, und der Königsberger Bürger *Iohannes Hillebrandt* an [Herzog Georg Friedrich]:

Vor zwei Jahren Abschluß einer Übereinkunft mit dem im Namen der englischen Königin aufgetretenen Iohannes Langthon über die Lieferung von Mastbäumen; Ausbleiben der von Litauen nach Königsberg zu liefernden Ware wegen Mangels des dafür geeigneten Hochwassers; Versuch, Langthon zum Rücktritt aus dem Vertrag zu bewegen unter Erstattung der bereits gezahlten Auslagen; Weigerung Langthons, vom Rücktritt Gebrauch zu machen mit dem Hinweis auf seinen Kauf und auf eine Antwort der Königin in der Sache; dadurch Zwang für die Verkäufer, entweder unter sehr hohen Kosten anzuliefern oder auf den Weiterverkauf zu verzichten; Abstand der Verkäufer von ihrer Möglichkeit, Langthon rechtlich zu zwingen, die entstandenen Kosten zu erstatten; Wunsch der Verkäufer, die Maste nach England zu verschiffen und sie der Königin zu einem angemessenen und gerechten Preis anzubieten; deswegen Ersuchen der Verkäufer an den Herzog, sich bei der Königin für die Erlaubnis des Weiterverkaufs der Maste bei fehlendem eigenem Kaufwunsch zu verwenden.

Mundum
Lateinisch
1 Bogen Folio, S. 1–2 beschrieben, S. 3 Bearbeitungsanweisung *Neben diesem sall auch gebeten werden, weill gedachte beide, Johans Sager unnd Johans Hillebrandt, neben ihren consorten, den rhedern, etliche stuck groß geschütz zu diesem ihrem schiff, welches der Samson genennet, benotiget unnd dieselbe in Engelland erkauffen wollen lassen, daß die kon[igliche] w[ürden] ihnen, den rhedern, gestatten wolle, das sie dieselbe umb geldt erkauffen unnd damitt ihr schiff armiren unnd anhero in Preussen bringen mögen*, S. 4 Bearbeitungsanweisung *Die urschrift soll in optima forma gefertigt werd(en)* und Bearbeitungsvermerk *Ist gefertiget, den 28 iulii anno [15]91 per Boëtium.*

II. [um 1591 Juli 29, Königsberg]

Wunsch der Reeder der „Samson“, *Hans Sager* und *Hans Hilbrandt*, von der Königin die Erlaubnis zu erhalten, in England zwei Geschütze zu 3500, vier zu 3000 und sechs zu 2000 Pfund zu kaufen und nach Preußen auszuführen; mit Ausnahme eines Danziger Bürgers sind die Reeder mit Namen Christophorus Preus, Iohannes Klinghammer, Mattheus Reimer, Iohannes Michael, Mattheus Siwert, Georgius Brotman, Iacobus Remse, Iohannes Lutke, Bernigk und der Schiffer Claus Dragke herzogliche Untertanen.

Konzept
1/2 Bogen Folio, S. 1 beschrieben.
HBA G 1263, Nr. 47. – Altsignatur: *Aus Etatsminist[erium] 30*[c].

Nr. 719

1591 November 11, London

[Der Gesandte der englischen Königin] Christopher Parkins an die Regimentsräte:

Empfang eines Schreibens der Räte von [1591] April 8 mit dem Versprechen, die Yorker Sache für den Fall seines Einsatzes zugunsten von Königsberger Bürgern in England wiederaufzugreifen; infolge eines herzoglichen Schreibens an Königin [Elisabeth] Gewährung der von den sich in England aufhaltenden herzoglichen Untertanen gewünschten Audienz; auf Einwirkung Parkins’ hin kostenlose Aufnahme des herzoglichen Gesandten durch die [Londoner Handels-]Gesellschaft und Entgegennahme von 20 Kronen (*viginti coronatorum denarium*) von der Königin durch diesen, was übrigens weit mehr darstellt als das, was Parkins umgekehrt bei den Räten erhalten hat; Erläuterung des herzoglichen Schreibens durch den Gesandten; Einladung an die Räte, aus Billigkeitsgründen die Verhandlungen mit ihm nunmehr wiederaufzunehmen; trotz seiner Ankündigung, das Schreiben in dieser Sache an König [Sigismund III.] von Polen vom 25. Juli zu übergeben, Zurückhaltung des Briefes; infolge ihrer mangelnden Einsicht, Unrecht getan zu haben, Fortdauer des Rufes nach Gerechtigkeit durch die Yorker; Hoffnung auf einen Ausgleich in der Angelegenheit.

Behändigte Ausfertigung
Lateinisch
1 Bogen Folio, S. 1 beschrieben, S. 4 Außenadresse, Eingangsvermerk *Praesentatae Regiomonti 19 ianuarii calend[ario] vet[ere] anno [15]92* und zeitgenöss. Rubrum *Chr[istophorus] Parchingius, Englischer abgesantter, wegen der Englender, denen di tuche genommen, dringet in handlung mitt inen.*
Eigenhändige Ausstellerunterschrift und -siegel.
HBA G 748, Nr. 79.

Nr. 720

1591 Dezember 30, London

[Der Gesandte der englischen Königin] Christopher Parkins an die Regimentsräte:

Geringschätzung der herzoglichen Versprechen, mit den sich in ihrem Recht verletzt fühlenden Yorkern erneut verhandeln zu wollen durch dieselben; deswegen unablässiges Bitten der Yorker bei Königin [Elisabeth] um die Anwendung von Repressalien; Betonung, selbst große Mühe zur Beilegung der Angelegenheit aufgewandt zu haben; im Falle der Wirkungslosigkeit der vielen königlichen Schreiben Übermittlung der Händel an König [Sigismund III.] und die Stände von Polen als oberste preußische Lehensherren, um von ihnen Gerechtigkeit zu erlangen oder um andere Mittel in Erwägung zu ziehen; im Interesse der Sicherheit der herzoglichen Untertanen und des gemeinen Friedens Hoffnung auf entsprechenden Einsatz der Räte.

Behändigte Ausfertigung
Lateinisch
1 Bogen Folio, S. 1 beschrieben, S. 4 Außenadresse und Eingangsvermerk *Praesentatae Königsbergk, den 19 aprilis anno [15]92.*
Eigenhändige Ausstellerunterschrift und -siegel.
HBA G 748, Nr. 80.

Nr. 721

[1591] o. O.

Königin Elisabeth von England an Herzog Georg Friedrich:

Ende August Empfang eines herzoglichen Briefes von [1591] März 9 bezüglich der von einer königlichen Flotte preußischen Untertanen zugefügten Schäden und der Bitte um Gewährung von Audienz und Zulassung des Rechtsganges; trotz der bei Freunden üblichen Zulassung des Rechtsganges Zwang durch Kriegsereignisse, den Verkehr mit dem Feind zu unterbinden; Warnung der Hansekaufleute, unter denen sich auch herzogliche Untertanen befinden, vor dieser Maßnahme; infolge der weitgehenden Mißachtung der Warnung durch die Hanseniederlassung (*apud societatem Hansiaticam*) Benachrichtigung der einzelnen Fürsten, denen die Städte gehören, in der Hoffnung, bei ihnen Unterstützung zu finden; Bitte an den Herzog, mit Strenge seine Untertanen von der Verfrachtung von Waren nach Spanien abzuhalten; Gewährung von Audienz und Zulassung des Rechtsganges für die im herzoglichen Schreiben erwähnten Untertanen; ferner Andeutung der Möglichkeit, die [15]85 konfiszierten Waren königlicher Untertanen bei Gewährung des Rechtsganges zugunsten der herzoglichen Untertanen zu erstatten; ihrem aus den Unterlagen gewonnenen Kenntnisstand zufolge Unschuld ihrer Untertanen, die aufgrund eines Mißverständnisses beim Zoll Unrecht erlitten haben; Klage der betroffenen Untertanen, trotz hoher Kosten bislang beim Herzog noch kein Recht gefunden zu haben; deswegen Ersuchen derselben an die Königin, ihnen weitere Möglichkeiten zu eröffnen; Bitte, ihren Untertanen endlich Genugtuung widerfahren zu lassen.

Behändigtes Transsumpt
Lateinisch
1 Bogen Folio, S. 1–2 beschrieben, S. 4 Außenadresse, Eingangsvermerk *Praesentatae Kunigspergk 19 ianuarii anno [15]92* und zeitgenöss. Rubrum *Koenigin in Engeland erklerung wegen der societet, denen ier schiff genommen; item intercession wegen der Englender, denen die tuch genommen.*
Ausstellersiegel

Postskript

Um Erstaunen wegen der bereits früher [Michael] Giese zugesandten Abschrift des königlichen Schreibens zu vermeiden, Zusendung eines bei Hofe zu übergebenden Transsumpts im Falle der Weigerung der Räte zu einem geeigneten Vergleich.

1 Blatt (14,2 cm x 7,1 cm), S. 1 beschrieben.
HBA G 748, Nr. 81.

Nr. 722

[1591, Königsberg]

Die Reeder der „Fortuna", der „Reinhold" und der „David" an [Herzog Georg Friedrich]:

Im Frühjahr [15]89 Befrachtung dreier Schiffe mit für Spanien bestimmten Handelswaren mit der Maßgabe, dort Lebensmittel als Rückfracht zu laden; Beachtung des von Königin [Elisabeth] von England wegen ihres Krieges gegen König [Philipp II.] von Spanien erlassenen Frachtverbotes von Kriegsgütern; trotzdem Kaperung der Schiffe am 30. Mai [1589] durch die vor Lissabon liegende englische Flotte und Einschleppung einer Seuche durch die ausgehungerten Prisenbesatzungen; erhebliche Beschädigung der „Fortuna" durch angreifende spanische Trieren (*triremes*) kurze Zeit danach; Tod einiger Besatzungsmitglieder infolge der eingeschleppten Seuche; Mitnahme der Handelsschiffe nach England durch die Flotte und Raub der Ladungen und der Ausrüstungen; nach vielfältigen Bitten Freigabe der leeren Schiffe am 12. Oktober; [Es folgt die Auflistung und die Bezifferung der Schäden wie in Nr. 700, 701 und 702]; Veranschlagung des Gesamtschadens auf 12 663 Taler und 31 Groschen; Ersuchen der herzoglichen Fürsprache bei der Königin zum Zwecke einer Wiedergutmachung.

Abschrift
Lateinisch
2 Bogen Folio, S. 1–7 beschrieben, S. 8 zeitgenöss. Betreff *Die genommene und beschedigte schiff in Engelandt belangende* und Ausgangsvermerk *Nota bene: Diß ist mitt der koenigin v(on) Englandt iungstem schreiben, welcheß den 19 ian[uarii] anno [15]92 praesentiret, uberanttwort worden.*
HBA G 748, Nr. 82.

Nr. 723

[15]92 Februar 3 [Königsberg]

Herzog Georg Friedrich an die Räte der drei Städte Königsberg:

Übersendung beiliegender Abschrift der Antwort Königin [Elisabeths] von England auf die herzogliche Fürsprache in Schiffsangelegenheiten; Einladung an die Empfänger, den sich auf den Seehandel beziehenden Inhalt des Schreibens den anderen herzoglichen Untertanen in den drei Städten bekannt zu geben; *h(erren) hofm[eister], burggraf, obermarschalck, Fabricius d[octor] sub[scripserunt].*

Konzept
1 Bogen Folio, S. 1–2 beschrieben, S. 4 Außenadresse, zeitgenöss. Rubrum *Wirdt ihnen ein copi von der königin schreiben auß Engelandt, so sie wegen der schiffart anhero gethan, zugeschickt* und Registraturvermerke *R[egistrirt]* und *I*
HBA G 748, Nr. 83.

Nr. 724

[15]92 Februar 21 [Königsberg]

[Die Regimentsräte] an Herzog [Georg Friedrich]:

In ihrem Schreiben von [15]91 Mai 8 Mitteilung der dem englischen Gesandten [Christopher Parkins] und den betroffenen englischen Kaufleuten bekanntgebenen Bedingungen für die Erstattung der im Jahre [15]89 konfiszierten Güter; demnach Erstattung der deklarierten Waren bei Befriedigung der Klage von Königsberger Bürgern ihrer abgenommenen Güter halber; jedoch Vertagung der königlichen Entscheidung hinsichtlich der Königsberger Angelegenheit bis zur Rückgabe der konfiszierten Waren durch den Herzog; nach dem Ausbleiben einer herzoglichen Erklärung auf die Bedenken vom 8. Mai Zusammenstellung der Beschwerden der Königsberger Kaufleute, Beibindung der Zusammenstellung an ein Schreiben des Herzogs an Königin [Elisabeth] und Übermittlung der Nachricht an dieselbe durch einen Boten; Anlaß der Königsberger zur Zufriedenheit mit der in der Sache ergangenen Erklärung der Königin und erneute Empfehlung der königlichen Untertanen durch dieselbe; Ankunft zweier englischer Abgeordneter und Übergabe beiliegenden Bittschreibens in Sachen konfiszierter Waren; wegen der noch ausstehenden Erklärung der Königin über die Billigkeit des Anspruchs der Königsberger auf Schadenersatz Vorschlag der Gesandten, zuerst die Wiedergutmachung für die deklarierten Tuche in Höhe von 6102 Gulden zu erhalten und danach sich für die Belange der geschädigten Königsberger einzusetzen; auf die Frage der Räte nach der Zufriedenheit der Kaufleute im Falle der Bewilligung der Entschädigungssumme durch den Herzog Betonung ihrer Unschuld und des [Schiffs-]Schreibers Schuld in der Angelegenheit; neben dem Warenverlust Entstehung großer Reisekosten über die Jahre hinweg wegen dieser Sache; deshalb Bitte, daneben auch eine Entschädigung für die nicht deklarierten Waren zu gewähren; Zusage der Räte, die Wünsche der Gesandten an den Herzog weiterzuleiten; bei Genehmigung der 6102 Gulden Entschädigungssumme Hoffnung der Räte auf Zufriedenheit der englischen Kaufleute und auf Hilfe der Königin für die geschädigten Königsberger.

Konzept
2 Bogen Folio, S. 3–7 beschrieben, S. 8 zeitgenöss. Betreff *An f[ürstliche] d[urchlaucht] wegen der Engellennder genommenen tuch.*
HBA G 748, Nr. 84.

Nr. 725

[15]92 März 12, Königsberg

Antwort der Regimentsräte auf Vorstellungen des englischen Gesandten Christopher Parkins:

Bezugnahme Parkins' auf ein zu Ansbach datiertes Schreiben Herzog Georg Friedrichs an die Räte in seiner Sache; hinsichtlich der gewünschten Handels- und Niederlassungsfreiheit für königliche Untertanen in den herzoglichen Ländern Versicherung der Fortdauer der herzoglichen Gunst; wegen des Ausbleibens greifbarer Vorschläge für einen Niederlassungsort fehlende Veranlassung für den Herzog, sich damit weiter zu beschäftigen; Bereitschaft des Herzogs, bei entsprechenden Vorschlägen Königin [Elisabeths] sich der Sache jedoch erneut anzunehmen; in der Angelegenheit der konfiszierten englischen Waren Neigung des Herzogs – trotz seiner König [Sigismund III.] von Polen und der Königin gegenüber genügsam abgegebenen Erklärungen über seine Gründe – einzulenken, um nicht zuletzt den Kaufleuten aus York (*von Eborach*) den Erfolg der Fürsprache ihrer Königin spüren zu lassen; Bitte an den Gesandten und an die bittstellenden Kaufleute, sich deswegen noch in Geduld zu üben; Benachrichtigung Parkins' durch die Räte sogleich nach Empfang greifbarer Neuigkeiten; Versicherung der Räte, ihrerseits für eine Beschleunigung zu sorgen.

Konzept
1 $^{1}/_{2}$ Bogen Folio, S. 1–5 beschrieben, S. 6 zeitgenöss. Betreff *Version des responsi, so dem Englischen gesanten gegeben.*
HBA G 748, Nr. 85.

Nr. 726

[15]92 Mai 18 [Königsberg]

[Die Regimentsräte] an König [Philipp II.] von Spanien:

Klage einiger Königsberger Bürger und ihrer Danziger Gesellschafter über die Requisition ihres 300 Last fassenden Schiffes, um im Seekrieg gegen die englischen Feinde des Königs eingesetzt zu werden; Entsendung des im Jahre [15]90 mit Getreide befrachteten Schiffes durch einen Italiener in seine Heimat; auf der Rückfahrt Anlegung des Schiffes im Hafen von *Tuisi*, um Salz aufzunehmen; Zusage des das Schiff requirierenden königlichen Hauptmannes an den Schiffer, ihn zu entschädigen, aber Versenkung des Schiffes während eines Seegefechtes; Einladung, den Sachverhalt aus der beigefügten wortreichen Schrift zu entnehmen; Ersuchen der Geschädigten an die Räte, sich für ihr Recht beim König einzusetzen; Vertrauen der Absender auf königliche Unterstützung bei der zügigen Erstattung des den herzoglichen Untertanen unter Verletzung der Freiheit von Handel und Schiffahrt zugefügten Schadens; Bitte, sich eingedenk der den königlichen Untertanen im Herzogtum eingeräumten Freiheiten für die Belange der Geschädigten einzusetzen, und Gegenseitigkeitsversprechen; *d[ominus] doctor legit et approbavit.*

Konzept
Lateinisch
2 Bogen Folio, S. 3–6 beschrieben, S. 8 Außenadresse, zeitgenöss. Betreff *Wegen eines in Spanien gebliebenen schiffes* und Registraturvermerk *Regist(riret).*
HBA G 1263, Nr. 48.

Bucheintrag im Volltext: Ostpr. Fol. 59, S. 607 f.

Nr. 727

1592 Juni 26, Königsberg

Abschied Herzog [Georg Friedrichs] auf die Bittschrift des *Wilhem Willemszen* und des Michael Hertfourt (*Michael Hartfourdt*) wegen ihrer konsiszierten Waren:

Ungeachtet der Rechtsgründe des Herzogs, die konfiszierten Waren einzubehalten, ursprünglicher Beschluß des Herzogs, auf Fürsprache der Königin [Elisabeth] von England und auf Bitten Willemszens und Hertfourts hin die Waren unter der Maßgabe der zuvor geschehenen Entschädigung herzoglicher Untertanen für deren in England angehaltenen Schiffe und Güter zu erstatten; trotz der unerfüllten Bedingung Bereitschaft, 6102 polnische Gulden (*güldenn Polnisch*) als Entschädigung für die deklarierten Tuchballen unter Ausschluß weiterer Forderungen aus Gnaden zu zahlen; Hoffnung auf Entgegenkommen der Königin in der Angelegenheit der beschlagnahmten Königsberger Schiffe und Güter; Versprechen, das Verfahren bei Rückgabe dieses Reverses (*unnd wann supplicanten den revers obigermassen werden von sich gegeben habenn*) fortzusetzen.

Unbehändigte Ausfertigung
1 Bogen Folio, S. 1–3 beschrieben.
Ausstellersiegel

Beilagen

I. Mundum

2 Bogen Folio, S. 3–6 beschrieben, S. 8 Datum und zeitgenöss. Betreff *Abschiedt Wilhelm Willemsen unnd Michael Herfourten, Englischen, wegen der confiscirten tuche.*

II. Kurzregest von Hand des 19. Jahrhunderts

1 Bogen Folio, S. 1 beschrieben.
HBA G 748, Nr. 86.

Nr. 728

[1592 Oktober 1] o. O.

Michael Hertfourt und *Wilhelm Bruer* an die [Regimentsräte]:

Bezugnahme auf das durch sie übergebene Schreiben Königin [Elisabeths] und auf den ihnen erteilten Abschied zwecks Beilegung des Zwistes mit ihnen; Ausschlagung des darin unterbreiteten Angebots wegen der bereits erfolgten Ablehnung derartiger Vorschläge durch die Königin; Rückgabe des jüngsten Abschieds im Falle der Weigerung der Räte, sie mit 20 000 polnischen Gulden (*fl Polnisch*) abzufinden; Bitte, sie auf der Grundlage des königlichen Briefs zufriedenzustellen.

Behändigtes Mundum
1 Bogen Folio, S. 1–2 beschrieben, S. 4 Eingangsvermerk *P[raesen]t[atum] Konigsperg, den ersten octob[ris] anno [15]92* und zeitgenöss. Rubrum *Die Englischen, welchen anno etc. [15]85 der unangesagten guetter halben schiff und gutt genohmen, ubergeben den abschiedt, den 26ten iunii anno [15]92 gegeben, zuruck(en), welche damit nicht zufriden sein.*
HBA G 748, Nr. 87.

Nr. 729

1593 März 12, Königsberg

Herzogin Marie Eleonore an den Statthalter [des spanischen Königs in Portugal], Kardinal Albrecht:

Vor sechs Jahren Bruch des in Handelsangelegenheiten auf dem Weg nach Spanien befindlichen Schiffes des herzoglichen Untertans *Mauricius Lardenen* unweit der englischen Küste; Hilfesuche in England, Gefangennahme durch Spanier und Verurteilung Lardenens zu den Galeeren (*Galleas*) nicht wegen irgendeiner Übeltat, sondern aufgrund des Kriegszustandes; Ersuchen der Eltern des Gefangenen um Fürsprache beim Empfänger, um die Freilassung ihres Sohnes zu erreichen; angesichts der Wehmut der Eltern und des Lardenen zugestoßenen Unheils Erhörung ihres Anliegens; Bitte der Herzogin an den Kardinal, auf die Freilassung des Gefangenen, dessen Eltern ein Lösegeld nicht aufzubringen vermögen, hinzuwirken; Gefälligkeitsversprechen für den gegebenen Fall.

Mundum
Lateinisch
1 Bogen Folio, S. 1 beschrieben, S. 4 Außenadresse und Registraturvermerk *Registriret.*
HBA G 1263, Nr. 49.

Bucheintrag im Volltext: Ostpr. Fol. 59, S. 674 f.

Journalvermerk *Ex commissione dominorum burgrabii, d[octoris] Fabricii; mutata postea sententia idiomate vernauclo ex cancellaria extradebatur.*

Nr. 730

a) 1593 September 11, Danzig

König Sigismund III. von Polen an die königlichen Amtsträger:

Ankunft des *Fabritius Riuolta* aus Mailand (*Maijlan*) zum Zwecke der Einforderung von Schulden und anderer Geschäfte im Köngreich; Befehl, Riuolta uneingeschränkte Bewegungsfreiheit zu gewähren und ihm, einem fremden Adligen gebührend, behilflich zu sein.

b) 1593 September 11, Danzig

König Sigismund III. von Polen an die königlichen Amtsträger:
Absicht Riuoltas, Außenstände von säumigen Schuldnern einzufordern und anderen Geschäften nachzugehen; königliche Unterstützung Riuoltas zur Erledigung seiner Geschäfte; deshalb Befehl, Riuolta notfalls durch Vorladung der Schuldner zu seinem Recht zu verhelfen.

Abschrift
1 Bogen Folio, S. 1–4 beschrieben, S. 4 zeitgenöss. Kanzleivermerk *Coppia königliche brieff von Carolo von Geldern in Deusche sprach translatirtt.*

Beilage

I. 1593, o. O.

Fabritius Riuolta an Markgraf Johann Sigismund von Brandenburg:

In den Jahren [15]79 und [15]80 Aufnahme von Geld zu Leipzig durch den Doktor *Pannonius*, aber bislang Ausbleiben von Rückzahlungen; Behauptung, weitere

Außenstände in Polen, Preußen, Schlesien, Meissen, in der Mark [Brandenburg], in Pommern, Sachsen und Westfalen zu haben; um jedoch seine eigenen Gläubiger für Kosten seines und seines Dieners Aufenthaltes besänftigen zu können, Bitte um eine Geldhilfe (*subsidio*); Absicht, seinen Bruder *Marcello Riuolta* aus Mailand mit Seiden- und Wurstwaren, mit Parmesan, Konfekt aus Siena und Mailand und mit parfümierten Handschuhen und Seifen kommen zu lassen; Ankündigung, den Kurfürsten von der Ankunft der Waren zu unterrichten.

Abschrift
$^{1}/_{2}$ Bogen Folio, S. 1 beschrieben, S. 2 Kanzleivermerk *Copia eine supplication am meinem gnedigen fursten undt herren, margraff Johan Sigismundus zu Brandeburg* und zeitgenöss. Betreff *Fabricius Riuolta von Meilandt contra d[octorem] Pannonium wegen etzlicher schulden.*

II. Kurzregesten von Hand des 19. Jahrhunderts

1 Blatt (37,4 cm x 21 cm), S. 1 beschrieben.
HBA G 747, Nr. 9. – Altsignatur: 4/10/21.

Nr. 731

1594 Januar 11, Königsberg

Herzogin Marie Eleonore an Königin [Elisabeth] von England:

Dem Vernehmen des briefzeigenden, sich wegen Geschäften im Herzogtum Preußen aufhaltenden edlen Untertans der Königin, *Rugerius Perker*, zufolge Absicht, heimzureisen; Nutzung der Gelegenheit, um die Königin mit einem Schreiben zu besuchen; Wunsch, Nachricht vom Wohlbefinden der Empfängerin und vom guten Zustand ihres Reiches zu erfahren; die Herzogin dankt Gott für das eigene Befinden und für das ihres Gemahls [Albrecht Friedrich] und ihrer Töchter [Anna, Marie, Sophie, Eleonore und Magdalene Sibylle].

Konzept
Lateinisch
1/2 Bogen Folio, S. 1 beschrieben, S. 2 Außenadresse.
HBA G 1263, Nr. 50.

Nr. 732

[15]94 Februar 17 [Lyon]

Zeitung aus Lyon:

Drohender Kriegsausbruch und allerlei Parteiungen; wegen der Gefahr der Überhandnahme des spanischen Haufens Einnahme der Stadt am 7. [Februar] durch Königstreue mit Hilfe des königlichen Statthalters des Delphinats [François de Bonne, Herr von Lesdiguières] und Adeliger aus dem Forez (*Forrest*); ohne Todesopfer Verwundung von nicht mehr als acht Personen; Wahl neuer Ratsherren und bevorstehende Ernennung eines Statthalters durch König [Heinrich IV. von Frankreich]; Rückkehr von Orléans und Bourges unter die Botmäßigkeit des Königs; Hoffnung auf einen allgemeinen Friedensschluß zu Paris; Überlegungen, mit dem gefangengehaltenen Herzog von Nemours [Karl Emanuel von Savoyen] zu einem gütlichen Vergleich zu kommen; Hoffnung auf Wiederkehr der Friedenszeiten wegen der Rückkehr der Flüchtlinge.

Abschrift
1 Bogen Folio, S. 1–2 beschrieben, S. 4 zeitgenöss. Betreff *Zeitung auß Lion, denn 17 februarii anno etc. [15]94*, Bearbeitungsvermerk Kto czo umie pozimy sie wszedzie Registraturvermerk *Franckreich* und zeitgenöss. Kanzleivermerke *Verbum domini manet in aeternum* und *Artem quaevis tellus alit.*

Beilage

Kurzregest von Hand des 19. Jahrhunderts

1 Blatt (34,9 cm x 20,1 cm), S. 1 beschrieben.
HBA G 748, Nr. 88. – Altsignatur: 4/21/38.

Nr. 733

[15]94 April 24 [Königsberg]

[Herzog Georg Friedrich] an den Dogen von Venedig [Paschalis Cicogna]:

Vor drei Jahren Auftrag des gebürtigen Preußen, ehemaligen herzoglichen Untertans und nunmehrigen Einwohners von Venedig, Iohannes Fug (*Ioännes Fuge*), zusammen mit dem Sekretär der Republik Venedig, Marcus Otthobonus (*Marco Otthone Bonio*), im Herzogtum Getreide einzukaufen; Anweisung, den Überschuß der Jahresernte aus den vielen ringsumliegenden Speichern aufzukaufen, um ihn zu verschiffen; durch Mißgunst einiger Verruf Fugs, die versprochene Masse an Getreide nicht beschaffen zu können; Ersuchen Fugs an den Herzog, seine Redlichkeit in der Angelegenheit mittels dieses Schreibens zu empfehlen; Beteuerung des Herzogs, nichts von wahrheitsfremden Erzählungen über Fug zu wissen; Hoffnung, daß Fug dadurch nicht in Mißgunst fällt und er weiterhin wohlwollend berücksichtigt wird, so daß er zur besseren Unterhaltung seiner selbst und seiner Familie den Ertrag seiner Dienste deutlich spüren kann; Dankversprechen für den gegebenen Fall.

Konzept
Lateinisch
1/2 Bogen Folio, S. 1 beschrieben, S. 2 Außenadresse und Registraturvermerk *Registriret.*
HBA G 1263, Nr. 51.

Bucheintrag im Volltext: Ostpr. Fol. 59, S. 707 f.

Nr. 734

1594 Juli 10, Königsberg

Herzog Georg Friedrich an Bürgermeister und Ratmannen von Dundee (*Dundaiensis*):

Der Bittschrift des Königsberger Bürgers *Ioachimus Schröter* und der anderen Erben des *Caspar Beutenius* zufolge Schulden des Dundeer Bürgers *Iohannes Lewel* aus einem mehrere Jahre zurückliegenden Handelsgeschäft in Höhe von 130 Gulden (*florenos*); Rückkehr Lewels nach Dundee ohne Begleichung der Schulden; wegen der Fähigkeit des Schuldners, seine Außenstände ohne Schädigung des eigenen Vermögens zu begleichen, wiederholte, aber vergebliche Mahnung durch die Gläubiger; nach Recht und Billigkeit Verpflichtung der Schuldner, ihre Gläubiger zufriedenzustellen; Forderung der Absender an die Empfänger, den Schuldner zur Begleichung seiner Schuld und der damit verbundenen Auslagen zu ermahnen; der gerechten Forderung halber Ablehnung einer Verpflichtung den Empfängern gegenüber.

Mundum
Lateinisch
1 unvollständiger Bogen Folio, S. 1–2 beschrieben, S. 4 Außenadresse und Registraturvermerk *Registriret.*
HBA G 1263, Nr. 52.

Bucheintrag im Volltext: Ostpr. Fol. 59, S. 714 f.

Nr. 735

1594 Juli 20, Greenwich

Königin Elisabeth von England an Herzog Georg Friedrich:

Empfang eines Empfehlungsschreibens zugunsten des sich in gewissen Seefahrtsangelegenheiten in England aufhaltenden Doktor Pischerus; eingehenden Erkundigungen zufolge Anlastung des im Golf von Lissabon im Jahre [15]89 stattgefundenen Güterverlustes zum Teil ihrer Flotte, zum Teil anderen Verursachern; ungeachtet der ihren Nachbarn erteilten Erlaubnis, bis auf Rüstungsgüter Waren nach Spanien verkehren zu lassen, Einstellung des Handelsverkehrs mit dem Feind durch die meisten anderen Fürsten zu Kriegszeiten; um dem Feind die Position der nach Portugal entsandten Flotte nicht zu verraten, Wegführung fremder Schiffe; Betonung, die Rückgabe der vor ihrem Verbot auf den Weg geschickten Schiffe mitsamt Fracht befohlen zu haben; Ablehnung einer Verantwortung für die nach Kriegsausbruch zustande gekommenen Schäden; Befehl, die davon nicht betroffenen Schäden zu erstatten; Verzögerung der Rückkehr des herzoglichen Untertans durch eine schwere Krankheit.

Behändigte Ausfertigung
Lateinisch
1 Bogen Folio, S. 1–2 beschrieben, S. 4 Außenadresse, Eingangsvermerk *P[rae]s[en]t[atum] 26 septembris anno [15]94*, Bearbeitungsvermerk *Per trad[uctionem]* und zeitgenöss. Betreff *Der kön[iglichen] m[aies]t[ä]t aus Engellandt antwortt aff f[ürstliche]r d[urc]h[lauch]tt schreiben wegen eines schiffes, so doct[or] Pischern von dem Englischen kriegsvolk genohmen.* Ausstellerunterschrift und -siegel.
HBA G 747, Nr. 10. – Altsignaturen: 62/16/6 und 30,c.

Nr. 736

[15]94 August 10 [Königsberg]

Die Regimentsräte an Doge [Paschalis Cicogna] von Venedig:

Entsendung des briefzeigenden Arzneienmischers *Laurentius Cornefferus* durch Herzog Georg Friedrich aus seinem fränkischen Herzogtum (*ex ducatibus illustrissimae celsitudinis suae Franconicis*) nach Preußen mit dem Ziel, den Räten die Fähigkeiten des Arzneienmischers zur Verfügung zu stellen und denselben für die Herstellung von Heilmitteln empfohlen zu halten; nach längerer Ausübung seiner Kunst in Königsberg Wunsch des Briefzeigers, sich in der Republik Venedig weiter zu bilden; deswegen Ersuchen des Briefzeigers an die Räte, ihn zu empfehlen; Bitte der Absender, in ihrem und im Namen des Herzogs diesen herzoglichen Untertan für empfohlen zu halten und denselben nach Möglichkeit zu verwenden; Dank und Gefälligkeitsversprechen.

Konzept
Lateinisch
1 Bogen Folio, S. 1–2 beschrieben, S. 4 zeitgenöss. Betreff *Laurentius Cornefferus wirdt dem herzogk von Venedig commendiret*, Registraturvermerk *Registriret* und zeitgenöss. Federproben.
HBA G 1263, Nr. 53.

Bucheintrag im Volltext: Ostpr. Fol. 59, S. 720 f.

Journaleintrag *In simili forma ad amplissimum Venetorum senatum ex commissione d[octoris] Fab[ricii].*

Nr. 737

[15]94 September 11, Königsberg

Herzog Georg Friedrich an den Flottenadmiral König [Philipps II.] von Spanien, *Martinus de Podilia*:

Absicht des briefzeigenden Königsberger Bürgers und Schiffers der „Weißer Falke“ (*albo Falconis*), *Iohannes Kuel*, eine Ladung Handelswaren nach Italien zu verschiffen; Königsberger Bürger und andere sind nachweisbare Eigentümer von Schiff und Ladung; Kenntnis von Leuten, die in betrügerischer Absicht mit herzoglichem Brief und Siegel umgehen und sich als dessen Untertanen und ihre Waren als Königsberger Güter ausgeben; Bitte an den Empfänger, sich nicht täuschen zu lassen sowie Kuel aufgrund dieses Beleges freie Schiffahrt und Unterstützung zu gewähren; Gegenseitigkeitsversprechen.

Konzept
Lateinisch
1/2 Bogen Folio, S. 1 beschrieben, S. 2 Außenadresse.
HBA G 1263, Nr. 54. – Altsignatur: 20.b.

Nr. 738

[15]94 September 17 [Königsberg]

[Herzog Georg Friedrich] an Königin [Elisabeth] von England:

Der Bittschrift der herzoglichen Untertanen und Königsberger Bürger *Cornelius Haan* und *Christophorus Frise* zufolge Entsendung des mit Handelswaren beladenen Schiffes „Bergen“ (*Bergensem*) unter dem Schiffer *Iacobus Cornelison Norvegus*; Kaperung des Schiffes durch Soldaten der Königin und Entführung des Schiffes unter großem Schaden am Vermögen der herzoglichen Untertanen nach England; wegen der Überzeugung der Absender, daß vor allem angesichts der den königlichen Untertanen gewährten Handelsfreiheiten im Herzogtum sich der Zwischenfall ohne Wissen und Willen der Empfängerin ereignet hat, Bitte, die Rückgabe von Schiff und Waren sowie die Erstattung der entstandenen Kosten anzuordnen; Gegenseitigkeitsversprechen für den gegebenen Fall.

Konzept
Lateinisch
1/2 Bogen Folio, S. 1 beschrieben, S. 2 Außenadresse, zeitgenöss. Betreff und Registraturvermerk *Registriret.*
HBA G 1263, Nr. 55.

Bucheintrag im Volltext: Ostpr. Fol. 59, S. 724 f.

Nr. 739

[15]94 Oktober 30, Königsberg

[Herzog Georg Friedrich] an den Dogen von Venedig [Paschalis Cicogna]:

Absicht der Königsberger Bürger Christoff Bomgardt, Gerichtsassessor [der Altstadt], *Michaëlis Mayer, Abrahamus Sahm* und *Fridericus Rommelaw*, einen Handelsvertrag mit dem Empfänger und den Ratmannen von Venedig abzuschließen, welche nach Aussage des Iohannes Fug den Vertrag befürworten; Ersuchen der Königsberger an den Dogen, den Beginn des Handels mittels einer Empfehlung zu erleichtern; Bitte des Herzogs, den Königsbergern Vertrauen zu schenken, sie empfohlen zu halten und ihnen wohlwollend zu entgegnen; Betonung der Redlichkeit der Bittsteller und Gegenseitigkeitsversprechen; *ex commissione magistri Kitlizii, burgrabii, marchalci, doctoris Fabricii.*

Konzept
Lateinisch
1 Bogen Folio, S. 1–2 beschrieben, S. 4 Außenadresse, zeitgenöss. Betreff *Vorschrifft an Venedig b[etreffend] Christoff Baumgart, Abraham Sahm und Friedrich Romlaw* und Registraturvermerk *Registriret.*
HBA G 1263, Nr. 56.

Bucheintrag im Volltext: Ostpr. Fol. 59, S. 729 f.

Nr. 740

[1594?] o. O.

[Christoph von Wallenfels an Herzog Georg Friedrich]:

Empfang eines Briefes des [Markgrafen Georg Friedrich] vom 10. Juni [1594?] mit dem Entwurf eines an den Administrator des Magdeburger Erzstifts [Joachim Friedrich von Brandenburg] gerichteten Schreibens hinsichtlich der drohenden Bemächtigung des Straßburger Stifts durch Lothringen zu Schimpf und Nachteil des Brandenburger Hauses; rechtzeitige Ergreifung von Gegenmaßnahmen unter Einbeziehung der evangelischen Stände; Anweisung des Fürsten, über die Verhandlungen mit den zu Speyer versammelten evangelischen Abgeordneten zu berichten; aufgrund ihrer mangelnden Instruktionen Zusicherung der Abgeordneten, ihren Herren die Angelegenheit zu berichten und Hilfeleistungen zu empfehlen; Entstehung folgenden Gutachtens auf der Grundlage der Kommissionshandlungen und mündlicher Äußerungen berufener Personen: 1. keine weiteren Verhandlungen über die Abtretung zu führen und Ausarbeitung von in Frankfurt zu unterbreitenden Vorschlägen; 2. Angriff auf Lothringen, um der befürchteten Wiederholung des lothringischen Einfalls zum Zwecke der Vertreibung des Postulierten [Johann Georg von Brandenburg] aus dem Stift Straßburg zuvorzukommen; 3. Planung des Angriffs unter Berücksichtigung der Truppenstärke, Munition, Geschütze und Kosten sowie des elsässischen Beitrages; 4. Anzeigung der Ursachen für das Vorgehen des Brandenburger Hauses sowie Festlegung des Verhaltens im [Kreis-]Direktorium; Einladung, die Gefährlichkeit des Vorgehens der Kommission aus den übersandten speyerischen Akten zu entnehmen; unterschwellige Kassation des straßburgischen Abschieds aufgrund seiner Nichterwähnung in beiden speyerischen Beschlüssen; zum Schaden des Postulierten und des Stiftskapitels von Sankt Leonhard (*St Leonhardt*) Entzug des Klosters und der [Kloster-]Dörfer, Duldung der Beeinträchtigung des Geleitrechts des Straßburger Rates sowie Erlassung der Herzog [Karl III.] von Lothringen auferlegten Kaution und Verzicht, ihn zur Rückgabe der entwendeten Kleinodien zu ermahnen; Mißachtung des im Straßburger Abschied verfügten Vergleichs über die Verwaltung der bischöflichen Güter und Gefälle; wegen seiner über die Absicht Kaiser [Rudolfs II.] hinausgehenden Zielsetzung mögliche Ablehnung des Straßburger Abschieds durch denselben; Gefahr für das Haus Brandenburg und die Union nach der Überredung, zu Ehren des Kaisers und zum Wohl des *vaterlandes* das angeworbene Kriegsvolk zu entlassen und auf die bereits gehabten Vorteile zu verzichten; angesichts des jüngsten speyerischen Abschieds und des Berichts an den Kaiser Nachteil für Straßburg und die Evangelischen durch Übergehung der Anliegen; Überlassung der künftigen Entscheidung in dieser Religionsangelegenheit alleine dem Kaiser; Erwartung der kaiserlichen Entscheidung im Sinne der *Hornsteinischen anbringen* und Ablehnung des Postulierten durch den päpstlichen und den spanischen Gesandten beim kaiserlichen Hofe; Gefahr vor dem Verlust des Stiftes bei Abtretung der Ansprüche und bei ihrer Umwandlung in eine ständige Sequester; Bedenken hinsichtlich der anberaumten Frankfurter Zusammenkunft: entweder Gesuch an den Kaiser unter Beifügung einer Abschrift der *approbation* oder Verzicht auf weitere Proteste; einerseits Aussichtslosigkeit des Gesuchs an den Kaiser und Gefahr, damit demselben zuviel einzuräumen; andererseits Vereitelung der eigenen Möglichkeit, die Zuständigkeit des Kaisers bei der Abtretung in Frage zu stellen, zumal dieser durch die Regelung der Zugehörigkeit der Klöster und Dörfer eine Vorentscheidung treffen kann; Rat, die Beschwerde einer Eingabe in der jülischen Angelegenheit beizulegen, um die Gesinnung des Kaisers zu ergründen; bei Nichtanerkennung des Streites *super privatione* gegen Lothringen Möglichkeit, die Sache im summarischen Prozeß bis zum Jüngsten Tag fortzuführen; bei mangelnder Hoffnung, mit Hilfe der Kommission Fortschritte zu erzielen, und im Falle der Besetzung des Stifts durch Lothringen rechtzeitiges Ergreifen von Vorsorgemaßnahmen; zur Vermeidung der groben Verletzung der uralten Freiheiten durch Fremde und Ausländer (*frembden undt außlendern*) Handlung gemäß dem Sprichwort *practicire tempore pacis cogitandum est de bello*; Gefahr des erneuten Einfalls des lothringischen Herzogs ins Elsaß; aufgrund der Erfahrungen mit den zurückliegenden Kriegshandlungen Ratschlag, einen Präventivkrieg zu führen und die Kriegshandlungen nach Lothringen zu tragen; Bedarf an Truppen und Ausrüstung: 2000 deutsche Pferde, 500 gute französische Pferde, ein Regiment zu 3000 Mann deutscher Knechte, 2000 wallonische und französische Schützen oder 2000 deutsche Knechte und 2000 Schweizer; wegen seinen großen Verpflichtungen den Kurfürsten gegenüber sichere Unterstützung durch den französischen König [Heinrich IV.]; Aufstellung von französischen Reiter- und Fußtruppen

unter dem Herzog von Bouillon (*Bullion*) [Henri de la Tour d'Auvergne], der ohnehin ständig Soldaten gegen Lothringen bereithalten muß; Bereitstellung von Geschützen und Munition durch die befreundeten Kurfürsten; unter anderem über die Stände (*statten*) Beschaffung von Geldmitteln für mindestens sechs Monate reichende Soldzahlungen; Bittgesuch an Königin [Elisabeth] von England vermittels des Herzogs von Bouillon und des Herrn [Philippe] de Fresne-[Canaye] für die Besoldung der 3000 deutschen Knechte auf sechs Monate; Unterhaltung der 2000 Wallonen und Franzosen durch die Stände wegen der Bereitschaft der Stände, im vergangenen Krieg für 500 Pferde aufzukommen; Hoffnung, bei den evangelischen Schweizern Söldner für den französischen König zu werben; Bezahlung der 2500 deutschen und französischen Reiter sowie Beschaffung und Unterhaltung der Artillerie durch die Kurfürsten; Ausgaben:
20 000 fl Anrittgeld; 30 000 fl monatlich oder 180 000 fl in sechs Monaten für 2000 deutsche Pferde; 6000 fl zur Bezahlung der leichten französischen Reiter; 30 000 fl zur Unterhaltung der Artillerie (*arcoleij*); Gesamtausgaben von 290 000 fl ohne die 60 000 fl für außergewöhnliche Ausgaben wie für die Besoldung einiger Oberbefehlshaber und Kundschafter; aufgrund früherer Erfahrungen wenig Hoffnung auf einen gemeinsamen Beitrag aller evangelischen Kurfürsten; Anschlag der 360 000 fl Kriegskosten:
100 000 fl vom Hause Brandenburg; 50 000 von Dänemark und Holstein; 30 000 fl von den Verwaltern Kursachsens; 40 000 fl vom pfälzischen Kurfürsten [Friedrich IV.]; 30 000 fl von Herzog [Friedrich I.] von Württemberg; 30 000 fl von den drei hessischen Landgrafen [Wilhelm, Ludwig und Georg]; 10 000 fl von Herzog *Ernst zu Luneburg* [wohl Otto II.]; 10 000 fl von den pommerischen Herzögen [Johann Friedrich, Bogislaw XIII. und Barnim XII.] ; 20 000 fl von Herzog [Heinrich Julius] von Braunschweig; 10 000 fl von Herzog [Ulrich] von Mecklenburg; 30 000 fl von den Reichsstädten Lübeck, Erfurt, Ulm und Nürnberg; 10 000 fl vom Markgrafen [Ernst Friedrich] von Baden[-Durlach] und von den Pfalzgrafen [Philipp Ludwig] von Neuburg (*Nürnberg*) und [Johann] von Zweibrücken; Bedarf der Kriegshilfe für drei Jahre, um den Feind zu ermüden; Ratschlag, unverzüglich mit entsprechenden Verhandlungen zu beginnen und zuerst die Fürsten des brandenburgischen Hauses auf eine gemeinsame Linie einzuschwören; Bitte des gesamten brandenburgischen Hauses um Unterstützung bei den Königen von England [Elisabeth], Dänemark [Christian IV.] und den niederländischen [General-]Staaten; Werbung des brandenburgischen Kurfürsten beim kursächsischen Administrator, bei den Pommernherzögen, beim Herzog von Braunschweig, beim Administrator zu Halle (*Hall*), bei Hessen, Württemberg, Nürnberg, Ulm, Lübeck, Erfurt, bei Herzog Philipp Ludwig von Pfalz[-Neuburg], bei Pfalzgraf Johann und zuletzt beim Herzog von Braunschweig *propter certas causas*; trotz geringer Aussicht, von den meisten der genannten Fürsten und Städte große Unterstützung zu erfahren, Hoffnung, von denselben wenigstens Geschütze und Munition zu erhalten; Verschonung der unierten Straßburger Stände mit Kriegsbeiträgen unter der Maßgabe, beim Anrücken des Kriegsvolkes durch ihre bestallten Hauptleute *Schwarzmichel, Paul* und *Buchner* 300 gute Pferde, 1000 deutsche und 500 französische Schützen anzuwerben und diesen 1000 städtische Doppelsöldner zuzugesellen, um einerseits das Land zu schützen und andererseits gegen die vom

Kardinal [Karl II.] von Lothringen gehaltenen Plätze vorzugehen; bei Kriegführung im Namen des französischen Königs Verzögerung der Werbungen, aber Beschleunigung derselben im Falle der Kriegführung im Namen der mit großer Autorität behafteten Kurfürsten; Erfordernis, Soldversprechen für mehrere Monate abzugeben wegen des schlechten Rufs des französischen Königs in dieser Sache; bei Ablehnung der Unterstützung durch die Kurfürsten mit dem Hinweis auf Nichteinmischung in fremde Angelegenheiten Heraufbeschwören der Gefahr für sie selbst infolge ihrer Untätigkeit, die Bündelung der gegnerischen Macht verhindert zu haben; Notwendigkeit, in ihren Überlegungen etwa die nur unter dem Vorwand der Religion geführten Kriege Spaniens gegen Frankreich zu berücksichtigen; dagegen Mutbeweis und Verdienste des Markgrafen Albrecht [Alcibiades] durch die ohne Hilfe der übrigen Fürsten geglückte Gefangennahme des Herzogs von Aumale [Claude], des Vetters des jetzigen lothringischen Widersachers, und seiner Festsetzung auf der Plassenburg (*Blaßenburg*); Zustandekommen des die Grundlage des deutschen Fürstenfriedens bildenden Passauer Vertrages alleine dank des großen Mutes des Kurfürsten Moritz [von Sachsen] und seiner Verbündeten; Einladung an das Haus Brandenburg, mit der Durchsetzung seiner Interessen in der jülischen und straßburgischen Sache zu beginnen und die anderen dadurch zur Mithilfe anzusporen; bei der drohenden Übernahme des Straßburger Stifts durch den im übrigen mit geringer Macht und mit wenig Anhang im Reich versehenen ausländischen Kardinal zieht sich das Haus Brandenburg Schimpf und Spott zu; zudem große Einnahmeeinbuße bei Verlust des Stiftes, Schaffung eines Präzendenzfalles für die weitere Behandlung der Magdeburger Angelegenheit sowie Verstoß gegen den göttlichen Willen, die Weiterverbreitung der wahren christlichen Religion nach dem Tod des vorigen Straßburger Bischofs [Johann von Manderscheid] unterlassen zu haben; trotz günstiger Aussicht, sich mit Hilfe der Stadt Straßburg und der unierten Fürsten im Elsaß zu halten, Fortdauer der Verderbung des Landes, der Unruhe und der hohen Kosten; in der jülischen Auseinandersetzung Aussichtslosigkeit, beim kaiserlichen Hof Fortschritte zu erzielen wegen des dort lauernden Hinterhaltes; bei genauer Kenntnis des Hinterhaltes Möglichkeit, die Verwaltung [des Herzogtums] nach Maßgabe des preußischen Herzogs alleine zu übernehmen; bei Widerständen Leichtigkeit, die in Lothringen stehenden Truppen durch Luxemburg nach Jülich zu führen und mit den [General-] Staaten ein Bündnis gegen die spanische Bedrohung zu schließen; Aussicht, Brandenburg zum Ruhme zu führen und allen, die sich vor dem spanischen Joch fürchten, ein nützliches Vorbild zu geben; außerdem Entlastung des laut eines Schreibens des Gesandten de Fresne in arger Bedrängnis stehenden französischen Königs, der damit die Möglichkeit gewinnt, seine rebellierenden Untertanen wieder in den Gehorsam zu bringen, und letztlich für ein gemeinsames Vorgehen gegen Spanien zurückgewonnen werden kann; bei fortgesetzten Maßnahmen gegen Lothringen Unterbindung der Kriege in Frankreich und in den Niederlanden wegen der Möglichkeit, den Zuzug spanischer Truppen zu unterbinden; ungeachtet der Befürchtung, ein schwer zu löschendes Feuer anfachen zu helfen, Ratschlag, die evangelische Sache zu verteidigen; durch kleinmütiges Verhalten Ermutigung der Gegner zu offenerem Vorgehen; Ankündigung, sich bald beim Empfänger einzufinden und die *resolution* des Herzogs von Bouillon mitzubringen.

Abschrift
11 Bogen Folio, S. 1–42 beschrieben, S. 49 zeitgenöss. Betreff *Wegen des stiffts Straßburg mit Lottringen und wie solchem unheil vorzukommen sein möchte.*

Beilage

Umschlag mit Betreff von Hand des 19. Jahrhunderts

1 Bogen, S. 1 beschrieben.
HBA G 749, Nr. 21. – Altsignatur: 4/21/66.

Nr. 741

[15]95 März 4, Königsberg

[Herzog Georg Friedrich] an Königin [Elisabeth] von England:

Erinnerung an ein vor etwa sechs Jahren an sie gerichtetes Schreiben mit Bezug auf die Schäden, die den Königsberger Bürgern und Reeder der drei Schiffe „Reinhold“, „David“ und „Fortuna“ durch eine vor Lissabon liegende königliche Flotte zugefügt worden ist; trotz Beachtung des königlichen Verbotes, König [Phlilipp II.] von Spanien durch Lieferung von Rüstungsgütern zu unterstützen, Besetzung der Schiffe am 30. Mai 1589 vor Lissabon durch königliche Seeleute, Mitnahme der Schiffe nach England sowie Entnahme der Fracht und der Ausrüstungsgegenstände; Verlust vieler Besatzungsmitglieder infolge der von den ausgehungerten Prisenbesatzungen eingeschleppten Seuche; Hoffnung der so ins Unglück gestürzten hinterbliebenen Witwen und Waisen auf Hilfe der Königin; deswegen Entsendung des mit ihrer Vollmacht ausgestatteten Doktors *Abrahamus Heinrici* zu Verhandlungen; Ersuchen an den Herzog, Heinrici zu empfehlen; im Vertrauen auf die königliche Gerechtigkeit Bitte an die Königin, den Doktor gnädig anzuhören, ihm Vertrauen zu schenken und seinem Anliegen nach Wiedergutmachung zu entsprechen; bei Erfüllung des herzoglichen Wunsches große Wirkung der Fürsprache bei den Untertanen.

Konzept
Lateinisch
1 Bogen Folio, S. 1–3 beschrieben, S. 4 Außenadresse, zeitgenöss. Betreff *Ob spoliatas Regiomontanorum naves et postmodo immerito confiscatas Reinholdum, Dauidem et Fortunam dictas* und Registraturvermerk *Registeriret.*
HBA G 748, Nr. 89.

Bucheintrag im Volltext: Ostpr. Fol. 59, S. 754 f.

Nr. 742

1595 Mai 12, Greenwich

Königin Elisabeth von England an Herzog Georg Friedrich:

Empfang eines Schreibens mit Bezug auf die vor etwa sechs Jahren durch die vor Lissabon liegende königliche Flotte aufgebrachten Königsberger Schiffe „Reinhold", „David" und „Fortuna" und der Bitte um Wiedergutmachung vor allem aufgrund der Beachtung des königlichen Verbotes, dem Feind weder Waffen noch Getreide geliefert zu haben; Bedauern des unvorhersehbaren und unvermeidlichen Zufalls; nach dem jedem bekannten Angriff der Flotte König [Philipps II.] von Spanien Entsendung einer stark bemannten Flotte nach Lissabon, um die spanischen Schiffe zu bekämpfen oder die dortigen Schiffe zu kapern oder zu verbrennen; die Verantwortung der Schäden liegt bei dem Verursachern dieses ungerechten Krieges; deswegen Ablehnung, Schadenersatz zu leisten; dennoch Glück im Unglück für die Betroffenen infolge der raschen Rückgabe ihrer Schiffe mitsamt Ausrüstung nach der Kenntnisnahme der Königin; zudem Heimreise der freigegebenen Schiffe über Spanien, um dort zu San Lucar *(Sancti Lucae)* noch Salz zu laden; Überdehnung des guten Willens der Königin durch das Verlangen der Bittsteller, auch noch für ihren Wucher, ihren Gewinnausfall und für ihre Einbuße entschädigt zu werden; Betonung, die Bittsteller wohlwollend behandelt zu haben, und Warnung vor weiterem Kalkül in der Art; Ankündigung, auch dem sich vorsichtig verhaltenden herzoglichen Rat Abrahamus Heinrici *(Abrahamus Henricus)* Gleiches mitteilen zu lassen.

Behändigte Ausfertigung
Lateinisch
2 Bogen Folio, S. 3–5 beschrieben, S. 8 Außenadresse, Eingangsvermerk *P[rae]s[en]t[atum] Regiomonti 16 iunii anno etc. [15]95* und zeitgenöss. Betreff *Konigliche maij(estät) in Engelandt wegen der Konigsbergischen angehaltenen schief.*
Ausstellerunterschrift und -siegel.

Beilage

Abschrift
Lateinisch
2 Bogen Folio, S. 3–6 beschrieben, S. 8 Eingangsvermerk und zeitgenöss. Betreff *Der königin inn Engelandt anntworttschreiben an die f(ürstliche) regierung wegen der genommenen schiffe.*
HBA G 748, Nr. 90.

Nr. 743

[1595 Juni 13, Königsberg]

Die Reeder und Schiffer der drei Städte Königsberg an Herzog [Georg Friedrich]:

Bezugnahme auf die Klageschrift etlicher aus ihrer Mitte wegen Kaperung und Plünderung ihrer Schiffe durch Engländer, mit der Bitte, bei Königin [Elisabeth] um Wiedergutmachung anzuhalten, und ihres Angebotes, in Sachen der wegen Zollbetrugs konfiszierten englischen Tuche zu helfen; Zusage der Königin, einem Rechtsersuchen stattzugeben; daraufhin Entsendung des Doktors Abrahamus Heinrici nach England, Verweildauer Heinricis von einem Vierteljahr und Verursachung hoher Kosten bei wenig Erfolg; in der Zwischenzeit Landung zweier durch Engländer befrachteter Königsberger Schiffe in England; Einladung, die Umstände der Beschlagnahmung eines der Schiffe in England aus der mit A gekennzeichneten Abschrift eines Schreibens ihres Schiffers zu entnehmen; deswegen auch wenig Hoffnung auf Erfolg in der Angelegenheit der gekaperten Schiffe; Beurteilung des auf dem Schiff verlesenen Mandats als feindliche Erklärung; hinsichtlich der im Schreiben ihres Schiffers angesprochenen Möglichkeit, sich an den zwei mit Tuchwaren beladenen englischen Schiffen schadlos zu halten, Einholung des herzoglichen Ratschlags; Bitte, Mittel und Wege zu suchen, um der in England herrschenden Rechtsunsicherheit zu begegnen; Vertrauen auf die Fortdauer der herzoglichen Unterstützung.

Abschrift
2 Bogen Folio, S. 1–6 beschrieben, S. 8 Eingangsvermerk *P[raesentatum] Konigsperg, den 13 iunii anno etc. [15]95* und zeitgenöss. Betreff *Röder und schipper der dreijer statt Konigsperg wegen der abgenomenen und izt uffs new angehalttenen schiff halben.*

Beilage

1595 Mai 23, Hull

Johan Vette an seine Reeder:

Am 6. Mai Erreichen der Humbermündung (*Hamer*) und nach Ankunft zu Hull (*Höll*) am 8. Mai Übergabe des angelieferten Korns an dortige Kaufleute; wegen seiner Absicht, mit *Paull Tiessen* und *Hans Fochs* nach Setubal (*S. Hubes*) auszulaufen, Ballastierung des Schiffes; jedoch Festhalten des Schiffes wegen der von Herzog [Georg Friedrich] beschlagnahmten Tuche englischer Kaufleute; Entnahme von Segel, Bier, Fleisch, Geschützen und Röhren (*röhre*) sowie Verlesung des diesbezüglichen königlichen Mandats auf dem Schiff; am 21. [Mai] Ankunft Vettes in York (*Jorcko*), um die Eigentümer der beschlagnahmten Tuche zur Rückziehung ihrer Klage zu bewegen; Ergebnislosigkeit der Unterredungen mit den zu den vornehmsten Bürgern zählenden Eigentümern; Ausdehnung der Maßnahmen auf die Güter aller herzoglich-preußischen Untertanen zu Wasser und zu Lande laut Aussage des königlichen Admirals; rechtzeitiges Einschreiten, um die Auswechselung des Schiffsvolks durch eine englische Besatzung abgewendet zu haben; Absicht, am 24. Mai nach London zu reiten, um sein Bestes zu versuchen; Bitte an die Reeder, ihm so rasch wie möglich Anweisungen zu erteilen und ihn über die Gefahr der Beschlagnahmung des Schiffes durch Königin [Elisabeth] und über die Aussicht auf Befrachtung des Schiffes zu unterrichten; Hoffnung auf herzogliche Hilfe und Ankündigung, über das Ergebnis seiner Bemühungen in London unverzüglich zu schreiben; Auslaufen zweier mit Laken befrachteter Schiffe nach Königsberg, die die Möglichkeit der Gleichbehandlung und des Schadenvergleichs eröffnen.

Abschrift
1 $^{1}/_{2}$ Bogen Folio, S. 1–4 beschrieben, S. 6 Kanzleivermerk *A*.
HBA G 748, Nr. 91.

Nr. 744

[15]95 Juni 16, Königsberg

Herzog Georg Friedrich an die Bürgermeister und Ratmannen der drei Städte Königsberg:

Übersendung der Beschwerden der Reeder und Schiffer der drei Städte wegen ihrer im Namen Königin [Elisabeths] von England angehaltenen und abgenommenen Schiffe; Befehl, sich über die Beschwerden zu beraten und ihre Bedenken einzureichen.

Mundum
1 Bogen Folio, S. 1 beschrieben, S. 4 Außenadresse.
HBA G 748, Nr. 92.

Nr. 745

[1595 Juni 26, Königsberg]

Die Reeder der Schiffe „Fortuna“, „David“ und „Reinhold“ an Herzog [Georg Friedrich]:

Dank für den herzoglichen Bescheid auf ihre Klagen über die in England stattgefundene Festsetzung ihrer Schiffe; Entschuldigung ihres Versäumnisses, den Abschied nicht persönlich abgehört zu haben, mit der Rückkehr ihres Beauftragten, des Doktors Abrahamus Heinrici, von der englischen Königin [Elisabeth]; Bezugnahme auf ihre Schreiben wegen der Aufbringung ihrer Schiffe „Fortuna“, „Reinhold“ und „David“ im Jahre [15]89 durch die vor Lissabon liegende englische Flotte; auf ihre Kosten Entsendung eines mit einem fürsprechenden Brief des Herzogs versehenen Boten nach London zur Königin; nach langem Aufenthalt und oftmaligem Ersuchen desselben hin Erhalt eines königlichen Schreibens; auf eine wortreiche Erklärung zur

Feindschaft mit dem Spanier (*Hispani*) hin Zusage einer Anhörung und des Rechtswegs; nachdrückliches Bitten der Geschädigten um Rückgabe und um Wiedergutmachung der aufgelisteten Schäden; nach Anrufung des Herzogs als Schutzherrn herzoglicher Befehl, einen Bevollmächtigten zur Königin abzufertigen; Entsendung des Juristen Heinrici zur Königin mit einem erneuten Empfehlungsschreiben des Herzogs; Einladung, den Ausgang der Gesandtschaft dem an den Herzog gerichteten Schreiben der Königin zu entnehmen; Beleidigung des Juristen durch häufiges und unnützes Antichambrieren bei den königlichen Räten; nach Berufung des Gesandten auf den Vorabschied der Königin Erhalt des in Form einer herzoglichen Kanzleiabschrift vorliegenden Bescheids; Bewertung des Schreibens als *mit einem Engelischen manttel zimblich umbgeben unnd geschmucket*; in dem Brief Verdrehung der Tatsachen, deswegen folgende Entgegnung: 1. aufgrund des Eingeständnisses der Königin an die Geschädigten, nicht gegen das königliche Frachtverbot verstoßen zu haben, Anspruch auf volles Recht und Wiedergutmachung; Entsendung der Flotte im Jahre [15]89 durch die Königin, um vornehmlich *Don Anthonium* [Anton von Crato] gewaltsam auf den Thron von Portugal zu setzen; Zurückweisung ihrer von der Königin angezweifelten Fähigkeit der Reeder, Friedens- von Kriegszeiten zu unterscheiden, mit dem Hinweis auf die Entführung der Schiffe nach England, ihrer Ausraubung und ihres über den Sommer hinaus währenden Festhaltens; 2. trotz der Allgemeingültigkeit des im königlichen Schreiben angedeuteten Sprichworts *inter arma silere leges* Fortbestand des Rechts auch in Kriegszeiten; sonst Erfordernis, lediglich Gesetz und Ordnung für Kriegszeiten zu schaffen; 3. Behandlung der Schäden als *casum fortuitum* durch die Königin, was im Widerspruch zu dem volle Sicherheit versprechenden königlichen Erlaß für die Fahrt mit gleichen Waren befrachteter Schiffe steht; 4. Verwunderung über das Eigenlob der Königin, die Königsberger Schiffe im Vergleich zu den anderer Geschädigten freigegeben zu haben; Abstreiten der Behauptung, von der Königin Segel, Tau, Anker und Proviant erhalten zu haben; zudem Krankheit und Tod von Besatzungsmitgliedern infolge der von kranken königlichen Seeleuten übertragenen Seuche; Ausbleiben von Entschädigungen für die Betroffenen und die Hinterbliebenen; lediglich Empfang von 90 Pfund (*pfundt Starlings*) durch den Schiffer der „Fortuna“ wegen seines Einsatzes gegen den Feind; verlustreiche Geldaufnahme durch die Schiffer, um mit den Schiffen heimkehren zu können; Absicht der Königin, entweder die Deutschen (*Deutschen*) zu ermüden und wie den herzoglichen Leibarzt, den Doktor *Peiskerus*, vor Gram sterben zu lassen oder sie durch Verschleppung zur Aufgabe ihrer Forderungen zu veranlassen; aufgrund der Erfolglosigkeit der herzoglichen Fürsprachen Bitte an den Herzog, die Unkosten in Höhe von 13 000 Talern (*Thaler*) zu übernehmen und für die Abwendung weiterer Behinderungen wie die unlängst erlittenen zu sorgen.

Behändigte Abschrift
4 Bogen Folio, S. 1–15 beschrieben, S. 16 Eingangsvermerk *P[raesen]t[atum], den 26* ten *iunii anno etc. [15]95* und zeitgenöss. Betreff *Die reder der dreijer schiffe Fortuna, Dauids unndt Reinholt.*
HBA G 748, Nr. 93.

Nr. 746

1595 Juli 18, London

Vorsteher und Beisitzende (*gubernator et assistentes*) der englischen Handelsgesellschaft in der Ostsee an die drei Räte [zu Königsberg]:

Bedauern über die unlängst stattgefundene Festhaltung einiger Schiffe und Entschluß, sich für die Freigabe einzusetzen; ihren Nachforschungen bei ihren Yorker Mitgliedern gemäß Festsetzung der Schiffe infolge der Beschlagnahmung von deren Gütern im Jahre [15]89; Verhinderung der Rückgabe durch einige [Königsberger] Bürger wegen einer anderen Auseinandersetzung; angeblich fehlende Überlegung bei Herzog [Georg Friedrich], die Forderungen zu befriedigen, und Verzögerung durch die Räte, um ihrerseits Schadenersatz zu erreichen; Entsendung des mit Rüstungsgut beladenen Königsberger Schiffes [Maria] und Freilassung des Schiffs auf Bitten des Kapitäns (*praefecti*); trotz Strandung des Schiffs infolge der Weigerung des Kapitäns, einen Lotsen an Bord zu nehmen, Schadenersatzforderungen; haltloser Vorwurf an die Yorker, den Pfundzoll hinterzogen zu haben wegen der damals fehlenden Rechtsgrundlage; der örtlichen Gewohnheit gemäß Abgabe der Zollerklärungen im Tief erst nach der Rückkehr aus Elbing; Gegenläufigkeit der Königsberger Anliegen und Haltlosigkeit der von denselben vorgebrachten Gründe; einerseits Verlust des Königsberger Schiffs infolge der Tollkühnheit des Kapitäns und andererseits gewaltsame Wegnahme der Yorker Handelsgüter; Bitte der Absender, bei künftigen Streitigkeiten die Erstanwendung von Repressalien mit ihnen gemeinsam zu erörtern und den Herzog überzeugen zu wollen, den Yorkern den Rechtsweg einzuräumen.

Abschrift
Lateinisch
2 Bogen Folio, S. 3–6 beschrieben, S. 8 zeitgenöss. Betreff *Copia der kaufleutt auß Engelandt schreiben an die erbarn dreij rhäte belangende die anno [15]85ten angehaltene tucher.*
HBA G 748, Nr. 94.

Nr. 747

1595 Juli 19, Greenwich

Königin Elisabeth von England an Herzog Georg Friedrich:

Bezugnahme auf die an den Herzog und an seine preußischen Räte ergangenen Schreiben in Sachen ihrer Yorker Untertanen; vor fünf Jahren [!] widerrechtliche Konfiszierung von Handelsgütern ihrer Untertanen unter dem Vorwand der Hinterziehung des Elbinger Pfundzolls; Beachtung der örtlichen Gewohnheiten und Gesetze durch dieselben, was die Briefzeiger *Ioannes Brooke* und Michel Hertfourth (*Michael Hartford*) ausführlich erläutern werden; wegen der ihr berichteten Hinterlegung von 12 000 Gulden (*Florenorum*) beim Königsberger Zoll durch den Herzog, um ihre Untertanen zumindest teilweise zu entschädigen, Wunsch nach Auszahlung von Geld an die beiden Yorker Gesandten; Befehl, die aufgrund des Repressalienrechts festgehaltenen Königsberger Bürger freizulassen, um der gegenseitigen Freundschaft keinen Schaden zuzufügen; Erwartung an den Herzog, in ähnlicher Weise auch die Erstattung der ihren Untertanen abgenommenen Waren zu verfügen; Hoffnung, damit den beiderseitigen Handel zu fördern.

Behändigte Ausfertigung
Lateinisch
1 Bogen Folio, S. 1–2 beschrieben, S. 4 Außenadresse, Eingangsvermerk *P[rae]s[en]t[atum] Konigsberg, den 30 septembris [15]95*[ten] und zeitgenöss. Betreff *Konigin in Engelandt wegen der genommen schief*.
Ausstellerunterschrift und -siegel.
HBA G 748, Nr. 95.

Nr. 748

[1595 September 30, Königsberg]

Die Engländer Michel Hertfourth und Ioannes Brooke (*Jan Broock*) an die [Regimentsräte]:

Bezugnahme auf ein Schreiben der englischen Handelsgesellschaft wegen der beschlagnahmten Tuchwaren; trotz der zu erwartenden Entgegnung fehlende Zuwiderhandlung gegen das herzogliche Mandat zum Zeitpunkt der Beschlagnahmung wegen des Mangels desselben; Verpflichtung zur Warenansage erst bei der Landung in Elbing und Verzollung während der Rückfahrt anhand des Elbinger Pfundzettels; Änderung der Handhabung durch Herzog [Georg Friedrich] und Veröffentlichung des ersten herzoglichen Mandats ein Jahr nach Beschlagnahmung ihrer Waren; ungeachtet des Fehlens jeglicher Anweisung zur Warenansage Anmeldung und Verschweigen von Waren durch den Schiffer, deswegen Unverhältnismäßigkeit der Maßnahme; fehlende Erinnerung an den angeblich schlechten Bescheid Königin [Elisabeths] von England hinsichtlich der festgehaltenen Königsberger Schiffe und Waren; dem Vernehmen des nach England entsandten Doktors Abrahamus Heinrici zufolge Bereitstellung einer gewissen Entschädigungssumme durch den Herzog; Bitte, sich beim Herzog für die Auszahlung des Geldes einzusetzen.

Abschrift
1 Bogen Folio, S. 1–beschrieben.
HBA G 748, Nr. 96.

Nr. 749

[1595 Oktober 4, Königsberg]

Bürgermeister und Räte der drei Städte Königsberg an Herzog [Georg Friedrich]:

Einladung, aus beiliegender Abschrift die unlängst stattgefundenen Verhandlungen der englischen Kaufleute wegen der [15]85 konfiszierten Tuchwaren zu entnehmen; Bitte der Königsberger an den Herzog, den Yorkern Schadenersatz zu gewähren; im Schreiben Ankündigung von Repressalien gegen die Königsberger durch Königin [Elisabeth] von England trotz Unschuld derselben bei der Konfiszierung; Bitte, sie deswegen bei der Königin zu entschuldigen.

Behändigte Abschrift
1 Bogen Folio, S. 1–3 beschrieben, S. 4 Eingangsvermerk *P[rae]s[entatum] Ko[nigsberg], den 4 octob[ris] anno [15]95* und zeitgenöss. Betreff *Der dreier stedte Konigsperg interceßion vor die Englisch(en), so ire gütter durchn [!] zoll verfahren.*

Beilage

Umschlag mit zwei Kurzregesten von Hand des 19. Jahrhunderts

1 Bogen Folio, S. 1 beschrieben.
HBA G 748, Nr. 97.

Nr. 750

[15]95 November 10, Königsberg

Die Regimentsräte an Königin [Elisabeth] von England:

Empfang zweier königlicher Schreiben gleichen Inhalts; Versprechen der Königin, den herzoglichen Untertanen, deren Güter vor einigen Jahren im Hafen von Lissabon durch eine englische Flotte entwendet worden sind, wenigstens teilweise zu helfen; trotz ihrer in einem zu Greenwich datierten Schreiben vom 12. Mai 1595 geäußerten Ablehnung einer Wiedergutmachung Hoffnung der Räte auf wohlwollende Berücksichtigung der Umstände, daß die Schiffe der herzoglichen Untertanen dem königlichen Erlaß zufolge weder die spanischen Feinde mit Waffen noch mit Getreide versorgt, sondern lediglich genehmigte Handelsgüter in den Hafen geführt haben, und daß die entwendeten Waren zum Nutzen der Soldaten verteilt worden sind; durch den erlittenen Schaden in Höhe von 40 000 ungarischen Gulden (*quadraginta millibus Florenorum Hungaricalium*) Verarmung der betroffenen herzoglichen Untertanen; durch die Kaufleute der englischen Gesellschaft Ioannes Brooke (*Iohannes Broket*) und Michel Hertfourth (*Michaelis Hartfart*) Empfang eines zu Greenwich datierten Schreibens der Königin vom 19. Juli [1595] in Sachen der wegen Pfundzollvergehen rechtmäßig beschlagnahmten Yorker Handelsgüter; Wunsch der Königin nach einer wenigstens teilweisen Erstattung der beschlagnahmten Waren und Ankündigung, die auf Betreiben der Yorker nach Repressalienrecht festgesetzten Königsberger Bürger freizulassen; trotz Anerkennung des geneigten Willens bei der Freilassung der preußischen Untertanen bestreiten die Absender den Yorkern die Anwendung des Repressalienrechts gegen herzogliche Untertanen; infolge ihrer Annahme einer unzureichenden Unterrichtung der Königin Ankündigung, im folgenden den wahren Sachverhalt für die Beschlagnahmung zu erläutern: durch Gewohnheit und durch kaiserliche Übertragung an die Vorfahren der preußischen Herzöge Erwerb des Rechts, von jedem in das Königsberger Tief (*in ostium Regiomontanum*) einlaufenden Schiff die genaue, dem Pfundmeister oder dem -schreiber abzugebende Ansage der Ladung zu verlangen; Weitergabe der entsprechenden Aufzeichnung an die Königsberger Zolleinnehmer; vergleichbar den Hafenrechten in Frankreich, Dänemark, Spanien und in England ungestörter Gebrauch dieses kaiserlichen Rechts durch die Absender von Anfang an; zur Verhinderung des Betrugs und zur Vermeidung von Unannehmlichkeiten für die Kaufleute durch genaue Untersuchungen und Auflistungen von Waren Wahl der Entsendungsstelle als Ausweg; dank den Elbinger Vorkehrungen Abgabe der Zollerklärungen durch die aus Elbing zurückkehrenden Schiffe mit den Angaben der ein- und ausgeführten Waren und entsprechende Verzollung ohne Verdacht auf Betrug; unbeschadet des Rechts des Herzogs und des Herzogtums sowie der unverletzten Gewohnheit Pflicht, dem Pfundmeister alle eingeführten Waren anzuzeigen; Vereinbarung zur Nachweisführung bald nach der Niederlassung der Engländer in Elbing; wegen der kaum eingeschränkten Betrügereien wiederholte Ermahnung der englischen Handelsgesellschaft zu Elbing durch herzogliche Gesandte und durch öffentliche Bekanntmachungen unter Androhung von Beschlagnahmungen aller Waren; Einlaufen eines englischen Handelsschiffes Anfang Oktober [15]85 in das Königsberger Tief zwecks Weiterfahrt nach Elbing und Anzeige von 14 Ballen Tuch bei Pfundmeister und -schreiber durch den Schiffsschreiber; Einschätzung der angegebenen Ware als zu gering durch den Pfundmeister, wiederholte Erinnerung des Schiffsschreibers an die herzogliche Bekanntmachung zur Vermeidung von Falschaussagen durch den Pfundmeister und Beharrung des Schreibers auf seinen Angaben; Leichterung des Schiffes zwecks Fortsetzung der Fahrt durch Umladung mehrerer Ballen auf ein herangesegeltes Fahrzeug; Feststellung der unmittelbaren Täuschung durch den Pfundschreiber bei der Ankunft der anderen Schiffe; Entdeckung von 26 großen und 13 kleinen Ballen Tuches statt der angegebenen 14, sowie von sechs Ballen Kaninchenfellen, einem Ballen Kirsei und einer Last Räucherheringe; Aufspürung von kaum einem Drittel der angemeldeten Warenmenge; wegen der Gefährdung der herzoglichen Rechte und Privilegien Konfiszierung von Schiff und Waren unter Anwendung des Beschlagnahmungsrechtes durch den Pfundschreiber; Interesse der Gemeinwesen (*reipublicae*), keine Vergehen ungeahndet und keine schlechten Beispiele Schule machen zu lassen, um Umwälzungen der Privilegien vieler Städte wie in Spanien, Frankreich und England zu vermeiden; häufige Vermittlungsversuche des Elbinger Rates, der englischen Gesellschaft und der Empfängerin zwecks Rückgabe der Handelswaren; Furcht der Räte vor der Anzweifelung oder gar Abschaffung des althergebrachten Hafenrechts; der Behauptung der Betroffenen zufolge Anspruch auf eine rechtliche Rückgabe in der Annahme der Nichtberücksichtigung der zuerst herangeschifften Waren bei der Rückkehr der mit dem ausgetauschten Handelsgut beladenen Schiffe aus Elbing; Bestätigung der im Einklang mit mehreren Völkern stehenden Gewohnheit im Jahre [15]83 durch den Herzog mittels öffentlicher Bekanntmachung; Ausführung des Betruges ohne Mitwissen der Elbinger Kaufleute durch den Schiffsschreiber; hinsichtlich des Einwands, Betrug ohne Vorwissen der Yorker Kaufleute begangen zu haben, Vereinbarkeit der herzoglichen Vorgehensweise mit dem zwischen den Polen und Preußen und mit dem zwischen allen Völkern vereinbarten Recht, um die Kaufleute von Frachtirrtümern abzuhalten und um die Ausdehnung von Vergehen über den Verursacher hinaus zu vermeiden; Ablehnung des Schreibers, den Fehler zuzugeben; im Vertrauen hierauf Pochen der Yorker auf Rückgabe der Güter unter Vorgabe der Wahrung des herzoglichen Rechts; Dreistigkeit von Schreiber und Seeleuten, für ihre Unerfahrenheit und für ihre Schuld nicht einzustehen; Versuch der Reeder, mit einem vorschriftswidrigen Gesetz, den Seeleuten die Schuld aufzubürden; insofern Gefährdung aller fürstlichen Rechte und Privilegien durch einen völlig unwissenden Seefahrer oder betrügerischen Schiffer; mangelnde Grundlage für Fremde, einen Vorwand für Betrug in einem zwischen Polen und Preußen eingerichten Gesetz zu suchen; Billigung der im Jahr zuvor zwischen den Elbingern und der englischen Gesellschaft geschlossenen Vereinbarung durch den Herzog mittels der für jeden ausnahmslos geltenden Verpflichtung, beim Einlaufen in das Tief die Handelswaren richtig anzuzeigen; Hoffnung der Absender, die Königin nicht zu erzürnen durch die Ablehnung der althergebrachtes Recht in Gefahr bringenden Forderung der Yorker, die, statt Einsicht zu zeigen, die Böswilligkeit zu verschleiern suchen; im Falle des Eingeständnisses ihres Fehlers durch die Yorker Angebot, die Dinge zum Wohl der Königin zu handhaben; Hoffnung auf gerechte Behandlung der herzoglichen Untertanen im umgekehrten Fall und auf Erstattung der für militärische Zwecke requirierten Güter.

Mundum
Lateinisch
3 Bogen Folio, S. 3–10 beschrieben, S. 12 Außenadresse, zeitgenöss. Betreff und Bearbeitungsvermerke *Nota bene: Haec epistola primum anno seq[uitur] 96 augusti 18 die per Samuelem Erich Anglicanorum Eboracensium mandatarium postulata, requisita et (ac) extradita fuerit* und *Registreriret.*

Beilage

Konzept

Lateinisch
3 Bogen Folio, S. 1–10 beschrieben.
HBA G 1263, Nr. 57.

Bucheintrag im Volltext: Ostpr. Fol. 59, S. 777–783.

Journaleintrag *Consentibus et approbantibus magistro curiae provinciali, burgrabio, marschalco, cancellario doctore Fabricio, aulicis iudicii praefecto, Melchiore à Creutzen, doctore Roden, Heydenstein, Schlubuth, Rappio, doctore Leuino, doctore Dir-*

schouio; nota bene: Ist allererst folgendes jahres, alß den 18ten augusti durch der Englisch(en) von Eborach annwald(en) Samuelem Erich abgefordertt und außgeb(en) word(en) etc., und solches darumb, daß sie die Eboracher sich befahret, sie möchten hiedurch gefehret werd(en) etc.

Nr. 751

[15]95 Dezember 30, Königsberg

Die Regimentsräte an den Dogen von Venedig, Marino Grimani:

Bezugnahme auf ein Schreiben in Sachen Aufnahme von Handelsbeziehungen zwischen den Königsberger Bürgern Christoff Bomgardt, Gerichtsassessor, Michaëlis Mayer, Abrahamus Sahm und Fridericus Rommelaw (*Fridericus Romlaw*) und den Ältesten von Venedig; dem Schreiben des Dogen an Herzog [Georg Friedrich] zufolge dringender Wunsch nach einer gewissen Menge an Waren; nach Hinterlegung des Vertrages zweifeln die Räte nicht an der Aufnahme des Handels; trotz der Hoffnung der Absender auf einen erfolgversprechenden Fortgang der darüber in Gang gesetzten Verhandlungen Klage der betroffenen Königsberger über einen Verlust von 2000 venezianischen Dukaten (*ducatorum Venetorum*) aufgrund der Verschlagenheit des Iohannes Fug; Erfordernis, Fug im neuen Vertrag unberücksichtigt zu lassen; zur Fortsetzung des Handels Bitte der Räte, den Königsbergern die 2000 Dukaten zu erstatten; Dank und Gefälligkeitsversprechen; *ex commissione dominorum Kitlitzii, burgrabii, marschalli.*

Konzept
Lateinisch
1 Bogen Folio, S. 1–2 beschrieben, S. 4 Außenadresse, zeitgenöss. Betreff *B(etreffend) Christoff Baumgartt, Michel Meijer, Abraham Sahmen und Friedrich Romlawen* und Registraturvermerk *Registeriret.*
HBA G 1263, Nr. 58.

Bucheintrag im Volltext: Ostpr. Fol. 59, S. 786 f.

Nr. 752

[15]96 März 23, Königsberg

Herzog [Georg Friedrich] an den Dogen [Marino Grimani] und die Ältesten von Venedig:

Bezugnahme auf ein Empfehlungsschreiben an ihre Vorgänger zugunsten des *Severinus Göbelius*; um sein Medizinstudium in Padua fortsetzen zu können, Einforderung des Erbes seines Verwandten *Melchior Guilandinus* und Aufbruch Göbelius' nach

Italien; Hoffnung auf günstige Aussichten bei Verwandten und Freunden durch Fürsprache der Empfänger; langjährige Förderung des Studenten durch die preußischen Herzöge; Ausstellung dieses Empfehlungsschreibens wegen des Beschlusses von Göbelius' Vater, seinen Sohn auf Verlangen des Herzogs zurückzurufen; große Mühewaltung des älteren Göbelius, einem venezianischen Schiffer beim Erwerb von zum Schiffbau erforderlichen Dingen sowohl bei herzoglichen Untertanen als auch bei den Großen Polens und Litauens zu helfen; Einladung, den jungen Göbelius ob dieser Verdienste zu unterstützen, und Gegenseitigkeitsversprechen.

Abschrift
Lateinisch
Ostpr. Fol. 60, S. 9 f.

Nr. 753

1597 April 8, Westminster

Königin [Elisabeth] von England an Herzog Georg Friedrich:

Empfang eines Schreibens vom November [1596]; Freilassung der auf Bitten der Yorker bis vor kurzem festgehaltenen Königsberger Bürger; Bemühungen des Herzogs, das von den Yorkern eifrig gestützte Repressalienrecht mit wohl überlegten Argumenten in Frage zu stellen; nach vielfältigen und häufig wiederholten Bitten ihrer Untertanen, Erteilung der Erlaubnis, die seit Jahren andauernde Angelegenheit rechtlich entscheiden zu lassen; unter Vorlage von authentischen Schriftstücken aus Preußen Beweisführung durch die Yorker, schweres Unrecht unter dem Vorwand des Zollbetrugs erlitten zu haben; alleinige Vereinbarkeit der Zollerhebung im Königsberger Tief mit dem Völkerrecht im Falle der Heimfahrt eines Schiffes; außerdem Ausschluß des Betrugs beim Einlaufen eines Schiffes durch einen Erlaß (*rescripto*) des Elbinger Rates; ungeachtet dessen gewaltsame Wegnahme von Engländern gehörenden Waren; in der Folgezeit vergebliche Bemühungen, auch mit Hilfe ihrer und anderer Fürsten Schreiben den Rechtsweg in der Angelegenheit zu eröffnen; Verhängung des derzeitigen Repressalienrechts durch die eingesetzten Richter teils aufgrund der bisherigen Einwände, teils wegen der darüber bereits geführten Diskussion; infolge der Auswirkungen der von den Yorkern eingeleiteten Maßnahmen Zuflucht der betroffenen Königsberger Bürger bei ihr unter der Beteuerung, weder als Urheber des Unrechts noch sonstwie dabei beteiligt gewesen zu sein, und der Bitte, sie eingedenk der Freundschaft mit dem preußischen Herzog und dem Herzogtum freizugeben; Gewährung ihres Ersuchens unter Aussetzung des Repressalienrechts der Yorker; Begrüßung der am Ende des herzoglichen Briefes gemachten Äußerung, im Falle von Einsichtigkeit den Yorkern Entgegenkommen zu zeigen; Gebot der Billigkeit für die Niedriggestellten (*qui inferiori loco sunt*), sich den Fürsten gegenüber stets demütig zu verhalten und die von diesen in gerechter Weise ausgehandelten Bedingungen anzunehmen; hinsichtlich des den herzoglichen Untertanen widerfahrenen Unrechts

Wunsch der Königin nach gründlicherem Erforschen von Recht und Gerechtigkeit; ungeachtet der Gewohnheit herzoglicher Untertanen, Entschädigungen aus dem öffentlichen Schatz zu verlangen, ist es allgemein gebräuchlich, die Fürsten nicht für die Schäden der Übeltäter aufkommen zu lassen, zumal jene mit der gerechten Bestrafung der Gesetzesübertreter ausgelastet sind; Zusicherung, den herzoglichen Untertanen den Rechtsweg für Entschädigungsansprüche offenzuhalten.

Behändigte Ausfertigung
Lateinisch
1 Bogen Folio, S. 1–3 beschrieben, S. 4 Außenadresse, Eingangsvermerk *P[rae]s[en]t[atum] Konigsperg, den 7 septembris anno [15]97* und zeitgenöss. Betreff *Konigin in Engeland schreibet abermal wegen (der) Konigsberger und Engelend(er).*
Ausstellerunterschrift und -siegel
HBA G 747, Nr. 11.

Nr. 754

[15]97 Oktober 26, o. O.

Herzog [Georg Friedrich] an die Ratmannen und die Ältesten von London:

Entsendung des *Conradt Knöringk* im Vorjahr durch den Kaufmann und Bürger des Kneiphofes *Andreas Matthaeus* nach London zum Kauf und Verkauf von Waren; Versäumnis Knöringks, Geld und Waren nach Königsberg zu übermitteln; aufgrund eines vermuteten Mißgeschicks Abreise des Matthaeus vor 12 Wochen nach London; fehlende Nachrichten über die Ankunft und den Aufenthaltsort von Matthaeus bei Ehefrau und Schwiegervater; zur Unterrichtung von Frau und Schwiegervater, zur Vermeidung des Verdachts auf einen großen Schaden bei ihnen und zur Abwendung des Verkaufs aller Waren Bevollmächtigung des Londoner Kaufmannes *Adolphus Staedtus* mit der Wahrnehmung der Angelegenheiten durch Matthaeus' Frau und Schwiegervater; zwecks rascher Ausübung der Bevollmächtigung Ersuchen eines Empfehlungsschreibens durch die Frau und den Schwiegervater; Bitte des Herzogs an die Empfänger, dem Bevollmächtigten behilflich zu sein; Dank und Gefälligkeitsversprechen für den gegebenen Fall.

Konzept
Lateinisch
1 Bogen Folio, S. 1–3 beschrieben, S. 4 Außenadresse, zeitgenöss. Betreff *Andreß (Mat)essen undt seinen diener Conradt Kröning [!] bet(reffend)* und Registraturvermerk *Registeriret.*
HBA G 1263, Nr. 59.

Bucheintrag im Volltext: Ostpr. Fol. 60, S. 96 f.

Nr. 755

[1597] o. O.

Thomas Trew an Herzog [Georg Friedrich]:

Am 8. September [1597] Übergabe eines Schreibens von Königin [Elisabeth] von England die im Jahre [15]85 eingezogenen Tuchwaren königlicher Untertanen betreffend; fehlender Abschied wegen der Abwesenheit des größten Teils der herzoglichen Oberräte und Bitte um eine Antwort auf das fürsprechende Schreiben der Königin; Hoffnung auf milde Behandlung der geschädigten Untertanen der Königin wegen der Berufung derselben auf die zwischen dem Herzog und der englischen Niederlassung zu Elbing (*Englischen Elbingschen collegio*) getroffenen Vereinbarung über Zollerklärungen; hiernach Abgabe der Zollerklärung erst bei der Rückfahrt aus Elbing; deswegen fehlende rechtliche Handhabe, die überflüssige Ansage des Schiffsschreibers zu bewerten; rechtliche Unzulässigkeit, den Vorfall an der [15]86 in Kraft getretenen neuen Zollordnung zu messen; Zurückführung des herzoglichen Verhaltens in der Angelegenheit auf unsachgemäße Berichterstattung; Aussetzung von Repressalien gegenüber herzoglichen Untertanen durch die Königin in der Hoffnung auf gnädige Behandlung ihrer Untertanen durch den Herzog und auf Minderung des Pfundzolls; Gefahr der Verlagerung der Schiffahrt zugunsten Danzigs; Bitte um Vermeidung von Gegenrepressalien.

Abschrift
1 Bogen Folio, S. 1– beschrieben, S. 4 zeitgenöss. Betreff *Tomas Traw.*
HBA G 748, Nr. 98.

Nr. 756

1598 Februar 11, s'-Gravenhage

Prinz Moritz von Oranien an die Bürgermeister und Ratmannen der drei Städte Königsberg:

Der Aussage des Bürgermeisters von Enkhuizen, *Peter Lutges Buskes*, zufolge Verkauf von 12 Last Salz an den Königsberger Burggrafen [Wolf von Wernsdorff] und Empfang von einem Drittel des Kaufpreises; Weigerung des Burggrafen, den Rest zu begleichen; Bitte, dem Kläger bei der Einforderung der Restschuld behilflich zu sein.

Behändigte Ausfertigung
1 Bogen Folio, S. 1–2 beschrieben, S. 4 Außenadresse, Eingangsvermerk *Praes(entatum), den 3 iulii anno etc. [15]98* und zeitgenöss. Betreff *Graff Moritz verbittet de(r) burgermeister zu Enchuysen wegen etzliches saltzes, so ihme der h(er) burggrave noch betzalen solle.*
Eigenhändige Ausstellerunterschrift und -siegel.

Beilage

Kurzregest von Hand des 19. Jahrhunderts

1 Blatt (35,5 cm x 21,9 cm), S. 1 beschrieben.
HBA G 747, Nr. 12. – Altsignatur: 4/28/11.

Nr. 757

[15]99 Januar 18 [Königsberg]

Herzog [Georg Friedrich] an Königin [Elisabeth] von England:

Der Bittschrift der Königsberger Bürgerin *Anna*, Witwe des Isaaq Bock, und der Königsberger Bürger und Reeder des „Ur“ *(Urus)* genannten Schiffes *Ioannes Küel*, Andreas Tijsen und *Ioannes Fett* zufolge Entsendung des mit verschiedenen Handelswaren befrachteten Schiffes im Vorjahr nach Genua; auf dem Weg nach Italien Überfall durch englische Seeleute, Entführung des Schiffes nach dem englischen Plymouth *(Ploina)*, Raub von 52 ausgesuchten Mastbäumen und anderen Handelswaren; auf die Bitte des sich auf einen königlichen Erlaß berufenden Schiffers bei der Königin nach Rückgabe des Handelsgutes, Erhalt der Zusage, die Waren vollständig zurückzubekommen, womit sich der Schiffer damals hat zufrieden geben müssen; nach hohen Ausgaben Weiterfahrt nach Genua; von dort aus Zwang, nach Sizilien zu segeln; im Anschluß daran Rückkehr in die Heimat; wegen der hohen Verluste und der Kosten für die Entsendung eines Bevollmächtigten, um die Freigabe der Waren zu erreichen, Ersuchen der Reeder an den Herzog, sich mittels eines fürsprechenden Schreibens für eine Wiedergutmachung einzusetzen; Bitte des Herzogs an die Königin, für die Einlösung des gegebenen Versprechens zu sorgen; Dank und Gefälligkeitsversprechen für den gegebenen Fall.

Konzept
Lateinisch
1 Bogen Folio, S. 1–3 beschrieben, S. 4 Außenadresse und Registraturvermerk *Registeriret.*
HBA G 1263, Nr. 60.

Bucheintrag im Volltext: Ostpr. Fol. 60, S. 156 f.

Nr. 758

1599 Juni 8, Königsberg

Herzog [Georg Friedrich] an den Hauptmann und Statthalter von Viana do Castello:

Der Bittschrift des Königsberger Bürgers *Ioannes à Dühren* zufolge Entsendung von 32 Last Weizen, 26 Last Roggen und sechs Quartieren Klappholz (*sextam partem centenae lignorum minorum praeparatorum*) am 14. Oktober 1598 vermittels des Schiffers *Heinricus Adriansohn* durch Dühren und seinen Verwandten, den Danziger Einwohner *Cornelius Flemingius*, nach Lissabon zu den dort wohnenden Kaufleuten *Zacharias Claussohn* und *Heinricus Bandweins*; Beschlagnahmung der als holländische angesehenen Waren nach dem Einlaufen in den Hafen von Viana do Castello (*Castelli Vianensis*) durch den Empfänger; ausweislich der im Kneiphof ausgestellten Belege und der Pfundzollquittung Erwerb der Handelsgüter durch Dühren und Flemingius in Preußen; Bevollmächtigung des *Nicolaus à Dühren* durch die Geschädigten, beim Hauptmann die Rückgabe der Waren zu betreiben; Ersuchen der Geschädigten an den Herzog, ihnen mit einem fürsprechenden Schreiben beizustehen; Bitte des Herzogs an den Hauptmann, dem Briefzeiger Glauben zu schenken und sich wohlwollend für eine Rückgabe der Waren zu verwenden; Dank und Gefälligkeitsversprechen für den gegebenen Fall.

Konzept
Lateinisch
1 Bogen Folio, S. 1–3 beschrieben, S. 4 Außenadresse, zeitgenöss. Betreff *In negocio Ioannis à Dühren et Cornelii Flemingii ratione quarundam à capitano ibidem arrestatarum* und Registraturvermerk *Registeriret.*
HBA G 1263, Nr. 61.

Bucheintrag im Volltext: Ostpr. Fol. 60, S. 188 f.

Nr. 759

[15]99 Juli 17, Königsberg

Herzog [Georg Friedrich] an Königin [Elisabeth] von England:

Entsendung des herzoglichen Faktors und Königsberger Einwohners *Thoma Stiel* mit dem Auftrag nach England, dort für den Hofbedarf 200 Ballen weißen Tuchs zu kaufen und das erworbene Gut nach Preußen zu verschiffen; aus Sorge um den Handel und zur Vermeidung von Schwierigkeiten Mitgabe dieses Schreibens mit der Bitte, den ungehinderten und üblichen zollfreien Ankauf der Tuche zu gestatten, die freie Ausfuhr der Waren zu erlauben und den Faktor empfohlen zu halten; Dank und Gegenseitigkeitsversprechen für den gegebenen Fall; *h[err] cantzler, h[err] C[hristoph] Rappe habens abgehörtt.*

Konzept
Lateinisch
1/2 Bogen Folio, S. 1–2 beschrieben, S. 2 Außenadresse, zeitgenöss. Betreff *Ratione ducentarum compaginum panni albi nondum preparati in Anglia per Thomam Stielen coemendarum* und Registraturvermerk *Registeriret.*
HBA G 1263, Nr. 62.

Bucheintrag im Volltext: Ostpr. Fol. 60, S. 195 f.

Nr. 760

[1599 September 8] o. O.

Fabritius Riuolta aus Mailand an Herzog [Georg Friedrich]:

Seit einigen Jahren Unternehmung von Handelsreisen mit Seide und anderen Waren von Mailand, der Hauptstadt der Lombardei (*haubtstatt Lombardiae*), aus nach Polen, Preußen, Pommern, Deutschland und anderen Ländern (*provintien*); wegen größerer Außenstände zu Danzig, Pommern und sonstwo Erleidung von Ungemach; Erhalt eines Fürschreibens (*promotorial-schreibenn*) König [Sigismunds III.] von Polen vom 11. September [15]93, um leichter seine Schulden zu Danzig einfordern zu können; Hoffnung, mit Hilfe eines herzoglichen Empfehlungsschreibens an Bürgermeister und Rat zu Danzig seine Angelegenheit ebenfalls zu befördern; deswegen Bitte um Ausstellung eines derartigen Schriftstücks.

Behändigte Abschrift
1 Bogen Folio, S. 1–2 beschrieben, S. 4 Eingangsvermerk *P[raesen]t[atu]m Kön[nigsberg] 8 septembris anno [15]99* zeitgenöss. Rubrum *Fabritius Riuolta von Meijlandt bittet umb promotorialschreib(en) an rath zu Dantzig zu erlangung seiner schulden etc.* und Bearbeitungsvermerk *Fiat.*
HBA G 747, Nr. 13.

Nr. 761

1601 Januar 24, Königsberg

Herzog [Georg Friedrich] an Königin [Elisabeth] von England:

Entsendung des Königsberger Bürgers *Wilhelmus Kockin* als Bevollmächtigten des in England wohlbekannten Königsberger Bürgers Thoma Stiel, um in England 80 Ballen weißen Tuches für den Hofbedarf einzukaufen und den Einkauf nach Königsberg zu verfrachten; zur Vermeidung von Handelsschwierigkeiten und zur raschen Versendung der eingekauften Ware Bitte, dem Bevollmächtigten den freien Wareneinkauf und die zollfreie Ausfuhr zu gestatten und sich dem Käufer gnädig zu erweisen; Dank und Gefälligkeitsversprechen für den gegebenen Fall; *kammermeister hats bevohlen; praefectus curiae, domini burggrabius, Rappius subscripserunt.*

Konzept
Lateinisch
1/2 Bogen Folio, S. 1 beschrieben, S. 2 Außenadresse, zeitgenöss. Betreff *Wegen etlicher pack oder ballen tuch, so in Engellandt sollen erkaufft werden*, Bearbeitungsvermerk *Den 6. Martii anno 1601 ist diß schreiben neben einem paß noch einmal uff Thomas Stielen selbsten gefertiget* und Registraturvermerk *Registeriret.*
HBA G 1263, Nr. 63.

Bucheintrag im Volltext: Ostpr. Fol. 60, S. 271 f.

Nr. 762

1608 Juni 6, s'-Gravenhage

Prinz Moritz von Oranien an die Oberräte:

Dem Vernehmen seines briefzeigenden Falkenmeisters nach Erlaubnis des Großvaters (*altvattern*) des Falkenmeisters, am Kurischen Haff (*ahn der Papenzehe*), zu Sarkau (*Serkaw*) und *Falkenhay* im Herzogtum Preußen Falken zu fangen und jährlich 20 Koppel (*koppel*) Jungfalken mitzunehmen; Wunsch des Briefzeigers nach denselben Vergünstigungen; deswegen Bitte des Prinzen an die Räte, dem Falkenmeister die ungehinderte Fangerlaubnis und die Mitnahme von 20 Koppel junger Falken zu gestatten.

Ausfertigung
1 Bogen Folio, S. 1–2 beschrieben, S. 4 Außenadresse, zeitgenöss. Betreff *Falcken-fang betr[effend]* und Kanzleivermerk *Im iunio anno 1608 (ten).*
Eigenhändige Ausstellerunterschrift und -siegel.
HBA G 749, Nr. 22. – Altsignatur: 4/31/34 (I).

Nr. 763

1608 Juni 16, Amsterdam

Gasparus Quingétt an Fabian von Dohna und an die Regimentsräte:

Dem Vernehmen von Freunden zufolge Absicht der Empfänger, den Bernsteinhandel an den Meistbietenden zu verpachten; infolge der Zulassung von Auswärtigen (*exteros*) Anmeldung seiner Bewerbung mittels dieses Schreibens; Bereitschaft, je Tonne Bernstein den eineinhalbfachen Satz der bisher üblichen Pacht zu entrichten unter der Bedingung, alleiniger Pächter zu sein; Behauptung, als einziger zu einem solchen Vertragsabschluß imstande zu sein und unter den Amsterdamer Kaufleuten einen guten Leumund zu besitzen; Bitte für sich und seine Freunde um den Zuschlag.

Behändigte Ausfertigung
Lateinisch
1 Bogen Folio, S. 1–2 beschrieben, S. 4 Außenadresse und Eingangsvermerk *P[raesen]t[at]um, den 8 iulii anno etc. 1608.*
Eigenhändige Ausstellerunterschrift und -siegel.

Beilage

Kurzregest von Hand des 19. Jahrhunderts

1 Blatt (35,5 cm x 22,1 cm), S. 1 beschrieben.
HBA G 747, Nr. 14. – Altsignatur: 4/28/12.

Nr. 764

1608 Juni 20, Steinfurth

Kurfürst Joachim Friedrich an Prinz Moritz von Oranien:

Bitte des Prinzen, einem seiner Diener den Falkenfang am Kurischen Haff (*an der Papensehe*), zu Sarkau (*Sarkaw*) und *Fallekenheij* im Herzogtum Preußen sowie die jährliche Mitnahme von 20 Koppel (*koppel*) Jungfalken zu gestatten; Gewährung der Bitte für die Dauer von fünf Jahren; Anweisung an die örtlichen Beamten (*beambten*), Unterstützung zu gewähren; Pflicht des Bittstellers, jährlich fünf oder sechs Falken an das nächstgelegene kurmärkische Amt abzuliefern.

Unbehändigte Ausfertigung
1 Bogen Folio, S. 1–3 beschrieben, S. 4 zeitgenöss. Betreff *Falckenfang betr[effend].*
Ausstellersiegel

Beilage

Kurzregesten von Hand des 19. Jahrhunderts

1 Blatt (35,4 cm x 21,4 cm), S. 1 beschrieben.
HBA G 749, Nr. 23. – Altsignatur: 4/31/34 (II).

Nr. 765

[1609 April 5, Paris]

[Prophetien zu den Jahren 1610 bis 1617]:

Beim Abbruch eines Kamins in Paris am 5. April 1609 Entdeckung eines die folgenden Prophetien in hebräischer und lateinischer Sprache enthaltenden Marmorsteins (*marmelstein*):
1610: Erdbeben, Blitz und Donner sowie allgemeine Teuerung;
1611: große Veränderung im Glauben in Frankreich (*Francken*), Flandern und Deutschland;
1612: Ermordung des Papstes [Paul V.] und keine Wiederwahl;
1613: Erscheinen eines großen Mannes;
1614: Verbreitung schrecklicher Zeitung;
1615: Verbrennung des vierten Teils der Welt im Feuer;
1616: Findung des rechten Glaubens;
1617: Einheit von Lehre, Hirte und Schafstall.

Abschrift
1/2 Bogen Folio, S. 1 beschrieben, S. 2 zeitgenöss. Kanzleivermerk *Aus Franckreich von anno 1609.*

Beilage

Kurzregest von Hand des 19. Jahrhunderts

1 Blatt (35,5 cm x 21,7 cm), S. 1 beschrieben.
HBA G 747, Nr. 15. – Altsignatur: 4/21/60.

Nr. 766

1609 Mai 20, o. O.

[Die Regimentsräte] im Namen der Herzogin [Sophie] von Kurland an Königin [Anna] von England:

Dem Vernehmen ihres Gemahls, Herzog Wilhelms von Kurland, nach Empfang großer Gnade und guten Willens bei seinem Besuch in England durch die Königin und den König [Jakob I.]; erneuter Flottenangriff Herzog Karls [von Södermanland] auf Kur- und Livland, Verursachung schwerer Schäden durch Verheerungen; wegen des großen Einflusses des englischen Königs auf Herzog Karl Bitte, bei demselben vorstellig zu werden, um das schwedische Kriegsvolk vor weiteren Angriffen auf Kur- und Livland abzuhalten; Dankversprechen für den gegebenen Fall.

Konzept
1 Bogen Folio, S. 1–2 beschrieben, S. 4 Außenadresse.
HBA G 1263, Nr. 64.

Nr. 767

[1609] November 15, Den Haag

Casp[ar] Hoffman an die Oberräte:

Musterung der beiden 21 Fähnlein zählenden Regimenter durch Graf Johann Ernst von Nassau trotz der noch nicht fertiggestellten Waffen; deswegen Verzögerung der Einschiffung zum Schaden Venedigs; mit Einverständnis der Generalstaaten Anwerbung von 1200 Mann durch den Holländer *Wassenhouen*, Führung der Angeworbenen auf eigene Kosten nach Venedig in der Erwartung, dort 30 Gulden je Mann für die zweijährige Verpflichtungsdauer zu erhalten; Anmarsch von 9000 Mann aus Spanien zur Verstärkung der Truppen des Erzherzogs Ferdinand; Gerüchte über die Ernennung Erzherzog Albrechts zum König von Portugal im Fall seines Weggangs aus den [Niederlanden]; Bedrängung Savoyens durch die Spanier und angeblich Verstärkung der spanischen Kriegsmacht durch 6000 Franzosen unter Herzog [Heinrich von Savoyen-]Nemours; Schädigung des Handels infolge der beabsichtigten Verlegung des Rheinzolls von Rees *(Reeß)* nach Büderich *(Bürich)*; Besetzung des Hauses Landskron *(Landtscroon)* im Herzogtum Jülich durch die Spanier; Zerstückelung des Landes; Absicht der holländischen Stände *(staten)*, die im zweiten englischen Termin eingelösten Städte zusammenzubringen.

Ausfertigung
1 Bogen Folio, S. 1–3 beschrieben, S. 4 Außenadresse und Beförderungsvermerk *Königsbergen.*
Ausstellerunterschrift und -siegel.
HBA G 747, Nr. 16. – Altsignaturen: 4/15/110 und 4/28.

Nr. 768

[16]10 Juni 3, Den Haag

Die Generalstaaten der Vereinigten Niederlande an die Regimentsräte:

Beweisführung des *Johann von Vogelsanck*, Vormund der Kinder seines verstorbenen Bruders *Henrich* und der *Anna vonn Vogelsanck*, für sich und seine Mündel, Erben des verstorbenen herzoglichen Untertans *Michael von Vogelsanck* zu sein; ungefähr acht Tage nach dem Ableben des 15 oder 16 Jahre zu Königsberg wohnhaft gewesenen Michael rechtswidrige Öffnung seines Kontors (*cantoir*) durch einen Kleinschmied im Auftrag der Räte, Beschlagnahmung eines zwischen König [Sigismund III.] von Polen und Michael von Vogelsanck geschlossenen Vertrages und Überstellung des Vertrages zuhänden eines königlichen Bediensteten; Entsendung des *Baptist von Vogelsanck* und des *Mattaeus Wachtmans* durch die Blutsfreunde und Erben nach Königsberg, um den Vertrag zurück- und die Hinderlassenschaft einzufordern; Rückkehr der beiden unverrichteter Dinge; Verstoß der Räte gegen die Gerechtigkeit und Gefahr von Nachteilen für den Handel und Wandel zwischen den Untertanen der Generalstaaten und den Königsbergern; Bitte, den Erben des Michael Vogelsang zu ihren Recht zu verhelfen, und Ankündigung von Gegenmaßnahmen im Weigerungsfall; *Magnus vidit.*

Behändigte Ausfertigung
1 Bogen Folio, S. 1–3 beschrieben, S. 4 Außenadresse, Eingangsvermerk *P[raesen]t[atu]m, den 12 iunii anno etc. 1610* und zeitgenöss. Betreff *Die h[erren] staden wegen derer vonn Vogelsangk.*
Ausstellersiegel

Beilagen

I. [vor 1610 Juni 3], o. O.

[Johann von Vogelsanck] an die Generalstaaten der Vereinigten Niederlande:

Bekundung *Jans von Vogelsanck* in seinem und im Namen seiner Mündel, der Kinder seines verstorbenen Bruders *Henrick* und seiner Schwester *Anna Vogelsanck*, der Witwe des *Arnd Mattheuß Wachtmans* aus Breda, Erben des seit 15 oder 16 Jahren zu

Königsberg wohnhaft gewesenen *Michael von Vogelsanck* zu sein; in den Jahren 1604 und 1607 Pachtung von Wäldern vom polnischen König für den Zeitraum von vier Jahren, um Klappholz und andere Holzwaren herzustellen und um diese Waren zu verkaufen; Ableben Michaels am 19. Februar 1608 zu Königsberg; zuvor Abfassung seines Testamentes zugunsten der genannten Erben; ungefähr acht Tage nach dem Tod Beschlagnahmung des Kontors des Verstorbenen einschließlich des Vertrages mit dem König auf Befehl des Königsberger Burggrafen [Fabian von Dohna]; Aushändigung des Vertrages an einen königlichen Bediensteten durch den Burggrafen; Absicht des Bediensteten, die Erben in einem langwierigen Prozeß zu ermüden; [es folgt der Inhalt von oben].

Abschrift
Niederländisch
2 Bogen Folio, S. 1–5 beschrieben.

II.
Kurzregest von Hand des 19. Jahrhunderts

1 Blatt (36,7 cm x 20,9 cm), S. 1 beschrieben.
HBA G 747, Nr. 17. – Altsignatur: 4/28/13.

Nr. 769

1610 Oktober $\frac{14}{24}$, Elbing

Thomas Offley, Deputierter der englischen Handelsgesellschaft zu Elbing, an Kurfürst Johann Sigismund:

Untergang zweier [englischer] Schiffe vor dem Tief bei Pillau durch Sturmeinwirkung; Hoffnung, etwaige ins Haff getriebene Ladungsteile bergen zu können; im Namen der betroffenen Kaufleute Bitte, den kurfürstlichen Amtleuten zu Balga, Fischhausen, Lochstädt (*Luchstäde*) und Pillau zu befehlen, dem Briefzeiger *Johann Sturmann* bei der Suche und Bergung behilflich zu sein; Versprechen, die zu dem Zweck herangezogenen kurfürstlichen Untertanen für ihren Aufwand zu entschädigen.

Behändigte Ausfertigung
1 Bogen folio, S. 1–2 beschrieben, S. 4 Außenadresse, Eingangsvermerk *P[raesen]t[atum] Ko[nigsberg] 19 octob[ris] anno etc. 1610*, zeitgenöss. Betreff *Englischer deputat zum Elbing wegen zweyer schiff, so inn der Pillaw geplieben* und Bearbeitungsvermerk *Ist ann Fischhaußen, Balga, Lochsteden und Pillaw geschrieben den 20. octob[ris].*
Ausstellersiegel

Beilage

Kurzregest von Hand des 19. Jahrhunderts

1 Blatt (36,5 cm x 21,4 cm), S. 1 beschrieben.
HBA G 747, Nr. 18. – Altsignatur: 4/19/13.

Nr. 770

1612 Januar 26, Königsberg

Kurfürst Johann Sigismund an den Botschafter König [Jakobs I.] von Großbritannien in Konstantinopel:

Abfassung dieses Schreibens aus der Bindung zum britannischen König und aus Notwendigkeit heraus; Aufbruch des Gesandten und Sekretärs des polnischen Königs [Sigismund III.] Gregorius Kochański (*Gregorius Kochanskij*) in die Türkei; Absicht Kochańskis, auf Bitten des Absenders dort einige Einkäufe zu tätigen; wegen der Gefahren auf dem langen Weg Ablehnung Kochańskis, das für den Einkauf nötige Geld mit sich zu führen; Bitte, bei englischen Kaufleuten oder anderen Leuten 2000 oder 3000 ungarische Gulden (*ad duo aut tria millia florentum Vngaricalium*) auszuleihen und Kochański auszuzahlen; Versprechen, das von Kochański empfangene Geld unverzüglich entweder über die englische Gesellschaft zu Elbing oder sonstwie zurückzuzahlen; Dankversprechen für den gegebenen Fall; *illustrissimus elector subs(cripsit).*

Konzept
Lateinisch
1/2 Bogen Folio, S. 1–2 beschrieben, S. 2 Außenadresse.
HBA G 1263, Nr. 65.

Bucheintrag im Volltext: Ostpr. Fol. 60, S. 801 f.

Nr. 771

1612 April 27, Königsberg

Kurfürst Johann Sigismund an König [Jakob I.] von England:

Bitte des sich eine Zeitlang am kurfürstlichen Hof aufgehaltenen edlen *Iacobus Hölle* um seinen Abschied; Wunsch Hölles, in sein englisches Vaterland zurückzukehren und dort den Hof zu besuchen; Bitte Hölles an den Kurfürsten, ihm zu dem Zweck ein Schreiben mitzugeben; wegen der Bescheidenheit und der Lauterkeit des Bittstellers bereitwilliges Entsprechen des Anliegens; Bitte des Kurfürsten an den König, Hölle empfohlen zu halten und ihm gnädig zu sein, sowie Gegenseitigkeitsversprechen; *illustrissimus elector subscripsit.*

Konzept
Lateinisch
1 Bogen Folio, S. 1 beschrieben, S. 4 Außenadresse
HBA G 1263, Nr. 66.

Bucheintrag im Volltext: Ostpr. Fol. 60, S. 835 f.

Nr. 772

1612 Mai 30, o. O.

Kurfürst Johann Sigismund an König [Jakob I.] von England:

Absicht des einige Jahre im kurfürstlichen Dienst stehenden edlen *Titus à Böll*, in sein englisches Vaterland zurückzukehren; Bitte Bölls an den Kurfürsten, ihm ein Empfehlungsschreiben mitzugeben; Entsprechung des Ersuchens aufgrund des untadeligen und lauteren Lebenswandels des Bittstellers; Bitte des Kurfürsten an den König, Böll empfohlen zu halten, damit dieser so seine Förderung durch den Absender erfährt; Gegenseitigkeitsversprechen; *illustrissimus elector subs[cripsit].*

Konzept
Lateinisch
1/2 Bogen Folio, S. 1 beschrieben, S. 2 Außenadresse.
HBA G 1263, Nr. 67.

Bucheintrag im Volltext: Ostpr. Fol. 60, S. 846.

Nr. 773

1612 Juni 6, o. O.

Kurfürst Johann Sigismund an König [Jakob I.] von England:

Kriegsdienste des edlen *Henricus Theodorus a Bölle* in Ungarn und in Deutschland sowohl im Hauptmanns- als auch im Ordonanzrang; vor drei Jahren Eintritt in den kurfürstlichen Sold und Ausübung des Dienstes als Hauptmann; mit Beruhigung der kurfürstlichen Angelegenheiten Wunsch Bölles, in sein englisches Vaterland zurückzukehren; Bitte des Kurfürsten an den König, Bölle aufgrund seiner treuen Dienste empfohlen zu halten; Hoffnung des Absenders auf Einräumung einer Möglichkeit zur Fristung des Lebensunterhaltes des in gespannten Vermögensverhältnissen lebenden Bölle durch den König und Gefälligkeitsversprechen; *illustrissimus elector subs[cripsit].*

Konzept
Lateinisch
1 Bogen Folio, S. 1–2 beschrieben, S. 4 Außenadresse.
HBA G 1263, Nr. 68.

Bucheintrag im Volltext: Ostpr. Fol. 60, S. 852 f.

Nr. 774

1613 Januar 19, Königsberg

Kurfürst Johann Sigismund an König [Jakob I.] von Großbritannien:

Empfang des königlichen Kämmerers und Grafen der Orkneys, *Rupertus Stuart*, und des Ritters *Badae*, die aus Schweden angereist sind; vor ihrer Abreise nach England Wunsch des Absenders, ihnen dieses Schreibens voller, dem König entgegengebrachter Zuneigung mitzugeben.

Mundum
Lateinisch
1 Bogen Folio, S. 1–3 beschrieben, S. 4 Außenadresse.
HBA G 1263, Nr. 69.

Bucheintrag im Volltext: Ostpr. Fol. 61, Bl. 2 f.

Nr. 775

1615 April 4, Westminster

König Jakob [I. von Großbritannien] an die Königsberger Räte:

Verhandlungen mit Kurfürst [Johann Sigismund] über die Verlegung des Sitzes der in Preußen Handel treibenden englischen Kaufleute nach Königsberg im Falle der Aufrechterhaltung des vom König [Sigismund III. von Polen] verkündeten Interdikts gegen die Kaufleute und des Bannes gegen die Elbinger Bürger infolge ihrer Weigerung, Jesuiten bei sich aufzunehmen; trotz des erwarteten wohlwollenden Bescheids des Kurfürsten Abfassung dieses Empfehlungsschreiben an die Räte, um die Angelegenheit zu befördern.

Behändigte Ausfertigung
Lateinisch
1 Bogen Folio, S. 1–2 beschrieben, S. 4 Außenadresse, Eingangsvermerk *P[raesen]t[atum] Ko[nigsberg] 15 maii anno etc. [1]615* und zeitgenöss. Betreff *B[etreffend] die Englische societet und commercia etc.*
Eigenhändige Ausstellerunterschrift und -siegel.

Beilage

Kurzregest von Hand des 19. Jahrhunderts

1 Blatt (34,8 cm x 20,3 cm), S. 1 beschrieben.
HBA G 749, Nr. 24. – Altsignatur: 4/19/12.

Nr. 776

1615 August 17, s'-Gravenhage

Prinz Moritz von Oranien an Kurfürst Johann Sigismund:

Dem Vernehmen des Gravenhagener Einwohners und Kaufmanns in Seidenwaren, *Gouert Jacobssen*, zufolge Verkauf von Seide an Friedrich und Reinhold von Taubenheim (*Friderich* und *Reinholtt von Touweningen*), Gebrüder, sowie an die aus dem Herzogtum Preußen gebürtigen *Wolff Goltacker* und *Melchior Tettaw*, ohne dafür jedoch den Verkaufspreis erhalten zu haben; Absicht Jacobssens, die Außenstände durch den bevollmächtigen Briefzeiger einfordern zu lassen; deswegen Ersuchen an den Prinzen um Fürsprache; Bitte Oraniens an den Kurfürsten, Unterstützung bei der Einforderung der Schulden zu gewähren.

Ausfertigung
1 Bogen Folio, S. 1–2 beschrieben, S. 4 Außenadresse.
Eigenhändige Ausstellerunterschrift und Siegelspuren.

Beilage

Kurzregest von Hand des 19. Jahrhunderts

1 Blatt (35,5 cm x 21,4 cm), S. 1 beschrieben.
HBA G 747, Nr. 19. – Altsignatur: 4/28/14.

Nr. 777

[16]16 November 2, Den Haag

Casp[ar] Hoffman (*Hopfman*) an die Oberräte:

Versammlung der holländischen Stände [im Haag] zur Beratung über die Zahlung von 26 von insgesamt 70 Tonnen Gold an König [Jakob I.] von Großbritannien, um den König zu bewegen, seine Soldaten zur Freude der Seeländer aus Den Briel (*Briel*), Vlissingen (*Flißingen*) und Ramekens (*Ramikens*) nach England zurückzuziehen; Bemühungen der Stände, ihren Kirchenstreit beizulegen; seit dem Braunschweigischen Aufzug eines neuen kleinen Krieges; Kriegsgefahr wegen des Streites zwischen dem Hochstift Münster und Geldern um Borculo (*Borcheloisch*); rechtliche Zuweisung Borculos durch das Hofgericht zu Arnheim an den Grafen [Jobst] von Stirum als Borculoer Lehnsmann; Inbesitznahme Borculos nach Beschießung und Eroberung durch den Grafen; Friedensverhandlungen im Haag unter Beteiligung münsterischer und kurkölnischer Gesandter; Gerüchte über die Absicht des Kaisers [Matthias], vom Lütticher (*Luyck*) Land aus, Jülich und Kleve besetzen zu lassen; Ankunft neuer Soldaten in Wesel (*Weßel*) und in anderen Städten; unsicherer Frieden in

Frankreich, mißglückter Anschlag Herzog [Caesars] von Vendôme und anderer Fürsten auf Le Havre (*Hablidegras*); Ankunft eines durch Unwetter an eine unbekannte und unbewohnte Insel verschlagenen Schiffes; Bestrebung der Besatzung, die Stände von der Notwendigkeit einer Expedition zu überzeugen, um die reichen Gold- und Silbervorkommen der Insel auszubeuten.

Ausfertigung
1 Bogen Folio, S. 1–3 beschrieben, S. 4 Außenadresse und Beförderungsvermerk *Köningsbergen.*
Ausstellerunterschrift und -siegel.

Beilage

Betreff von Hand des 19. Jahrhunderts

1 Blatt (35,5 cm x 21,8 cm), S. 1 beschrieben.
HBA G 747, Nr. 20. – Altsignatur: 4/28/7.

Nr. 778

1616 Oktober 18, s'- Gravenhage

Prinz Moritz von Oranien an Kurfürst Johann Sigismund:

Dem Vernehmen der Ehefrau des *Hans Wolters* zufolge Absicht ihres Mannes, ins Herzogtum Preußen zu reisen, um Schulden bei Friedrich von Taubenheim (*Fridrich von Taubenheim*), dessen Bruder und anderen Adeligen einzufordern; Verschuldung Taubenheims während seiner Dienstzeit in der Leibgarde (*leibguardien*) des Prinzen; Ersuchen der Ehefrau an den Prinzen um Fürsprache in der Sache ihres ebenfalls in derselben Leibgarde dienenden Mannes; Bitte des Prinzen an den Kurfürsten, Wolters bei der Einforderung der Schulden behilflich zu sein.

Behändigte Ausfertigung
1 Bogen Folio, S. 1–2 beschrieben, S. 4 Außenadresse, Eingangsvermerk *Königsb[erg] am 17ten Aprilis*[1] *1617*, zeitgenöss. Betreff *Intercession s[einer] l[iebden] graff Moritzen pro Hans Wolther contra Friederich und Reinhold von Taubenheimb, gebrüderen* und Federproben.
Eigenhändige Ausstellerunterschrift und Siegelspuren.

Beilage

Kurzregest von Hand des 19. Jahrhunderts

1 Blatt (35,5 cm x 21,4 cm), S. 1 beschrieben.
HBA G 747, Nr. 21. – Altsignatur: 4/28/15.

---

[1] Aus *februarii* korr.

Nr. 779

1617 April $\frac{15}{25}$, Den Haag

Casp[ar] Hoffman (*Hopfman*) an die Oberräte:

Gesuch des französischen Botschafters bei den holländischen Ständen (*staten*), zur Unterstützung des Königs [Ludwig XIII. von Frankreich] ein Heer von 5000 Soldaten, zur einen Hälfte aus Franzosen und zur anderen Hälfte aus Engländern und Schotten bestehend, unter dem Befehl des Herrn *Marcquet* anwerben zu dürfen; Versuch des Botschafters, sein Anliegen bei den Generalstaaten zu beschleunigen; Hinauszögern einer Antwort durch die Generalstaaten wegen einer gemeldeten spanischen Truppenansammlung um Kerpen (*Kerpen*); mögliches Vorgehen der Spanier gegen Kleve, Jülich, deutsche Länder oder gegen die Hansestädte, aber auch Gefahr einer Täuschung; Gerüchte um eine spanisch-englische Heirat; Übergabe eines Religionsangelegenheiten und ein allgemeines Konzil angehendes Schreiben König [Jakobs I.] von England durch seinen Gesandten an die Generalstaaten; Furcht vor einem spanisch-englischen Bündnis; angebliche Werbung von 1500 Reitern und 5000 Fußsoldaten unter dem Befehl des Landgrafen Otto von Hessen durch dessen Vater, den Landgrafen Moritz, zugunsten des Königs von Frankreich; Hoffnung auf Bezwingung der Spanier, sonst Einbruch eines großen Unheils über das deutsche Vaterland; fehlende Nachricht über die Ankunft der für die Prinzen bestimmten Oijenschen Reiterei in Frankreich; Ankunft des Grafen Johann Ernst von Nassau in Venedig, stattlicher Empfang des Grafen und Verehrung einer goldenen Kette im Wert von 1000 Gulden an den Hauptmann der ersten Kompagnie, *Millander*, durch die Signorie; Ankunft des Grafen von Löwenstein (*Lewenstein*), um sich mit 3000 Mann nach Venedig einschiffen zu lassen; Übersendung einer Schiffsladung lebenden Wildes an seine Exzellenz [Moritz von Nassau] durch Kurfürst [Friedrich V.] von der Pfalz; Zeitung über die Lagerung eines anderen spanischen Heerhaufens bei Diedenhofen an der Mosel; Gefahr für Deutschland wegen der fehlenden Absicht, einen Römischen König zu erwählen (*machen*).

Ausfertigung
1 Bogen Folio, S. 1–3 beschrieben, S. 4 Außenadresse und Beförderungsvermerk *Königsbergen.*
Ausstellerunterschrift und -siegel.

Beilage

Betreff von Hand des 19. Jahrhunderts

1 Blatt (35,5 cm x 21,8 cm), S. 1 beschrieben.
HBA G 747, Nr. 22. – Altsignatur: 4/28/8 und 52.

Nr. 780

1618 September 1, Königsberg

Kurfürst Johann Sigismund an König [Ludwig XIII.] von Frankreich:

Vor wenigen Tagen Ableben des Schwiegervaters, Herzog Albrecht Friedrich; zunächst leichter, bald danach aber heftiger Fieberanfall, der die Körperkräfte des Herzogs aufgezehrt hat; am 27. August zur Nachtzeit Eintritt des Todes des 65 jährigen Herzogs, der stets ruhig und friedlich gelebt hat; der Kurfürst hegt keinen Zweifel an der Anteilnahme des Empfängers und bekundet, das Andenken des Verstorbenen lebendig zu halten; Schmerz des Kurfürsten und seiner Gemahlin [Anna] über den Verlust.

Konzept
Lateinisch
1 Bogen Folio, S. 1–3 beschrieben, S. 1 Bearbeitungsvermerk *Uff zettel muß gute acht gegeben werden*, S. 4 Außenadressen *Ad regem Franciae, regem Angliae [Jakob I.], principem Venetorum [Anton Priuli], principem Mantuae [Ferdinand], principem Sabaudiae [Karl Emanuel], principem Hetruria [Cosimo II. von Medici]* und zeitgenöss. Betreff *De obitu illustrissimi principis Alberti Friderici.*
HBA G 1263, Nr. 70.

Nr. 781

[1618 – 1622] o. O.

König Jakob [I.] von Großbritannien an König Sigismund III. von Polen:

Spaltung der christlichen Welt durch Bürgerkrieg, Kunde von Kriegsrüstungen im Osten und Bedrohung Polens; Hoffnung des [türkischen] Sultans [Osman II.] auf einen leichten Sieg bei Verwicklung der anderen, um den Besetzten die Möglichkeit zu nehmen, in den Trümmern und bei den Schwertern der Nachbarn Zuflucht zu suchen; daher Untergang der einzelnen Staatswesen und Gefahr für die Besiegten, niedergemetzelt zu werden; Ergebnislosigkeit von Verhandlungsbemühungen; eingedenk der Sorge des Königs, Vorschlag zur Erneuerung des vereinbarten Stillhalteabkommens (*sancitarum inducciarum*), um dem König den Rücken für die Bekämpfung des Feindes frei zu machen; Ankündigung Königs Jakobs, sich auch mit dem Schweden [Gustav II. Adolf] zu beraten und ihn auf Wunsch des polnischen Königs unablässig zu bitten, bis die Erneuerung des Waffenstillstandes erreicht ist.

Abschrift
Lateinisch
$^{1}/_{2}$ Bogen Folio, S. 1–2 beschrieben, S. 2 Außenadresse.

Beilage

Kurzregest von Hand des 19. Jahrhunderts

1 Blatt (36,5 cm x 21,3 cm), S. 1 beschrieben.
HBA G 749, Nr. 25. – Altsignaturen: 4/19/28 und 32/122.

Nr. 782

1626 August 28, Brüssel

Infantin Isabella Clara Eugenia von Spanien an die Bürgermeister und Räte der Reichsstadt (*des h. reichs stadt*) Königsberg:

Vielfältiger Mißbrauch des freien Warenverkehrs zwischen Königsberg, seiner mitverwandten Hansestädte und anderen *Ostlendischen örthen* und den niederburgundischen Untertanen König [Philipps IV.] von Spanien durch Rebellen und deren Verbündete; dadurch Mißachtung ihres Verbotes, mit letzteren Handel zu treiben, und Nachteil für die Königsberger Bürger sowie die der anderen Hansestädte infolge der gescheiterten Bemühungen, die Mißbräuche abzuschaffen; deswegen Verhängung eines Einfuhrverbotes für alle aus den *Ostlendischen* Orten und Quartieren kommenden Waren mit Ausnahme von Getreide; Betonung, den Handel mit Königsberg und den anderen Hansestädten nicht einstellen, sondern regulieren zu wollen; Garantieversprechen für die Sicherheit der die flandrischen Häfen anlaufenden Königsberger Kaufleute, Schiffer und Schiffe; *Iohan Huart* (*scripsit*).

Abschrift
1 Bogen Folio, S. 1–2 beschrieben, S. 4 zeitgenöss. Betreff *Isabella* und Registraturvermerk *Soll uffgehoben werden.*

Beilage

Kurzregest von Hand des 19. Jahrhunderts

1 Blatt (35,5 cm x 21,2 cm), S. 1 beschrieben.
HBA G 749, Nr. 26. – Altsignatur: 4/28/16.

Nr. 783

[1647 November $\frac{28}{18}$ – 1648 Oktober 9] o. O.

Anna Maria Cammermeisterin gen. Camerarius an Kurfürst [Friedrich Wilhelm]:

Einladung, aus der mit A gekennzeichneten Beilage die Ergebnisse der Nachforschungen ihres Vetters *Jochim* bei der Westindischen Kompagnie (*Westindischen compagni*) zu Amsterdam über die Umstände des Todes ihres Bruders in Erfahrung zu bringen; in diesem an sie und an ihre mittlerweile verstorbene Schwester *Anna Sabina Cammermeisterin* gerichteten Schreiben Mitteilung über den Tod ihres als Fähnrich im Dienste der Kompagnie gestandenen Bruders Hans Jochim auf Sankt Thomas (*S. Thomae*); rückständiger Sold in Höhe von 517 Gulden (*gulden*) und 14 Stüber (*stuber*); deswegen Bedarf eines Nachweises über ihre Erbberechtigung und einer Vollmacht zugunsten ihres Vetters oder dessen Vaters *Hans* zwecks Einforderung der Erbschaft; Bitte um Ausstellung und Zusendung der Schriftstücke auch unter Berücksichtigung ihrer und ihrer Geschwister Vormünder, des Rittmeisters Friedrich von Polenz (*Friedrich von Polentz*) und Heinrichs von Gattenhofen (*Heinrich von Kattenhöfer*).

Abschrift
1 Bogen Folio, S. 1–3 beschrieben, S. 4 zeitgenöss. Betreff *Unterthenigste supplicatio Annae Mariae Cammermeisterin in gebuhrender vormundschafft, mit beijlage sub A.*

Beilagen

I. 1647 November $\frac{28}{18}$, Groningen

Jochim Cammermeister gen. Camerarius an Anna Maria und Anna Sabina Cammermeister:

Erfolgreiche Bemühungen bei der Westindischen Kompagnie zu Amsterdam, aus den Rechnungsbüchern den seinem verstorbenen Vetter geschuldeten Sold in Höhe von 517 Gulden und 14 Stübern oder 207 Reichstalern und 4 Stübern erfahren zu haben; Zweifel an der Auszahlung des Betrages wegen des hohen Geldmangels der Kompagnie; trotzdem Bitte um Übersendung eines Nachweises ihrer Erbberechtigung und einer Vollmacht auf seinen oder seines Vaters Namen.

Abschrift
1 Bogen Folio, S. 1 beschrieben, S. 4 Kanzleivermerk *A*.

II. 1648 Oktober 9, [Königsberg]

Die Regimentsräte an die Generalstaaten der Vereinigten Niederlande:

Dem Vernehmen der edlen, unter Vormundschaft Georg Friedrichs von Polenz und Heinrichs von Gattenhofen stehenden Anna Maria Cammerarius zufolge Tod ihres bei der Westindischen Kompagnie als Fähnrich im Dienst gestandenen Bruders Hans Jochim auf der Insel Sankt Thomas; Ersuchen Anna Marias an die Räte, ihr als Erbin bei der Einforderung des noch geschuldeten Soldes von 517 Gulden und 14 Stübern behilflich zu sein; Ausweisung der Bittstellerin als leibliche Schwester des Verstorbenen und Bevollmächtigung des Jochim Cammermeister mit der Einforderung der Erbschaft durch Anna; Bitte der Räte an die Generalstaaten, Anna Maria bei der Erlangung der Erbschaft zu helfen.

Konzept
1 Bogen Folio, S. 1–2 beschrieben, S. 4 zeitgenöss. Betreff *Intercession an die h[erren] generalen staden nomine dominorum regent[ium] jungfr[au] Anna Maria Cammermeisterin betr(effend)*, Bearbeitungsvermerk *Ist umbgeschrieben, den 11[ten] ianuarii anno 1650* und gestrichener zeigenöss. Entwurf *Ann general major Dubalten nomine consiliar[iorum] regentium p[raemissis] p[raemittendis]. Wir konnen dem hern general major nicht unentdecket lassen, waß massen ime kh[ur]f[ürstliche] d[urc]h[lauch]tt zu Brandenburgk, unser gnädigster Herr, an unß gnädigst rescribiret, daß dieselbe unßrm [!] großgünstigem herrn mit überschickter werbungspatente achtt companien zu fuß zu werben gnädigst anpraesentiret; auch zu solcher werbung verleihung nu[n]c ex post geldes von 2000 r[eichs]th[alern] ihme mit fünf dörffern gebührent wolten versichern lassen.*

III. Kurzregesten von Hand des 19. Jahrhunderts

1 Blatt (35,5 cm x 21,5 cm), S. 1 beschrieben.
HBA G 747, Nr. 23. – Altsignatur: 4/28/17.

Nr. 784

1651 Januar 20, Kölln a. d. Spree

Kurfürst Friedrich Wilhelm an die Oberräte:

Ersuchen des Königs von Großbritannien [Karl II.] um ein *subsidium charitativum*; Gewährung der Bitte wegen der die Könige und Fürsten gemeinsam angehenden Sache (*in communi regum et principum causa*); Befehl, deswegen den im Herzogtum Preußen wohnenden und sich aufhaltenden Engländern und Schotten eine Kontribution aufzuerlegen.

Behändigte Ausfertigung
1 Bogen Folio, S. 1 beschrieben, S. Außenadresse, Eingangsvermerk *Den 5. febr[uarii] anno [etc.] 1651*, zeitgenöss. Rubrum *Englender und Schotten sollen für den könig in Englandt zum subsidio charitativo contribuiren* und Registraturvermerk *44*.
Eigenhändige Ausstellerunterschrift und -siegel.
HBA G 747, Nr. 24.

Nr. 785

1651 März 30 [Königsberg]

Kurfürst Friedrich Wilhelm an Preußisch Holland, Preußisch Mark, Riesenburg, Marienwerder, Mohrungen, Liebstadt, Osterode, Hohenstein, Neidenburg, Soldau und an die übrigen Ämter:

In Anerkennung der Dienste der Krone Großbritanniens bei den Friedensverhandlungen mit den Kronen Polens und Schwedens außerordentliche Veranlagung der im Herzogtum zu Bürgerrecht lebenden Engländer und Schotten zugunsten König [Karls II.] von Großbritannien mittels einer Abgabe von zehn vom Hundert vom Vermögen; Besteuerung der nichtseßhaften Schotten gemäß dem Ausschreiben (*außschreiben*) von [1651] Februar 20.

Konzept
1/2 Bogen Folio, S. 1 beschrieben, S. 2 zeitgenöss. Betreff *Außschreiben in etzliche ämbter wegen der Schotten undt Englender.*
HBA G 747, Nr. 25.

Nr. 786

1651 März 31 [Königsberg]

Die Regimentsräte an Kurfürst [Friedrich Wilhelm]:

Ausführung der Ausschreibung nach Anweisung (*rescripto*) von [1651] Januar 20, von jedem Engländer und Schotten im Herzogtum zehn von hundert Gulden auf das Vermögen für ein *subsidium charitativum* zugunsten des Königs von Großbritannien [Karl II.] einzufordern; nach Veröffentlichung der Ausschreibung Ersuchen der schottischen Bürger der kleinen Städte mittels beigefügter Bittschrift, von der Forderung abzustehen; Billigkeit des Ersuchens aufgrund des Beschlusses des polnischen Reichstages, zwar ebenfalls ein solches *subsidium* auszuschreiben, aber dafür auf alle anderen Kontributionen zu verzichten; Vorschlag, dem Beispiel der Elbinger, Thorner und Danziger (*Elbinger, Thorner und Dantzker*) zu folgen, der Bitte der Engländer und Schotten mit Bürgerrecht zu entsprechen und alleine die nichtseßhaften Engländer und Schotten heranzuziehen.

Konzept
1/2 Bogen Folio, S. 1–2 beschrieben, S. 2 Außenadresse und zeitgenöss. Betreff *Wegen der Schotten undt Englender.*
HBA G 747, Nr. 26.

Nr. 787

1651 April 4, Danzig

Bürgermeister und Ratmannen zu Danzig an jedermann:

Vidimierung des nachstehenden, mit dem Siegel des Königs von Großbritannien und Irland versehenen, eigenhändig unterschriebenen und vom Englischen ins Lateinische übersetzten Schreibens:
1650 Dezember 9, Perth

König Karl [II.] von Großbritannien an *Iohannes Moleyson* zur Mitteilung an alle im Königreich Polen wohnenden und Handel treibenden Schotten:

Hinsichtlich der Geldforderungen von den im Königreich Polen wohnenden schottischen Kaufleuten durch den Obristen *Cochram* unter dem Vorwand, einen königlichen Auftrag zu besitzen, und unter Zuhilfenahme der Autorität des polnischen Königs [Johann Kasimir] Versicherung, niemals dem Obristen einen derartigen Auftrag erteilt zu haben; ungeachtet der Entsendung des Barons [William] *Crofft* aus Holland zum polnischen König Fehlen jeglichen Auftrages, Forderungen an die sich in [Polen] aufhaltenden oder dort Handel treibenden Schotten zu stellen; Beteuerung, Steuern nur in Abstimmung mit dem Parlament ausschreiben zu pflegen und von auswärtigen Untertanen lediglich freiwillige Abgaben zu verlangen; Verbot an Crofft, unter keinem Vorwand Abgaben von den Schotten im Königreich Polen oder sonstwo zu fordern und die Autorität des polnischen Königs oder eines anderen Fürsten nirgends zu diesem Zwecke zu verwenden; Erlaubnis für alle im Königreich Polen sich aufhaltenden Schotten, sich auf dieses Schreiben zum Beweis gegen Abgabeforderungen Croffts zu berufen.
Ankündigung der Beglaubigungsmittel; *Arnoldus von Holten secretarius manu propra scripsit.*

Abschrift
Lateinisch
1 Bogen Folio, S. 1–3 beschrieben.
HBA G 747, Nr. 27.

Nr. 788

1651 $\frac{\text{März 31,}}{\text{[April 10]}}$ Kölln a. d. Spree

Kurfürst Friedrich Wilhelm an die Oberräte:

Empfang ihres Berichts von [1651] März $\frac{21}{31}$ bezüglich des von den Engländern und Schotten im Herzogtum zu erhebenden *subsidium charitativum* zugunsten des bedrängten Königs von Großbritannien [Karl II.]; Zweifel, überhaupt Gelder in nen-

nenswerter Höhe von den wenigen Nichtseßhaften erhalten zu können; deswegen Befehl, alle Engländer und Schotten im Herzogtum unter Zusicherung der Einmaligkeit der Forderung zur Zahlung zu bewegen.

Behändigte Ausfertigung
1 Bogen Folio, S. 1-2 beschrieben, S. 4 Außenadresse, Eingangsvermerk *Den 17. april[is] 1651*, zeitgenöss. Betreff *Wegen Sch[o]tt- und Englendischer nation collecte fur die kön[igliche] majest[ät] zu Großbrittanien* und Registraturvermerk *38*.
Eigenhändige Ausstellerunterschrift und -siegel.
HBA G 747, Nr. 28.

Nr. 789

Der Gesandte König [Karls II.] von Großbritannien, Wi[lliam] Crofft, an die Regimentsräte:

Einem Schreiben des Herrn von *Hauerbeck* zufolge Wohlwollen des brandenburgischen Kurfürsten [Friedrich Wilhelm] gegenüber dem König von Großbritannien durch den Befehl, von allen schottischen und englischen Kaufleuten eine Abgabe für den König zu erheben gemäß dem vom letzten [polnischen] Reichstag festgesetzten Beschluß; Ankündigung, nach Empfang der Abgaben aus dem Königreich Polen und aus dem größten Teil Preußens sich binnen weniger Tage zu Danzig einzufinden, um die übriggebliebenen Dinge noch zu erledigen; Bitte, ihn über ihre Maßnahmen in der Angelegenheit zu unterrichten, damit er sich nötigenfalls persönlich in Königsberg einfinden kann; Benachrichtigung durch Hauerbeck von einem über Danzig an die Räte gelangten Befehl des Königs hinsichtlich der Einstellung der Abgabenerhebung; Hoffnung, eine diesbezügliche Antwort der Räte nach Danzig zugestellt zu bekommen.

Ausfertigung
Lateinisch
S. 1–2 beschrieben, S. 4 Außenadresse.
Eigenhändige Ausstelllerunterschrift und -siegel.
HBA G 747, Nr. 29.

Nr. 790

1651 Juli 31, Danzig

Der Gesandte König [Karls II.] von Großbritannien, Wi[lliam] Crofft, an die Regimentsräte:

Zu Thorn Benachrichtigung der Räte vom Beschluß des [polnischen] Reichstags vom Vorjahr, Hilfsgelder für den König auszuschreiben; Hoffnung des abreisebereiten

Gesandten auf einen Abschied der Räte; Bitte dem briefzeigenden und mit diesen Geschäften betrauten Obristen *Secon* Glauben zu schenken und demselben ihre Meinung mitzuteilen; Dringlichkeit der Angelegenheit wegen der Forderung des Königs, von ihm vollständig unterrichtet zu werden, was der Gesandte vor einer Antwort der Empfänger nicht leisten kann.

Behändigte Ausfertigung
Lateinisch
1 Bogen Folio, S. 1 beschrieben, S.4 Außenadresse und Eingangsvermerk *Pr[ae]s[enta]tum 16 augusti anno 1651.*
Eigenhändige Ausstellerunterschrift und -siegel.

Beilage

Abschrift von Hand des 17. Jahrhunderts

Lateinisch
$^1/_2$ Bogen Folio, S. 1 beschrieben, S. 3 Registraturvermerk *N° 3.*
HBA G 747, Nr. 30. – Altsignatur: 30.

Nr. 791

1651 August 29, Danzig

Der Gesandte König [Karls II.] von Großbritannien, Wi[lliam] Crofft, an die Regimentsräte:

Einem Schreiben der Räte an den Baron von Guldenstern zufolge Auftrag, Crofft eine Antwort auf seine Briefe zu geben, was jedoch bislang nicht geschehen ist; deswegen Entsendung seines briefzeigenden Sekretärs mit der Bitte, demselben in der Angelegenheit der für König [Karl II.] von Großbritannien bestimmten Hilfsgelder Glauben zu schenken; Ersuchen, vor Croffts Abreise aus [Danzig] den brandenburgischen Kurfürsten [Friedrich Wilhelm] vollständig zu unterrichten.

Behändigte Ausfertigung
Lateinisch
1 Bogen Folio, S. 1 beschrieben, S. 4 Außenadresse und Eingangsvermerk *Pr[ae]s[en]t[at]um 30(mo) augusti 1651.*
Eigenhändige Ausstellerunterschrift und -siegel.

Beilage

Kurzregest von Hand des 19. Jahrhunderts

1 Blatt (34,7 cm x 20,3 cm), S. 1 beschrieben.
HBA G 747, Nr. 31. – Altsignatur: 4/19/20.

Nr. 792

1651 September 20, Danzig

König Johann Kasimir von Polen an die Regimentsräte:

Befehl des brandenburgischen Kurfürsten [Friedrich Wilhelm], im Herzogtum Preußen eine Abgabe von den dort lebenden Engländern und Schotten sowie deren Nachkommen gemäß [polnischem] Reichstagsbeschluß zugunsten des englischen Königs [Karl II.] zu erheben; Hoffnung auf eine reibungslose Abwicklung der Angelegenheit; Kenntnis von einer beim englischen König erschlichenen Freistellung von Schotten von der Abgabe; Bitte an die Räte, betrügerische Engländer und Schotten zur Zahlung der Kontribution zu zwingen; Ankündigung, solchen Leuten die Handelserlaubnis zu entziehen; Bitte, dem briefzeigenden schottischen Hauptmann *Alexander* Secon (*Seacon*) Glauben zu schenken.

Behändigte Ausfertigung
Lateinisch
1 Bogen Folio, S. 1–2 beschrieben, S. 4 Außenadresse und Eingangsvermerk *Pr[ae]s[en]t[at]um 25 sept[embris] anno 1651.*
Eigenhändige Ausstellerunterschrift und -siegel.
HBA G 747, Nr. 32.

Nr. 793

1651 Oktober 3 [Königsberg]

Die Regimentsräte an König [Johann Kasimir] von Polen:

Empfang eines königlichen Schreibens von [1651] September 19 hinsichtlich der zwangsweisen Einforderung einer Hilfssteuer bei den im Herzogtum sich aufhaltenden Engländern und Schotten und deren Nachkommen zugunsten König [Karls II.] von Großbritannien; schon vorher Betrauung der Räte mit dieser Aufgabe durch Kurfürst [Friedrich Wilhelm]; Kenntnis vom Verbot des Königs von Großbritannien an seinen Gesandten Crofft, unter keinem Vorwand von den Schotten im Königreich Polen etwas zu fordern und auch nicht die Autorität des [polnischen] Königs für den Zweck zu gebrauchen; wegen der angeblichen Erschleichung dieses Schreibens Vorladung der im Herzogtum sich aufhaltenden Engländer und Schotten für den 18. des laufenden Monats, um nichts offen lassen zu müssen.

Mundum
Lateinisch
1 Bogen Folio, S. 1–2 beschrieben, S. 4 Außenadresse, zeitgenöss. Betreff *Ratione contributionis in subsidium serenissimi regis magnae Britannie* und Registraturvermerk *III, m.*

Beilage

Kurzregesten von Hand des 19. Jahrhunderts

1 Bogen Folio, S. 1 beschrieben.
HBA G 747, Nr. 33. – Altsignatur: 4/19/14.

Nr. 794

a) 1653 Mai 30 [Königsberg]

Die Regimentsräte an die Generalstaaten der Vereinigten Niederlande:

Störfang als kurfürstliche Einnahmequelle im Herzogtum Preußen; üblicherweise Verkauf des Störs in England; Klage des kurfürstlichen Faktors *Friedrich Kalaw* über die starke Schädigung des Handels mit gesottenem Stör durch die Auswirkungen des Krieges zwischen den Vereinigten Niederlanden und England; entweder Verderben großer Mengen liegengebliebenen Störs oder Verschiffung der Ware unter großen Gefahren; Ausschluß der Schädigung der niederländischen Kriegsflotte infolge der Verschiffung des Fisches durch ein neutrales Land; außerdem fehlende Nachfrage in Holland nach Stör; Bitte der Räte an die Generalstaaten, dem kurfürstlichen Faktor zu erlauben, ungehindert den Stör zum Verkauf in London zu verschiffen.

b)1653 Mai 30 [Königsberg]

Die Regimentsräte an alle Machthaber und Soldaten:

Beauftragung des Faktors des brandenburgischen Kurfürsten, Friedrich Kalaw, in Holland oder England Stör zu verkaufen; Bitte, aus Gründen der Neutralität dem Faktor freie Seepassage zu gestatten.

Konzept
1 Bogen Folio, S. 1–4 beschrieben, S. 4 zeitgenöss. Betreff *Interceßion an die general-staaden in Hollandt nomine der herren regimentsräthe; item paß vor Friedrich Kalawen, factorn wegen des störhandels.*
HBA G 747, Nr. 34. – Altsignatur: 4/28/18 (I).

Nr. 795

1653 November 13, Balga

Die Regimentsräte an die Generalstaaten der Vereinigten Niederlande:

Verschiffung von in preußischen Gewässern gefangenem Stör nach England durch den kurfürstlichen Faktor Friedrich Kalaw (*Kalau*) wegen der dortigen Nachfrage; Mitnahme von Paß und Empfehlungsschreiben an die Generalstaaten sowie Anlandung und Verkauf der Waren durch Kalaw; infolge des englischen Ausfuhrverbotes von Bargeld Anlage des Verkaufserlöses durch den Faktor in Form von Laken (*lacken*), Tabak und Zucker, um damit den kurfürstlichen Hofstaat und die Garnison zu Pillau (*Pillau*) zu versorgen; Kaperung des nach Preußen zurückkehrenden Handelsschiffs in der Höhe von Holland trotz aufgezogener kurfürstlicher Flagge und ungeachtet der sattsamen Entschuldigungen Kalaws; Plünderung der Ladung und Verursachung eines Schadens von über 4000 fl (*f*); Anlandung des gekaperten Schiffs und Anmeldung desselben bei der Admiralität; Vorhaltung durch einen Verordneten der Admiralität an Kalaw, verbotene englische Ware befördert zu haben; Auflage an Kalaw durch einen Spruch der Admiralitätsrichter vom 12. September, binnen vier Monaten den Beweis für die angegebene Zweckbestimmung der Waren vorzulegen und 12 000 fl Kaution für die Freigabe des Schiffes zu hinterlegen; Bestellung der Kaution in Ermangelung anderer Rechtsmittel; Bruch des Natur- und Völkerrechts (*ius naturae et gentium*), Verletzung der Handelsfreiheit und Aufhebung des *ius vicinitatis*; Ersuchen der Räte an die Generalstaaten, für die Aufhebung der Kaution und die Wiedergutmachung aller Schäden und Kosten zu sorgen; Ankündigung von Gegenmaßnahmen im widrigen Fall.

Mundum
1 $^1/_2$ Bogen Folio, S. 1–4 beschrieben, S. 6 Außenadresse und zeitgenöss. Betreff *Wegen der abgenommenen wahren in Holland betr[effend].*

Beilagen

I. [1653 September 12 – November 13] o. O.

Denkschrift in Sachen des kurfürstlichen Faktors Friedrich Kalaw:

[Inhalt wie oben].

Mundum
1 Bogen Folio, S. 1–3 beschrieben, S. 4 zeitgenöss. Betreff *Friedrich Kalawen betreffend.*

II. Betreffe von Hand des 19. Jahrhunderts

1 Blatt (35,5 cm x 21,4 cm), S. 1 beschrieben.
HBA G 747, Nr. 35. – Altsignatur: 4/28/18.

Nr. 796

1654 Mai 21 [Königsberg]

Die Regimentsräte an die Generalstaaten [der Vereinigten] Niederlande:

Dem Vernehmen des kurfürstlichen Kornschreibers im Amt Marienwerder, *Johann Schirmeister*, zufolge Tod seines Schwagers *Philipp Sandrau* zu Amsterdam; wegen fehlender Nachkommen Anzeige des Erbanspruchs seiner Frau durch Schirmeister mit dem Gesuch, seine Angelegenheit den Generalstaaten zu empfehlen; Bitte, Schirmeister bei der Einforderung der Erbschaft behilflich zu sein.

Konzept
1/2 Bogen Folio, S. 1-2 beschrieben, S. 2 zeitgenöss. Betreff *Intercesßion an die staaten in Niederland nomine der herrn regimentsräthe Johann Schirmeistern, kornschreibern zu Marienwerder, be[treffend].*

Beilage

Kurzregest von Hand des 19. Jahrhunderts

1 Blatt (35,5 cm x 20,7 cm), S. 1 beschrieben.
HBA G 747, Nr. 36. – Altsignatur: 4/28/19.

Nr. 797

1660 Mai 29, Kölln a. d. Spree

Kurfürst Friedrich Wilhelm an den Statthalter Boguslaus Radziwill:

Beendigung der mehr als 20 Jahre dauernden Unruhen in Großbritannien und Einsetzung Karls II. als rechtmäßiger Thronfolger durch einhelligen Parlamentsbeschluß; Absicht, deswegen eine Dankesfeier am 29. Juli (*19ten iulii alten calenders*) zu begehen; Anweisung, die Magistrate und Geistlichen davon in Kenntnis zu setzen, damit in allen Ortschaften Gott mit Predigten und Lobgesängen gedankt werden kann.

Behändigte Ausfertigung
1 Bogen Folio, S. 1–3 beschrieben, S. 4 Außenadresse, Eingangsvermerk *Pr[aesentatum] 21 iunii 1660*, Bearbeitungsvermerk *Ausschreiben, den 1 iul[ii] 1660* und Registraturvermerk *28,6.*
Eigenhändige Ausstellerunterschrift und -siegel.
HBA G 747, Nr. 37.

Nr. 798

1660 Juni 21, Kölln a. d. Spree

Kurfürst Friedrich Wilhelm an den Statthalter Boguslaus Radziwill:

Genugtuung über die auf kurfürstliches Geheiß stattgefundene Ausschreibung der Dankesfeier für die Wiedereinsetzung König [Karls II.] von England; Befehl, die Buß-, Bet- und Fastentage wie bisher zu begehen und die öffentliche Gebete dabei auff *kegenwertige zeit* einzurichten; Aufforderung, über die Befolgung der Anweisung zu berichten.

Behändigte Ausfertigung
1 Bogen Folio, S. 1–2 beschrieben, S. 4 Außenadresse, Eingangsvermerk *Pr[aesentatum] 7 iulii 1660* und Registraturvermerk *81------12.*
Eigenhändige Ausstellerunterschrift und -siegel.
HBA G 747, Nr. 38.

Nr. 799

1660 Juni 22 [Königsberg]

Die Regimentsräte an Kurfürst [Friedrich Wilhelm]:

Empfang eines zu Kölln an der Spree datierten Reskripts von [1660 Mai] 29 hinsichtlich des Friedens in Großbritannien und der Wiedereinsetzung König Karls II.; Erledigung der Ausschreibung der angeordneten Dankesfeier; Bitte um Beschluß hinsichtlich der Einrichtung eines ständigen Feiertages und der Begehung von Bet- und Fastentagen.

Mundum
1 Bogen Folio, S. 1–3 beschrieben, S. 4 Außenadresse und zeitgenöss. Rubrum *Wegen anbefohlenen danckfestes über dem frieden in Großbritannien und incorporirten königreichen; item umb gnädigste resolution, wie es ferner mit dem monatlich angestellten buß- und behttage alhir zu halten.*
HBA G 747, Nr. 39.

Nr. 800

1665 Dezember 16, Oxford

König [Karl II.] von Großbritannien an die Generalstaaten [der Vereinigten Niederlande]:

Widerwillige Kriegführung gegen die Generalstaaten und Wunsch nach einem guten und gerechten Frieden zur Vermeidung weiteren Vergießens christlichen Blutes; um nicht alte Wunden aufzureißen, Verzicht auf Wiederholung der Ereignisse, jedoch Notwendigkeit, sich gegen den in einem Schreiben der Generalstaaten erhobenen Vorwurf (*insinuation*) zu wehren; Klage über die im Haag wiederholte Weigerung, den königlichen Untertanen Wiedergutmachung für die in Ost- und Westindien (*Ost- und West-Indien*) zugefügten Schäden angedeihen zu lassen; durch die Veröffentlichung einer Erklärung der Generalstaaten Einschränkung der Handelsfreiheit der königlichen Untertanen; wegen der andauernden Flottenangriffe auf die Insel Poulo-Rhan (*Pou-*

leron) Verhinderung, die im letzten Vertrag [von Westminster] dem König zugesprochene Insel in Besitz zu nehmen; zudem Übergriffe des Vizeadmirals [Andriaansz Michiel] de Ruijter (*de Ruyter*) ohne Grund und [Kriegs-]Erklärung; Bedauern über die mangelnden Versuche, zu einem dauerhaften Frieden zu kommen; Beteuerung, die von einem französischen Sonderbotschafter gemachten Vorschläge trotz ihrer Nachteile für ihn und seine Untertanen niemals verworfen und den vornehmsten Gesandten sogar die Bildung einer beiderseitigen Friedenskommission vorgeschlagen zu haben; Abberufung des königlichen *ministers* aus dem Haag erst nach Gefährdung der königlichen Ehre und der persönlichen Sicherheit des Gesandten; wegen der Inhaftierung des Sekretärs des Gesandten Bezichtigung der Staaten von Holland als die wahren Urheber des Krieges; in Anbetracht der über Staatsinteressen gestellten protestantischen Religion Hoffnung des Königs, bei den Generalstaaten Widerhall auf seine Friedensbemühungen zu finden; Angebot eines durch die königlichen Verbündeten garantierten Friedens.

Abschrift
2 Blatt (34,5 cm x 20,6 cm), S. 2–8 beschrieben, S. 1 zeitgenöss. Betreff *Übersetztes schreiben seiner königlichen mayestät von Großbritannien an die hochmoegende herren staeten general, übergeben durch den herren von Gook beij seiner wiederkunfft auß Englandt anno 1666.*

Beilage

Kurzregest von Hand des 19. Jahrhunderts

1 Blatt (34,8 cm x 20,3 cm), S. 1 beschrieben.
HBA G 747, Nr. 40. – Altsignatur: 4/19/11.

Nr. 801

1688 November 13, Wien

Kaiser [Leopold] an den Reichsgetreuen (*reichs getreüen*) Wilhelm Heinrich, Prinz von Oranien:

Bezugnahme auf ein Schreiben des Prinzen von [1688] Oktober 26 und Überzeugung von der Rechtschaffenheit desselben; Hoffnung auf die Fähigkeit des Oraniers, als neuer König von Großbritannien einen Ausgleich zwischen Krone und Volk herbeizuführen, und Glückwünsche für die künftige Regierungstätigkeit; Genugtuung über die beabsichtigte Abschaffung der gegen die Katholiken in England erlassenen Strafgesetze und über die Zusicherung der Gewissensfreiheit in Religionsangelegenheiten; Möglichkeit für den König, sich künftig auch katholischer Politiker zu bedienen; Erinnerung an die erst durch französisches Eingreifen gestörte Harmonie zwischen den drei durch den Westfälischen Frieden (*Westphälischen frieden*) gesichterten Religionsgemeinschaften im Reich, was ein Blick auf das friedliche Zusammenleben der Religionen innerhalb der kaiserlichen Armee bestätigt; Bedrohung der Christenheit nicht durch religiöse, sondern durch ambitiöse, von Frankreich ausgehende Gefahren; Verfolgung Andersgläubiger in Frankreich und Sorge wegen der gegen den Papst [Innozenz XI.] und das Reich gerichteten französischen Bedrohung; Versicherung, alles zu tun, um Mißverständnisse und Blutvergießen zu vermeiden; Ankündigung, mit dem Sondergesandten (*extraordinar envoyé*) *Hop* Weiteres zu bereden.

Abschrift
1 Bogen Folio, S. 1–3 beschrieben.

Beilage

I. Abschrift

1 Bogen Folio, S. 1-3 beschrieben.

II. Kurzregest von Hand des 19. Jahrhunderts

1 Blatt (34,5 cm x 20,1 cm), S. 1 beschrieben.
HBA G 747, Nr. 41. – Altsignatur: 4/19/10.

Nr. 802

15[..] Quasimodogeniti[1], Kauen

Hans von Hoffel, Knecht des [Kauener Kontors] an jedermann:

Empfang von 1000 Mark Preußisch (*m Preus*) vom Hauptmann von Insterburg; Ankündigung der Beglaubigungsmittel.

Ausfertigung
1 Blatt (Fragment) Papier (11,3 cm x 24,4 cm), S. 1 beschrieben.
Eigenhändigkeit und Ausstellersiegel.
HBA G 741, Nr. 67.

Nr. 803

o. D., Rom

Der Papst an den gallikanischen Klerus:

Ungeachtet der Hochschätzung für den französischen König Ludwig[1], die Kirchen der Empfänger, für die Empfänger und für das Königreich Wahrnehmung bitterer Worte aus dem Schreiben der französischen Bischöfe und des gesamten französischen Klerus vom 3. Februar; unter Tränen Zuflucht des Papstes zum Prophetenwort *Filii matris meae pugnarunt adversus me*; Anrufung des Papstes von einigen Standhaften aus ihrer

---

[1] Der Schrift nach gehört das Stück in die erste Hälfte des 16. Jahrhunderts.

Mitte zum Schutz der bischöflichen Rechte und Würden im Königreich; im Empfängerschreiben Wahrnehmung von Furcht, die Religion und die kirchlichen Freiheiten zu verteidigen; deswegen Einladung, bei ihm väterlichen Trost zu suchen; Abhängigkeit von Würde und Ansehen des gesamten französischen Klerikerstandes von gewissen Verhandlungen mit dem König; Aufforderung, sich an der Standhaftigkeit Ivos von Chartres und anderer Kirchenväter ein Beispiel zu nehmen, und Erinnerung an den Raub von Kirchengut, die Inhaftierung und an die Vertreibung von Priestern während des Streites zwischen Urban [III.] und König Philipp [II. August]; Vorhaltung, weder die Autorität des apostolischen Stuhls bemüht noch die Sache ihrer Kirchen mit priesterlicher Demut beim König betrieben zu haben; Vorwurf an den Klerus, nicht gekämpft zu haben; Erfolge ihrer bischöflichen Vorgänger bei den Königen wegen der Verteidigung ihrer Angelegenheiten mit lauter Stimme; Übertreibung der Gefahr eines Zusammenstoßes zwischen Sacerdotium und Imperium und der daraus entstehenden Nachteile für Kirche und Staat (*in ecclesiam et rempublicam*); zu ihrer Verteidigung Heranziehung wertloser und widersprüchlicher Beispiele aus dem Wirken Innozenz' III., Benedikts XII. und Bonifaz' VIII.; Lob für den Ratschlag, die kanonische Disziplin unter Beibehaltung des religiösen und sittlichen Rahmens zu lockern; jedoch Gefahr der Beseitigung der Disziplin bei nicht zeitlich begrenzter Lockerung wegen der Bedeutung der Disziplin für die Aufrechterhaltung der kirchlichen Hierarchie; im Falle mangelnder Disziplin mögliche Zustimmung der Empfänger zu den königlichen Vorstellungen während der unlängst mit dem König geführten Verhandlung über die Herrscherrechte und Verstoß gegen kanonisches Recht und die Beschlüsse des allgemeinen Konzils zu Lyon [von 1245]; Erschrecken des Papstes über die Aussage des französischen Klerus', nicht Wächter, sondern Schiedsrichter des Rechts zu sein und kirchliches Recht der weltlichen Macht unterzuordnen; an anderer Stelle Beurteilung der Regalien als Art von Servitut durch die Bischöfe selbst; besonders im Bereich des Kollationrechts Verbot von Stellenbesetzungen ohne Einverständnis oder Billigung der Kirche; fehlende Befugnis der Bischöfe, ein solches Recht auf den König zu übertragen; Erinnerung an Abt [Bernhard] von Clairvaux in seiner aus den Ermahnungen an Papst Eugen [III.] hervorgehenden Bedeutung als gallikanisches und zugleich weltkirchliches Vorbild; den Einschärfungen des Abts zufolge ist der Papst Träger der Schlüssel, Pförtner der Himmelstore, Hüter der Schafe und der eine Hirte der einen Herde; von daher hohe Bedeutung von Folgsamkeit und Gehorsam dem apopstolischen Stuhl gegenüber; mit diesem Schreiben Verwerfung und Aufhebung der Verhandlungen über die Herrscherrechte.

Abschrift
Lateinisch
2 Bögen Folio, S. 3–6 beschrieben, S. 1 zeitgenöss. Betreff *Ecclesiastica.*

Beilage

1 Bogen Folio als Umschlag, S.1 Betreff von Hand des 19. Jahrhunderts *Copia literarum papae responsorialium ad literas Gallicani.*

HBA G 779, Nr. 27. – Altsignaturen: 36,e und 4/21/67.

---

[1] Gehört wohl in die Zeit Ludwigs XIV.

Namenweiser

Die Ziffern hinter den Einträgen beziehen sich auf die Regestennummern. Die Stichworte „Brandenburg, Albrecht von, Herzog in Preußen“, „Königsberg“ und „Preußen“ blieben unberücksichtigt. Nicht identifizierte Namen erscheinen kursiv. Die ermittelten Lebensdaten sind in Klammern gesetzt. Jene sind entweder als Amts- oder Regierungszeiten oder als Geburts- und Sterbejahre ausgewiesen. Geburtsjahre wurden mit einem * und Todesjahre mit einem + gekennzeichnet.

A

B

C

D

E

F

G

H

I

J

K

L

M

N

O

S

T

U

V

W

Y

Z

Abkürzungen und Siglen

a. d.	an der
ausgew.	ausgewählt
Bd.	Band
bearb.	bearbeitet
cm	Zentimeter
d	Pfennig
ders.; dems.	derselbe; demselben
ed.	edited
etc.	etcetera
f; fl	Gulden
f.	folgende
GStAPK	Geheimes Staatsarchiv Preußischer Kulturbesitz
H.	Heft
HA	Hauptabteilung
HBA	Herzogliches Briefarchiv
HbGesch	Handbuch der Geschichte
Hist.	Historisches
hrsg.	herausgegeben
m	Mark
ND	Nachdruck
N. F.	Neue Folge
Nr.	Nummer
Nrr.	Nummern
OBA	Ordensbriefarchiv
o. O.	ohne Ort
Ostpr.	Ostpreußischer
Phil.-hist. Kl.	Philosophisch-historische Klasse
Preuß.	Preußischer
pub.	publiée
S.	Seite
s	Schilling
s.	siehe
Sp.	Spalte
StA	Staatsarchiv
StudGesch	Studien zur Geschichte
u. a.	und andere; und anderes
v.	von; vom
VeröffArch	Veröffentlichungen aus den Archiven
VeröffNdsArchivv	Veröffentlichung der Niedersächsischen Archivverwaltung

vgl.	vergleiche
vol.	volume
x	mal
z. B.	zum Beispiel
zeitgen.	zeitgenössisch

Literatur- und Quellenverzeichnis
(unter Einschluß der für Identifizierungen benutzen Werke)

Albrecht von Preußen und das Bistum Ermland – Herzog Albrecht von Preußen und das Bistum Ermland (1525–1550), (1550–1568). Regesten aus dem Herzoglichen Briefarchiv und den Ostpreußischen Folianten, bearb. von Stefan Hartmann (VeröffArch Preuß. Kulturbesitz, 31 und 37), Köln, Weimar, Wien 1991 und 1993.

Albrecht von Preußen und Livland – Herzog Albrecht von Preußen und Livland (1525–1534). Regesten aus dem Herzoglichen Briefarchiv und den Ostpreußischen Folianten, bearb. von Ulrich Müller (VeröffArch Preuß. Kulturbesitz, 41), Köln, Weimar, Wien 1996.

Albrecht Friedrich und Georg Friedrich von Preußen und das Bistum Ermland – Die Herzöge Albrecht Friedrich und Georg Friedrich von Preußen und das Bistum Ermland (1568–1618). Regesten aus dem Herzoglichen Briefarchiv und den Ostpreußischen Folianten, bearb. von Stefan Hartmann (VeröffArch Preuß. Kulturbesitz, 39), Köln, Weimar, Wien 1994.

Altpreußische Biographie – Altpreußische Biographie, Bd. 1–4, hrsg. von Christian Krollmann, Kurt Forstreuter u. a., Königsberg und Marburg 1941–1995.

Alvarez – Manuel F. Alvarez: Imperator Mundi. Karl V. Kaiser des Heiligen Römischen Reiches Deutscher Nation, Stuttgart, Zürich 1977.

Arbusow – Leonid Arbusow: Livlands Geistlichkeit vom Ende des 12. bis ins 16. Jahrhundert. In: Jahrbuch für Genealogie, Heraldik und Spragistik 1900 (1902), S. 33–80.

Asverus v. Brandt – Die Berichte und Briefe des Rats und Gesandten Herzog Albrechts von Preußen Asverus v. Brandt, hrsg. von Adalbert Bezzenberger, Bd. 1–5, Königsberg 1904–1921 (ND Hameln 1953).

Babelon – Jean-Pierre Babelon: Henri IV, Paris 1982.

Ballhausen – Carl Ballhausen: Der erste englisch-holländische Seekrieg 1652–1654 sowie der schwedisch-holländische Seekrieg 1658-1659, [Den] Haag 1923.

Brandi – Karl Brandi: Kaiser Karl V. Werden und Schicksal einer Persönlichkeit und eines Weltreiches, München 1937.

Ders.: Deutsche Geschichte im Zeitalter der Reformation und Gegenreformation, Leipzig, 2. Aufl. 1941.

von Brandt – Ahasver von Brandt: Werkzeug des Historikers. Eine Einführung in die Historischen Hilfswissenschaften, Berlin, Köln, Mainz, 9. Aufl. 1980.

Brenneke/Leesch – Adolf Brenneke: Archivkunde. Ein Beitrag zur Theorie und Geschichte des europäischen Archivwesens, bearb. von Wolfgang Leesch, Leipzig 1953.

Cloulas – Ivan Cloulas: Henri II, Paris 1985.

Dollinger – Philippe Dollinger: Die Hanse, Stuttgart, 4. Aufl. 1989.

Ehrenberg – Hermann Ehrenberg: Die Kunst am Hofe der Herzöge von Preußen, Leipzig, Berlin 1899.

Edition frühneuzeitlicher Texte – Empfehlungen zur Edition frühneuzeitlicher Texte der Arbeitgemeinschaft außeruniversitärer historischer Forschungseinrichtungen. In: Jahrbuch der historischen Forschung 1980 (1981), S. 85–96, oder in: Archiv für Reformationsgeschichte 72 (1981), S. 299–315.

Europäische Briefe – Europäische Briefe im Reformationszeitalter, ausgew. und hrsg. von Walther Hubatsch, Kitzingen/M. 1949.

Faber – Karl Faber: Handels-Verbindungen zwischen Preußen und Frankreich in den Jahren 1561 bis 1565. In: Beiträge zur Kunde Preußens 2 (1819), S. 62–67.

Fabian zu Dohna – Die Selbstbiographie des Burggrafen Fabian zu Dohna [1550–1621] nebst Aktenstücken zur Geschichte der Sukzession der Kurfürsten von Brandenburg in Preußen aus dem fürstlichen Dohnaischen Hausarchive zu Schlobitten, hrsg. von Christian Krollmann, Leipzig 1905.

Fischer – Richard Fischer: Briefe und Aktenstücke aus der Zeit der Preußischen Herzöge Albrecht und Albrecht Friedrich. In: Altpreußische Monatsschrift 25 (1888), S. 385–479.

Forstreuter – Kurt Forstreuter: Das Preußische Staatsarchiv in Königsberg. Ein geschichtlicher Rückblick mit einer Übersicht über seine Bestände (VeröffNdsArchivv, 3), Göttingen 1955.

Ders.: Die deutsche Sprache im auswärtigen Schriftverkehr des Ordenslandes und Herzogtum Preußen, in: ders.: Beiträge zur preußischen Geschichte (StudGesch Preußens, 7), Heidelberg 1960, S. 7–34.

Franz – Eckhart G. Franz: Einführung in die Archivkunde, Darmstadt, 4. Aufl. 1993.

Gause – Fritz Gause: Die Geschichte der Stadt Königsberg in Preußen, Bd. 1–3, Köln, Weimar, Wien, 3. Aufl. 1996.

Groth – Andrzej Groth: Kupcy angielscy w Elblągu w latach 1583–1628 (Biblioteczka Elbląska Nr 3), Gdańsk 1986.

Gundermann – Iselin Gundermann: Herzogin Dorothea von Preußen 1504–1547 (StudGesch Preussens, 9), Köln, Berlin 1965.

Handbuch Ost- und Westpreußens – Handbuch der Geschichte Ost- und Westpreußens, Teil 2/1, hrsg. von Ernst Opgenoorth (Einzelschriften der Historischen Kommission für ost- und westpreußische Landesforschung, 10), Lüneburg 1994.

Hanserecesse – Die Recesse und andere Akten der Hansetage, von 1256–1430, bearb. von Karl Koppmann, Abt. 1, Bd. 1–8, Leipzig 1875–1883.

Hassinger – Erich Hassinger: Das Werden des neuzeitlichen Europa 1300–1600, Braunschweig, 2. Aufl. 1964.

Die Herzöge in Preußen und das Bistum Kulm – Die Herzöge in Preußen und das Bistum Kulm (1525–1691). Regesten aus dem Herzoglichen Briefarchiv und den Ostpreußischen Folianten, bearb. von Ursula Benninghoven (VeröffArch Preuß. Kulturbesitz, 35), Köln, Weimar, Wien 1993.

Hirsch – Theodor Hirsch: Handels- und Gewerbegeschichte Danzigs unter der Herrschaft des Deutschen Ordens, Leipzig 1858.

Hubatsch – Walther Hubatsch: Albrecht von Brandenburg-Ansbach. Deutschordens-Hochmeister und Herzog in Preußen 1490–1568 (StudGesch Preussens, 8), Heidelberg 1960.

Isenburg – Stammtafeln zur Geschichte der europäischen Staaten, Bd. 1–5, hrsg. von Wilhelm K. Prinz von Isenburg u. a., Marburg 1956–1978, und N. F. Bd. 1–16, hrsg. von Detlev Schwennicke, Marburg, Berlin 1980–1995.

Japikse – Nicolas Japikse: Die Oranier. Statthalter und Könige in den Niederlanden, München 1939.

Jenks – Stuart Jenks: England, die Hanse und Preußen: Handel und Diplomatie 1377–1474, Bd. 1–3 (Quellen und Darstellungen zur Hansischen Geschichte N. F., Bd. 38/1–3), Köln, Wien 1992.

Kempas – Horst Kempas: Seeverkehr und Pfundzoll im Herzogtum Preußen. Ein Beitrag zur Geschichte des Seehandels im 16. und 17. Jahrhundert, Diss. phil. Bonn 1964.

Knabe – Gustavgeorg Knabe: Preußische Falken im Dienste des Deutschen Ordens. In: Preußenland 7 (1969), S. 17–21.

Von Königsberg an die Loire – Von Königsberg an die Loire. Quellen zur Handelsreise des herzoglich-preußischen Faktors Antoine Maillet nach Frankreich in den Jahren 1562 bis 1564, ausgew. und bearb. von Dieter Heckmann (VeröffArch Preuß. Kulturbesitz, 33), Köln, Weimar, Wien 1993.

Kupisch – Karl Kupisch: Coligny. Eine historische Studie, Berlin, Bielefeld 1951.

Lexikon des Mittelalters – Lexikon des Mittelalters, Bd. 2, hrsg. von Robert-Henri Bautier u. a., München, Zürich 1983.

Lanckorońska/Olech – Carolina Lanckorońska et Lucianus Olech: Documenta ex archivo Regiomontano ad Poloniam spectantia, index personarum quae in voluminibus 1-29-30-60 continetur (Elementa ad fontium editiones 70–71), Romae 1987–1988.

Lindblad – J. Th. Lindblad with the assistance of F. C. Dufour-Briët: Dutch entries in the pound-toll registers of Elbing (Rijks Geschiedkundige Publicatiën. Grote Serie, 225), Den Haag, 2. Aufl. 1995.

Mahoney – Irene Mahoney: Katharina von Medici, Königin von Frankreich, München, 5. Aufl. 1997.

Meisner – Heinrich O. Meisner: Archivalienkunde vom 16. Jahrhundert bis 1918, Leipzig 1969.

Meister – Aloys Meister: Der Straßburger Kapitelstreit 1583–1592. Ein Beitrag zur Geschichte der Gegenreformation, Straßsburg 1899.

Müller – Ulrich Müller: Das Geleit im Deutschordensland Preußen (VeröffArch Preuß. Kulturbesitz, Beiheft 1), Köln, Weimar, Wien 1991.

National biography – The dictionary of national biography, vol. 1–21, ed. Leslie Stephan and Sidney Lee, Oxford, 2. Aufl. 1921–1922.

North – Michael North: Waldwarenhandel und -produktion. Ein Beispiel für die Beziehungen Königsberg-Amsterdam im 17. Jahrhundert. In: The interactions of Amsterdam and Antwerp with the Baltic region, 1400–1800. De Nederlanden en het Oostzeegebied, 1400–1800, Leiden 1983, S. 73–83.

Nostitz – Kaspar von Nostitz Haushaltungsbuch des Fürstenthums Preußen, 1578. Ein Quellenbeitrag zur politischen und Wirtschaftsgeschichte Altpreußens, hrsg. von Karl Lohmeyer, Leipzig 1893.

Nouvelle biographie générale – Nouvelle biographie générale, tome 1–46, publ. par le Dr. Hoeffer, Paris 1855–1877.

Papritz – Johannes Papritz: Archivwissenschaft, Bd. 1,1, Marburg, 2. Aufl. 1983.

Paravicini – Die Preußenreisen des europäischen Adels, Bd. 1 (Beihefte der Francia, 17/1), Sigmaringen 1989.

Pariset – Jean-Daniel Pariset: Les relations entre la France et l'Allemagne au milieu du XVIe siècle (Société savante d'Alsace et des regions de l'Est, tome 19), Strasbourg 1981.

Petersohn – Jürgen Petersohn: Fürstenmacht und Ständetum in Preußen während der Regierung Herzog Georg Friedrichs 1578–1603 (Marburger Ostforschungen, 20), Würzburg 1963.

Pfandl – Ludwig Pfandl: Philipp II. Gemälde eines Lebens und einer Zeit, München 1938.

Politische Korrespondenz Moritz' von Sachsen – Politische Korrespondenz des Herzogs und Kurfürsten von Sachsen, Bd. 1-4, hrsg. von Erich Brandenburg u. a. (Aus den Schriften der Königlich Sächsischen Kommission für Geschichte, [4] und 9; Abhandlungen der Sächsischen Akademie der Wissenschaften zu Leipzig. Phil.-hist. Kl., 68, H. 3, und 78), Leipzig und Berlin 1900–1992.

Sarnowsky – Jürgen Sarnowsky: Die Wirtschaftsführung des Deutschen Ordens in Preußen (1382–1454) (VeröffArch Preuß. Kulturbesitz, 34), Köln, Weimar, Wien 1993.

Schumacher – Bruno Schumacher: Geschichte Ost- und Westpreußens, Würzburg, 6. Aufl. 1977.

Seckendorf – Vitus Ludovicus a Seckendorf: Commentarius de Lutheranismo, Leipzig, 2. Aufl. 1694.

Simson – Paul Simson: Die Handelsniederlassung der englischen Kaufleute in Elbing. In: Hansische Geschichtsblätter, Heft 2 (1916), S. 87–143.

Sleidanus – Ioannis Sleidani de statu religionis et reipublicae Carolo Quinto commentarii, Frankfurt/M., 2. Aufl. 1785.

Staatsverträge – Die Staatsverträge des deutschen Ordens im 15. Jahrhundert, bearb. von Erich Weise, Bd. 1–2, Marburg, 2. Aufl. 1970.

Voigt – Johannes Voigt: Herzog Albrechts von Preußen freundschaftliche Verbindung mit den Königen und Königinnen von England. In: Neue Preußische Provinzial-Blätter 7 (1849), S. 1–28.

Band 38: Wilhelm Erman: **Erinnerungen.** Bearb. u. hrsg. v. Hartwig Lohse. 1994. VII, 321 S. Gb. ISBN 3-412-08493-X.

Band 39: **Die Herzöge Albrecht Friedrich und Georg Friedrich von Preußen und das Bistum Ermland (1568–1618).** Regesten aus dem Herzoglichen Briefarchiv und den Ostpreußischen Folianten mit ergänzenden Schriftstücken bis 1699. Bearb. v. Stefan Hartmann. 1994. VII, 469 S. Gb. ISBN 3-412-06094-1.

Band 40: **Die Lageberichte der Geheimen Staatspolizei über die Provinz Brandenburg und die Reichshauptstadt Berlin 1933 bis 1936.** Hrsg. v. Wolfgang Ribbe. Tl. 1: **Der Regierungsbezirk Potsdam.** Mit ergänzenden Materialien bearb., eingel. und erläutert v. Sybille Hinze. 1998. XX, 467 S. Gb. ISBN 3-412-12096-0.

Band 41: **Herzog Albrecht von Preußen und Livland (1525–1534).** Regesten aus dem Herzoglichen Briefarchiv und den Ostpreußischen Folianten. Bearb. v. Ulrich Müller. 1996. VIII, 612 S. Gb. ISBN 3-412-13395-7.

Band 42: **Theodor von Schön.** Untersuchungen zu Biographie und Historiographie. Hrsg. v. Bernd Sösemann. 1996. X, 170 S. 12 s/w-Abb. Gb. ISBN 3-412-12295-5.

Band 43: **Allgemeine Kartensammlung Provinz Ostpreußen.** Spezialinventar. Bearb. v. Winfried Bliss. 1997. XI, 406 S. Gb. ISBN 3-412-08395-X.

Band 44: **Das Kulmer Gerichtsbuch 1330–1430.** Liber memoriarum Colmensis civitatis. Bearb. v. Carl August Lückerath u. Friedrich Benninghoven. 1999. X, 396 S. 24 s/w-Abb. Gb. ISBN 3-412-00487-1.

Band 46: **Das Wittstocker Häuserbuch.** Aus dem Nachlaß von Wilhelm Polthier hrsg. v. Werner Vogel. 1998. XVIII, 576 S. 1 farb. Karte in Rückentasche. Gb. ISBN 3-412-07398-9.

Band 47: **Die Beziehungen der Herzöge in Preußen zu West- und Südeuropa (1525–1688).** Regesten aus dem Herzoglichen Briefarchiv und den Ostpreußischen Folianten. Bearb. von Dieter Heckmann. 1999. VIII, 606 S. Gb. ISBN 3-412-10498-1.

Band 48: in Vorbereitung

Band 49: **Herzog Albrecht von Preußen und Livland (1534–1540).** Regesten aus dem Herzoglichen Briefarchiv und den Ostpreußischen Folianten. Bearb. von Stefan Hartmann. 1999. XIV, 513 S. Gb. ISBN 3-412-10598-8.

Band 50: **Allgemeine Kartensammlung Provinz Westpreußen.** Spezialinventar. Bearb. v. Winfried Bliß. 2000. Ca. 528 S. Gb. ISBN 3-412-07799-2.

Ursulaplatz 1, D-50668 Köln, Telefon (0221) 913900, Fax 9139032